JUDGMENT

民事执行裁判
理论与实务

主　编／褚红军
副主编／李玉明　朱　嵘

人民法院出版社

图书在版编目（CIP）数据

民事执行裁判理论与实务／褚红军主编；李玉明，朱嵘副主编．-- 北京：人民法院出版社，2022.6

ISBN 978-7-5109-3462-9

Ⅰ．①民… Ⅱ．①褚… ②李… ③朱… Ⅲ．①民事诉讼-执行（法律）-研究-中国 Ⅳ．①D925.104

中国版本图书馆 CIP 数据核字（2022）第 034477 号

民事执行裁判理论与实务

褚红军　主编

李玉明　朱　嵘　副主编

策划编辑　韦钦平
责任编辑　周利航
封面设计　尹苗苗
出版发行　人民法院出版社
地　　址　北京市东城区东交民巷 27 号（100745）
电　　话　（010）67550691（责任编辑）　67550558（发行部查询）
　　　　　　65223677（读者服务部）
客 服 QQ　2092078039
网　　址　http://www.courtbook.com.cn
E-mail　courtpress@sohu.com
印　　刷　河北鑫兆源印刷有限公司
经　　销　新华书店

开　　本　787 毫米×1092 毫米　1/16
字　　数　625 千字
印　　张　33
版　　次　2022 年 6 月第 1 版　2023 年 6 月第 2 次印刷
书　　号　ISBN 978-7-5109-3462-9
定　　价　108.00 元

江苏法院类案审理指南丛书
编委会

民事执行裁判理论与实务
编委会

序

为了贯彻落实党的十八届四中全会关于推进审执分离改革要求，江苏法院作为最高人民法院确定的审执分离体制改革试点单位，根据最高人民法院要求及江苏省高级人民法院具体实施意见，于2017年年初在省法院、各市中级法院和有条件的基层法院设立单独序列的执行裁判庭，标志着江苏法院审执分离体制改革迈出了实质性的一步，走在了全国法院的前列，在江苏法院改革历史上具有十分重要的意义。

改革5年来，江苏全省法院执行裁判部门坚持以习近平新时代中国特色社会主义思想为指导，以习近平法治思想武装头脑、指导实践、推动工作，充分发挥专业化审判优势，积极作为，依法审理了一大批执行裁判案件，监督并纠正了一批违法或不规范的执行行为。据统计，共审结执行异议案件6.65万件，撤销、变更执行行为1.4万余件，撤销、变更占比达21.06%；审结一审执行异议之诉案件1.4万件，判决结果为阻却执行的2234件，占比超过15.91%。对于及时解决执行程序中衍生出来的各种程序性、实体性权利争议，有效保护当事人、利害关系人及案外人的合法权益，规范执行行为、促进执行公正、化解和减少涉执信访，推动执行难问题的解决，发挥了重要作用。

特别是江苏省高级人民法院执行裁判庭，在实践探索的基础上，加强调查研究，努力探求和总结执行裁判的价值取向、目标任务、审判理念及工作方法，及时研究解决司法实践中发现的一系列复杂疑难问题，制定下发了一批指导性文件和案例，从而确保执行裁判工作开好局起好步，为江苏法院执行裁判工作的健康发展打下了坚实基础，也为全国法院贡献了江苏经验。实践证明，这一改革是成功的。

一、探索并确立了执行裁判工作的价值取向

推动实行审判权和执行权相分离的体制改革试点，切实解决执行难问题，是党的十八届四中全会确定的改革任务，也是完善司法体制改革的必然要求。改革执行体制机制，单独设立执行裁判庭，其主要目的，一是理顺审判权与执行权的关系，优化资源配置，整合执行力量，强化执行保障，提升执行效率，为破解执行难打下坚实基础；二是使法律规定的执行救济制度得到有效的贯彻实施，维护相关主体的合法权益；三是促进执行组织结构及内部运行模式优化，更好地强化横向制约和纵向监督，从而有效解决消极执行、不规范执行以及违法执行等问题，在体制机制上构筑抵御干扰的防线，更好地维护人民群众合法权益，最终实现“努力让人民群众在每一个司法案件中感受到公平正义”的目标。因此，将执行裁判权与执行实施权相区别，并从执行权中分离出来，设立专门机构行使，价值取向就在于加强对当事人及案外人的权利救济，加强对执行实施权的监督制约，规范执行行为，促进执行公正。这既符合专门化审判的要求，也符合执行权运行规律。只有目标明确，才能确保审执分离体制改革具有合法性、合目的性、合规律性，使执行裁判工作在正确的轨道上健康发展。

二、探索并明确了执行裁判工作的功能定位

执行裁判权与执行实施权同属于民事执行权。民事执行权主要包括以下五种具体权能：一是执行程序启动权，对当事人提交的生效裁判文书进行审查，判断其是否属于合法的执行依据、是否具有可执行性，诸如对公证债权文书、仲裁裁决书和调解书、涉外仲裁裁决等法律文书的承认和执行等。二是执行财产查控权。在执行程序中，对财产的执行占绝大多数。执行财产查控权是对被执行财产采取查封、扣押、冻结等强制执行措施，属于典型的强制执行权。三是实体民事权利混同时的判断权。对被执行财产从查控到处置，

均会对相关当事人及利害关系人的实体权利产生影响。其间，常会有案外人对执行标的提出权属异议。尤其是对企业资产进行整体拍卖时，案外人可能以存在抵押、质押、租赁、共有等法律关系提出实体权利要求，从而产生权利冲突。如何判断和处理这种利益冲突，情况非常复杂。在司法实践中，往往涉及不同法律程序的协调，刑事、民事、行政等不同法律领域知识的综合运用，特别是《民法典》中的物权编、合同编及《公司法》《证券法》等实体法的综合理解适用。四是执行财产处置权，包括对被执行财产进行拍卖、变卖的权力以及对变价财产进行转移交付的权力。五是执行救济权。包括执行措施的违法救济权和实体权利归属及其归属顺序的决定权，也就是执行异议和执行异议之诉的权利，包括案外人异议之诉和权利人许可执行之诉。如此复杂的权能构成，使涉执行权力的行使，尤其是其中第三类、第五类权能的行使，往往涉及民事、刑事、行政审判相关法律问题，比其他案件要更加复杂。

执行裁判庭主要负责审查处理执行程序中相关主体行使执行救济权而产生的案件，主要涉及上述第三类和第五类权能的行使，既要对私权利进行实体判断，也要对执行权行使的合法性进行判断。江苏省高级人民法院在设立执行裁判庭的决定中，明确规定了执行裁判部门的主要职责，包括：负责本院管辖的执行异议案件；执行复议案件；消极执行督办案件以外的执行监督案件；执行异议之诉案件（含上诉及申请再审案件），以及与上述执行裁判事项相关的请示等案件的办理。上述范围内的各类案件，都涉及执行程序中的重大事实和法律争议，皆由执行程序衍生而来。这就决定了执行裁判职能与执行实施工作既有区别又有联系，二者密不可分。

任何制度的创建都有其预设的功能。就执行裁判而言，其主要具有权利救济与程序保障两大功能，并可进一步细分为救济、监督、规制和程序保障四项主要功能。救济功能是对案件当事人、案外人或利害关系人合法权利予以救济，这是执行救济制度的根本所在。监督功能，就是通过对执行实施行为的合法性审查，对违法行为予以撤销，以对执行实施行为的监督与制约，促进执行规范和执行公正。保障功能，就是对于那些假借执行异议、复议或提起执行异议之诉而拖延执行的，及时依法予以驳回，从而保障执行程序有效推进。规制功能，就是依法支持执行机构对逃避执行、规避执行及拒不履行协助执行义务行为人实施制裁，对妨碍执行行为予以规制，体现执行的强制性，扫除执行程序中遇到的各种障碍，维护法律尊严与权威。

三、探索并确立了正确的执行裁判工作理念

一是坚持效率与公正相统一的理念。执行裁判权与法院其他审判权相比，既有共性，也存在明显不同之处。主要原因在于，执行裁判权源自执行程序中的执行救济权。而在整个民事诉讼制度设计中，执行程序的价值取向在于效率，重在权利实现。亦即对生效法律文书的执行越快越有效率，越能体现司法的公正与权威。执行裁判处于执行权与审判权交叉领域，与其他审判程序在价值取向上不尽相同，其审判理念也有别于其他审判领域。对于其他审判程序而言，公正的价值居于第一位，在公正的前提下强调效率。而对于执行裁判而言，因其与执行程序紧密相连，其价值取向也受到执行程序的价值取向的深刻影响。总体而言，执行程序属于实现权利的机制，秉承的理念是效率优先，强调执行效率最大化和执行效果最大化。这种讲究效率的理念，也应贯彻到执行裁判工作中去。

但当效率价值与基本的公正理念产生冲突时，就需要为基本的公正价值让路。执行救济机制就是价值平衡及利益衡平的结果，是执行效率适当让位于公正的结果。执行裁判权与执行实施权，既相互伴生又各自具有独立的规律及价值。执行实施权的行使，更强调效率，执行裁判权的行使，则更强调公正。执行异议、复议案件的审查，应当坚持效率优先，兼顾公正，以书面审理、形式审查为原则，严格在法定审限内审结。执行异议之诉案件的审理直接关系到被执行主体、执行标的财产的确定、能否参与分配及执行程序的推进，必须进行实质审理。总之，执行裁判既要实现执行救济制度所追求的公正价值目标，也要严格遵循审限法定原则，原则上不得扣除或延长审限，确保裁判效率，从而实现执行效率与公正的有机统一。

二是坚持权利救济法定的理念。

第一，救济依据法定。当事人、利害关系人及案外人是否享有提出执行异议、复议以及执行异议之诉的权利，应当以明确的法律、司法解释规定为依据。没有法定授权，不得提出执行异议、复议及执行异议之诉。

第二，执行异议之诉类型法定。执行异议之诉的种类及其适用的情形，是由《民事诉讼法》及其司法解释明确规定的，包括：案外人执行异议之诉和申请执行人许可执行异议之诉，执行分配方案异议之诉，基于变更、追加被执行人裁定提出的执行异议之诉。

第三，执行裁判案件管辖法定。根据法律及司法解释的规定，执行程序中衍生出来的所有案件，包括执行异议、执行异议之诉、析产诉讼等案件实行专属管辖，即均由执行法院管辖。其立法主旨在于，加强审执协调配合，防止以此对抗执行，提高司法效果。凡是违反法定管辖原则作出的裁判依据或者仲裁裁决，因程序违法而不得用来对抗执行。

第四，审限法定原则。必须严格遵守民事诉讼法及其司法解释规定的办案期限，原则上不得扣除或延长。

第五，裁判方式法定。根据《民事诉讼法》及其司法解释的规定，执行裁判类案件主要涉及法院的执行行为、执行措施是否合法，当事人及利害关系人的权利主张是否足以阻却法院的强制执行，其裁判结果非此即彼，且不受当事人处分权利的约束。因此，法律规定执行异议及执行异议之诉案件只能以裁定或判决的方式作出，不得进行调解。

三是坚持有限救济的理念。根据《民事诉讼法》及其司法解释的规定，通过执行异议、执行异议之诉途径救济的权利，只能针对执行程序正在进行中发生的争议，即以执行标的尚未执行完毕或者执行程序尚未终结为前提。如果执行标的已经执行完毕，或者执行程序已经终结，不得提出执行异议或执行异议之诉，相关争议应当通过申请执行监督途径予以救济。

四是坚持裁执相互制约又相互配合的理念。要准确理解《民事诉讼法》关于执行程序的立法宗旨，执行裁判权与执行实施权的行使，既要做到审执分离，又要做到审执配合，既要促进执行规范和公正，也要确保执行效率与效果。不能人为地将执行裁判程序复杂化，进而给被执行人以对抗执行的可乘之机。

四、积累了宝贵的执行裁判实践经验

改革之前，执裁合一，执行局忙于办理执行实施案件，无暇顾及执行裁判领域复杂疑难问题的调查研究和业务指导，对执行裁判司法规律缺乏深刻认识和把握，一方面，导致民事诉讼法关于执行救济法律制度的规定贯彻实施不到位，对相关主体的执行救济权保护不力；另一方面，导致各地办案尺度不统一，办理程序过于烦琐冗长，执行裁判案件办理质量和效率不高，本应快速审理的执行裁判案件，有的往往一拖就是一年以上甚至更长，严重影响执行工作的正常开展。执行异议、复议、执行异议之诉，甚至成为少数当事人用于拖延执行的手段。

江苏省高级人民法院执行裁判庭成立后，坚持问题导向，立足职能定位，加强调查研究和业务指导，及时发现实践中出现的新情况新问题，深入进行法理研究和分析，提出解决对策，总结出一批宝贵的执行裁判工作经验：一是根据审判实践需要，制定执行裁判案件系列审理指南，明确了相关程序间衔接问题，确立了执行异议、复议、执行异议之诉的审理规则，明确了举证责任分配原则，统一类案裁判尺度，统一执行裁判案件法律文书格式及制作要求，规范各级法院执行裁判案件办案流程，促进办案质量和效率不断提高。二是加强案例指导，定期或不定期下发发回、改判案例通报，既揭示省法院裁判要旨，也指出原审问题所在，防止类似错误重复发生。三是定期开展案件评查，发现办案中存在的共性问题，提出整改意见；对于评查中发现的新问题，加强理论研究，提出解决方案，充分发挥了省法院执行裁判监督指导作用。四是探索执行裁判案件要素式裁判方法，提高办案效率。五是建立健全执行裁判工作机制，不断提高全省法院执行裁判工作能力和水平，确保司法公正。实践证明，作为审执分离改革的机制保障，设立专门的执行裁判部门是完全必要和正确的。

五、逐步培养了一支既懂执行又懂审判的专业化执行裁判队伍

我国立法上建立执行救济制度时间不长，实行执行实施权与执行裁决权分离改革时间更短，全国大多数法院实行的是执行局内部的执裁相对分离，单独设立执行裁判庭的很少，执行裁判工作总体上属于全新的司法领域。执行裁判权，处于执行权与审判权交叉领域，兼具权利实现与争议解决双重属性。执行裁判工作任务新、要求高，迫切需要建立一支精通执行与审判的专业化审判队伍。

五年来，江苏各中级法院普遍设立了执行裁判庭，基层法院或者单独设立执行裁判庭，或者明确了专门合议庭审理执行裁判案件，后来虽然因为基层法院内设机构改革而将其与其他业务部门合并，但一个全新的审判业务条线已经形成，为实现执行裁判案件的专业化审理，提供了可靠的组织保障。

五年来，江苏全省法院执行裁判部门审理了一大批执行裁判案件，积累了较为丰富的审判经验，训练养成既有别于执行实施又有别于传统民商事审判的独特执行裁判思维，逐步锻炼和培养出一支专业化的审判队伍。

总体来看，江苏法院审执分离改革达到了预期目标，取得了明显成效。各级法院执行裁判部门在几乎是“一穷二白”的基础上，勇于担当，开拓创新，在较短的时间内迅速打开了工作新局面，通过充分发挥执行裁判职能作用，依法纠正了一批违法执行行为，有效维护了当事人和利害关系人的合法权益，有力促进了执行规范和执行公正。本书正是全省执行裁判法官五年来集体智慧的结晶。我们将之呈献给读者，目的是指导实践，推进执行裁判工作水平进一步提高，同时，也期望给法学理论界深入研究这一课题提供第一手的实践资料，为立法者制定强制执行法提供参考。

2019年7月，中央全面依法治国委员会下发《关于加强综合治理从源头切实解决执行难问题的意见》（中法委发〔2019〕1号），要求将深化审执分离改革作为推进综合治理源头解决执行难的一项重要措施抓紧抓好。2021年1月，中共中央印发《法治中国建设规划（2020—2025年）》，在第四部分“建设高效的法治实施体系，深入推进严格执法、公正司法、全民守法”中强调：“深化执行体制改革，加强执行难综合治理、源头治理。深入推进审执分离，优化执行权配置，落实统一管理、统一指挥、统一协调的执行工作机制。”《最高人民法院关于深化执行改革健全解决执行难长效机制的意见——人民法院执行工作纲要（2019—2023）》第13条提出，要加快推进审执分离体制改革。我们将深入学习贯彻党的十九大和十九届历次全会精神，提高政治站位，筑牢政治忠诚，以“两个确立”统一思想和行动，真学真信笃行习近平法治思想，坚定不移走中国特色社会主义法治道路，始终把实现好、维护好最广大人民根本利益作为司法工作的出发点和落脚点，进一步深化审执分离改革，努力提高执行裁判工作水平，促进执行规范和执行公正，破解“执行难”，切实维护人民群众合法权益和社会公平正义。

褚红军

2022年5月

凡　例

1. 本书中的法律、行政法规名称中的“中华人民共和国”省略，其余一般不省略，例如《中华人民共和国民法典》简称《民法典》。

2. 本书中下列司法解释及司法指导性文件使用简称：

全称	发文日期/文号	简称
《最高人民法院关于适用〈中华人民共和国民事诉讼法〉的解释》	2022 年 4 月 1 日修正	《民事诉讼法司法解释》
《最高人民法院关于适用〈中华人民共和国民事诉讼法〉若干问题的意见》	法发〔1992〕22 号 已废止	《民事诉讼法意见》
《最高人民法院关于人民法院执行工作若干问题的规定（试行）》	2020 年 12 月 29 日修正	《执行工作规定》
《最高人民法院关于适用〈中华人民共和国民事诉讼法〉执行程序若干问题的解释》	2020 年 12 月 29 日修正	《民事诉讼法执行程序司法解释》
《最高人民法院关于人民法院民事执行中查封、扣押、冻结财产的规定》	2020 年 12 月 29 日修正	《查封、扣押、冻结规定》
《最高人民法院关于人民法院办理执行异议和复议案件若干问题的规定》	2020 年 12 月 29 日修正	《异议复议规定》
《最高人民法院关于民事执行中变更、追加当事人若干问题的规定》	2020 年 12 月 29 日修正	《变更、追加当事人规定》

续表

全称	发文日期/文号	简称
《最高人民法院关于人民法院确定财产处置参考价若干问题的规定》	2018年8月28日 法释〔2018〕15号	《财产处置参考价规定》
《最高人民法院关于执行案件立案、结案若干问题的意见》	2014年12月17日 法发〔2014〕26号	《执行立案、结案意见》
《最高人民法院关于公证债权文书执行若干问题的规定》	2018年9月30日 法释〔2018〕18号	《公证执行规定》
《最高人民法院关于人民法院办理仲裁裁决执行案件若干问题的规定》	2018年2月22日 法释〔2018〕5号	《仲裁执行规定》
《最高人民法院关于适用〈中华人民共和国公司法〉若干问题的规定（二）》	2020年12月29日修正	《公司法司法解释（二）》
《最高人民法院关于适用〈中华人民共和国公司法〉若干问题的规定（三）》	2020年12月29日修正	《公司法司法解释（三）》
《最高人民法院关于适用〈中华人民共和国民法典〉有关担保制度的解释》	2020年12月31日 法释〔2020〕28号	《民法典担保制度司法解释》

目 录

第一章　执行裁判概论

第一节　执行裁判权的概念

一、执行裁判权

《最高人民法院关于深化执行改革健全解决执行难长效机制的意见——人民法院执行工作纲要（2019—2023）》（法发〔2019〕16号）提出："加快推进审执分离体制改革。将执行权区分为执行实施权和执行裁判权，案件量大及具备一定条件的人民法院在执行局内或单独设立执行裁判庭，由执行裁判庭负责办理执行异议、复议以及执行异议之诉案件。不具备条件的法院的执行实施工作与执行异议、复议等裁判事项由执行机构不同法官团队负责，执行异议之诉案件由相关审判庭负责办理。"这是最高人民法院规范性文件中首次提出"执行裁判权"的概念。

根据上述规定，执行裁判权的行使，主要是办理执行异议、复议以及执行异议之诉案件，此类案件亦可称为执行裁判案件。当然执行裁判案件的类型不止于此，还包括因当事人对生效执行异议、复议裁定申请监督而产生的执行监督案件等。总体而言，上述执行裁判案件可分为两种类型：一是对违法执行行为的救济（执行异议、复议等执行审查类案件）；二是处理执行程序中涉及实体权利的争议（案外人异议之诉等涉执行诉讼案件）。

二、执行裁判权与执行实施权的关系

执行裁判权是相对于执行实施权而言的概念。与执行实施权相比，执行裁判权具有衍生性和裁判性的基本属性，也由此使其具备了既有别于执行实施工作又有别于传统的民商事审判工作的规律和特点。

（一）衍生性

第一，在流程上，执行裁判权的运行衍生于执行实施权的运行，其启动和

结果都与执行实施行为密不可分。首先，必须先有执行实施权的行使，然后才有执行裁判权的启动。无论是执行异议、复议还是执行异议之诉案件，都是因执行机构作出执行实施行为而引发。其次，执行裁判权运行的结果是对执行实施行为进行的评价。执行异议、复议案件的结果是对执行行为是否违法进行评价，执行异议之诉案件的结果是对执行行为能否被阻却进行评价。

第二，在功能上，执行裁判权的功能围绕执行实施权而设置。任何权力的设立都有其预设的功能。就执行裁判权而言，主要具有权利救济与程序保障两大功能，并可进一步细分为救济、监督、规制以及程序保障四项主要功能。一是救济功能。主要是对执行当事人、案外人或者利害关系人受到侵犯的合法权益予以救济。这是执行裁判权最基本的功能。二是监督功能。主要是对执行法院的执行行为予以监督，通过审查执行行为的合法性，对违法执行行为予以撤销，来实现其监督功能。三是保障功能。对于那些假借异议、复议或者执行异议之诉程序拖延执行实施程序的主张，应依法及时予以驳回，保障执行程序快速有效推进。四是规制功能。主要是通过对规避执行、恶意逃债以及拒不履行协助义务的行为依法予以规制，支持执行机构的制裁行为，扫除执行程序中遇到的各种障碍。上述四项功能，互相关联，互有侧重，但具有内在的一致性，即都是紧密围绕执行实施权而设置。

第三，在衔接上，执行裁判权的行使必须充分考虑执行实施权的运行，二者紧密协调配合。如前所述，执行裁判权同时承担着多种功能，既要保护执行案件当事人、利害关系人及案外人的权利，也要保障执行程序的顺利进行。如果无视执行案件当事人、利害关系人或者案外人合法权利的存在，则必然使其权利救济功能荡然无存；反之，如果无视正在进行的执行程序的存在，无疑也会偏离执行裁判的方向，影响保障功能的实现。两者应当兼顾，而不能偏废。虽然普通民事案件也要审执兼顾，但通常并无正在进行的执行程序等待其审判结果。而执行裁判案件则不同，其裁判对象本身产生于执行程序，其结果又决定或者影响执行程序的推进。因此，办理执行裁判案件必须充分体现执行程序的效率性要求，不能完全遵循与普通民事案件相同的理念及裁判思路。

（二）裁判性

强制执行程序是债权人借助国家的强制力量实现其债权的程序，目的是将执行依据载明的权益予以兑现。强制执行权主要表现为执行实施权，即执行程序中无须被执行人同意，人民法院即享有对被执行人及其财产或其财产性权利采取强制执行的权力。执行实施权在本质上属于行政性权力，因此具有与民事裁判权迥异的特点。一是执行实施权的行权主体具有倾向性。在执行过程中，执行机构的角色是国家强制力的行使者，其行使职权的基本目的就是实现债权人的债权，故必须倾向于优先保护债权人的权利。① 二是从程序推动看，执行实施权具有很强的主动性。我国的强制执行制度具有职权主义色彩，执行机构有义务在法律授予的权力范围内穷尽一切手段和措施，以达到执行的目的。三是从运行目标看，执行实施权具有侵益性，即执行行为的结果往往体现为被执行人的财产或权利受到剥夺。四是从法律效果看，执行实施行为可以通过执行异议、复议或执行异议之诉等程序撤销、变更或被阻却，因此不具有终局性。

执行裁判权虽然衍生于执行实施权，但本质上仍属于民事裁判权的范畴，因此具有民事裁判权的以下基本特征：

一是行权主体中立性。法谚云："任何人不能做自己案件的法官。"执行裁判权首要的特征就是其中立性，其行使主体在执行争议中，以中立客观的地位，保持超然的、无偏袒的态度进行居中判断。

二是程序推进的被动性。作为居中裁判者，司法应当保持中立立场，不能主动介入争议。即"民不告官不究""不告不理"。执行裁判权，虽然是因执行实施权的行使衍生而出，但其仍应当具有被动性，即此类权力行使的程序，必须由当事人、利害关系人或案外人启动，法院不能主动行使。

三是运行目标的救济性。裁判权的目的，是对已经受到侵害的权利进行事后救济，因此执行裁判权的行使须以执行实施权的行使为前提。

四是法律效力的终局性。裁判效力的终局性，通常指纠纷经过司法机关审理后所得出的裁判结论是最后的和最有权威的，对当事人有法定既判力；当各种判断结论相互冲突时，司法裁判的效力最强。执行裁判权也具有终局性，即其对执行中程序争议或实体争议的结论，具有最后和最权威的效力。

以上四个特征，执行裁判权同时具备，缺一不可。需要注意的是，为了实现执行目的，执行机构在执行实施中也需要作出很多判断和裁决，如执行命令（包括财产控制裁定、处分裁定、制裁决定等权力②）、变更追加被执行人、③

① 参见周继业主编：《强制执行新实践》，法律出版社 2018 年版，第 108 ~ 109 页。

② 参见肖建国：《民事审判权与执行权的分离研究》，载《法制与社会发展》2016 年第 2 期。

③ 在执行程序中变更、追加被执行人，虽然根据《执行立案、结案意见》第 9 条，应以案件类型代字"执异"立案审查，但其实质上属于执行实施权中判断权的范畴，且该权力行使具有主动性，并非对执行作为或不作为的事后救济，因此不属于执行裁判权。

对协助执行人等未尽协助义务的责任认定等。这些权力虽然某些特征与执行裁判权相近，但并不同时具备中立性、被动性、救济性、终局性全部四项特征，因此仍应归于执行实施权范畴。

三、执行裁判工作与解决“执行难”的关系

从过去几十年间我国强制执行制度运行的实际状况来看，“执行难”与“执行乱”始终相生相伴，如影随形。尤其是“执行乱”问题的存在，不仅造成了新的“执行难”，而且使执行案件当事人、案外人或者利害关系人的合法权益屡受侵犯，还会影响司法权威以及社会公众对于执行制度的信心。①

“执行乱”之所以长期困扰人民法院，纵然存在民事强制执行立法滞后、执行领域规则供给不足等外因，但一定程度上，也是由于内部监督制约不力的内因造成。

我国民事执行机构的设置模式属于“内置单一式”，即把民事执行权统一交由执行局，而执行局设置于法院内部。② 从执行权运行的角度，这种设置模式使强制执行可以一种更低成本、更高效率的方式运行。但这种设置模式，也存在固有局限，即法院在执行程序中，不得不同时承担两种角色：首先，法院行使执行实施权，此时法院的任务是保障胜诉当事人及时实现合法权益，故此时法院必须倾向于优先保护债权人的权利，其地位天然具有倾向性，其程序启动也具有较强的主动性。与此同时，法院作为行使终审权的国家审判机关，当其自身行使的执行实施权出现违法或不当时，只能由其自身进行监督和纠正，而无法再将这一监督和纠正的权力假手其他机关。于是，就出现了法院既当“执行员”又当“裁判员”的局面，并由此不可避免地带来了执行监督机制、执行救济程序的效果和公信的局限性。

而从对民事强制执行权的外部监督看，尽管存在人大监督、政协民主监督、纪检监察监督、舆论监督、检察监督等多种监督方式，但常态化、程序性的对具体执行实施行为的外部监督仅有民事执行检察监督一种，且民事检察监督的方式以检察建议为主。尽管 2020 年全国检察机关办结执行监督案件已达

① 参见周继业主编：《强制执行新实践》，法律出版社 2018 年版，第 408 ~ 409 页。

② 参见周继业主编：《强制执行新实践》，法律出版社 2018 年版，第 104 页。

到 48 620 件，提出检察建议 37 427 件，[①] 但其效果的落实，仍有赖于法院内部监督的及时启动和依法审查。

因此，对违法执行的发现和纠正，最终必须依靠法院内部监督机制的有效运行。从我国执行裁判权发展的过程看，也基本是按照不断强化法院内部监督的思路来不断完善相关制度体系。2008 年修正施行的《民事诉讼法》，在执行程序中增设了执行异议复议、执行监督、案外人异议程序。最高人民法院 2009 年《关于进一步加强和规范执行工作的若干意见》和 2011 年《关于执行权合理配置和科学运行的若干意见》，进一步将执行实施权和执行审查权（裁决权）明确区分，并要求“地方人民法院执行局应当按照分权运行机制设立和其他业务庭平行的执行实施和执行审查部门，分别行使执行实施权和执行审查权”。[②] 党的十八届四中全会通过的《中共中央关于全面推进依法治国若干重大问题的决定》明确提出，要优化司法职权配置，健全审判权与执行权相互配合、相互制约的体制机制；要完善司法体制，推动实行审判权和执行权相分离的体制改革试点；要切实解决“执行难”问题，依法保障胜诉当事人及时实现权益。而推动审执分离的根本目的，就是通过机构分立，以强化对执行实施权的监督制约进而遏制执行乱问题。因此，推进审执分离改革，既是解决“执行难”问题的必然要求，也是解决“执行难”问题的重要举措，并在深化司法体制改革的大背景下逐步展开。

在十二届全国人大四次会议上，最高人民法院院长周强代表最高人民法院向全国人民作出庄严承诺：“用两到三年时间基本解决执行难问题，破除实现公平正义的最后一道藩篱。”最高人民法院制定的《关于落实“用两到三年时间基本解决执行难问题”的工作纲要》提出了四项总体目标，要求通过执行体制、执行机制、执行模式改革，使被执行人规避执行、抗拒执行和外界干预执行现象基本得到遏制；人民法院消极执行、选择性执行、乱执行的情形基本消除；无财产可供执行案件终结本次执行的程序标准和实质标准把握不严、恢复执行等相关配套机制应用不畅的问题基本解决；有财产可供执行案件在法定期限内基本执行完毕。其中每一项目标都与执行裁判工作密切相关，都涉及执

① 参见《最高人民检察院制发第二十八批指导性案例——加强检察监督，促进民事执行活动依法规范》，载最高人民检察院网，https：//www. spp. gov. cn/xwfbh/wsfbt/202105/t20210510_ 517555. shtml#1，2021 年 8 月 15 日访问。

② 《最高人民法院关于执行权合理配置和科学运行的若干意见》第 2 条。

行裁判权的救济与监督职能。

基本解决“执行难”阶段性目标按期实现后，中央全面依法治国委员会2019年印发的《关于加强综合治理从源头切实解决执行难问题的意见》再次强调“提升执行规范化水平”“健全执行监督体系”；中共中央2021年1月印发的《法治中国建设规划（2020—2025年）》也再次重申“深入推进审执分离”，审执分离从改革试点上升为建设规划。

因此，执行裁判工作不能置身于解决“执行难”问题之外，更不能将执行裁判工作与执行实施工作对立起来。要通过切实有效的工作，保障与促进“执行难”问题的切实解决。

第二节　执行救济

一、执行救济与执行裁判

执行救济，通常是指当事人、利害关系人或者案外人的合法权益因违法或不当执行行为受到侵害时，请求给予相应补救的法律制度。[①] 救济是执行裁判权的核心功能，而执行裁判则是我国执行救济制度最重要的组成部分。

确立执行救济制度的逻辑前提或者正当性，主要基于两个方面因素：一个是权力的行使应有其边界，权力行使如果没有边界，所有权利都会荡然无存；另一个是有权利之处就应当有救济，没有救济的权利不过是无牙的老虎，也等于没有权利。因此，权利救济与权力行使始终属于一对矛盾的概念。换言之，通过权利救济能够约束权力的行使，通过对权力的控制能够保护权利的享受。这已经成为现代文明国家广为接受的立法原则以及普遍的司法实践。

国家通过立法授予人民法院强制执行的权力应当依法规范行使。由于强制执行权具有范围的广泛性和效力的强制性，并在客观上具有侵犯执行案件当事人以及案外人的潜在风险，因此其如何行使以及是否依法行使，对强制执行程序中所有参与方的利益影响甚巨。这就需要对其进行规范及限制，以确保强制执行权在法律规定的边界内有序运行，避免对执行当事人、利害关系人及案外人的合法权益造成侵害。故强制执行制度不仅是保障合法权益实现的制度，换

① 江必新主编：《强制执行法理论与实务》，中国法制出版社2014年版，第421页。

个角度看，也应当同时是控制执行权力规范行使的制度。诚如张卫平教授所言："为了保证强制执行的有效性以及在实体上和程序上的正当性，须有一整套法律规定加以规范，尤其因强制执行是一种国家公权力的行使，具有强制性，如果没有相应的约束和救济，则容易导致债务人（义务人）或案外人（第三人）的正当权利或权益受到损害。因此，作为一种体系和结构完整的具有程序正当性的执行制度，就必须设置相应的救济措施，以避免或减少因违法或不当执行所发生的损害以及有效吸收不满。"① 因此，需要建立完善执行救济制度。这也是切实解决"执行难"长效机制中不可或缺的重要组成部分。

此外，还有一些其他救济程序，虽然与执行有关，但却不属于执行救济。主要包括：

第一，有些救济程序虽然发生在执行实施案件立案后，但并非针对执行行为提出，因此并不属于执行救济范畴。比如，对仲裁裁决或者公证机关赋予强制执行效力的公证债权文书申请不予执行，其实质是对执行依据不服申请救济。②

第二，最高人民法院《执行工作规定》第十三部分规定的"执行监督"程序，是上级法院或本院发现违法执行行为而主动进行监督，也不属于执行救济范畴，比如，《执行工作规定》第72条规定："上级法院发现下级法院在执行中作出的裁定、决定、通知或具体执行行为不当或有错误的，应当及时指令下级法院纠正，并可以通知有关法院暂缓执行。""上级法院认为请求复议的理由不成立，而下级法院仍不纠正的，上级法院可直接作出裁定或决定予以纠正，送达有关法院及当事人，并可直接向有关单位发出协助执行通知书。"执行当事人虽然可以通过向上级法院信访投诉的方式，争取上级法院依据该条启动执行监督以纠正违法执行行为，但仍属于法院主动进行内部监督的范畴。

---

① 张卫平：《案外人异议之诉的功能和价值》，载《人民法院报》2009年3月26日，第5版。

② 《民事诉讼法司法解释》第479条规定："当事人请求不予执行仲裁裁决或者公证债权文书的，应当在执行终结前向执行法院提出。"《民事诉讼法》第244条第2款、第3款规定了裁定不予执行仲裁裁决的情形："被申请人提出证据证明仲裁裁决有下列情形之一的，经人民法院组成合议庭审查核实，裁定不予执行：（一）当事人在合同中没有订有仲裁条款或者事后没有达成书面仲裁协议的；（二）裁决的事项不属于仲裁协议的范围或者仲裁机构无权仲裁的；（三）仲裁庭的组成或者仲裁的程序违反法定程序的；（四）裁决所根据的证据是伪造的；（五）对方当事人向仲裁机构隐瞒了足以影响公正裁决的证据的；（六）仲裁员在仲裁该案时有贪污受贿，徇私舞弊，枉法裁决行为的。人民法院认定执行该裁决违背社会公共利益的，裁定不予执行。"《民事诉讼法》第245条第2款规定了裁定不予执行公证债权文书的情形："公证债权文书确有错误的，人民法院裁定不予执行，并将裁定书送达双方当事人和公证机关。"

第三，执行回转。有观点认为执行回转也属于执行救济范畴，“执行救济有三类方法或三种制度：其一是异议声明制度；其二是异议之诉制度；其三是执行回转制度”。[①] 但根据《执行工作规定》第65条的规定，执行回转的前提须为“在执行中或执行完毕后，据以执行的法律文书被人民法院或其他有关机关撤销或变更”。而且执行回转，通常需新立执行实施案件，因此将执行回转作为错误裁判的救济程序更为准确。

二、执行救济与普通民事救济

权利救济制度的前提是存在权利。基于权利性质的不同，民事权利救济的途径多种多样，且各自具有不同的规律或者法律构成要件，并由此带来救济制度结构的不同。顾名思义，执行救济产生于执行程序，或者说与人民法院的强制执行行为密切相关。

虽然执行救济属于民事权利救济，但与其他民事权利救济制度相比，具有自身的特点与规律。

第一，两者的请求权基础不同。侵权救济的请求权基础是损害赔偿法律关系；违约救济的请求权基础是合同法律关系。具体到执行救济而言，其权利救济的基础是基于法律的直接规定，而非实体法上的法律关系。尽管在某些执行裁判案件中，实体法上的法律关系会影响甚至决定最终的裁判结果，但并不构成其请求权基础。

第二，两者的救济目的不同。侵权法或者合同法上的救济制度的目的，是解决民事主体之间的法律争议，主要表现为确认或者给付之诉；而执行救济制度的目的，则是确认争议的执行行为是否违法以及针对执行标的主张的实体权利能否阻却执行行为。尽管执行裁判案件在特定情况下可以作出确认权利的判决主项，但确认权利大多被视为对基础法律关系进行审理，并非执行救济制度的主要目的。而且，给付判决被完全排除在执行救济之外。

第三，两者的争议对象不同。普通民事救济争议的法律关系发生在平等主体之间，且基本上与公权力机关或其行为无涉。而执行救济的本质则是保障执行程序得以推进的同时，确保不侵犯执行案件当事人或者案外人的合法权利。因此，执行行为异议，实质上是针对法院而非执行案件对方当事人提出；执行

① 张卫平：《案外人异议之诉的功能和价值》，载《人民法院报》2009年3月26日，第5版。

异议之诉也大多基于法院的执行行为。

第四，两者的争议主体不同。普通民事争议主要发生在所涉法律关系的直接当事人之间，争议一方对于另一方诉求的确认，可以免除另一方的举证责任。而执行救济中，行为异议中介入了人民法院的因素；执行异议之诉案件中，权利的争议并非完全发生在案外人与被执行人之间，申请执行人则必须加入到诉讼之中。被执行人对于诉讼主张的承认，也并不免除案外人或者利害关系人的举证责任。

第五，两者的管辖原则不同。普通民事救济的管辖适用一般管辖原则，执行异议及执行异议之诉实行专属管辖，权利人必须向执行法院提出。

第六，两者对相关程序的影响不同。普通民事权利救济中，通常本案的结果及其效率可能会受到其他诉讼程序结果的影响，如需要等待另案处理结果等。而执行救济制度则不同，案件的处理结果及其效率直接影响正在进行的执行程序。执行程序是实现权利的程序，重在效率，因此执行裁判案件对于效率的要求同样很高。这正是执行异议、复议案件法定审查期限较短的原因所在。

第七，两者寻求救济的前提条件不同。普通民事救济的权利只要在诉讼时效之内提出即可，而执行救济则明显不同。执行行为异议必须在执行程序终结之前提出，执行标的异议则通常必须在执行标的执行完毕前提出。这也是执行程序的效率性要求使然。

第八，两者的审理对象不同。普通民事案件主要审理当事人之间的实体法律关系，并据此认定权利是否存在以及是否应予支持。而执行行为异议案件，重点是审查判断执行行为的合法性问题；执行标的异议则应当从形式上加以审查，只要根据权利外观作出判断即可，而不需要进行实质性审查。这同样是基于执行程序的效率性要求。即使形式审查可能存在问题，也应留待后续的诉讼程序解决。

第九，两者的纠纷解决方式不同。普通民事案件可以进行调解，并可以调解方式结案。但执行裁判案件则不适用调解。一方面，执行行为的合法性无法通过调解解决；另一方面，案外人或利害关系人的权利主张能否阻却执行，同样无法通过调解加以解决。

总之，从上述情况看，执行救济与民事救济的制度及其价值具有明显区别。认识到这些，将有助于我们找准执行裁判工作的功能定位，也有助于确立符合执行裁判规律与特点的工作理念。

三、我国执行救济制度的历史演变

纵观执行救济制度在我国的形成与发展，其过程漫长而曲折。1991 年《民事诉讼法》第 208 条最早创设了执行异议制度，但其主体仅限于案外人，这是我国民事强制执行中仅有的救济方法。1998 年《执行工作规定》第 71 条至第 74 条对此规定得更加详细，但提出异议的主体依然限制在案外人。鉴于执行救济主体范围过于狭窄，且由执行机构在执行程序中自行审查，导致执行案件当事人在其权利遭受侵害时无法寻求救济，同时执行机构做自己案件的法官，有违正当程序以及程序公正原则，存在难以保证异议审查结果的公正性等弊端，2007 年修改的《民事诉讼法》对执行救济制度进行全面改造，主要表现在赋予执行案件当事人对执行行为的异议与复议权利，赋予对执行标的享有实体权利的案外人提出执行异议、提起执行异议之诉以及申请审判监督的权利。2009 年施行的《民事诉讼法执行程序司法解释》对上述规定进一步细化。至此，我国执行救济制度的整体框架结构已经基本搭建起来。

2012 年《民事诉讼法》延续了上述规定。最高人民法院随后公布的多个司法解释或者指导性文件，如《民事诉讼法执行程序司法解释》《异议复议规定》《最高人民法院关于刑事裁判涉财产部分执行的若干规定》《变更、追加当事人规定》《执行立案、结案意见》《关于执行案件移送破产审查若干问题的指导意见》等，都涉及执行救济问题。目前，我国执行救济的范围非常广泛，涉及强制执行案件的各个环节以及各个方面。

四、执行救济的类型

执行救济的外延要大于执行裁判，例如，国家赔偿虽不属于执行裁判范畴，但却属于执行救济范畴。[①] 除国家赔偿外，我国的执行救济制度目前散见于《民事诉讼法》及相关司法解释，总体上采用程序性救济与实体性救济相分离的制度架构。

（一）程序性救济

执行程序中，执行实施机构的任务是依照法律运用强制力，以“保障胜

---

① 《最高人民法院关于审理涉执行司法赔偿案件适用法律若干问题的解释》第 1 条规定：“人民法院在执行判决、裁定及其他生效法律文书过程中，错误采取财产调查、控制、处置、交付、分配等执行措施或者罚款、拘留等强制措施，侵犯公民、法人和其他组织合法权益并造成损害，受害人依照国家赔偿法第三十八条规定申请赔偿的，适用本解释。”

诉当事人及时实现合法权益”。但在强制执行的权力运行中，通常会触及债务人的财产权利甚至人身自由，同时也可能对债权人或案外人的权利产生不当影响。这就要求执行机构在实施强制执行过程中必须遵守法律规定，并尽到应有的注意义务。对于违法或不当的执行行为，必须给予当事人、利害关系人和案外人相应的救济手段，使违法或不当的执行行为能够得到纠正。这种救济手段就是程序性救济。

程序性救济可分为对违法执行的救济和对消极执行的救济。

1. 对违法执行的救济

对违法执行的救济程序，根据其适用对象不同，还可分为一般执行救济与特殊执行救济。

一般执行救济，是指适用于一般情形的执行救济。一般执行救济由执行异议、复议程序构成。《民事诉讼法》第232条规定：“当事人、利害关系人认为执行行为违反法律规定的，可以向负责执行的人民法院提出书面异议。当事人、利害关系人提出书面异议的，人民法院应当自收到书面异议之日起十五日内审查，理由成立的，裁定撤销或者改正；理由不成立的，裁定驳回。当事人、利害关系人对裁定不服的，可以自裁定送达之日起十日内向上一级人民法院申请复议。”如果没有法律和司法解释的特殊规定，当事人、利害关系人认为执行行为违反法律规定的，均应适用执行异议、复议程序寻求救济。

适用一般执行救济，实践中需注意：

（1）对一些特殊的执行行为，虽然当事人、利害关系人有权依照《民事诉讼法》第232条提出异议，但提出异议的期限有特殊规定。如对终结执行行为，根据2016年2月14日公布的《最高人民法院关于对人民法院终结执行行为提出执行异议期限问题的批复》：“当事人、利害关系人依照民事诉讼法第二百二十五条①规定对终结执行行为提出异议的，应当自收到终结执行法律文书之日起六十日内提出；未收到法律文书的，应当自知道或者应当知道人民法院终结执行之日起六十日内提出。批复发布前终结执行的，自批复发布之日起六十日内提出。超出该期限提出执行异议的，人民法院不予受理。”又如，最高人民法院《财产处置参考价规定》第22条规定：“当事人、利害关系人认为网络询价报告或者评估报告具有下列情形之一的，可以在收到报告后五日内

① 现为《民事诉讼法》（2021年修正）第232条。

提出书面异议：（一）财产基本信息错误；（二）超出财产范围或者遗漏财产；（三）评估机构或者评估人员不具备相应评估资质；（四）评估程序严重违法。对当事人、利害关系人依据前款规定提出的书面异议，人民法院应当参照民事诉讼法第二百二十五条①的规定处理。”

（2）一般执行救济所针对的是违法的执行实施行为，对违法的执行裁判行为另有特定的救济程序。

一是对执行异议立案受理行为的救济。首先，执行异议不予受理或者驳回申请的裁定，异议人有权向上一级法院申请复议。《异议复议规定》第2条第3款规定：“异议人对不予受理或者驳回申请裁定不服的，可以自裁定送达之日起十日内向上一级人民法院申请复议。上一级人民法院审查后认为符合受理条件的，应当裁定撤销原裁定，指令执行法院立案或者对执行异议进行审查。”其次，对执行异议申请既不立案又不作出不予受理裁定，或者受理后无正当理由超过法定期限不作出异议裁定的，异议人可以直接向上一级人民法院提出异议。《异议复议规定》第3条规定：“执行法院收到执行异议后三日内既不立案又不作出不予受理裁定，或者受理后无正当理由超过法定期限不作出异议裁定的，异议人可以向上一级人民法院提出异议。上一级人民法院审查后认为理由成立的，应当指令执行法院在三日内立案或者在十五日内作出异议裁定。”再次，对超过异议期限后继续申诉信访的，作为执行监督案件立案审查。《最高人民法院关于人民法院办理执行信访案件若干问题的意见》第16条规定：“当事人、利害关系人在异议期限之内已经提出异议，但是执行法院未予立案审查，如果当事人、利害关系人在异议期限之后继续申诉信访，执行法院应当作为执行监督案件立案审查，以裁定方式作出结论。当事人、利害关系人不服前款所规定执行监督裁定，向上一级人民法院继续申诉信访，上一级人民法院应当作为执行监督案件立案审查，以裁定方式作出结论。”

二是对人民法院在执行救济程序中作出的生效法律文书进行监督的执行监督程序。《最高人民法院关于人民法院办理执行信访案件若干问题的意见》第15条规定：“当事人、利害关系人不服《民事诉讼法》第二百二十五条②所规定执行复议裁定，向上一级人民法院申诉信访，上一级人民法院应当作为执行监督案件立案审查，以裁定方式作出结论。”

---

① 现为《民事诉讼法》（2021年修正）第232条。

② 现为《民事诉讼法》（2021年修正）第232条。

特殊救济程序，是指适用于各个特殊执行程序、针对特殊执行行为的特别执行救济。现行法律、司法解释所规定的特殊救济程序主要有以下种类：

（1）对执行实施案件管辖权提出异议。

《民事诉讼法执行程序司法解释》第3条规定："人民法院受理执行申请后，当事人对管辖权有异议的，应当自收到执行通知书之日起十日内提出。人民法院对当事人提出的异议，应当审查。异议成立的，应当撤销执行案件，并告知当事人向有管辖权的人民法院申请执行；异议不成立的，裁定驳回。当事人对裁定不服的，可以向上一级人民法院申请复议。管辖权异议审查和复议期间，不停止执行。"

（2）第三人对履行到期债务通知提出异议。

《执行工作规定》第45条规定："被执行人不能清偿债务，但对本案以外的第三人享有到期债权的，人民法院可以依申请执行人或被执行人的申请，向第三人发出履行到期债务的通知。……（3）第三人对履行到期债权有异议的，应当在收到履行通知后的十五日内向执行法院提出……"第47条规定："第三人在履行通知指定的期间内提出异议的，人民法院不得对第三人强制执行，对提出的异议不进行审查。"

（3）对确定财产处置参考价的网络询价报告、评估报告提出异议。

根据最高人民法院《财产处置参考价规定》，当事人、利害关系人对确定财产处置参考价的网络询价报告、评估报告有权提出异议，但要区分三种情形：

一是参照《民事诉讼法》第232条规定的执行异议、复议程序处理。《财产处置参考价规定》第22条规定："当事人、利害关系人认为网络询价报告或者评估报告具有下列情形之一的，可以在收到报告后五日内提出书面异议：（一）财产基本信息错误；（二）超出财产范围或者遗漏财产；（三）评估机构或者评估人员不具备相应评估资质；（四）评估程序严重违法。对当事人、利害关系人依据前款规定提出的书面异议，人民法院应当参照民事诉讼法第二百二十五条的①规定处理。"

二是交由相关行业协会组织专业技术评审。《财产处置参考价规定》第23条第1款规定："当事人、利害关系人收到评估报告后五日内对评估报告的参

---

① 现为《民事诉讼法》（2021年修正）第232条。

照标准、计算方法或者评估结果等提出书面异议的，人民法院应当在三日内交评估机构予以书面说明。评估机构在五日内未作说明或者当事人、利害关系人对作出的说明仍有异议的，人民法院应当交由相关行业协会在指定期限内组织专业技术评审，并根据专业技术评审出具的结论认定评估结果或者责令原评估机构予以补正。”第 23 条第 2 款则规定了第 23 条第 1 款规定的异议与第 22 条规定的异议竞合时的处理：“当事人、利害关系人提出前款异议，同时涉及本规定第二十二条第一款第一、二项情形的，按照前款规定处理；同时涉及本规定第二十二条第一款第三、四项情形的，按照本规定第二十二条第二款先对第三、四项情形审查，异议成立的，应当通知评估机构三日内将人民法院委托评估时移交的材料退回，另行委托下一顺序的评估机构重新进行评估；异议不成立的，按照前款规定处理。”

三是按照执行监督程序进行审查处理。《财产处置参考价规定》第 25 条规定：“当事人、利害关系人有证据证明具有下列情形之一，且在发布一拍拍卖公告或者直接进入变卖程序之前提出异议的，人民法院应当按照执行监督程序进行审查处理：（一）议价中存在欺诈、胁迫情形；（二）恶意串通损害第三人利益；（三）有关机构出具虚假定向询价结果；（四）依照本规定第二十二条、第二十三条作出的处理结果确有错误。”

（4）对纳入失信被执行人名单、采取限制消费措施申请纠正及申请复议。

由于联合信用惩戒机制日益完善，对被执行人或相关人员一旦错误采取纳入失信被执行人名单或限制消费措施，将即时对其生产生活产生严重影响，因此需要设置较执行异议、复议程序更为高效快捷的救济程序。《最高人民法院关于公布失信被执行人名单信息的若干规定》第 12 条第 1 款规定：“公民、法人或其他组织对被纳入失信被执行人名单申请纠正的，执行法院应当自收到书面纠正申请之日起十五日内审查，理由成立的，应当在三个工作日内纠正；理由不成立的，决定驳回。公民、法人或其他组织对驳回决定不服的，可以自决定书送达之日起十日内向上一级人民法院申请复议。上一级人民法院应当自收到复议申请之日起十五日内作出决定。”另根据《最高人民法院关于在执行工作中进一步强化善意文明执行理念的意见》第 18 条第 1 款规定，“对被采取限制消费措施申请纠正的，参照失信名单规定第十二条规定办理”。

公民、法人或其他组织依据上述规定提出纠正申请的，应由执行法院的执行机构审查并决定是否予以纠正；认为理由成立的，应当在 3 个工作日内决定纠正；理由不成立的，决定予以驳回。决定书中，应明确告知其享有申请复议的权利。申请执行人或者提出纠正申请的公民、法人或其他组织不服执行法院作出的决定，向上一级人民法院申请复议的，应由上一级人民法院的执行裁判机构审查并作出决定。①

此外，《最高人民法院关于在执行工作中进一步强化善意文明执行理念的意见》第 18 条第 2 款规定："人民法院发现纳入失信名单、采取限制消费措施可能存在错误的，应当及时进行自查并作出相应处理；上级法院发现下级法院纳入失信名单、采取限制消费措施存在错误的，应当责令其及时纠正，也可以依法直接纠正。"因此，相关人员也可以通过直接向上级法院申请监督的方式，请求上级法院纠正错误的纳入失信名单、限制消费措施。

（5）对限制出境措施申请复议。

《异议复议规定》第 9 条规定："被限制出境的人认为对其限制出境错误的，可以自收到限制出境决定之日起十日内向上一级人民法院申请复议。上一级人民法院应当自收到复议申请之日起十五日内作出决定。复议期间，不停止原决定的执行。"

（6）对罚款、拘留决定书申请复议。

《民事诉讼法》第 119 条第 3 款规定："罚款、拘留应当用决定书。对决定不服的，可以向上一级人民法院申请复议一次。复议期间不停止执行。"《民事诉讼法司法解释》第 185 条规定："被罚款、拘留的人不服罚款、拘留决定申请复议的，应当自收到决定书之日起三日内提出。上级人民法院应当在收到复议申请后五日内作出决定，并将复议结果通知下级人民法院和当事人。"第 186 条规定："上级人民法院复议时认为强制措施不当的，应当制作决定书，撤销或者变更下级人民法院作出的拘留、罚款决定。情况紧急的，可以在口头通知后三日内发出决定书。"

（7）对驳回不予执行公证债权文书申请的裁定申请复议。

《异议复议规定》第 10 条规定："当事人不服驳回不予执行公证债权文书申请的裁定的，可以自收到裁定之日起十日内向上一级人民法院申请复议。上一级人民法院应当自收到复议申请之日起三十日内审查，理由成立的，裁定撤销原裁定，不予执行该公证债权文书；理由不成立的，裁定驳回复议申请。复

① 参见《江苏省高级人民法院关于规范被限制高消费、纳入失信名单被执行人的权利救济问题的通知》（苏高法电〔2019〕677 号，2019 年 10 月 12 日）。

议期间，不停止执行。”

（8）对因执行依据无法执行而驳回执行申请的裁定申请复议。

根据《仲裁执行规定》第3条、第4条的规定，仲裁裁决或仲裁调解书执行内容存在特定情形导致无法执行的，人民法院可以裁定驳回全部或部分执行申请。第5条规定：“申请执行人对人民法院依照本规定第三条、第四条作出的驳回执行申请裁定不服的，可以自裁定送达之日起十日内向上一级人民法院申请复议。”有的地方法院认为其他生效法律文书内容不明确导致无法执行的，也应参照前述规定裁定驳回执行申请，并赋予当事人对驳回执行申请裁定向上一级人民法院申请复议的权利。①

2. 对消极执行的救济

消极执行是长期影响执行工作质效和规范的顽疾之一，甚至在实践部门存在这样的说法：“执行权最大的权力不是乱执行，而是不执行。”目前，对消极执行的救济程序主要为申请执行人向上一级人民法院申请督促执行。《民事诉讼法》第233条规定：“人民法院自收到申请执行书之日起超过六个月未执行的，申请执行人可以向上一级人民法院申请执行。上一级人民法院经审查，可以责令原人民法院在一定期限内执行，也可以决定由本院执行或者指令其他人民法院执行。”《民事诉讼法执行程序司法解释》第10条、第11条、第12条，进一步细化了适用《民事诉讼法》第233条的情形及程序。此外，《执行工作规定》第74条规定：“上级法院发现下级法院的执行案件（包括受委托执行的案件）在规定的期限内未能执行结案的，应当作出裁定、决定、通知而不制作的，或应当依法实施具体执行行为而不实施的，应当督促下级法院限期执行，及时作出有关裁定等法律文书，或采取相应措施。对下级法院长期未能执结的案件，确有必要的，上级法院可以决定由本院执行或与下级法院共同执行，也可以指定本辖区其他法院执行。”据此，申请执行人也可通过申请上级法院执行监督的方式寻求对消极执行的救济。

实践中也出现了个别案例，认为《民事诉讼法》第232条规定的执行异议、复议程序并非只限定适用于执行法院在执行程序中的积极行为，当事人认为执行法院的不作为行为侵害其合法权益的，也可以依照该条提出执行异议。例如，最高人民法院（2017）最高法执复58号《中国民生银行股份有限公司

① 参见《江苏省高级人民法院关于立审执协调配合全流程推进切实解决执行难的指导意见》（苏高法〔2020〕131号，2020年6月29日）第18条。

三亚分行、宁波银行股份有限公司北京分行合同纠纷执行审查类执行裁定书》即认为："该法条（《民事诉讼法》第二百二十五条①）规定的'执行行为'并未限定为执行法院在执行程序中的积极作为。《最高人民法院关于人民法院办理执行异议和复议案件若干问题的规定》第七条进一步规定，当事人、利害关系人对'人民法院作出的侵害当事人、利害关系人合法权益的其他行为'提出异议的，人民法院应当依照《民事诉讼法》第二百二十五条②规定进行审查。本案中，执行法院海南高院在收到被执行人宁波银行北京分行应付的4亿元执行款后，以'谈话笔录'的形式明确告知申请执行人民生银行三亚分行，该执行款由于有关公安机关请求协助冻结而不能向其发放。民生银行三亚分行认为海南高院在收到执行款后不予及时发放的不作为行为，侵害了其合法权益，并提出执行异议，符合前述法律和司法解释规定精神，海南高院以民生银行三亚分行系针对执行法院的不作为提出异议，不能依照《民事诉讼法》第二百二十五条③规定的执行异议、复议程序进行审查的认定不妥，应予纠正。""海南高院应就民生银行三亚分行针对该院未予发放执行案款的行为提出的异议，依照《民事诉讼法》第二百二十五条④规定的执行异议、复议程序进行审查。民生银行三亚分行所提执行异议能否成立，由海南高院重新审查后作出认定。"

此外，《民事诉讼法》第233条将"人民法院自收到申请执行书之日起超过六个月未执行"作为适用该条的前提条件，显然适用范围过窄。因为实践中案情瞬息万变，有些执行行为需要相关情况发生后立即作出，否则执行目的就难以实现。此时若仍强制性要求申请执行人只有在执行法院6个月内未执行时才得以寻求救济，显然不利于对其权益的保护。故特殊情况下，应允许申请执行人对消极执行（执行不作为）依照《民事诉讼法》第232条规定的执行异议、复议程序需求救济。

（二）实体性救济

实体性救济，一般认为是指执行行为侵害当事人或者案外人实体权益的，

① 现为《民事诉讼法》（2021年修正）第232条。
② 现为《民事诉讼法》（2021年修正）第232条。
③ 现为《民事诉讼法》（2021年修正）第232条。
④ 现为《民事诉讼法》（2021年修正）第232条。

为维护当事人或第三人的实体权益而进行的救济。[①] 由于执行程序普遍遵循形式化原则（Formalisierungsgrundsatz），执行机构原则上无权审查执行程序中可能涉及的任何实体法律问题，由此就可能出现纵使执行机构严格遵循了法律规定但依然在事实上妨碍或者侵犯当事人实体权利的情形，例如债务人可能基于债务的履行而提出履行抗辩，或者主张抵销债务，第三人亦可能对执行标的主张阻却让与的权利或者优先受偿的权利。法律上基于此种原因为当事人设定的救济途径就被称为实体性执行救济。[②]

此外，如果当事人或者案外人对追加变更被执行人、财产分配方案等提出异议，实际上也往往属于实体争议。对这些在执行程序中发生的有关实体权利义务的争议，有必要设置实体上的救济途径，明确赋予当事人或案外人提起诉讼的权利，由法院依照通常的诉讼程序进行审理，以保障争议各方充分进行言词辩论和举证质证，从而查明相关实体权益真实状况并作出裁判。此类诉讼通常被称为执行异议之诉。

有观点按照诉讼标的不同，将我国现行的执行异议之诉分为四类：针对特定财产的执行异议之诉、针对特定主体的执行异议之诉、针对分配方案的执行异议之诉，以及针对执行依据实体请求权的执行异议之诉。[③] 我们赞同这种分类方式。

除此之外，也有观点认为《查封、扣押、冻结规定》第 12 条第 3 款规定的代位析产之诉[④]也属于实体性救济范畴。但因代位析产之诉的目的，是排除被执行人与他人的财产以共有状态对债权人实现债权的妨碍，因此其虽然也是执行衍生诉讼，然而严格而论并不属于执行救济范畴。

1. 针对特定财产的执行异议之诉

强制执行贵在迅速、及时，故遵循外观主义和形式化原则，执行法院通常依外观事实对被执行人的责任财产予以认定，从而难免将事实上属于案外人的财产作为被执行人的财产予以执行。在这种情况下，执行行为并不必然违反程

---

① 江必新主编：《强制执行法理论与实务》，中国法制出版社 2014 年版，第 423 页。

② 赵秀举：《论民事执行救济——兼论第三人执行异议之诉的悖论与困境》，载《中外法学》2012 年第 4 期。

③ 范向阳主编：《执行异议之诉的规则与裁判》，人民法院出版社 2019 年版，第 12 页。

④ 《查封、扣押、冻结规定》第 12 条第 3 款规定："共有人提起析产诉讼或者申请执行人代位提起析产诉讼的，人民法院应当准许。诉讼期间中止对该财产的执行。"

序法上的规定，但却会使被执行人实体法上合法权益受到侵害。[①]

为此，我国法律赋予了案外人通过案外人异议和执行异议之诉进行救济的权利。与此对等，也赋予了申请执行人请求将争议财产纳入被执行人责任财产的救济权利，即许可执行之诉，又称申请执行人执行异议之诉。《民事诉讼法》第234条规定："执行过程中，案外人对执行标的提出书面异议的，人民法院应当自收到书面异议之日起十五日内审查，理由成立的，裁定中止对该标的的执行；理由不成立的，裁定驳回。案外人、当事人对裁定不服，认为原判决、裁定错误的，依照审判监督程序办理；与原判决、裁定无关的，可以自裁定送达之日起十五日内向人民法院提起诉讼。"有关案外人执行异议之诉和申请执行人执行异议之诉的其他规定，详见《民事诉讼法执行程序司法解释》第14~16条、《民事诉讼法司法解释》第十五部分"执行异议之诉"、《异议复议规定》、《全国法院民商事审判工作会议纪要》（法〔2019〕254号）第十一部分"关于案外人救济案件的审理"等司法解释、规范性文件。

2. 针对特定主体的执行异议之诉

根据执行力扩张理论，受一定事由的作用，执行依据对人的效力范围扩张至执行依据所载当事人之外的第三人，对该第三人亦产生强制执行上的权利义务关系。[②] 上述理论在法律制度上的体现，有学者称之为民事执行当事人的变化，[③] 在我国立法和司法实践中表现为执行当事人的变更或追加。同时，也需在制度上保障被变更、追加的案外人或者被驳回变更、追加申请的申请执行人通过提起变更、追加执行异议之诉的方式获得救济。

根据变更、追加当事人的复杂程度，又分别规定了复议、诉讼两种救济途径。针对基于出资不足、抽逃出资、清算责任等实体责任需要追加第三人为被执行人的复杂情形，明确赋予各方不服裁定可以提起诉讼的权利，力求在迅速实现债权与充分程序保障、执行效率与执行公正之间找到最佳平衡点。[④]《变更、追加当事人规定》第30条规定："被申请人、申请人或其他执行当事人

① 江必新主编：《强制执行法理论与实务》，中国法制出版社2014年版，第446页。

② 刘贵祥：《执行程序变更、追加被执行人若干问题之检讨》，载《人民法院报》2014年7月2日，第8版。

③ 谭秋桂：《论民事执行当事人变化的程序构建》，载《法学家》2011年第2期。

④ 最高人民法院2016年11月8日关于办理财产保全案件等三个执行司法解释及规范性意见新闻发布会实录，载中国法院网，https://www.chinacourt.org/chat/fulltext/listId/46027/template/courtfbh20161108.shtml，2020年1月31日访问。

对执行法院作出的变更、追加裁定或驳回申请裁定不服的，可以自裁定书送达之日起十日内向上一级人民法院申请复议，但依据本规定第三十二条的规定应当提起诉讼的除外。”第32条第1款规定：“被申请人或申请人对执行法院依据本规定第十四条第二款、第十七条至第二十一条规定作出的变更、追加裁定或驳回申请裁定不服的，可以自裁定书送达之日起十五日内，向执行法院提起执行异议之诉。”

3. 针对分配方案的执行异议之诉

《民事诉讼法执行程序司法解释》第17条规定：“多个债权人对同一被执行人申请执行或者对执行财产申请参与分配的，执行法院应当制作财产分配方案，并送达各债权人和被执行人。”依据该条规定，在两种情形下“执行法院应当制作财产分配方案”：一是多个债权人对执行财产申请参与分配的；二是除参与分配之外，多个债权人对同一被执行人申请执行的，比如被执行人为企业法人，或者被执行人虽非企业法人，但债权人分别申请执行而未申请参与分配。对分配方案不服，可区分为实体性异议和程序性异议。前者适用《民事诉讼法司法解释》第509~510条[①]关于分配方案异议及分配方案异议之诉的规定救济；后者适用《民事诉讼法》第232条关于执行异议、复议的规定救济。

4. 针对执行依据实体请求权的执行异议之诉

当债权人持生效的执行依据申请执行时，依据《执行工作规定》第16条的规定，受理执行申请的法院对执行依据所载明的债权请求权仅仅进行形式上的审查，至于该执行依据所载债权在实体上是否存在或者是否超过申请强制执行的时效并不进行实质审查。但是，从实际情况看，在执行依据形成之后，甚至在执行依据形成之前，由于履行、放弃和抵销等债之消灭事由，债权人（申请执行人）对于债务人（被执行人）实体上的请求权可能部分乃至全部消灭，或者丧失请求国家强制力实现的效力，被执行人当然可以就此向执行法院提出异议。[②]

《异议复议规定》第7条第2款规定：“被执行人以债权消灭、丧失强制执行效力等执行依据生效之后的实体事由提出排除执行异议的，人民法院应当

---

① 《民事诉讼法执行程序司法解释》第17条、第18条相关规定与《民事诉讼法司法解释》第509条、第510条规定基本一致。

② 范向阳主编：《执行异议之诉的规则与裁判》，人民法院出版社2019年版，第14~15页。

参照民事诉讼法第二百二十五条[①]规定进行审查。”第7条第3款规定：“除本规定第十九条规定的情形外，被执行人以执行依据生效之前的实体事由提出排除执行异议的，人民法院应当告知其依法申请再审或者通过其他程序解决。”

但上述规定亦有例外情形。《公证执行规定》第22条第1款规定：“有下列情形之一的，债务人可以在执行程序终结前，以债权人为被告，向执行法院提起诉讼，请求不予执行公证债权文书：（一）公证债权文书载明的民事权利义务关系与事实不符；（二）经公证的债权文书具有法律规定的无效、可撤销等情形；（三）公证债权文书载明的债权因清偿、提存、抵销、免除等原因全部或者部分消灭。”有观点认为，“该条规定正式标志着债务人异议之诉在我国的确立”[②]。

第三节　执行裁判权行使

一、执行裁判部门

（一）设立执行裁判部门的历史沿革

从执行裁判部门出现和发展的过程看，总体上可分为三个阶段。

1. 第一阶段：执行裁判部门开始出现

早在2004年，长沙市中级人民法院就单独设立了从执行局剥离而出的执行裁判监督庭。[③] 2005年，成都市中级人民法院也在执行局外设立了与执行局、其他业务庭平行的执行裁判监督庭。[④] 对“长沙模式”，陈卫东教授认为：“这种模式很好地解决了执行工作中的监督问题。因为分离出来后的执行裁判庭，它不单是一种对实体和程序事项的裁判职能，它还对执行事务局的执行实施过程进行监督。”[⑤]

值得注意的是，当时的民事诉讼法尚未将执行实施程序与执行救济程序明确区分，因此在早期的司法实践中，采用了机构分立的方式（在执行机构外

① 现为《民事诉讼法》（2021年修正）第232条。

② 范向阳主编：《执行异议之诉的规则与裁判》，人民法院出版社2019年版，第15页。

③ 参见蒋安杰：《司法改革名家关注“长沙模式”》，载《法制日报》2004年3月25日。

④ 参见王鑫、张荣文、周牧、黄却：《中院设立执行裁判监督庭》，载《成都晚报》2005年1月12日。

⑤ 参见蒋安杰：《司法改革名家关注“长沙模式”》，载《法制日报》2004年3月25日。

部设立执行裁判部门）以加强对执行权的监督制约。

2. 第二阶段：执行机构内部的执行监督、审查部门办理程序性救济案件，民事审判部门办理实体性救济案件

2007 年《民事诉讼法》修正，在执行程序中增设了执行异议复议、执行监督、案外人异议程序。以此为依据，最高人民法院采用了在执行机构内部设立执行监督审查部门的改革方案。2009 年印发的《关于进一步加强和规范执行工作的若干意见》（法发〔2009〕43 号）规定："统一执行机构设置。各级人民法院统一设立执行局，并统一执行局内设机构及职能。高级人民法院设立复议监督、协调指导、申诉审查以及综合管理机构，中级人民法院和基层人民法院设执行实施、执行审查、申诉审查和综合管理机构。复议监督机构负责执行案件的监督，并办理异议复议、申请变更执行法院和执行监督案件；协调指导机构负责跨辖区委托执行案件和异地执行案件的协调和管理，办理执行请示案件以及负责与同级政府有关部门的协调；申诉审查机构负责执行申诉信访案件的审查和督办等事项；综合管理机构负责辖区执行工作的管理部署、巡视督查、评估考核、起草规范性文件、调研统计等各类综合性事项。"

最高人民法院 2011 年印发的《关于执行权合理配置和科学运行的若干意见》（法发〔2011〕15 号）进一步将执行权区分为执行实施权和执行审查权，并明确要求："地方人民法院执行局应当按照分权运行机制设立和其他业务庭平行的执行实施和执行审查部门，分别行使执行实施权和执行审查权。""执行审查权的范围主要是审查和处理执行异议、复议、申诉以及决定执行管辖权的移转等审查事项。执行审查权由法官行使。""执行审查事项的处理应当采取合议制。"同时规定："案外人执行异议之诉、申请执行人执行异议之诉、执行分配方案异议之诉、代位析产之诉等涉执行的诉讼，由人民法院的审判机构按照民事诉讼程序审理。"

这一阶段的主要特点是，执行程序性救济案件主要由设于执行局内部的复议监督机构或申诉审查机构办理，而实体性救济则由相关民事审判部门办理。

3. 第三阶段：独立于执行机构的执行裁判部门一并办理程序性救济案件和实体性救济案件

2014 年党的十八届四中全会作出的《中共中央关于全面推进依法治国若干重大问题的决定》提出："完善司法体制，推动实行审判权和执行权相分离的体制改革试点。"为贯彻落实上述要求，最高人民法院先后批复同意广东、

浙江、广西、江苏、上海、贵州、青海高院和河北唐山中院、四川成都中院等九个地区法院的试点改革方案。各试点地区法院均着眼于审判权与执行权在法院内部深化分离，侧重权力制约，规范执行行为，强化执行实施的统一管理与协调。其中设立了执行裁判庭的省（自治区、直辖市）有广东、广西、上海、浙江、河南、江苏等。

以江苏为例，根据《江苏省高级人民法院关于实行审判权与执行权相分离体制改革的实施方案》，其主要改革措施为：以原执行局裁决处（科）为基础组建执行裁判庭，负责行使与执行有关的裁判事项，审理执行程序中涉及实体权利的重大事实和法律争议，形成审判权对执行权的有效制约和监督。执行裁判庭分离出执行局，与其他审判业务庭平行。基层法院由于执行审查类案件和执行相关诉讼案件数量较少，执行裁判庭可与其他审判业务庭合署，并在该审判业务庭增挂执行裁判庭牌子。执行裁判庭按照审判业务庭要求配置庭长、副庭长、法官、法官助理和书记员。

然而，各试点地区关于设立执行裁判部门这一改革举措的具体做法并不一致，存在许多不统一之处：

一是机构名称不统一。大部分试点地区称执行裁判庭，但也有少数称执行裁决庭、执行决定庭、执行裁判监督庭、执行速裁庭等。

二是机构设置不统一。主要有两种类型：一为内置型，即虽然设立执行裁判庭，但仍作为执行局的内设机构；二为外置型，即执行裁判庭独立于执行局，与其他审判业务庭平行。外置型又存在三种亚型：一为单一型，即执行裁判庭只办理执行裁判类单一类型案件，不办理其他类型案件。二为加挂型，即执行裁判庭除办理执行裁判类案件外，还办理其他类型案件，同时加挂其他审判庭牌子，或者在其他审判庭加挂执行裁判庭牌子。如广东高院就在设立破产审判庭同时加挂了执行裁判庭牌子，该庭以办理破产案件为主，兼办执行裁判类案件。三为兼办型，即执行裁判类案件交由特定审判庭兼顾集中办理。

三是职权配置不统一。唐山中院把执行局原内设的执行一庭改设为执行裁决庭，脱离执行局，负责审查处理执行行为异议和部分案外人异议案件，审理涉执诉讼一审、二审案件；[1] 上海高院将执行裁决权、涉执行诉讼审判权和非

① 参见罗书臻：《为审执分离改革提供可复制可推广的经验——全国法院审执分离体制改革试点工作经验交流会发言综述》，载《人民法院报》2016年9月13日，第1版。

诉行政执行审查权配置给执行裁判庭行使；[①] 浙江省高级人民法院执行局仅负责执行实施，涉及执行裁决的事项，均由另行组建的执行裁决庭行使；[②] 四川高院着重解决“裁执混同、执行权运行不畅、监督制约乏力”等问题，将执行分配方案异议之诉、案外人异议之诉、代位权诉讼等案件交由民事审判部门负责，将执行异议复议、追加变更执行主体、不予执行、驳回执行申请等涉及当事人、利害关系人重大权益的判断问题交由执行裁决部门审查，将终本案件审批权交由审判监督部门审查批准案件终本。[③]

但总体而言，多数试点地区法院选择的改革方案是：设立独立于执行局的执行裁判庭，执行裁判庭兼办执行程序性救济和实体性救济案件。

在试点基础上，最高人民法院 2016 年印发的《关于落实“用两到三年时间基本解决执行难问题”的工作纲要》规定：“实行执行权和审判权科学合理分离。进一步优化执行权的科学配置，设立执行裁判庭，审理执行程序中涉及实体权利的重大事实和法律争议，形成审判权对执行权的有效制约和监督。”这是在最高人民法院的文件中首次提出关于设立执行裁判庭的要求。

2019 年，最高人民法院在《关于深化执行改革健全解决执行难长效机制的意见——人民法院执行工作纲要（2019—2023）》中进一步明确提出：“加快推进审执分离体制改革。将执行权区分为执行实施权和执行裁判权，案件量大及具备一定条件的人民法院在执行局内或单独设立执行裁判庭，由执行裁判庭负责办理执行异议、复议以及执行异议之诉案件。不具备条件的法院的执行实施工作与执行异议、复议等裁判事项由执行机构不同法官团队负责，执行异议之诉案件由相关审判庭负责办理。”

从该纲要规定看，有两方面的重大突破，进一步强化了对救济权的保障力度：一是明确了执行裁判权的职责范围，为办理执行异议、复议以及执行异议之诉案件，从而将执行中的程序性救济和实体性救济均纳入执行裁判权范畴。由此可见，执行裁判权与最高人民法院《关于执行权合理配置和科学运行的若干意见》提出的执行审查权内涵并不相同，其外延大于执行审查权。二是

① 参见罗书臻：《为审执分离改革提供可复制可推广的经验——全国法院审执分离体制改革试点工作经验交流会发言综述》，载《人民法院报》2016 年 9 月 13 日，第 1 版。

② 参见徐霄桐：《法院审执改革浙江尝试执行裁决与实施相分离》，载 https://news.caijingmobile.com/article/detail/199183，2021 年 8 月 16 日访问。

③ 参见罗书臻：《为审执分离改革提供可复制可推广的经验——全国法院审执分离体制改革试点工作经验交流会发言综述》，载《人民法院报》2016 年 9 月 13 日，第 1 版。

明确规定可以在执行局外部单独设立执行裁判庭。执行局成为纯粹行使执行实施权的机构，而执行裁判权彻底从执行局剥离，由独立于执行局的执行裁判庭行使。

（二）执行裁判部门应当外置于执行局单独设立

1. 必要性

法谚云："任何人不能做自己案件的法官。""冲突的任何解决方案都不能包含有冲突解决者自己的利益。"在执行程序中，当事人、利害关系人或者案外人认为其合法权益因执行机构违法或不当的执行行为受到侵害而寻求救济时，需要有一个处于中立地位的机构来解决纠纷。然而如前所述，我国民事执行机构的设置模式属于"内置单一式"，即把民事执行权统一交由执行局，而执行局设置于法院内部。[①] 由于执行当事人寻求救济的目的就是纠正法院自己作出的执行行为，法院既当"执行员"，又当"裁判员"，其内部监督在独立性、中立性方面不可避免存在一定局限性。

从司法实践看，以往在执行局内部设立对执行裁决（审查）机构的做法，在发挥监督纠正违法执行作用方面并不理想，存在以下困难：

一是程序启动困难。由于执行审查部门设在执行局内部，当事人认为执行行为违法提出的异议往往首先作为信访投诉处理，实在无法化解的方才作为执行异议案件立案。因此存在执行异议、复议案件有案不立的情况。

二是独立审查困难。办理执行实施案件是执行局的核心职责，而执行实施权的行使采用类似行政权的审批制，因此执行实施部门有关案件处理的许多重大决定往往由执行局长作出。如果当事人对此提出异议，执行审查部门实质上是对上级领导进行监督。此外，有的法院执行局人员较少，遇有重大执行案件，往往需要倾巢出动，即使是执行裁决人员也不得不参与执行实施；在执行力量紧张的情况下，还有的法院采用执行人员兼办实施、裁决案件的方式，遇有当事人提出执行异议则进行交叉审查。这些都造成对执行权的监督实质上无法独立进行。

三是办案思路转换困难。人民法院内部专门负责强制执行的执行局，既行使运行规律近似行政权的执行实施权，又行使运行规律近似审判权的执行裁判权，在工作理念、工作方式上也存在冲突。甚至出现执行实施案件和执行审查

① 参见周继业主编：《强制执行新实践》，法律出版社 2018 年版，第 104 页。

案件办理思路的相互干扰，不仅执行监督无法到位，而且执行实施工作也受到影响。

在不改变“内置单一式”执行机构设置模式的前提下，为最大限度克服内部监督存在的局限性，就有必要将执行实施权和执行裁判权彻底分离，并分由互不隶属、互相独立的不同机构行使，以确保内部监督的独立性、中立性，从而真正形成权力的制衡和监督。这也是“深化内分、适当外分”这一最高人民法院提出的审执分离执行体制改革最优模式①的核心要义。

因此，设立独立于执行局的执行裁判庭，是保障对执行实施权的监督能够独立进行、免受干扰的必然选择。

2. 可行性

由于地方三级法院职能定位的差异，在纵向上不同级别的法院在设立执行裁判部门时，可以根据各级法院案件结构的特点、机构设置的要求等采取不同的方式。

第一，就基层人民法院而言，执行裁判案件通常数量较少，且内设机构改革后保留的机构数量少，因此宜将执行裁判庭职能纳入综合审判庭或民事审判庭。但在同一设区市范围内，执行裁判职能应当统一配备在某一个民事审判业务条线，以便对下监督指导和统一裁判尺度。同时，执行裁判案件数量较少，为加强审判专业性、规范性，此类案件不宜采用“随机分案、人人都办”的模式，而应确定专业合议庭由专人办理。今后如果落实执行统一管理体制改革和执行无纸化办案后，由于信息沟通成本降低且无须纸质卷宗流转，还可在执行案件数量少且辖区地域面积小的地区试行基层法院执行裁判案件集中管辖。

第二，就高中级人民法院而言，执行裁判案件较多的可单独设立执行裁判庭，较少的可在其他审判业务庭加挂执行裁判庭牌子，兼行执行裁判职能，但应确定专业合议庭由专人办理。有观点认为，开展四级法院审级职能定位改革后，高级人民法院基本并无自办执行实施案件，是否可以将执行裁判部门设立

① 最高人民法院课题组经过深入调研，认为“深化内分、适当外分”应当是我国审判权和执行权相分离的体制改革的最优模式，其在理论上更符合法律的正义价值和效率价值，更有利于形成审判权和执行权之间差异性和共通性的平衡；在功能上更有利于消解目前造成“执行难”的主要因素，更有利于执行手段和资源利用效率的提升，也更有利于使执行机关获得充足且可控的资源；在操作上则更易于衔接目前的执行体制，更加契合执行工作的未来发展方向，具有其他模式无可比拟的成本优势。参见江必新、刘贵祥：《审判权和执行权相分离的最优模式》，载《法制日报》2016 年 2 月 3 日，第 12 版。

于执行局内部？我们认为，此种情况下高级人民法院仍应单独设立执行裁判部门。这是因为：首先，高级人民法院还行使大量执行协调、统一指挥以及对消极执行的监督等权力，其实质仍是执行实施权。其次，将执行复议以及审查类执行监督案件从执行局剥离后，高级人民法院执行局可专注于对辖区执行工作的统一管理、对下业务指导以及执行实施体系的内部监督。地方三级法院也就此可以实现审判权和执行权的彻底分离，执行局成为纯行政性质的业务部门，执行实施权的纵向统一管理和横向分权集约改革由此可以更加顺理成章地推动，从而更有利于推进切实解决“执行难”。

二、执行裁判部门的受案范围

执行裁判部门的受案范围就是其职权范围，应当清晰地划出边界。

一方面，执行裁判部门的受案范围，应当满足设立该部门的功能需求。从设立执行裁判部门的目的看，其具有双重的功能需求：一是对违法执行行为的救济（办理程序性救济案件），二是处理执行程序中涉及实体权利的争议（办理实体性救济案件）。这双重功能需求实际上有所偏重——前者是核心，后者是从属。这是因为，对违法执行行为的救济，传统上被认为属于执行权的范畴（程序性救济或者执行审查类案件），将其从执行实施机构剥离纳入审判权范畴并设立执行裁判庭，其实质是通过机构分立，以强化对执行实施权的监督制约进而遏制执行乱问题；而处理执行程序中涉及实体权利的争议，则通常且从来都被认为属于审判权的范畴，以此为目标设立执行裁判庭的实质，则是将原本根据执行依据案由分散在各民事审判庭审理的涉执行诉讼案件实行集中审理，以解决审判专业化的问题。从前者出发，执行裁判庭的性质是类似于审判监督庭、国家赔偿办公室等的内部监督部门，属于“非有不可”；而从后者出发，则执行裁判庭的性质是类似环境与资源审判庭、金融审判庭等的专业审判部门，属于“有了更好”。从这个角度看，执行裁判庭实应改称为“执行监督与裁判庭”更加贴合其功能。

另一方面，执行实施权内部为实现统一管理而行使的层级监督权力仍应由执行局保留。比如上级人民法院执行局发现下级人民法院执行行为存在错误或不当而依据《执行工作规定》第 72 条主动启动执行监督的权力。同时，应注意有一些具有部分裁判特征但实为执行实施的权力不应划入执行裁判部门职权。

从审判权与执行权相分离体制改革试点地区情况看，执行裁判部门办理的案件类型主要有以下四类：(1）涉执行诉讼案件，包括案外人执行异议之诉、申请执行人执行异议之诉、执行分配方案异议之诉、追加被执行人异议之诉、代位析产之诉等。(2）执行异议、复议案件以及对异议、复议不服申诉的执行监督案件。(3）执行实施案件中具有裁决事项的案件，如追加变更被执行人等。还有的法院将对负有协助义务的案外人未尽协助义务，审查、裁定其向申请执行人承担责任；审查、追究擅自处分已控制财产人的赔偿责任；执行交付财产案件中被执行人无法交付财产，审查、追究折价赔偿责任；审查、裁定对第三人强制执行和承担连带清偿责任等，也纳入执行裁判庭职权范围①。(4）其他与执行相关的案件。如江苏规定，有条件的执行裁判庭可以办理执行程序转破产程序的破产案件和拒不执行判决、裁定罪刑事自诉案件；上海三级法院执行裁判庭还行使非诉行政执行审查权。从职权配置看，各地执行裁判庭基本都办理上述第（1）类案件，大部分办理第（2）类案件，第（3）(4）类案件只有少部分地区办理。

我们认为，上述四类案件并非都应当纳入执行裁判部门受案范围。第(1）类为涉执行诉讼案件，从审判专业化角度应由执行裁判部门办理；第(2）类为执行审查类案件，从审执分离、强化监督角度也应由执行裁判部门办理；第（4）类如“执转破”的破产案件、拒执罪刑事案件、非诉行政执行审查案件等，原本由破产、刑事、行政审判等部门办理，但交由执行裁判部门办理可在一定程度上发挥业务相近的优势，因此可以但不必须由执行裁判部门办理。唯有第（3）类案件，实质是执行实施中的判断和裁决性权力，虽然某些特征与执行裁判权相近，但仍应属于执行实施权范畴，不应由执行裁判部门受理。

根据上述原则，江苏法院确定执行裁判部门的职权为办理执行异议、复议等执行审查类案件，审理执行程序中涉及实体权利的重大事实和法律争议。具体为：

(1）办理执行异议案件（案号“执异”)；

(2）办理执行复议案件（案号“执复”，基层法院除外)；

(3）办理除对消极执行督办案件以外的执行监督案件（案号“执监”)；

① 参见王鑫、张荣文、周牧、黄却：《中院设立执行裁判监督庭》，载《成都晚报》2005年1月12日。

（4）办理涉执行的诉讼案件，包括案外人执行异议之诉、申请执行人执行异议之诉、执行分配方案异议之诉、代位析产之诉等；

（5）办理与上述类型案件有关的执行请示案件（案号“执他”，基层法院除外）；

（6）有条件的执行裁判庭可以办理执行程序转破产程序的破产案件和拒不执行判决、裁定罪刑事自诉案件。

同时，考虑到执行实施权统一管理以及执行实施案件办理效率的需要，办理对下级法院消极执行进行督办的执行监督案件（案号“执监”）的职责应当交由执行局行使。

第二章　执行裁判的理念、原则和进路

第一节　执行裁判的理念

一、确立执行裁判工作理念的必要性

裁判理念是指人民法院在审理某类案件时应当秉持的指导思想。不同的裁判理念决定不同的裁判思路，导致不同的裁判方式，产生不同的裁判结果。①裁判理念源于审判实践经验，并经理性思考、归纳提炼后形成系统化的认识和观念，具有稳定性、原则性和基础性，能够反过来指导审判实践。

与人民法院其他类型案件相比，执行裁判案件总体具有新、难、特这三个特点，这决定了执行裁判权的妥当行使必须更加依赖于科学的工作理念加以指导。

首先，执行裁判案件属于新类型案件。执行异议、复议及执行异议之诉等执行救济程序，在我国法律制度中出现较晚，至2007年《民事诉讼法》修改初步形成体系，后经过2012年《民事诉讼法》再次修改，以及一系列司法解释的陆续出台，近年来才呈现规则逐步稳定、制度渐趋完善的状态，但制度供给不足的问题依然较其他审判领域突出。对许多法院和大部分审判人员而言，此类案件仍属新类型案件，骨干审判力量的培养、成熟审判经验的形成，都需要在正确的工作理念指引下进行积累。

其次，执行裁判案件审理难度较大。执行异议、复议及执行异议之诉等执行裁判案件，由执行实施程序衍生而出，涉及审判、执行、执行救济等多种法律关系以及执行当事人、利害关系人、案外人等多方主体。尤其是执行异议之诉案件，各种权利纠缠冲突，审理中实体与程序交错、公法与私法交融，需要

---

① 刘振、马倩：《民事再审裁判理念之提炼及其运用》，载《法律适用》2014年第8期。

执行与审判并重、效率与公正兼顾。“执行异议之诉是从执行程序中衍生出的一种兼有实体利益目的的特殊类型诉讼，具有确定当事人之间实体法律关系和排除法院强制执行的双重作用。”① 这些都对执行裁判案件审理人员知识的复合性、能力的综合性提出了更高要求，也更需要有明确的工作理念才能防止在思路上的偏差。

最后，执行裁判案件极具中国特色。与诉讼制度相比，世界各国和地区的民事强制执行制度受政治体制、历史文化、社会结构等影响，呈现更加丰富多彩的形态。我国民事强制执行制度虽然对一些大陆法系国家和地区有所借鉴，但仍然具有鲜明的法域特色。执行异议、复议及执行异议之诉等执行救济程序也是如此。正如有学者指出，“从逻辑上讲，为了保障法律救济的有效性，创设救济制度时自然应当以其所适用的法律领域内的基本原则和法律关系为导向。但是与审判程序不同，强制执行法领域内的一个基本现状就是，迄今为止缺乏系统的基本原则和理论体系构建，就连执行机构的设置各国也是千差万别。由此导致的一个直接后果是，各国立法者在塑造执行救济制度时并没有统一的理论可供遵循，而主要是以本国现有的法律救济体系和司法实践为出发点，因此各国的执行救济制度形态迥异也就不足为奇了”。② 这使此类案件的审理难以直接从其他国家和地区获得可供学习和借鉴的经验，更多地需要紧密结合我国当前法治国情，根据符合执行裁判规律的工作理念在实践中进行探索。

执行裁判案件的上述特点，决定了与其他审判领域相比，执行裁判权的妥当行使必须更加依赖于科学的工作理念加以引导。

二、执行裁判理念的主要方面

（一）权益保护理念

坚持以人民为中心，“努力让人民群众在每一个司法案件中感受到公平正义”，是各类审判工作都需坚持的导向。最高人民法院多次强调，要将权利保护理念融入审判执行工作各环节，切实保护人民群众的人身权利、财产权利以

---

① 王毓莹：《执行异议之诉案件的裁判理念与思路》，载《人民法院报》2017年9月27日，第7版。

② 赵秀举：《论民事执行救济——兼论第三人执行异议之诉的悖论与困境》，载《中外法学》2012年第4期。

及其他合法权益，不断增进人民福祉、促进人的全面发展。[①]

执行裁判案件产生于执行救济程序，其目的就是通过有效监督、及时发现和纠正违法或不当的执行实施行为，从而依法保护执行当事人、利害关系人或案外人的合法权益。我国民事执行机构“内置单一式”的设置模式，使对执行实施权常态化的外部监督较为缺乏，内部监督是主要监督途径。而内部监督中，执行实施机构条线的上下级监督又更多依赖于上级人民法院的能动性和统一管理体制运行的顺畅性，且更侧重于监督和纠正而非对当事人、利害关系人、案外人的救济。因此执行裁判案件的审理，是执行程序中保护当事人、利害关系人、案外人合法权益的最为直接、最为常态、最为有效同时也是不可或缺、无可替代的渠道。将“以人民为中心”作为执行裁判工作的出发点和落脚点，就是要强化权益保护的理念，提供更便捷、更高效、更优质的执行救济。

执行裁判的权益保护理念体现在以下三个方面：

1. 全面保护

执行程序中，法院的任务是“保障胜诉当事人及时实现合法权益”。因此执行实施程序中，执行法院天然侧重于保障实现债权人（申请执行人）合法权益。“由于执行名义的存在，债权人与债务人之间已经无法像在审判程序中一样进行积极的、动态的对抗，而仅仅是维持一种单方向性的对立，即由债权人指向债务人。”“执行程序存在的根本意义就在于为债权人的利益服务，帮助债权人实现债权，这样的目标设定使得执行机构很难在当事人之间保持中立地位，尽管执行员作为公职机关的法律地位要求其保持中立。”[②] 此时，执行机构虽然与审判机构一样是国家权力的行使者，但它在执行程序中的地位却与审判机构在审判程序中的地位明显不同，其执行实施行为也具有主动性、单向性。

此时，就需要有执行裁判权平衡具有主动性、单向性的执行实施权，以实现对申请执行人以外的其他当事人或利害关系人、案外人的合法权益进行全面保护。因此，我国现行法律、司法解释对执行实施权的作用对象（被执行人、利害关系人、案外人）均赋予了在执行程序中申请程序救济或实体救济的权

① 参见《全国法院贯彻实施民法典工作会议纪要》（法〔2021〕94号）。

② 赵秀举：《论民事执行救济——兼论第三人执行异议之诉的悖论与困境》，载《中外法学》2012年第4期。

利。当然，执行实施权也可能对债权人（申请执行人）产生侵害，法律亦赋予了其特定情况下的救济权，如提起许可执行之诉。

同时，为防止执行实施权对相关主体造成不可挽回、不可弥补的侵害，执行救济程序的构造与普通民事诉讼救济程序也存在巨大差别。它不属于典型的事后性救济，它更强调预防性保护，通过撤销、终止执行措施来防止损害权利人利益的强制执行。① 不同于一般救济的后置性制度设计，执行异议之诉是一种预防性的保护，旨在通过阻止执行措施的实施来防止损害权利人利益的强制执行。② 这种预防性的救济，也是执行裁判全面保护各方权益的重要体现。

2. 平衡保护

执行异议之诉是罩在审判程序外衣下的相关权利人之间的民事法律关系的实体纠纷。③ 这是因为在同一执行标的上，往往负载着相互冲突的多种权利，金钱债权与民生权利、实体权利与程序权利相互交织，而且所涉不同权利的识别难度较大，不同权利孰更优位存在重大分歧。案外人享有的民事权益是否能够排除法院的强制执行，是案外人异议之诉案件审理的基点。法院审判展开的基本思路是，案外人享有一个什么样的民事权益及其对抗性效力如何。④ 因此，执行异议之诉案件审理的核心，就是依法对民事权益的实体内容进行审查和甄别，对不同类型的权益进行比较和排序，以实现各类权益的平衡。

由于权利类型的多样性，司法实践在很多问题上还存在分歧。尤其是涉及对于权利性质的判断与权利冲突时的处理规则，往往缺乏明确的裁判标准。但根据民法的基本原则，可以确定物权优先于债权、法律规定的特殊债权优先于普通债权的原则处理同一标的物上产生的权利冲突。此外，还应坚持生存利益优先原则。例如，生存利益与经营利益发生冲突需要权衡时，应当正视我国现阶段房屋交易市场不完善和部分人民群众法律意识不高的现实，在依法的前提下坚持消费者的生存利益优先于银行、企业的经营利益的原则，在兼顾双方利

---

① 赵秀举：《论民事执行救济——兼论第三人执行异议之诉的悖论与困境》，载《中外法学》2012 年第 4 期。

② Brox/Walker，Zwangsvollstreckungsrecht，8. Aufl.，2008，Rn. 456. 转引自杨丽美：《〈民法典〉第 352 条在执行异议确权案件中的适用——基于几个最高法院典型判例的分析》，载《法律适用》2020 年第 20 期。

③ 参见赵秀举：《论民事执行救济——兼论第三人执行异议之诉的悖论与困境》，载《中外法学》2012 年第 4 期。

④ 杨丽美：《〈民法典〉第 352 条在执行异议确权案件中的适用——基于几个最高法院典型判例的分析》，载《法律适用》2020 年第 20 期。

益的前提下向相对弱势方适度倾斜。[①]

3. 依法保护

中央全面依法治国委员会《关于加强综合治理从源头切实解决执行难问题的意见》提出，要“树立依法执行、规范执行、公正执行、善意执行、文明执行理念，依法保护产权”。这不仅是对执行实施权行使的要求，也是对执行裁判权行使的要求。人民法院在办理执行异议、复议及执行异议之诉等执行裁判案件中依法保护各方、各类权益，一是应当严格依照法定救济程序规定的步骤、时限、标准等办理案件，严格遵循执行救济途径、类型法定原则；二是应当严格依照法律规定审查执行实施机构的作为或不作为是否违法或不当；三是应当严格依照有关实体法律规定对案件涉及的民事权益的真伪、类型、效力、顺位等进行审查和甄别。通过依法保护权利，使执行裁判案件办理的结果有说服力、公信力，经得起检验。

（二）监督与支持并重理念

历史经验表明，“执行乱”问题的存在，不仅造成了新的“执行难”，而且使执行案件当事人、案外人或者利害关系人的合法权益屡受侵犯，还严重影响司法权威以及社会公众对于执行制度的信心。[②] 尽管经过 2016 年至 2018 年 3 年攻坚“基本解决执行难”，一些法院存在的消极执行、选择性执行、乱执行情形得到有效遏制，但这些问题尚未得到根除。通过强化对执行实施权的制约和监督，促进执行机构规范公正文明执行，推动消除违法和不当执行，是执行裁判权的重要功能。

同时应当认识到，执行裁判权对执行实施权进行监督的目的并非遏制执行实施权的行使。如果由于执行监督和救济，使执行实施机构缩手缩脚、不敢动弹，则必然会严重妨碍胜诉当事人合法权益的实现。故执行裁判权依法监督的根本目的，是促进执行实施权更加规范、高效地行使，以保障胜诉当事人合法权益及时实现。由此，执行裁判权依法监督执行实施权行使的同时，也需同时注重对其的支持作用。

执行裁判权对执行实施权的监督，主要体现在：

第一，依法及时发现和纠正违法或不当的执行实施行为。

---

① 王毓莹：《执行异议之诉案件的裁判理念与思路》，载《人民法院报》2017 年 9 月 27 日，第 7 版。

② 参见周继业主编：《强制执行新实践》，法律出版社 2018 年版，第 408～409 页。

第二，通过执行异议、复议和执行异议之诉案件办理形成典型案例，及时发现和填补目前强制执行法律制度的规则漏洞。比如，最高人民法院 2019 年 12 月 24 日发布的第 23 批指导性案例，就明确了涉票据执行、撤销权诉讼的生效判决如何执行、如何判断执行和解协议是否履行完毕等执行方面的法律适用问题。

第三，作为对执行实施工作考核的指标之一，促使执行机构举一反三，减少低级错误和重复问题，完善机制，推进执行实施权整体规范运行。

第四，通过执行裁判案件的办理，及时发现违法执行行为背后隐藏的违法违纪线索，按照有关规定启动“一案双查”，促进廉洁执行。

执行裁判权对执行实施权的支持，主要体现在：

第一，提高办案效率，尽量减少对执行实施工作产生的不利影响。执行工作必须快速和高效。这不仅要求法院应当及时作出裁判、确定当事人的权利义务，更要求法院尽可能快速和高效地使权利从期待转化为现实。“执行程序在程序上着重效率化，即应有迅速确实之效果；而判决程序着重彻底精密且周全的审理，须有慎重确实之效果。”① 债权人权利迅速得到实现，才能使其感觉到国家公权力的保障，并防止其损害进一步扩大；同时债务人才能感受到被约束，从而不敢轻易产生债务，或即使产生债务也会尽可能主动履行。为减少执行救济程序对执行实施效率的影响，法律程序要求执行裁判案件也必须快速、高效地办理。例如，《民事诉讼法执行程序司法解释》第 5 条第 2 款规定：“执行法院审查处理执行异议，应当自收到书面异议之日起十五日内作出裁定。”第 6 条规定：“当事人、利害关系人依照民事诉讼法第二百二十五条②规定申请复议的，应当采取书面形式。”因此，执行异议案件审查应坚持效率优先，兼顾公平的审查原则；执行异议之诉案件在追求公正的同时也应提高效率。

第二，尊重执行实施机构的首次判断权。执行实施权的范围主要是财产调查、控制、处分、交付和分配以及罚款、拘留措施等实施事项。执行的主动性，要求各环节步骤主要由执行机构主动启动，即使当事人提出申请也需经过审查方能决定是否实施。执行对效率的追求，又要求赋予实施权的行使者较大的自由裁量权。执行措施的选择及实施强度，都需要执行人员根据不断变化的

① 赖来焜：《强制执行法总论》，我国台湾地区元照出版有限公司 2007 年版，第 17 页。

② 现为《民事诉讼法》（2021 年修正）第 232 条。

情况灵活应对。而且，由于执行依据中确认的执行标的与执行机构确认的执行标的并不总是一致，如果执行依据确认的是不特定物（如金钱）或者确认的虽是特定物但该特定物灭失，则执行法院需自行确认具体的执行标的，并因此承担正确确认执行标的的职责。办理执行裁判案件中，应设身处地地考虑执行实施机构作出相关执行措施的场景，当执行措施存在一定自由裁量空间时，除非明显不合理，否则应充分尊重执行实施人员的首次判断权。

第三，防范执行救济权的滥用。执行救济权的行使也有合理边界。在执行裁判案件审理中，尤其应注意防范恶意借助异议、诉讼拖延执行的问题。以执行异议之诉为例，根据《民事诉讼法司法解释》第313条的规定，执行异议之诉审理期间，人民法院不得对执行标的进行处分。如何在有效保护案外人权利的同时，不使其沦为拖延执行的工具以及如何平衡案外人与申请执行人的利益，考验着法官的智慧。[①] 执行裁判案件办理中，人民法院应积极引导当事人、利害关系人、案外人理性、正当地行使救济权，防范让执行救济权成为阻碍、拖延执行的手段，浪费有限的司法资源，加重对方当事人不必要的程序负担。执行裁判案件办理中，发现当事人、利害关系人、案外人存在通过恶意申请异议、复议、涉执诉讼以拖延执行、抗拒执行、规避执行的，应当依法予以处罚。

如最高人民法院针对虚假诉讼行为开出最大“罚单”的系列案件。鸿基米兰开发公司因与工程承包人苏华建设公司建设工程施工合同纠纷被诉至黑龙江省高级人民法院，该院于2016年12月5日裁定查封鸿基米兰开发公司名下268套房产。为阻却法院对查封房屋的执行，鸿基米兰开发公司幕后组织部分购房者向黑龙江省高级人民法院提出执行异议。黑龙江省高级人民法院在审理涉及该95名“购房者”的执行异议之诉案件中，在进一步核实“购房人”身份时，发现部分案件涉嫌虚假诉讼问题。同时，最高人民法院第二巡回法庭在审理有关上诉案件中也发现部分案件“购房者”身份和购房合同及有关票据的真实性存疑，涉嫌虚假诉讼。经查核确认，最高人民法院正在审理的33件上诉案中，有17名所谓“购房者”系基于虚假事实并冒用他人名义提起执行异议；黑龙江高院一审的95件执行异议之诉案件中有46名“购房者”身份系伪造。为维护法律权威与尊严，严厉打击虚假诉讼行为，改善营商环境，推进

① 王毓莹：《案外人执行异议之诉的裁判要点》，载《人民司法》2020年第14期。

社会诚信体系建设，最高人民法院决定对鸿基米兰开发公司在本院每件案件中的虚假诉讼行为分别处以罚款100万元的民事司法制裁，共计罚款1700万元；黑龙江省高级人民法院对其一审审理中的46件涉嫌虚假诉讼问题的案件，每案作出罚款100万元的民事司法制裁，共计罚款4600万元。以上两级法院在鸿基米兰开发公司该批63件系列虚假诉讼案件中合计罚款6300万元，同时将各案涉嫌犯罪线索移送公安机关依法查处。

（三）实质性化解执行争议理念

救济的基本含义就是发生矛盾或者冲突的一方，请求中立的机关按照公正的程序解决争议，故执行救济在本质上也是一种解决执行争议的制度。“执行救济所要解决的恰恰是在执行过程中发生的纠纷，或者更确切地说因执行行为引发的纠纷——执行纠纷。执行救济是针对执行程序的救济，它所指向的就是执行法律关系，而不再是发生在当事人之间的单纯的民事实体法律关系。任何执行救济程序的启动总是以一定的执行行为或者执行裁决的存在为前提。”① 站在解决争议的角度，可以说程序性救济是解决当事人、利害关系人与执行机构之间的争议，实体性救济是解决执行法院以及当事人、案外人与利益相对方当事人三方之间的争议。办理执行裁判案件，既要注重对执行实施行为的合法性审查，也要注重实质性化解执行争议。

第一，要防止就案办案、机械司法。尤其是应加强执行裁判机构与执行实施机构之间的沟通协调，促成各部门之间建立相对稳定的沟通渠道，特别是在处理一些法律上疑难复杂纠纷时应事先沟通，形成最大合力妥善处理该类纠纷，力争实现案结事了。② 在一定条件下，应允许执行实施机构在执行裁判案件办理期间自行纠错，以避免损害扩大。

第二，要防止程序空转、久拖不决。对“解决执行争议”的理解不能停留在具体案件办理的层面，而是要注重争议背后矛盾纠纷的实质化解。尤其是要防止程序空转，反复审查而不作出实质裁判、不解决实际问题。

第三，要防止不讲原则、息事宁人。从价值引导与利益衡量的角度看，法律规范不仅确认和保障社会生活的存在状态，也塑造着人们对特定行为后果的

① 赵秀举：《论民事执行救济——兼论第三人执行异议之诉的悖论与困境》，载《中外法学》2012年第4期。

② 王毓莹：《执行异议之诉案件的裁判理念与思路》，载《人民法院报》2017年9月27日，第7版。

期待，从而引导人们的生活方式。[①] 因此，办理执行裁判案件不仅要定分止争，还应注重引导正确的社会价值观。尤其对于执行裁判案件中发现的虚假诉讼、恶意提出执行异议和以虚假离婚协议、虚假租赁、虚假转让财产等方式阻碍、规避执行的，要坚决依法处理或处罚。

第二节　执行裁判应把握的基本原则

办理执行裁判案件，首先应遵循民事诉讼活动都应当遵循的一些基本原则，如平等原则、辩论原则、公开原则等。但由于执行裁判案件由执行实施程序衍生而来，具有一定公法救济的性质，因此办理执行裁判案件还需遵循一些有别于普通民商事案件办理的特殊原则。

一、救济法定原则

当事人、利害关系人及案外人是否享有申请执行救济的权利，按照何种程序进行救济，应有明确的法律或司法解释依据。

（一）执行裁判案件的类型法定

有关执行救济的类型，本书第一章已有详述。但执行救济案件的范畴大于执行裁判案件，只有具备“裁判”所蕴含的中立性、被动性、救济性、终局性这四个特征的执行救济案件方可纳入执行裁判案件范畴。而各类执行裁判案件的救济程序均需要有法律规定。

（二）提出执行异议及异议之诉的权利法定

1. 当事人、利害关系人提出的异议符合下列情形的，适用《民事诉讼法》第 232 条规定进行审查，并明确告知复议权：

（1）《异议复议规定》第 5 条第 1 至 5 项、第 7 条；

（2）《变更、追加当事人规定》第 10 条至第 13 条、第 14 条第 1 款、第 15 条至第 16 条、第 23 条至第 25 条；

（3）《最高人民法院关于刑事裁判涉财产部分执行的若干规定》第 14 条。

2. 案外人提出的异议符合下列情形的，适用《民事诉讼法》第 234 条规

① 司伟：《有限责任公司实际出资人执行异议之诉的裁判理念》，载《人民法院报》2018 年 8 月 22 日，第 7 版。

定进行审查：

（1）案外人主张对执行标的享有阻却执行的实体权利，但涉及刑事裁判涉财产部分执行的除外；

（2）《民事诉讼法司法解释》第 499 条第 2 款中所规定的对到期债权的执行提出异议的；

（3）依据《异议复议规定》第 28 条、第 29 条所列情形主张对不动产买受人物权期待权和消费者物权期待权，提出异议的；

（4）依据法律、司法解释规定的其他可以阻却执行的民事权益提出异议的。

3. 案外人提出的异议符合下列情形的，应通过审判监督程序或第三人撤销之诉予以救济：

（1）认为原判决、裁定错误，或者争议的执行标的与原判决、裁定有关的，告知异议人按照《民事诉讼法》第 59 条规定向作出原判决或裁定的法院提起诉讼，或者依照《民事诉讼法司法解释》第 421 条规定向作出原判决或裁定的法院申请再审；

（2）刑事裁判涉财产部分执行中，认为刑事裁判赃款赃物认定错误或者应予认定而未认定，且无法通过裁定补正的，告知异议人通过审判监督程序处理。

4. 按照执行异议之诉程序审理的案件类型为：

（1）案外人基于所有权、用益物权、特殊担保物权、合法占有权以及利害关系人基于到期债权的执行等所提出的执行异议之诉；

（2）申请执行人对执行标的请求许可执行提出的执行异议之诉；

（3）已进入分配范围的债权人或被执行人基于分配方案的异议提出的执行分配方案异议之诉；

（4）案外人或申请执行人基于变更、追加被执行人行为及责任范围提出的执行异议之诉；

（5）《最高人民法院关于执行权合理配置和科学运行的若干意见》规定的申请执行人就执行标的提起的与执行行为相关的代位析产之诉。

（三）执行裁判案件的当事人法定

执行裁判案件的当事人需严格依照法律规定列明。尤其在执行异议之诉中，当事人的角色是特定的。一是原告特定。例如，案外人异议之诉中，原告恒为案外人；许可执行之诉中，原告恒为申请执行人。二是被告特定。例如，案外人提起执行异议之诉，以申请执行人为被告，如果被执行人反对案外人的异议的，列为共同被告。三是第三人特定。例如，在案外人或者申请执行人提起的执行异议之诉中，如果被执行人不反对案外人或者申请执行人主张的，可以列其为第三人。

二、专属管辖原则

（一）专属管辖

根据法律及司法解释规定，执行异议、执行异议之诉均由执行法院管辖。这主要是因为：第一，执行异议和执行异议之诉直接影响执行程序的进行，由执行法院进行审理更有利于提高效率和方便当事人、案外人；第二，执行异议和执行异议之诉的实质是对执行行为的合法性、妥当性进行审查，因此需要执行机构的协调配合，否则可能连案件事实都难以查明；第三，如果按照普通诉讼确定执行异议之诉的管辖法院，管辖法院往往为执行法院的下级法院，一旦提起上诉，反而要由执行法院作出终审判决。①

执行异议、执行异议之诉的专属管辖，还体现在执行行为作出后，当事人或者案外人以确权、行使解除权或者其他理由在执行法院以外的法院提起诉讼或另行申请仲裁，其他法院据此作出的裁判结论以及仲裁机构据此作出的仲裁裁决，不能对抗执行法院的执行行为。

例如，关于案外人异议之诉与案外人另行提起的确权诉讼的关系。最高人民法院2011年印发的《关于执行权合理配置和科学运行的若干意见》第26条规定：“审判机构在审理确权诉讼时，应当查询所要确权的财产权属状况，发现已经被执行局查封、扣押、冻结的，应当中止审理；当事人诉请确权的财产被执行局处置的，应当撤销确权案件；在执行局查封、扣押、冻结后确权的，应当撤销确权判决或者调解书。”这一规定在2018年《最高人民法院关于人民法院立案、审判与执行工作协调运行的意见》第8条中有所调整，但基本精神未变：“审判部门在审理确权诉讼时，应当查询所要确权的财产权属状况。需要确权的财产已经被人民法院查封、扣押、冻结的，应当裁定驳回起诉，并告知当事人可以依照《民事诉讼法》第234条的规定主张权利。”

---

① 肖建国主编：《民事执行法》，中国人民大学出版社2014年版，第210页。

之所以如此规定，是因为如果允许案外人在法院查封执行标的物后另案提起确权诉讼，不仅使执行异议之诉专属管辖原则虚置，而且变相剥夺了申请执行人参加法庭辩论和举证质证的权利，极易造成案外人与被执行人串通，通过取得确权判决书以达到转移资产、逃避执行的目的。而在案外人异议之诉中，赋予债权人、债务人、案外人三方当事人参加诉讼的权利，且允许提出确权的诉讼请求在异议之诉中一并作出裁判，因此足以保障各方诉讼权利，也更有利于法院查明事实、作出正确裁判。

因此，审判部门审理确权诉讼时，应当查明所要确权的财产权属及现状。需要确权的财产已被人民法院查封、扣押或冻结的，应当裁定驳回起诉，并告知当事人可以依照《民事诉讼法》第 234 条的规定主张权利。需要确权的财产未被人民法院查封、扣押或冻结的，应当向原告提示可申请财产保全以防范财产被转移或被其他案件采取保全措施。财产被人民法院因执行案件查封、扣押或冻结后，审判部门作出确权判决或调解书的，该确权判决或调解书应当通过审判监督撤销。①

（二）执行实施案件变更管辖后对执行裁判案件管辖的影响

根据《异议复议规定》第 4 条的规定，执行案件被指定执行、提级执行、委托执行后，当事人、利害关系人对原执行法院的执行行为提出异议的，或案外人对原执行法院查封、扣押或冻结的执行标的提出异议的，由提出异议时的执行法院管辖；受指定或者受委托的人民法院是原执行法院的下级人民法院的，由该上级法院管辖。

如此规定的原因，一是平级法院之间执行案件管辖变更后，由提出异议时的执行法院管辖执行异议案件，更有利于与后续执行实施工作的衔接，也便于当事人在同一法院参加救济程序；二是上下级法院之间执行案件管辖变更后，由上级法院管辖执行异议案件，更有利于对执行实施行为的监督，也避免出现下级法院撤销、变更上级法院执行实施行为的情况。

三、禁止调解原则

根据《民事诉讼法》及相关司法解释规定，执行异议及执行异议之诉案

① 参见《江苏省高级人民法院关于立审执协调配合全流程推进切实解决执行难的指导意见》（苏高法〔2020〕131 号，2020 年 6 月 29 日）第 10 条。

件涉及执行法院对被执行主体的确定、执行标的财产的确定及其处置等执行行为的正当性与合法性，执行异议及执行异议之诉案件的裁判结果不受当事人处分权利的约束，因此，执行异议及执行异议之诉案件不得进行调解。确立禁止调解原则，也有利于防止案外人与被执行人恶意串通损害申请执行人利益。

从理论上看，有观点认为执行救济属于公法救济范畴。“民事诉讼救济和民事审判程序是一体的、重合的，它所要解决的是外在于民事审判程序的、当事人之间的民事实体法律关系纠纷。这一纠纷与审判机构不存在任何实体法上的利害关系。因此，民事诉讼属于私法领域内的救济范畴。而执行救济所要解决的恰恰是在执行过程中发生的纠纷，或者更确切地说因执行行为引发的纠纷——执行纠纷。执行救济是针对执行程序的救济，它所指向的就是执行法律关系，而不再是发生在当事人之间的单纯的民事实体法律关系。任何执行救济程序的启动总是以一定的执行行为或者执行裁决的存在为前提。从这一意义上看，执行救济属于公法领域内的救济范畴。”① 基于此，对执行救济程序中调解也应持审慎态度。

四、效率优先原则

执行裁判案件衍生于执行程序，为尽量减少执行救济程序对执行实施程序的影响，审理执行裁判案件应坚持效率优先、兼顾公平的原则。

（一）审理执行异议、复议案件应坚持效率优先

审理执行异议、复议案件，应坚持审限法定，严格遵守法律及司法解释规定的办案期限，原则上不得扣除或者延长审限；执行异议、复议案件以书面审理为原则，公开听证为例外，案情复杂、争议较大的案件以及法律或司法解释等规定应当听证的案件，应进行听证；针对执行标的提出的异议，应坚持形式审查为原则、实质审查为例外，主要根据执行标的的权利外观表征来判断；坚持有限救济，执行标的执行完毕或者执行程序终结后提出的执行异议，应当通过执行监督予以救济。

（二）审理执行异议之诉案件在追求公正的同时也应注重提高效率

执行程序以快速、及时、不间断地实现生效法律文书中所判定的债权为己

① 赵秀举：《论民事执行救济——兼论第三人执行异议之诉的悖论与困境》，载《中外法学》2012 年第 4 期。

任，在价值取向上注重效率；而审判程序以公平地解决双方的权利争议为基点，在价值取向上以追求程序公正和实体公正为其最高目标。在案外人异议之诉的审判程序中，审判法官就执行标的权属所进行的判断，是在遵循程序保障原理、穷尽可能的攻击防御方法和审级程序的基础上，就权利争议作出的具有既判力的实质判断。[①] 案外人是否享有排除执行标的转让、交付的实体权利，是审理该类案件所要审查的核心内容，而这涉及物权、合同、担保、公司、知识产权、婚姻等诸多实体法领域。与执行异议程序中原则上进行形式审查不同，在执行异议之诉中，判断案外人是否享有足以排除执行的实体权利，应当进行实质性审查，从案外人提出执行异议所依据的实体权利类型出发，审查其主张实体权利的相应法律基础。[②] 显然，这种实质性审查的要求，体现出执行异议之诉应以追求公正为主要目标。

然而，执行异议之诉案件的审理直接关系到执行程序的顺利推进。在执行异议、复议案件审理期间，以不停止执行为原则。但执行异议之诉涉及实体权利的确定和比较，一旦案涉财产被处置错误，则恢复权益原先状态的代价可能过大，甚至没有可能再修复受损害的权益。因此，在案外人异议和异议之诉的审理期间，以停止执行为原则。《民事诉讼法执行程序司法解释》第 15 条规定："案外人异议审查期间，人民法院不得对执行标的进行处分。案外人向人民法院提供充分、有效的担保请求解除对异议标的的查封、扣押、冻结的，人民法院可以准许；申请执行人提供充分、有效的担保请求继续执行的，应当继续执行。"而停止执行，常常会带来债权人合法权益兑现迟延、债务利息增加、案涉标的物价值减损等问题，故与其他类型的诉讼程序相比，执行异议之诉必须更加强调效率，以尽可能减少对执行实施程序的影响。

第三节　执行裁判的进路与方法

由于执行裁判案件的审理常在程序和实体中穿梭，萦绕于审判和执行中，亦交织于不同的部门法体系之间，因此，根据执行裁判案件的特点、工作思路和基本原则，寻找出最佳、最能合理利用司法资源的审判进路和方法，对于公

① 王毓莹：《案外人执行异议之诉的裁判要点》，载《人民司法》2020 年第 14 期。

② 王毓莹、司伟：《程序进路、裁判理念与审查标准——浅议执行异议之诉审理的三个基点》，载《人民司法》2018 年第 14 期。

正高效地审理此类案件具有重要意义。

本节试以执行裁判案件中最为常见的执行异议、复议案件和针对特定财产的执行异议之诉案件为例，对此类案件审理的进路和方法进行总结。

一、审理执行异议、复议案件的进路和方法

执行异议、复议案件的本质是对公权力的监督，因此与行政复议、行政诉讼有许多相似之处：第一，其监督对象都是具有行政权性质的公权力，目的是防止公权力侵害相对人合法权益；第二，其监督内容是公权力机构行为的合法性和合理性，审查公权力的行使是否合法以及是否遵循善意文明、比例原则、谦抑原则等；第三，程序中各方主体的权利义务具有不对等性。行政诉讼、行政复议是行政机关与行政相对人之间的争议，而执行异议、复议是人民法院执行机构与执行案件当事人、利害关系人之间的争议。因此，审理执行异议、复议案件的进路和方法在一定程度上可以借鉴行政诉讼案件或行政复议案件，同时也应体现出执行裁判案件衍生于执行实施案件的特殊属性。

（一）审理对象：执行行为的合法性

《民事诉讼法》第232条规定："当事人、利害关系人认为执行行为违反法律规定的，可以向负责执行的人民法院提出书面异议。当事人、利害关系人提出书面异议的，人民法院应当自收到书面异议之日起十五日内审查，理由成立的，裁定撤销或者改正；理由不成立的，裁定驳回。当事人、利害关系人对裁定不服的，可以自裁定送达之日起十日内向上一级人民法院申请复议。"据此，执行异议、复议案件的审查对象，是人民法院执行实施机构作出的执行行为是否合法，执行异议、复议程序也围绕对执行行为合法性的审查这一中心而展开。

1. 执行行为违法的常见情形

实践中，在执行实施案件从立案到结案的全过程中，执行行为都有可能出现违法，常见的情形主要包括：

（1）违法受理执行案件或者违法执行未生效法律文书的；

（2）违法采取搜查、调查等强制措施的；

（3）违法采取或者解除查封、扣押、冻结措施的；

（4）明显超标的查封、扣押、冻结被执行人财产的；

（5）对执行财产应当拍卖而未依法拍卖的，或者应当评估而未依法评估，

违法变卖或者以物抵债的；

（6）违法执行被执行人到期债权的；

（7）违法变更或者追加执行当事人的；

（8）违法参与分配或者违法限制债权人参与分配的；

（9）无正当理由拖延支付或者截留、挪用、违规发放执行款物的；

（10）违法执行案外人财产或者违法向案外人发放执行款物的；

（11）在给付特定物之诉中，对与案件无关的财物采取保全措施的；

（12）违法采取拘留、罚款或者行为保全措施的；

（13）违法采取或者解除限制出境、纳入失信被执行人名单、限制消费措施的；

（14）超出生效法律文书确定的数额和范围执行的；

（15）违法中止执行、暂缓执行或者执行回转的；

（16）违法作出终结执行裁定、终结本次执行程序裁定或者结案通知书的；

（17）终本案件恢复执行前违法采取处置措施的。

审查这些执行行为的合法性，应审查该执行行为是否符合法律、司法解释以及最高人民法院相关规范性文件对特定类型执行行为在适用条件、适用主体、程序、时限等方面的各项要求。

由于执行行为种类繁多、法律规定庞杂，为提高执行异议、复议案件的办理效率和质量，可以运用类型化思维，先将执行行为根据法律属性和特征进行分类，再将被提出异议的具体执行行为归入某种类型。对同类型执行行为的合法性审查，可以采用相同或相近的审查思路，如果遇到缺乏直接法律依据的情况，同类型执行行为的相关规定也可参照适用，以填补法律漏洞。

总体而言，执行行为可划分为四种类型：一是查控措施类。此类执行行为的目的是对被执行人财产进行调查和控制，如查询、查封、扣押、冻结等。二是处置措施类。主要包括与评估、拍卖、变卖、以物抵债等与财产处置相关的一系列执行行为，例如被执行人提出异议认为评估机构、评估人员没有资质等评估程序违法，拍卖行为侵害了承租人的优先购买权等情形。三是交付措施类。包括对已执行到金钱的交付和对特定财产的交付等。四是惩戒措施类。例如对罚款、拘留、纳入失信被执行人名单等不服。此类措施在性质、程序和救济上较为特殊，故可单独归为一类。此外，也有学者根据执行方法与手段不同，采用将强制执行措施分为直接执行和间接执行等其他分类方式，在执行裁判实践中也可以参考使用。

2. 对执行行为合理性的审查

随着执行工作的不断发展，执行行为合法性的内涵也在日益丰富。尤其是《最高人民法院关于在执行工作中进一步强化善意文明执行理念的意见》公布后，善意文明执行已明确成为人民法院执行工作所需遵循的重要理念。从审理执行异议、复议案件的角度，善意文明理念的提出，实际上已经使此类案件的审理对象从执行行为的合法性，进一步拓展至合理性。

所谓执行行为的合理性，是指执行权的行使应正当合理，在依法兑现胜诉权益的同时，兼顾各方当事人的利益诉求，防止因执行行为给债务人带来不必要的负担，同时在执行过程中，执行手段与执行目的、债权人实现的利益与债务人付出的代价大致相称、合乎比例。对违反执行合理性原则而明显不当的执行行为，执行裁判部门也应当依法予以纠正。

（二）审理顺序：先程序后实体

审理执行异议、复议案件应遵循救济法定原则。《异议复议规定》第 2 条第 1 款规定："执行异议符合民事诉讼法第二百二十五条[①]或者第二百二十七条[②]规定条件的，人民法院应当在三日内立案，并在立案后三日内通知异议人和相关当事人。不符合受理条件的，裁定不予受理；立案后发现不符合受理条件的，裁定驳回申请。"据此，办理执行异议、复议案件，应当先审查执行异议、复议申请是否符合法定条件，经审查发现不应进入执行异议、复议程序的，就无须再对执行行为的合法性进行实体审查。

对是否符合执行异议、复议案件受理条件的审查，主要包括以下几个方面：

1. 执行行为是否属于执行异议案件的受理范围

现行法律、司法解释从正面规定了哪些执行行为属于执行异议案件的受理范围。《异议复议规定》第 7 条规定："当事人、利害关系人认为执行过程中或者执行保全、先予执行裁定过程中的下列行为违法提出异议的，人民法院应

① 现为《民事诉讼法》（2021 年修正）第 232 条。
② 现为《民事诉讼法》（2021 年修正）第 234 条。

当依照民事诉讼法第二百二十五条[①]规定进行审查：（一）查封、扣押、冻结、拍卖、变卖、以物抵债、暂缓执行、中止执行、终结执行等执行措施；（二）执行的期间、顺序等应当遵守的法定程序；（三）人民法院作出的侵害当事人、利害关系人合法权益的其他行为。”

然而，对哪些执行行为不属于执行异议受理范围，尚无最高人民法院相关规定进行列举。但从《异议复议规定》第7条第1款第3项的规定看，可以认为，判定某种执行行为是否属于执行异议案件受理范围的标准，是该行为是否可能侵害当事人、利害关系人合法权益。

比如执行立案行为，虽然属于程序性执行行为，但执行立案后，案件及当事人信息在“中国执行信息公开网”公开，当事人有作为被执行人的未结执行案件可能影响其征信记录，当事人财产可能受到法院查询，而且在该执行立案行为未经法定程序被撤销前，当事人对法院相关执行工作的配合义务也不能免除。因此执行立案行为，属于“可能侵害当事人、利害关系人合法权益”的执行行为，应当纳入执行异议案件受理范围。例如，在江苏省高级人民法院审理的（2020）苏执复223号案件中，被执行人以执行依据没有有效送达导致执行依据没有生效为由，对执行立案行为提出异议，就属于执行异议案件受理范围。又如，江苏高院审理的（2021）苏执复49号案件中，被执行人以执行依据生效后其已与申请执行人签订协议免除其担保责任为由，对执行立案行为提出异议，亦属于执行异议案件受理范围。再如，上级法院对下级法院执行实施案件的提级执行、指定执行裁定，属于人民法院内部对执行案件管辖的转移，对当事人、利害关系人的合法权益不会产生影响，故不应属于执行异议案件的受理范围。

2. 提出异议的主体是否符合法律规定

当事人、案外人及利害关系人是否享有提出执行异议及异议之诉的权利，应有明确的法律或司法解释依据。除此之外的主体提出执行异议的，应当不予受理。这也是执行裁判案件权利救济法定原则的体现。

执行案件的当事人包括申请执行人和被执行人。利害关系人的范围，主要依据《异议复议规定》第5条确定。根据该条规定，当事人以外的自然人、法人和非法人组织，可以作为利害关系人提出执行行为异议：（1）认为人民

① 现为《民事诉讼法》（2021年修正）第232条。

法院的执行行为违法，妨碍其轮候查封、扣押、冻结的债权受偿的；（2）认为人民法院的拍卖措施违法，妨碍其参与公平竞价的；（3）认为人民法院的拍卖、变卖或者以物抵债措施违法，侵害其对执行标的的优先购买权的；（4）认为人民法院要求协助执行的事项超出其协助范围或者违反法律规定的；（5）认为其他合法权益受到人民法院违法执行行为侵害的。

3. 提出异议的管辖是否符合法律规定

执行异议应当向作出执行行为的人民法院提出，执行复议应当向执行法院的上一级法院提出，法律另有规定的除外。但当执行实施案件的管辖权发生转移时，则应依据《异议复议规定》第 4 条的规定处理："执行案件被指定执行、提级执行、委托执行后，当事人、利害关系人对原执行法院的执行行为提出异议的，由提出异议时负责该案件执行的人民法院审查处理；受指定或者受委托的人民法院是原执行法院的下级人民法院的，仍由原执行法院审查处理。"

4. 提出异议是否超过法定期限

为保障执行效率，当事人、利害关系人认为执行行为违法，必须在一定的期限内提出异议。如果异议超过了法定期限才提出，则不能适用《民事诉讼法》第 232 条进行救济，只能通过执行监督程序需求救济。

对提出执行异议的期限，《异议复议规定》第 6 条规定："当事人、利害关系人依照民事诉讼法第二百二十五条[①]规定提出异议的，应当在执行程序终结之前提出，但对终结执行措施提出异议的除外。"应注意该条规定的"执行程序终结"，是指案件实体终结前。当事人、利害关系人在案件终结本次执行后实体终结前提出的，未超出法定期限，人民法院应当立案予以审查。

5. 是否重复提出异议

这是效率优先原则和一事不再理原则的体现。《异议复议规定》第 15 条第 1 款规定："当事人、利害关系人对同一执行行为有多个异议事由，但未在异议审查过程中一并提出，撤回异议或者被裁定驳回异议后，再次就该执行行为提出异议的，人民法院不予受理。"

6. 救济途径是否准确适用

此类情形主要发生在执行复议案件中。如果应当适用《民事诉讼法》第 234 条规定执行异议之诉程序救济，而执行异议裁定错误交代救济程序为执行

---

① 现为《民事诉讼法》（2021 年修正）第 232 条。

复议，则应发回执行法院重新作出异议裁定；又如执行异议裁定已交代救济程序为案外人异议之诉，而案外人仍然坚持申请复议，则应直接裁定驳回复议申请。上述两种情况以及其他诸如当事人申请复议已超过法定期限、企业法人被执行人已进入破产程序、当事人就同一执行行为以同一理由重复提起异议等情况，都无须再对执行行为是否合法进行审查，而应当直接就相关程序作出执行复议裁定。

（三）审理方式：书面审查和形式审查

为保障执行效率，执行异议、复议案件审理期间以不停止执行为原则，但一经发现执行行为错误，快速办理可对其及时纠正，以及时止损，尽可能地减少对当事人的损害，避免产生更多争议，因此执行异议、复议案件的法定审理期限较短，并以书面审查为原则。由于执行异议、复议期间，执行实施案件通常尚未办结，故无法形成完整卷宗向执行裁判机构提供，此时就需要执行裁判人员及时与执行实施人员沟通，全面了解执行案件办理情况。随着“执行无纸化”推广，也为执行异议、复议案件的书面审查提供了更加便利的条件。

所谓形式审查，是指对案涉当事人实体权利只进行形式审查原则。这根源于执行异议、复议案件的功能是对执行行为合法性的判断，而非对当事人实体权益的判断。即使是案外人执行异议，也只能根据《异议复议规定》第25条规定的标准判断案外人是否系权利人。但需要注意的是，对执行行为的合法性仍应坚持实质性审查，依法作出正确裁判。

二、审理针对特定财产的执行异议之诉案件的进路和方法①

在《民事诉讼法司法解释》第302条至第314条中明确规定了执行异议之诉案件告什么、审什么和判什么后，该类案件的关键问题就是怎么审和怎么判。此类案件可按照先程序后实体、先执行后审判、先内查后外检的思维路径予以考量和分析，以架构此类案件合理可行的审判进路和方法。

（一）审查是否属于程序上可直接裁定驳回起诉的情形

在执行过程中，案外人以其对执行标的享有所有权或者其他足以阻止执行

① 该部分参见沈燕：《执行异议之诉案件裁判理念及审理原则》，载《中国审判》2019年第11期。

标的转让、交付的实体权益为由提出执行异议的，适用《民事诉讼法》第 234 条的规定进行审查。因此提起执行异议之诉的，一般应遵循以下裁判思路，首先审查是否属于程序上可直接裁定驳回起诉的情形，主要包括以下四种：

1. 无管辖权，或丧失异议之诉的诉的利益、已无必要审理

执行标的执行异议之诉案件必须由执行法院法定管辖，以及必须在执行过程中提起诉讼的规定，要求审理时须排除无管辖权，及丧失异议之诉的诉的利益，已无必要审理的案件，即应根据现有法律和司法解释规定，审查管辖法院是否系首查封法院或享有处置权的法院，以及争议标的所对应的执行案件有无强制执行完毕或者是否已经终结执行。

具体而言，排除无管辖权案件，须审查执行法院是否为执行标的首查封法院或有处置权法院，具有下列情形的，应裁定驳回起诉：（1）执行法院采取首查封措施，但已丧失处置权的；（2）执行法院既未采取保全措施，也未获得处置权的；（3）执行法院采取轮候保全措施，但未获得处置权的；（4）执行法院为受指定或受委托执行的法院，但对执行标的采取的执行行为系上级法院作出的。

排除丧失执行异议之诉的诉的利益，已无必要审理的案件。具有下列情形的，应裁定驳回起诉：（1）执行标的已经执行法院处置，并为执行案件当事人之外的第三人受让，且已执行终结的；（2）执行标的已经执行法院处置，并由执行案件当事人受让，该执行案件已经执行终结的。

裁定驳回起诉后，由于前置程序中的案外人执行异议裁定不具有既判力，也不符合《民事诉讼法司法解释》第 312 条所规定的失效条件，案外人的权利救济及执行法院作出的执行异议裁定，应当依法按照执行监督程序处理。

2. 案外人执行异议裁定救济途径、告知法律适用错误

要排除案外人执行异议裁定救济途径告知法律适用错误的案件，应审查案外人提出的执行异议是针对执行行为还是针对实体权益，并根据下列情形予以处理：

（1）案外人针对执行行为提出异议，但执行异议裁定错误告知当事人提起执行异议之诉的，应裁定驳回起诉。所涉执行异议裁定应通过执行监督程序予以纠正。

（2）案外人基于《民事诉讼法》第 234 条所规定的实体权益提出执行异议的，应根据其异议所依据的实体权益类型，判断其是否属于能够排除执行的

民事实体权益。实践中，常见的享有能够排除执行的民事实体权益案外人有财产所有权人、共有权人、借名购买财产的真实权利人、享有物权期待权的无过错买受人、购房消费者、预告登记权利人、建设工程项目联建权利人、查封或抵押前的租赁权人、不动产被征收人、信托财产的委托人、破产管理人、遗嘱执行人等。需要注意《民事诉讼法司法解释》所规定的两种特殊的案外人：一是第 493 条第 3 款所规定的主张合法持有财物或者票证的他人；二是第 499 条第 2 款所规定的对被执行人在第三人处的到期债权主张享有权益的“利害关系人”。

3. 案外人的执行异议系针对执行依据指定交付的特定物提出

案外人的执行异议系针对执行依据指定交付的特定物提出，或者认为执行依据本身错误的，应裁定驳回起诉，并根据下列情形告知其救济途径：

（1）执行依据系生效判决、裁定或调解书的，可告知案外人按照《民事诉讼法司法解释》第 301 条及第 421 条所规定的第三人撤销之诉程序或者审判监督程序依法寻求救济。对于第三人撤销之诉与执行异议之诉的竞合处理，现有法律及司法解释无规定，理论上存有争议。从节约司法资源和成本角度考虑，我们认为，应优先解决执行的前提条件与根本性实体问题。即第三人撤销之诉优先，从终局上判定争议方权利义务关系，从而达到阻止执行的目的。

（2）执行依据系生效仲裁裁决的，可告知案外人按照《仲裁执行规定》第 9 条及第 18 条的规定，向执行仲裁裁决的法院申请不予执行予以救济。

（3）执行依据系具有强制执行效力的公证债权文书的，告知案外人按照《公证执行规定》第 24 条的规定，另行向有管辖权的法院提起诉讼予以救济。

4. 执行依据本身错误

执行异议之诉案件审理期间，还需审查据以执行的生效裁判案件是否被提起再审。如果据以执行的生效裁判案件被提起再审，执行异议之诉案件应中止审理，并应根据下列情形，区分是否具有诉的利益和诉的牵连性基础进行处理：

（1）据以执行的生效法律文书经再审被撤销，无须对争议的执行标的继续执行的，申请执行人提出的许可执行异议之诉一审案件，因此时其不再具有诉的利益，应裁定不予受理或驳回起诉；二审及申请再审案件，应裁定驳回上诉或再审申请。

（2）据以执行的生效法律文书经再审被撤销，无须对争议的执行标的继续执行，案外人在其提出的停止执行的异议之诉案件中同时提出确权请求的，因案外人异议之诉与确认之诉合并审理并归属执行法院特别管辖，实质是因执行程序的存在。如特别要件执行程序不存在时，即不再具有诉的牵连性基础，应适用普通管辖。故如该情形发生在一审期间的，应裁定驳回起诉，告知其向有管辖权法院另行提起确权诉讼；发生在二审期间的，应裁定撤销原判决，驳回起诉；发生在申请再审审理期间的，应裁定撤销一审、二审判决，驳回起诉。案外人坚持对执行异议裁定认定内容不服的，应通过执行监督程序审查处理。

（3）据以执行的生效法律文书经再审被撤销，但新作出的执行依据仅调整了债权数额或债务履行方式，仍需对执行异议之诉的标的继续执行的，执行异议之诉应继续审理。

执行依据虽未提起再审，但案外人异议之诉受理法院发现生效裁判确有错误，且本院有权提起再审的，应依法通过审判监督程序提起再审；本院无权提起再审的，应告知案外人依法申请再审或提起第三人撤销之诉。

（二）审查是否属于实体上可以支持执行异议之诉的情形

1. 要审查案外人执行异议之诉中主张的民事权益是否具有实体法上的依据，并根据具体情形予以认定

例如，涉及债权、合同效力、租赁权及建设工程价款优先受偿权等问题的，或者涉及抵押权、质权及留置权的，应当依照《民法典》及其相关司法解释等规定予以审理认定；涉及股权以及股东权益认定的，应当依照《公司法》及其司法解释的相关规定予以认定。

对相关民事权益，应当秉持实质审查原则：

（1）要基于执行标的权属变化及其争议赖以产生的基础性的实体法律关系予以判断，不能简单地根据权利外观及程序性法律或司法解释对权利归属加以审查。

（2）要坚持实体审理。无论当事人是否提出确认其权利的诉讼请求，都要作为基础法律关系查明相关实体权利的性质及其归属。

（3）要合理分配举证责任。执行异议之诉案件中，案外人应当就其对执行标的物享有所有权或者其他足以阻止执行标的物转让、交付的实体权利所依据的事实承担举证责任。

（4）要慎用自认规则。被执行人对案外人的权利主张表示承认的，不能

免除案外人的举证责任。通过虚构资产转让事实以转移财产、规避执行是一些不讲诚信的被执行人的惯用伎俩。应加大打击虚假诉讼的力度，比如在举证证明责任问题上，应谨慎适用自认规则。案外人认为其对被采取强制执行措施的执行标的物享有权利，即使被执行人承认，案外人仍应就其对执行标的物享有所有权或者其他足以阻却对执行标的物强制执行的事实承担举证责任。[①]

2. 要审查案外人执行异议中主张的实体权益是否已经生效法律文书所确认

金钱债权执行中，案外人依据另案作出的生效法律文书提出执行异议的，适用《民事诉讼法》第234条规定进行审查，并根据《异议复议规定》第26条的规定作出相应的执行异议裁定。

其中，金钱债权执行中，案外人依据执行标的被查封、扣押、冻结前作出的另案生效确权或形成性质的法律文书，主张其享有所有权，因此提起执行异议之诉，请求排除对该执行标的执行的，原则上应予支持。但具有下列情形的，不予支持：（1）案外人根据伪造的证据取得另案生效法律文书的；（2）案外人与被执行人恶意串通，以逃避债务或规避执行的；（3）案外人取得的另案生效法律文书认定的事实及其裁决结果损害申请执行人或其他债权人权利的；（4）案外人取得的另案生效仲裁裁决存在《仲裁法》第58条规定情形的。

在金钱债权执行中，案外人依据执行标的被查封、扣押、冻结后作出的另案生效确权或形成性质的法律文书，主张其享有所有权，由此引起的执行异议之诉案件，根据下列情形处理：（1）案外人以另案生效法律文书（判决书、调解书或仲裁裁决）为依据，主张其享有民事实体权益，请求停止执行的，原则上不予支持。但案外人有充分证据足以证明其是实际权利人的除外。（2）案外人未向执行法院提出执行异议，或者在提出执行异议的同时，另行对被执行人提起诉讼，请求对执行标的予以确权的，执行法院或者其他法院应当不予受理；已经受理的，应裁定驳回起诉。上述另案生效法律文书仅作为案外人提供的证据使用，执行异议之诉案件的判决不就其对错进行评判。

申请执行人对案外人在执行标的查封前取得的另案生效确权或形成类法律文书申请再审的，可以根据案件具体情况决定执行异议之诉案件是否中止审理，以等待再审的处理结果。

---

① 王毓莹、司伟：《程序进路、裁判理念与审查标准——浅议执行异议之诉审理的三个基点》，载《人民司法》2018年第14期。

3. 要审查案外人权益与申请执行人申请执行的权益的保护顺位

同一执行标的物上存在不同性质的权利且发生冲突时，除法律和司法解释另有规定外，应当根据下列原则处理：（1）坚持法定优先权优先于物权；（2）物权优先于债权；（3）法律规定的特殊债权优先于普通债权；（4）普通债权平等保护。上述“法律和司法解释另有规定”情形，如我国《企业破产法》例外规定，担保物权优先于一般优先权，即优先于共益债务、破产费用、职工工资和保险费用。上述“法定优先权”，如《异议复议规定》第 29 条所规定的商品房消费者生存权、《民法典》第 807 条所规定的承包人建设工程价款优先受偿权等。“法律规定的特殊债权”，如《查封、扣押、冻结规定》第 17 条所规定的无过错买受人权益、《异议复议规定》第 28 条所规定的案外人物权期待权等。

第三章　执行异议及异议之诉若干程序性问题

本章主要对我国民事诉讼法规定的执行异议包括执行行为异议和案外人异议以及由此引发的执行异议之诉的若干程序性问题进行梳理，旨在进一步明晰不同程序的适用情形和审查标准，并厘清执行异议及异议之诉程序与相关法律程序的衔接与适用关系。

第一节　执行行为异议

执行行为异议，是指执行程序违反法律规定，当事人、利害关系人通过提出异议予以救济的法律制度。[①] 我国《民事诉讼法》在2007年修正之前并未设置程序性的救济权利，当事人、利害关系人对违法执行行为无法在执行程序中救济，只能通过事后的申诉信访、执行法院自我纠正或上级法院的执行监督等途径予以救济，救济的及时性和有效性均被诟病。综观大陆法系国家和地区的规定，对于违法执行行为基本都设立了程序性救济权利。如《德国民事诉讼法》第766条第1款前段规定："对于强制执行的种类和方式，或对执行员在执行时应遵守的程序提出申请、异议与抗议时，由执行法院裁判之。"《韩国民事执行法》第16条第1款规定："对于执行法院作出的执行程序的裁判之中不得提出即时抗告的裁判、执行官的执行处分、执行官要遵守的执行程序，可以向法院提出异议申请。"我国台湾地区"强制执行法"第12条规定："当事人或利害关系人，对于执行法院强制执行之命令，或对于执行法官、书记官、执行员实施强制执行之方法，强制执行时应遵守之程序，或其他侵害利益

① 肖建国主编：《民事执行法》，中国人民大学出版社2014年版，第196页。

之情事，得于强制执行程序终结前，为声请或声明异议，但强制执行不因而停止。前项声请或声明异议，由执行法院裁定之，不服前项裁定者，得为抗告。”① 这些规定均体现了当事人、利害关系人是自身利益的最佳关注者，赋予其异议权对及时纠正违法执行行为，依法推进执行程序具有重要意义。故而，我国《民事诉讼法》2007 年修正时增设了第 202 条执行行为异议的规定，2012 年修正时予以延续。2012 年及 2021 年修正时予以延续。修正后的《民事诉讼法》第 232 条规定：“当事人、利害关系人认为执行行为违反法律规定的，可以向负责执行的人民法院提出书面异议。当事人、利害关系人提出书面异议的，人民法院应当自收到书面异议之日起十五日内审查，理由成立的，裁定撤销或者改正；理由不成立的，裁定驳回。当事人、利害关系人对裁定不服的，可以自裁定送达之日起十日内向上一级人民法院申请复议。”

一、执行行为异议的主体

有权提出执行行为异议的主体为当事人、利害关系人。当事人为强制执行程序中的债权人和债务人，即申请执行人和被执行人，对此并无争议。当然，当事人并不仅限于执行依据上载明的原告、被告，执行程序中，符合法定条件的，人民法院可以追加、变更当事人，对此，最高人民法院《变更、追加当事人规定》作出了具体规定，追加、变更的主体亦为有权提出执行行为异议的当事人。

利害关系人是除当事人以外，对人民法院执行行为提出程序性异议的民事主体。法律、司法解释对于利害关系人的范围并未作出明确界定，特别是《民事诉讼法》对执行行为异议和案外人异议的提起主体作了利害关系人和案外人的区分，使得实践中两种主体和两种程序常常产生混淆。这里的“利害关系”通常是指法律上的利害关系而非事实上的利害关系，如公司作为被执行人，其财产被执行法院查封、扣押、冻结，公司股东以利害关系人的身份提起执行行为异议，认为法院存在超标的查封行为，公司股东虽与法院查封行为之间有事实上的利害关系，但公司系独立的民事主体，其股东与法院查封行为之间没有法律上的利害关系，不能以利害关系人的身份提起执行行为异议。为界定能够提起执行行为异议的利害关系人的范围，最高人民法院《异议复议

① 江必新主编：《新民事诉讼法执行程序讲座》，法律出版社 2012 年版，第 71 页。

规定》第5条，从异议人所提异议主张的角度，对执行行为异议中的利害关系人进行明确，该条列举了五类利害关系人：

一是他案债权人，认为人民法院的执行行为违法，妨碍其轮候查封、扣押、冻结的债权受偿的。针对在先查封法院的执行行为影响轮候查封案件债权人的受偿问题，如在先查封法院作出以物抵债裁定、扩大查封范围等，赋予轮候查封债权人以利害关系人的身份提出执行行为异议。

二是拍卖程序中的竞买人，认为人民法院的拍卖措施违法，妨碍其参与公平竞价的，如竞买人之间恶意串通，限制其竞买资格等使其无法公平竞价的，此时竞买人可以以利害关系人身份提出执行行为异议。

三是优先购买权人，认为人民法院的拍卖、变卖或以物抵债措施违法，侵害其对执行标的的优先购买权的，如执行标的的承租人、共有权人、有限责任公司的股东等。

四是协助义务人，认为人民法院要求协助执行的事项超出其协助范围或者违反法律规定的。由于法律、司法解释对协助义务人不予协助时规定了罚款、拘留等处罚措施，在此之前有必要赋予协助义务人对协助内容提出异议的权利，以减少错误处罚的可能性。

同时该条以概括的方式对利害关系人的其他情形进行兜底规定，即其他认为其合法权益受到人民法院违法执行行为侵害的人。此处的“合法权益”主要是指程序性权益和不能排除执行的实体权益。

二、执行行为异议的事由

执行行为异议的对象是人民法院的执行行为，因执行行为涵盖的范围十分广泛，从执行立案到结案有多个流程节点，而每个阶段都可能采取数个执行行为，故可提起执行异议的事由范围亦较为广泛。按照执行行为的外在表现形式，大致可分为四类：一是对强制执行程序的异议，如执行法院对拍卖标的物没有先期公告，或公告的期限不符合要求等提出异议；二是对实施执行行为所出具的法律文书的异议，如对拍卖裁定、冻结裁定等不服；三是对执行的方法和手段的异议，如认为执行法院明显超标的查封、应当解除查封未解除等；四是其他可以提起执行行为异议的事由，如超过执行依据确定的范围或没有执行依据而采取强制措施等。[①] 根据对现行法律、司法解释规定的梳理，可以提出执行行为异议的事由主要包括：

(1)《异议复议规定》第7条第1款规定的情形：查封、扣押、冻结、拍卖、变卖、以物抵债、暂缓执行、中止执行、终结执行等执行措施；执行的期间、顺序等应当遵守的法定程序；人民法院作出的侵害当事人、利害关系人合法权益的其他行为。

(2)《异议复议规定》第5条规定的情形：妨碍他案债权人轮候查封、扣押、冻结的债权受偿、妨碍竞买人参与公平竞价、侵害优先购买权人的优先购买权行为。

(3)《变更、追加当事人规定》第10~13条、第14条第1款、第15~16条、第25条规定的情形，主要包括：（1）因被执行人死亡、宣告失踪、合并、分立等原因变更权利义务承受主体为被执行人的；（2）个人独资企业、个体工商户变更、追加投资人、字号经营者为被执行人的；（3）变更、追加普通合伙人为被执行人的；（4）法人分支机构、非法人组织追加、变更其责任承担主体为被执行人的；（5）股东无偿接受财产、未经清算即办理注销、自愿代为履行等情形下变更、追加利益承受者为被执行人的情形。

(4)《最高人民法院关于刑事裁判涉财产部分执行的若干规定》第14条规定的情形，即执行行为违反法律规定，或者案外人对执行标的主张足以阻止执行的实体权利的情形。

值得注意的是，除上述法律、司法解释规定的对执行行为或程序提出异议的事由外，部分对执行标的提出的异议亦属于程序性异议提出的事由，大致包括以下情形：

（1）主张对执行标的物享有抵押权或不能阻却执行的留置权、质押权的；

（2）主张对执行标的物享有法定优先权的，如建设工程价款优先权、船舶优先权、税收优先权、划拨土地使用权出让金优先权、民用航空器优先权、受教育者学杂费用优先权、剩余价款优先受偿权等；

（3）主张对被执行人享有普通债权的；

（4）主张对执行标的物虽享有租赁权，但强制执行不影响租赁权的行使，或该租赁权形成于抵押、查封之后的；

---

① 参见肖建国主编：《民事执行法》，中国人民大学出版社2014年版，第197页。

（5）其他不足以排除执行的实体权益和程序性权益。

三、执行行为异议的受理条件

（一）时间要件：必须在执行程序开始后、终结前提出

权利救济的有限性是执行救济制度的基本理念。执行行为异议的主要目的在于及时纠正违法执行行为，执行程序终结后，违法执行行为已经不存在，失去了异议的对象，故而《异议复议规定》第6条第1款明确，当事人、利害关系人依照《民事诉讼法》第232条规定提出异议的，应当在执行程序终结前提出，但对终结执行措施提出异议的除外。

1. 对“执行程序终结”的理解

这里的“执行程序终结之前”是指“基于执行名义而实施之整个强制执行程序终结而言”,[①] 即通常所说的“实体终结”。《民事诉讼法》第264条、《执行立案、结案意见》第14条、第17条规定了执行程序终结的情形。可以看出，执行程序终结有以下几个特征：（1）由于出现了某种情况，整个执行程序没有必要或者不可能再继续进行；（2）执行程序永远停止；（3）执行程序终结意味着以后不再恢复执行程序；（4）终结执行的权利应当由也只能由人民法院行使。[②]

2. 对终结执行的异议

终结执行本身作为一种特殊的执行措施，对当事人和利害关系人的权利会产生重大影响，所以，对其仍可提出异议。为维护执行程序终结后相关事实的稳定性，《最高人民法院关于对人民法院终结执行行为提出执行异议期限问题的批复》明确规定：当事人、利害关系人依照《民事诉讼法》第232条规定对终结执行行为提出异议的，应当自收到终结执行法律文书之日起60日内提出；未收到法律文书的，应当自知道或应当知道人民法院终结执行之日起60日内提出。批复发布前终结执行的，自批复发布之日起60日内提出。超出该期限提出执行异议的，人民法院不予受理。

值得注意的是，执行案件以终结本次执行程序结案的，并不意味着执行程序完全终结，当事人、利害关系人对终结本次执行程序的裁定提出异议的，人

---

① 杨与龄：《强制执行法论》，中国政法大学出版社2002年版，第163页。

② 江必新、刘贵祥主编，最高人民法院执行局编著：《〈最高人民法院关于人民法院办理执行异议和复议案件若干问题规定〉理解与适用》，人民法院出版社2015年版，第86页。

民法院应予受理，提出异议的期限也不受前述批复的限制。

例如，在一个案件中，被执行人对执行法院的评估、拍卖、清场等行为不服，在案件终结本次执行程序后实体终结前提出异议，该异议未超出法定期限，人民法院应予审查。①

(二) 管辖要件：必须向执行法院提出

执行异议由执行法院专属管辖是法律、司法解释确立的基本原则。执行行为由执行法院作出，执行法院对有关情况最为了解，发现有错误的，可以及时纠正，更符合执行效率的要求。随着审判权与执行权相分离执行体制改革的深入，以往由执行实施部门自行审查的“既当运动员又当裁判员”的现象已经大为改观，各地法院或单独成立执行裁判庭或在执行局或其他审判业务部门设立独立的合议庭专门审查执行异议，此举对规范执行行为、及时救济权利有较大促进作用。通常情况下，由执行法院管辖执行异议并不会产生争议，但在管辖权转移情形下，便存在向哪一个执行法院提出的问题。

执行程序中的管辖权转移与诉讼中的移送管辖权不同，它是执行权行政权属性的体现，是上级法院对下级法院执行行为的督促或同级法院之间的协助，主要包括指定执行、提级执行和委托执行三种情形：

1. 指定执行

指定执行是上级法院在下级法院就管辖权发生争议或者存在其认为有管辖权的法院不适宜继续管辖的情形下，通过裁定的方式指定管辖法院的执行。根据《民事诉讼法》及2020年修正后的《执行工作规定》的相关规定，指定执行主要有以下四种情形：

(1) 法院之间发生管辖权争议。两个法院对执行案件均认为有管辖权或均认为没有管辖权发生争议，应首先进行协商，协商不成的，报双方共同的上级法院指定。

(2) 有管辖权的人民法院报请指定执行。由于某些特殊原因，有管辖权的人民法院认为自己不适宜执行，如发生地方政府干预等情形，可以向上一级人民法院报请将案件指定其他法院执行。

(3) 发生消极执行情形，申请执行人向上一级人民法院申请指定执行。根据《民事诉讼法》第233条的规定，执行法院自收到申请执行书之日起超

① 江苏省高级人民法院（2020）苏执监936号。

过 6 个月未执行的，申请执行人可向上一级法院申请指定执行。

（4）上级法院认为需要指定执行的情形。如被执行人涉案众多，分散在辖区不同法院，上级法院可以根据案件情况指定一家法院执行等。

2. 提级执行

提级执行是上级法院将下级法院管辖的执行案件提由自己执行。如下级法院报请因案件存在地方保护或其他干扰难以推进、同一被执行人案件涉及多个法院出现执行僵局、下级法院久拖不执等情形，上级法院均可作出裁定，将案件提给自己执行。根据《民事诉讼法》《执行工作规定》《最高人民法院关于高级人民法院统一管理执行工作若干问题的规定》的相关规定，提级执行主要有以下三种情形：

（1）下级法院报请上级法院提级执行。下级法院因事实或法律上的特殊原因，无法继续顺利推进执行程序，可以报请上级法院提级执行，如被执行人涉案众多，查封关系复杂，出现执行僵局或受到地方干预等。

（2）上级法院依职权提级执行。上级法院既可以因为下级法院存在消极执行、出现执行僵局等情形将案件提由自己执行，也可以根据案件疑难复杂程度决定将案件提级执行。

（3）上级法院依申请执行人的申请提级执行。即《民事诉讼法》第 233 条规定，下级法院收到申请执行书超过 6 个月未执行时，申请执行人有权向上一级法院申请提级执行。

3. 委托执行

委托执行是解决同级法院之间因地域限制等原因，为提高执行效率，降低执行成本而设置的一种执行方式，对被执行人或被执行人财产不在本辖区的案件，委托当地法院代为执行。《民事诉讼法》第 236 条规定：“被执行人或者被执行的财产在外地的，可以委托当地人民法院代为执行。”《最高人民法院关于委托执行若干问题的规定》第 1 条规定了委托执行的条件，即必须在同级法院之间，且执行法院经过财产调查，发现被执行人在本辖区内已无财产可供执行，但在其他省、自治区、直辖市内有可供执行的财产。委托执行一方面提高执行效率，节约了执行成本，但另一方面也因为衔接不畅、沟通不及时等原因，造成法院之间互相推诿，当事人查找无门的情形，一度成为“执行乱”的表现形式而被人诟病。

随着执行信息化的发展，执行措施的采取受地域限制的影响越来越小，为避免委托法院与受托法院之间管辖权的混乱，最高人民法院要求除特殊情形外，委托执行一般仅限于事项委托，即仅可将执行过程中的具体事项委托给其他法院，受托法院不立案件，仅办理具体的委托事项，并在执行管理平台上开发了事项委托模块，四级法院共同使用，既避免了法院之间因管辖权不明晰造成的相互推诿，也解决了对委托事项置之不理问题。

对于管辖权因指定执行、提级执行、委托执行等原因而发生转移时，对执行行为异议由哪家法院管辖曾经困扰着各级法院。执行行为异议审查权衍生于执行权，应随着执行权的转移而转移，如此亦能避免当事人、利害关系人在两家法院之间奔波。当然，基于审级关系，若受指定法院或受委托法院为原执行法院的下级法院时，对原执行法院执行行为不服的异议审查，仍由原执行法院进行，以避免出现下级法院撤改上级法院的执行行为，而执行复议又由上级法院进行审查的情形。故《异议复议规定》第 4 条明确规定：执行案件被指定执行、提级执行、委托执行后，当事人、利害关系人对原执行法院的执行行为提出异议的，由提出异议时负责该案件执行的人民法院审查处理；受指定或者受委托的人民法院是原执行法院的下级人民法院的，仍由原执行法院审查处理。

（三）对象要件：必须针对执行行为提出

关于可以提出异议的执行行为的范围，如前文所述，不再赘述即可以提出执行行为异议的事由，前文已有论述。但实践中对一些特殊的执行行为是否属于可以提出异议的执行行为仍存在争议。

1. 执行立案行为

我们认为，错误的执行立案行为也可能对执行当事人权利义务产生影响，故应属于可以提出异议的执行行为。比如因执行立案而导致当事人在中国执行信息公开网上可被查询到有作为被执行人的执行案件，从而影响其信用；又如执行立案后，执行法院启动网络司法查控系统对当事人财产状况进行查询，从而影响其隐私权，等等。

2. 执行法院在执行过程中以告知书等形式对被执行人已履行或未履行义务的范围进行确认的行为

我们认为，该行为对执行当事人有直接利害关系，属于《民事诉讼法》第 232 条规定的可以提起异议的执行行为。

（四）形式要件：必须以书面形式提出

由于执行程序中可采取的执行行为众多，可以提出的异议亦多，要求提出异议必须以书面形式，有利于促使当事人、利害关系人谨慎考虑，明确诉求，阐明理由，从而减少司法资源的浪费，同时也有利于人民法院更准确、更直观了解异议人的诉求，找准争议焦点。实践中，当事人、利害关系人必须以书面形式提出异议，口头提出的，人民法院应告知其采取书面形式，告知后仍不提交的，视为没有提出异议。

四、执行行为异议的审查

（一）书面审查原则

《异议复议规定》第12条规定："人民法院对执行异议和复议案件实行书面审查。案情复杂、争议较大的，应当进行听证。"即执行异议、复议案件以书面审查为主，公开听证为辅。书面审查，是指人民法院对争议案件，经过阅卷，认真审查诉讼材料，认为事实清楚的，可以不开庭而径行判决。其突出特点是，在最终裁决前，双方当事人不当面质证、不进行口头辩论，审查活动主要是法官的活动；法官的裁判依据不仅包括当事人在诉状中的意见、提交的证据，而且包括法官自己调查所得的证据。[①] 由于执行程序对效率价值的追求，法律对执行异议的审查期限仅规定了15日，故执行异议的审查必须高效及时，同时由于执行行为异议审查的对象为法院的执行行为，而执行行为的公法性显著，对当事人诉辩要求不高，通过卷宗记载便基本可以作出判断，故书面审查可以在执行程序的效率追求与公平价值之间做到一种适度平衡。

执行听证是法院为查明案件事实，在作出最终裁决前，组织有关当事人进行的公开举证、质证和辩论的程序。是否进行公开听证，由法官根据案件具体情况自行掌握，如执行法律关系较为复杂，执行标的物价值较大，当事人、利害关系人对事实或法律适用争议较大，执行措施违反强制性规定、侵害当事人或利害关系人重大利益等情形下，法官可以决定公开听证。

另需注意的是，《最高人民法院关于刑事裁判涉财产部分执行的若干规定》第14条规定："执行过程中，当事人、利害关系人认为执行行为违反法

① 江必新、刘贵祥主编，最高人民法院执行局编著：《〈最高人民法院关于人民法院办理执行异议和复议案件若干问题规定〉理解与适用》，人民法院出版社2015年版，第161页。

律规定，或者案外人对执行标的主张足以阻止执行的实体权利，向执行法院提出书面异议的，执行法院应当依照民事诉讼法第二百二十五条[①]的规定处理。人民法院审查案外人异议、复议，应当公开听证。”这是因为，对刑事裁判涉财产部分的执行由于执行依据为刑事裁判，因此没有类似于民事裁判执行中的申请执行人，而是通常由刑事审判部门移送执行。由于没有申请执行人作为对方当事人，案外人如对执行标的主张足以阻却执行的实体权利则无法导入案外人异议之诉程序，只能借助执行异议、复议程序进行审查。但此时案外人异议、复议的审查标准仍应参考案外人异议之诉，因此在审查程序上要求更加审慎，故规定此类案件应当公开听证，以充分保障案外人陈述、举证等权利。

（二）审查结果

对当事人、利害关系人提出的异议，人民法院应当自收到书面异议之日起15日内审查，并区分不同的情况作出相应的处理：

（1）异议不成立，裁定驳回异议。即法院的执行行为完全按照法律规定进行，但当事人、利害关系人却认为执行行为违法，侵害了其权益，法院审查后即应作出驳回异议的裁定。

（2）异议成立，即执行行为确实违法，侵害了异议人的合法权益，则应予及时纠正。此时，若执行行为有可撤销或可变更的内容，则应作出撤销或变更相关执行行为的裁定，若无可撤销或可变更内容的，则直接裁定异议人的异议成立。

（3）异议部分成立，纠正成立部分对应的执行行为，即应裁定变更部分执行行为，使其全部合法。

不难看出，法律、司法解释要求对异议的审查处理均应采用裁定的方式，以凸显规范性和严肃性，且应在裁定中告知救济途径，即对异议裁定不服的，应自裁定送达之日起10日内向上一级人民法院申请复议。

（三）异议审查后的救济

根据《异议复议规定》第16条第1款的规定，人民法院依照《民事诉讼法》第232条规定作出裁定时，应当告知相关权利人申请复议的权利和期限。即人民法院对当事人、利害关系人提出的程序性异议进行审查后作出的裁决，当事人、利害关系人仍可向上一级人民法院申请复议予以救济。“考虑到当事

---

① 现为《民事诉讼法》（2021年修正）第232条。

人为权利救济提出程序性申请本身就具有救济的性质，因此我们将这种针对程序性裁决所提出的程序异议称为‘再救济’”①

1. 复议的提出

与申请异议一样，申请复议应以书面方式提出，并附证明材料。

2. 复议的审查

执行复议的审查亦应组成合议庭，审查期限原则上不超过30日，审查对象既包括异议裁定，也包括执行行为，但原则上不得超过复议申请书申请的范围。根据审查情况，分别作出处理：

（1）异议裁定认定事实清楚，适用法律正确，结果应予维持的，裁定驳回复议申请，维持异议裁定。若异议裁定认定事实清楚，但说理部分或适用法律有瑕疵，裁判结果正确的，亦可在复议说理部分纠正瑕疵后对异议裁定予以维持。

（2）异议裁定认定事实错误，或者适用法律错误，结果应予纠正的，裁定撤销或者变更异议裁定。

（3）异议裁定认定事实不清、证据不足的，裁定撤销异议裁定，发回作出裁定的人民法院重新审查，或者查清事实后作出相应裁定。

（4）异议裁定遗漏异议请求或者存在其他严重违反法定程序的情形，裁定撤销异议裁定，发回作出裁定的人民法院重新审查。

（5）异议裁定对应当适用《民事诉讼法》第234条规定审查处理的异议，错误适用《民事诉讼法》第232条规定审查处理，裁定撤销异议裁定，发回作出裁定的人民法院重新作出裁定。

在作出裁定撤销或变更异议裁定时，若执行行为是可撤销、变更的，应同时撤销或者变更异议裁定维持的执行行为。

3. 对复议程序中新提出的异议请求的处理

值得一提的是，当事人、利害关系人对执行法院的异议裁定不服，向上一级人民法院申请复议，在复议过程中提出了新的异议请求，对该请求应如何处理，实践中有两种做法：一种做法是在执行复议程序中不予理涉，告知复议申请人另行提出异议，主要理由为维护当事人、利害关系人的审级利益，若在复议程序中对新的异议请求进行审查并作出结论，会造成“一裁终局”的结果，

---

① 陈瑞华：《问题与主义之间——刑事诉讼基本问题研究》，中国人民大学出版社2003年版，第103页。

剥夺了异议人法定的救济权利。另一种做法是直接在复议程序中审查。主要理由为异议人在复议程序中直接提出就表明其放弃了审级利益，且再回过来让执行法院审查增加了异议人的讼累。两种做法各有道理，但我们更倾向于第一种做法，实践中，当事人、利害关系人的法律知识有限，无法对程序设置的功能价值有充分认识，出于其对执行法院的天然不信任，一旦有上级法院介入，便会将其所认为的执行法院的所有问题和盘托出，而并无放弃审级利益的真实意思，且从执行复议程序的制度功能和审查对象看，其主要在于对异议裁定的审查作出判断，是一种“再救济”，故不宜对新的异议请求直接予以审查。

五、执行行为异议的法律效果

当事人、利害关系人提出执行行为异议能否阻断执行程序，各国和地区的做法不尽相同。日本、韩国将是否停止执行、是否要求异议人提供担保的权力交由执行法院，由执行法院根据案件具体情况灵活处理。而我国台湾地区则直接明确异议期间不停止执行，其“强制执行法”第 12 条规定：当事人或利害关系人声请或声明异议的，强制执行不因而停止。

我国《民事诉讼法执行程序司法解释》第 10 条规定：执行行为异议审查和复议期间，原则上不停止执行。这种做法一方面是因为执行程序中可以提出行为异议的事由十分广泛，异议审查期间若停止执行势必影响执行进程，与执行程序的效率性要求大相径庭，另一方面也会造成滥用异议权情形的出现。但为了防止继续执行造成当事人、利害关系人的损失无法弥补，该条亦规定了人民法院可以在异议人、被执行人提供充分、有效担保的情形下停止执行，以满足实践需要。

第二节　案外人异议

案外人异议，是指在执行过程中，案外人对执行标的主张享有足以排除执行的实体权益，进而主张停止对执行标的执行的救济程序。由于案外人提出异议的对象为执行标的，所以又称为标的异议，以与行为异议相对应，由于提出的主体为案外人，故亦称为案外人异议。综观大陆法系国家关于实体异议的规定，基本没有设置异议作为实体救济的前置程序，而直接规定案外人欲通过执行标的主张实体权益排除执行的，可以直接提起第三人（案外人）异议之诉。

我国《民事诉讼法》第234条规定："执行过程中，案外人对执行标的提出书面异议的，人民法院应当自收到书面异议之日起十五日内审查，理由成立的，裁定中止对该标的的执行；理由不成立的，裁定驳回。"

一、提起案外人异议的主体

根据《民事诉讼法》的规定，执行程序中，对执行标的主张实体权益以排除执行的主体只能是案外人，即执行当事人以外，对执行标的主张权益，认为执行法院对该标的的执行侵害其实体权益的民事主体。

我国《民事诉讼法》并未赋予被执行人在执行程序中对执行标的提出实体异议的权利，但在具体案件中，要注意区分被执行人对不同财产可能存在的双重身份。如执行依据确定夫妻一方在夫妻共同财产范围内承担责任，人民法院在执行过程中，对属于夫妻一方的个人财产采取强制措施，此时，夫妻一方便具有双重身份，对于夫妻共同财产而言，其为被执行人，但对于夫妻共同财产以外的个人财产，则可以以案外人身份提起案外人异议。再如，继承人以继承的财产承担责任，在变更继承人为被执行人后，人民法院若对继承财产之外的继承人的个人财产采取强制措施，继承人亦可以案外人身份提起案外人异议。由此可以看出，"案外人"的范围十分广泛，除人民法院列明的当事人以外的民事主体之外，即使在执行案件中被列为被执行人，在特定条件下，亦可通过案外人异议寻求救济。

二、案外人异议的事由

案外人可以基于何种权利提出案外人异议，《民事诉讼法执行程序司法解释》第15条作了概括规定，即案外人对执行标的主张所有权或者其他足以阻止执行标的转移交付的实体权利。实践中，大致包括以下九种：

（1）所有权。执行标的应为被执行人的责任财产，若人民法院采取强制措施的财产不属于被执行人，真正的所有权人便可以基于其对执行标的的所有权提出异议，主张排除执行。

（2）共有权。共有权为所有权的一种方式，共有权人可以基于共有提起案外人异议。

（3）合法占有及用益物权。占有人及用益物权人对执行标的享有占有、使用、收益的权利，执行法院对争议标的采取强制措施将直接影响占有人及用益物权人行使上述权利，其可以以此为由提起案外人异议。

（4）部分可以排除执行的特殊担保物权。担保物权设置的目的在于实现标的物的交换价值，一般无须对标的物实体进行有形支配，即使是以占有为条件的质权和留置权，亦可以通过优先受偿予以实现，而非排除强制执行，故一般情形下对标的物享有担保物权是不能作为提起案外人异议的事由的。但在某些特殊情形下，人民法院对标的物的执行侵害了质权、留置权等特殊担保物权行使时，则可基于此提起案外人异议。

（5）查封、抵押前设立的租赁权。租赁的目的在于对标的物占有、使用，根据"买卖不破租赁"规则，在查封、抵押之前设立的租赁权，能够阻却移交占有，故此时，租赁权人可以基于租赁权主张排除执行。

（6）《民事诉讼法司法解释》第499条第2款中规定的利害关系人对第三人享有的到期债权，即债务人的其他债权人可以基于其对法院采取强制措施的到期债权享有实体权益提起案外人异议。

（7）《异议复议规定》第28条、第29条规定的不动产买受人的物权期待权和消费者物权期待权，即不动产的买受人基于其在法院查封不动产前与被执行人签订合法有效书面合同、实际占有使用不动产并支付价款等行为主张排除法院的强制执行。

（8）《查封、扣押、冻结规定》第15条规定的需要办理过户登记的财产或财产性权利，即第三人基于其已向被执行人支付全部价款并实际占有使用标的物提起案外人异议。

（9）法律、司法解释规定的其他可以排除执行的实体性民事权益。

例如，在一个案件中，执行法院对违法建筑予以现状处置，案外人沈某以其对该违法建筑享有排除执行的实体权益为由提起执行异议，属于《民事诉讼法》第234条规定的案外人异议，执行法院应当予以受理，并对许可执行或不予执行该执行标的作出裁判，但不得就违法建筑予以确权。[①]

三、案外人异议的受理条件

（一）时间要件

《民事诉讼法》第234条规定提起案外人异议应当在"执行过程中"，关

① 江苏省高级人民法院（2021）苏执复37号。

于对“执行过程中”的理解，《异议复议规定》第6条对此予以细化，规定了两种情形。

1. 标的物被当事人以外的人受让时，应当在执行标的执行终结前提出

“执行标的执行终结前”具体是指人民法院处分标的物所需的所有手续已经办理完成前。对于不动产和需要办理登记的特殊动产或其他财产权，是指协助办理过户登记的通知书送达之前，如当事人自行办理过户登记手续的，是指实际变更登记前。对于动产或者银行存款类财产，是指交付或者拨付给申请执行人之前或者分配完毕之前。此时，执行标的物的所有权已经转移，为维护司法拍卖的稳定性和权威性，不宜再允许案外人对执行标的主张实体权益。

2. 若执行标的由当事人受让，应当在执行程序终结前提出

此处的“执行程序终结前”与执行行为异议提出的时间要件相同，即案件实体终结前。此时，虽然受让的主体为当事人，若错误执行了案外人财产，理应予以返还，不存在信赖利益保护问题。需要注意的是，如果执行标的就是银行存款，不存在变价问题，当事人受让该笔银行存款，案外人对该笔存款主张所有权，此时提出异议的时间如何把握。我们认为，此处的“受让”应指需要变价的标的物的接受，即通常意义上的“以物抵债”，不包括受领执行款的行为，若为拨付银行存款，仍应适用“拨付给当事人之前”的时间要件。

（二）管辖要件

案外人异议由执行法院专属管辖，在发生指定执行、提级执行、委托执行情形时，参照执行行为异议的管辖处理。

（三）对象要件

案外人异议必须基于实体权益对执行标的提出，即必须是对执行标的而非执行行为提出，必须是基于对执行标的享有足以排除执行的实体权益提出，而非仅对执行标的享有普通民事权利。当然，足以排除执行的实体权益不限于所有权，上文已经对能够排除执行的实体权益作了简单列举，不再赘述。

（四）形式要件

案外人异议应采用书面方式。与执行行为异议相同，为了促使案外人审慎考虑，防止滥用异议权，也为人民法院审查提供便利，案外人异议必须以书面方式提出，经释明仍不提供异议申请书的，视为没有提出异议。

四、案外人异议的审查

（一）案外人异议的审查标准

案外人异议虽是对实体权益的救济程序，但其仅为异议之诉的前置程序，审查结论并非终局性的，亦应服从执行程序的效率价值，故《异议复议规定》最终确立了“以形式审查为主、实质审查为辅”的案外人异议审查标准。

1. 案外人异议的形式审查标准

案外人异议程序仅对案外人对执行标的物是否享有足以排除执行的实体权益作初步判断，以迅速、及时处理异议为己任，对程序正义和实体正义的追求与审判程序不可同日而语，在审查标准上以形式审查为主，与执行法官对执行标的物的判断标准基本一致，即根据法律规定的物权公示方法和权利外观判断标的物的权属。根据《异议复议规定》第 25 条的规定，案外人异议中判断案外人是否为权利人主要依据以下标准：

（1）已经登记的不动产，按照不动产登记簿判断；未登记的建筑物、构筑物及其附属设施，按照土地使用权登记簿、建设工程规划许可、施工许可等相关证据判断。

（2）已登记的机动车、船舶、航空器等特定动产，按照相关管理部门的登记判断；未登记的特定动产和其他动产，按照实际占有情况判断。

（3）银行存款和存管在金融机构的有价证券，按照金融机构和登记结算机构登记的账户名称判断；有价证券由具备合法经营资质的托管机构名义持有的，按照该机构登记的实际投资人账户名称判断。

（4）股权按照工商行政管理机关的登记和企业信用信息公示系统公示的信息判断。

（5）其他财产和权利，有登记的按照登记机关的登记判断，如专利权、商标权等知识产权，无登记的按照合同等证明财产权属或权利人的证据判断。

2. 案外人异议审查的实质标准

法定的物权公示方法毕竟不能涵盖所有的财产类型，形成权利外观的方法可能有多种，实践中总有无法仅通过物权公示或权利外观方法作出判断的情形，且案外人本身是基于对执行标的享有实体权益提出异议，不可避免要对实体问题进行审查，故对案外人异议审查也不排除实质审查的标准。即在执行标的物无登记或占有表征，以及法律、司法解释另有规定的情形下，应采用实质审查标准。《异议复议规定》第26条至第31条对案外人异议的实质审查标准作出了规定，包括案外人依据另案生效法律文书提出排除执行的异议、不动产买受人以物权期待权或消费者物权期待权提出排除执行的异议、不动产承租人提出排除转移占有的异议等情形，这些问题后文将有专章述及，在此不作赘述。

（二）案外人异议的审查结果

案外人提出异议的，人民法院应当自收到书面异议之日起15日内审查。经审查，区分以下情形分别处理：

（1）认为案外人异议理由成立的，应当作出裁定，中止对异议标的的执行。

（2）认为案外人异议理由不成立的，应作出裁定，予以驳回。案外人异议的裁定中，应当依照《民事诉讼法》第234条规定完整告知救济途径，即“案外人、当事人对裁定不服，认为原判决、裁定错误的，依照审判监督程序办理；与原判决、裁定无关的，可以自裁定送达之日起十五日内向人民法院提起诉讼。”由案外人、当事人根据其具体诉求和理由选择相应的后续救济程序。

五、案外人异议的法律效果

案外人异议审查期间是否停止执行，经历了从不停止执行到停止执行的过程。由于案外人是针对执行标的主张实体权益，若异议成立，产生的结果是不得执行争议标的物，若不停止执行，可能导致执行回转或国家赔偿，也难以进入执行异议之诉进行实体审查，故案外人异议审查期间一律停止执行。

值得一提的是，案外人异议及异议之诉审查期间停止执行，一定程度影响了执行进程的正常推进，故对执行裁判部门的审查效率提出了更高的要求。实践中，审理案外人异议及异议之诉案件应尽可能提高效率，以减少对执行程序产生的影响，防止其成为拖延执行、规避执行的手段。

六、执行行为异议与案外人异议的区分与竞合

实践中，对于当事人以外的民事主体提出的异议，究竟是以案外人身份提出的实体异议，还是以利害关系人身份提出的行为异议，有时难以区分，部分法院以异议请求作为区分标准，请求纠正违法行为的即为行为异议，请求停止

执行的就作为案外人异议，但异议人毕竟大部分都不是专业法律人士，对自身诉求的表达不一定准确，特别是在很多法律关系中，根据不同法律关系发生的时间节点，适用的救济途径又存在不同，即使是从事执行裁判业务的法官，也难免会出现混淆的情形。从上文的论述可以看出，执行行为异议与案外人异议主要存在以下三种区别：

一是依据的基础权利不同。执行行为异议是利害关系人依据其程序性权利受到侵害而提起的，而案外人异议是案外人基于其实体权益受到损害而提起的，且这种实体权益还非一般的实体权益，通常是所有权等能够阻却执行的实体权益。

二是针对的对象和目的不同。执行行为异议针对的是执行法院的执行行为，目的在于纠正错误的执行行为，保障其程序性的权益，而案外人异议针对的是具体的执行标的，目的在于排除人民法院对该标的的执行，以保护自己对该标的的合法权益。

三是功能定位不同。执行行为异议的功能在于纠正违法执行行为，要对执行行为的合法性作出判断，审查的结果为维持或撤销执行行为。案外人异议的功能体现在对标的上同时存在的两种权利冲突时，权衡两种权利保护顺位问题，审查的结果为能否阻却执行，且会涉及对标的物权属进行判断。①

尽管两种异议存在诸多区别，但实践中当异议人提出的理由既包括实体权益也包括程序性问题，如执行法院查封登记在案外人甲名下的财产，甲提出异议，要求停止执行，同时主张法院的查封行为违法，仅从异议人的异议理由难以判断。故《异议复议规定》第 8 条采用了“权利基础 + 异议理由”的判断标准，即如果异议的基础是程序性权利，其目的在于纠正违法的执行行为，则为执行行为异议，而如果提出异议所依据的基础权利是实体权利，异议的目的是排除法院对执行标的的执行，则为案外人异议。

当然，实践中也存在既对执行行为也对执行标的同时提出异议的情形，此时，司法解释规定了两种类型：一种是“基础权利及目的竞合”情形，尽管提出的异议表现为既针对执行行为又针对执行标的，但所依据的权利基础均为实体权益，异议的目的在于排除法院的执行，此时只需对实体权益进行审查。

① 参见范向阳主编：《执行异议之诉的规则与裁判》，人民法院出版社 2019 年版，第 18～19 页；江必新、刘贵祥主编，最高人民法院执行局编著：《〈最高人民法院关于人民法院办理执行异议和复议案件若干问题规定〉理解与适用》，人民法院出版社 2015 年版，第 110～111 页。

即“案外人基于实体权利既对执行标的提出排除执行异议又作为利害关系人提出执行行为异议的，人民法院应当依照民事诉讼法第二百二十七条[①]规定进行审查”。前文中，案外人甲基于对执行法院查封其财产行为提出的异议，即属于此类，应按照《民事诉讼法》第234条审查处理。另一种是“主体竞合”的情形，案外人既基于实体权利对执行标的提出排除执行的异议又作为利害关系人提出与实体权利无关的执行行为异议。异议的目的分别为排除执行和纠正违法执行行为，人民法院应当分别依照《民事诉讼法》第234条和第232条的规定进行审查。

例如，在一个案件中，案外人主张其与被执行人签订的《借款协议》中约定了借款人逾期未还款时，被执行人同意将其开发的未销售房屋抵销给案外人。该内容实质上是案外人与被执行人关于以物抵债的约定，案外人以此为由提出异议要求解除查封并排除执行的，系既对执行行为提出异议，又对执行标的提出异议，应当依照《民事诉讼法》第234条的规定审查。[②]

第三节　执行异议之诉

执行异议之诉是当事人、案外人对案外人异议裁定不服，通过提起诉讼的方式予以救济的程序。此外，在追加、变更被执行人、分配方案异议等场景下，法律、司法解释亦规定了异议之诉的救济途径。我国执行异议之诉源于大陆法系国家和地区的第三人异议之诉、债务人异议之诉及分配表异议之诉制度，又根据我国司法实践，对该制度予以改造，形成了“一裁两审”的特有架构。作为一种特殊的民事诉讼程序，与普通民事诉讼程序相比，执行异议之诉无法归入给付之诉、确认之诉、形成之诉[③]的传统类型中，且在程序启动、诉讼主体、程序功能等方面均有其特殊性。

---

① 现为《民事诉讼法》（2021年修正）第234条。

② 江苏省高级人民法院（2021）苏执复52号、102号。

③ 关于执行异议之诉的性质，学术界众说纷纭，大致有给付诉讼说、确认诉讼说、形成诉讼说、新形成诉讼说、救济诉讼说等。从异议之诉的功能来看，主要在于排除对执行标的的强制执行，因此具有形成之诉的性质。同时，第三人主张的实体法律关系是异议权的先决问题，同时具有确认第三人所主张的实体权利的功能，从而显现出确认之诉的性质。从这个角度讲，可以说执行异议之诉是一种特殊的救济诉讼。详见肖建国主编：《民事执行法》，中国人民大学出版社2014年版，第207～209页。

一、执行异议之诉的主要类型

《民事诉讼法》及相关司法解释规定的执行异议之诉大致可以分为三个类型。

（一）由案外人异议引发的执行异议之诉

即案外人提起异议，执行法院审查后作出中止执行裁定或驳回裁定后，申请执行人或案外人对该裁定不服，所启动的执行异议之诉。根据启动主体的不同，又可分为案外人异议之诉及申请执行人许可执行之诉。

1. 案外人异议之诉

此为执行异议之诉最常见的类型，即案外人对执行法院采取强制措施的标的物提出实体权益的异议，要求排除执行，执行法院异议审查后作出驳回异议请求的裁定，案外人不服提起的异议之诉。

2. 债权人许可执行之诉

即案外人对执行标的提出异议，执行法院经审查后作出支持案外人的请求，中止对执行标的物执行的裁定，债权人对此不服，认为该执行标的物应当作为被执行人的责任财产予以执行，从而提起的异议之诉。值得注意的是，我国大陆的债权人许可执行之诉与我国台湾地区的债权人许可执行之诉并非同一概念，我国台湾地区“强制执行法”第14条第2款规定：“债权人依第四条之二规定声请强制执行经执行法院裁定驳回者，得于裁定送达后十日之不变期间，内向执行法院对债务人提起许可执行之诉。”此条规范的是在债权人认为当事人以外的第三人亦应成为执行力得以扩张的债务人，可以直接申请对其采取强制措施，在被执行法院驳回后，可以提起诉讼，主张执行依据对其发生效力。此与我国大陆追加、变更被执行人的制度有些类似。

（二）由追加、变更被执行人引发的异议之诉

通常情况下，执行法院只能对执行依据所载明的被执行人采取强制措施，但受既判力扩张理论的影响，[①] 执行力的扩张也逐渐体现在立法中。其中最突

---

① 民事判决是为解决对立双方当事人的纠纷而居中作出的裁判，通常认为其既判力原则上仅及于双方当事人，即理论上所称的“既判力的相对性原则”，但随着社会经济的发展，判决牵涉第三方的情形越来越普遍，特别是在牵涉物权等对世权的情形下，仅约束双方当事人与物权本身的效力范围亦相冲突，影响公权力解决纠纷的制度功能。故除当事人外，既判力扩张至标的物的继受人、管理人、占有人等。受此影响，执行力亦超出执行依据载明的当事人向权利义务继受人等主体扩张。参见翁晓斌：《民事执行救济制度》，浙江大学出版社2005年版，第176～177页。

出的表现就是在执行程序中可以直接通过追加、变更的形式将执行依据确定的当事人以外的民事主体作为被执行人，而无须债权人另行起诉。由于强制执行程序会对债务人的财产、信用甚至是人身自由产生实质性影响，所以执行力的扩张范围应予严格限制，通常认为给付之诉的判决执行力扩张的范围应当与既判力的扩张范围一致，对于其他执行依据应仅限于权利义务的继受人或为被执行人利益占有标的物的人。[①]《变更、追加当事人规定》第2~16条、第22~25条规定的21种情形即属于此类，对变更、追加不服的，作为程序异议处理，而不能提起异议之诉。

最高人民法院《变更、追加当事人规定》同时也规定了无法归入执行力扩张范围内的可以追加、变更被执行人的情形，如第14条第2款、第17~21条，规定了可以在执行程序中对存在未足额出资、无偿接受财产、财产混同等情形下直接追加相应主体为被执行人的情形。此种做法沿袭了修正前的《执行工作规定》第80条、第81条[②]的规定，不少学者对此予以批判，认为这些情形已经超出了执行力可以扩张的范围，债权人要请求这类主体承担责任，应当通过诉讼程序获取新的执行依据，而不能以执代审。《执行工作规定》的起草者曾经对此予以回应，认为在我国如此规定一是由于历史原因，出于对习惯做法的维持。二是认为这种关系确实有其特殊性，并非一般意义上的债权，[③]再加上着眼于解决实际问题，所以有其现实合理性。但尽管如此，“乱追加”“乱变更”等问题一直成为“执行乱”的表现形式。《变更、追加当事人规定》在尊重实践需要的基础上，力求在执行程序的效率价值和实体救济所追求的公正价值之间进行平衡。故该司法解释保留了在执行程序中追加抽逃出资、出资不实的股东为被执行人等情形的规定，另外，创设了追加、变更异议之诉这一新类型的异议之诉，赋予申请执行人对不予追加、变更裁定以及被追加主体不服追加、变更裁定时通过诉讼予以救济的权利。

（三）对分配方案不服引发的异议之诉

《民事诉讼法》并未对分配方案异议之诉作出规定，此制度最初在《民事诉讼法执行程序司法解释》第26条中予以确定，其后在《民事诉讼法司法解

① 范向阳主编：《执行异议之诉的规则与裁判》，人民法院出版社2019年版，第23页。

② 该两条在2020年修正时已经删除。

③ 黄金龙：《〈关于人民法院执行工作若干问题的规定〉实用解析》，中国法制出版社2000年版，第250~251页。

释》第512条[①]中沿袭。依据该条规定，多个债权人对执行财产申请参与分配的，执行法院制作参与分配方案后，债权人或者被执行人对分配方案提出书面异议的，执行法院应当通知未提出异议的债权人、被执行人。未提出异议的债权人、被执行人自收到通知之日起15日内未提出反对意见的，执行法院依异议人的意思对分配方案审查修正后进行分配，未提出异议的债权人、被执行人提出反对意见的，应当通知异议人，异议人可以自收到通知之日起15日内，提出分配方案异议之诉。从上述规定不难看出，与案外人异议之诉不同，对分配方案提出的异议，执行法院实行的是“当事人主义”，并不对先期异议进行审查，仅履行通知义务，最终由当事人通过诉讼予以救济。

有学者认为，除以上类型之外，根据《公证执行规定》第22条，若公证债权文书的被执行人认为公证债权文书的基础法律关系不真实、无效、可撤销，或存在清偿、提存、抵销、免除等原因全部或部分消灭的，可以以申请执行人为被告，提起诉讼。此类诉讼由执行法院专属管辖，需在执行程序开始后、终结前提出，作出的判决内容为执行或不予执行公证债权文书，故属于执行异议之诉的一种，且认为在此程序中我国首次规定了债务人异议之诉。但我们认为，此条不予执行公证债权文书提起诉讼的规定是被执行人对执行依据不服给予的救济途径，并非对执行程序本身提出的异议，更类似于《民事诉讼法》第234条规定的认为原判决裁定错误的，按照审判监督程序办理的规定，故不属于执行异议之诉的范畴。

二、执行异议之诉的主体[②]

（一）提起执行异议之诉的主体范围

与普通民事诉讼程序的当事人不同，执行异议之诉的诉讼主体范围是有限的。根据《民事诉讼法》第234条的规定，案外人、当事人对案外人异议裁定不服的可以提起异议之诉，从本条字面意思理解，可以提起异议之诉的主体为案外人、申请执行人、被执行人。但根据《民事诉讼法司法解释》第307条规定，被执行人提起执行异议之诉的，应告知其通过另诉途径解决，即被执行人不得作为异议之诉的原告启动这一诉讼。换言之，能够作为执行异议之诉

---

① 现为《民事诉讼法司法解释》（2022年修正）第510条。

② 这里主要讨论由《民事诉讼法》第234条引发的案外人异议之诉和申请执行人许可执行之诉。分配方案异议之诉及追加、变更被执行人异议之诉在后文中有专章介绍，本章不赘述。

的原告提起执行异议之诉的主体仅限于案外人和申请执行人。

由于执行程序系由申请执行人启动，异议之诉是由案外人对执行标的的异议启动，故是否对特定标的物强制执行的争议存在于申请执行人与案外人之间，与被执行人的利益并无直接利害关系。若驳回案外人异议，则执行程序继续推进，被执行人的利益现状并未因为执行异议发生变动，若中止执行，被执行人与案外人就执行标的的异议，可通过另案诉讼来解决。从这个角度看，不赋予被执行人提起执行异议之诉的权利，有其合理正当性。但执行实践纷繁复杂，《民事诉讼法司法解释》第 307 条规定的被执行人与案外人之间就执行标的产生的纠纷可以通过另诉途径解决，但若是被执行人与申请执行人之间在执行依据生效后发生消灭或妨碍申请执行人请求的事由时，如何处理？按照《异议复议规定》第 7 条第 2 款的规定，被执行人以债权消灭、丧失强制执行效力等执行依据生效之后的实体事由提出排除执行异议的，人民法院应参照《民事诉讼法》第 232 条规定进行审查。但毕竟涉及实体法律关系的审查，有必要给予被执行人通过诉讼予以救济的权利。故在强制执行法起草过程中，增设被执行人异议之诉的呼声十分强烈，在草案征求意见稿中，也对被执行人异议之诉作出了规定。但对此理论和实务界均争议比较大，仍需进一步论证。

（二）执行异议之诉主体的诉讼地位

1. 案外人执行异议之诉

根据《民事诉讼法司法解释》第 305 条的规定，案外人提起执行异议之诉的，以申请执行人为被告。被执行人反对案外人异议的，被执行人为共同被告；被执行人不反对案外人异议的，可以列被执行人为第三人。

案外人提起执行异议之诉的目的在于排除对特定标的物的执行，其主张与申请执行人相对，故应将申请执行人列为被告。而被执行人的诉讼地位则与其对案外人诉讼请求的态度有关。案外人异议之诉必然会涉及对执行标的权属的审查，若被执行人对案外人的主张没有异议，则没有必要作为共同被告，虽然司法解释规定了“可以列为第三人”，但从查清案件事实，解决矛盾纠纷的角度，原则上还是应当将被执行人列为第三人。被执行人若有异议，无论案外人是否同时主张对标的物确权，均应将被执行人列为共同被告，以查清案件事实，减少讼累。

实践中，因被执行人常常下落不明，无法探究其是否支持案外人或申请执行人的主张，此时，如何列明被执行人的诉讼地位？对此，应区别情形分别对待。若案外人同时提出对标的物确权的诉讼请求，由于要对标的物的权属作出裁判，被执行人与案外人就标的物的权属纠纷有了生效法律文书的确认就无法另行提起确权诉讼，故应当将被执行人列为共同被告，以保障其诉讼权利，也便于其以后通过审判监督程序予以救济。若案外人没有确权的诉讼请求，人民法院不会对标的物权属作出判决，不产生既判力，即不影响被执行人就其与案外人纠纷另行提起诉讼，故应将其列为第三人。

2. 申请执行人异议之诉。

申请执行人提起异议之诉，诉讼请求与案外人正好相反，故诉讼地位亦正好相反，《民事诉讼法司法解释》第306条规定："申请执行人提起执行异议之诉的，以案外人为被告。被执行人反对申请执行人主张的，以案外人和被执行人为共同被告；被执行人不反对申请执行人主张的，可以列被执行人为第三人。"

正常情况下，被执行人与申请执行人的利益是一致的，都是主张执行标的为被执行人的责任财产，但不排除很多情况下被执行人确实对执行标的不享有权利或虽享有权利但同时存在案外人的权利，从而反对申请执行人主张的，当然也不排除被执行人与案外人恶意串通，故意抗拒、规避执行的情形，为全面查清案情，此时应将被执行人列为共同被告。

由于申请执行人异议之诉不可能出现确权的问题，被执行人与案外人就执行标的产生的纠纷可以通过另行诉讼途径解决，故在被执行人下落不明无法表达意见时，应将被执行人列为第三人。

三、执行异议之诉的受理条件

（一）诉讼的前提：异议前置

异议之诉启动的前提是须经前置的异议程序，这是我国《民事诉讼法》在借鉴大陆法系国家和地区相关规定的基础上进行的个性化改造。《民事诉讼法》第234条的规定最为典型，案外人对执行标的提出异议，不能直接提起诉讼，而需要经过异议审查程序，经异议审查不服的，才可以由案外人或申请执行人提起异议之诉。在追加、变更被执行人的情形下，根据最高人民法院《执行立案、结案意见》，追加、变更案件立"执异"字号，即对申请人的追加、变更申请的审查亦作为异议之诉的前置程序。而在分配方案异议之诉中，虽然执行法院对债权人提出的异议不予审查，但启动亦是以债权人的异议为前提。

我国《民事诉讼法》之所以为执行异议之诉设计了前置的异议程序，目的在于通过前置程序过滤掉一部分明显成立的异议，给执行机构自我纠正的机会，以提高效率，减少讼累。

（二）管辖要件：执行法院专属管辖

《民事诉讼法执行程序司法解释》第18条规定：案外人异议之诉由执行法院专属管辖，这也是大陆法系国家和地区关于第三人异议之诉的普遍规定。由于案外人异议之诉直接影响执行程序的推进，由执行法院管辖更符合执行的效率要求，也便于当事人、案外人参加诉讼。若仍按照“原告就被告”的基本规则确定异议之诉的管辖法院，可能造成与执行法院信息不对称的情形，引发程序混乱或造成案外人、当事人的合法权益得不到及时救济，若执行法院为上级法院，还可能导致异议之诉的终审判决由执行法院作出的情形，影响权利救济的有效性。

（三）时间要件：执行异议裁定送达之日起15日内提出

权利救济的有限性是执行异议及异议之诉的基本原则，执行异议之诉由执行程序派生，一定程度上要维护执行的效率原则。案外人或申请执行人对前置异议审查程序作出的裁定不服，必须在异议裁定送达之日起15日内提起，该期限属于除斥期间，除《民事诉讼法》第86条规定的不可抗力等正当理由外，不存在中止、中断与延长问题。案外人或申请执行人超过上述法定期间提起执行异议之诉的，应裁定不予受理，已经立案的，裁定驳回起诉。

由于执行异议之诉按照普通民事诉讼标准收取诉讼费用，所以实践中出现了一种现象，个别案外人或申请执行人对执行异议裁定不服，不在15日的法定期限内提起诉讼，而是通过执行申诉信访的方式，申请执行监督，很多法院为了化解信访矛盾，将本应进入异议之诉的案件以执行监督案件的方式进行审理，而提起此程序的案外人或申请执行人仅付出一封信的成本。人民法院本着为人民服务的宗旨，对人民群众的申诉应认真对待，妥善答复，但也应对立法的制度目的给予充分尊重。放任法定救济途径过期限不走，而试图通过其他路径获取诉讼费利益，不仅损害司法公信力，造成司法资源的浪费，也对其他依法救济的当事人不公平，故实践中应对这种做法持否定态度，即过了法定期限就不可能再进行异议之诉的实体审理，即使执行监督也是对形式审查的异议裁定的监督，而非以执行监督案件进行异议之诉的审理。

（四）有明确的诉讼请求、具体事实及理由

与普通民事诉讼请求的多样性不同，执行异议之诉的诉讼请求是法定的且是固定的，这是由执行异议之诉的功能所决定的。案外人提出执行异议之诉的，诉讼请求应当表述为“请求对执行标的物停止执行”，申请执行人提起执行异议之诉的，诉讼请求应当表述为“请求对执行标的物许可执行”。由于案外人主张排除执行的基础权利多为物权请求权，故诉讼中有时不可避免地会对标的物权属作出判断，故当事人在诉讼请求中有时也会要求人民法院确认其对标的物的所有权。对于当事人诉讼请求不明确的，人民法院应先予以释明，由当事人进行变更，若拒绝变更的，则裁定不予受理，已经受理的裁定驳回起诉。

此外，根据《民事诉讼法》第234条的规定，诉讼请求应与执行依据无关。即执行标的与执行依据中确定的标的不具有同一性、相关性。若诉讼请求本身就是否认执行依据中已经确认的事实，则只能通过审判监督程序救济，而无法启动执行异议之诉。

四、执行异议之诉的举证责任分配

人民法院对执行标的采取强制措施，一般情况下均是从标的物的权利外观判断属于被执行人的责任财产，此时，无论是案外人异议之诉还是申请执行人许可执行之诉，均由案外人对执行标的提出主张实体权益的异议引发，故均应由案外人就其对执行标的物享有足以排除强制执行的民事权益承担举证责任，以否认标的物的权利外观，这也符合“谁主张，谁举证”的基本规则。如案外人应提供执行标的物转让或受让的相关合同的订立履行情况、资金往来情况及其他与执行标的物相关的基础法律关系的证据。相比之下，申请执行人在执行异议之诉中仅要证明标的物存在属于被执行人的权利外观即可。当然，人民法院在对登记在案外人名下或案外人已经具备权利外观的财产采取强制措施时，申请执行人同样要对该财产属于被执行人所有承担举证责任，即要提供证据否定权利外观，此时举证责任与案外人并无二致。

值得注意的是，被执行人对案外人或申请执行人的权利主张予以承认的，并不能免除该当事人的举证责任。执行异议之诉直接对抗的双方是案外人与申请执行人，执行标的物上之所以会产生纠纷，往往与被执行人的恶意或不诚信行为有关。执行过程中，被执行人也会基于自身利益考量，作出有利于实现其目的的意思表示，因此，被执行人对申请执行人或案外人一方权利主张的承认，仅能作为证明案件事实的证据，而不能免除该当事人的证明责任。

五、执行异议之诉的审理规则

（一）实体审理规则

与执行异议的审查不同，执行异议之诉适用普通民事诉讼程序，进行实质审理。即要对基于执行标的权属变化及其争议赖以产生的基础性的实体法律关系，如对争议执行标的物相关的民事法律行为的效力、执行标的物的权利性质及其归属进行实体审查，判断案外人是否享有足以排除执行的实体权益，并在此基础上作出判决。

（二）禁止调解规则

执行异议之诉涉及标的物财产的权属、被执行人主体的确定等执行行为的正当性与合法性，其裁判结果不受当事人处分权利的约束，故执行异议之诉案件不得进行调解。

（三）对不同诉讼请求的处理规则

1. 案外人提出执行异议之诉，同时提出确认其实体权利的诉讼请求的，应在执行异议之诉中一并作出判决。未同时提出确权请求的，不应在判决主文中予以宣告。

2. 申请执行人提出许可执行异议之诉，同时请求撤销被执行人与案外人之间的法律行为、确认合同无效、代位析产以及代位行使被执行人对第三人的到期债权等诉讼请求的，应将其作为与执行标的相关的基础关系进行审理，并对相关实体权利进行判断，以此作为判断是否具有排除执行情形的依据。但在具体判项中仅对是否许可或排除执行作出判决。

3. 案外人提出执行异议之诉，同时提出被执行人继续履行合同、交付标的物、承担违约或损害赔偿责任等诉讼请求的，不予审理。案外人、当事人可就此另行主张权利。

4. 案外人以被执行人为被告另行提起给付之诉，要求转移执行标的物所有权，该标的物已处于查封扣押状态的，应当裁定驳回起诉，并在裁判理由中写明案外人可待执行标的物解除强制执行状态后再行主张。

5. 执行标的被查封、扣押、冻结后，案外人、申请执行人未在执行异议之诉中一并提出确权请求，而就基础法律关系另行提起相关诉讼的，不予受理；已经受理的，裁定驳回起诉；已经作出判决的，应当启动审判监督程序予以撤销。拒不撤销的，由执行法院报请共同的上级法院协调处理。

（四）在不同执行阶段执行异议之诉的处理规则

执行异议之诉审理期间虽然停止对争议标的物的处分措施，但执行程序会因各种因素的出现而改变进程，转而不需要或不能够再对争议的标的物采取强制措施，从而导致案外人提出异议缺乏基础，已经进入程序的执行异议之诉也因此没有继续审理的必要。

1. 申请执行的债权已获清偿时

申请执行人的债权已经通过其他方式得以清偿，无须对争议标的物继续执行，对案外人的实体权益不会造成损害，也不会产生案外人与申请执行人之间的对抗，异议之诉丧失审理对象，故此时执行异议之诉不应予以审理，也不应对争议标的物的权属作出判断。应根据异议之诉所处的诉讼阶段，作出相应的处理：按照一审程序审理的，尚未受理的，应裁定不予受理，已经受理的，裁定驳回起诉；按照二审程序审理的，裁定撤销一审判决，驳回起诉；按照再审程序审理的，裁定撤销原审判决，驳回起诉。

2. 执行依据被提起再审时

执行异议之诉审理期间，若据以执行的生效裁判被提起再审的，此时执行程序中止，是否能够继续推进尚处于不确定状态，由此引发的执行异议之诉是否需要继续审理需要等待执行依据再审的审理结果，故执行异议之诉应当中止审理。

经过再审，据以执行的生效法律文书被撤销的，无须再对争议的执行标的物继续执行，案外人、当事人提起的执行异议之诉也不应再审理，根据执行异议之诉所处的诉讼阶段不同作相应处理：按照一审程序审理的，应裁定不予受理，已经受理的，裁定驳回起诉；按照二审程序审理的，裁定撤销一审判决，驳回起诉；按照再审程序审理的，裁定撤销原审判决，驳回起诉。需要注意的是，据以执行的生效法律文书经再审被撤销，但新作出的执行依据仅调整了债权数额或债务履行方式，仍需对执行异议之诉的标的物继续执行的，执行异议之诉应继续审理。

3. 被执行人进入破产时

被执行人进入破产程序后，执行案件应当中止执行，对进入破产程序的被执行人所采取的执行行为均应解除，若此时当事人、利害关系人提出执行行为异议，由于其所针对的执行行为已不复存在，异议对象已不存在，所以由此引发的执行异议案件应当裁定不予受理，已经受理的应当驳回异议申请；若在复议程序审查过程中被执行人进入破产程序的，应裁定终结审查。[①]

若在执行异议之诉审理期间被执行人进入破产程序，是否要停止审理呢？由于案外人异议之诉是对执行标的物的权属进行判断或对执行标的物上承载的权利的保护顺位作出选择，在被执行人进入破产后，同样也面临争议的标的物是否为被执行人破产财产问题，被执行人进入破产程序并不影响案外人对争议标的物主张权利，所以此时，若已经进入执行异议之诉，则应继续予以审理。

（五）执行异议之诉的判决

执行异议之诉的判项与诉讼请求相对应，亦是相对固定的，主要涉及两方面内容：一是对争议标的物权属作出判断；二是对案外人对标的物享有的实体权益是否能够排除执行作出判断。这两方面内容也是执行异议之诉的制度功能所在。

案外人异议之诉中，若案外人提起诉讼时有对标的物进行确权的诉讼请求，则判项中要对此作出判决，予以支持的，可表述为："确认标的物归案外人所有"，同时判令"停止对标的物的执行"；若案外人没有提出确权的诉讼请求，则仅对案外人对争议标的物享有的实体权益是否能够排除执行作出判决，不在判项中对标的物权属作出认定。

申请执行人许可执行之诉中，审理的对象仍为案外人对执行标的物是否享有足以排除执行的实体权益，申请执行人的诉讼请求为继续对争议标的物执行，若予以支持，则判项表述为"准予对标的物执行"。

六、执行异议之诉的法律效果

与案外人异议审查期间一样，异议之诉审理期间仍应停止执行，由于争议标的物的权属仍属于不确定状态，是否应对标的物继续采取强制措施尚未确定，为避免引发执行回转或国家赔偿等后果，故在此期间不应再对执行标的物采取处分性强制措施。当然如前文所述，会对执行效率产生一定的影响，需要执行法院在执行效率与充分救济之间进行平衡。

---

① 参见最高人民法院（2020）最高法执复118号、119号、120号、136号。

第四节 执行异议及执行异议之诉程序与相关程序的衔接与适用

执行异议及异议之诉由执行程序派生，与执行程序的各个环节有着千丝万缕的联系，需要建立与执行程序之间的无缝衔接机制，以保障执行效率；同时作为一种救济，又会与其他救济途径相互交织，产生究竟应通过何种途径予以救济的问题，因此有必要厘清执行异议及异议之诉与相关程序之间的衔接与适用关系。

一、执行异议与执行程序的衔接

无论是执行行为异议还是案外人异议均是由执行程序引发，当事人、利害关系人和案外人提出异议时直接面对的是执行部门，对执行行为或执行标的提出异议，一般情况下均是向执行机构递交书面异议申请。由于审判权与执行权相分离体制改革，各地执行裁判业务已陆续分离出执行局，执行部门与执行裁判部门建立有效的工作衔接机制对提高执行效率、及时救济权利具有重要意义。法律、司法解释就两部门之间对执行异议如何移送、具体如何衔接并未作出明确规定，实践中出现执行部门当移送不移送或不当移送而乱移送的情形，如对案外人提出的异议不及时移送，导致标的物执行完毕尚未进入异议程序，从而无法进入诉讼程序予以救济的情形。再如，移送材料不全，交接不畅等问题造成本就短暂的审查期限更为紧张。因此，有必要对两部门的工作衔接制定规则。

（一）异议移送的衔接

申请执行人、利害关系人、案外人向执行机构或执行人员提交异议申请的，执行机构应在收到异议申请之日起 3 日内将异议申请及相关材料移交执行裁判机构。同时移送作出该执行行为的主要依据。若当事人、利害关系人、案外人直接向执行裁判机构提交异议申请，由于影响执行进程，执行裁判机构亦应在收到异议申请书之日起 3 日内通知执行机构，并要求执行机构提供相关材料。

由于执行异议是在执行过程中提出，尚未形成完整卷宗，执行机构在移送案件材料时一般仅移送异议人提交的异议材料及与之有关的执行行为材料，执行裁判机构难以看到执行全貌，对异议审查造成一定障碍。江苏法院构建的执行“无纸化”和“中间库”很好地解决了这个问题。执行实施过程中形成的材料第一时间集中扫描为电子卷宗，纸质卷宗集中归档于中间库，执行实施团队可以共建共享电子卷宗，也为执行裁判部门全面了解执行过程、审查执行异议提供了路径。

（二）异议审查后的衔接

由于执行异议审查结果直接决定执行进程的推进，故执行裁判部门作出执行异议裁定后，在送达当事人的同时，亦应向执行部门送交，确保执行部门准确及时了解执行行为或执行标的物的状态，以确定执行程序进程。

（三）执行异议程序与执行监督程序的适用

执行监督是上级法院发现下级法院存在错误执行或消极执行行为，或执行法院发现自身错误时，依照一定的程序予以纠正的制度。根据执行行为本身是消极的还是积极的，执行监督程序可分为对消极执行的监督和对积极行为的监督。按照执行实施权与执行裁判权的权责划分，对消极执行的监督由执行实施部门负责，对积极行为或违法执行行为的监督由执行裁判部门负责。《执行工作规定》确立了较为完善的执行监督制度，该规定 2020 年修正后的第 71 条至第 78 条沿袭了原来的规定，对执行监督的事项、启动程序、处理方式等作出了规定。

执行异议和执行监督虽同样能够达到纠正违法执行行为的效果，发挥执行救济的功能，但存在明显不同。执行异议是民事诉讼法赋予的法定救济权利，对于符合法定条件的执行异议，人民法院必须审查，必须作出裁定，且裁定必须送达当事人。而执行监督是法院内部的自我纠错机制，由法院启动，既可以基于当事人的申诉而启动也可以是法院自行发现而启动，程序运转在法院内部，处理结果也并不一定体现在裁定上，且对监督的次数、法院层级没有严格要求。基于以上两者在纠错途径、启动程序、审查处理、法律文书、法律效力等方面的不同，在程序适用上要注意区分，不能混淆。

一般情况下，当事人、利害关系人、案外人的异议正在法定的异议、复议等审查程序中的，不能通过申请执行监督的方式同时寻求救济。在法定的执行救济程序已经走完或错过了适用法定救济途径的情形下，当事人、利害关系人及案外人可以通过申诉的方式请求法院启动执行监督程序。

1. 未在法定期限内提起异议、复议或异议之诉的

根据《民事诉讼法》的规定，执行异议、复议、异议之诉的提起均有法定期限的限制。执行异议应在执行终结前提出，执行复议应在收到执行异议裁定书之日起 10 日内提出，执行异议之诉应在收到异议裁定之日起 15 日内提起，若当事人、利害关系人、案外人没有在上述法定期限内提出，是无法通过法定途径救济的，只能通过向上级法院申请执行监督的方式寻求救济。

2. 对通过法定救济途径作出的结论仍然不服的

当事人、利害关系人在法定期限内提出异议、复议，但对于人民法院作出的最终结论不服，可以向上级法院申请对已经生效的异议、复议裁定进行监督。

3. 法院未及时立案导致当事人、利害关系人丧失通过法定程序予以救济的权利的

根据《最高人民法院关于人民法院办理执行信访案件若干问题的意见》第 16 条的规定，当事人、利害关系人在异议期限之内已经提出异议，但是执行法院未予立案审查，如果当事人、利害关系人在异议期限之后继续申诉信访，执行法院应当作为执行监督案件立案审查，以裁定方式作出结论。当事人、利害关系人不服前款所规定的执行监督裁定，向上一级人民法院继续申诉信访，上一级人民法院应当作为执行监督案件立案审查，以裁定方式作出结论。即执行异议的期限是法定的，无论基于什么原因导致期限经过，均不能再次进入程序，但由于法院的原因导致的不利后果不应由当事人承担，故以执行监督的方式弥补法院的过错，虽是执行监督，但进行的仍是异议、复议审查，必须以裁定的方式作出结论。

4. 救济途径告知错误的

在审理执行异议之诉案件过程中，发现案外人系针对执行行为提出异议，但异议裁定中告知案外人、申请执行人提起执行异议之诉的，此时，案外人异议之诉由于不符合受理条件，应裁定驳回起诉。同时作为法院自身发现的错误，应通过执行监督程序撤销原执行裁定，并按照《民事诉讼法》第 232 条重新进行审查，告知各当事人通过执行复议程序予以救济。再如，案外人针对作为执行依据的仲裁裁决所指向的特定执行标的提出异议，而执行裁定告知案外人提起执行异议之诉的，应裁定驳回起诉，并通过执行监督程序撤销原执行裁定。

二、执行异议之诉与审判监督程序的适用

根据《民事诉讼法》第 234 条的规定，案外人对驳回其执行异议的裁定不服，认为原判决、裁定错误，依照审判监督程序办理；与原判决、裁定无关的，可以自裁定送达之日起 15 日内向人民法院提起诉讼。《民事诉讼法司法解释》第 421 条对此作了进一步解释："根据民事诉讼法第二百三十四条规定，案外人对驳回其执行异议的裁定不服，认为原判决、裁定、调解书内容错误损害其民事权益的，可以自执行异议裁定送达之日起六个月内，向作出原判决、裁定、调解书的人民法院申请再审。"即在法律文书上增加了"调解书"，设定了 6 个月的期限并明确向作出原判决、裁定、调解书的人民法院申请再审。

（一）对"认为原判决、裁定、调解书错误"的理解

实践中，应如何判断案外人不服异议裁定是基于"认为原判决、裁定、调解书错误"而应按照审判监督程序办理，还是"与原判决、裁定无关"应进入执行异议之诉审理？

案外人"认为原判决、裁定、调解书错误"实际是否认执行依据本身的既判力和执行力，是对已经进行过实体审理的法律关系提出的争议，属于审判监督程序辐射的范畴，与执行异议之诉的功能定位大相径庭。对此，最高人民法院在（2013）民提字第 207 号裁定中作出了较为清晰的回应。最高人民法院认为：执行过程中，案外人对执行标的提出的书面异议被驳回后，应当根据其权利主张与判决、裁定之间的关系，依法选择通过审判监督程序或者执行异议之诉维护其合法权益。作为法律对执行程序启动后，就案外人权利保护提供的司法救济途径，执行异议之诉针对的是执行行为本身。其核心在于以案外人是否对执行标的具有足以阻却执行程序的正当权利为前提，就执行程序应当继续还是停止作出评价和判断。但如案外人权利主张所指向的民事权利义务关系或者其诉讼请求所执行的标的物，与原判决、裁定确定的民事权利义务关系或者该权利义务关系的客体具有同一性，执行标的就是作为执行依据的生效裁判确定的权利义务关系的特定客体，则属于"认为原判决、裁定错误"的情形。

例如，在江苏省高级人民法院（2021）苏民再 155 号案件中，申请执行人 A 公司对案涉不动产享有抵押权，案外人钱某对 A 公司享有抵押权并不予以否认，而是主张排除执行，应作为案外人异议之诉予以审理。案外人钱某在法院查封及设定抵押权之前已经与被执行人签订书面商品房买卖合同，并支付全部

价款，钱某名下无其他用于居住的房屋，购买案涉不动产后即装修入住，符合《异议复议规定》第 29 条规定的情形，案外人钱某对案涉不动产享有消费者物权期待权，足以排除本案申请执行人基于抵押权的强制执行。

在江苏省高级人民法院（2021）苏民再156 号案件中，执行依据确认申请执行人 B 公司对案涉不动产享有抵押权，案外人李某、王某认为抵押权因违反法律禁止性规定应属无效，此系认为执行依据错误，应按审判监督程序办理。

（二）案外人申请再审的条件

案外人依据《民事诉讼法》第 234 条规定对作为执行依据的原判决、裁定、调解书申请再审，需要满足以下条件：

1. 案外人的范围

不是所有案外人都可以对执行依据已经确定的实体法律关系申请再审。参照《最高人民法院关于适用〈中华人民共和国民事诉讼法〉审判监督程序若干问题的解释》第 5 条的规定，此处的案外人主要是指对作为执行依据的判决、裁定、调解书确定的执行标的物主张权利，且无法提起新的诉讼解决争议的案外人。由于上述司法解释出台后，《民事诉讼法》经过修正，增设了第三人撤销之诉这一类新的诉讼类型，故“无法提起新的诉讼解决争议”可以理解为“无法通过一定情形下第三人撤销之诉以外的诉讼”解决争议。①

2. 以案外人提出执行异议为前置条件

即案外人申请再审，需在执行程序中先行对执行标的提出异议，在执行异议被驳回后，案外人认为作为执行依据的判决、裁定、调解书关于执行标的物内容错误，损害其合法权益，才可以申请再审。

3. 需在收到执行异议裁定之日起 6 个月内提出

比照《民事诉讼法》第 212 条关于当事人申请再审的期限要求，案外人申请再审的期限亦为 6 个月，自执行异议裁定送达之日起算。

4. 向作出原判决、裁定、调解书的人民法院提出

与《民事诉讼法》第 206 条规定的当事人原则上向上一级法院申请审判监督的规定不同，案外人对作为执行依据的判决、裁定、调解书申请再审的，原则上向原审法院提出。

---

① 关于案外人在审判监督程序与第三人撤销之诉之间的适用关系，将在后文中予以论述。

三、执行异议之诉与第三人撤销之诉

（一）第三人撤销之诉概述

为解决案外第三人因生效法律文书导致权利受损时的救济问题，《民事诉讼法》在2012年修正时增了一类新的诉讼类型，即第三人撤销之诉。根据2021年修正的《民事诉讼法》第59条第3款的规定，对当事人双方的诉讼标的，有独立请求权或虽然没有独立请求权，但案件处理结果同他有法律上的利害关系的第三人，因不能归责于本人的事由未参加诉讼，但有证据证明发生法律效力的判决、裁定、调解书的部分或者全部内容错误，损害其民事权益的，可以自其知道或者应当知道其民事权益受到损害之日起6个月内，向作出该判决、裁定、调解书的人民法院提起诉讼。《民事诉讼法司法解释》设专章对第三人撤销之诉的具体规则作出规定。概而言之，第三人撤销之诉需满足以下条件：

1. 主体要件：第三人的范围

与《民事诉讼法》第234条规定的案外人的范围不同，能够提起第三人撤销之诉的“第三人”仅限于《民事诉讼法》第59条规定的“对诉讼标的享有独立请求权”或“虽然没有独立请求权，但案件处理结果同他有法律上的利害关系”的第三人，即有独立请求权的第三人和无独立请求权的第三人。有独立请求权的第三人是对当事人之间的诉讼标的的全部或部分，以独立的实体权利人的资格提出诉讼请求进而参加诉讼的人，其诉讼请求既不同于原告，也不同于被告，实践中较易判断。无独立请求权的第三人是对当事人双方的诉讼标的，虽没有独立请求权，但案件处理结果同他有法律上利害关系，实践中范围较难把握，但特定在第三人撤销之诉中，可以从是否损害其利益的角度作出判断，若生效法律文书并未损害其实体权益，则不符合第三人撤销之诉的主体条件。

例如，被执行人甲与债权人A、B、C民间借贷纠纷均经人民法院审理分别取得生效判决，债权人A认为，B、C两个债权人的执行依据是虚假的，稀释了被执行人甲的财产，遂向执行法院提起第三人撤销之诉，请求撤销甲与B、甲与C的民间借贷纠纷的判决，此时债权人A为当事人，不是适格的主体，无法提起第三人撤销之诉。

2. 对象要件：撤销的对象为已经生效的判决、裁定、调解书

第三人针对的只能是已经发生法律效力的判决、裁定、调解书，正在审理

的或未生效的法律文书，并不会对其实体权益产生现实影响，没有撤销的对象，自然不能提起撤销之诉。需要注意的是，并非判决主文的所有内容都可以成为撤销的对象，也并非所有类型的判决都可以请求撤销。

（1）撤销的对象是判决、裁定的主文及调解书中处理当事人权利义务的结果。基于裁判的既判力范围，一般事实部分不发生既判力，说理部分一般围绕当事人进行，不及于第三人，故可撤销的对象为判决、裁定的主文部分，判决主文指《民事诉讼法》第155条第1款第3项规定的“判决结果和诉讼费用的负担”部分，即判项部分，但因为诉讼费用的负担仅为程序上的事项，仅会在当事人之间发生效力，不会对第三人利益产生影响，故实际仅包括判项中的判决结果部分。裁定主文是指《民事诉讼法》第157条第3款规定的“裁定结果”部分。调解书中处理当事人民事权利义务内容的结果，是指当事人达成的关于对民事权利义务处分的内容部分。

（2）可撤销的判决限于确认之诉和给付之诉的判决。确认之诉和给付之诉的判决产生既判力，可作为撤销的对象，但形成之诉，因为其仅在于变更某一法律关系，一般不具有既判力，没有被撤销的必要。

（3）特殊类型的案件作出的判决、裁定、调解书不可作为撤销的对象。《民事诉讼法司法解释》第295条规定了四种特殊类型的案件不适用第三人撤销之诉：一是非诉案件，作为特别程序，非诉程序的救济有其特殊规则，不适用审判监督程序，亦没有第三人撤销之诉适用的空间。二是婚姻无效、撤销或解除婚姻关系等判决、裁定、调解书中涉及身份关系的内容。基于社会秩序的稳定，具有身份关系的内容不得撤销。三是《民事诉讼法》第57条规定的未参加登记的权利人对代表人诉讼案件的生效裁判不得提撤销之诉。其系案件当事人，可直接以当事人身份申请再审，无提起撤销之诉的必要。四是《民事诉讼法》第58条规定的损害社会公共利益行为的受害人对公益诉讼案件的生效裁判不得提起第三人撤销之诉。由于公益诉讼的判决对遭受损害的民事主体没有既判力，其仍可以作为原告提起诉讼，自无提起第三人撤销之诉的必要。

3. 前提要件：第三人因不能归责于自己的事由未参加诉讼

根据《民事诉讼法司法解释》第293条的规定，不能归责于自己的事由主要包括：不知道诉讼而未参加；申请参加未获准许的；知道诉讼，但因客观原因无法参加的；因其他不能归责于本人的事由未参加诉讼的。

4. 时间要件：自知道或应当知道民事权益受到损害之日起6个月内

与当事人申请再审的期限相同，第三人撤销之诉亦应在知道或应当知道民事权益受到损害之日起6个月内提出，此6个月为不变期间，不适用延长、中止、中断的规定。

5. 管辖要件：作出生效判决、裁定、调解书的人民法院

第三人撤销之诉不适用民事案件地域管辖、级别管辖的规定，而是由作出生效判决、裁定、调解书的人民法院专属管辖。

6. 实质要件：生效判决、裁定、调解书全部或部分内容错误且损害其民事权益

发生法律效力的判决、裁定、调解书全部或部分内容错误仅限于实体内容部分错误，不包括程序上的错误，这是第三人撤销之诉与申请再审的区别之一，故不能简单依照《民事诉讼法》第207条规定的事由进行判断。作为一个独立的诉讼，第三人需有证据证明生效的判决、裁定、调解书全部或部分内容错误且该错误与其民事权益受损之间有因果关系，即本质上仍是第三人与生效内容之间有法律上的利害关系。

（二）异议被驳回后申请再审与第三人撤销之诉的适用关系

同样是对标的物主张实体权益，执行异议之诉与异议被驳回后申请再审的适用情形有严格的区分，不会出现程序重叠的问题。但作为对已经生效的法律文书既判力和执行力予以否认的程序，依据《民事诉讼法》第234条规定提起再审与第三人撤销之诉之间在法律效果、救济功能上却存在重叠之处，两种程序都是为案外第三人对执行依据设置的救济程序，实体要件上都是第三人对生效的判决、裁定、调解书提出质疑，都是基于对法律文书确定的标的主张实体权益，都由作出判决、裁定、调解书的人民法院管辖，主张成立均能达到阻却执行的效果，当第三人同时满足《民事诉讼法》第234条规定的执行异议被驳回后申请再审的条件，也满足第三人撤销之诉的条件，适用哪种程序予以救济？第三人对此是否有选择权？

《民事诉讼法司法解释》第301条对此予以明确，根据该条规定，第三人提起撤销之诉，但未中止生效判决、裁定、调解书执行的，执行法院对第三人依照《民事诉讼法》第234条规定提出的执行异议，应予审查，第三人不服驳回执行异议裁定，申请对原判决、裁定、调解书再审的，人民法院不予受理。该条第2款规定：案外人对人民法院驳回执行异议裁定不服，认为原判决、裁定、调解书内容错误损害其合法权益的，应当根据《民事诉讼法》第

234 条的规定申请再审，提起第三人撤销之诉的，人民法院不予受理。根据上述规定，执行异议被驳回后申请再审与第三人撤销之诉的适用关系，概括而言，若案外人先提起第三人撤销之诉，为了中止对争议标的的执行，可以同时提出案外人异议，但若案外人异议被驳回，则不能依据该条申请再审，只能按照在先的第三人撤销之诉进行救济。若案外人先提起案外人异议，则不能在案外人异议裁定作出后再提起第三人撤销之诉，而仅能按照《民事诉讼法》第 234 条的规定通过再审程序予以救济。也就是说，法律虽然给案外第三人提供了多条对生效判决、裁定、调解书的效力予以否认的路径，各路径之间可能会产生重合，案外人可以选择先采取何种救济路径，但不能重复适用，一旦选择，便不能再变更。选择先适用第三人撤销之诉，便一直在第三人撤销之诉中进行审查，即使可以提案外人异议以便中止执行，但在异议被驳回后也不能申请再审。若选择先提起案外人异议，便丧失提起第三人撤销之诉的权利，仅能依据《民事诉讼法》第 234 条的规定对作为执行依据的判决、裁定、调解书申请再审。

第四章　涉执行依据执行裁判案件的审理

第一节　涉仲裁裁决执行裁判案件的审理

一、概述

（一）仲裁与诉讼、执行关系概述

仲裁作为一种独立于诉讼制度之外的纠纷解决机制，因其解决纠纷的快捷性、高效性，在民商事纠纷解决领域扮演着越来越重要的角色。但仲裁与诉讼并非两种完全割裂开来的制度，仲裁制度权威性的来源，正是国家通过立法形式在特定条件下（即双方当事人达成仲裁协议）将司法权项下部分职能授权给仲裁机构行使的结果。赋予仲裁裁决强制执行力，是国家对仲裁制度最重要也是最根本的法制保障。从仲裁制度的设置来看，强制执行的权力，仍由人民法院来行使。当仲裁裁决需要借助国家强制力实现时，国家对仲裁的监督就十分必要，这也是司法对仲裁实行监督的基本原理和理论根据。

（二）我国现行仲裁司法监督制度

在对仲裁裁决的司法监督方面，我国目前有两种途径：一是通过对撤销仲裁裁决案件的审理实施监督；二是通过对不予执行仲裁裁决的审查实施监督。如上所述，我国现行民事诉讼体制中，司法对仲裁既有支持保障，亦有审查监督。前者主要体现为赋予生效仲裁裁决以强制执行力，后者则主要包括不予执行和撤销仲裁裁决。从广义上来讲，仲裁裁决执行过程中可能产生的不予受理或驳回执行申请，也属于仲裁裁决的司法监督范畴。不予执行与撤销仲裁裁决存在较强的相似性与关联性。因此，有必要对两种制度的异同进行比较分析。

1. 不予执行仲裁裁决与撤销仲裁裁决的相同点

（1）性质相同。两种程序均体现了司法权对仲裁裁决的否定性评价，也体现了司法权对仲裁裁决制度的监督作用，且两种程序都是依当事人申请而启动，而非法院依职权启动，体现了司法的被动性特点。（2）产生的法律后果相同。仲裁裁决被撤销后，将丧失法律效力；仲裁裁决被裁定为不予执行虽然并不是对原有裁决效力作出的否定性评价，但同样导致仲裁裁决丧失可执行性。（3）两种程序均只是对原仲裁裁决是否符合法律规定的否定性评价条件而作出的判断，不是对原有纠纷的实体性裁决，若法院作出否定性的评价结果，则当事人应通过另外的程序来解决原有纠纷。（4）目前我国法律中关于不予执行仲裁裁决与撤销仲裁裁决的法定事由基本一致。

2. 不予执行仲裁裁决与撤销仲裁裁决的不同点

（1）申请主体不同。撤销仲裁裁决的申请主体是对仲裁裁决不服的当事人，理论上仲裁双方当事人均可提起撤销申请，而不予执行仲裁裁决的当事人则包括被执行人和案外人，其中案外人申请不予执行仲裁裁决制度创设于2018年公布施行的《仲裁执行规定》。（2）申请时间不同。撤销仲裁裁决的申请应在仲裁裁决书送达后的法定期限提出，而不予执行仲裁裁决的申请则应该在执行程序开始之后，终结之前提出。

撤销仲裁裁决作为一项重要的制度，有其重要的和不可代替的价值，但我国立法已将撤销仲裁裁决设计为一种独立的诉讼制度。在现行《民事诉讼法》中，不予执行仲裁裁决的法定事由已与撤销仲裁裁决的法定事由基本一致，鉴于本章编写目的主要在于指导执行异议及执行异议之诉案件的审理工作，故不再对撤销仲裁裁决过多着墨，仅在撤销仲裁裁决与执行程序及不予执行仲裁裁决程序发生交叉或冲突之处有所涉及。

二、申请执行仲裁裁决程序

（一）立案审查

1. 仲裁裁决的执行管辖

《最高人民法院关于适用〈中华人民共和国仲裁法〉若干问题的解释》第29条规定：“当事人申请执行仲裁裁决案件，由被执行人住所地或者被执行的财产所在地的中级人民法院管辖。按照该规定，国内仲裁的执行，应由被执行人住所地或被执行的财产所在地的中级人民法院管辖。”《仲裁执行规定》对仲裁裁决执行案件管辖进行了调整，其第2条规定：“当事人对仲裁机构作出的仲裁裁决或者仲裁调解书申请执行的，由被执行人住所地或者被执行的财产所在地的中级人民法院管辖。符合下列条件的，经上级人民法院批准，中级人民法院可以参照民事诉讼法第三十八条①的规定指定基层人民法院管辖：（一）执行标的额符合基层人民法院一审民商事案件级别管辖受理范围；（二）被执行人住所地或者被执行的财产所在地在被指定的基层人民法院辖区内”。根据以上规定，仲裁裁决执行的级别管辖方面应坚持以中级人民法院管辖为原则，只有在执行案件符合基层人民法院一般民商事案件级别管辖受理范围，并经上级人民法院批准后，方可由基层人民法院管辖。地域管辖方面应以被执行人住所地或者被执行的财产所在地人民法院管辖为原则，即使是在指定管辖的情况下，亦应以被执行人住所地或者被执行人财产所在地为指定管辖的前提。关于当事人是否可以协商管辖的问题。虽然《民事诉讼法》没有明文禁止当事人可协商选择执行管辖法院，但法律对当事人就执行案件管辖权的选择限定于上述两个连接点之间，当事人只能依法选择其中的一个有管辖权的法院提出执行申请，不得以任何方式改变法律规定的执行管辖法院。因此，当事人通过协议方式选择，或通过不提管辖权异议、放弃管辖权异议等默认方式来确定无执行管辖权的法院享有管辖权，均不符合法律规定。②

2. 申请执行仲裁裁决应提交的书面材料

对于申请执行仲裁裁决应提交的书面材料，可以参照《执行工作规定》第 18 条的规定，具体应当包括：（1）仲裁裁决申请执行书。申请书中应当写明申请执行的理由、事项、执行标的，并尽可能提供已知的财产状况或财产线索。（2）生效的仲裁裁决书或调解书副本。（3）申请执行人的身份证明。公民个人申请的，应当出示居民身份证；法人申请的，应当提交法人营业执照副本和法定代表人身份证明；其他组织申请的，应当提交营业执照副本和主要负责人身份证明。（4）申请人委托代理人申请执行的，应当提交经委托人签字或盖章的授权委托书，并写明委托事项和代理权限。（5）继承人或权利承受人申请执行的，应当提交继承或承受权利的证明文件。（6）其他应当提交的文件或证件。

① 现为《民事诉讼法》（2021 年修正）第 39 条。

② 参见最高人民法院于 2015 年 9 月 16 日对大庆筑安建工集团有限公司、中煤第六十八工程有限公司与大庆筑安建工集团有限公司曲阜分公司合同纠纷执行监督一案作出的（2015）执申字第 42 号执行裁定书。

3. 申请执行仲裁裁决的期限

现行法律和司法解释未对权利人申请执行仲裁裁决的期限作出特别性的规定。实践中，应根据《民事诉讼法》第246条的规定予以确定，即申请执行仲裁裁决的期间为2年。申请执行时效的中止、中断，适用法律关于诉讼时效中止、中断的规定。

（二）可执行性审查

1. 仲裁裁决给付内容不明情况下的处理

《民事诉讼法司法解释》第461条规定："当事人申请人民法院执行生效法律文书应当具备下列条件：（一）权利义务主体明确；（二）给付内容明确。法律文书确定继续履行合同的，应当明确继续履行的具体内容。"该规定中的生效法律文书包括生效的仲裁裁决。《仲裁执行规定》第3条列举了实践中较为常见的几种仲裁裁决"不明确"的情形。按照该规定，仲裁裁决书或者仲裁调解书具有下列情形之一，导致无法执行的，人民法院可以裁定驳回执行申请；导致部分无法执行的，可以裁定驳回该部分的执行申请；导致部分无法执行且该部分与其他部分不可分的，可以裁定驳回执行申请，具体为：（1）权利义务主体不明确；（2）金钱给付具体数额不明确或者计算方法不明确导致无法计算出具体数额；（3）交付的特定物不明确或者无法确定；（4）行为履行的标准、对象、范围不明确。仲裁裁决或者仲裁调解书仅确定继续履行合同，但对于继续履行的权利义务，以及履行的方式、期限等具体内容不明确，导致无法执行的，依照前款规定处理。

根据以上规定，对于仲裁裁决书或仲裁调解书中具体权利义务等内容不明确的，人民法院不宜简单地裁定驳回执行申请，而应在职权范围内尽可能地明确相关执行内容。对此，最高人民法院中标课题组在《仲裁裁决执行疑难问题研究与对策分析》[①] 提出以下建议：对于驳回仲裁裁决的执行申请，法院应当特别慎重，应当与仲裁机构、当事人进行充分的沟通，穷尽函询、查阅卷等手段，防止驳回执行申请理由的滥用。对于内容确实不明确、不具体的仲裁裁决，执行法院的执行部门应审慎作出驳回执行申请的裁定。在具体执行过程中，应按照《最高人民法院关于人民法院立案、审判与执行工作协调运行的

---

① 最高人民法院2018年度执行研究课题中标项目《仲裁裁决执行疑难问题研究与对策分析》，中标单位及主持人：西南政法大学，汪祖兴，北京仲裁委员会，陈福勇。

意见》第15条第3款的精神，向仲裁机构发函，要求仲裁庭作出答复和说明，仲裁庭在收到函件后应于15日内作出书面答复和说明，法院执行部门收到答复和说明后认为给付内容足够明确、具体而可以执行裁决书的，予以执行；若仲裁庭未在15日内书面答复，或者虽然书面答复但法院执行部门仍然认为给付内容达不到具体、明确的执行条件的，可以作出驳回执行申请的裁定。该建议与江苏省高级人民法院2017年11月24日下发的《关于执行内容不明确如何执行有关问题的通知》[①] 的总体精神一致，可以作为实践中处理仲裁裁决书或仲裁调解书执行内容不明确情况下的方法。经上述程序对相关具体权利义务等内容仍无法明确，导致无法执行的，可以裁定驳回执行申请。[②] 举例说明，如仲裁机构作出“继续履行协议”的仲裁裁决，但是继续履行的具体内容不明确，经审查仲裁裁决全文并向该仲裁机构函询，其仍未对继续履行的具体内容作出明确说明的，可以裁定驳回执行申请。另外，江苏高院在相关案例中亦对仲裁裁决书或调解书执行内容不明确的具体情形有所概况和列举，具体包括：具有权利义务主体不明确、数额无法计算、交付特定物不明确、行为履行标准、对象、范围不明确等情形之一的，可以定为执行依据不明确。同时强调，在考量执行内容是否明确时，应综合裁决主文全部内容进行判断，不得将裁决事项割裂或仅因执行难度大等因素径行裁定驳回执行申请。[③]

《仲裁执行规定》第4条针对仲裁裁决主文或仲裁调解书中的文字、计算错误及仲裁庭已经认定但在裁决主文中遗漏的仲裁请求的情况提供了明确的操作步骤，即在可以补正或说明的情况下，明确人民法院应当书面告知仲裁庭补正或者说明，或者向仲裁机构调阅仲裁案卷查明。仲裁庭不补正也不说明，且人民法院调阅仲裁案卷后执行内容仍然不明确具体无法执行的，可以裁定驳回执行申请。

2. 仲裁裁决确定交付之特定物毁损灭失情况下的处理

《仲裁执行规定》第6条规定：“仲裁裁决或者仲裁调解书确定交付的特定物确已毁损或者灭失的，依照《最高人民法院关于适用〈中华人民共和国

① 《江苏省高级人民法院关于执行内容不明确如何执行有关问题的通知》（苏高法电〔2017〕805号，2017年11月24日）。

② 阮国平、马姗姗：《仲裁裁决执行案件的司法审查要点和裁判思路》，载微信公众号“上海一中法院”，2019年8月19日。

③ （2020）苏执复154号，见《江苏省高级人民法院2021年执行审查类发改案件汇编》。

民事诉讼法〉的解释》第四百九十四条①的规定处理。"即"执行标的物为特定物的，应当执行原物。原物确已毁损或者灭失的，经双方当事人同意，可以折价赔偿。双方当事人对折价赔偿不能协商一致的，人民法院应当终结执行程序。申请执行人可以另行起诉。"可见，最高人民法院对于该问题的处理直接采用了民事执行程序中执行标的物的处理方式。对此问题应注意：第一，应当慎重确认"原物确已毁损或者灭失"，以切实维护生效仲裁裁决书的权威与债权人的权利。第二，可以引导当事人达成折价赔偿协议，但不能侵犯当事人的意思自治权。第三，当事人无法就折价问题达成一致的，应告知权利人另行起诉的权利。

3. 驳回执行申请的救济程序

对于人民法院以仲裁裁决内容不明确或存在文字、计算错误等情形驳回执行申请的救济途径，根据《仲裁执行规定》第 5 条的规定，申请执行人可以自裁定送达之日起 10 日内上一级人民法院申请复议。

除此之外，最高人民法院课题组在《仲裁裁决执行疑难问题研究与对策分析》中提出：执行法院作出驳回执行申请的裁定后，当事人有权请求仲裁庭对裁决作出补正或者作出补充裁决。仲裁庭作出的补正或补充裁决，是原裁决书的组成部分，当事人仍有权继续向执行法院申请执行。如此一来，仲裁庭通过书面答复、说明或者补正、补充裁决的方式，明确了仲裁裁决的给付内容，便可以解决仲裁裁决执行力缺失的两难局面。②

三、不予执行仲裁裁决程序

（一）申请不予执行仲裁裁决的主体及期限

1. 被执行人申请不予执行仲裁裁决书

被执行人申请不予执行仲裁裁决的权利直接源于《民事诉讼法》第 244 条的规定，《仲裁执行规定》进一步对相关程序予以细化。对于被执行人申请不予执行仲裁裁决的期限问题，《民事诉讼法司法解释》第 479 条规定："当事人请求不予执行仲裁裁决或者公证债权文书的，应当在执行终结前向执行法院提出。"《仲裁执行规定》第 8 条规定"被执行人向人民法院申请不予执行

① 现为《民事诉讼法司法解释》（2022 年修正）第 492 条。

② 最高人民法院 2018 年度执行研究课题中标项目《仲裁裁决执行疑难问题研究与对策分析》，中标单位及主持人：西南政法大学，汪祖兴，北京仲裁委员会，陈福勇。

仲裁裁决的，应当在执行通知书送达之日起十五日内提出书面申请；有民事诉讼法第二百三十七第二款第四、六项①规定情形且执行程序尚未终结的，应当自知道或者应当知道有关事实或案件之日起十五日内提出书面申请。本条前款规定期限届满前，被执行人已向有管辖权的人民法院申请撤销仲裁裁决且已被受理的，自人民法院驳回撤销仲裁裁决申请的裁判文书生效之日起重新计算期限。”该规定实质上改变了《民事诉讼法司法解释》的相关规定，以督促当事人及时主张权利，早日明确仲裁裁决的效力，固定当事人的权利义务状态。②除非存在《民事诉讼法》第244条第2款第4项、第6项规定的情形，才可不受执行通知书送达后15日期间的限制，被执行人应自知道或者应当知道有关事实之日起15日内，且在执行终结之前提出。因此，被执行人申请不予执行仲裁裁决应在执行程序终结之前提出。在此前提下，根据不同情形适用以下条件：一是在执行通知书送达之日起15日内提出书面申请；二是有《民事诉讼法》第244条第2款第4项、第6项规定情形的，应当自知道或者应当知道有关事实和案件之日起15日内提出书面申请。但是如果被执行人已向有管辖权的人民法院申请撤销仲裁裁决且已被受理的情况下，以上关于15日期限的规定应自人民法院驳回撤销仲裁裁决申请的裁判文书生效之日起重新计算。

另外，根据《最高人民法院关于适用〈中华人民共和国仲裁法〉若干问题的解释》第28条规定，“当事人请求不予执行仲裁调解书或者根据当事人之间的和解协议作出的仲裁裁决书的，人民法院不予支持。”因此，被执行人申请不予执行的对象仅为仲裁机构作出的仲裁裁决书，而不包括仲裁调解书。

2. 案外人申请不予执行仲裁裁决或仲裁调解书

在《仲裁执行规定》施行之前，我国法律和司法解释并未明确赋予案外人申请撤销仲裁裁决或不予执行仲裁裁决的救济权利。但2018年公布施行的《仲裁执行规定》第9条和第18条创设了案外人申请不予执行仲裁裁决制度，赋予案外人在一定情形下享有申请不予执行仲裁裁决或仲裁调解书的救济权利。该制度的设立，主要是为了防范虚假仲裁，避免当事人合谋以虚假仲裁的

① 现为《民事诉讼法》（2021年修正）第244条第2款第4项、第6项。

② 吴耀君、陈克：《最高院仲裁执行司法解释若干问题解析（下）》，载 http://www.360doc.com/content/18/0816/07/15517412_778629059.shtml。

方式损害案外人的财产权益。[①] 关于案外人申请不予执行仲裁裁决或仲裁调解书的条件和期限，《仲裁执行规定》第9条规定："案外人向人民法院申请不予执行仲裁裁决或者仲裁调解书的，应当提交申请书以及证明其请求成立的证据材料，并符合下列条件：（一）有证据证明仲裁案件当事人恶意申请仲裁或者虚假仲裁，损害其合法权益；（二）案外人主张的合法权益所涉及的执行标的尚未执行终结；（三）自知道或者应当知道人民法院对该标的采取执行措施之日起三十日内提出。"根据该规定，案外人申请不予执行的期限条件为：(1) 自知道或者应当知道人民法院对该标的采取执行措施之日起30日内提出；(2) 案外人主张的合法权益所涉及的执行标的尚未执行终结。《仲裁执行规定》第18条进一步规定："案外人根据本规定第九条申请不予执行仲裁裁决或者仲裁调解书，符合下列条件的，人民法院应当支持：（一）案外人系权利或者利益的主体；（二）案外人主张的权利或者利益合法、真实；（三）仲裁案件当事人之间存在虚构法律关系，捏造案件事实的情形；（四）仲裁裁决主文或者仲裁调解书处理当事人民事权利义务的结果部分或者全部错误，损害案外人合法权益。"

案外人申请不予执行仲裁裁决或者仲裁调解书的另外一个问题涉及《仲裁执行规定》的溯及力。该司法解释第24条规定：本规定自2018年3月1日起施行，最高人民法院以前发布的司法解释与本规定不一致的，以本规定为准。本规定施行前已经执行终结的执行案件，不适用本规定；本规定施行后尚未执行终结的执行案件，适用本规定。根据上述规定，如果仲裁裁决或仲裁调解书的执行程序已于2018年3月1日前终结，案外人则无权申请不予执行；如果相关执行程序在2018年3月1日前尚未终结，案外人则可申请不予执行。[②]

① 北京宏汉阁文化传播有限公司、盖其东等其他案由执行监督执行裁定书，最高人民法院（2020）最高法执监442号，载中国裁判文书网2020年12月24日，https：//wenshu. court. gov. cn/website/wenshu/181107ANFZ0BXSK4/index. html？docId = d34e9c8840754a81bfebadcc01082b74。

② 最高人民法院2020年7月10日作出的（2020）最高法执监29号执行裁定书（山东盛运置业集团有限公司、东营德运恒置业发展有限公司执行审判类执行裁定书），最高人民法院（2020）最高法执监29号，载中国裁判文书网2020年12月31日，https：//wenshu. court. gov. cn/website/wenshu/181107ANFZ0BXSK4/index. html？docId = 2733a63149974461902caca201798202。

（二）不予执行仲裁裁决案件的审查程序

1. 立案

根据《执行立案、结案意见》第9条第6项的规定，被执行人对仲裁裁决申请不予执行的，应当以执行异议案件予以立案，案号为“执异”字。因案外人申请不予执行仲裁裁决或仲裁调解书制度系由《仲裁执行规定》所创设，目前对于其立案规则，尚未有明确的规定，实践中可参照上述关于被执行人申请不予执行仲裁裁决的规定，以“执异”字案号立案。

2. 审查

根据《仲裁执行规定》第11条规定，人民法院对不予执行仲裁裁决案件应当组成合议庭围绕被执行人申请的事由、案外人的申请进行审查；对被执行人没有申请的事由不予审查，但仲裁裁决可能违背社会公共利益的除外。被执行人、案外人对仲裁裁决执行案件申请不予执行的，人民法院应当进行询问；被执行人在询问终结前提出其他不予执行事由的，应当一并审查。人民法院审查时，认为必要的，可以要求仲裁庭作出说明，或者向仲裁机构调阅仲裁案卷。根据以上规定：第一，人民法院应当组成合议庭并通过询问的方式进行审查；第二，人民法院对不予执行仲裁裁决进行事由审查，即仅对被执行人或案外人提出的不予执行事由审查，除可能违背社会公共利益的情形外，人民法院不主动审查被执行人或案外人未提出的事由；第三，赋予人民法院要求仲裁庭作出说明及调阅仲裁卷宗的权利。

对此类案件的办理部门，各地存在不同做法。北京市高级人民法院出台的《关于仲裁裁决执行与不予执行申请审查若干问题的意见》第12条规定：“被执行人提出不予执行申请的，原则上由执行裁判部门负责审查。”江苏省高级人民法院则从统一不予执行审查案件和撤销仲裁裁决诉讼案件审查标准的角度出发，在《关于民商事仲裁司法审查案件若干程序问题的通知》第2条规定：“在执行终结前，被执行人提出不予执行国内仲裁裁决的抗辩的，应作为执行异议案件移送审理涉外商事案件的审判庭审查。”

3. 期限

《仲裁执行规定》第12条规定：“人民法院对不予执行仲裁裁决案件的审查，应当在立案之日起两个月内审查完毕并作出裁定；有特殊情况需要延长的，经本院院长批准，可以延长一个月。”

4. “事由一次性提出”原则

《仲裁执行规定》第10条规定：“对同一仲裁裁决存在多个申请不予执行事由的，应当一并提出；否则，被驳回后再次提出申请的，法院将不予审查”。该司法解释第11条关于对不予执行的询问审查程序中进一步规定，如果被执行人在询问审查结束前提出其他不予执行事由的，应当一并审查。以上两个条款体现了民事诉讼法一事不再理的原则。同时，考虑到短期内提出不予执行仲裁裁决事由存在不准确、不全面的可能性，又作出了法院在审查询问程序中，如果被执行人或案外人主动或经法院释明后更正或补充了申请事由，应就相关事由予以审查的规定。这也是“当事人口头辩论结束系既判力基准时点”在非诉程序中的反映。[①] 同时，上述《仲裁执行规定》第10条也规定了例外情形，即如果当事人有新证据证明存在《民事诉讼法》第244条第2款第4项、第6项规定的情形，则不受“事由一次性提出”原则的约束，可以再次提出不予执行的申请。

（三）不予执行仲裁裁决的事由及审查标准

2017年《民事诉讼法》对被执行人申请不予执行仲裁裁决的法定事由进行了修订，经此次修订，不予执行仲裁裁决与撤销仲裁裁决的法定事由基本一致。《民事诉讼法》第244条第2款规定：“被申请人提出证据证明仲裁裁决有下列情形之一的，经人民法院组成合议庭审查核实，裁定不予执行：（一）当事人在合同中没有订有仲裁条款或者事后没有达成书面仲裁协议的；（二）裁决的事项不属于仲裁协议的范围或者仲裁机构无权仲裁的；（三）仲裁庭的组成或者仲裁的程序违反法定程序的；（四）裁决所根据的证据是伪造的；（五）对方当事人向仲裁机构隐瞒了足以影响公正裁决的证据的；（六）仲裁员在仲裁该案时有贪污受贿，徇私舞弊，枉法裁决行为的。”该条第3款则是关于人民法院依职权不予执行仲裁裁决的情形的规定，即人民法院认定执行该裁决违背社会公共利益的，裁定不予执行。

1. 当事人在合同中没有约定仲裁条款且事后没有达成书面仲裁协议

仲裁协议是指争议发生前后，双方当事人之间自愿达成的解决争议的一种书面协议，以书面的方式确定将特定的纠纷提交特定仲裁机构进行裁决。仲裁

① 吴耀君、陈克：《最高院仲裁执行司法解释若干问题解析（下）》，载http：//www.360doc.com/content/18/0816/07/15517412_ 778629059. shtml。

协议是现代协议仲裁制度的基石，是仲裁庭获得仲裁权的来源，也是仲裁裁决具有与生效判决同等执行力的依据。如果合同没有约定仲裁条款且事后没有达成仲裁协议，仲裁机构无权受理并作出裁决。

具体来讲，“没有仲裁协议”是指当事人没有达成仲裁协议。当事人之间的仲裁协议被认定为无效或者被撤销的，视为没有仲裁协议。除了自始不存在仲裁协议外，仲裁协议或条款如果被认定为无效或者被撤销，则自始不产生任何效力。那么根据该仲裁协议或仲裁条款作出的裁决就失去了合理性基础，无法得到司法确认及执行。

实践中较为常见的情形为，被执行人主张双方一开始就没有订立仲裁条款。对于此类案件，人民法院应结合仲裁案卷的记录和当事人提交的证据进行审查。如果发现双方签订的协议、合同等中有约定仲裁条款的，应裁定驳回不予执行申请；如经查阅案卷未发现仲裁协议或仲裁条款，申请执行人亦无法提交仲裁协议或仲裁条款，则应支持不予执行申请。如果被执行人以仲裁协议无效或被撤销为由申请不予执行仲裁裁决，则可根据《最高人民法院关于适用〈中华人民共和国仲裁法〉若干问题的解释》第 27 条的规定处理，即当事人在仲裁程序中未对仲裁协议的效力提出异议，在仲裁裁决作出后以仲裁协议无效为由提出不予执行抗辩的，人民法院不予支持。当事人在仲裁程序中对仲裁协议的效力提出异议，在仲裁裁决作出后又以此为由提出不予执行抗辩，经审查符合民事诉讼法关于不予执行仲裁裁决有关规定的，人民法院应予支持。

2. 裁决事项不属于仲裁协议范围或者仲裁机构无权仲裁

仲裁范围，即争议具有可仲裁性；所谓可仲裁性，是指根据法律规定，该争议可以通过仲裁的方式解决。对不属于仲裁范围内的争议，仲裁机构无权受理，仲裁庭也无权仲裁。对于裁决事项不属于仲裁协议范围或仲裁机构无权仲裁的具体情形，《仲裁执行规定》第 13 条规定：“下列情形经人民法院审查属实的，应当认定为民事诉讼法第二百三十七条第二款第二项①规定的‘裁决的事项不属于仲裁协议的范围或者仲裁机构无权仲裁的’情形：（一）裁决的事项超出仲裁协议的范围；（二）裁决的事项属于依照法律规定或者当事人选择的仲裁规则规定的不可仲裁事项；（三）裁决内容超出当事人仲裁请求的范

① 现为《民事诉讼法》（2021 年修正）第 244 条第 2 款第 2 项。

围；（四）作出裁决的仲裁机构非仲裁协议所约定。”

《民事诉讼法》第244条第2款第2项对于第（二）项所规定的不可仲裁事项的具体含义，《仲裁法》第3条明确将婚姻、收养、监护、扶养、继承等涉及人身关系的纠纷和依法由行政机关处理的争议排除在仲裁范围之外。一项争议是否具有可仲裁性，可从两个方面来考虑：第一，争议主体。争议主体能否成为仲裁案件的当事人，要看双方是否是平等主体，只有平等民事主体才能成为执裁案件的当事人。第二，纠纷性质。首先，所涉纠纷必须是根据法律规定和当事人选定的仲裁规则可被认定为合同纠纷或其他财产权益纠纷；其次，涉及人身关系的婚姻、收养、监护、扶养、继承类的纠纷不适用仲裁方式解决。对于行政机关是否能够成为执裁案件当事人，主要取决于争议事项的性质，如果争议事项不属于行政机关行使国家公权力的范围，行政机关仍可成为仲裁协议当事人，如买卖合同纠纷、建筑工程合同纠纷等。

需要说明的是，仲裁庭超越仲裁协议范围或仲裁权限作出的裁决并不必然导致整个裁决不具有可执行性。除超裁部分，其他部分的裁决都是依据仲裁协议和仲裁请求而作出的，如果全部裁定不予执行，既不符合当事人的诉求亦不符合效率原则。对此，《最高人民法院关于适用〈中华人民共和国仲裁法〉若干问题的解释》第19条规定，若超裁部分与其他部分可分，应只对超裁部分予以撤销或不予执行；若不可分，则应将整个裁决撤销或不予执行。

3. 仲裁庭的组成或者仲裁的程序违反法定程序

仲裁程序指的是法律关系主体进行仲裁活动的先后顺序、方式和步骤，包括申请、受理、送达、仲裁庭组成、庭前准备、开庭审理、仲裁裁决作出等程序。可以说，仲裁中的每一个程序都直接涉及仲裁的权威与公信力，如果仲裁程序中出现违反仲裁法或当事人约定或指定的仲裁规则，均是违反了法定程序，会影响仲裁裁决的合法性与合理性。

关于“违反法定程序”的具体内容。《最高人民法院关于适用〈中华人民共和国仲裁法〉若干问题的解释》第20条将其定义为违反《仲裁法》和当事人选定的仲裁规则中对仲裁程序的规定。《仲裁执行规定》第14条在此基础上增加了“违反当事人对仲裁程序的特别约定”的情形，进一步强化了当事人的意思自治。根据以上规定，违反仲裁法规定的仲裁程序、当事人选择的仲裁规则或者当事人对仲裁程序的特别约定，可能影响案件公正裁决，经人民法院审查属实的，应当认定为民事诉讼法第244条第2款第3项规定的“仲裁庭的组成或者仲裁的程序违反法定程序的”情形。

实践中仲裁违反法定程序主要包括以下具体情形：（1）违反《仲裁法》、仲裁规则关于仲裁庭人数或者组成的规定，以及当事人关于仲裁庭人数或者组成的其他特别约定；（2）未给当事人选定或者共同选定仲裁员的机会；（3）仲裁员应当回避而没有回避；（4）向被申请人送达仲裁申请书副本、仲裁规则和仲裁员名册，违反《仲裁法》、仲裁规则或者当事人约定的期限、方式等内容；（5）未按照仲裁规则的规定，给予被申请人相应的答辩期；（6）当事人约定开庭审理而未开庭审理；（7）未按照仲裁规则或者当事人约定的方式通知当事人参加庭审；（8）当事人有正当理由申请延期开庭而未予准许，该当事人未能出庭；（9）证据未出示且未经对方当事人质证；（10）未给予当事人陈述和辩论的机会；（11）仲裁庭未形成多数意见时，未按照首席仲裁员的意见裁决；（12）除依照《仲裁法》第54条的规定可不签名的情形外，仲裁员未在仲裁裁决上签名；（13）仲裁中未进行调解，也未达成和解协议，即作出调解书或者基于调解协议、和解协议的仲裁裁决。[①]《仲裁执行规定》没有对此进行一一列举，只是针对实践中争议比较集中的送达和回避两个程序中的常见情形作了具体规定，即当事人主张未按照《仲裁法》或仲裁规则规定的方式送达法律文书导致其未能参与仲裁，或者仲裁员根据《仲裁法》或仲裁规则的规定应当回避而未回避，可能影响公正裁决，经审查属实的，人民法院应当支持；仲裁庭按照仲裁法或者仲裁规则以及当事人约定的方式送达仲裁法律文书，当事人主张不符合《民事诉讼法》有关送达规定的，人民法院不予支持，适用的仲裁程序或仲裁规则经特别提示，当事人知道或者应当知道法定仲裁程序或选择的仲裁规则未被遵守，但仍然参加或继续参加仲裁程序且未提出异议，在仲裁裁决作出之后以违反法定程序为由申请不予执行仲裁裁决的，人民法院不予支持。

可以看出，《仲裁执行规定》第14条在尊重当事人意思自治的基础上亦对违反法定程序情形的严重程度所有考量，即只有在可能影响案件公正裁决的情况下才符合不予执行的条件，程序瑕疵或可以通过补救方式弥补的，不属于违反法定程序。同时强调，当事人明知有违反法定程序的情形，但仍参加仲裁程序而没有提出任何异议，在裁决作出后，不能以此理由提出不予执行仲裁裁

① 《〈最高人民法院关于人民法院办理仲裁裁决执行案件若干问题的规定〉理解与适用》，载最高人民法院民事审判第二庭编：《商事审判指导》2018第1辑（总第46辑），人民法院出版社2018年版。

决的申请。

4. 裁决所依据的证据是伪造的

证据是仲裁庭确定案件事实，进而确定当事人的权利义务界限并作出最终裁决的依据。如果据以确认事实及作出裁决的证据是虚假的，势必损害当事人权益。因此，基于这种虚假证据的仲裁裁决应被裁定不予执行。当然，如果仲裁庭虽未发现某证据是伪造的，但是裁决的作出并未以该证据为依据，则不属于不予执行的范围。

《仲裁执行规定》第 15 条规定："符合下列条件的，人民法院应当认定为民事诉讼法第二百三十七条第二款第四项①规定的'裁决所根据的证据是伪造的'情形：（一）该证据已被仲裁裁决采信；（二）该证据属于认定案件基本事实的主要证据；（三）该证据已查明确属通过捏造、编造、提供虚假证明等非法方式形成或者获取，违反证据的客观性、关联性、合法性要求。"

可以看出，该规定对于伪造证据的认定较为严格。一项证据被认定为伪造，首先必须是已在仲裁裁决中得到采信，如仲裁裁决中未采信该证据，即使证据是伪造的，也不符合不予执行的条件；其次，该证据在认定案件基本事实上起了主要作用，对于一般性的辅助证据，对案件基本事实的证明力较小，即使是伪造的，也不符合不予执行的条件；最后，该证据是通过非法的方式形成或获取，不符合证据客观性、关联性、合法性的要求。

需要注意的是，在实践中如何界定一项证据是否为认定案件基本事实的主要证据并无明确标准。一般来说，明显与裁决无关的证据很容易判断；但对于该证据与裁决相关时，就必须进一步判断这种相关性的大小，在没有严格标准的情况下，容易受到主观因素的影响，难以达成一致的判断。而且如果法院对此过于深入，实际上也是超越了对仲裁裁决审查的界限，相当于对仲裁裁决进行"二审"。这种"度"的把握，也是考量司法监督边界的一个重要因素。

5. 对方当事人向仲裁机构隐瞒了足以影响公正裁决的证据

在仲裁程序中，证据主要依赖当事人的提供。各方当事人都会竭力提交对自己有利的证据。如果某证据于己不利，却于对方有利，其很可能将证据隐瞒不交。由此可能导致仲裁庭所认定的事实和责任划分错误，并损害当事人利益。但该被隐瞒的证据需达到足以影响公正裁决的程度，才符合不予执行仲裁

① 现为《民事诉讼法》（2021 年修正）第 244 条第 2 款第 4 项。

裁决的条件。也就是说，如果该证据与仲裁裁决认定的事实关联程度不大，不影响仲裁裁决，或者被隐瞒的证据即使提交给仲裁庭也不会改变仲裁结果，则不能因该证据被隐瞒而裁定不予执行。

《仲裁执行规定》第16条规定："符合下列条件的，人民法院应当认定为民事诉讼法第二百三十七条第二款第五项[①]规定的：'对方当事人向仲裁机构隐瞒了足以影响公正裁决的证据的'情形：（一）该证据属于认定案件基本事实的主要证据；（二）该证据仅为对方当事人掌握，但未向仲裁庭提交；（三）仲裁过程中知悉存在该证据，且要求对方当事人出示或者请求仲裁庭责令其提交，但对方当事人无正当理由未予出示或者提交。当事人一方在仲裁过程中隐瞒己方掌握的证据，仲裁裁决作出后以己方所隐瞒的证据足以影响公正裁决为由申请不予执行仲裁裁决的，人民法院不予支持。"该规定对符合隐瞒证据的条件作出了规范：第一，该证据对于认定案件基本事实起主要作用，这与伪造证据的要求相同，都需要影响对案件基本事实的判断；第二，隐瞒的证据仅由对方当事人掌握，且没有向仲裁庭提交，如若己方也掌握该证据而未向仲裁庭提交，但以对方隐瞒证据为由申请不予执行仲裁裁决，则不符合该法条的认定；第三，在仲裁过程中，己方或仲裁庭了解对方当事人有掌握的重要证据未提交，经己方要求，对方当事人仍无正当理由不予提交。此外还特别说明，如果是因己方隐瞒证据，在裁决作出后，以所隐瞒的证据足以影响公正裁决申请不予执行的，人民法院不予支持。此条款是为防止司法资源的浪费，避免某些当事人为追求利于己方的裁决结果而肆意破坏司法公正。

6. 仲裁员在仲裁该案时有贪污受贿、徇私舞弊、违法裁决行为

仲裁员的公正是保证仲裁裁决公正性的基础。在仲裁中，仲裁员是争议的直接裁决者，对案件有着直接而根本的影响。裁决过程中如有贪污受贿、徇私舞弊、枉法裁决这些严重的违法行为，其公正性就会大打折扣。在这种情况下，仲裁员不仅应承担个人法律责任，其仲裁的案件也失去了合法性和公正性，依法应被裁定不予执行。

在审理仲裁案件特定条件下的贪污受贿，是指仲裁员在仲裁案件的过程中有非法接受当事人财物或其他不正当利益的行为；徇私舞弊，是指仲裁员为了谋取私利或为了报答一方当事人已经或承诺给予自己的某种利益，在仲裁案件

① 现为《民事诉讼法》（2021年修正）第244条第2款第5项。

时弄虚作假的行为；枉法裁决，是指仲裁员在仲裁案件时玩忽职守，无原则迁就一方当事人，颠倒是非，曲解法律甚至故意错误适用法律的行为。[①] 对于仲裁员在仲裁该案时有贪污受贿、徇私舞弊、违法裁决行为的认定，根据《最高人民法院关于审理仲裁司法审查案件若干问题的规定》第 18 条的规定，必须是已经由生效刑事法律文书或者纪律处分决定所确认的行为。该行为是指仲裁员明知自己的行为是违背事实和法律，并且希望枉法裁决结果的发生。《仲裁执行规定》第 10 条允许申请人以仲裁员存在不当行为为由二次提出不予执行申请，但需要有新证据证明，这说明对于保证仲裁员廉洁性的问题上，司法审查是相当严格的。实践中，对于当事人提交生效刑事法律文书或者纪律处分决定的，较容易判断是否不予执行仲裁裁决；但大多数以该事由申请不予执行仲裁裁决的当事人都是凭主观猜测或者是情绪反应，无法提交相应的证据，在此情形下，其申请一般无法获得支持。

7. 人民法院以执行仲裁裁决违背社会公共利益裁定不予执行

《民事诉讼法》第 244 条第 3 款明确人民法院可依职权主动不予执行仲裁裁决，但范围限定于仲裁裁决违背社会公共利益的案件。虽然我国现行立法中多次提及社会公共利益，但对于何谓“社会公共利益”，法律法规及司法解释中均未予明确，学界亦对此存在分歧。[②] 本编亦不尝试对“社会公共利益”进行定义。但通俗来说，社会公共利益一般是指关系到全体社会成员或者社会不特定多数人的利益，而非少数或特定人的利益。[③] 需要注意的是，人民法院以仲裁裁决违背社会公共利益为由裁决不予执行的，需根据《最高人民法院关于仲裁司法审查案件报核问题的有关规定》第 3 条，即“以违背社会公共利益为由不予执行或撤销我国内地仲裁机构的仲裁裁决，应当向本院报核，待本院审核后，方可以本院的审核意见作出裁定”，向最高人民法院报核，否则可

① 资阳市陆柒柒物流有限公司与达州市汇鑫能源有限公司运输合同纠纷执行裁定书，最高人民法院（2016）最高法执监 442 号，载中国裁判文书网 2017 年 3 月 30 日，https：//wenshu. court. gov. cn/website/wenshu/181107ANFZ0BXSK4/index. html？ docId = aab120d2d41f4f0bb292a74601011420。

② 王利明教授在《合同法研究》（第一卷）中提出“社会公共利益是指关系到全体社会成员的利益”。梁慧星教授在《民法总论》中则认为“社会公共利益”在性质和作用上与公序良俗原则相当。

③ 参见东北石油大学与深圳市新世纪投资发展有限公司合同纠纷二审民事判决书，（2015）民二终字第129 号，载中国裁判文书网 2016 年 9 月 28 日，https：//wenshu. court. gov. cn/website/wenshu/181107ANFZ0BXSK4/index. html？ docId = a1dc6344b3134df9bab7a76d3f6346da。

能构成程序违法。①

四、不予执行仲裁裁决的救济程序

（一）法定救济程序

1. 当事人的救济程序

《民事诉讼法司法解释》第476条规定："依照民事诉讼法第二百四十四条第二款、第三款规定，人民法院裁定不予执行仲裁裁决后，当事人对该裁定提出执行异议或者复议的，人民法院不予受理。当事人可以就该民事纠纷重新达成书面仲裁协议申请仲裁，也可以向人民法院起诉。"即当事人不服人民法院作出的不予执行仲裁裁决裁定的，无权提出执行异议或者复议。但是对于当事人不服不予受理或驳回不予执行仲裁裁决申请的救济程序，未作规定。《仲裁执行规定》第22条第1款、第2款则作出了较为全面的规定。根据该规定，人民法院裁定不予执行仲裁裁决、驳回或者不予受理不予执行仲裁裁决申请后，当事人对该裁定提出执行异议或者申请复议的，人民法院不予受理。人民法院裁定不予执行仲裁裁决的，当事人可以根据双方达成的书面仲裁协议重新申请仲裁，也可以向人民法院起诉。

根据以上规定，在被执行人申请不予执行仲裁裁决的情况下，无论人民法院的最终裁决结果如何，仲裁裁决的当事人均无权提出执行异议或者申请复议，即所谓的"一裁终局"原则，其理论依据为，仲裁裁决被人民法院裁定不予执行后，丧失强制执行力，从而间接否定了该仲裁裁决的法律效力。不予执行仲裁裁决本质上属于对执行依据的监督，并非对执行程序中的执行行为提出异议。因此，结合相关立法精神和司法实践经验，不应当将不予执行仲裁裁决的裁定作为执行行为纳入执行异议和复议审查范围，当事人只能通过重新申请仲裁或者向人民法院起诉进行救济。

此处应注意的是，根据《民事诉讼法司法解释》第476条规定，仲裁裁决被裁定不予执行后，当事人可以就该民事纠纷重新达成书面仲裁协议申请仲

① 参见武汉硚口天华小额贷款有限公司、九江乐得士生物科技有限公司企业借贷纠纷执行审查类执行裁定书，（2019）最高法执监82号，载中国裁判文书网2019年10月24日，https://wenshu.court.gov.cn/website/wenshu/181107ANFZ0BXSK4/index.html?docId=14f33e8b59e54875add9aaf000e5115f；阿克苏顺隆物资有限责任公司、阿克苏地区通程房地产开发有限公司买卖合同纠纷执行审查类执行裁定书，（2018）最高法执监177号，载中国裁判文书网2019年4月23日，https://wenshu.court.gov.cn/website/wenshu/181107ANFZ0BXSK4/index.html?docId=4330f3f800c04cd39919aa38010e8cd4。

裁，也可以向人民法院起诉。该条明确要求当事人必须重新达成新的仲裁合意，而无法凭借原仲裁协议再次申请仲裁。

实践中亦有观点认为，在裁定不予执行的情况下，当事人存在“重新仲裁或起诉”的救济途径，因此可以不再赋予其申请异议和复议的救济途径。但是在驳回或不予受理不予执行仲裁裁决申请的情况下，被执行人再无其他救济途径，因此应区别对待，允许其提起异议或复议。对此，最高人民法院执行局编著的《最高人民法院执行最新司法解释统一理解与适用》一书中指出，仲裁是法定的纠纷解决方式，一裁终局是其基本特征。根据司法对仲裁裁决采取有限审查原则，撤销仲裁裁决坚持一审终审，不允许上诉、申请再审。不予执行仲裁裁决也应当坚持有限审查原则，对于驳回不予执行仲裁裁决申请情形，同样不允许异议或复议。①

2. 案外人的救济程序

关于案外人申请不予执行仲裁裁决或仲裁调解书的救济程序，《仲裁执行规定》第22条第3款规定：“人民法院基于案外人申请裁定不予执行仲裁裁决或者仲裁调解书，当事人不服的，可以自裁定送达之日起十日内向上一级人民法院申请复议；人民法院裁定驳回或者不予受理案外人提出的不予执行仲裁裁决、仲裁调解书申请，案外人不服的，可以自裁定送达之日起十日内向上一级人民法院申请复议。”按照该规定，在人民法院依据案外人的申请裁定不予执行仲裁裁决或仲裁调解书的情况下，当事人（仲裁裁决或仲裁调解书的权利人和义务人）可在法定期限内向上一级人民法院申请复议。如果人民法院裁定驳回或不予受理案外人的不予执行申请，案外人同样可以在法定期限内向上一级人民法院申请复议。可见，最高人民法院对于当事人申请不予执行仲裁裁决与案外人申请不予执行仲裁裁决分别设定了不同的救济程序，其主要依据在于在案外人申请不予执行仲裁裁决的情况下，因案外人并非相关争议事项的当事方，故从程序上设置了复议的权利，保障了相关当事人的合法权益。

（二）执行监督程序

1996年6月，最高人民法院在《关于当事人因对不予执行仲裁裁决的裁定不服而申请再审人民法院不予受理的批复》（已废止）中认为“依照《民事

---

① 江必新、刘贵祥主编，最高人民法院执行局编著：《最高人民法院执行最新司法解释统一理解与适用》，中国法制出版社2016年版，第30页。

诉讼法》第二百一十七条[①]的规定，人民法院对仲裁裁决依法裁定不予执行，当事人不服而申请再审的，没有法律依据，人民法院不予受理”。明确了当事人对不予执行仲裁裁决的裁定不得申请再审，但是没有涉及执行监督的问题。根据《执行工作规定》第71～74条的规定，上级人民法院依法监督下级人民法院的执行工作，上级人民法院发现下级人民法院在执行中作出的裁定、决定、通知或具体执行行为不当或有错误的，应当及时指令下级人民法院纠正。而裁定不予执行仲裁裁决也是人民法院执行工作的一部分，上级人民法院自然有权进行监督。[②] 司法实践中，最高人民法院在数起案件的裁判意见中均认为上级人民法院对下级人民法院不予执行或驳回不予执行申请的裁定有权提起执行监督。例如，最高人民法院在2021年3月31日作出的（2021）最高法执监12号执行裁定书中认定：“……上述规定只是规定了当事人对不予执行仲裁裁决的裁定提出执行异议或者复议，人民法院不予受理，但并未禁止人民法院对该类裁定依法启动执行监督程序”。[③] 故在司法实践中，执行监督可以作为不予执行仲裁裁决程序的救济途径。

五、不予执行仲裁裁决程序与相关程序的关系

（一）不予执行仲裁裁决程序对执行程序的影响

1. 审查程序对执行程序的影响

理论上来讲，人民法院在作出不予执行仲裁裁决的裁定之前，仲裁裁决依然有效且具有既判力与执行力。但如果不予执行仲裁裁决的申请已经人民法院受理，仲裁裁决或仲裁调解书则可能因此而丧失强制执行力。如果在案件进入不予执行审查程序后仍然继续采取强制执行措施，则可能面临执行回转的风险。对此，《仲裁执行规定》第7条规定：“被执行人申请撤销仲裁裁决并已由人民法院受理的，或者被执行人、案外人对仲裁裁决执行案件提出不予执行

① 现为《民事诉讼法》（2021年修正）第224条。

② 江必新、刘贵祥主编，最高人民法院执行局编著：《最高人民法院执行最新司法解释统一理解与适用》，中国法制出版社2016年版，第30～31页。

③ 湖北圣峰药业有限公司、郭某某等合同纠纷执行监督执行裁定书，（2021）最高法执监12号，载中国裁判文书网2021年10月25日，https：//wenshu. court. gov. cn/website/wenshu/181107ANFZ0BXSK4/index. html? docId =3f10c7a30c0c44c7b3b8adcc00c6500d；天水宏业房地产开发有限责任公司、黄某某商品房销售合同纠纷执行审查类执行裁定书，（2017）最高法执监342号，载中国裁判文书网2019年4月23日，https：//wenshu. court. gov. cn/website/wenshu/181107ANFZ0BXSK4/index. html? docId = d071892ae90a4215b543aa38010e8fbc。

申请并提供适当担保的，执行法院应当裁定中止执行。中止执行期间，人民法院应当停止处分性措施，但申请执行人提供充分、有效的担保请求继续执行的除外；执行标的查封、扣押、冻结期限届满前，人民法院可以根据当事人申请或者依职权办理续行查封、扣押、冻结手续。申请撤销仲裁裁决、不予执行仲裁裁决案件司法审查期间，当事人、案外人申请对已查封、扣押、冻结之外的财产采取保全措施的，负责审查的人民法院参照民事诉讼法第一百条①的规定处理。司法审查后仍需继续执行的，保全措施自动转为执行中的查封、扣押、冻结措施；采取保全措施的人民法院与执行法院不一致的，应当将保全手续移送执行法院，保全裁定视为执行法院作出的裁定。”

根据该规定，第一，在被执行人申请撤销仲裁裁决已被人民法院受理的情况下，无论其是否提供担保，执行程序均应中止；第二，在被执行人或案外人申请不予执行仲裁裁决或仲裁调解书的情况下，如果被执行人或案外人提供适当担保，应中止执行程序；第三，中止执行期间，除非申请执行人能够提供充分、有效的担保，执行法院应停止处分性措施；第四，执行法院在中止执行程序之前已经采取的控制性执行措施依然有效，并且应依据当事人的申请，对相关执行标的采取续行查封、扣押、冻结措施；第五，如果当事人或案外人在中止执行期间申请对人民法院尚未采取控制性措施的其他财产采取保全措施的，应当依照《民事诉讼法》第 103 条关于财产保全的相关规定处理；第六，人民法院判决驳回撤销仲裁裁决的请求或者裁定驳回不予执行申请后，应继续原执行程序，相关的保全措施自动转化为执行程序中的执行措施；如果采取保全措施的法院与执行法院不一致，采取保全措施的法院应将保全手续移送执行法院，相关保全裁定视为执行法院作出的裁定。

2. 审查结果对执行程序的影响

不予执行仲裁裁决程序的审查结果不外乎：一是不予受理或驳回不予执行仲裁裁决申请；二是裁定不予执行仲裁裁决。对于两种裁决结果下的执行程序，《仲裁执行规定》第 21 条规定：“人民法院裁定驳回撤销仲裁裁决申请或者驳回不予执行仲裁裁决、仲裁调解书申请的，执行法院应当恢复执行。人民法院裁定撤销仲裁裁决或者基于被执行人申请裁定不予执行仲裁裁决，原被执行人申请执行回转或者解除强制执行措施的，人民法院应当支持。原申请执行

① 现为《民事诉讼法》（2021 年修正）第 103 条。

人对已履行或者被人民法院强制执行的款物申请保全的，人民法院应当依法准许；原申请执行人在人民法院采取保全措施之日起三十日内，未根据双方达成的书面仲裁协议重新申请仲裁或者向人民法院起诉的，人民法院应当裁定解除保全。人民法院基于案外人申请裁定不予执行仲裁裁决或者仲裁调解书，案外人申请执行回转或者解除强制执行措施的，人民法院应当支持。”

（二）不予执行仲裁裁决和撤销仲裁裁决程序冲突的处理

对于申请撤销仲裁裁决与不予执行仲裁裁决的关系，比较一致的看法是，两种程序具有不同的救济功能，都应保留，但是不得重复适用。[①]《最高人民法院关于适用〈中华人民共和国仲裁法〉若干问题的解释》第26条规定：“当事人向人民法院申请撤仲裁裁决被驳回后，又在执行程序中以相同理由提出不予执行抗辩的，人民法院不予支持。”《仲裁执行规定》第20条规定：“当事人向人民法院申请撤销仲裁裁决被驳回后，又在执行程序中以相同事由提出不予执行申请的，人民法院不予支持；当事人向人民法院申请不予执行被驳回后，又以相同事由申请撤销仲裁裁决的，人民法院不予支持。在不予执行仲裁裁决案件审查期间，当事人向有管辖权的人民法院提出撤销仲裁裁决申请并被受理的，人民法院应当裁定中止对不予执行申请的审查；仲裁裁决被撤销或者决定重新仲裁的，人民法院应当裁定终结执行，并终结对不予执行申请的审查；撤销仲裁裁决申请被驳回或者申请执行人撤回撤销仲裁裁决申请的，人民法院应当恢复对不予执行申请的审查；被执行人撤回撤销仲裁裁决申请的，人民法院应当裁定终结对不予执行申请的审查，但案外人申请不予执行仲裁裁决的除外。”

以上规定确立了撤销仲裁裁决程序与不予执行仲裁裁决程序的“不得重复适用”和“撤销仲裁裁决程序优先”原则。具体来说，“不得重复适用原则”体现为，在撤销或不予执行仲裁裁决审查中，当事人在其申请被驳回后，又以相同事由启动另一救济程序的，人民法院不予支持。“撤销仲裁裁决程序优先”体现为，当两个救济程序均启动时，应以撤销仲裁裁决的诉讼审查程序优先，此时受理不予执行申请的人民法院应当裁定中止不予执行的审查，并等待撤销仲裁裁决程序的裁判结果。如果仲裁裁决被撤销或者决定重新仲裁

① 最高人民法院民事诉讼法修改研究小组编著：《〈中华人民共和国民事诉讼法〉修改条文理解与适用》，人民法院出版社2012年版，第541～542页。

的，执行法院应裁定终结不予执行仲裁裁决的审查程序。如果撤销仲裁裁决申请被驳回或者申请执行人撤回撤销仲裁裁决申请的，人民法院应继续原不予执行仲裁裁决审查程序；如果被执行人同时启动了两个审查程序，又撤回撤销仲裁裁决申请的，应视为其一并撤回了不予执行仲裁裁决的申请，应终止对其提出的不予执行申请的审查。但对案外人提出的不予执行申请还应继续审查。①

六、其他问题

1. 关于仲裁裁决是否属于《民事诉讼法司法解释》第 303 条第 1 款第 2 项规定的“……且诉讼请求与原判决、裁定无关”中的“原判决、裁定”的问题

最高人民法院在陆海啸与海南博兴投资咨询有限公司、海南东兰投资有限公司案外人执行异议之诉一案中阐明，“《最高人民法院关于适用〈中华人民共和国民事诉讼法〉的解释》第 303 条第 1 款第 2 项规定的提起执行异议之诉的条件，即‘有明确的排除对执行标的执行的诉讼请求，且诉讼请求与原判决、裁定无关’中‘原判决、裁定’宜解释为包括仲裁机关发生法律效力的、依法应当由法院执行的仲裁裁决书、仲裁调解书等在内的法律文书。如果案外人请求排除强制执行的执行标的系执行依据中确定的执行标的物，则涉及对执行依据本身的对错问题。此种情形下，对于案外人提出的执行异议之诉应不予受理，并告知案外人在法定期限内向执行法院申请不予执行仲裁裁决。”②

2. 关于“先予仲裁”问题

2018 年 6 月，最高人民法院针对少数仲裁机构在纠纷出现之前即出具仲裁裁决的“先予仲裁”问题作出《关于仲裁机构“先予仲裁”裁决或者调解书立案、执行等法律适用问题的批复》，该批复认为仲裁机构可以仲裁的是当事人之间已经发生的合同纠纷和其他财产权益纠纷，网络借贷合同当事人申请执行仲裁机构在纠纷发生前作出的仲裁裁决或者调解书的，人民法院应当裁定不予受理；已经受理的裁定驳回执行申请。

---

① 《〈最高人民法院关于人民法院办理仲裁裁决执行案件若干问题的规定〉的理解与适用》，载最高人民法院民事审判第二庭编：《商事审判指导》2018 第 1 辑（总第 46 辑），人民法院出版社 2018 年版。

② 陆某某、海南博兴投资咨询有限公司再审审查与审判监督民事裁定书，（2018）最高法民申 2419 号，载中国裁判文书网 2018 年 9 月 12 日，https：//wenshu. court. gov. cn/website/wenshu/181107ANFZ0BXSK4/index. html？ docId = a5a1f084986e40799618a9590112707b。

第二节　涉公证债权文书执行裁判案件的审理

一、概述

（一）公证债权文书的概念

公证债权文书凭借其高效、便捷、减轻诉累等优越性得到了日益广泛的应用。《公证法》第37条将“公证债权文书”定义为“对经公证的以给付为内容并载明债务人愿意接受强制执行承诺的债权文书，债务人不履行或者履行不适当的，债权人可以依法向有管辖权的人民法院申请执行。”《公证执行规定》第1条规定：“本规定所称公证债权文书，是指根据公证法第三十七条第一款规定经公证赋予强制执行效力的债权文书。”以上法律和司法解释共同确定了公证债权文书的含义。据此，公证债权文书即是指经公证的以给付为内容并载明债务人愿意接受强制执行承诺的债权文书。公证机关依照国家法律法规赋予的权力，依当事人申请对当事人双方的债权文书进行严格的审查，若产生该债权债务的事实清楚，债权债务关系明确，双方当事人对债权债务内容没有争议且债务人明确表示同意强制执行，则公证机关依照法律规定出具公证债权文书，该债权文书即被赋予强制执行效力。大陆法系强制执行法理论的共识是，公证债权文书是不经法院参与而形成的“简易执行名义”，自带执行力，其执行力的根据在于作为成立要件的、债务人对公证人作出的愿意接受强制执行（即执行承诺）的意思表示。所谓承诺执行的意思表示，是指债权人不经过诉讼或支付令等程序，直接申请强制执行时，债务人承诺接受执行，并对此不提出异议的意思表示。在法律性质上，该承诺执行的意思表示并非一般的私法行为，而是诉讼行为，债务人的执行承诺具有向公证人实施诉讼行为的性质，能够直接发生强制执行法上的效果。因此，当公证人依法在其权限范围内作成的公证债权文书记载了债务人的执行承诺，且限于金钱债权请求权等特定请求权的表示时，公证债权文书的要件就得以满足，具有强制执行力。①

① 肖建国：《强制执行形式化原则的制度效应》，载《华东政法大学学报》2021年第2期。

（二）赋予公证债权文书强制执行效力的制度价值

1. 赋予公证债权文书强制执行效力的效率优势

一方当事人不履行时，对方当事人可直接申请强制执行，能够减轻讼累、降低成本，迅速实现债权，从而快速解决纠纷，为市场经济主体节约时间成本。办理赋予强制执行效力公证债权文书的主体有相当大一部分是金融机构，对符合赋予强制执行效力公证范围和条件的债权赋予强制执行效力，对于保证市场资金的快速流通、降低金融风险、保障金融秩序的稳定发展有积极作用。

2. 赋予公证债权文书强制执行效力具有预防纠纷的作用

公证债权文书是纠纷的预先防范手段，其强制执行效力能够对债务人形成一种无形的震慑力，在一定程度上督促债务人履行债务，增强当事人诚信观念，有效维护交易安全。同时，公证债权文书作为多元化纠纷解决机制的重要组成部分，是一种诉讼的替代性纠纷解决手段，在一定程度上节约了司法资源和诉讼成本，最大限度地保护债权人合法权益，能够促进社会信用体系的建设，对法院“解决执行难”也具有重要推动作用。①

二、公证债权文书的强制执行程序

公证债权文书依法具有强制执行的法律效力，当事人必须履行。如果一方当事人不履行公证机关依法赋予强制执行效力的债权文书，对方当事人可以向人民法院申请强制执行。公证债权文书强制执行制度，首先由《民事诉讼法》所确立，②《民事诉讼法司法解释》对《民事诉讼法》中不予执行的法定事由作出具体解释，并就不予执行申请、审查、处理及事后救济程序作出框架性的

① 段明：《“强制执行公证债权文书制度改革与展望”学术研讨会综述》，载《中国公证》2018年第7期。

② 1991年公布施行的《民事诉讼法》第218条规定：“对公证机关依法赋予强制执行效力的债权文书，一方当事人不履行的，对方当事人可以向有管辖权的人民法院申请执行，受申请的人民法院应当执行。公证债权文书确有错误的，人民法院裁定不予执行，并将裁定书送达双方当事人和公证机关。”

构建。[①] 此外，关于公证债权文书强制执行制度的程序规则散见于《公证程序规则》等部门规章以及《最高人民法院、司法部关于公证机关赋予强制执行效力的债权文书执行有关问题的联合通知》等规范性文件中，并不形成体系。直至2018年《最高人民法院关于公证债权文书执行若干问题的规定》公布，第一次对公证债权文书强制执行制度作出了系统的规定，对不予执行公证债权文书也作出了包括申请、审查、处理方式及事后救济在内的程序和实体上的规范。

（一）立案审查

1. 公证债权文书的执行管辖

《公证执行规定》第2条规定："公证债权文书执行案件，由被执行人住所地或者被执行的财产所在地人民法院管辖。前款规定案件的级别管辖，参照人民法院受理第一审民商事案件级别管辖的规定确定。"

2. 申请执行公证债权文书的期限

《公证执行规定》第9条规定："申请执行公证债权文书的期间自公证债权文书确定的履行期间的最后一日起计算；分期履行的，自公证债权文书确定的每次履行期间的最后一日起计算。债权人向公证机构申请出具执行证书的，申请执行时效自债权人提出申请之日起中断。"

3. 申请执行公证债权文书应提交的材料

《公证执行规定》第3条规定："债权人申请执行公证债权文书，除应当提交作为执行依据的公证债权文书等申请执行所需的材料外，还应当提交证明履行情况等内容的执行证书。"根据该规定，债权人申请执行公证债权文书的，不仅应提交作为执行依据的公证债权文书，还要提交执行证书，未按规定提交执行证书的，人民法院应裁定不予受理，已经受理的，裁定驳回执行申请。江苏省高级人民法院在（2019）苏执监1225号案件中，以"马某向江都

---

① 《民事诉讼法司法解释》第478条规定："有下列情形之一的，可以认定为民事诉讼法第二百四十五条第2款规定的公证债权文书确有错误：（一）公证债权文书属于不得赋予强制执行效力的债权文书的；（二）被执行人一方未亲自或者未委托代理人到场公证等严重违反法律规定的公证程序的；（三）公证债权文书的内容与事实不符或者违反法律强制性规定的；（四）公证债权文书未载明被执行人不履行义务或者不完全履行义务时同意接受强制执行的。人民法院认定执行该公证债权文书违背社会公共利益的，裁定不予执行。公证债权文书被裁定不予执行后，当事人、公证事项的利害关系人可以就债权争议提起诉讼。"第479条规定："当事人请求不予执行仲裁裁决或者公证债权文书的，应当在执行终结前向执行法院提出。"

法院申请执行时，未向江都法院提交执行证书”为由，认为该案不符合公证债权文书执行的立案受理条件，裁定驳回马某依据（2008）扬江证民内字第1326号债权文书公证书对纪某某申请执行一案的执行申请。[①]

（二）内容审查

1. 公证债权文书具有可执行性的必备条件

根据《公证法》《最高人民法院、司法部关于公证机关赋予强制执行效力的债权文书执行有关问题的联合通知》《公证程序规则》等相关规定，赋予强制执行效力的公证债权文书必须具备以下条件：第一，以给付为内容。《公证法》第37条、《最高人民法院、司法部关于公证机关赋予强制执行效力的债权文书执行有关问题的联合通知》第1条、[②]《公证程序规则》第39条，[③]都规定了赋予强制执行效力的公证债权文书必须“以给付为内容”。给付内容包括货币、物品、有价证券等内容，具体范围则包括：（1）借款合同、借用合同、无财产担保的租赁合同；（2）赊欠货物的债权文书；（3）各种借据、欠单；（4）还款（物）协议；（5）以给付赡养费、扶养费、抚育费、学费、赔（补）偿金为内容的协议；（6）符合赋予强制执行效力条件的其他债权文书。第二，债权债务关系明确，当事人对给付内容无争议。被赋予强制执行效力的公证债权文书，债权债务关系必须明确，标的额确定，且当事人之间无争议。因公证债权文书不经法院诉讼审理程序直接进入强制执行程序，若文书中的债权债务关系不清，标的额不确定或当事人之间有争议，则会造成无法确定执行标的、错误执行公证债权文书等困境，进而造成实质上的不公平。第三，载明债务人愿意接受依法强制执行的承诺。被赋予强制执行效力的公证债权文书，必须载明当债务人不履行义务或不完全履行义务时，债务人愿意接受依法强制执行的承诺。债权文书中载明债务人不履行义务时应接受强制执行意思表示的

---

① 江苏省高级人民法院（2019）苏执监1225号执行裁定书。

②《最高人民法院、司法部关于公证机关赋予强制执行效力的债权文书执行有关问题的联合通知》第1条规定：“公证机关赋予强制执行效力的债权文书应当具备以下条件：（一）债权文书具有给付货币、物品、有价证券的内容；（二）债权债务关系明确，债权人和债务人对债权文书有关给付内容无疑义；（三）债权文书中载明债务人不履行义务或不完全履行义务时，债务人愿意接受依法强制执行的承诺。”

③《公证程序规则》第39条规定：“具有强制执行效力的债权文书的公证，应当符合下列条件：（一）债权文书以给付为内容；（二）债权债务关系明确，债权人和债务人对债权文书有关给付内容无疑义；（三）债务履行方式、内容、时限明确；（四）债权文书中载明当债务人不履行或者不适当履行义务时，债务人愿意接受强制执行的承诺；（五）债权人和债务人愿意接受公证机构对债务履行情况进行核实；（六）《公证法》规定的其他条件。”

意义在于：（1）表明债权人与债务人对债权文书及相互间的债权债务关系无异议；（2）表明债务人自愿放弃诉权和自觉履行的诚意，愿意接受强制执行的法律约束；也可避免当事人行使诉权与实施强制执行之间所引起的法律冲突。对于债务人作出承诺的方式，一方面，该承诺应当是明示且书面形式作出，不能以默示或者口头等其他方式作出；另一方面，该承诺必须是债务人自愿作出的，不能是被强迫的。

2. “给付内容”的文本依据

所谓执行依据，系指执行机关据以执行的生效法律文书，是由有关机构依法出具的、载明债权人享有一定债权，债权人可据以请求执行的法律文书。执行依据既是当事人申请执行的文书凭据，也是人民法院实施执行行为的效力依托和内容指示。①

在强制执行公证债权文书案件中，公证债权文书和执行证书同时存在。所谓“执行证书”是指债务人不履行或不完全履行具有强制执行效力的债权文书公证书所规定的义务，债权人向原公证机构要求出具的直接向有管辖权的人民法院申请执行的凭证。虽然执行证书上注明了执行当事人和执行标的，并载有申请人持该执行证书申请执行的内容，但执行证书只是公证机关对债权债务履行情况的过渡性审查结果，主要功能在于核实债权债务履行情况并最终确定执行标的，不具有司法终局性，对人民法院没有必然的约束力。② 赋予强制执行效力的债权文书以公证书为载体，只有公证债权文书是唯一的执行依据。公证书作为执行依据在法理上具有正当性和自洽性，强制执行公证制度得以存在，依赖于证明效力理论、意思自治理论以及执行承诺理论之间的调和与支持，这三种理论在公证书中均有体现。因此，赋予强制执行效力公证的执行依据是公证书而非执行证书。③

《公证执行规定》第 3 条明确规定了公证债权文书和执行证书各自的地位，即公证债权文书为执行依据，而执行证书仅用以证明履行情况等内容。④

---

① 谭卫、蒋晓亮：《ADR 语境下公证债权文书的执行审查》，载《人民司法》2017 年第 34 期。

② 山东省高级人民法院执行局课题组：《不予执行中的有关问题》，载江必新、刘贵祥主编，最高人民法院执行局编：《执行工作指导》2014 年第 4 辑（总第 52 辑），人民法院出版社 2015 年版。

③ 段明：《“强制执行公证债权文书制度改革与展望”学术研讨会综述》，载《中国公证》2018 年第 7 期。

④ 《公证执行规定》第 3 条规定：“债权人申请执行公证债权文书，除应当提交作为执行依据的公证债权文书等申请执行所需的材料外，还应当提交证明履行情况等内容的执行证书。”

《公证执行规定》第 4 条还规定了作为执行依据的公证债权文书的组成，应当包括公证证词、债权文书等，其中公证证词的内容包括权利义务主体、给付内容等。①

（三）不予受理或驳回执行申请的事由

《公证执行规定》第 5 条规定："债权人申请执行公证债权文书，有下列情形之一的，人民法院应当裁定不予受理；已经受理的，裁定驳回执行申请：（一）债权文书属于不得经公证赋予强制执行效力的文书；（二）公证债权文书未载明债务人接受强制执行的承诺；（三）公证证词载明的权利义务主体或者给付内容不明确；（四）债权人未提交执行证书；（五）其他不符合受理条件的情形。"该规定是公证债权文书能否获得强制执行的否定性条件。如果公证债权文书存在以上情形之一，则不符合强制执行的条件，人民法院应不予受理该强制执行申请，已经受理的，应当裁定驳回执行申请。

人民法院在立案时依职权审查公证债权文书是否符合进入执行程序的形式要件，而不必审查形成公证债权文书所依据的基础法律关系等实体问题。《公证执行规定》第 5 条并未提及被申请执行人和利害关系人可以提出异议申请。这是因为，上述问题系人民法院执行部门依职权进行审查之事项，被申请执行人和利害关系人此时在程序上还未成为被执行人，故《公证执行规定》并未规定其可以就上述问题提出执行异议。②

（四）裁定不予受理或驳回执行申请的救济

《公证执行规定》第 7 条规定："债权人对不予受理、驳回执行申请裁定不服的，可以自裁定送达之日起十日内向上一级人民法院申请复议。申请复议期满未申请复议，或者复议申请被驳回的，当事人可以就公证债权文书涉及的民事权利义务争议向人民法院提起诉讼。"根据该规定，在人民法院对债权人申请强制执行公证债权文书裁定不予受理或驳回执行申请的情况下，债权人可以在十日内向上一级人民法院申请复议。如果债权人未提出复议或提出复议后被驳回，该公证债权文书则彻底丧失强制执行力，债权人只能就争议事项向人民法院提起诉讼。

---

① 《公证执行规定》第 4 条规定："债权人申请执行的公证债权文书应当包括公证证词、被证明的债权文书等内容。权利义务主体、给付内容应当在公证证词中列明。"

② 陈凯：《〈最高人民法院关于公证债权文书执行若干问题的规定〉的救济程序选择评析》，载《中国公证》2019 年第 1 期。

三、不予执行公证债权文书程序

1991 年公布施行的《民事诉讼法》第 218 条规定："对公证机关依法赋予强制执行效力的债权文书，一方当事人不履行的，对方当事人可以向有管辖权的人民法院申请执行，受申请的人民法院应当执行。公证债权文书确有错误的，人民法院裁定不予执行，并将裁定书送达双方当事人和公证机关。"该规定正式确立了人民法院对公证债权文书的司法审查制度。在此后 2007 年修正的《民事诉讼法》第 214 条、2012 年修正的《民事诉讼法》第 238 条及现行 2021 年修正的《民事诉讼法》第 245 条均予以沿用。但是，《民事诉讼法》及其司法解释并未明确不予执行公证债权文书的主体、程序及救济方式。《公证执行规定》将对不予执行公证债权文书的事由区分为程序性事由和实体性事由，分别设置了不同的审查程序和救济途径，使得不予执行公证债权文书的审查程序更加严密、科学和方便操作。根据该司法解释的规定，不予执行公证债权文书的程序启动有三种方式：一是依被执行人的不予执行申请启动。根据《公证执行规定》第 12 条规定，公证债权文书严重违反法律规定的公证程序的，被执行人可以申请不予执行公证债权文书。二是依债务人的不予执行诉讼启动。根据《公证执行规定》第 22 条的规定，公证的债权文书具有法律规定的无效、可撤销等情形，公证债权文书载明的民事权利义务关系与事实不符、债权全部或者部分消灭等情形时，债务人可以提起诉讼，请求不予执行公证债权文书。三是在公证债权文书可能存在违背社会公共利益、违背公序良俗的情况下，人民法院依职权启动。人民法院对于公证债权文书的审查以被动审查为原则，以主动审查为例外，只有在该公证债权文书违背社会公共利益、违背公序良俗的情形下，法院才能依职权启动不予执行审查程序。

（一）不予执行公证债权文书的执行审查程序

《公证执行规定》第 12 条规定："有下列情形之一的，被执行人可以依照民事诉讼法第二百三十八条第二款[①]规定申请不予执行公证债权文书：（一）被执行人未到场且未委托代理人到场办理公证的；（二）无民事行为能力人或者限制民事行为能力人没有监护人代为办理公证的；（三）公证员为本人、近亲属办理公证，或者办理与本人、近亲属有利害关系的公证的；（四）公证员

① 现为《民事诉讼法》（2021 年修正）第 245 条第 2 款。

办理该项公证有贪污受贿、徇私舞弊行为，已经由生效刑事法律文书等确认的；（五）其他严重违反法定公证程序的情形。”

1. 立案程序

《执行立案、结案意见》第 9 条规定：“下列案件，人民法院应当按照执行异议案件予以立案：……（六）被执行人对仲裁裁决或者公证机关赋予强制执行效力的公证债权文书申请不予执行的……”根据该规定，被执行人基于公证债权文书存在严重违反法律规定的公证程序提起不予执行公证债权文书申请，应当立执行异议案件予以审查，以“执异”字案号立案。对于人民法院主动审查的是否违背社会公共利益、违背公序良俗情形，则由执行立案部门及执行部门共同负责审查。

2. 申请期限

《民事诉讼法司法解释》第 479 条对不予执行申请及诉讼的期限作出了原则性规定，即当事人请求不予执行仲裁裁决或者公证债权文书的，应当在执行终结前向执行法院提出。《公证执行规定》第 13 条第 1 款将不予执行申请期限规定为执行通知书送达之日起 15 日内或自知道有关事实之日起 15 日内。[①] 根据《公证执行规定》第 14 条的规定，被执行人认为公证债权文书存在该规定第 12 条第 1 款规定的多个不予执行事由的，应当在不予执行案件审查期间一并提出。不予执行申请被裁定驳回后，同一被执行人再次提出申请的，人民法院不予受理。但有证据证明不予执行事由在不予执行申请被裁定驳回后知道的，可以在执行程序终结前提出。上述条款对被执行人不予执行申请期限作出的限制，是为了解决实践中可能出现的被执行人动辄提出不予执行申请，严重影响该类案件正常执行的情形。

3. 审查程序

（1）审查方式。《公证执行规定》第 15 条规定：“人民法院审查不予执行公证债权文书案件，案情复杂、争议较大的，应当进行听证。必要时可以向公证机构调阅公证案卷，要求公证机构作出书面说明，或者通知公证员到庭说明情况。”该规定基本延续了《异议复议规定》第 12 条关于执行异议和复议案

① 《公证文书规定》第 13 条第 1 款规定：“被执行人申请不予执行公证债权文书，应当在执行通知书送达之日起十五日内向执行法院提出书面申请，并提交相关证据材料；有本规定第十二条第一款第三项、第四项规定情形且执行程序尚未终结的，应当自知道或者应当知道有关事实之日起十五日内提出。”

件审查方式的规定，即“人民法院对执行异议和复议案件实行书面审查。案情复杂、争议较大的，应当进行听证”。在此基础上明确赋予人民法院向可以将公证案卷调取至法院，以及在必要的情况下，可以要求公证机构作出书面说明，甚至发出通知，要求公证员到庭说明情况的权利，以及公证机构、公证员的配合义务。

（2）审查期限。《公证执行规定》第16条规定：“人民法院审查不予执行公证债权文书案件，应当在受理之日起六十日内审查完毕并作出裁定；有特殊情况需要延长的，经本院院长批准，可以延长三十日。”

4. 法定事由

不予执行公证债权文书的审查重点在于如何认定公证债权文书确有错误。对此，《民事诉讼法司法解释》第478条规定：“有下列情形之一的，可以认定为民事诉讼法第二百四十五条第二款规定的公证债权文书确有错误：（一）公证债权文书属于不得赋予强制执行效力的债权文书的；（二）被执行人一方未亲自或者未委托代理人到场公证等严重违反法律规定的公证程序的；（三）公证债权文书的内容与事实不符或者违反法律强制性规定的；（四）公证债权文书未载明被执行人不履行义务或者不完全履行义务时同意接受强制执行的。人民法院认定执行该公证债权文书违背社会公共利益的，裁定不予执行。公证债权文书被裁定不予执行后，当事人、公证事项的利害关系人可以就债权争议提起诉讼。”《公证执行规定》第12条第1款列举了被执行人在执行程序中可以提出不予执行申请的程序性事由，并通过兜底条款将范围限定在“严重违反法定公证程序”的情形，对公证债权文书的程序错误进行了细化。该规定：“有下列情形之一的，被执行人可以依照民事诉讼法第二百三十八条第二款①规定申请不予执行公证债权文书：（一）被执行人未到场且未委托代理人到场办理公证的；（二）无民事行为能力人或者限制民事行为能力人没有监护人代为办理公证的；（三）公证员为本人、近亲属办理公证，或者办理与本人、近亲属有利害关系的公证的；（四）公证员办理该项公证有贪污受贿、徇私舞弊行为，已经由生效刑事法律文书等确认的；（五）其他严重违反法定公证程序的情形。”

根据以上规定，被执行人申请不予执行公证债权文书的法定事由均为严重

① 现为《民事诉讼法》（2021年修正）第245条第2款。

程序违法事由，其程度足以使公证债权文书的合法性受到质疑，丧失强制执行力。公证活动要严格按照法律规定的条件、范围、程序办理，严重违反法定公证程序作出的公证债权文书应当裁定不予执行。

（1）被执行人未到场且未委托代理人到场办理公证的。与普通的民事审判程序所解决的纠纷不同，公证机关办理具有强制执行效力的公证债权文书以债权人、债务人之间不存在实体上的债权债务纠纷为前提，当事人不直接进行对抗，公证机关亦无权对当事人之间的实体权利义务关系进行识别和判断。如果被执行人一方未参与公证程序，公证债权文书的内容则很可能为债权人一方的“片面之词”，很可能造成公证内容与事实之间出现偏差甚至颠倒。因此，为保障公证债权文书的真实性和合法性，现行法律和司法解释将债务人必须到场参与公证，作为公证债权文书具有强制执行效力的一项重要条件。因此，被执行人一方未到场且未委托代理人到场办理公证是一种严重违反法定程序的典型情形，一旦发生，则应当裁定不予执行。办理公证时要求被执行人或代理人必须在场，并非要求双方必须到“公证处所在地”这个特定场所，而是要求双方亲自或者委托代理人请公证处工作人员办理公证，其目的是保障双方的知情权，避免出现侵害某一方权利的情况。

（2）无民事行为能力人或者限制民事行为能力人没有监护人代为办理公证的。公证作为一项重要的民事活动，要求参与公证的人员必须对其行为的法律后果和法律意义具有足够的辨认能力。因限制民事行为能力人和无民事行为能力人认知能力存在缺陷，不具备或不完全具备辨认自己行为的能力。现行法律对限制民事行为能力人和无民事行为能力人所进行的民事法律行为的法律效力均作出了限制性的规定。因公证债权文书的给付内容具有强制执行的效力，对公证当事人的权利义务存在重要和实质的影响。因此，必须有监护人代为办理。另外，该规定并未涉及限制民事行为能力人纯获利益的公证事项是否也在不予执行的程序性事由之内，因《民法典》第 22 条对限制民事行为能力人实施的纯获利益的行为予以肯定性评价，被执行人如以申请执行人是“限制民事行为能力人且监护人未代为办理公证”为由申请不予执行公证债权文书的，应不在该条之列。

（3）公证员为本人、近亲属办理公证，或者办理与本人、近亲属有利害关系的公证的。《公证法》第 23 条第 3 项规定公证员不得为本人及近亲属办理公证或者办理与本人及近亲属有利害关系的公证。因此，公证员未回避而办理公证即属于严重违反法定程序的情形。

（4）公证员办理该项公证有贪污受贿、徇私舞弊行为，已经由生效刑事法律文书等确认的。公证员在办理本公证事项时如果存在贪污受贿、徇私舞弊行为，其公正性、合法性受到质疑，存在损害一方当事人利益的可能，其该行为经生效刑事法律文书确认后，失去了合法性和公正性，公证债权文书则不具有强制执行的程序性正义，应当裁定不予执行公正债权文书。

（5）其他严重违反法定公证程序的情形。除司法解释明确规定的情况外，如果裁定不予执行公证债权文书，则要求达到严重违反法定程序的程度。实践中反映比较突出的债务人未收到公证债权文书、公证机构未实际核实履约情况、公证员未亲自到场办理公证等问题，则可以认定为严重违反法定程序的情形。

5. 审查结果

针对被执行人提出的不予执行申请，经审查确认存在严重程序错误的，裁定不予执行；不存在严重程序错误的，裁定驳回不予执行申请。公证债权文书部分内容存在严重程序错误的，裁定对该部分不予执行；应当不予执行部分与其他部分不可分的，裁定对该公证债权文书不予执行。①

6. 救济程序

（1）裁定不予执行公证债权文书的救济程序。《民事诉讼法司法解释》第478条第3款规定："公证债权文书被裁定不予执行后，当事人、公证事项的利害关系人可以就债权争议提起诉讼。"《公证执行规定》第20条在此基础上明确："公证债权文书被裁定不予执行的，当事人可以就该公证债权文书涉及的民事权利义务争议向人民法院提起诉讼；公证债权文书被裁定部分不予执行的，当事人可以就该部分争议提起诉讼。当事人对不予执行裁定提出执行异议或者申请复议的，人民法院不予受理。"

根据以上规定，公证债权文书被裁定不予执行后，其救济方式是就债权争议向人民法院提起诉讼，因对不予执行公证债权文书的审查即以"执异"案号立案审查，故对于不予执行公证债权文书裁定，当事人不能再次提出执行异

① 《公证执行规定》第18条规定："被执行人依照本规定第十二条第一款规定申请不予执行，人民法院经审查认为理由成立的，裁定不予执行；理由不成立的，裁定驳回不予执行申请。公证债权文书部分内容具有本规定第十二条第一款规定情形的，人民法院应当裁定对该部分不予执行；应当不予执行部分与其他部分不可分的，裁定对该公证债权文书不予执行。"

议，同时，司法解释规定了救济的途径是提起诉讼，当事人亦不能就此提出执行复议，当事人提出执行异议或者申请复议的，法院应不予受理。

（2）裁定驳回不予执行公证债权文书申请的救济程序。《公证执行规定》第21条规定："当事人不服驳回不予执行申请裁定的，可以自裁定送达之日起十日内向上一级人民法院申请复议。上一级人民法院应当自收到复议申请之日起三十日内审查。经审查，理由成立的，裁定撤销原裁定，不予执行该公证债权文书；理由不成立的，裁定驳回复议申请。复议期间，不停止执行。"该规定基本沿用了《异议复议规定》第10条的规定，并在此基础上增加了关于复议程序的审查期限和裁判方式的规定。以上规定明了裁定驳回不予执行公证债权文书申请的救济途径是在法定期限之内向上一级法院申请复议。

（二）不予执行公证债权文书的诉讼审查程序

1. 立案审查

根据《公证执行规定》第22条规定，债务人以债权人为被告，向执行法院提出不予执行公证债权文书请求，其救济程序是提起诉讼。故债务人基于实体的事由提起不予执行公证债权文书请求的，应纳入民事诉讼程序，不能通过执行异议、复议程序解决。

2. 诉讼期限

《公证执行规定》第22条第1款将债务人提起不予执行诉讼的期限规定为执行程序终结之前。①

3. 法定事由

《公证执行规定》第22条第1款规定了实体性的事由，"有下列情形之一的，债务人可以在执行程序终结前，以债权人为被告，向执行法院提起诉讼，请求不予执行公证债权文书：（一）公证债权文书载明的民事权利义务关系与事实不符；（二）经公证的债权文书具有法律规定的无效、可撤销等情形；（三）公证债权文书载明的债权因清偿、提存、抵销、免除等原因全部或者部分消灭。"

债务人提起诉讼，请求不予执行公证债权文书的法定事由均为实体性事由。《公证执行规定》第22条第1款规定了债务人可以直接提起诉讼，请求不

① 《公证执行规定》第22条第1款规定："有下列情形之一的，债务人可以在执行程序终结前，以债权人为被告，向执行法院提起诉讼，请求不予执行公证债权文书。"

予执行公证债权文书的几种情形，将实体错误从“确有错误”中抽离出来，将提出实体权利主张的债务人直接引入诉讼程序，通过诉讼解决公证债权文书存在的实体争议。一方面，实体错误较为复杂，将其交由诉讼程序处理，体现了“审执分离”的理念；另一方面，实体错误将严重侵害债务人的实体权利，以诉讼程序为其提供救济，能够更为充分地保障其合法权益。同时，债务人提起诉讼不中止执行的规定，[①] 也防止了债务人通过滥诉阻止执行程序进展，为债权人实现债权提供保障。

（1）公证债权文书载明的民事权利义务关系与事实不符。因具有强制执行效力的公证债权文书没有经过缜密的审判程序，有存在错误的可能，损害当事人合法权益，因此法院对公证债权文书有必要进行实体审查，以确保其内容符合事实。如果公证债权文书的内容与事实不符，例如文书所载明的民事权利义务关系不存在，或者文书所载债权与权利人实际享有的权利范围、内容等不一致等等，则债务人可以提起诉讼请求法院不予执行公证债权文书。[②]

（2）经公证的债权文书具有法律规定的无效、可撤销等情形。在公证债权文书申请强制执行案件中，特别是在民间借贷纠纷申请强制执行占比较高的背景下，可能存在对利息、罚息、违约金约定偏高等违反法律强制性规定的情形，故对于公证债权文书的效力性审查应是执行案件审查的重点。执行依据的合法有效是申请强制执行的前提条件，在执行依据存在无效、可撤销情形时，则不具备强制执行的效力。

（3）公证债权文书载明的债权因清偿、提存、抵销、免除等原因全部或者部分消灭。该项规定为债权消灭事由，是指能使执行依据上所载之请求权全部或部分归于消灭的事由，如债务的清偿、免除、抵销、提存、和解等，债权债务消灭公证债权文书的强制执行效力也随之消灭。

4. 审查结果

针对债务人提起的不予执行诉讼，经审理确认存在实体错误的，判决不予执行或部分不予执行；不存在实体错误的，判决驳回诉讼请求。针对当事人同时就公证债权文书涉及的民事权利义务争议提出的诉讼请求，可以在判决中一

① 《公证执行规定》第 22 条第 2 款规定：“债务人提起诉讼，不影响人民法院对公证债权文书的执行。债务人提供充分、有效的担保，请求停止相应处分措施的，人民法院可以准许；债权人提供充分、有效的担保，请求继续执行的，应当继续执行。”

② 最高人民法院修改后民事诉讼法贯彻实施工作领导小组编著：《最高人民法院民事诉讼法司法解释理解与适用（下）》，人民法院出版社 2015 年版，第 1276 页。

并作出裁判。①

5. 救济程序

债务人因请求不予执行公证债权文书而提起民事诉讼，适用民事诉讼法的相关规定，在此不再赘述。

四、救济程序与执行程序的衔接

（一）被执行人申请不予执行公证债权文书与执行程序的衔接

《公证执行规定》第17条规定："人民法院审查不予执行公证债权文书案件期间，不停止执行。被执行人提供充分、有效的担保，请求停止相应处分措施的，人民法院可以准许；申请执行人提供充分、有效的担保，请求继续执行的，应当继续执行。"

（二）债务人请求不予执行公证债权文书与执行程序的衔接

《公证执行规定》第22条第2款规定："债务人提起诉讼，不影响人民法院对公证债权文书的执行。债务人提供充分、有效的担保，请求停止相应处分措施的，人民法院可以准许；债权人提供充分、有效的担保，请求继续执行的，应当继续执行。"

（三）利害关系人就公证债权文书涉及的民事权利义务争议提起诉讼与执行程序的衔接

《公证执行规定》第24条第3款规定："利害关系人提起诉讼，不影响人民法院对公证债权文书的执行。利害关系人提供充分、有效的担保，请求停止相应处分措施的，人民法院可以准许；债权人提供充分、有效的担保，请求继续执行的，应当继续执行。"

根据以上规定，不予执行公证债权文书审查期间以及利害关系人提起诉讼期间，原则上不得停止案件的执行措施；只有被执行人提供有效且充分的担保后，才可以依被执行人、债务人、利害关系人的申请停止执行处分措施；而如果申请执行人提供充分且有效担保的情况下，执行法院则应当根据申请执行人的申请继续执行。

---

① 《公证执行规定》第23条规定："对债务人依照本规定第二十二条第一款规定提起的诉讼，人民法院经审理认为理由成立的，判决不予执行或者部分不予执行；理由不成立的，判决驳回诉讼请求。当事人同时就公证债权文书涉及的民事权利义务争议提出诉讼请求的，人民法院可以在判决中一并作出裁判。"

（四）债权人就公证债权文书涉及的民事权利义务争议提起诉讼与执行程序的衔接

《公证执行规定》第24条第2款规定："债权人提起诉讼，诉讼案件受理后又申请执行公证债权文书的，人民法院不予受理。进入执行程序后债权人又提起诉讼的，诉讼案件受理后，人民法院可以裁定终结公证债权文书的执行；债权人请求继续执行其未提出争议部分的，人民法院可以准许。"

债权人如果选择就公证债权文书所涉民事权利义务争议部分提起诉讼，对于该争议部分，则丧失依据公证债权文书申请人民法院强制执行的权利。

第五章　涉不动产执行裁判案件的审理

案外人执行异议与异议之诉，是指案外人基于对执行标的享有足以排除强制执行的实体权益，向执行法院提起的排除对该执行标的实施强制执行的救济程序。其确立于2007年《民事诉讼法》第204条，2012年《民事诉讼法》第227条对该制度予以承继。2015年《民事诉讼法司法解释》第311～313条[①]对案外人执行异议之诉进行了更为细致全面的规定，并将《民事诉讼法》第227条[②]规定的“足以排除强制执行的民事权利”中的“权利”修改为“权益”。这也就意味着，除了所有权、用益物权之外，占有的事实状态以及房屋买受人的权利，都可能成为排除强制执行的理由。这些都不属于严格意义上的权利范畴，而“权益”概念能够涵盖上述情形，比“权利”概念更为宽泛。[③]在执行实践中，被执行人名下的不动产是一类常见的执行标的。然而，由于不动产权利设立和公示规则的特殊性、不动产上权利的多样性以及与社会民生联系的紧密性，因执行不动产而引发的执行异议以及异议之诉案件较之其他执行异议之诉更为普遍和复杂。结合前述提到的权益类型，较为常见的涉不动产执行裁判案件主要包括涉不动产买卖、涉不动产租赁以及涉不动产共有等几种类型。

第一节　涉不动产买卖执行裁判案件的审理

不动产买受人的执行异议与异议之诉，属案外人执行异议与异议之诉的一种。鉴于不动产买卖行为与不动产权属登记的分离，实践中大量出现不动产买

① 现为《民事诉讼法司法解释》（2022年修正）第309～311条。

② 现为《民事诉讼法》（2021年修正）第234条。

③ 江必新、刘贵祥主编，最高人民法院执行局编著：《最高人民法院执行最新司法解释统一理解与适用》，中国法制出版社2015年版，第15页。

受人主张不动产的外观权属与实质权属不一致而引发的执行异议及异议之诉案件。如何依法妥善办理此类案件，是执行裁判工作中面临的一大难题。

一、涉不动产买受人的执行异议与异议之诉的法律适用及审查标准

涉不动产买受人的案外人异议和异议之诉要解决的核心问题，均为不动产买受人主张的实体权益能否排除执行。但在执行异议和异议之诉程序中，对不动产买受人该项主张的判断，却应适用不同的法律规定和审查标准予以认定。

（一）涉不动产买受人的执行异议案件的法律适用及审查标准

关于涉不动产买受人的执行异议，最高人民法院通过《异议复议规定》第28条、第29条、第30条作出了明确规定，为此类执行异议案件的办理提供了直接的法律适用依据。

我国《民事诉讼法》将案外人异议程序作为案外人异议之诉的前置程序，这一独特程序设置的目的在于，对案外人主张的排除执行请求进行初步筛查，过滤掉部分利用此类异议拖延执行的恶意异议人以及部分事实清楚、争议不大、法律关系简单的权利主张，从而提高执行效率。“考虑到审判程序比较复杂，如果对所有的案外人提出的异议不经审查便直接进入审判程序，不仅影响执行效率，还可能给一部分债务人拖延履行留下空间，不利于债权的及时实现。实际上，一部分案外人异议仅通过执行机构的初步审查即可得到解决。”① 基于此，执行异议程序以追求效率为首要价值目标，在审查期限上仅有15天时间，在审查标准上则侧重于外观审查和形式判断。此外，执行异议程序依然为执行程序的衍生，并非诉的程序，本着审执分离的基本原则，在执行异议程序中亦只应对程序性问题和外观权利作出判断，不应对真实权利作出实体认定。异议审查机构在依据《异议复议规定》审查权益冲突时，对相关案件事实是否满足排除执行的法定要件，只需依据表面证据进行审查，避免过分探究实质法律关系带来的程序拖延和权力扩张。

（二）涉不动产买受人的执行异议之诉案件的法律适用及审查标准

关于涉不动产买受人的执行异议之诉案件的法律适用，目前并无明确的实体法规定，仅在《民事诉讼法》及《民事诉讼法司法解释》中涉及相关程序性规定。这一立法现状为实践中此类案件的办理带来了混乱与困惑。根据

---

① 姚红：《中华人民共和国民事诉讼法释义》，法律出版社2007年版，第324～325页。

《全国法院民商事审判工作会议纪要》的要求，人民法院对执行异议之诉的审理，一般应当就案外人对执行标的物是否享有权利、享有什么样的权利、权利是否足以排除强制执行进行判断。[①]“执行异议之诉案件涉及权利义务关系相对复杂，对同一执行标的物上所涉不同权利的识别难度较大，金钱债权与民生权利、实体权利与程序权利相互交织。处理此类纠纷，应当按照物权法、合同法、担保法、婚姻法等实体法的规定，严格做好权利甄别。”[②] 当然，《民法典》颁布之后，则成为执行异议之诉最为重要的法律适用依据。

在涉及不动产买受人的执行异议之诉案件法律适用中，一个很大的争议在于《异议复议规定》中的异议程序权益冲突判断规则能否在异议之诉中适用。有的观点认为，执行异议之诉不应适用《异议复议规定》的有关规则。首先，《异议复议规定》确定的权益冲突规则针对的是异议程序，而非异议之诉；其次，异议程序审查的理念不同于异议之诉，异议之诉侧重于实质法律关系，应当采用不同于异议程序的审查标准；最后，如两个程序的审查规则相同，则两者功能重合，必将导致司法资源浪费，案外人异议审查程序也失去独立存在的价值。相反观点则认为，尽管异议程序的审查理念不同于异议之诉的审查理念，但这种理念的差异，存在于对权益是否存在这一判断之中。形式审查与实质审查的内容，针对的是权益的真实状态而不是权益的冲突处理。如果采用不同标准，则不同标准的存在意义值得怀疑。异议之诉的判断结果在后，其必然能够推翻异议程序的判断，异议程序的判断标准为异议之诉的标准所否定，案外人或者当事人必然会在异议之后寻求诉讼程序救济。[③] 对此，《全国法院民商事审判工作会议纪要》采取了折中的观点，规定人民法院在审理涉及不动

① 《全国法院民商事审判工作会议纪要》（法〔2019〕254 号）第 119 条【案外人执行异议之诉的审理】规定：“案外人执行异议之诉以排除对特定标的物的执行为目的，从程序上而言，案外人依据《民事诉讼法》第 227 条（编者注：现为 2021 年修正的《民事诉讼法》第 234 条）提出执行异议被驳回的，即可向执行人民法院提起执行异议之诉。人民法院对执行异议之诉的审理，一般应当就案外人对执行标的物是否享有权利、享有什么样的权利、权利是否足以排除强制执行进行判断。至于是否作出具体的确权判项，视案外人的诉讼请求而定。案外人未提出确权或者给付诉讼请求的，不作出确权判项，仅在裁判理由中进行分析判断并作出是否排除执行的判项即可。但案外人既提出确权、给付请求，又提出排除执行请求的，人民法院对该请求是否支持、是否排除执行，均应当在具体判项中予以明确。执行异议之诉不以否定作为执行依据的生效裁判为目的，案外人如认为裁判确有错误的，只能通过申请再审或者提起第三人撤销之诉的方式进行救济。”

② 最高人民法院民事审判第二庭编著：《〈全国法院民商事审判工作会议纪要〉理解与适用》，人民法院出版社 2019 年版，第 604 页。

③ 王宝道：《案外人异议之诉权益冲突规则研究——以多重买卖与案外人异议规则的比较为切入点》，载《中南大学学报（社会科学版）》2019 年第 3 期。

产买受人的执行异议之诉案件时，可以参照适用《异议复议规定》第28条和第29条。[①] 其理由为，《异议复议规定》是执行异议的审查标准，而非执行异议之诉的审查标准。《异议复议规定》中的大多数条文规定的都是形式审查原则，而第28条、第29条规定了部分实质审查的内容。因此，大多数情况下，执行异议之诉的审理可以参照适用《异议复议规定》第28条、第29条的规定。[②]

正是因为执行异议程序中遵循了侧重效率的价值取向和表面权利判断的审查标准，在进入执行异议之诉程序后，应坚持实质审查标准，以纠正执行机构在异议审查中因表面权利判断规则所可能带来的错误，充分保障不动产买受人作为实际权利人的合法权益。因此，对于经过执行异议程序的筛查而进入执行异议之诉的案件，其审理侧重点在于与外观不一致的实体法律关系或者与外观相左的实体权益的查明。[③] 值得特别指出的是，根据最高人民法院对《全国法院民商事审判工作会议纪要》的阐释，商事外观主义作为保护交易安全设置的例外规定，一般适用于因合理信赖权利外观或者意思表示外观而进行的民商事交易行为，不应适用于强制执行。因此，在执行异议之诉案件的审理中，如申请执行人并非针对被执行人名下争议标的从事交易，仅因债务纠纷查寻被执行人的财产还债，则对申请执行人没有信赖利益保护的需要。人民法院应在认定实际权利人与名义权利人的关系上，注重财产的实质归属，不应适用商事外观主义进行审理。

（三）两者的区别与联系

无论是涉不动产买受人的执行异议，还是执行异议之诉，均需作出两项判

① 《全国法院民商事审判工作会议纪要》（法〔2019〕254号）第125条【案外人系商品房消费者】规定："对此，《最高人民法院关于人民法院办理执行异议和复议案件若干问题的规定》第29条规定，符合下列情形的，应当支持商品房消费者的诉讼请求：一是在人民法院查封之前已签订合法有效的书面买卖合同；二是所购商品房系用于居住且买受人名下无其他用于居住的房屋；三是已支付的价款超过合同约定总价款的百分之五十。人民法院在审理执行异议之诉案件时，可参照适用此条款。"第127条【案外人系商品房消费者之外的一般买受人】规定："《最高人民法院关于人民法院办理执行异议和复议案件若干问题的规定》第28条规定，符合下列情形的依法予以支持：一是在人民法院查封之前已签订合法有效的书面买卖合同；二是在人民法院查封之前已合法占有该不动产；三是已支付全部价款，或者已按照合同约定支付部分价款且将剩余价款按照人民法院的要求交付执行；四是非因买受人自身原因未办理过户登记。人民法院在审理执行异议之诉案件时，可参照适用此条款。"

② 最高人民法院民事审判第二庭编著：《〈全国法院民商事审判工作会议纪要〉理解与适用》，人民法院出版社2019年版，第641页。

③ 王宝道：《案外人异议之诉权益冲突规则研究——以多重买卖与案外人异议规则的比较为切入点》，载《中南大学学报（社会科学版）》2019年第3期。

断：一是判断案外人的实体权益是否真实存在；二是判断案外人主张的权益能否排除执行。涉不动产买受人的执行异议和异议之诉的主要区别应存在于第一项判断，而与第二项判断无涉。也即涉不动产买受人的执行异议和异议之诉的主要区别在于，对于不动产买受人是否享有其所主张的实体权益的判断，适用不同的审查标准。前者通过形式审查和外观判断进行认定，后者通过实质审查探究实体权益的真实状态。而对不动产买受人所主张的实体权益能否排除执行的判断，则涉及权益冲突判断规则的确立。在执行异议和异议之诉程序应遵循同样的权益冲突判断规则。否则，“将外观审查与实质审查的区别扩大到案外人异议程序与案外人异议之诉的第二项判断中，是割裂了异议程序与异议之诉的整体性，混淆了异议程序和异议之诉程序中所共同经历的两个必然阶段。判断一项权益是否能够排除执行，如果判断标准在权益外观和实际权益之间游移，只会导致权益冲突判断规则的混乱”。①

二、申请执行人、不动产买受人的请求权基础及权益冲突判断规则分析

涉不动产买受人的执行异议和异议之诉，其本质是不动产买受人与申请执行人对不动产的权利冲突。根据我国《民法典》物权编的规定，除法律另有规定外，不动产物权的设立、变更、转让和消灭，经依法登记，发生效力；未经登记，不发生效力。因此，执行机关对不动产进行执行时，对不动产的权属判断以不动产登记为依据。若不动产的登记权利人与真实权利人不一致，当登记权利人成为被执行人时，不动产会被纳入被执行人的责任财产范围而成为执行对象，导致不动产的真实权利人与申请执行人对不动产的执行权利产生冲突。可能导致不动产的外观权属与实质权属不一致的原因有很多，其中最为常见的一种即为不动产买受人未能完成变更登记导致的冲突。通常情况下，买受人与出卖人签订买卖合同，支付价款，占有并使用了不动产，只要合同正常履行，不动产的物权就将确定无疑地变动到买受人名下。但在未依法完成变更登记之前，买受人对该不动产所享有的权利仅为交付请求权，其本质上仍属于债权。因该种债权系针对特定不动产，且其原因行为已经全部完成，仅欠缺最后的登记公示，故最高人民法院在《异议复议规定》第28条和第29条中对该类

① 王宝道：《案外人异议之诉权益冲突规则研究——以多重买卖与案外人异议规则的比较为切入点》，载《中南大学学报（社会科学版）》2019年第3期。

债权赋予物权期待权的特殊法律地位和效力。

不动产买受人基于其所享有的物权期待权能否对抗申请执行人对该不动产的执行，则取决于申请执行人、不动产买受人对该不动产的不同请求权基础之间的顺位排序。

（一）基本权利分类及顺位

在申请执行人与不动产买受人对不动产产生权利冲突时，何者应得到优先保护，首先取决于各自所享有的权利属性及优先顺序。通常来说，居于最优保护地位的是生存权。当不动产买受人基于生活保障功能购买不动产，则该不动产与其生存权息息相关，其请求权基础属基本人权保障范围，应予优先保护。其次应予保护的是物权。物权具有对世效力和排他效力，仅凭权利人对物的支配行为即可实现，并可排除第三人的不法干涉，它对权利人以外的一切不特定人具有普遍约束力。因此，在同一物上有物权和债权并存时，无论物权成立时间是否先于债权，物权都具有优先于债权行使的效力。最后，若同一不动产上并存着不同类型的债权，虽然债权平等原则具有普遍性的适用价值，但就特定不动产而言，直接针对该不动产的特定交付之债应优先于不指向特定不动产的金钱之债。

关于不动产买受人对不动产所享有的物权期待权，亦可依据买受人的身份予以区分。如买受人符合消费者身份，其购买不动产的目的在于保障基本居住权，则该物权期待权同时具备生存权性质，应予以优先保护的最高级别。如买受人已经履行了全部合同义务并已合法占有不动产，仅欠缺过户登记环节且非因其自身原因未能办理过户登记，则该无过错买受人享有的物权期待权应优先于普通金钱债权得到保护，但不能对抗不动产上的物权权利人。

（二）申请执行人与不动产买受人的几类常见请求权基础及冲突判断规则

常见类型之一：作为执行依据的生效裁判是确权裁判，[①] 申请执行人所享有的请求权基础为物权，基于物权的对世效力和排他效力，申请执行人得以对抗无过错不动产买受人的物权期待权。至于消费者物权期待权人能否对抗申请

---

① 关于确权裁判能否作为执行依据，学界存在不同认识。有观点认为执行依据必须具有可执行性，故只有给付裁判才能够作为执行依据，确权裁判没有给付内容，不具有可执行性，不能作为执行依据。但在《全国法院民商事审判工作会议纪要》（法〔2019〕254 号）第 123 条中，则确立了确权裁判可以作为执行依据的观点。

执行人，则应视申请执行人的物权性质而定。如申请执行人享有的是所有权，其权能具有最大的强度和最高的效力，一般情况下，消费者物权期待权人亦无法对抗；如申请执行人享有的仅为担保物权，参照《最高人民法院关于审理建设工程施工合同纠纷案件适用法律问题的解释（一）》所确立的权利保护顺位，消费者物权期待权人得以对抗申请执行人所享有的担保物权。

常见类型之二：作为执行依据的生效裁判是特定不动产给付之债，则申请执行人所享有的请求权基础为特定物给付请求权。从请求权基础角度看，此时申请执行人的给付请求权与不动产买受人的物权期待权居于同样的权利顺位，按照何种顺位保护需结合案件具体情况，遵循生存权优先于物权优先于债权的基本原则予以确定。《异议复议规定》第 26 条对此也作出了指引，即基于物权基础的特定物交付请求权优先于基于债权基础的特定物交付请求权，同样基于债权基础的特定物交付请求权则无法相互对抗。根据《全国法院民商事审判工作会议纪要》第 124 条规定的精神，《异议复议规定》第 26 条在审理执行异议之诉时可以参考适用。

值得注意的是，根据《民事诉讼法》第 234 条规定，案外人对执行标的提出书面异议，经人民法院作出异议裁定后，案外人、当事人对裁定不服，认为原判决、裁定错误的，依照审判监督程序办理；与原判决、裁定无关的，可以向人民法院提起执行异议之诉。据此，在前述两种常见类型中，如果案外人挑战的是执行依据本身，应通过审判监督程序办理，以避免执行异议之诉裁判结果与执行依据相冲突；如果案外人不挑战执行依据本身，仅仅认为从权利顺位上其应当排在申请执行人之前，则应通过执行异议之诉程序解决，而非进入审判监督程序对执行依据进行再审。

常见类型之三：作为执行依据的生效裁判未涉及执行标的物，只是人民法院在执行中为实现金钱债权而对特定不动产采取了执行措施，申请执行人所享有的仅为普通金钱债权。如不动产买受人满足无过错买受人物权期待权或消费者物权期待权的法定要件，则可依据特定交付之债优于普通金钱之债，以及消费者生存权保护优先的原则，对抗申请执行人的金钱债权执行。

具体来说，根据《异议复议规定》第 27 条至第 29 条、《最高人民法院关于审理建设工程施工合同纠纷案件适用法律问题的解释（一）》第 36 条、《全国法院民商事审判工作会议纪要》第 126 条等规定，人民法院在审理执行异议之诉案件中，判断案外人基于不同基础法律关系产生的实体权益能否排除人民法院的强制执行，应按照以下情形处理：

（1）案外人基于《异议复议规定》第29条规定的消费者物权期待权提起异议之诉，能够排除申请执行人基于建设工程价款优先受偿权、抵押权、一般物权期待权、普通债权等权利对标的物的强制执行；

（2）案外人基于《民法典》第807条规定的建设工程价款优先受偿权提起异议之诉，能够排除申请执行人基于抵押权、一般物权期待权、普通债权等权利对标的物的强制执行；

（3）案外人基于抵押权等担保物权提起异议之诉，能够排除申请执行人基于一般物权期待权、普通债权等权利对标的物的强制执行；

（4）案外人基于《异议复议规定》第28条规定的一般物权期待权提起异议之诉，能够排除申请执行人基于普通债权对标的物的强制执行。

三、无过错买受人一般物权期待权要素分析

关于无过错买受人的物权期待权，出自《异议复议规定》第28条的规定。该条规定是物权登记效力在执行程序中的特殊规则，被认为是对物权期待权的保护。[①]《异议复议规定》第28条源自2004年最高人民法院制定的《查封、扣押、冻结规定》第17条。当时的立法背景为相当数量的买受人在购买并占有不动产之后因等级制度不完善而无法办理过户登记手续，买受人居住多年无法办理登记的现象非常普遍。这种无法过户的情况，很多时候并非买受人“躺在权利上睡觉”，而是登记制度不完善及登记机关怠于履行职责的客观原因造成的。面对这种现实，如果仍然依照学理上的观念以登记的外观予以保全执行，将会严重损害无过错买受人的权益，造成不公平的情况。在《异议复议规定》制定时，尽管登记形势有所改善，但仍有大量不动产无法登记。[②] 为了解决现实困境，《异议复议规定》第28条明确了对此种情形之下无过错买受人的物权期待权保护条件，以公平保护各方当事人的合法权利。《异议复议规定》第28条规定了无过错买受人物权期待权的四项法定条件，在司法实践中要准确把握以下几点。

---

① 江必新、刘贵祥主编，最高人民法院执行局编著：《〈最高人民法院关于人民法院办理执行异议和复议案件若干问题规定〉理解与适用》，人民法院出版社2015年版，第421～431页。

② 王宝道：《案外人异议之诉权益冲突规则研究——以多重买卖与案外人异议规则的比较为切入点》，载《中南大学学报（社会科学版）》2019年第3期。

（一）对于“查封前签订合法有效的书面买卖合同”的理解

物权期待权所依据的基础法律关系必须合法有效。对于“书面”的要求，是基于《城市房地产管理法》第41条“房地产转让，应当签订书面转让合同，合同中应当载明土地使用权取得的方式”的规定，也是为了便于执行机构甄别真实买受人。[①] 对于“查封前”的要求，既源自《查封、扣押、冻结规定》第26条关于查封效力的规定，也是为了有效防范恶意串通规避执行的可能。在认定此项法定条件时应注意，如买受人虽然未与被执行人签订书面的买卖合同，但双方已经办理网签的，应认定其签订了书面合同。合同是否成立以及合法有效，应根据《民法典》合同编及相关司法解释予以认定。此外，对于买受人与被执行人签订的不动产买卖合同效力不应仅凭表面形式作出认定。在审理中应注重追溯买受人与被执行人之间是否具备真实的买卖不动产的意思表示，且该合同目的是否合法。对于买受人主观上并不具备购买不动产的真实目的，只是通过签订买卖合同的形式实现其清偿债务、套取银行贷款等其他目的，或名为买卖实为让与担保的，均不能认定为已经满足“签订合法有效的书面买卖合同”这一要件。例如，在人民法院执行被执行人名下一套房产时，案外人提交其与被执行人之间签订的商品房买卖合同，主张该房产已经由其买受并请求排除执行。经查，被执行人为套取银行贷款与案外人签订商品房买卖合同，案外人借此办理抵押贷款后，银行发放的贷款实为被执行人收取，每月贷款亦由被执行人偿还。由此可见，被执行人与案外人之间虽然签订了形式上的书面买卖合同，但其真实意思表示并非购买该不动产，而是通过虚构买卖行为的手段套取银行贷款，则双方并不具有买卖不动产的真实意思表示，不应视为其已经签订了合法有效的书面买卖合同，对案外人请求排除执行的主张不应予以支持。

值得注意的是，根据现行司法解释规定，执行异议之诉案件在审理中仅对相关合同效力作为基础法律关系进行论证，不应在判决主文中对相关合同的效力作出判决。

（二）对于“查封前合法占有”的理解

首先，买受人物权期待权之所以可以得到保护，是因为买受人已经为取得

---

① 江必新、刘贵祥主编，最高人民法院执行局编著：《〈最高人民法院关于人民法院办理执行异议和复议案件若干问题规定〉理解与适用》，人民法院出版社2015年版，第423页。

物权履行了一定义务并以占有方式对外进行了公示。其次，占有不动产的行为必须发生在查封前，在查封后占有的，受查封的效力所及，不得对抗债权人。[①] 实践中，如买受人提供了案涉不动产被查封之前实际形成的物业服务合同、交房证明、水电费及物业费缴纳凭证，或者买受人与他人签订的有效租赁合同、租金收取凭证，以及其他足以证明其已经过交接实际接收或占有该不动产的证据的，可认定其在查封之前已经占有该不动产。此外，对于占有，应当限于合法占有，非法占有不予保护。合法占有，系基于真实有效的不动产买卖合同的占有，且符合法律的规定，应以实际控制为认定标准，买受人是否实际入住并不是占有的必要条件。[②] 例如，针对某法院对被执行人名下房屋的执行行为，案外人提出其在查封前已经买受并接受交付后合法占有。对于其已经接受交付并合法占有的事实，买受人提交证据证明被执行人在查封前已将该房屋的钥匙向其交付，但其实际装修入住时间系查封之后。对此，原审法院认为案外人实际居住使用的时间是在法院查封之后，故其不满足“查封前合法占有”的排除执行条件，对案外人排除执行的主张未予支持。上级法院在审查认定被执行人确已在查封前将房屋钥匙交付案外人的事实基础上，认为交付房屋钥匙的行为可以视为案外人取得了对该房屋的实际控制权，其合法占有该房屋的时间为收取房屋钥匙的时间，而非之后装修入住的时间，因其收取房屋钥匙的时间系法院查封之前，故案外人满足“查封前合法占有”的法定条件，据此对原审判决作出的相关认定予以纠正。

（三）对于“支付全部价款或将剩余价款交付执行”的理解

本条规定对于支付价款的时间并未限定于查封之前，买受人在查封之前未支付全部价款，但将剩余价款交付执行的，亦属符合本条规定条件。对于如何判断已经支付价款这一问题，买受人应向法院提供价款转账证明以及被执行人的收款证明。仅提供出卖方出具的收据，或者主张购房款系现金交付的，对其主张一般不予支持。但经综合审查其取款凭证或资金来源、现金支付的理由及支付细节等，根据交易习惯能够合理认定付款事实的真实性和合法性的除外。例如，在某案外人主张其已经买受了执行房产请求排除执行的案外人执行异议

---

① 江必新、刘贵祥主编，最高人民法院执行局编著：《〈最高人民法院关于人民法院办理执行异议和复议案件若干问题规定〉理解与适用》，人民法院出版社 2015 年版，第 424 页。

② 最高人民法院民事审判第二庭编著：《〈全国法院民商事审判工作会议纪要〉理解与适用》，人民法院出版社 2019 年版，第 643 页。

之诉案件中，因案外人主张其系以现金方式支付购房款，原审法院认为现金支付购房款不符合交易习惯且无法提供款项流转证明，故对案外人的主张不予采信。上级法院审查后发现，被执行人系开发商，因陷入债务纠纷，开发商要求同期所有购房人均以现金支付购房款并给予相应优惠，且系列案件中的其他案外人均主张以现金方式支付购房款，而该项事实在其他系列案件中均得到了采信。本案中，案外人系水产经营者，购房时间为春节前后，恰逢水产经营者现金流最为充足的时期，案外人对于现金支付购房款的过程及行为细节均有详细充分及合理的陈述。综合上述情况，上级法院认为相关证据能够形成证据链，证明案外人以现金方式支付购房款的事实真实存在。原审法院仅以现金支付购房款不符合交易习惯且没有款项流转证明为由，否定案外人实际已经支付购房款的事实，该认定过于武断和片面，应该予以纠正。

对于买受人主张与被执行人以房抵债的是否可以认定已经支付全部价款，理论和实务界存在不同观点。有的观点认为，对于采用抵债方式的，可以视为支付价款，但买受人应当提供所抵债务客观存在及符合抵债要件的证据材料。[①] 另一种观点则认为，当事人通过以房抵债方式取得的房屋，并未实际支付购房款。因以物抵债属于原来金钱之债的履行方法，案外人可以请求相对方履行该以房抵债协议和交付房屋，但在房屋权属变更登记之前，其不能基于《商品房买卖合同》形成优先于其他债权的利益，并据此排除强制执行。[②] 我们认为，案外人主张其与被执行人通过以房抵债，已支付全部价款，同时符合下列情形的，应予支持：（1）案外人与被执行人在涉案不动产被查封前存在合法有效的到期债权债务关系；（2）案外人对被执行人享有的到期债权与执行标的的实际价值大致相当；（3）案外人与被执行人在涉案房屋被查封前已经签订书面以房抵债协议；（4）以房抵债协议不存在规避执行或逃避债务情形；（5）以房抵债协议不违反相关法律法规规定。

（四）对于“非因买受人自身原因未办理过户登记”的理解

关于能否归责于买受人的原因应如何掌握，实践中经过了一个从严认定到逐步宽松的过程。最高人民法院执行局于 2015 年编著的《〈最高人民法院关于人民法院办理执行异议和复议案件若干问题规定〉理解与适用》中，将能

① 最高人民法院民事审判第二庭编著：《〈全国法院民商事审判工作会议纪要〉理解与适用》，人民法院出版社 2019 年版，第 643 页。

② 参见最高人民法院（2020）最高法民申 4108 号民事裁定书。

够归责于买受人的原因分为三个层面：一是对他人权利障碍的忽略，如不动产上设定有其他人的抵押权登记，买受人没有履行合理注意义务，导致登记时由于存在他人抵押权而无法登记；二是对政策限制的忽略，如明知某地限制购房，在不符合条件的情况下仍然购房导致无法办理过户登记；三是消极不行使登记权利，如有的买受人为了逃税等而故意不办理登记。[①] 而在最高人民法院民事审判第二庭于2019年编著的《〈全国法院民商事审判工作会议纪要〉理解与适用》中则认为，对于买受人因自身原因未办理过户，应当结合个案综合考量。一般而言，买受人只要有向房屋登记机构递交过户登记材料，或向出卖人提出了办理过户登记的请求等积极行为的，可以认为符合该条件。买受人无上述积极行为，其未办理过户登记有合理的客观理由的，亦可认定符合该条件。实践中，同类地点、相近购买时间的其他购房人过户登记办理情况可以作为参考依据。"因买受人自身原因未办理过户"，主要在于主观状态的认定，是否归于买受人自身原因，应当结合个案，结合合同约定情况、履行情况以及买受人自身情况，比如受教育程度，综合进行考量。[②] 我们认为，基于买受人已经完成了物权变动的大部分原因行为，仅欠缺最后的登记公示，对其主观过错不应过于苛责，根据2019年《全国法院民商事审判工作会议纪要》的最新精神以及《民法典》的最新规定，买受人只要有递交过户资料，提出办理请求等积极行为或其他合理客观理由的，即可认定为非因买受人自身原因未办理过户。

在具体认定是否可归责于买受人个人原因未能办理过户登记时，有以下三个问题值得关注：第一，有观点认为，买受人本来可以通过提起诉讼行使物权登记请求权并通过法院强制执行来完成物权变动，其没有行使该项权利应视为买受人自身原因。我们认为，这种观点过分加重了买受人实现权利的成本与负担，是对买受人义务的苛责。因此，买受人未提起诉讼或仲裁行使物权登记请求权，或者未通过法院强制执行完成物权变动登记手续的，不应认定为买受人自身原因。第二，有观点认为，执行不动产上存在另案查封时，买受人签订了不动产买卖合同但因此未能办理不动产权属转移登记，在该查封解除后，本案中查封实施或轮候查封生效，此时买受人对未办理过户登记不存在过错。我们

① 江必新、刘贵祥主编，最高人民法院执行局编著：《〈最高人民法院关于人民法院办理执行异议和复议案件若干问题规定〉理解与适用》，人民法院出版社2015年版，第424～425页。

② 最高人民法院民事审判第二庭编著：《〈全国法院民商事审判工作会议纪要〉理解与适用》，人民法院出版社2019年版，第643页。

认为，执行不动产无论是在买受人签订不动产买卖合同之前被执行法院查封，还是之前被另案查封、解封后又被执行法院查封，都至少说明该不动产被法院查封却仍然签订不动产买卖合同。虽然先前的查封被解除了，但买受人对因此可能无法办理过户登记的风险应自行承担。因此，买受人在执行标的被另案查封后签订不动产买卖合同，并因此导致其未能在本案查封生效之前办理过户登记的，应认定为买受人自身的原因。[①] 第三，《民法典》施行以后，对于涉案不动产上存在抵押权导致买受人无法办理过户登记的，应当结合《民法典》第406条及相关司法解释规定综合判断，不应再一律认定为系因买受人自身原因未办理过户登记的情形。

四、消费者物权期待权要素分析

不动产买受人为保障基本居住需要购买不动产，则其对所购特定不动产所享有的物权期待权同时具有保障生存权的价值诉求，应给予特殊保护。《异议复议规定》第29条为能够排除金钱债权执行的消费者物权期待权规定了构成要件，实践中要注意以下四点的把握。

（一）关于消费者购房人的认定

对于消费者购房人的认定应着重把握是否为居住需求，《异议复议规定》第29条第2项中将其具体化为三个方面：

一是对于房屋性质的限制。《异议复议规定》第29条源自《最高人民法院关于建设工程价款优先受偿权问题的批复》（已废止），该规定是法律基于生存权至上考虑所作的特殊规定，应当严格把握，不宜扩大适用。对于房屋的性质应当限定为居住用房，用于商业目的的房屋自不在保护之列。按照《全国法院民商事审判工作会议纪要》第125条的意见，既为消费者，则与经营者相对，因此，消费者物权期待权所指向的房屋仅仅是房地产开发商所开发的商品房。二手房的买卖并无适用余地。此外，除性质明确的居住用房外，商住两用房也具备一定的居住属性，可以适用本条予以保护，而商铺、写字楼等具有办公用房属性及投资属性，自然不在消费者生存权保护的范畴之内，不能适用本条规定。

---

① 司伟、王小青：《执行异议之诉中不动产买受人排除强制执行的要件审查》，载《人民司法》2019年第23期。

二是对“消费者购房人”身份的限制。既然是基于生存利益至上的考虑，则仅限于自然人，法人或其他组织不存在保障生存权和居住权的可能性，不能作为消费者购房人的主体主张排除执行。但例外情况是，如果法人或其他组织以自己名义购房，是为了满足内部个人成员消费且将房屋分配给内部个人居住的，此时法人或其他组织可以认定为消费者。[①]

三是“名下无其他房屋”的标准。首先，对于“名下”应当作宽泛的理解，应当将买受人及其配偶、未成年子女作一并考虑，只要三者之一名下有房屋，即可视为已有居住用房。其次，应作时间考虑。是否有其他房屋的事实在某一时间段可能存在变动情况，比如在查封时名下尚有其他居住房屋，但其后将其他房屋出售；或者在查封时名下仅有一套用于居住的房屋，其后又再行购入其他居住房屋。既然法律关于消费者购房人的特殊保护系出于生存权保护的需要，则如果案外人恶意造就其唯一住房的事实以规避执行，或者已经丧失唯一住房保护的必要，均不应再给予消费者购房人的特殊保护。因此，只有买受人及其配偶、未成年子女名下在居住房屋被查封时至执行异议之诉案件判决作出时均无用于居住的房屋的，才能予以特殊保护。再次，应作范围考虑。实践中往往存在买受人在多处拥有房屋，但只有一处房屋可用于长期居住生活的情况。比如，买受人在工作地名下有一套房屋，但在千里之外的老家还有一套房屋，此种情形能否认定为“名下无其他房屋”？我们认为，还是应该回归“用于居住”的本质考虑。对于买受人名下在多处拥有房屋，但在长期居住生活所在地只有一套房屋的，该套房屋显然对于买受人来说属于满足其基本生存居住需要的房屋，其名下的他处房屋并不能满足买受人在长期居住生活地的生存居住需要。因此，对于其长期居住生活地的房屋应认定为用于居住的唯一房屋，可以排除执行。最后，应作面积考虑。如果商品房买受人名下虽然已有1套房屋，但面积较小，无法满足个人及家庭成员的基本居住需要，其所购买的房屋是为了在面积上满足前套房屋不足的，仍可以理解为符合“名下无其他房屋”的条件。[②]

（二）关于支付价款的要求

《异议复议规定》第29条将价款支付的要求限定为已支付的价款超过合

---

① 江必新、刘贵祥主编，最高人民法院执行局编著：《〈最高人民法院关于人民法院办理执行异议和复议案件若干问题规定〉理解与适用》，人民法院出版社2015年版，第432～433页。

② 最高人民法院民事审判第二庭编著：《〈全国法院民商事审判工作会议纪要〉理解与适用》，人民法院出版社2019年版，第632页。

同约定总价款的50%，实践中存在争议。有的观点认为，应严格根据该条规定，只要支付的价款没有达到50%，就不应支持购房人。然而，这一做法对于买受人过于苛刻，甚至较之《异议复议规定》第28条规定的可以将剩余价款交付执行的条件更为严格。仅因价款支付未能达到数额标准且未交代买受人予以补救的路径，即剥夺其排除执行的权利，既不符合消费者生存权保护的基本价值取向，亦导致《异议复议规定》第28条和第29条在关于价款支付问题上的内在矛盾。基于此，《全国法院民商事审判工作会议纪要》第125条作出变通，规定如果商品房消费者支付的价款接近于50%，且已按照合同约定将剩余价款支付给申请执行人或者按照人民法院的要求交付执行的，可以理解为符合消费者物权期待权的价款支付条件。

（三）在消费者物权期待权的保护中对是否占有和未办理过户登记的原因未作要求

无论是《异议复议规定》第29条，还是《全国法院民商事审判工作会议纪要》第125条，都对消费者购房人是否占有和因何原因未办理过户登记未作要求。其原因在于，在限定消费者物权期待权所指向的房屋仅仅是房地产开发商所开发的商品房的前提下，只要房地产开发商具备销售资格，取得商品房预售登记，买房人的购房行为即推定为善意，即应受到法律保护。《异议复议规定》第29条和《全国法院民商事审判工作会议纪要》第125条均源于《最高人民法院关于建设工程价款优先受偿权问题的批复》（已废止），该批复主要适用于建设工程施工过程中发生的各类纠纷，其大部分情况为建设工程未能竣工验收或依法交付，建设工程施工合同未能依约履行完毕时的救济。在此情况下，消费者购房人本无可能占有房屋，更无法办理过户登记，按照批复，建设工程价款的优先受偿权优先于抵押权，滞后于消费者购房人的物权期待权，这一规定本身即已暗含着无须消费者购房人占有房屋及办理过户登记的题中之义。因此，在消费者物权期待权的构成要素中，无须考虑是否占有及未办理过户登记的原因。

（四）无过错买受人与消费者购房人身份竞合时的处理

实践中有观点认为，由于诉争房屋属于登记在房地产开发企业名下的商品房，对执行异议的审查应当使用《异议复议规定》第29条，而排除《异议复议规定》第28条规定的适用。这种观点将《异议复议规定》第29条与第28条视为特别规定与一般规定的关系，认为当无过错买受人与消费者身份竞合时，根据特别规定优于一般规定的法律适用原则解决法律适用冲突问题。我们认为，《异议复议规定》之所以将第29条单独列出，目的在于对房屋消费者物权期待权给予特殊保护的同时，对购房人是否具备消费者身份施以较为严格的审查，以回应对消费者身份的定义。因此，第29条与第28条之间并非以被执行人是否为房地产开发企业作为划分标准，而是考虑到商品房买卖的特殊性，直接利用第29条对消费者购房人进行倾斜保护。金钱债权执行中，被执行人为房地产开发企业，案外人作为被执行人开发的商品房买受人，其主张只要符合《异议复议规定》第28条或第29条规定之一情形的，就可以依据该条规定予以支持。

五、预告登记权利人异议及异议之诉的特殊裁判规则

“不动产受让人的物权期待权可以区分为买受人物权期待权和预告登记期待权。”① 除前述买受人物权期待权外，案外人主张已对不动产办理预告登记，以其预告登记权利请求排除执行的，亦属实践中较为常见的一类涉及不动产买受人的执行异议及异议之诉。

（一）预告登记的法律性质

《民法典》第221条第1款规定：“当事人签订买卖房屋的协议或者签订其他不动产物权的协议，为保障将来实现物权，按照约定可以向登记机构申请预告登记。预告登记后，未经预告登记的权利人同意，处分该不动产的，不发生物权效力。”从性质上来说，预告登记虽然登记的是债权请求权，但法律赋予其一定的物权效力，其本质是限制现时登记的权利人处分权利，保障请求权人实现其目的。② 一方面，预告登记具有保全债权的作用。虽然预告登记的目的旨在实现不动产物权，但仍是一种请求他人设立、变更、登记不动产物权的请求权，其作用仅是通过登记令此种请求权的实现得到担保。另一方面，预告登记又具有物权性质，故被规定于《民法典》物权编之中。它是一项以保全物权变动请求权为目的的登记制度，本身效力上具有物权性质。③

---

① 刘贵祥、范向阳：《〈关于人民法院办理执行异议和复议案件若干问题的规定〉的理解与适用》，载《人民司法》2015年第11期。

② 江平主编：《物权法》，法律出版社2009年版，第93页。

③ ［德］鲍尔、施蒂纳尔：《德国物权法》，张双根译，法律出版社2004年版，第419页。

（二）预告登记对金钱债权强制执行的排除效力

关于买受人依据其对不动产的预告登记权利能否排除强制执行，存在不同观点。有的观点认为，预告登记仅具有权利（债权）保全效力，而不应产生其他效力，故不能排除强制执行。如我国台湾地区就采取了预告登记无对抗强制执行的做法，其“土地法”第 79 条第 3 款规定：“预告登记，对于因征收、法院判决或者强制执行而为新登记，无排除之效力。”① 另有观点则认为，《民法典》第 221 条并未将限制处分的主体限缩为登记名义人，人民法院及其他主体也应受到该限制处分的约束。如果预告登记不能对抗法院强制执行，不利于保证交易安全和秩序。② 我们认为，预告登记是不动产登记的特殊类型，其本质特征是使被登记的请求权具有物权效力。预告登记的法律性质具有担保特征，即借助于不动产登记的作用，以物权的法律效力来保障债权目的的实现，具有一定的排他效力。经预告登记保全的请求权，不但可以对抗不动产的所有权人和其他物权人，也可以对抗任意第三人，这就达到了保障请求权中的物权取得权的法律效果。③

对此，《异议复议规定》第 30 条规定了不动产买受人的预告登记权利可以在特定条件下排除特定强制执行措施的观点，并对具体情形作出了规定。根据该条规定，金钱债权执行中，对被查封的办理了受让物权预告登记的不动产，受让人提出停止处分异议的，人民法院应予支持；符合物权登记条件的，受让人提出排除执行异议的，应予支持。由此可见，最高人民法院认为，预告登记的权利人对不动产享有的是物权期待权，并未完成本登记，尚未取得不动产所有权。其案外人异议能否被支持，还要视异议的具体内容而定。如果受让人请求停止处分不动产，因预告登记的目的就是排除包括强制执行在内的处分行为，人民法院对停止处分的异议请求应予支持；如果受让人能够提出证据证明，其按照约定已经符合取得预告登记物权的条件，可以确定地取得不动产物权，人民法院对其异议请求应予支持，将相关执行措施予以解除，以利受让人办理物权登记。反之，则不应解除对该不动产的查封等执行措施。④ 也即，预

---

① 庄加园：《预告登记在强制执行程序中的效力》，载《当代法学》2016 年第 4 期。

② 程啸、尹飞、常鹏翱：《不动产登记暂行条例及其实施细则的理解与适用》，法律出版社 2016 年版，第 471～472 页。

③ 孙宪忠：《中国物权法总论》（第二版），法律出版社 2009 年版，第 349～350 页。

④ 江必新、刘贵祥主编，最高人民法院执行局编著：《〈最高人民法院关于人民法院办理执行异议和复议案件若干问题规定〉理解与适用》，人民法院出版社 2015 年版，第 439～441 页。

告登记对强制执行的排除效力，视其权利状态及试图排除的执行措施而定。执行措施可分为控制性措施与处分性措施两大类。查封等控制性执行措施的作用仅在于限制财产的权利变动，使标的物的权属状态和物理形态处于静止状态，但查封等控制性执行措施本身并不会带来所有权的变动。拍卖、变卖等处分性执行措施的作用则在于将标的物所有权处置给他人后，以变价价款实现债权人的权利，该类执行措施会直接导致标的物所有权的变动。因此，当预告登记仅处于请求权保全状态时，其权利属性和功能与控制性执行措施并无冲突，却与处分性执行措施产生法律后果的冲突，此时其能够排除拍卖、变卖等处分性执行行为，但不能排除查封等控制性执行行为。当预告登记处于满足转变为本登记条件，需要实现正式物权登记的状态时，其权利属性和功能不再仅为保全，更体现为积极的权利设立，则控制性执行措施和处分性执行措施均对此时的预告登记权利构成障碍，预告登记权利人对控制性执行措施和处分性执行措施的排除执行请求均应得到支持。

（三）预告登记权利人异议及异议之诉的审查内容和标准

如预告登记权利人仅对被查封的不动产提出停止处分的异议，人民法院应依法审查其是否已经办理物权预告登记及该登记是否依然有效。对于案涉不动产已经办理预告登记且在预告登记有效期内的，应支持其停止处分的异议；对于案涉不动产的预告登记已经失效，或者在执行法院查封之后才办理预告登记的，对其异议不应予以支持。通常来说，预告登记具有外观公示性，在预告登记权利人提出的案外人异议审查程序中，只需对该预告登记的外观公示进行表面审查即可作出认定。当事人对异议程序中的表面审查不服，提起执行异议之诉的，人民法院应在诉讼程序中对预告登记权利的真实性、合法性、有效性、是否存在规避执行等进行全面的实质性审查认定。

如预告登记权利人对被查封的不动产提出解除查封的异议，人民法院不仅应审查其是否已经办理了物权预告登记及该登记是否依然有效，还需进一步审查其是否已经符合办理正式物权登记的条件，是否可以确定地取得该不动产物权。如其未能满足办理正式物权登记的条件，或者其已超出办理正式物权登记的期限要求或债权消灭导致预告登记已经失效的，对其异议不应予以支持。同样，在案外人异议审查程序中，受限于表面审查和形式判断原则以及 15 日审查期限的要求，通常无法对预告登记权利是否真实、合法、有效，以及是否满足正式物权登记条件进行全面审查。当事人不服异议裁定，提起执行异议之诉的，应在执行异议之诉审理程序中对上述实体法律关系作出实质性审查认定。

（四）预告登记权利人能否排除优先受偿权利人的强制执行

对于不动产预告登记权利人是否可以排除在不动产上设定了抵押权或其他依法具有优先受偿权的金钱债权的强制执行，现行法律、司法解释并无直接规定。其所涉及的主要问题是，预告登记权利与优先受偿权发生冲突时，应依据何种顺位予以保护。我们认为，应视预告登记权所试图对抗的优先受偿权的性质而定。

当不动产预告登记权与抵押权发生冲突时何者优先，有观点认为预告登记虽具有一定“物权效力”，但始终保持着债权性，预告登记权利人及其权利本身仍完全处于债务关系之中，而在房屋上设定了抵押权等担保物权的金钱债权，在性质上已经属于物权，故抵押权等担保物权应优先于预告登记权利，不应被预告登记阻却其权利的实现。[①] 我们认为，预告登记具有保全债权的作用，同时也具有物权性质，某种程度上与担保物权的效力相当。因此，在不动产预告登记权利与抵押权发生冲突时，应依据登记时间先后确定保护顺序。依据《民法典》第221条的规定，预告登记后，未经预告登记的权利人同意，处分该不动产的，不发生物权效力，该“处分”应包括在不动产上设置权利负担的行为，因此，不动产预告登记之后设立的抵押权，不得对抗预告登记权利人的权利实现。反之，依据《民法典》第406条的规定，抵押期间，抵押人可以转让抵押财产。当事人另有约定的，依照其约定。抵押财产转让的，抵押权不受影响。因此，抵押权设立之后办理的预告登记，不得对抗在先抵押权的实现。

当不动产预告登记权与建设工程价款优先权及消费者权利发生冲突时何者优先。根据《最高人民法院关于建设工程价款优先受偿权问题的批复》（已废止），建设工程价款优先受偿权优先于抵押权和其他债权，但不能对抗已经交付全部或者大部分购房款的消费者，由此可见，消费者物权期待权、建设工程价款优先受偿权、抵押权、一般债权四类权利存在效力递减的传递法律关系，抵押权不能对抗建设工程价款优先受偿权，更不能对抗消费者权利。不动产预告登记权在权利强度上与抵押权应属相当，类推可得，如不动产预告登记权利

---

① 司伟：《预告登记排除金钱债权执行中的几个问题——以房屋所有权预告登记为例》，载《法律适用》2017年第21期。

人同时具备消费者的身份，则其可以对抗建设工程价款优先受偿权的行使；如不动产预告登记权利人仅为一般买受人，不符合消费者的保护条件，则其不能取得对抗建设工程价款优先受偿权的法律地位，不得对抗建设工程价款优先受偿权人实现权利。

六、无证房产买受人异议及异议之诉的特殊裁判规则

实践中，存在大量无法办理不动产登记的自建房、违章建筑等存在所有权瑕疵的不动产。因此类不动产仍然具有财产价值，在执行中通常采用现状处置的方式变价后用以实现债权人的债权。如出现此类无证房产的买受人提出执行异议请求排除执行，是否应予受理以及裁断规则为何，实践中存在较大争议。

（一）无证房产能否成为适格的交易标的物——执行与审判之分野

根据我国《城市房地产管理法》第 38 条第 6 项规定，未依法登记领取权属证书的房地产不得转让。在民事审判中，如当事人因无证房产的交易发生纠纷，人民法院通常认定合同无效，对此类交易行为不予保护。照此逻辑，有观点认为，如果将此类不动产在执行程序中予以处置，无论是经过拍卖、变卖和协议转让均构成实质的违法转让，而且与《拍卖法》第 7 条关于“行政法规禁止买卖的物品和财产权利，不得作为拍卖标的”的规定相悖。另有观点则认为，物权人对自享物权的财产处分与司法强制财产处置有着明显不同，前者具有意志自由性，后者具有国家强制性；前者具有交易对象的广泛性，后者的交易对象具有一定的特定性；前者交易因具有隐秘性而具有不可控性，后者交易具有公开性，因此，决不能将强制财产处置制度等同于物权人自由交易制度来机械地套用实体法的相关禁止交易制度。①

我们认为，具有所有权瑕疵的不动产属于公民个人或者法人所有并具有使用价值的财产，该项财产无论是合法建造、违法建造还是个人付出对价或因身份受让（如继承）所得，均取得了原始所有权。《民法典》第 232 条规定：“处分依照本节规定享有的不动产物权，依照法律规定需要办理登记的，未经登记，不发生物权效力。”由此可见，《民法典》作为更高位阶的法律规定，并未禁止无证房产转让行为，仅否定该转让行为发生物权转让的效力。而强制执行行为重在实现执行标的的财产价值，目的在于通过执行处置行为“以实

① 顾乐永：《对不动产的强制执行——以所有权瑕疵为问题》，载《人民司法》2017 年第 28 期。

现对物的使用、占有和转让等的功利最大化；以实现对物的使用、占有和转让的效率最大化”。[1] 因此，在强制执行程序中，出于无证房产的使用价值和财产价值性，可以赋予其一定的可流转性，以推动人民法院实现执行目标，从而实现司法效益和社会公平正义。

最高人民法院亦认可了无证房产的可执行性。在最高人民法院与住房和城乡建设部联合下发的《关于无证房产依据协助执行文书办理产权登记有关问题的函》中明确规定：执行程序中处置未办理初始登记的房屋时，具备初始登记条件的，执行法院处置后可以依法向房屋登记机构发出《协助执行通知书》；暂时不具备初始登记条件的，执行法院处置后可以向房屋登记机构发出《协助执行通知书》，并载明待房屋买受人或承受人完善相关手续具备初始登记条件后，由房屋登记机构按照《协助执行通知书》予以登记；不具备初始登记条件的，原则上进行“现状处置”，即处置前披露房屋不具备初始登记条件的现状，买受人或承受人按照房屋的权利现状取得房屋，后续的产权登记事项由买受人或承受人自行负责。可见，最高人民法院在细化无证房产的性质基础上，通过分类化处理，使存在所有权瑕疵的无证房产变成可供执行的合法财产，或者在严格监督下仅就其用益权于特定当事人之间进行交易，既维护了现有的物权登记制度，又实现了被执行财产的价值最大化，推动了执行标的多样化处置措施的探索和发展。

（二）无证房产买受人请求排除执行的权利基础

如前所述，既然在执行程序中对无证房产的处置成为可能，则必然面临一个新的矛盾——无证房产的买受人以其已经购买无证房产为由请求排除执行应如何处理。有观点认为，对无证房产的交易仅局限于司法强制财产处置领域，基于无证房产市场自由交易的禁止，买受人以其在法院查封之前已经通过自由交易的方式购买无证房产为由请求排除执行的，一律不能得到保护。更为极端的观点则是将此类买受人排除在案外人异议之诉的救济途径之外，对于无证房产买受人提起的案外人执行异议之诉一律驳回起诉。另有观点则认为，既然在司法强制执行中无证房产的流转得以可行，那么对无证房产买受人的私人交易一律禁止不仅有失公正，亦存在逻辑悖论，应基于司法强制执行中流转无证房产的同样基础，对一定限度内的买受人权利予以保护。

① ［法］期蒂芬·芒泽：《财产理论》，彭诚信译，北京大学出版社2006年版，第3~4页。

我们认为，无证房产买受人请求排除执行的主张能否得到支持，应回归其请求权基础进行分析。按照《民事诉讼法解释》对执行异议之诉制度的建构，案外人主张排除执行的请求权基础并不局限于所有权、用益物权等强权利，其在执行标的上所享有的占有、收益等弱权益只要在与申请执行人对执行标的享有的权利对比中居于优势，亦可成立其排除执行的主张。如果《民法典》并未禁止无证房产转让行为，仅否定该转让行为的物权效力，而司法强制执行无证房产的基点在于无证房产的财产价值性，则无证房产买受人仅以对该无证房产基于受让行为而享有相应民事权益为请求权基础，请求排除执行的，不应将此类异议一律排除在执行异议之诉的救济范围之外。如无证房产买受人同样主张对无证房产的财产价值享有权益，且在与申请执行人的争夺中居于上风，不应仅因申请执行人的权利系以司法强制执行为实现手段而否定无证房产买受人排除执行的主张。

（三）无证房产买受人异议及异议之诉的裁判视角——责任财产理论

实践中常见如下案例：法院在执行过程中处置被执行人的无证房产，在拍卖公告中亦明确注明涉案房产无产权证甚至系违章建筑，法院仅进行现状拍卖，买受人自行承担无法办理产权登记的风险或被行政机关依法拆除的风险。案外人主张其已经购买了被执行人的该处无证房产或违章建筑，已经支付对价并实际占有，请求排除对该无证房产的执行。

对于此类案件，即便纳入了案外人执行异议和异议之诉的救济程序，具体应如何裁判，目前并无明确的法律规定。很多法院参照《异议复议规定》第28条规定的四个法定要件审查处理，并以案涉房屋无所有权证书，案涉房屋并非合法建筑，转让协议不能认定合法有效，以及买受人明知案涉房屋没有产权证书还购买，系因自身原因未能办理过户登记为由，认为案外人无法满足《异议复议规定》第28条第1项和第4项要件，进而对案外人的主张不予支持。但这一审判思路存在逻辑上的困境，因为《异议复议规定》第28条规定适用的前提为案涉房屋是登记在被执行人名下的不动产，与此对应，四个排除执行的法定要件中的第1项和第4项方有存在的基础。而对于案涉房屋本身即为无证房产的情形，《异议复议规定》第28条第1项和第4项要件先天不具有适用条件，在人民法院处置无证房产的情形下，要求买受人必须满足《异议复议规定》第28条规定的四个要件方能排除执行，事实上否定了买受人排除执行的一切可能性，架空了无证房产买受人通过案外人异议和异议之诉程序救济其排除执行的民事权益的现实意义。

我们认为，对于此类案件的审理，应回归执行中的被执行人责任财产理论进行裁判。在民事执行法上，基于债务人的全部财产是全体债权的总担保的理念，不论物权、债权、知识产权或其他权利，只要具有财产价值，均属于责任财产范畴，不能豁免执行。换言之，如果某项财产已经不再属于被执行人的责任财产，则不应再对该项财产进行执行。在无证房产作为执行标的的情况下，对于买受人提出的排除执行异议和异议之诉，裁判的要点在于厘清无证房产在何种情况下已经脱离被执行人责任财产范畴，何种情况下仍可纳入被执行人的责任财产。如果有证据证明拟执行标的不属于被执行人的责任财产，人民法院应当停止对该标的的执行。对于无证房产，如果买受人能够提供证据证明在查封前已经与被执行人就该房产的使用权或财产价值达成了交易的合意，其已经支付了全部对价或愿意将剩余价款交付执行，且被执行人在人民法院查封之前已经将案涉房产实际交付给买受人占有使用，就不应仅因登记不能而否定买受人在该无证房产上所享有的民事权益，亦可认为该无证房产已经脱离了被执行人的责任财产范畴，不得再用于清偿其普通金钱债权。当申请执行人的债权仅为金钱债权，该无证房产系执行过程中发现的被执行人财产的情况下，买受人对该无证房产所享有的民事权益应优于申请执行人基于金钱债权对该无证房产的执行利益得到保护。例如，某法院审理案外人执行异议之诉一案中，案外人主张其已经购买了被执行人所有的农村集体土地上建设的房屋，请求排除对该房屋的执行。原审法院认为案涉房屋为农村集体土地上建设的房屋，无所有权证书，案涉房屋并非合法建筑，转让协议不能认定合法有效。上级法院审理后认为，被执行人对其所建争议房屋虽然不能证明房屋占用土地转让的合法性，也不能证明案涉房屋建设的合法性，但该房屋具有财产价值，其已将该房屋转让给案外人并实际交付，案外人也已支付了全部购房款，因此，案涉房屋不再属于被执行人的责任财产，不能将此房屋再作为被执行人的责任财产予以执行。

第二节　涉不动产租赁的执行裁判案件的审理

一、基于租赁权请求排除执行的情形

租赁权是基于租赁合同产生的对租赁物占有、使用和收益的权利。租赁权的本质是债权，需要出租人与承租人建立真实的合同关系，但基于“买卖不破租赁”原则而具有物权的对抗效力。

公示是租赁权取得物权对抗效力的前提，我国虽然在《城市房地产管理法》中规定了房屋租赁登记备案制度，但该规定更多作为行政管理而非公示方式，依照《最高人民法院关于审理城镇房屋租赁合同纠纷案件具体应用法律若干问题的解释》第5条之规定，就同一房屋存在数份有效租赁合同，承租人均主张履行合同的情况下，人民法院按照占有、登记备案、合同成立在先的顺序，确定履行合同的承租。可以看出占有在租赁关系中的效力是优先于登记备案的。另外，最高人民法院执行局主要负责人刊载在《人民法院报》的《执行程序中租赁权的认定与处理》一文中也提出，执行程序中应对《合同法》第229条[①]作限缩解释，以占有作为认定租赁权成立与否的标准，故应将租赁权的公示标准确定为占有。

人民法院执行被执行人房产时，案外人以其在案涉房产已与被执行人签订租赁合同且租期未满为由主张拍卖不破租赁。执行机构该如何处理？下面就案涉房产存在租赁关系，案外人以租赁权请求排除执行分两种情况进行分析。

（一）租赁先于查封或抵押的处理及相关问题

承租人主张基于不动产被查封或抵押之前与被执行人签订租赁合同而提出执行异议，请求在租赁期内阻止向受让人移交占有被执行人的不动产，应当适用《民事诉讼法》第234条之规定进行审查，并就是否停止执行作出裁定。

承租人对该执行异议的裁定结果不服的，依法提起异议之诉，应当根据签订合同的效力及真实性、租金的支付、是否实际占有租赁不动产进行综合判断。对于不动产在查封或抵押之前，承租人已经与被执行人签订了合法有效的租赁合同，并且按照约定支付租金，且实际占有使用租赁物的，法院对于承租

① 《民法典》第725条继受了该条内容。

人请求阻止交付案涉不动产的诉讼请求应予以支持，对于其要求停止对执行标的进行处置的诉讼请求不予支持。

需要注意的是，除认定租赁合同的签订日期外，有下列几种情形之一的，一般也可以认定租赁合同签订于查封或抵押前：

（1）租赁合同的当事人即租赁人与被执行人，在查封或抵押前已经就该租赁关系提起过诉讼或仲裁的；

（2）租赁合同的当事人在查封或抵押前就该租赁合同办理过公证的；

（3）有其他确切证据证明，租赁合同签订于抵押、查封之前的，如租赁合同当事人已在抵押、查封前缴纳相应租金、在案涉房屋所在物业公司办理租赁登记，向抵押权人声明过租赁情况等。

（二）查封或抵押先于租赁的处理及相关问题

承租人基于不动产被查封或抵押之后与被执行人签订租赁合同提出执行异议的，适用《民事诉讼法》第 232 条的规定进行审查。承租人请求在租赁期内停止对案涉房产的处置或阻止向受让人移交占有该不动产的，不予支持。

在租赁关系发生在查封或抵押之后的情形下，有几个问题值得探讨。

第一，在执行过程中，承租人以被执行人在出租时未告知案涉房产设立抵押权，以其不知情为由主张租赁权排除执行该如何处理。不动产抵押以登记作为生效要件，抵押登记具有公示效力，同时，房屋出租人负有向承租人告知房屋抵押情况的义务。根据《最高人民法院关于审理城镇房屋租赁合同纠纷案件具体应用法律若干问题的解释》第 14 条第 1 款之规定，租赁房屋在承租人按照租赁合同占有期限内发生所有权变动，承租人请求房屋受让人继续履行原租赁合同的，人民法院应予支持。但房屋在出租前已设立抵押权，因抵押权人实现抵押权发生所有权变动的除外。故租赁人以其不知情为由主张其租赁权优先于抵押权的请求不能成立。按照最高人民法院《最高人民法院关于人民法院民事执行中拍卖、变卖财产的规定》第 31 条第 2 款之规定，人民法院应当将案涉房产上的租赁权涤除后进行拍卖。

第二，人民法院执行已先期查封的房屋时，在查封后承租房屋的案外人以其不知道房屋被查封为由主张拍卖房屋不得影响其租赁权，如何处理。根据《查封、扣押、冻结规定》第 24 条之规定，被执行人就已经查封扣押冻结的财产所作的移转设定权利负担，或者其他有碍执行的行为，不得对抗申请执行人，该条中的设定权利负担，包括设定租赁关系。《最高人民法院关于审理城镇房屋租赁合同纠纷案件具体应用法律若干问题的解释》第 14 条第 2 项也规定：租赁房屋在承租人按照租赁合同占有期限内发生所有权变动，承租人请求房屋受让人继续履行原租赁合同的，人民法院应予支持。但房屋在出租前已被人民法院依法查封的除外。

所以在上述两种情况之下，按照《最高人民法院关于人民法院民事执行中拍卖、变卖财产的规定》第 31 条第 2 款之规定，人民法院应当将案涉房屋上的租赁权涤除后再依法拍卖。

（三）抵押或查封后占有不动产的处理

如果出现承租人在申请执行人设立抵押权、法院查封之后占有使用该不动产的情形，根据江苏省高级人民法院 2015 年 11 月 24 日公布的《关于执行不动产时承租人主张租赁权的若干问题解答》第 2 条，“无论被执行人与承租人订立的租赁合同在申请执行人设立抵押权、法院查封之前或之后，只要承租人在申请执行人设立抵押权、法院查封之后占有使用该不动产的，法院根据申请执行人的申请或依职权裁定除去租赁关系后拍卖该不动产”。

二、查封存在租赁权不动产的效力范围

承租人在房屋首查封后、轮候查封前与被执行人签订租赁合同，首查封到期后首查封人民法院并未续封，轮候查封生效，此时承租人以租赁合同签订于轮候查封（此时已经生效的查封）之前为由，主张租赁权排除人民法院执行，该如何处理？这个问题的关键在于首查封的效力范围。目前，由于没有明确的法律规定和相关的司法解释，在实务界和理论界都存在两种观点：相对效力说和绝对效力说。

（一）相对效力说

相对效力说认为，首查封到期后其查封效力不能被轮候查封所“继承”，首查封与轮候查封是两个法院不同的执行行为，两段查封应当分别看待，其效力无法覆盖执行的全过程。在首查封与轮候查封之间签订的租赁合同是合法有效的，由于签订租赁合同在轮候查封之前，轮候查封在租赁合同签订时尚未产生效力，且轮候查封生效后，不能承接首查封的查封效力。所以，轮候查封生效时应当认定租赁合同成立于该生效的查封之前，承租人有权以该租赁合同主张“买卖不破租赁”，请求排除执行。承租人以租赁合同未到期为由提起执行异议的，人民法院应当适用《民事诉讼法》第 234 条进行审查。

（二）绝对效力说

绝对效力说认为首查封后，由于人民法院所采取的查封措施，承租人无法占有、使用已被查封的房产，无法取得占有公示的效果，租赁权不具备对抗效力。在首查封生效期间，由于所签订的租赁合同并不能取得对抗执行的效果，当首查封到期后，虽然首查封人民法院并未续封，但轮候查封自动生效，其间并不存在承租人取得对该查封房产占有的机会。首查封和轮候查封虽然针对的不是同一法律关系、依据的法律生效文书也并不相同，但都是人民法院对该房产的所有权人所采取的执行行为，其效力在一定程度上是可以承接的。承租人以存在租赁合同未到期为由提起执行异议的，人民法院应当适用《民事诉讼法》第232条的规定进行审查。承租人请求在租赁期内停止对案涉房产的处置或阻止向受让人移交占有该不动产的，不予支持。

三、租赁关系成立的认定

在裁判实务中，被执行人与第三人常常通过恶意串通、倒签虚假租赁合同、虚构长期租约或者以租抵债等手段，企图以不存在的租赁合同主张租赁权规避人民法院的执行。对于上述几种情形，在执行裁判工作中要根据案外人提供的租赁合同重点加以甄别。

（一）虚假租赁的认定

租赁合同的真实性是案外人行使租赁权请求排除执行的基础，对于租赁合同的真实性应当慎重判断，虚假的租赁关系主要情形包括：第一种是亲友关系，以人际关系为纽带签订虚假租赁合同；第二种是与自己或亲友所控制的公司企业签订虚假租赁合同来低价承租不动产，以变相实现利益输送等。可以从签订合同的时间、租金交付的证据、实际占有使用的证据等几个方面进行审查，若有证据证明存在以下几种情形的，应当认定为虚假租赁：（1）承租人与被执行人恶意串通，案涉房产的租金价格明显低于市场价的。（2）租赁合同日期系承租人或被执行人伪造、倒签的。（3）租金交付或收取的证据系承租人或被执行人伪造的。可以从租金的支付方式是否有违常理或商业习惯来判断。对于租金支付方式，虚假租赁合同双方当事人往往约定租金支付至出租人指定的非合同相对人账户，有的直接将指定收款的个人账户写入合同；或者在合同中约定使用现金支付；又或者在合同中约定长期租赁合同的租金一次性支付。（4）执行标的的实际占有和使用证据系承租人或被执行人伪造的。（5）承租人系被执行人的近亲属或关联企业的，应仔细审查该租赁关系与案件其他证据或事实是否存在逻辑冲突或相互矛盾的地方。

（二）以租抵债性质的界定

以租抵债，是指被执行人将其所有的不动产出租给债权人，以租金抵偿所欠债务的行为。“以租抵债”的基本法律结构是当事人原已存在债权债务关系，当债务人基于某种原因无法继续履行原有债务时，当事人另外订立租赁合同，通过履行后成立的租赁合同来抵销原有债务，故通常将后成立的“租赁合同”称为“以租抵债合同”。“以租抵债合同”中双方当事人原本因债权债务而产生法律关系，但双方当事人却通过另行订立租赁协议以虚假的租赁关系代替原债权债务关系，以租金的形式代替债务的履行，其结果往往是旧债未结，新债又生。

司法实务普遍认为以租抵债协议存在虚假租赁、规避执行的嫌疑，不予认定为真实有效的租赁合同，不享有租赁权。2014 年 6 月 21 日，最高人民法院（2014）民申字第 215 号民事裁定书中明确，房屋使用权抵债合同是债务人以其房屋使用权抵偿欠款的合同之债，不同于出租人与承租人之间签订的房屋租赁合同。各级法院普遍对于经审查发现当事人自认或者有其他明确的证据证明租赁合同名为租赁实为借贷担保、房屋使用权抵债等关系的，对租赁合同的真实性不予认可，认为以租抵债协议并非真实有效的租赁合同，债权人并不享有租赁权。

（三）长期租赁合同的审查标准

案外人以长期租赁合同约定租赁期间未届满为由对抗执行也是执行实践中常见的情形，对于长期租赁合同的真实性审查是确认租赁权能否排除执行的关键。对于承租人基于租赁期限为 5 年以上的长期租约，对执行标的提出执行异议或提起执行异议之诉的，应当重点围绕下面几个条件对租赁合同的真实性进行审查：

（1）租赁合同的订立时间。结合出租人与承租人在租赁合同签订时间的实际经营状况和房屋建造或装修等实际情况进行审查；同时，要审查长期租赁合同与查封或抵押的时间先后顺序。

（2）租金约定的水平。长期租赁合同约定的租金由于市场经济的发展往往低于现今的租赁水平，要结合租赁合同签订时的经济发展水平以及后续合同是否修改等方面，审查租金是否明显低于案涉不动产所在同一区域同类房屋的租金水平。

（3）租金支付是否违反常理。可以从租金的转账方式、租金支付期限（如按月、按季、按半年或按年），是否有相应时间的交易流水、相应收据等方面审查。

（4）是否办理房屋租赁登记备案手续。案涉不动产为被执行人或其他人占有使用，承租人仅以其已向房产管理部门办理登记备案，并将该不动产登记为新设公司营业地址为由主张租赁权的，不予认定其实际占有并使用该不动产。

（5）是否存在名为租赁实为借贷情形。

（6）租赁房屋是否实际占有使用。在上述第4项的情形下，若同时具备下列情形，应视为承租人实际占有并使用租赁物：第一，已经取得对租赁物的实际控制权；第二，已在租赁的土地或房屋内从事生产经营活动，包括已将租赁物用于生活、生产、经营或已进行装修等可以视作对案涉不动产有支配力的活动；第三，案外人在抵押、查封前已经由其且至今仍由其支付案涉房屋水电费、物业费等费用。

（7）是否存在其他违反交易习惯或行业惯例的情形。

四、执行中涉及租赁关系的其他问题

（一）基于租赁关系引起执行异议的程序衔接问题

1. 人民法院在执行过程中处置案涉房屋时，案外人以其在案涉房屋设定抵押，或者被人民法院查封之前已与被执行人签订租赁合同且租赁期限未满为由主张拍卖不破除租赁，对抗人民法院执行，转入执行异议程序时，案外人和申请执行人权利该如何救济

案外人以租赁权提出执行异议，异议审查中首先识别是执行行为审查还是执行标的审查，从而正确导入救济程序是执行复议还是执行异议之诉。

如案外人系次承租人，其是否有权提出执行异议？《北京市高级人民法院关于执行工作中涉案外人异议若干问题的意见》第1条规定："案外人依据《中华人民共和国民事诉讼法》第二百二十七条[①]的规定提出异议，有下列情形之一的，可以认定其不具备案外人异议主体资格，裁定驳回其异议申请：

---

① 现为《民事诉讼法》（2021年修正）第234条。

……（三）承租人未经出租人同意转租被执行的不动产，次承租人以租赁期内不应腾交该不动产为由提出异议的……”

执行人员在处置案涉房产时，可能出现承租人以案外人身份提出带租拍卖，或者申请执行人要求去租拍卖等情况，基于拍卖公告是否“带租拍卖”问题，其隐含着承租人租赁期内能否阻止向受让人移交占有被执行人的不动产。对此，涉及承租人的租赁实体权利，应按照《民事诉讼法》第234条适用执行标的异议审查，救济途径是另行提出执行异议之诉。[①] 实践中，有些法院未将承租人的“带租拍卖”请求引入《民事诉讼法》第234条规定的程序审查，而是在执行实施过程中直接决定“带租拍卖”，引发申请执行人异议后导致陷入法律适用困境。例如，某法院在执行过程中查封抵押人名下商铺。承租人提出执行异议，请求带租拍卖，该法院直接在执行程序中裁定带租拍卖，引发申请执行人对该带租拍卖裁定提出执行异议。因系申请执行人的身份，故该法院对其提出的异议只能按照异议复议程序审查，无法启动案外人异议和异议之诉程序。上级法院复议审查后，认为该法院因对承租人提出的带租拍卖异议审查程序不当，导致后续程序无法正常进行，遂裁定撤销该下级法院的异议裁定和带租拍卖裁定，发回重新作出裁定。

若发布拍卖预告后，有其他案外人主张抵押或查封前的租赁权的，执行实施人员应向其告知虚构租赁关系对抗执行的法律后果，如案外人坚持其主张的，告知其提交异议书和相应证据材料移交执行裁判机构，执行法院应当依照《民事诉讼法》第234条的规定进行审查处理。

2. 在人民法院执行案涉房产过程中，案外人以不知道查封、抵押为由，主张以成立在后的租赁权对抗的执行并提出异议，在程序上应如何处理？申请执行人和案外人如何救济

对于这种情况，执行裁判机构应当作出相应裁定，裁定书中明确案外人与被执行人的租赁关系，并告知案外人与被执行人不得以不知情为由对抗执行，不得对抗申请执行人的请求，依法对案外人的租赁权予以涤除后进行拍卖等处理。若案外人不服，可以向作出裁定的人民法院提出异议，执行法院应当按照《民事诉讼法》第232条的规定进行审查。

3. 对于设立租赁权与抵押、查封先后的不同，在执行过程中，法律赋予

① 参见最高人民法院（2017）最高法执监335号李某某、赵某某借款合同纠纷执行审查类执行裁定书。

案外人与当事人的救济途径不同，执行异议的程序衔接也不相同

案外人主张租赁关系设立于抵押、查封前的情况下，涉及租赁合同是否真实及合同签订的真正时间，这些都属于实体问题，需要通过审判程序最终解决。案外人承认租赁关系设立于抵押、查封后的，租赁关系真实与否，不影响对房屋的处理，执行机构甚至可以不作考虑而直接依据《最高人民法院关于人民法院民事执行中拍卖、变卖财产的规定》第31条第2款进行涤除。因此，针对案外人主张租赁权设立于查封、抵押之前的情形，因为涉及实体问题需要通过《民事诉讼法》第234条进行救济，案外人对执行裁判机构审查后作出的裁定不服的，可以提起执行异议之诉；后一种情形因只进行程序性审查，对于提出执行异议的，人民法院通过《民事诉讼法》第232条之规定进行审查，对于裁定不服的可以通过复议程序进行救济，以提高执行效率。

（二）租赁权与优先购买权的问题

关于不动产承租人优先购买权的规定，最高人民法院早在1952年《解答关于处理房产行使优先购买权案件发生疑义问题的函》中初步提出了指导意见；1999年《合同法》第230条正式在法律层面明确了承租人优先购买权的效力。《民法典》第726条第1款明确规定："出租人出卖租赁房屋的，应当在出卖之前的合理期限内通知承租人，承租人享有以同等条件优先购买的权利。"以及《最高人民法院关于审理城镇房屋租赁合同纠纷案件具体应用法律若干问题的解释》第15条之规定："出租人与抵押权人协议折价、变卖租赁房屋偿还债务，应当在合理期限内通知承租人。承租人请求以同等条件优先购买房屋的，人民法院应予以支持。"据此，构成承租人优先购买权必须符合以下条件：

1. 出卖行为发生在租赁期间

其中《最高人民法院关于审理城镇房屋租赁合同纠纷案件具体应用法律若干问题的解释》对于房屋买卖合同中"出卖"采取了广义的含义，包括房屋的抵押权实现、法院因金钱债务而为的强制执行等。因此，在人民法院执行过程中，享有租赁权的承租人以租赁权请求排除执行，主张对被执行房屋行使优先购买权是符合法定条件的。

2. 存在有效的房屋租赁合同

租赁权依附于生效的租赁合同。出租人的房屋被人民法院执行过程中，享有优先购买权的承租人必须是现存合法、有效租赁合同中与被执行人约定的另

一方当事人。在租赁合同成立前、无效或终止后没有继续租赁关系的承租人不享有优先购买权。

3. 必须以同等条件购买

在对被执行房屋行使优先购买权时，同等条件是指对案涉房产依照法定程序拍卖后的价款、价款支付期限、方式等。

4. 必须在除斥期间内行使优先购买权

通说认为，房屋承租人的优先购买权系形成权，受除斥期间限制，除斥期间届满，承租人未行使优先购买权的，优先购买权消灭。原则上除斥期间为承租人收到被执行房屋拍卖或知道拍卖通知之日起 15 日内。

案涉房产在执行过程中，房屋承租人不享有（或不再享有）优先购买权的情形：（1）租赁房屋系按份共有，某一按份共有人行使优先购买权的；（2）拍卖 5 日前通知承租人，承租人未参加拍卖的，视为放弃优先购买权。

五、《民法典》涉及租赁关系的新增规定

（一）居住权排除执行的情况

居住权，是指以居住为目的，对他人的住房及其附属设施所享有的占有、使用的权利。《最高人民法院关于适用〈中华人民共和国婚姻法〉若干问题的解释（一）》（已废止）第 27 条第 3 款规定：“离婚时，一方以个人财产中的住房对生活困难者进行帮助的形式，可以是房屋的居住权或者房屋所有权。”当夫妻离婚，其中一方没有其他住所、没有生活来源且身体健康不好的情况下，属于原《婚姻法》规定的生活困难，可以依法对原共有房屋享有居住权。《民法典》物权编第十四章明确规定了居住权及相关内容，其中第 366 条规定：“居住权人有权按照合同约定，对他人的住宅享有占有、使用的用益物权，以满足生活居住的需要。”可以看出居住权兼顾用益物权和人役权的双重属性。

居住权首先是用益物权，其一定是设立在他人房屋之上，是房屋所有权权能分离的体现，对房屋所有权来说是一种权利负担，权利享有的主体是所有权人之外的其他物权人，是用来保证权利人居住需要而设定的用益物权；其次，居住权属于用益物权中的人役权，人役权是指为特定人的利益而利用他人之物的权利。《民法典》第 369 条规定：“居住权不得转让、继承。设立居住权的住宅不得出租，但当事人另有约定的除外。”表明居住权是为特定人设立的，

只能由特定人享有，不可转让由他人享有或由他人继承。《民法典》第370条规定："居住权期限届满或者居住权人死亡的，居住权消灭。居住权消灭的，应当及时办理注销登记。"居住权在期限届满或权利人死亡才消灭，虽然期限可以由双方当事人约定，但其以权利人生命为限具有终身性。另外，居住权还具有无偿性，《民法典》第368条明确规定居住权无偿设立。总体而言，居住权以他人房屋作为权利的载体，以解决特定人居住需求为目的，具有高度的人身依附性，作为用益物权同时具备人役权的性质。

居住权与房屋租赁权二者具有一定的相似性，也存在本质区别。其相似性在于，居住权和房屋租赁权都是对他人的房屋加以占有、使用，且未经房屋所有权人同意不得擅自将房屋出租、转租或对房屋进行约定以外的经营活动。房屋租赁权基于"买卖不破租赁"原则使之具有一定的物权效力，在租赁期间可以对抗第三人，甚至在查封、抵押之前设立合法有效的租赁权可以对抗执行中的申请执行人。居住权作为用益物权，其物权效力同样具备对抗第三人的效力。居住权与房屋租赁权二者的本质区别在于：第一，居住权作为一种用益物权，其对于房屋具有较强支配力，当房屋设立居住权时，所有权处于一种虚化的状态，居住权人对房屋有较大的自主权；房屋租赁权仅依靠"买卖不破租赁"原则具有物权性效力，对房屋的支配力较弱，其占有、使用局限于双方租赁合同的约定。第二，居住权作为用益物权以登记为设立条件，是一种绝对权，登记公示后具有对抗第三人的效力；房屋租赁权作为相对权利，以占有作为公示原则，不具备对世性，其对抗第三人的效力程度弱于居住权。第三，居住权是人役权，其目的在于保障居住人的居住需要，既可以通过合同也可以通过遗嘱的形式设立；房屋租赁权必须以合同形式设立。同时，居住权依附特定人而存续，法律不规定其最长存续期限，最长可以是居住权人终身，其比租赁权更加长期、稳定。①

房屋租赁权作为一项对抗第三人效力弱于居住权的物权性债权，在特定情况下，可以主张排除执行。居住权作为一项用益物权，其作为通过登记设立具有对世性的绝对权利，其对抗执行的条件必定更容易实现，在对抗效力方面必定强于房屋租赁权。

（二）承租人优先承租权的问题

《民法典》合同编第734条在《合同法》第236条的基础之上规定：

① 参见王利明：《论民法典物权编中居住权的若干问题》，载《学术月刊》2019年第7期。

“租赁期限届满，承租人继续使用租赁物，出租人没有提出异议的，原租赁合同继续有效，但租赁期限为不定期；租赁期限届满，房屋承租人享有以同等条件优先承租的权利。”在一定程度上强化了对房屋承租人弱势地位的保护。

房屋承租人优先承租权的构成要件可以从以下两个方面来看：首先，关于“优先”，实践中大部分租赁关系在合同中关于续租的约定常为“租赁期届满后，出租人继续租赁的，承租人在同等条件下享有优先承租权”。即优先承租权的成立要以出租人继续出租和承租人承诺以同等条件继续承租为构成要件。其次是“承租”，承租一般包含首次承租与续租两种情况，从《民法典》的立法情况以及承租优先权的实践情况来看，优先承租权中的“承租”仅指再次续租的情形，即优先承租权的第三个构成要件是以之前存在租赁关系为前提。

在司法实践中，承租人能否行使优先承租权与出租人续订租赁合同，除满足同等条件外，还取决于双方意思自治，须双方对续订租赁合同的主要条款达成意思表示一致才能实现优先承租权，即优先承租权不是一项绝对权，而是具有债权性质的优先缔约权。① 以具体判例来看，“济南富汇实业有限公司与山东中惠泽贸易有限公司、济南市市中区第一运输公司房屋租赁合同纠纷案”② 再审法院在裁定书中指出“……优先承租权，只是表明申请人在一运公司提出的同等租赁条件下取得了与出租人优先缔约的机会，并不意味着申请人取得了与作为出租人的被申请人一运公司强行订立租赁合同的权利……申请人与被申请人一运公司能否续订租赁合同，即合同约定的优先承租权能否实现，除满足同等条件外，还取决于双方在协商自愿的基础上，能否以积极行为就续订租赁合同的主要条款达成意思表示一致”。在“赫某某、南京市建邺区新百花园幼儿园与南京市新百花园住宅小区业主委员会房屋租赁合同纠纷”③ 案中，江苏省高级人民法院再审时指出“在租赁合同期限届满前，基于诚实信用原则，作为出租人有义务告知承租人续租租金和租期等同等条件，在承租人拒绝接受的情况下，有权与第三人缔约。作为承租人有义务对出租人提出的同等条件作出同意与否的意思表示，在明确接受的情况下，有权与出租人优先缔约”。

只有在满足优先承租权成立条件的情况下，出租人损害承租人优先承租权

---

① 参见袁野：《房屋租赁中的优先承租权》，载《苏州大学学报法学版》2020 年第 1 期。

② 山东省高级人民法院（2016）鲁民中 184 号民事裁定书。

③ 江苏省高级人民法院（2016）苏民再 163 号民事判决书。

才承担损害赔偿责任；若构成要件未达成，承租人既不享有优先承租的权利，出租人也不承担损害赔偿责任。在现行优先承租权的规定和实践下，承租人获得的是优先取得房屋将继续租赁信息的权利，出租人承担的是提供租赁房屋继续出租的告知义务。

（三）融资租赁合同引起的执行异议及异议之诉

《民法典》第735条规定："融资租赁合同是出租人根据承租人对出卖人、租赁物的选择，向出卖人购买租赁物，提供给承租人使用，承租人支付租金的合同。"融资租赁合同的特殊性在于租赁物所有权的归属问题，一般出租人向法院提起执行异议，法院应当审查出租人是否享有对案涉租赁物的所有权。因为依据《异议复议规定》第24条，"对案外人提出的排除执行异议，人民法院应当审查下列内容：（一）案外人是否系权利人；（二）该权利的合法性与真实性；（三）该权利能否排除执行"。

关于融资租赁中租赁物所有权归属问题，根据《民法典》第757条规定，"出租人和承租人可以约定租赁期届满租赁物的归属，对租赁物的归属没有约定或约定不明确的，依据本法第五百一十条的规定仍不能确定的，租赁物的所有权归出租人"。租赁物的权属可以分为两个阶段，第一阶段在租赁期限内，出租人作为租赁物的所有权人，在租赁物因承租人而被人民法院执行时，有权提起执行异议，人民法院应当按照《民事诉讼法》第234条进行审查，但依据《民法典》第745条之规定，"出租人对租赁物享有的所有权，未经登记，不得对抗善意第三人"。第二阶段在租赁期限届满后，若融资租赁合同约定或因其他法定情形租赁物所有权归承租人所有，出租人以案外人的身份提出排除执行异议，人民法院应当予以驳回。若因约定不明、没有约定或融资租赁合同约定租赁期限届满。租赁物所有权归出租人所有，在租赁期届满后，因承租人原因租赁物被人民法院强制执行的，出租人有权依照《民事诉讼法》第234条向人民法院提起执行异议。

第三节　涉不动产共有关系的执行裁判案件的审理

在执行过程中，常见的一种情形是被执行人与他人就某一不动产存在共有关系。该共有不动产能否执行、如何执行，共有权人对人民法院对该共有不动产的执行提出异议的，应如何处理，在实践中存在较大争议。

一、共有不动产的执行及执行救济路径选择

（一）审执分离原则在涉不动产共有关系执行中的贯彻

审执分离原则是审判与执行程序的分野之处，也是执行权的边界所在。按照审执分离原则的要求，除非法律明确授权，否则在执行程序中无权对未经司法确认的法律关系进行实质权利审查和认定。在涉不动产共有关系的执行中，这一原则常常面临被打破的风险。既往执行工作实践中比较常见的处理思路主要为两种：一是在夫妻共同财产的执行中，不管生效判决是否认定债务为共同债务，均在执行程序中将债务性质认定为夫妻共同债务，从而直接对全部共同财产予以执行；二是在执行程序中直接依据《民法典》物权编的相关规定对共有财产进行分割后，认定属于被执行人的共有份额并予以执行。

可以看出，上述两种处理思路中，第一种做法系在执行程序中，越过审判程序直接对债务性质作出了超越生效判决的认定；第二种做法系在执行程序中，未经审判直接对共有财产进行了分割和确权。在第一种做法中，常常出现当事人不服执行机构关于共同债务的认定，主张涉案债务仅为个人债务，并非夫妻共同债务的情况。面对当事人的这一主张，因系执行程序引发，故无法进入审判监督程序或通过另诉解决，但如果通过执行异议复议程序审查，必然导致由执行异议、复议审查对执行依据作出审查认定的后果。在第二种做法中，如共有权人或被执行人对执行机构的分割共有财产行为不服，亦无法通过诉讼程序对其实体权利争议进行充分辩论，损害其诉讼权利。可见，两种处理思路均已突破了审执分离原则的边界，且给当事人的后续救济途径带来了障碍。因此，在涉不动产共有关系的执行中严格审执分离原则的贯彻，回归执行权无权对执行依据作出评判和解释、执行权仅能进行形式审查和外观判断的基本要求，才是处理此类案件的正确思路，也更加有利于维护当事人的合法救济权利，平衡公正与效率之间的关系。

（二）执行程序中对不动产共有关系的审查程序及标准

如前所述，基于严格贯彻审执分离原则在涉及不动产共有关系的执行中的要求，执行程序的不同阶段对不动产共有关系的审查程序和标准亦有不同。

通常来说，执行程序可以区分为以下三个不同阶段：第一个阶段是执行实施阶段，即执行实施机构根据执行依据的内容，对被执行人及其财产采取调

查、控制、处分、分配等实施行为的阶段。第二个阶段是执行异议、复议审查阶段，又称为执行裁决阶段，即执行裁决机构根据当事人的异议复议申请，通过听证、质证、谈话、书面审查等程序对执行实施行为是否符合法定程序性要求进行审查判断并依法纠正错误执行行为的阶段。此两阶段均属于执行程序，应视为执行程序内部的权力分工和程序协调。第三个阶段是执行异议之诉阶段，即执行审判机构对执行过程中发生的实体权利争议，通过诉讼程序作出实质性审理和实体权利认定的阶段。严格来说，执行异议之诉阶段系执行程序的衍生阶段，其本质属于诉讼程序，而非执行程序。

基于上述三个阶段的不同性质，在不同程序中对不动产共有关系的审查应遵循不同的标准。在执行实施阶段和执行异议、复议审查阶段，作为当然的执行程序，自然以效率为价值追求，在审查标准上亦应着重形式审查和外观判断。具体表现在以下两个方面：第一，根据物权的公示效力采取执行措施；第二，根据物权的公示效力处理案外人对执行标的提出的执行异议。所谓物权的公示效力在执行程序中应如何体现，《异议复议规定》在第25条中已经作出了较为全面的规定。[①] 与之相对应，执行异议之诉本质上属于诉讼程序，重公正的价值追求，应注重实质审查和实体权利认定。执行异议之诉作为执行衍生程序，具有通过实质审查补充执行程序形式审查不足的价值，亦具有突破物权公示公信效力，探求物权真实形态的权力。

（三）前置审查程序混乱带来的救济路径冲突及选择

在涉及不动产共有关系的执行中，不同的首处理方式往往为后续的救济路径埋下伏笔。便举一例，某法院在执行过程中，发现被执行人与案外人 A 共有一处不动产。如果该法院直接在执行实施过程中对该处不动产进行分割，并根据分割结果执行属于被执行人的份额，带来的后果便是，申请执行人和案外

① 《异议复议规定》第25条规定："对案外人的异议，人民法院应当按照下列标准判断其是否系权利人：（一）已登记的不动产，按照不动产登记簿判断；未登记的建筑物、构筑物及其附属设施，按照土地使用权登记簿、建设工程规划许可、施工许可等相关证据判断；（二）已登记的机动车、船舶、航空器等特定动产，按照相关管理部门的登记判断；未登记的特定动产和其他动产，按照实际占有情况判断；（三）银行存款和存管在金融机构的有价证券，按照金融机构和登记结算机构登记的账户名称判断；有价证券由具备合法经营资质的托管机构名义持有的，按照该机构登记的实际出资人账户名称判断；（四）股权按照工商行政管理机关的登记和企业信用信息公示系统公示的信息判断；（五）其他财产和权利，有登记的，按照登记机构的登记判断；无登记的，按照合同等证明财产权属或者权利人的证据判断。案外人依据另案生效法律文书提出排除执行异议，该法律文书认定的执行标的权利人与依照前款规定得出的判断不一致的，依照本规定第二十六条规定处理。"

人对执行实施过程中的这一分割行为均有可能提出异议。如案外人提出异议，则作为案外人异议审查处理，依据《民事诉讼法》第 234 条的规定，赋予其提起执行异议之诉的救济权利。如申请执行人不认可执行法院的分割结果提出异议，则因主体身份限制，无法作为案外人异议审查处理，更加无法依据《民事诉讼法》第 234 条规定赋予其提起执行异议之诉的救济权利，而只能依据《民事诉讼法》第 232 条的规定，通过执行异议复议程序审查处理。悖论由此产生：其一，针对同样的执行行为提出执行异议，审查对象也是同样的法律关系，却仅因提出异议的主体不同而进入不同审查程序，赋予不同救济权利，既有悖于同样情况同样处理的法律论证原理，又面临着分类标准不统一的逻辑困境。其二，如申请执行人提出执行异议，则无法依据《民事诉讼法》第 234 条规定的案外人异议和异议之诉程序处理，只能通过执行异议复议程序解决。而由仅承担形式审查和外观判断功能的执行异议复议程序来解决权利分割和确认的实体权利问题，程序供给显然不足，亦有违审执分离的基本原则。

为避免面对上述困境，值得肯定的执行思路为，如无人主张共有权，则严格依据权利外观执行被执行人名下的不动产，执行机构不在执行实施程序中主动对共有不动产进行分割；一旦有案外人以共有权请求排除执行，则进入案外人异议程序审查并赋予其提起执行异议之诉的救济权利，通过诉讼程序保障当事人充分举证、质证和辩论的诉讼权利，在此基础上作出实体判决确认权利。总之，执行机构在执行共有不动产时，应克制进行实体权利认定的冲动，以免因前置审查程序错误带来后续救济途径的混乱与被动。

二、涉不动产共有关系执行异议及异议之诉的裁判思路

不动产的共有关系具体可区分为按份共有与共同共有。依据《民法典》第 298 条、第 299 条的规定，按份共有人对共有的不动产按照其份额享有所有权，共同共有人对共有的不动产共同享有所有权。结合《民法典》第 209 条的规定，不动产物权的设立、变更、转让和消灭，经依法登记，发生效力；以及《民法典》第 308 条、第 309 条的规定，共有人对共有的不动产没有约定为按份共有或者共同共有，或者约定不明确的，除共有人具有家庭关系等外，视为按份共有。按份共有人对共有的不动产享有的份额，没有约定或者约定不明确的，按照出资额确定；不能确定出资额的，视为等额享有。如此，不动产的共有权依据登记发生法律效力，具体区分为以下几种情形：（1）登记为共同

共有，则共有权人对共有不动产共同享有所有权。（2）登记为按份共有且份额明确的，则共有权人按照登记的份额享有所有权。（3）登记为共有，但未明确登记为按份共有还是共同共有的，按照权利人身份进行区分。权利人具有家庭关系的，为共同共有；权利人不具有家庭关系的，为按份共有。（4）按份共有份额不明确的，有出资额登记的，按出资额登记确定份额；没有出资额登记的，为等额共有。当共有权人依据其所享有的不同类型共有权提起执行异议及异议之诉时，应遵循不同的裁判思路予以审查处理。

（一）涉按份共有不动产执行异议及异议之诉的裁判思路

当执行标的为按份共有不动产时，根据登记即可表面判断各共有权人的共有份额。执行法院可依据登记的共有份额，执行属于被执行人的份额部分。如共有权人对执行该共有不动产提出异议，应区别其异议请求和理由的内容，予以不同处理。

共有权人对登记的按份份额不持异议，仅对执行法院执行该共有不动产的行为提出异议，如认为该不动产可依据登记份额予以分割处置，不应整体处置，或者认为执行法院实际执行的份额超出了不动产登记的份额等，不属于共有权人作为案外人，以其享有的实体民事权益为基础提出的排除执行标的异议，而应属于共有权人作为利害关系人，对执行法院的执行行为是否恰当合理、执行程序是否合法规范等提出的执行行为异议，应适用《民事诉讼法》第232条规定进行审查，作出异议裁定后应依法交代执行复议的权利。

共有权人认为登记的按份份额与事实不符，并据此请求重新认定其在涉案不动产中的按份份额，以此为基础请求排除对其所享有不动产份额的执行的，属于案外人基于对执行标的享有实体民事权益提出的排除执行异议，应适用《民事诉讼法》第234条规定进行审查，作出异议裁定后应依法交代提起执行异议之诉或依照审判监督程序办理的救济权利。在因此衍生的执行异议之诉审理中，应着重审查和认定共有权人对案涉不动产所真实享有的权属份额，以及是否符合《民法典》关于不动产登记错误和申请更正登记的相关条件，在此基础上作出能否支持共有权人请求排除其所主张的按份份额执行的认定。

（二）涉共同共有不动产执行异议及异议之诉的裁判思路

当执行标的为共同共有不动产时，如被执行人仅为共有人之一，则执行过程中面临着需要先行析产的问题。依据最高人民法院《查封、扣押、冻结规定》第14条规定，对被执行人与其他人共有的财产，人民法院可以查封、扣押、冻结，并及时通知共有人。共有人协议分割共有财产，并经债权人认可的，人民法院可以认定有效。查封、扣押、冻结的效力及于协议分割后被执行人享有份额内的财产；对其他共有人享有份额内的财产的查封、扣押、冻结，人民法院应当裁定予以解除。共有人提起析产诉讼或者申请执行人代位提起析产诉讼的，人民法院应当准许。诉讼期间中止对该财产的执行。因此，对于执行标的物由被执行人与其他案外人共同共有的，人民法院可以对该不动产整体采取查控措施，能否继续处置，则取决于析产结果。对于如何析产，该规定仅给出了共有人协议分割和提起析产诉讼两种途径。然而实践中，这两种途径的适用均受掣肘。共有人协议分割方式下，债权人、被执行人与共有权人之间因各自利益对立，往往难以达成协商一致，且容易产生债权人、被执行人与共有权人利用虚假诉讼和执行损害其他利害关系人的情况。析产诉讼增加当事人诉累，且被执行人和共有权人往往没有启动析产诉讼的驱动力，而申请执行人代位析产诉讼面临着取证难、调查难、找被告难的现实困难，诉讼成本与诉讼收益之间落差很大，在实践中也不为申请执行人所常用。①

2007 年《民事诉讼法》及 2015 年《民事诉讼法司法解释》施行之后，设立了案外人异议和异议之诉的纠纷解决和权利救济路径，为涉及共同共有不动产执行的僵局提供了“破冰之路”。执行法院对共同共有的不动产采取查控措施后，如共同共有人与申请执行人、被执行人之间对共有权及等额执行相应份额无异议，仅对是否整体处置、执行程序是否合法等提出异议的，依照《民事诉讼法》第 232 条规定审查，作出异议裁定后应依法交代执行复议的权利。如案外人与执行当事人之间就执行标的是否为共同共有财产以及应如何析产产生争议，则依照《民事诉讼法》第 234 条规定审查，作出异议裁定后应依法交代提起执行异议之诉或依照审判监督程序办理的救济权利。在因此衍生的执行异议之诉审理中，应将析产诉讼审理的法律关系作为执行异议之诉的基础法律关系进行审理，并在此基础上作出是否支持共同共有权人关于排除执行的主张的认定。

三、配偶主张不动产共有权的执行异议及异议之诉的特殊裁判规则

实践中常见如下案例：为执行被执行人欠申请执行人的欠款，法院裁定拍

① 童付章：《共同共有财产的执行与代位析产之诉的制度构建》，载《政治与法律》2014 年第 5 期。

卖被执行人名下的房屋。被执行人的配偶提出执行异议，主张被执行人名下的房屋是其与被执行人的夫妻共有财产，更有一些被执行人配偶主张，其与被执行人已经离婚，离婚协议已将该房屋约定归配偶所有，据此请求停止对该房屋的执行。此种情况下，是从物权登记的角度认定登记在被执行人名下的房屋应归被执行人所有，还是从夫妻共有财产制的角度认定该房屋为被执行人与配偶共同所有，还是将执行债务解读为共同债务，从而执行共同财产，以及在被执行人与配偶离婚的情形下，配偶凭离婚协议对房屋的处分请求认定房屋为其个人所有，请求排除执行的主张能否得到支持，实践中均产生较大的混乱与冲突。

（一）债务性质认定及能否追加配偶为被执行人

当生效法律文书并未明确债务是单方债务还是夫妻共同债务时，执行机构能否认定夫妻共同债务，并在此基础上追加配偶为被执行人，实践中争议较大。认为执行机构有权追加配偶作为被执行人的观点主要基于两点理由：第一，债务人配偶属于债务人的继受人，对其进行追加符合执行力主观范围扩张理论；[①] 第二，婚姻存续期间夫妻一方发生的债务一般应认定为夫妻共同债务，执行机构认定债务性质并追加债务人配偶为被执行人符合实体规定。

我们认为，首先，由执行机构认定债务性质有违“审执分离”的基本原则。“审执分离”是确保司法公正的必要手段，认定债务性质显属实体裁判事项，执行机构自判自执难以确保中立公正，也超越了执行权范围。其次，执行机构仅通过听证这种略式程序难以查明债务性质。根据《民法典》第1064条[②]规定，对于夫妻共同债务的认定，需要审查夫妻双方是否有共同负债的意思表示、是否属于为家庭日常生活需要所负债务、负债是否超出家庭日常生活需要，以及债权人和债务人各自的举证责任如何分担与传递等问题，如此复杂的问题，必须经过诉讼程序的举证质证和辩论等环节才能满足查明需求，也才能充分保障诉辩双方的辩论权利。由执行机构通过听证程序无法充分查明上述

① 魏锋：《执行当事人研究——以执行力主观范围扩张为中心》，中国政法大学2009年博士学位论文，第70~71页。

② 《民法典》第1064条规定：“夫妻双方共同签名或者夫妻一方事后追认等共同意思表示所负的债务，以及夫妻一方在婚姻关系存续期间以个人名义为家庭日常生活需要所负的债务，属于夫妻共同债务。夫妻一方在婚姻关系存续期间以个人名义超出家庭日常生活需要所负的债务，不属于夫妻共同债务；但是，债权人能够证明该债务用于夫妻共同生活、共同生产经营或者基于夫妻双方共同意思表示的除外。”

事实，也无法保障当事人的诉讼权利。最后，在执行程序中追加配偶为被执行人没有法律依据。2016 年最高人民法院制定并施行了《变更、追加当事人规定》，根据该规定，民事执行中变更、追加当事人遵循严格法定原则，必须依照该司法解释确定的条件追加和变更被执行人，不得随意扩大追加和变更范围。配偶并未被该司法解释纳入可追加范围，因此在执行程序中追加配偶为被执行人亦缺乏法律依据。

（二）夫妻共同财产的执行思路与救济程序

在放弃了对债务性质进行解读的方向之后，执行思路应回归对可能的执行标的的判断与选择之上。通常来说，如果生效法律文书已经确认债务性质为夫妻共同债务，则夫妻共同财产以及夫或妻的个人财产均可作为执行标的物用于执行。实践中这类情况往往争议不大，执行起来比较简单。比较常见的争议出现在生效法律文书仅裁判配偶一方承担法律责任的情况，如何识别夫妻共同财产并区分其中属于被执行人一方的财产份额，以及如何救济配偶的共有权，面临着现实困境。

在执行过程中，由执行机构认定可以作为被执行财产的夫妻共同财产是不可避免的。但是，秉持审执分离原则和形式判断标准，执行程序对夫妻共同财产及被执行人份额的判断应依据权利外观进行。[①] 通常来说，执行程序中的权利外观判断有两种：一是根据《民法典》物权编中的登记公示制度，如果房屋登记为被执行人所有，则执行实施中可以对房屋采取强制执行措施；二是根据《民法典》婚姻家庭编的夫妻共同财产制度，在婚姻关系存续期间取得的财产，哪怕登记在配偶名下，亦视为夫妻共同财产，可按照等额的比例执行其中属于被执行人的财产份额。如配偶对执行实施过程中通过外观判断选择的执行标的不服，认为属于夫妻共同财产或者财产份额不应按照等额比例确定或者认为属于其个人财产，均属于对执行标的提出异议，应适用《民事诉讼法》第 234 条规定，作为案外人异议审查处理，并通过执行异议之诉程序最终确认是否属于夫妻共同财产以及配偶在其中的财产份额等实体权利，由此对配偶请求排除执行的主张进行救济。但是，为避免后续救济路径的困境，执行实施中不宜突破权利外观直接对财产性质作出属性认定。例如，某法院在执行被执行

---

① 肖建国：《执行标的实体权属的判断标准——以案外人异议的审查为中心的研究》，载《政法论坛》2010 年第 3 期；《异议复议规定》第 25 条也确立了这一形式审查标准。

人名下房产时，被执行人配偶主张该房产属夫妻共同财产，应保留其一半份额。该法院未将配偶的此项异议引入《民事诉讼法》第 234 条规定的案外人异议程序审查，而是在执行程序中直接作出通知书支持配偶异议，引发申请执行人对该通知书不服再行提出异议。该院对申请执行人提出的异议作出异议裁定后，交代当事人提起执行异议之诉的权利。当事人起诉后，该院立案审理并作出实体判决。上级法院二审审理后认为，执行异议之诉以案外人异议审查为前置程序，未经案外人异议程序，不应进入执行异议之诉的审理程序。该案系申请执行人异议引发，不符合执行异议之诉的立案受理条件，据此裁定撤销一审判决，驳回起诉。该案中，虽然二审法院严格依照执行异议之诉的法定程序驳回了起诉，但因前置程序的错误，导致当事人的实体诉求无法得到及时有效的处理，亦引发程序空转，浪费司法资源。

（三）不动产登记公示力与实质判断的多重审查维度考量

与执行程序中的形式审查与外观判断不同，作为诉讼程序，执行异议之诉中的权属判决应遵循实质判断原则。法院不能只根据房屋的不动产登记作出认定，还需要考虑房屋是否实际属于被执行人与其配偶在婚姻关系存续期间共同出资购买，是否属于夫妻共有甚至配偶单独所有等因素。在涉夫妻共同财产的执行异议之诉的审理中，不仅需要综合适用《民法典》物权编、婚姻家庭编等实体法律规定，还需要综合衡量申请执行人与被执行人配偶之间的权利属性及顺位，以及对于申请执行人是否应给予信赖利益的保护等问题。

一般应综合考量以下因素：一是购买时间及资金来源。一般来说，如该不动产购买于夫妻关系存续期间且资金来源于夫妻收入，应认定为夫妻共同财产；如一方购于婚前，或虽购于婚后，但资金来源于一方父母亲属的赠与，且明确意思表示为只赠与夫妻一方个人的，则不宜一律认定为夫妻共同财产。二是是否存在婚姻关系存续期间所得财产或婚前财产约定，以及该约定的形式和公示效力。如存在婚姻期间或婚前财产约定，且该约定已经以较广泛方式对外公示，则应尊重该财产约定的效力。三是不动产登记情况及登记原因。尤其是对于该不动产仅登记在夫妻一方名下且与夫妻财产约定情况不一致的，应探求该不一致之处的原因及是否对未依照财产约定办理变更登记存在过错。四是申请执行人对该不动产是否存在信赖利益。如申请执行人不知道也不应当知道夫妻内部财产约定，且系基于对该不动产可用于承担债务履行责任的信赖而发生债的行为，则应对申请执行人的信赖利益予以保护。

（四）配偶持离婚财产分割协议请求排除执行的处理

实践中常见的另一种情形是，被执行人通过离婚财产分割协议将其个人财产或夫妻共同财产处分给配偶，配偶持离婚财产分割协议主张排除执行。对此情形，实践中有不同做法。有的观点认为，配偶持离婚财产分割协议提出的异议类似于不动产买受人提出的案外人异议，可参照适用《异议复议规定》第28条、第29条规定的法定要件进行审查办理，如符合上述两条规定的可以排除执行的条件，则支持配偶一方的请求。也有观点认为，被执行人通过离婚财产分割协议将夫妻共同财产处分给配偶，本质上为被执行人将自己的个人财产或夫妻共同财产份额赠与另一方。在被执行人对外欠债无法偿还时，其赠与行为损害申请执行人利益，应撤销其赠与行为。配偶持离婚财产分割协议主张排除执行的，不予支持。

我们认为，配偶持离婚财产分割协议主张排除执行能否得到支持，前提在于厘清离婚财产分割协议的性质及效力。配偶依据离婚财产分割协议主张的实体权利与买受人依据买卖合同或受赠人依据赠与行为主张的实体权利存在本质不同。配偶依据离婚财产分割协议主张的实体权利与买受人依据买卖行为主张的实体权利之间的区别在于，离婚协议的作用是分割共有财产，产生的权利具有针对特定标的物的准物权属性，而买卖合同所成立的仅为债权，两者性质具有本质差别。在配偶依据离婚财产分割协议提起的案外人异议之诉审理中，依据《异议复议规定》第28条、第29条等适用于买受人异议的规定进行审查认定，属适用法律错误。且配偶持离婚财产分割协议请求排除执行的，其天然缺失《异议复议规定》第28条、第29条所要求的签订合法有效的书面买卖合同以及支付购房价款两个必备条件，必然不可能具备《异议复议规定》第28条、第29条规定的可以排除执行的法定要件，参照这一法律关系进行审理的路径显然无法走通。配偶依据离婚财产分割协议主张的实体权利与受赠人依据赠与行为主张的实体权利之间的区别在于，虽然离婚财产分割协议如约定夫妻共同财产都归一方所有，某种程度上可视为一方将属于自己的份额赠与对方，但此种赠与具有一定人身依附关系，是以解除婚姻关系为前提或结果的。当以此种财产分割作为基础的解除婚姻关系结果已经发生时，应视为赠与行为已经全部完成，赠与财产已不再属于被执行人的责任财产范围，不能被用于执行，此时人民法院不宜再对办理过户登记予以苛责。

当然，例外的情况是，如有证据证明被执行人与配偶是通过离婚转移财产，规避执行，则该行为因意思表示虚假而无效，配偶请求排除执行的主张自然得不到支持。但实践中面临的困难则在于，离婚行为发生于夫妻内部，且当被执行人与配偶通过离婚转移财产，规避执行时，被执行人往往与其配偶所持主张和利益立场一致，对离婚财产分割协议中意思表示的真假往往无法判断。审判实践中通常可以将下列外观表征作为探寻是否存在虚假财产分割行为的线索：一是债务形成时间与离婚财产分割时间的先后。如果离婚财产分割行为发生于债务形成之前，则在先的财产分割行为显然不可能规避尚未产生的债务；如债务形成在先，离婚财产分割行为在后，且离婚财产分割时被执行人已经处于无法清偿债务的状态，则通过离婚规避执行的可能性较大。二是如离婚财产分割协议已经将共有不动产处分给配偶所有，但仍登记在被执行人名下，而配偶对于其对未及时办理过户登记无法提出正当理由的，可一定程度上怀疑此离婚财产分割协议的真实意思表示。三是对离婚财产分割协议的公平合理性进行考察。如被执行人在离婚财产分割协议中将全部或大部分夫妻共同财产分割给配偶，需综合相关财产来源、子女抚养，以及被执行人是否为离婚过错方等因素，考量该离婚财产分割协议的公平合理性，防止被执行人通过离婚财产分割协议将所有财产分割给配偶以逃避债务规避执行。

四、涉不动产共有关系的执行异议及异议之诉裁判文书的特殊撰写要求

关于涉及不动产共有关系的执行异议及异议之诉裁判文书的撰写，实践中存在混乱与不当之处。主要体现为：

一是裁判说理与裁判主文缺乏内在逻辑关系，将行为审查与权利审理相混淆，有违案外人异议及异议之诉的论证要求。有的法院在共有权人提出的涉及不动产共有关系的执行异议之诉的判决中，既认可执行标的为共有财产，但又以可以对该不动产进行查封、该不动产不可分割故必须整体处置等为由，驳回共有权人的诉请。这一裁判思路体现出此类案件审理中常见的混淆控制性行为与处分性行为、程序性异议与权利性主张的问题。异议之诉的目的在于排除对特定标的的执行。[①] 成立案外人异议及异议之诉，应当具备两个基本条件：第一，案外人对执行标的主张实体权利；第二，该实体权利能够阻却处分执行标

① 江必新主编：《新民事诉讼法执行程序讲座》，法律出版社2012年版，第103页。

的。主张实体权利应当是阻却处分的必要前提，阻却处分应当是主张实体权利的根本目的，两者缺其一或者两者间缺乏因果关系都不能成立案外人执行异议之诉。① 涉及不动产共有关系的执行异议及异议之诉的裁判文书，如在论证说理中脱离共有权人的实体权利基础，仅以执行方法和执行程序的考量作出能否排除执行的裁判，不符合案外人异议及异议之诉的审理要求，也未能实际回应当事人的诉讼请求。此外，在案外人异议及异议之诉的审理中，审理对象为执行标的，而非执行行为本身，因此在裁判文书的论证中区分控制性行为和处分性行为实无必要，若以此为基础作出是否支持配偶诉请的判断，更是违背了案外人异议及异议之诉的诉讼目的和制度本意。

二是生硬引述当事人的诉讼请求，未能总结和探寻当事人的真实诉求，更未能引导当事人正确表达其诉讼主张。案外人异议及异议之诉是新类型诉讼，相当数量的专业法律人士尚且不能准确而规范地表述其诉讼主张，遑论缺乏专门法律知识的当事人。实践中，一些共有权人作为案外人提起执行异议及异议之诉时，并不能清楚地界定和表达自己的权利主张，仅笼统表述请求排除执行。法院在制作裁判文书时，也仅简单引述当事人的直接表达，未能进一步明确当事人所主张的权利基础是单独所有权还是共有权，以及当事人请求排除执行的对象是全部标的物还是其所享有的财产份额。在此基础上，裁判文书无法真正回应当事人的权利主张，也无法为执行机构对该执行标的的后续执行提供依据。

综上所述，涉及不动产共有关系的执行异议及异议之诉裁判文书的撰写中，应注意以下几点：

（1）裁判文书的撰写应围绕由实体权益的认定到判断能否排除执行的论证逻辑，以配偶对不动产是否享有权利及权利范围为论证基础，并进一步作出能否排除执行的裁判结果，不应仅以可以查封尚未处置、不可分割需整体处置等执行方法和执行程序性事由驳回案外人的诉讼请求或支持申请执行人的诉讼请求。

（2）对案外人的权利主张，不宜笼统表述为请求排除对执行标的的执行，而应具体写明两部分：一是案外人认为其对作为执行标的的不动产享有单独所有权还是共有权；二是案外人请求排除执行的对象是全部不动产还是其所享有的财产份额。如当事人在异议申请书和起诉状中表述不明，法院应主动予以明确和释明。

（3）根据当事人的诉讼请求，裁判文书主文应一一作出回应。依据《民

① 叶汉杰：《债务性质未定前提下执行夫妻财产的实践乱象与出路——基于对三种差异规定与四类判决思路的研究》，载《法律适用》2015 年第 1 期。

事诉讼法司法解释》第 310 条第 2 款规定，案外人同时提出确认其权利的诉讼请求的，人民法院可以在判决中一并作出裁判。如案外人主张确认其对案涉不动产享有单独所有权或相应财产份额的，裁判文书在裁判主文中应作出相应裁判。如案外人没有提出确权主张，裁判主文中不得作出确认案外人对案涉不动产享有单独所有权或相应财产份额的确权判项。但如果案外人确为共有权人，裁判文书应在说理部分论述案外人所享有的共有权份额，并在裁判主文中判决对案外人所享有的财产份额排除执行。如案外人主张对案涉不动产享有单独所有权并排除对整个案涉不动产的执行，经审查发现案外人虽不享有单独所有权，但对案涉不动产享有共有权的，应先行对案外人进行法律释明，引导其变更诉讼请求。如案外人经法律释明后仍坚持主张单独所有权并排除对整个案涉不动产的执行的，裁判文书应在论证说理部分阐明案外人的共有权及份额，但在裁判主文中驳回案外人的诉讼请求。

第六章　涉动产执行裁判案件的审理

动产与不动产，是近现代民法对物最重要的区分方式。两者的区分方法，是先确定不动产的范围，然后不动产以外的物均属于动产。具体而言，所谓动产，指土地及其定着物以外的物。[①] 从法律上对动产和不动产进行区分最主要的意义在于两者物权变动模式有别。物权变动模式主要分为物权形式主义、债权意思主义和债权形式主义三种，《民法典》第208条、第209条、第224条是关系动产物权与不动产物权因法律行为而变动的原则性规定。按照这些规定，物权变动须完成法定的公示形式，即不动产物权以登记和登记的变更作为权利享有与变更的公示方法，动产物权以占有作为权利享有的公示方法，以交付作为其变更的公示方法。按照物权立法自始确定的立法原则，此种物权变动模式即为债权形式主义。[②] 与此同时，考虑到社会经济生活的复杂性，进行充分利益衡量，《民法典》就动产抵押权的设立等采取了债权意思主义，即动产抵押权自当事人间产生合意即成立，办理登记为抵押权成立的对抗要件，而非生效要件，此为债权形式主义的例外。物权的存在既然以登记或占有为其表征，则信赖该表征而为法律行为者，即使其表征与实质的权利不符，对于信赖该表征的人也不生任何影响，称为公信原则。[③] 公信原则实际为动产案外人异议及异议之诉判断动产物权归属的基础，后续的具体判断标准均由此衍生。较为常见的涉动产执行裁判案件主要包括涉动产买卖、涉动产担保物权以及涉所有权保留等几种类型。

---

① 陈华彬：《民法物权论》，中国法制出版社2010年版，第61页。

② 陈华彬：《民法物权论》，中国法制出版社2010年版，第112页。

③ 梁慧星、陈华彬编著：《物权法》（第二版），法律出版社2003年版，第70～71页。

第一节　涉动产买卖执行裁判案件的审理

与动产、不动产的区分标准不同，区分一般动产与特殊动产的主要标准是物权变动是否有登记机构办理。根据《民法典》第225条的规定，船舶、航空器和机动车等特殊动产物权的设立、变更、转让和消灭，未经登记，不得对抗善意第三人。简言之，特殊动产的物权变动模式既区别于不动产的登记生效，又区别于一般动产的交付生效，而是采登记对抗主义。因此，有必要将一般动产与特殊动产的执行裁判案件审理规则区别论述。

一、涉一般动产买卖执行裁判案件的审理

（一）执行异议案件的审理

执行程序中，针对被执行人未登记的一般动产，按照实际占有情况判断其所有权人，案外人异议程序中，法院审查采同一标准。

有学者认为，关于动产物权的公示方法，近代以来的民法理论莫不将之限定为交付。事实上，除交付外，占有仍是动产物权的另一种重要公示方法。盖占有为交付的前提，无占有，何来交付？而所谓交付，不过为占有的转移。因此，动产物权的公示方法宜认为有二：占有与交付。[①] 于此观点，可兹赞同。占有为物权“静”的公示方法，是对物权现状的公示，交付为物权“动”的公示方法，是对物权变动的公示。两者相结合，方能形成完整的物权公示。

一般而言，占有公示的物权究为何种物权，视占有人意思而定：以所有的意思占有标的物的，其公示的物权为所有权；以行使质权的意思而占有标的物的，其公示的物权为质权；以扣留返还债务人的动产以保障债权实现的意识而占有的，其公示的物权为留置权。但在执行程序中比较特别，法院之所以会强制执行被执行人的财产，首先其符合权利外观，即由被执行人占有该动产。但在案外人异议审查过程中，由于执行程序的特殊性，存在被执行人与案外人串通损害申请执行人利益的情形，因此，此时法院在进行案外人异议审查时，不应当凭动产占有人的意思来确定物权种类，而应当依据占有的权利外观推定占有动产人为动产之所有人，至于该动产的真实所有人则在案外人异议之诉程序中审查。

---

① 梁慧星、陈华彬编著：《物权法》（第二版），法律出版社2003年版，第84页。

（二）异议之诉案件的审理

由于一般动产的物权变动无登记程序，故在案外人异议之诉过程中主要通过被执行人与案外人之间的合同来判断案外人是否为动产的真实所有权人，有无就该所有权排除执行的权利。具体而言，可以从以下几个方面审查判断：

1. 案外人与被执行人间的基础法律关系效力如何

依照案外人的诉求，动产实际为其所有，但法院执行时确由被执行人占有，出现了动产的占有人与所有权人相分离的情形，产生这一现象的原因是双方之间的基础法律关系存在。该基础法律关系包罗万象，后文将从特定动产、担保物权、所有权保留等多个角度来探讨，本节仅从造成一般动产两权分离现象最常见的合同类型来分析，主要包括无偿保管合同、借用合同、租赁合同等，法院审查时要针对合同的构成要件，审查其是否真实有效，有无《民法典》规定的无效等情形，是否存在虚构合同等情形。

2. 合同成立时间与法院对动产保全时间孰先孰后

《查封、扣押、冻结规定》第 24 条规定："被执行人就已经查封、扣押、冻结的财产所作的移转、设定权利负担或者其他有碍执行的行为，不得对抗申请执行人。"故上述合同只有在法院采取保全措施之前成立的，才能对抗申请执行人。实务中，法院保全动产时其已由被执行人占有，故移转占有时间早于法院保全时间，移转占有作为履行合同的重要方式，则合同成立生效时间势必早于法院保全时间。故该条非法院审查重点，仅作适当问询了解即可。

3. 案外人是否能够举证证明动产流转的完整过程

由于在案外人异议之诉过程中，案外人为原告，故此项举证责任分配给案外人承担。至于占有人占有意思的确定，一般认为，在他主占有（以非所有的意思而占有），占有人的占有意思依他主占有人与所有人就他主占有所形成的合意来确定，于占有人的占有究为他主占有抑或自主占有（以所有的意思而占有）不能判明时，通常推定为自主占有。[①] 即法院在审查过程中，需要结合被执行人的答辩情况综合认定被执行人与案外人间是否存在真实有效的基础法律关系，是否能排除通谋的可能。

同时满足上述三项审查条件后，法院方能支持案外人诉讼请求，排除对标

① 李开国：《民法学》（专题讲座），西南政法大学 1995 年 12 月印刷，第 371 页，转引自梁慧星、陈华彬编著：《物权法》（第二版），法律出版社 2003 年版，第 85 页。

的物的强制执行，反之则驳回其诉讼请求。

二、涉特殊动产买卖执行裁判案件的审理

（一）执行异议案件的审理

我们认为，案外人就特殊动产提出的执行异议案件，原则上进行形式审查及书面审理，并根据以下情形判断执行标的的权利归属。已登记的机动车、船舶、航空器等特定动产，按照相关管理部门的登记判断；未登记的特定动产，按照实际占有情况判断。

这类动产因其价值与体积均较大，在法律上视为“准不动产”或“特殊动产”。不同于一般的动产，此类动产的物权变动由专门的登记机构办理。但在登记的效力上，又有别于不动产的登记生效主义，而是采登记对抗主义。《民法典》第225条规定：“船舶、航空器和机动车等的物权的设立、变更、转让和消灭，未经登记，不得对抗善意第三人。”具体而言，是指此类动产物权变动没有办理登记的，不得对抗他人经过登记取得的权利。从公示效力而言，登记机关属于对世的第三方机构，其公示公信的效力比权利人占有要强，善意第三人信赖国家机关的登记情况而从事相关的法律行为应当予以保护。在特定动产的执行异议案件中，采用的是典型的权利外观主义予以形式审查，即在特定动产的登记和占有不一致时，执行程序对物权权属的判断以登记部门的登记为直接依据。我们认为，案外人以其与被执行人存在机动车挂靠关系为由提起执行异议，请求对登记在被执行人名下的机动车排除执行的，应裁定驳回其异议请求。

（二）异议之诉案件的审理

我们认为，案外人以其系登记在被执行人名下的机动车、船舶等特殊动产买受人为由对执行法院的查封、扣押等执行行为提出执行异议，被法院裁定驳回后，又提起执行异议之诉请求排除执行的，如果同时亦具备下列条件的，应予以支持：

1. 案外人在执行法院采取查封等执行措施之前已经实际占有并使用该特殊动产

此种情形即是对案外人是否为特殊动产所有权人进行实质审查。《民法典》第224条规定：“动产物权的设立和转让，自交付时发生效力，但是法律另有规定的除外。”可见，我国《民法典》规定对动产以交付为生效要件。就

此种情形而言，案外人之所以在执行异议程序中被驳回，是因为执行异议程序只予以形式审查，仅审查特定动产的登记情况。由于执行异议程序的特点，一是时间短，仅有15天的审查期限，二是对于特殊动产而言，实际占有主体与登记主体不一属于相对少数情形，综合考量，执行异议程序采纳了更注重效率的审查标准。而进入异议之诉程序后，则需要对特殊不动产进行全面的实质性审查。案外人在执行法院采取查封等执行措施之前已经实际占有并使用该特殊动产，即案外人已经完成了《民法典》要求的交付行为，其已经是该特殊动产的实际所有人，其针对特殊动产提出的异议之诉自然应当排除执行。同时，在执行程序之外，该案外人依然有权要求办理特定动产所有权变更登记手续。有不同观点认为，《民法典》第225条规定“船舶、航空器和机动车等的物权的设立、变更、转让和消灭，未经登记，不得对抗善意第三人”。此时执行案件的债权人即为“善意第三人”，案外人虽然取得特定动产的所有权，但是仍然不得对抗执行。《最高人民法院关于适用〈中华人民共和国物权法〉若干问题的解释（一）》（已失效）第6条规定：“转让人转移船舶、航空器和机动车等所有权，受让人已经支付对价并取得占有，虽未经登记，但转让人的债权人主张其为物权法第二十四条所称的‘善意第三人’的，不予支持，法律另有规定的除外。”该司法解释把转让人的债权人明确排除出“善意第三人”的范围，自无“登记对抗”的适用余地，故该种观点并无法律依据，不应予以采纳。

实务中，并非只有由被执行人将特定不动产转让给案外人一种情形。例如，甲将其所有的一辆宝马轿车出售给乙，并交付乙使用，同时将该车出售给丙，为其办理了过户登记手续，此后丙作为被执行人，被执行法院发现名下有宝马轿车一辆，故法院对该轿车予以查封，乙提出执行异议被驳回后继而提起案外人异议之诉，该如何处理？《最高人民法院关于审理买卖合同纠纷案件适用法律问题的解释》第7条第1款第4项规定：“出卖人将标的物交付给买受人之一，又为其他买受人办理所有权转移登记，已受领交付的买受人请求将标的物所有权登记在自己名下的，人民法院应予支持。”我们的观点与该司法解释规定一致，即针对此种情形，乙已经完成交付行为，乙为该宝马轿车的实际所有人，其有权要求法院排除对轿车的执行。

2. 案外人与被执行人在案涉特殊动产被采取查封等执行措施之前已签订合法有效的书面买卖合同

此种情形下，虽然特定动产的所有权并未从被执行人转移至案外人，但我们认为，此种情形下的案外人是社会上的不特定人，其在法院查封特定动产之前与被执行人签订买卖合同为合法有效的行为，如果要求其在签订合同之前对交易相对人的资产情况、涉诉情况进行充分调查与了解，则对案外人赋予了过高的要求，也不利于社会生活中正常交易情况的开展。故我们认为，此种意见表面上看是侧重维护案外人的利益，实际是为了更好地促进社会交易行为，这也是现代商业社会法治的应有之义。需要注意的是，此种情形下有一个条件需要严格把握，即“合法有效”的书面合同。案外人与被执行人间的买卖合同必须没有无效、效力待定及可撤销情形，应当是合法有效的合同。例如，案外人事先知晓被执行人对外欠债之事由，为了帮助被执行人处理财产，与被执行人串通达成特定不动产的买卖合同。此种情形下，该合同属于《民法典》第154条规定的“行为人与相对人恶意串通，损害他人合法权益的民事法律行为无效”之情形，该案外人提出的排除特定动产执行的诉求不应得到支持。

3. 案外人已向被执行人支付了全部价款，或者在指定时间内将剩余价款全部交付执行

此种情形与上一种情形的区别在于，此种情形下案外人并无“书面”的合法有效合同。就特定动产而言，船舶、航空器价值巨大，当事人交易往往具备书面合同，而随着社会经济的发展，车辆的相对价值锐减，很多二手车交易缺乏书面合同。《民法典》对口头合同的效力予以承认，但法院审查较为困难。针对这种情形，案外人能完成下列举证的，其诉求应当予以支持。一是该案外人已实际支付全部价款。该情况实际与上文第二种情况一致，区别仅在于无书面合同，故应予支持理由不再详述。二是案外人虽然只向被执行人支付了部分价款，但已在指定时间内将剩余价款交付执行法院的。此种情形下，案外人合同项下的义务已经完成，同时在接到执行法院指令支付的要求后也予以配合，支付的剩余价款可以作为被执行人的责任财产偿还申请执行人，故此类情形下案外人的诉求也应予以支持。

4. 案外人以其与被执行人存在机动车挂靠关系为由提起异议之诉，请求对登记在被执行人名下的机动车排除执行的

此种情况下，根据以下情形分别予以处理：

（1）作为被执行人的运输企业出资购买车辆，将车辆运输经营权转让给案外人，并由案外人挂靠在运输企业从事道路运输，案外人请求排除执行的，不予支持。此时案外人的挂靠关系实际为租赁车辆并从事运营，车辆本身的所

有权并没有发生转移，故仍然属于被执行人的财产，应予驳回案外人申诉请求。

（2）案外人出资购买车辆，挂靠在被执行人运输企业的名下，并以运输企业作为车主办理车辆所有权登记的，如双方签订合法有效的合同，且案外人确系执行标的物实际所有权人的，对其排除执行的请求应予以支持。与前一种情形不同，此种挂靠实质是借用被执行人运输企业的资质从事车辆运营的行为，车辆的所有权虽然登记在被执行人名下，但案外人实际运营车辆，为车辆的实际所有人。且该实际所有人的身份自案外人交付车辆时已确定，不因车辆所有权登记而改变。故此时案外人的诉讼请求应当予以支持。

例如，在一案例中，张某 1 与张某 2 存在债务纠纷，在诉讼过程中张某 1 申请保全登记在张某 2 名下的车辆，法院于 2014 年 4 月 21 日将查封案涉车辆裁定送达车辆登记机关。赵某与张某 2 签订买卖合同购买案涉车辆，并于 2014 年 4 月 18 日支付对价、占有车辆，但未办理过户登记。再审申请人张某 1 认为，赵某的购车行为无论真实与否，在法院采取保全措施时，车辆未过户登记。根据《物权法》第 24 条①的规定“船舶、航空器和机动车等物权的设立、变更、转让和消灭，未经登记，不得对抗善意第三人”，案涉车辆转让未经登记，不得对抗善意第三人。另外，《查封、扣押、冻结规定》第 15 条规定：“被执行人将其所有的需要办理过户登记的财产出卖给第三人，第三人已经支付部分或者全部价款并实际占有该财产，但尚未办理产权过户登记手续的，人民法院可以查封、扣押、冻结；第三人已经支付全部价款并实际占有，但未办理过户登记手续的，如果第三人对此没有过错，人民法院不得查封、扣押、冻结”。该“第三人无过错”立法本意是第三人已经申请办理变更登记手续，但由于登记部门审批时限或审批效率等原因，导致保全措施实施时尚未完成变更登记。本案赵某、张某 2 未及时办理车辆所有权变更登记具有过错，不能对抗法院强制执行。综上，张某 1 是车辆买卖合同关系外受到法律保护的善意第三人，请求依法对本案再审。江苏省高级人民法院经审查认为，《物权法》第 23 条②规定“动产物权的设立和转让，自交付时发生效力”，确立了动产转让以交付为原则，《物权法》第 24 条③虽规定机动车等物权的转让未经登

① 该条内容已被《民法典》第 225 条继受。

② 该条内容已被《民法典》第 224 条继受。

③ 该条内容已被《民法典》第 225 条继受。

记不得对抗善意第三人，但该“善意第三人”应理解为是对该特殊动产具有正当物权权益的人，而并不包括转让人的债权人。被申请人赵某基于买卖合同于2014年4月18日支付对价、占有案涉车辆，已取得所有权，虽然未经登记，但可以对抗转让人的债权人。法院查封案涉车辆的裁定在2014年4月21日才送达车辆登记机关，系在赵某取得案涉车辆所有权之后，故原审法院判决停止对案涉车辆的执行并无不当。综上，张某1申请再审理由不能成立。裁定驳回张某1的再审申请。[①]

第二节　涉动产担保物权执行裁判案件的审理

本书第九章专门论述涉优先权执行裁判案件的审理相关问题，本节仅从案外人主张优先受偿权以及案外人主张担保物所有权两个方面，结合执行裁判中担保物权共性问题开展论述，执行裁判案件中不同种类担保物权间的区别、非典型担保等问题参见本书第九章。

一、案外人主张优先受偿权异议案件的审理

我们认为，案外人以其系执行标的的留置权人、抵押权人、质押权人为由，主张其享有优先受偿权，并请求排除对执行标的物查封、扣押的，适用《民事诉讼法》第232条规定进行审查，并裁定不予支持。有意见认为，此种情形属于案外人基于实体权利对标的物提出排除执行的异议，应当适用《民事诉讼法》第234条案外人异议审查，并导入案外人异议之诉程序。我们认为，此类情形宜通过执行异议、复议程序审查，理由如下：一是此类异议与普通案外人异议有本质区别。普通的案外人异议，由于案外人是基于对标的物的所有权主张的异议，因此该案外人的最终目的是排除执行并占有标的物，法院否定其诉求，对标的物强制执行，对该案外人的利益有较大影响。而案外人基于优先受偿权提出的异议，其形式上虽然符合《民事诉讼法》第232条审查范围，但其实质目的并非绝对排除执行，而是希望实现其对执行标的物变价款的优先受偿权，法院在保证其优先受偿权的前提下，执行标的物是否被强制执行与案外人利益关系不大。二是更符合效率原则。与适用《民事诉讼法》第

① 江苏省高级人民法院（2016）苏民申2811号。

234 条需要经历案外人异议以及异议之诉程序相比，适用《民事诉讼法》第 232 条异议、复议程序更为迅速便捷。此类案件审理过程中，当事人一般对案件事实无争议，均认可被执行人为担保物所有权人，亦认可案外人对执行标的有真实的担保物权。在此前提下，实无必要选择更复杂的救济途径，过度保护案外人的权利，徒增诉累且影响效率，故此类案件应当在异议、复议程序中直接驳回案外人异议请求。

需要特别说明的是，法院应当告知案外人在执行程序中就标的物的变价款主张优先受偿权，该问题应当在执行程序债权分配环节予以解决。如果被执行人以及其他债权人对案外人的担保物权的真实性、优先受偿顺位和比例产生异议的，则属于对执行分配方案的异议，该异议应当适用执行分配方案异议程序处理。

二、案外人主张担保物所有权异议案件的审理

（一）案外人异议案件的审理

我们认为，案外人以其为留置物或质物所有人为由，对执行标的提出执行异议，请求排除执行的，应适用《民事诉讼法》第 234 条规定进行审查，并裁定不予支持。此种情形下，案外人基于其与被执行人之间的基础债权债务关系，为被执行人设立担保物权。由于被执行人实际占有该动产，故法院执行被执行人时将该担保物视为被执行人财产。案外人认为其为担保物的真实所有权人提出的排除执行的异议，属于典型的案外人异议，应当按照案外人异议的程序予以审查。法院审查时，基于动产的权利外观予以判断，即该动产由被执行人占有，认定其为被执行人财产，从而驳回案外人的异议。案外人如不服，可以提起案外人异议之诉，由法院在异议之诉程序中进行实质审查。

需要说明的是，此时案外人仅可能提出其为留置物或质物所有权人，而不可能为抵押物所有权人。因为此时担保物在被执行人处，法院执行时基于被执行人占有担保物这一外观而认为被执行人是担保物的所有权人，拟对该物予以强制执行。对于动产的抵押而言，根据《民法典》第 394 条规定，抵押权的基本特征为抵押财产不移转占有，故案外人即使就抵押财产设定抵押权，抵押财产仍由案外人占有，否则就不属于动产抵押，而是动产质押。故执行法院无法将案外人占有的抵押财产视为被执行人的财产而采取强制执行措施。而对于不动产的抵押而言，因为有明确的登记，法院自然也不会将其误认为被执行人

的财产。故不存在抵押权人提出该类异议的可能性。

(二) 案外人异议之诉案件的审理

案外人因此提起的执行异议之诉案件，根据下列情形予以处理：

(1) 案外人已经依法履行其对被执行人所负债务，导致被执行人的留置权或动产质权已经消灭，或者因其他原因导致留置权或动产质权未依法成立的，对案外人的请求予以支持。此种情形下，被执行人对标的物实质上构成无权占有，案外人实行其所有权人的物权取回权，理应予以支持。

(2) 案外人尚未履行对被执行人所负债务的，除案外人同意将被执行人应收款项交付执行之外，对案外人的诉讼请求不予支持。此种情形下，如案外人应付款项交付执行，实质是履行债务，其与被执行人间债权债务清偿后，被执行人自无权再占有其担保物，即属上述第一种情形，案外人排除执行的诉求应当予以支持。但是，如案外人无法清偿债务，被执行人对案外人仍然享有债权，担保物的担保功能依然存在，在案外人无法清偿债务的前提下，被执行人本就有权将担保物拍卖，以拍卖价款优先受偿。法院自然无法支持案外人的诉求，而是将担保物予以拍卖，拍卖款中案外人欠付被执行人的部分，作为被执行人的责任财产，向申请执行人交付，多余款项则退还给案外人。

第三节　涉所有权保留执行裁判案件的审理

所有权保留是买卖合同中一项十分特殊的制度，它打破了动产物权变动模式的一般规则。我国所有权保留制度最早于原《民法通则》第 72 条规定中有所体现，该条规定“按照合同或者其他合法方式取得财产的，财产所有权从财产交付时起转移，法律另有规定或者当事人另有约定的除外”。允许合同当事人就所有权的移转意思自治，奠定了所有权保留制度的基础。后原《最高人民法院关于贯彻执行〈中华人民共和国民法通则〉若干问题的意见（试行)》第 84 条规定：“财产已经交付，但当事人约定财产所有权转移附条件的，在所附条件成就时，财产所有权方为转移。”该条为将所有权保留的性质视为所有权的附条件移转理论提供了法律依据。原《合同法》第 134 条则明文规定了所有权保留制度，建立了我国所有权保留制度的框架结构。原《最高人民法院关于审理买卖合同纠纷案件适用法律问题的解释》（2012 年）第 34 条至第 37 条对所有权保留制度的适用进一步细化。《民法典》第 641 条至

第 643 条对所有权保留制度的法律性质和具体规则作了重要的调整和发展，尤其是第 641 条第 2 款规定了所有权保留的登记制度，对我国所有权保留制度中多方主体权利义务保护影响甚巨。

总的来说，我国虽然确立了所有权保留制度，但在具体内容上，如所有权保留的类型、所有权保留的对内对外效力、所有权保留的实行、买受人期待权等法律上并无规定，只能依赖于学理上探讨，这也让案外人异议与异议之诉案件的审查存在一定困难。

一、案外人为买受人提出异议的审理

我们认为，案外人作为被执行人保留所有权的一般动产的买受人，在该动产被查封或扣押后，主张其已支付部分价款，且实际占有为由提出执行异议，请求解除查封或扣押的，适用《民事诉讼法》第 234 条规定进行审查。案外人在指定期限内将剩余价款全部交付执行的，应裁定中止执行该标的物。申请执行人因此提起执行异议之诉的，判决不得执行该标的物。案外人未在指定期限内将剩余价款全部交付执行的，驳回其异议申请；案外人提起执行异议之诉的，驳回其诉讼请求。

《民法典》第 641 条第 1 款规定："当事人可以在买卖合同中约定买受人未履行支付价款或者其他义务的，标的物的所有权属于出卖人。"故此种情形下，标的物所有权仍然属于出卖人即被执行人。根据《查封、扣押、冻结规定》第 1 条规定，法院有权查封、扣押、冻结被执行人的财产。照此分析，法院有足够理由驳回案外人异议。但此时案外人已支付部分标的物的价款，并且实际占有标的物，其如能在法院指定的期限内将剩余价款交付执行，即相当于履行完毕其与被执行人的所有权保留买卖合同，根据合同约定，此时标的物的所有权即发生转移，属案外人所有，法院不再对该标的物执行。反之，如案外人未能在法院指定的期限内将剩余价款交付执行，其自始未获得标的物的所有权，该标的物仍然为被执行人的财产，法院有权对其强制执行。该观点实际是更侧重于保护案外人的利益，即促使其与被执行人的买卖合同能够实际履行，积极促进交易是法律在现代经济社会应担负的使命。

二、案外人为出卖人提出异议的审理

我们认为，被执行人买受并实际占有的一般动产，已经支付部分价款，案外人对该动产保留所有权的，人民法院可以查封、扣押、冻结。保留所有权已办理登记的，案外人的剩余价款从该财产变价款中优先支付；案外人主张取回该财产的，可以依据《民事诉讼法》第 234 条规定提出异议。在审查此种情形的案外人异议时，依然适用的是外观主义审查规则，由于标的物由被执行人占有、使用，根据此权利外观，驳回案外人的异议。涉及当事人间的所有权保留买卖合同的实体问题由案外人异议之诉程序审查处理。

因此引发的执行异议之诉，案外人享有法定的解除合同权且取回权未受限制，或者同时具备下列情形的，应判决不得执行该标的物：

（1）案外人与被执行人订立的保留所有权买卖合同合法有效。这也是法院对合同进行实质审查的最基础条件，如合同本身无效，自应当根据动产的物权变动规则，将标的物认定为被执行人的责任财产，从而驳回案外人的诉讼请求。

（2）该合同成立于案涉动产被查封或采取执行措施之前。根据《查封、扣押、冻结规定》第 24 条第 1 款规定：“被执行人就已经查封、扣押、冻结的财产所作的移转、设定权利负担或者其他有碍执行的行为，不得对抗申请执行人。”故买卖合同只有在法院采取执行措施之前成立的，才能对抗申请执行人。

（3）案外人提供的证据能够证明该财产来源、交付时间及完整的流转过程。该条相当于将证明买卖合同实际成立生效并初步履行的举证责任分配给了案外人。案外人作为出卖人，由其来对标的物的来源、交付时间、交付过程等进行举证更为合理，且在其能力范围之内。而对于申请执行人而言，相关内容其无法完成举证责任。案外人提供的证据如能判断其并未实际履行合同或者其与被执行人间存在虚假交易行为，则直接驳回其诉讼请求。

（4）案外人同意将被执行人支付的全部价款交付执行。根据《民法典》第 566 条第 1 款规定，合同解除后，当事人间应当恢复原状，即被执行人将占有的标的物归还案外人，案外人则将被执行人已交付的部分款项予以返还。合同解除后，标的物不属于被执行人所有，但其支付的对价则成为其责任财产，案外人应当将其交付法院予以执行。需要特别说明的是，《最高人民法院关于审理买卖合同纠纷案件适用法律问题的解释》第 26 条规定“买受人已经支付标的物总价款的百分之七十五以上，出卖人主张取回标的物的，人民法院不予支持”。对于执行程序中，案外人主张标的物取回权是否仍然需要受到该条限制。第一，从法律适用角度来看，《民法典》第 642 条第 1 款对出卖人行使取回权的条件作了具体规定："当事人约定出卖人保留合同标的物的所有权，在标的物所有权转移前，买受人有下列情形之一，造成出卖人损害的，除当事人另有约定外，出卖人有权取回标的物：（一）未按照约定支付价款，经催告后在合理期限内仍未支付；（二）未按照约定完成特定条件；（三）将标的物出卖、出质或者作出其他不当处分"。与之相匹配，《最高人民法院关于审理买卖合同纠纷案件适用法律问题的解释》在第26条对取回权作了比例限制。执行程序中案外人行使的取回权，不属于《民法典》与《最高人民法院关于审理买卖合同纠纷案件适用法律问题的解释》规定的取回权，因此自然也不受限制取回规定的限制。第二，执行程序不同于普通民事法律关系，其调整的法律关系涉及申请执行人、被执行人（买受人）、案外人（出卖人）三方，而非普通买卖合同中的双方当事人，需要从三方整体上的利益来衡量这个问题。司法解释规定限制取回的比例更多的是为了保护买受人的利益，在买受人实际占有使用标的物并已支付了绝大部分对价后，再令其丧失标的物所有权，似有失公允。如在案外人异议之诉审查中也适用该比例，表面上看是被执行人（买受人）的责任财产增加，申请执行人能够获得更多清偿，似乎更加有利于案件执行。但此时，却将标的物出卖人搅进了原来的双方关系。出卖人的物权直接变为债权，需要向买受人追索。同时，在被执行人已自动履行困难的前提下，该债权的追索往往需要再次进行诉讼与执行，极易造成司法资源的浪费。所以，经综合考量，在案外人异议之诉审查过程中不宜对出卖人的取回权进行限制。

（5）案外人与被执行人不存在利益关联等情形。该条的目的是防止案外人与被执行人间相互串通规避执行。

三、案外人出卖动产经二次转让提出异议的审理

案外人保留所有权的一般动产，出让给他人后经该他人转让由被执行人受让并占有使用，案外人在该动产被查封或采取执行措施后以其保留所有权为由提出执行异议，请求排除执行的，裁定驳回其异议。案外人提起的执行异议之诉，如被执行人符合善意取得情形的，应驳回案外人的诉讼请求，但是根据《民法典》第641条出卖人对标的物保留的所有权已经登记的除外。

此种情形是对所有权保留买卖合同项下买受人善意取得的特殊规定。《最高人民法院关于审理买卖合同纠纷案件适用法律问题的解释》第26条第2款

规定，当事人约定所有权保留，在标的物所有权转移前，买受人将标的物出卖、出质或者作出其他不当处分的，第三人依据《民法典》第311条的规定已经善意取得标的物所有权或者其他物权，出卖人主张取回标的物的，人民法院不予支持。

在第三人已对标的物善意取得的前提下，无论所有权保留合同是否有效，出卖人均已丧失对标的物的所有权，故其提出的异议之诉应当予以驳回。唯一的例外情况是《民法典》新增的内容，即《民法典》第641条第2款规定“出卖人对标的物保留的所有权，未经登记，不得对抗善意第三人”。在出卖人对标的物保留所有权进行登记的情况下，《民法典》规定其权利顺位保护优先于善意取得的买受人，故此时异议之诉审查除符合案外人为出卖人提出异议的五项标准之外，需要对标的物保留所有权是否登记进行审查。如均符合，则支持案外人诉求。

四、案外人买受经二次转让动产提出异议的审理

被执行人保留所有权的一般动产，出让给他人后经该他人转让由案外人受让并占有使用，案外人在该动产被查封或采取执行措施后以其为实际所有权人提出执行异议的，按照《民事诉讼法》第234条审查。因此提起的异议之诉，如案外人符合《民法典》第311条规定的善意取得情形，应支持案外人诉讼请求，但是根据《民法典》第641条出卖人对标的物保留的所有权已经登记的除外。

例如，在江苏省高级人民法院（2019）苏02民终1645号案例中，无锡市锡山区人民法院（以下简称锡山法院）于2016年11月16日作出（2016）苏0205民初3774号民事判决，判令：张某1、无锡市某塑料制品厂应于判决生效后10日内支付胡某某厂房设备租金259 000元，张某2在某塑料制品厂财产不足清偿债务的范围内承担补充清偿责任。上述判决生效后，因三被告未依法履行判决书确定的付款义务，胡某某遂申请强制执行。在执行过程中，该院于2017年6月29日查封了某塑料制品厂内的6台注塑机（含诉争的3台注塑机）。另查明，2016年11月4日，华某某与某塑料制品厂就6台注塑机在无锡市锡山区市场监督管理局办理了动产抵押登记，在抵押物概况载明注塑机所有权归属某塑料制品厂，数量6台。该登记书由某塑料制品厂在抵押人一栏盖章并由张某2签字确认，由华某某在抵押权人一栏签字确认。办理抵押登记时

的备案借款合同为2016年5月17日张某1、某塑料制品厂、张某2与华某某所签，借款本金为40万元，用途为购买设备。该债权债务关系经由锡山法院另案判决确认。又查明，宁波市鄞州区法院（以下简称鄞州法院）于2017年6月20日作出（2017）浙0212民初3087号民事判决书，该判决认定宁波某塑料机械有限公司在某塑料制品厂支付货款未及总价款75%以上的情况下有权根据双方所有权保留约定行使取回权，判令某塑料制品厂于判决生效后10日内返还某塑料机械有限公司3台诉争注塑机。

上述判决生效后，某塑料机械有限公司向锡山法院提出执行异议，要求该院停止对诉争3台注塑机的强制执行并解除对该3台设备的查封扣押，该院经审查后，于2018年5月15日作出（2018）苏0205执异第13号执行裁定书，裁定驳回某塑料机械有限公司的异议请求。某塑料机械有限公司对该执行异议裁定不服，遂诉至法院。锡山法院经审理，驳回某塑料机械有限公司的全部诉讼请求。某塑料机械有限公司对一审判决不服上诉至无锡中院。

无锡中院认为，本案中某塑料机械有限公司的取回权是经鄞州法院于2017年6月20日判决确认的，而之前某塑料机械有限公司与买受人之间虽约定有取回权，但因我国尚未建立所有权保留登记制度，出卖人保留所有权一般不为外界所知晓，买受人常常被推定为真实的所有权人。买受人将标的物出卖或进行其他处分的，第三人一般都是善意，一旦构成善意取得，出卖人即丧失所有权或必须容忍其他物权的存在，出卖人所希望的凭借所有权保留来实现价金担保的目的必然落空，我国现行的所有权保留制度更多的功能体现在买卖双方与第三人之间。而我国立法上对动产抵押权采登记对抗主义，如果该抵押权已登记，则可以对抗他人（原出卖人），而原出卖人保留的所有权没有登记，所以抵押权优先。综上，本案当事人华某某于2016年11月4日在向某塑料制品厂出借款项时，对某塑料制品厂的涉案6台注塑机进行了动产抵押登记，已具备对抗他人的权利。现某塑料机械有限公司以其对涉案3台注塑机具有取回权，来阻止法院执行，与法相悖，原审法院未予支持并无不当。故判决驳回上诉，维持原判。

第七章　涉股权执行裁判案件的审理

我国《公司法》将公司分为有限责任公司和股份有限公司，股份有限公司又可分为上市公司与非上市股份公司。不同类型的股权执行，需要遵循不同的法律规定，涉及的执行裁判规则亦有不同。本章根据所涉股权的不同类型分别讨论执行异议及异议之诉审理规则和要求。

第一节　股权执行行为异议案件的审查

本节所称股权，仅指有限责任公司股权和股份有限公司股份，关于在依法设立的证券交易所上市交易以及在国务院批准的其他全国性证券交易场所交易的股份有限公司股份的执行裁判问题，将于后单列一节讨论。

一、被执行人股东身份的确定

谈及股东之前，先谈出资。出资是“有限公司的出资人对公司的直接投资及所形成的相应资本份额，作为出资人在公司股本中占有的份额，在不十分严格的场合亦可称为股份”。[①] 而出资人，即股份的持有者即为股东。《公司法司法解释（三）》第22条规定：“当事人之间对股权归属发生争议，一方请求人民法院确认其享有股权的，应当证明以下事实之一：（一）已经依法向公司出资或者认缴出资，且不违反法律法规强制性规定；（二）已经受让或者以其他形式继受公司股权，且不违反法律法规强制性规定。”由此可见，无论是学界还是司法实践中，股东身份最核心的实质特征，即其对公司的实际出资行为。

对于经转让获得股东身份的时间节点，主要有以下四种观点：一是股权转

① 史际春、肖竹：《公司法教程》（第三版），中国政法大学出版社2013年版，第116页。

让合同生效则股权转移。出让人与受让人意思表示一致，则股权转让合同生效。除非法律法规明确规定或者当事人另有约定，股权转让合同生效后股权即在当事人之间发生转移，股东名册变更则产生对抗公司的效力，工商登记变更产生对抗第三人的效力。二是以通知公司股权转让事实为股权发生转移的标志。这种观点认为，股权转让合同生效后，只要转让人将转让事实以书面方式通知了公司，股权即在双方当事人之间发生转移。三是以股东名册变更为股权转移的标志。这种观点认为，有限责任公司股东名册登记为设权登记，股东名册变更是受让人取得股权的标志。转让有限责任公司股权，双方意思表示一致，股权转让合同生效，还需要变更股东名册登记，将受让人姓名或者名称记载于股东名册，股权才由出让人转移到受让人。四是以公司登记机关登记变更为股权转移的标志。这种观点认为公司登记机关变更登记是股权转让的法定要件，未经公司登记机关变更登记，股权转让行为不发生法定效力。而《全国法院民商事审判工作会议纪要》则采纳了第三种观点，认为“以股东名册变更作为股权转移的标志，区分了股权转让合同生效与股权权属变更，区分了股东名册记载与公司登记机关记载的效力，兼顾了转让股东、受让股东的利益以及对公司债权人和不特定相对人的保护”。①

《查封、扣押、冻结规定》第 2 条规定：“人民法院可以查封、扣押、冻结被执行人占有的动产、登记在被执行人名下的不动产、特定动产及其他财产权。”法院查、扣、冻被执行人财产的前提是，仅对该财产从外观判断应当是属于被执行人财产，而外观判断主要依赖于两种形式占有与登记。由于股权转让、登记、生效等一系列行为的复杂性、载体的多样性，如何判断股权是否为被执行人财产成为长期以来困扰执行法官的难题，2022 年 1 月 1 日施行的《最高人民法院关于人民法院强制执行股权若干问题的规定》第 4 条确定了判断标准，即对于下列资料或者信息之一载明的属于被执行人的股权，法院均可以采取冻结措施：一是股权所在公司的章程、股东名册等资料；二是公司登记机关的登记、备案信息；三是国家企业信用信息公示系统的公示信息。换言之，上述三种载体登记的公司股东有可能出现不一致的情形，对此执行程序不进行审查，通过案外人异议与异议之诉审查处理。

---

① 最高人民法院民事审判第二庭编著：《〈全国法院民商事审判工作会议纪要〉理解与适用》，人民法院出版社 2019 年版，第 134 页。

二、几种常见类型的涉股权执行行为异议

（一）超标的查封异议

《查封、扣押、冻结规定》第 19 条规定："查封、扣押、冻结被执行人的财产，以其价额足以清偿法律文书确定的债权额及执行费用为限，不得明显超标的额查封、扣押、冻结。发现超标的额查封、扣押、冻结的，人民法院应当根据被执行人的申请或者依职权，及时解除对超标的额部分财产的查封、扣押、冻结，但该财产为不可分物且被执行人无其他可供执行的财产或者其他财产不足以清偿债务的除外。"《最高人民法院关于人民法院强制执行股权若干问题的规定》第 5 条第 1 款规定："人民法院冻结被执行人的股权，以其价额足以清偿生效法律文书确定的债权额及执行费用为限，不得明显超标的额冻结。"对于超标的冻结股权提出的异议属于执行异议。根据《最高人民法院关于人民法院强制执行股权若干问题的规定》第 5 条第 2 款规定，异议人不能仅以超标的为由提出异议，而应当附证明股权查封、扣押、冻结财产价额的证据材料，由法院进行审查，如审查认为系超标的查封的，解除超标的部分的冻结。换言之，由于股权与一般物品不同，很多情形下经过评估程序也难以确定其实际价值，故赋予了异议人举证责任，需要提供足够证据证明法院超标的查封才能支持其异议，如其无法举证，则驳回其异议请求。

（二）拍卖异议

根据《最高人民法院关于人民法院强制执行股权若干问题的规定》第 14 条规定，被执行人、利害关系人以以下理由对执行法院拍卖股权提出异议的，一般不予支持。

一是被执行人未依法履行或者未依法全面履行出资义务。在此类情形下，涉及几组法律关系。第一，申请执行人与被执行人。对于申请执行人而言，拍卖被执行人名下股权后，变价款用以清偿债务，法院拍卖股权的行为并不会损害申请执行人的利益。第二，竞买人（新股东）与公司。竞买人竞得公司股权后，股东由原被执行人变更为竞买人，竞买人的后续认缴出资义务是竞买人与公司间的法律关系，与法院的拍卖股权行为并无关联。需要强调的是，法院应当在拍卖公告中载明被执行人认缴出资额、实缴出资额、出资期限等信息，以供竞买人竞买时充分考量股权是否值得竞买。在这一法律关系中，法院拍卖股权的行为并未损害公司的利益。第三，被执行人与公司。《公司法司法解释

（三）》第 18 条第 1 款规定："有限责任公司的股东未履行或者未全面履行出资义务即转让股权，受让人对此知道或者应当知道，公司请求该股东履行出资义务、受让人对此承担连带责任的，人民法院应予支持；公司债权人依照本规定第十三条第二款向该股东提起诉讼，同时请求前述受让人对此承担连带责任的，人民法院应予支持。"据此，未全面履行出资义务的股东作为被执行人被拍卖股权后，其有可能出现与新股东对认缴出资额承担连带责任的结果。在这组法律关系中，公司的利益同样未受贬损。综上，此种情形下法院可以直接驳回被执行人和利害关系人的异议。

二是被执行人认缴的出资未届履行期限。此种情形与上述情形基本一致，区别为第一种情形下，被执行人应当履行出资义务而未履行，而第二种情形下被执行人的出资义务尚未届履行期限，对出资享有期限利益。法院拍卖被执行人股权时，同样对应三组法律关系，如上文分析，法院的拍卖行为并未损害被执行人、公司及竞买人的利益，法院可以直接驳回被执行人和利害关系人的异议。

三是公司章程、股东协议等对该股权自行转让有限制。《公司法》第 71 条第 4 款规定："公司章程对股权转让另有规定的，从其规定。"无论是公司章程还是股东协议，对股权转让的限制均限于民事领域意思自治范畴，而在司法强制执行语境下，意思自治不能对抗国家公权力。基于公序良俗或者善意文明，强制执行的范围固然受到一定限制，例如《查封、扣押、冻结规定》第 3 条对不得执行的被执行人名下财产作了明确规定。关键问题是，被执行人财产禁止法院执行，必须由法律、司法解释规定，不能由当事人自行确定排除。因此，以公司章程、股东协议对股权转让有限制为由提出异议的，裁定驳回异议请求。

四是法律、行政法规、部门规章等对该股权自行转让有限制。单看该条可能令人疑惑，强制执行如何能够突破法律、法规对转让的限制？理解这一点，需要结合《最高人民法院关于人民法院强制执行股权若干问题的规定》第 15 条的规定。该条规定："股权变更应当由相关部门批准的，人民法院应当在拍卖公告中载明法律、行政法规或者国务院决定规定的竞买人应当具备的资格或者条件。必要时，人民法院可以就竞买资格或者条件征询相关部门意见。拍卖成交后，人民法院应当通知买受人持成交确认书向相关部门申请办理股权变更批准手续。买受人取得批准手续的，人民法院作出拍卖成交裁定书；买受人未在合理期限内取得批准手续的，应当重新对股权进行拍卖。重新拍卖的，原买受人不得参加竞买。”简言之，在法院强制拍卖股权过程中，对买受人资格的审查是事后审查，买受人竞得标的物后如未能在规定时间内符合股权受让条件的，法院应当重新拍卖，直至买受人符合股权受让条件为止。据此，法律、行政法规、部门规章等对股权自行转让的限制并不能阻却股权拍卖，只是限制了买受人的范围，因此被执行人、利害关系人就此提出异议时，应当驳回异议请求。

三、股权执行行为异议的救济程序

此类异议是对执行行为的异议，当事人对异议裁定不服的，应当按照《民事诉讼法》第232条规定提起复议。其中，就超标的查封异议而言，被执行人对驳回超标的查封异议裁定不服的，需要在复议程序中提供证据证明法院确属超标的查封。申请执行人对法院解除超标的查封部分的异议裁定不服的，需要在复议程序中提供证据证明法院原查封标的并未明显超过申请执行标的。

第二节　上市公司股权执行行为异议案件的特殊处理规则

上市公司由于涉及股东众多，在公司治理与制度规范方面的规定都有别于有限责任公司与非上市股份公司，例如上市公司股票的过户、结算、保管等行为都要通过证券登记结算机构[①]等，因此，对于上市公司股权的执行应遵循专门的程序性要求，由此引发的执行异议案件也与普通类型的股权执行异议案件存在很大不同。

一、上市公司股权执行异议案件与其他公司股权异议案件的区别

上市公司涉及股权的执行异议主要涉及超标的查封股权的问题。有限责任公司与非上市股份有限公司也会涉及超标的查封股权的异议，但是由于股权价值确定方式的区别，两者涉股权超标的查封异议与上市公司的股权超标异议差别很大。前者的异议形式上是针对法院超标的查封提出，包括两类，一类是对

① 王胜明主编、全国人大常委会法制工作委员会民法室编著：《中华人民共和国物权法解读》，中国法制出版社2007年版，第487～488页。

股权的评估价值与评估方法有异议，根据《财产处置参考价规定》，该异议通过其他途径解决，不在执行异议程序予以审查，故本章不作论述，另一类前文已涉及，此处不再赘述。总而言之，对于有限责任公司与非上市股份公司超标的查封的异议的争议焦点集中在股权的现有价值。而上市公司与之不同，上市公司的股权价值可以直接以挂牌交易价折算，易于识别确认，故对于上市公司超标的查封的异议均属于执行异议案件审查范围。

二、上市公司股份执行异议案件审查应当注意的问题

执行工作是依靠国家强制力实现胜诉裁判的重要手段。当前，被执行人规避执行、逃避执行仍是执行工作中的主要矛盾和突出问题。突出执行工作的强制性，持续加大执行力度，及时保障胜诉当事人实现合法权益，依然是执行工作的工作重心和主线。但同时，执行工作对各方当事人影响很大，最高人民法院要求人民法院在执行过程中也要强化善意文明执行理念，严格规范公正保障各方当事人合法权益；要坚持比例原则，找准双方利益平衡点，避免过度执行；要提高政治站位，着眼于党和国家发展战略全局，提升把握司法政策的能力和水平，实现依法履职与服务大局、促进发展相统一。要采取有效措施坚决纠正实践中出现的超标查封、乱查封现象，对不规范行为依法严肃处理。[①] 据此，最高人民法院于2019年12月出台《关于在执行工作中进一步强化善意文明执行理念的意见》，对人民法院执行工作的规范性与谦抑性提出了要求，与之相对照，在执行异议审查过程中要注意以下几个问题：

（1）当事人对上市公司股票超标的冻结提出异议，根据下列情形分别处理：一是以冻结前一交易日收盘价为基准，结合股票市场行情，下浮20%的幅度内确定的股票价值仍然超过应当清偿生效法律文书确定的债权额的，应当支持案外人异议，解除超标的查封部分的股票。二是股票冻结后，其价值发生重大变化的，经当事人申请，人民法院可以追加冻结或者解除部分冻结。

（2）保全冻结上市公司股票后，被保全人对保全方式提出异议，要求将冻结措施变更为可售性冻结的，在执行机构已将被保全人在证券公司的资金账户在明确具体的数额范围内予以冻结后，执行裁判机构应当支持其异议请求。保全冻结上市公司股票后，被执行人提出异议要求解除保全，申请通过二级市

① 参见《最高人民法院关于在执行工作中进一步强化善意文明执行理念的意见》（法发〔2019〕35号）第2条。

场交易方式自行变卖股票清偿债务的，在执行机构已将被保全人在证券公司的资金账户在明确具体的数额范围内予以冻结后，执行裁判机构应当支持其异议请求，但应当要求其在10个交易日内变卖完毕，特殊情形下，可以适当延长。

（3）已质押股票的冻结。上市公司股票存在质押且质权人非本案保全申请人或申请执行人，目前，人民法院在采取冻结措施时，由于需要计入股票上存在的质押债权且该债权额往往难以准确计算，尤其是当股票存在多笔质押时还需指定对哪一笔质押股票进行冻结，为保障普通债权人合法权益，人民法院一般会对质押股票进行全部冻结，这既存在超标的冻结的风险，也会对质押债权人自行实现债权造成影响，不符合执行经济原则。

债务人持有的上市公司股票存在质押且质权人非本案保全申请人或申请执行人，债务人对超标的冻结股票提出异议的，人民法院审查时无需将质押债权额计算在内，直接以冻结前一交易日收盘价为基准，结合股票市场行情，下浮20%的幅度内确定的股票价值仍然超过应当清偿生效法律文书确定的债权额的，应当支持案外人异议，解除超标的查封部分的股票。

债务人持有的上市公司股票存在质押且质权人非本案保全申请人或申请执行人，债务人对法院对其在证券公司的资金账户进行整体冻结提异议的，应当支持其异议请求，要求执行机构明确具体的冻结数额，不得对资金账户进行整体冻结。

债务人持有的上市公司股票存在质押且质权人非本案保全申请人或申请执行人，质权人对法院冻结其享有质押权的股票提出异议，要求解除冻结变价股票实现其债权的，应当支持其异议。

综上，冻结上市公司股票有影响大、数额多、覆盖面广的特点，为了维护资本市场稳定，依法保障债权人合法权益和债务人投资权益，人民法院在冻结债务人持有的上市公司的股票时，应当严格规范执行行为，执行裁判审查机构也应当予以严格审查。

第三节　涉股权执行的案外人异议及异议之诉的审理

由于股权的特殊权利属性以及其设立和公示规则的多样性与专门性，导致涉股权执行的案外人异议和异议之诉需面临更复杂的权利认定规则和权益平衡考量，也为此类案件的审理带来更大的困难和更高的专业性要求。常见的案外人权益主张主要有以下几类，将逐一探讨。

一、涉股权受让人的执行裁判案件审理标准

被执行人原为公司股东，后将股权转让给案外人，但被执行人的股东信息在《最高人民法院关于人民法院强制执行股权若干问题的规定》第 4 条所列三类载体中未完全涂销，执行法院据此对该被执行人股权采取冻结措施。此时案外人以其系该股权实际受让人为由提出执行异议，请求排除执行的，应当如何处理？根据《异议复议规定》第 25 条第 1 款规定，“对案外人的异议，人民法院应当按照下列标准判断其是否系权利人：……（四）股权按照工商行政管理机关的登记和企业信用信息公示系统公示的信息判断”。工商行政管理机关现已合并入市场监督管理机关，而企业信用信息公示系统现由市场管理机关维护，故在市场监督管理机关的登记信息和企业信用信息公示系统公示信息基本一致。据此，异议案件审查时，只要案外人未以公司股东身份在登记机关登记或者企业信用信息公示系统公示即不符合案外人异议程序形式审查的要求，应当直接予以驳回。

现有异议程序的审查标准以“形式审查为主，实体审查为辅”为原则。以不动产所有权的案外人异议为例，《异议复议规定》第 25 条第 1 款第 1 项明确规定“已登记的不动产，按照不动产登记簿判断”，同时该司法解释第 28 条、第 29 条规定了买受人为案外人时的例外情况，实际上是在案外人异议程序中进行一定程度的实体审查。我们认为，由于股权转让、登记、生效相对复杂，在涉及股权的案外人异议中参照不动产的审查模式，赋予案外人异议程序一定程度的实体审查权能。我们认为，对于股权转让下案外人提出异议的情形，可以参照《异议复议规定》第 28 条规定予以审查。案外人提出的异议同时符合下列条件的，应予以支持：

（1）案外人与被执行人在股权冻结或采取执行措施之前已签订合法有效的书面股权转让合同。由于法院执行行为的强制性，当事人间的股权转让合同必须在法院采取保全措施之前签订，否则不能对抗执行案件的申请执行人。此外，该股权转让合同必须合法有效，符合《民法典》规定，不存在无效情形。

（2）案外人已按合同约定支付了股权转让价款，或者在指定的期限内已将剩余价款全部交付执行。此为对股权转让合同实际履行的要求，即作为受让方，必须已经实际履行完毕付款义务，即股东已经履行完毕出资义务。如在股

权被查封后仍然没有履行完毕付款义务的，则应当按照执行法院要求，将剩余款项交付执行，作为被执行人的责任财产后方能视为履行完毕。

（3）案外人提供的股东名册、公司章程或其他公司文件等证据能够证明其已经实际行使股东权利。根据前文分析，案外人以股东身份记载于股东名册视其为实际股东，公司法也对有限责任公司置备股东名册提出了明确要求，但实务中，有些公司并未置备股东名册。审查时必须结合公司章程、其他公司文件等依据来综合判断案外人是否已以股东身份实际行使权利。

（4）案外人提供的证据能够证明未办理股权变更登记非因其自身原因造成。《公司法》第32条第3款规定："公司应当将股东的姓名或者名称向公司登记机关登记；登记事项发生变更的，应当办理变更登记。未经登记或者变更登记的，不得对抗第三人。"根据该条规定，向公司登记机关办理股东变更登记的主体是公司，而非股东本人。对于因股东未按照要求向公司提交材料以至公司无法办理股东变更登记的，股东应当自行承担责任，其余情况下，未登记的不利后果不因由股东承担，但未经办理变更登记，不得对抗善意第三人。

二、案外人主张其为隐名股东的执行裁判案件审理标准

（一）案外人异议审查标准

执行法院对登记在被执行人名下的股权实施强制执行，案外人以其系真实股东或实际出资人为由提出执行异议，请求排除执行或一并提出确认其股东资格的，不予支持。简言之，此种情形下适用严格的权利外观主义原则进行形式审查。由于股权登记在被执行人名下，故直接予以驳回。案外人如不服，通过执行异议之诉解决。

（二）案外人异议之诉审查标准

实务中，有限责任公司在公司登记机关登记的名义股东并不实际行使股东权利，也未实际对公司出资，实际出资人却并不在公司股东名册上记载，也未于公司登记机关登记，即出现了公司名义股东与实际股东分属不同主体的情形。学理上，公司名义股东一般称谓显名股东，而实际出资人则称谓隐名股东。

1. 隐名股东的成因

关于隐名股东的成因，学界对此问题的认识相对一致，大致有以下三个方面：一是为了规避法律法规的规定；二是出于保护隐私的需要；三是股权转让

后未及时变更股权登记或错误进行工商登记。[①] 其中第三点即为本章第一节所探讨之情形，其与前两种原因也有所区别。第一，主观状态不同。前两种原因下，隐名股东主观上是积极追求隐名结果的心理状态，类似于刑法中的“直接故意”，而第三种情形下隐名股东则是放任的心理状态，或是工作失误导致错误登记，类似于“间接故意”和“过失”。第二，当事人间基础法律关系不同。前两种情形下，隐名股东与显名股东间往往签订股权代持协议，该协议性质相当于委托代理合同。而第三种情形，隐名股东与显名股东间则是股权转让合同，相当于买卖合同的性质。由于两者成因区别较大，继而涉及后续权利保护、利益衡量均有不同，故本节探讨的限于第一、二种原因下的隐名股东。

2. 案外人是否为真实股东之判断标准

案外人对执行标的是否享有所有权，往往是案外人异议之诉的审查核心，对于股权的审查也是如此。我们认为，至少应当从以下四个方面进行审查：

（1）案外人是否已支付股权的对价。《公司法司法解释（三）》第 22 条规定，“当事人之间对股权归属发生争议，一方请求人民法院确认其享有股权的，应当证明以下事实之一：（一）已经依法向公司出资或者认缴出资，且不违反法律法规强制性规定；（二）已经受让或者以其他形式继受公司股权，且不违反法律法规强制性规定”。两个条款从原始取得与继受取得公司股权的角度作了规定，简言之，即确认股权的核心条件是要支付对价。该解释第 24 条第 2 款针对隐名股东的股权确认作了更为明确的规定：“实际出资人与名义股东因投资权益的归属发生争议，实际出资人以其实际履行了出资义务为由向名义股东主张权利的，人民法院应予支持。”

（2）代持协议是否存在无效情形。《公司法司法解释（三）》第 24 条第 1 款规定：“有限责任公司的实际出资人与名义出资人订立合同，约定由实际出资人出资并享有投资权益，以名义出资人为名义股东，实际出资人与名义股东对该合同效力发生争议的，如无法律规定的无效情形，人民法院应当认定该合同有效。”代持协议合法有效是隐名股东具有实际股东资格最根本的前提条件。

（3）股东名册记载与公司登记机关登记不得对抗实际出资人。《公司法司法解释（三）》第 24 条第 2 款后半部分规定：“名义股东以公司股东名册记载、公司登记机关登记为由否认实际出资人权利的，人民法院不予支持。”未

① 纪留利：《公司隐名股东资格的认定》，载《法制与经济》2014 年第 1 期。

经登记或者变更登记的，不得对抗第三人，也不得对抗相对人。

（4）实际行使股东权利人不必然为股东。有的观点认为，案外人如实际行使股东权利，比如案外人参加股东会、行使股东投票权、在股东会会议记录上签署姓名、实际获得公司分配、其他股东的确认、接获股东会召集会议通知、行使股东任一权利未遭受其他已知的利害关系人反对等，[①] 则该案外人则必定为实际股东。其实不然，以隐名代理为例，表面上为代理人从事一系列法律行为，而实际法律效果均由被代理人承受。

综上，审查过程中应当结合股权代持协议、出资方式、股东权利行使等多方面综合考虑，全面审查后才能作出股东资格认定。

3. 隐名股东是否能对抗执行

对于一般的案外人异议之诉案件而言，如案外人对标的物享有所有权，通常情况下均能对抗执行，该条对于股权的案外人异议之诉是否依然适用？在实务中存在争议，以下以两个案例进行分析。

案例一：（2019）苏1283执异19号

江苏省泰兴市人民法院（以下简称泰兴法院）执行李某某与唐某民间借贷纠纷一案中，作出（2018）苏1283执2296号之二执行裁定：冻结被执行人唐某在某公司处享有的300万元股权，期限两年。案外人蒋某某针对上述执行行为提出异议称，请求立即停止查封案外人所有的某公司的12.5%的股权（实际出资250万元）。

泰兴法院经审查认为，根据《异议复议规定》第25条规定，对案外人的异议，人民法院应当按照下列标准判断其是否系权利人：股权按照工商行政管理机关的登记和企业信用信息公示系统公示的信息判断。被执行人唐某在常州市新北区人民法院作出的民事判决发生法律效力后，拒绝履行生效判决，该院在执行过程中有权对登记在唐某名下的股权采取强制执行措施。本案中，案外人蒋某某主张某公司登记在唐某名下300万元股权（占比为15%）中有250万元（占比12.5%）股权系唐某代其持有。该院认为，对案外人提出的执行异议，原则上进行形式审查，并根据规定情形判断执行标的权利归属，其中对股权的审查应以工商行政管理机关的登记和企业信用信息系统公信公示的信息为依据。由于案涉股权登记在唐某名下，因此，从形式要件审查，法院冻结的

① 甘培忠、周淳：《隐名出资纠纷司法审裁若干问题探讨》，载《法律适用》2013年第5期。

案涉股权所有权人应为唐某。《公司法》第32条规定："公司应当将股东的姓名或者名称向公司登记机关登记；登记事项发生变更的，应当办理变更登记。未经登记或者变更登记的，不得对抗第三人。"依法进行登记的股东具有对外公示效力，隐名股东在公司对外关系上不具有公示股东的法律地位，其不能以其与显名股东之间的约定为由对抗外部债权人对显名股东主张的正当权利。因此，当显名股东因其未能清偿到期债务而成为被执行人时，其债权人依据工商登记中记载的股权归属，有权向人民法院申请对该股权强制执行。故案外人蒋某某主张的事由不能成为阻却法院冻结案涉股权的合理事由，其异议请求不能成立，该院不予支持。依照《民事诉讼法》第227条、[①]《异议复议规定》第25条第1款第4项规定，裁定：驳回蒋某某的异议请求。

案例二：（2019）苏1324执异79号

江苏省泗洪县人民法院（以下简称泗洪法院）执行的胡某与董某民间借贷纠纷一案，董某为江苏某置业有限公司股东，董某登记认缴出资额600万元。泗洪法院裁定拍卖被执行人董某所有的江苏某置业有限公司400万股权，案外人周某某以其系隐名股东为由，提出停止拍卖的异议请求。

案外人周某某异议称：2007年至2009年间，董某在睢宁县投资开发房地产，注册成立江苏某置业有限公司，购置土地开发，因资金不足找到案外人周某某投资入股，周某某分期投入180万元股金交付给董某，董某给案外人周某某出具收条，周某某后得知因被执行人董某欠他人债务被法院对董某400万元股权进行拍卖，该拍卖行为严重侵犯了案外人周某某的合法权益，故提出对其中的180万元股权停止拍卖。

泗洪法院认为，本案的争议焦点是周某某的主张是否享有排除强制执行的民事权利。关于《公司法》第32条第3款规定的理解与适用问题，该条款规定："公司应当将股东的姓名或者名称向公司登记机关登记；登记事项发生变更的，应当办理变更登记。未经登记或者变更登记的，不得对抗第三人。"工商登记是对股权情况的公示，与公司交易的善意第三人及登记股东之债权人有权信赖工商登记机关的股权登记情况并据此作出判断。本案案外人周某某提供的证据只是被执行人董某个人出具的证明，非但未经登记机关的登记，亦无公司签章确认，不足以证明其异议主张，应当承担举证不能的不利后果。故案外

① 现为《民事诉讼法》（2021年修正）第234条。

人周某某的异议请求，不予支持。依据《民事诉讼法》第227条、[①] 最高人民法院《异议复议规定》第25条第1款第4项之规定，裁定如下：驳回案外人周某某的异议请求。

结合上述两案例进行分析，认为是否可以执行显名股东名下股权的主要有以下几种观点：

(1) 可以执行。理由为《公司法》第32条第3款规定："公司应当将股东的姓名或者名称向公司登记机关登记；登记事项发生变更的，应当办理变更登记。未经登记或者变更登记的，不得对抗第三人。"隐名股东未按照该条的要求将股东姓名登记于公司登记机关，故其不能对抗申请执行人，即该条中的第三人包括申请执行人。我们认为此观点值得商榷。该条中所称的第三人，应限缩为与名义股东就公司股权事项进行法律行为的人，即《公司法司法解释(三)》第25条规定的范围之内，而不能扩张至名义股东的所有债权人。《公司法司法解释（三)》第25条第1款规定"名义股东将登记于其名下的股权转让、质押或者以其他方式处分，实际出资人以其对于股权享有实际权利为由，请求认定处分股权行为无效的，人民法院可以参照《民法典》第三百一十一条的规定处理"。该条中《民法典》第311条即第三人善意取得制度。民事法律关系中"登记对抗"与"善意取得"实质是一个问题，只是从两个不同角度去阐释，所谓的"登记对抗"即"未经登记不得对抗善意第三人"，善意第三人依然可以善意取得权利。而善意取得的前提，必是无权处分。有权处分下的取得，就是普通的继受取得，不能称之为善意取得。学界认为，善意取得是指无权处分他人财产的让与人，在不法将其占有的他人财产交付给买受人后，如买受人取得该财产时系出于善意，则其取得该财产所有权。[②]《民法典》第311条规定："无处分权人将不动产或者动产转让给受让人的，所有权人有权追回；除法律另有规定外，符合下列情形的，受让人取得该不动产或者动产的所有权。(一) 受让人受让该不动产或者动产时是善意；……"由此可见，无权处分是善意取得的前置条件。故而在这三者间形成如下逻辑链条：无权处分是善意取得的前提，登记对抗与善意取得则相当于一个硬币的两个面，共生

---

① 现为《民事诉讼法》(2021年修正) 第234条。

② 梁慧星、陈华彬编著：《物权法》(第二版)，法律出版社2003年版，第203页。

共息、无法分割。① 据此，不难得出结论，登记对抗的模式也是基于无权处分的前提。而在强制执行过程中，申请执行人与名义股东间基于普通的债权关系而引发强制执行的行为，如采纳“未经登记不得对抗申请执行人”的观点，此时却缺少了一个最基本的前提条件，在申请执行人与名义股东之间没有无权处分情形存在。他们之间产生债权债务关系的原因并非基于名义股东对股权的无权处分，自无适用“登记对抗”主义的余地。《最高人民法院关于适用〈中华人民共和国民法典〉物权编的解释（一)》第6条规定与之类似，该条规定：“转让人转让船舶、航空器和机动车等所有权，受让人已经支付合理价款并取得占有，虽未经登记，但转让人的债权人主张其为民法典第二百二十五条所称的‘善意第三人’的，不予支持，法律另有规定的除外”。该条解释的适用范围为交通工具等特定动产，特定动产的物权变动规则虽与股权不同，其采交付生效，但“登记对抗”规则与股权是一致的，故而该条司法解释的原理也适用于股权。综上，申请执行人无法援引《公司法》第32条作为强制执行名义股东股权的理由。

（2）可以执行。理由为债权人与显名股东从事交易，显名股东名下的一切财产皆为责任财产，对其与债权人的交易存在担保作用。显名股东的股东身份，本身就是显名股东履行合同的最大担保，是债权人与之交易的前提，嗣后造成损失，自然应当可以执行该股权，以保护交易相对人的外观信赖利益。该观点表面上看也有一定道理，但是细究起来，却有问题。第一，既然要保护交易相对人的信赖利益，对于债权人而言必须要举证证明两点：一是交易时查阅了登记机关的公司登记，知晓显名股东为公司股东的事实。二是基于信赖显名股东的身份才发生的此次交易行为。该两点的举证十分困难，从通常民事交易考量，名义股东的股东身份也不足以成为促成交易的决定因素。第二，如债权人确是因为信赖显名股东身份而产生的交易，法律提供了更为有效的保障方式，即由显名股东将股权质押提供担保，这样无论该股权是否属于显名股东，交易相对人都可作为善意第三人获得优先受偿。因此，在债权人放弃此种担保方式的前提下，以案外人的股权对其作全部清偿，似有保护过度之嫌。

（3）可以执行。理由为隐名股东获得的隐名身份本就值得诟病，前文已分析隐名股东隐名的两大原因。一是为了规避法律的强制性规定，如有的公务

---

① 此处限定在股权变更登记的情形下，动产、不动产由于物权公示方式不同，自无法适用，特此说明。

员为了规避不得经商的强制性规定，借用他人名义持有公司股权从事商业行为，如有的股东为了规避公司法对股东人数限制的规定，由他人代持公司股权，实际由其一人控制公司等。二是出于个人隐私需求。有观点认为，所谓的隐私需求实际是在合法形式下掩盖的非法目的。有人认为之所以出于隐私不愿公开股东的真实身份，是因为股东出资本身来路不正，因为害怕公开身份后带来不良连锁反应。或者是由于规避税收的原因，避免多缴纳税费而不愿公开股东的真实身份。上述观点虽有一定道理，但将所有隐名股东都认为是出于不法原因采取隐名的行为也确有以偏概全之嫌。尤其是《公司法司法解释（三)》从司法解释的角度对隐名股东的身份予以了承认，如该司法解释第 24 条第 1 款规定“有限责任公司的实际出资人与名义出资人订立合同，约定由实际出资人出资并享有投资权益，以名义出资人为名义股东，实际出资人与名义股东对该合同效力发生争议的，如无法律规定的无效情形，人民法院应当认定该合同有效。”对于司法解释已经予以肯定之事由在执行环节予以一概否定，不免失之偏颇。

（4）可以执行。理由为隐名投资实际上分为两种情形：第一，隐名股东与显名股东约定由其享有股权之全部权能，包括股权之自益权和共益权。第二，隐名股东与显名股东约定其只享有收益权。但无论何种约定，隐名股东对执行标的仅享有债权，基于债的相对性，原则上不足以排除强制执行。①

（5）不能执行。理由为股权从本质上而言与其他被执行人的财产并无区别，在通常的案外人异议之诉的情形下，如通过审查能判断案外人所提出异议之诉的财产实为案外人所有，往往能直接阻却执行，而股权也应当予以适用。该种理由在法律逻辑上比较通顺，但也存在问题。一是享有所有权便足以对抗执行的原则并非统一适用，《异议复议规定》第 28 条、第 29 条即是例外，并未形成异议之诉的普通适用原则。二是带来一个执行中的难题，由于实务中规避执行的现象较为常见，在现行法律体系下对规避执行的行为并无太好的办法予以规制，即使通过异议之诉的审查也很难确定案外人是否为真实的公司股东，如支持隐名股东可以对抗执行，则给对股权的执行造成很大困难，给规避执行留下空间。同时鉴于我国有限责任公司中名义股东与实际股东相分离成为常态，如对执行予以过多限制，则有限责任公司股权将实际无法得到有效

① 肖建国、庄诗岳：《论案外人异议之诉中足以排除强制执行的民事权益——以虚假登记财产的执行为中心》，载《法律适用》2008 年第 15 期。

执行。

综合以上观点，结合我国目前股权执行的实际情况，有学者提出了“强制执行优先性”的理由，认为申请执行人所持执行债权，由于已经经过生效法律文书确认，由人民法院以强制执行力予以保障，故具有不同于一般债权的优先权利，可以对抗隐名股东。[①] 对此观点，我们予以认同。据此，我们认为，执行法院对登记在被执行人名下的股权实施强制执行，案外人以其系真实股东或实际出资人为由提出执行异议，请求排除执行或一并提出确认其股东资格的，基于执行异议程序外观主义形式审查的原则，不予支持。案外人因此提起的执行异议之诉，由于执行债权优先性的原因，同样不予支持。但是案外人提供的证据能够充分证明申请执行人明知或应知其是隐名股东或实际出资人的，予以支持。由于此时对于申请执行人而言，其已经知晓隐名股东为实际股东，故其不存在对隐名股东的信赖利益，在此情况下，其不具有可对抗隐名股东之权利。

三、案外人主张其为显名股东的执行裁判案件审理标准

（一）案外人异议程序的审查规则

执行法院对被执行人登记在案外人名下的股权采取查封或冻结措施，该案外人提出执行异议，请求解除查封或冻结措施的，应当如何处理。此时进行异议审查时，可基于权利外观主义原则，即股权登记在案外人名下，对于案外人的异议请求予以支持。

我们认为，在此类情况的案外人异议审查中也可以赋予案外人异议审查程序一定实体审查的权能。如同时符合下列情形的，应裁定驳回案外人的异议请求：

（1）申请执行人提供的证据能够证明被执行人确系该股权的隐名股东或实际出资人；或者申请执行人提供的线索能够查明被执行人确系该股权的隐名股东或实际出资人的。但前者对申请执行人提出了相当高的举证能力要求，能达到该举证标准的申请执行人应当是极少数；后者对承办法官提出了一定要求，其需要对申请执行人提供的线索进行核实与查明。

---

① 张元：《隐名股权的强制执行》，载江必新、刘贵祥主编，最高人民法院执行局编：《执行工作指导》2016年第3辑，国家行政学院出版社2016年版，第110～112页。

（2）被执行人实际行使股东权利的。同样地，需要由法官查明被执行人是否实际行使股东权利，主要通过翻阅公司股东会会议记录是否有被执行人签名、被执行人是否实际参与公司经营、公司文件中是否记载被执行人等综合认定。

（二）案外人异议之诉的审查规则

我们认为，案外人因此提出执行异议之诉，请求排除强制执行，且同时符合下列条件的，应判决不得执行该股权：

（1）案外人原始取得股权的，已提供其出资凭证、出资证明书等直接证据予以证实。案外人既然是原始取得，证明该股权并未发生过转让情形，根据前文分析，在原始取得的情形下，出资是成为公司股东的核心行为，如案外人能提供实际出资的相关材料，即可认定其为公司的实际股东。

案外人继受取得股权的，已提供直接证据证明其在股权冻结之前已与出让人签订合法有效的股权转让合同，并已按合同约定支付了股权转让价款。此种情形下，即为本章第二节提到的股权转让情形，案外人已履行完转让合同项下的全部义务，且已完成变更登记，故认定其为公司的实际股东应无疑问。

（2）案外人提供股东名册、公司章程或其他公司文件等证据能够证明其实际行使股东权利。此为认定案外人为股东的实质要件，即案外人并非只存在于公司登记机构的登记中，而是实际履行了股东的职能。需要说明的是，此种情形下，在案外人异议中，法院已经基于被执行人实际行使股东权利而驳回了案外人异议，此时又认定案外人实际行使股东权利，两者之间是否存在矛盾？实务中，进行审查时也时常出现显名股东、隐名股东都在一定程度上行使股东职能的情形，此时我们依据优势证据规则予以判断，由于此时股权登记在案外人名下，同时案外人也能举证证明其行使股东权利，更倾向于认定案外人是实际股东，故排除对股权的强制执行。

（三）法院执行案外人名下股权时执行行为之再探讨

当法院在执行案外人名下的股权时，此时执行法院实际执行了登记在案外人名下的财产，根据《查封、扣押、冻结规定》第2条第1款规定，“人民法院可以查封、扣押、冻结被执行人占有的动产、登记在被执行人名下的不动产、特定动产及其他财产权”。即法院仅能针对被执行人名下的财产作出执行行为，一般情况下是不得对案外人名下的财产采取强制措施的。同时该条第3款又规定唯一的例外情形：“对于第三人占有的动产或者登记在第三人名下的不动产、特定动产及其他财产权，第三人书面确认该财产属于被执行人的，人民法院可以查封、扣押、冻结。”即只有在一个例外条件下，法院对于案外人名下的财产才可以采取执行措施，即第三人予以自认，承认该财产非其所有而是属于被执行人。而本章讨论的情形并不属于此种例外情形，所以严格说来法院从最开始即不应该采取执行行为，继而也不会产生后续的案外人异议与异议之诉。但此时似乎陷入了一个悖论之中，如果法院一开始不采取执行行为，就不会有后续异议之诉对被执行人是否为实际股东的实体审查，就无法实现对股权的甄别与执行。

我们不禁要检视整个执行行为，如果客观上被执行人将股权登记在案外人名下，在案外人不予自认的情况下，是否应该对该财产予以执行？我们认为，被执行人以其个人的所有财产承担债务，作为其责任财产，虽然登记在他人名下，但只要能确定其为被执行人财产，仍然应当予以强制执行。谈及确定为被执行人财产的方式，一种为自认，另一种为诉讼。问题是在案外人连自认都不愿作出的情况下，更加没有动力去提起诉讼。真正有动力启动诉讼程序的，只有债权人，也就是申请执行人。但是在我国目前的诉讼体系下，并没有一类符合这样形式的诉讼。有学者提出，针对此种情形，需要设立申请执行人代为变更诉讼。在该诉讼中，申请执行人向法院提供证据证明被执行人是股权的实际所有者，法院对此可进行实质审查，充分审查法律事实并考虑各方当事人之间的利益关系，如果证据确实充分，判决案涉股权属被执行人所有，股权发生变动的效力。于是，执行法院可以据此对案涉股权采取强制执行措施或进一步处分。[①] 对于该观点，可兹赞同。就目前的执行方式而言，想要执行案外人名下的被执行人股权，确需执行法院作出一个明显违法的执行行为从而导入到一个合法的诉讼程序中进行审查来确定，即使执行法院的违法执行行为实则不得已而为之，且从结果看也是合法的，也并不符合法治的要求，确实应该在制度构建上进行修补完善。

---

① 王晓萌:《隐名股权执行法律问题研究》，首都经济贸易大学 2017 年硕士学位论文，第 30 页。

第八章　涉债权执行裁判案件的审理

第一节　概　论

一、问题的提出

由于历史原因，我国《民事诉讼法》对于债权执行的规定较为简单，[①] 主要体现于相关的司法解释规定，最早见于 1992 年《民事诉讼法意见》第 300 条和 1998 年《最高人民法院关于执行工作若干问题的规定（试行）》第 61 条至第 69 条规定。债权执行也被称为“代位执行”，它是指在民事执行程序中，被执行人不能清偿债务，但对第三人享有债权，法院可依执行债权人的申请，通知该第三人向执行债权人履行债务。该第三人对债务没有异议，但又在通知指定的期限内不履行的，人民法院可以强制执行。2011 年《最高人民法院关于依法制裁规避执行行为的若干意见》第 12 条、第 13 条对被执行人享有债权的保全和执行措施提出了完善意见。2015 年《民事诉讼法司法解释》第 501 条对《民事诉讼法意见》第 300 条进行了修改，从而明确了对于债权执行的制度精神，既要保证申请执行人生效法律文书确定债权的实现，也要注意保护次债务人、相关利害关系人的合法权益；明确了对债权执行与代位权制度的关系，只有次债务人对债权无异议的，才能予以执行。一旦次债务人提出了异议，申请执行人就无法再通过执行程序向次债务人求偿，而是应该通过代位权诉讼途径主张权利；强调保护利害关系人的权利，如果其提出的异议符合《民事诉讼法》第 227 条（编者注：2021 年《民事诉讼法》第 234 条）案外人异议的条件，或者其债权符合参与分配的条件时，应依法保护其程序性权利

---

① 肖建国：《民事执行法》，中国人民大学出版社 2014 年版，第 81 页。

与实体性权利。[①] 但在实践中，各地法院对债权执行的理解存在模糊，导致执行异议审查及异议之诉审理中执法尺度不统一。为此，江苏省高级人民法院于2019年3月下发了《执行异议及执行异议之诉案件审理指南（三）》（审委会会议纪要〔2019〕2号），对涉债权执行异议和执行异议之诉案件的处理进一步细化要求。随着《民法典》及相关司法解释的颁布实施，结合司法实践，江苏省高级人民法院审判委员会第34次全体委员会又于2021年11月讨论通过了《执行异议及执行异议之诉案件办理工作指引（三）》。

二、对第三人的债权执行的理论基础

对第三人的债权执行一直面临种种疑问：为何申请执行人有权申请法院执行与其并无诉讼关系的第三人？我国理论界素有争论，较有影响的有“协助执行说”“债权保全说”“督促程序说”。随着理论界和实务界的充分讨论，主流观点认为民法上的代位权是对第三人到期债权执行的理论基础。持该观点的学者认为，代位申请执行直接源于债权人的代位权制度，代位申请执行权则直接源于债权人的代位权，这里的代位申请执行权正是申请执行人对被执行人享有的权利的衍生，体现着该权利的对外效力，符合债权人代位权的法律特征。代位执行是债权人的代位权在执行程序中的延伸和体现，就对第三人到期债权的执行制度所保护的实体权益来看，它所保护的是债权人的代位权，因而民事实体法上的债权人代位制度是对第三人到期债权的执行的基础。换言之，对第三人到期债权的执行是代位权的诉讼保护形式。[②]

我们认为，代位执行与代位诉讼是民事诉讼法上规定的两种程序，前者属于执行程序，后者属于民事诉讼的普通程序。两者都是债权人代位权的诉讼保护形式。尽管两者存在一定的共同条件和实体后果，但两者的性质、适用条件、异议内容及法律后果等方面均存在明显差别，不能得出代位权是对第三人到期债权的执行的理论基础的结论。而根据债务人全部财产得为其债务提供总担保的原理，其所享有的债权亦属责任财产之一部分，以此作为对第三人债权执行的理论基础更为适宜。换言之，对债权的执行与对动产执行、不动产执行

① 最高人民法院修改后民事诉讼法贯彻实施工作领导小组编著：《最高人民法院民事诉讼法司法解释理解与适用（下）》，人民法院出版社2015年版，第1329页。

② 江必新主编：《民事执行司法解释的理解与适用》，人民法院出版社2011年版，第450页。

本质上并无不同，都是对被执行人财产的执行方式。①

三、对第三人的债权执行的现行法律规定

最高人民法院在2015年制定《民事诉讼法司法解释》时，针对能否对第三人债权执行的问题上，存在完全不同的两种意见。第一种意见认为，《民事诉讼法意见》第300条关于第三人债权执行制度的规定存在法律上的障碍，应予删除。第二种意见认为，对第三人债权执行制度应在保留的基础上予以完善，具体应当完善“与代位诉讼制度的衔接”“禁止第三人否定生效法律文书确定债权的存在”等内容。最终在第二种意见的基础上，吸收了第一种意见关于保护相关权利人的内容，形成现行的《民事诉讼法司法解释》第499条规定。即人民法院执行被执行人对他人的到期债权，可以作出冻结债权的裁定，并通知该他人向申请执行人履行。该他人对到期债权有异议，申请执行人请求对异议部分强制执行的，人民法院不予支持。利害关系人对到期债权有异议的，人民法院应当按照《民事诉讼法》第234条的规定处理。对生效法律文书确定的到期债权，该他人予以否认的，人民法院不予支持。该条第1款确定执行被执行人对第三人的债权仅限于到期债权，规定冻结债权需要使用裁定形式，只规定对债权执行的一种通知方式，对债权执行的其他方式留待专门司法解释解决。第2款规定了第三人及相关权利人的救济制度，即第三人对其与被执行人之间的债权债务关系提出异议的，执行法院不得继续执行该债权，而应由申请执行人通过代位诉讼救济权利。第3款规定对生效法律文书确定的到期债权，第三人不能予以否认。需要注意的是，第三人不能否认生效法律文书确定的债权，但是如果在债权确定后履行了该债权，则仍有权提出债务已履行的异议。②

《民法典》公布并施行后，最高人民法院对《执行工作规定》进行了修正，原《执行工作规定》第61条至第69条修正为第45条至第53条，对有关“被执行人到期债权的执行”的条文内容未作出修改，表明对被执行人到期债权的执行的原有司法解释规定保留不变，这也成了现行执行程序中对被执行人到期债权执行的具体规范。具体包括以下内容。

---

① 江必新主编：《民事执行司法解释的理解与适用》，人民法院出版社2011年版，第450页。

② 最高人民法院修改后民事诉讼法贯彻实施工作领导小组编著：《最高人民法院民事诉讼法司法解释理解与适用（下）》，人民法院出版社2015年版，第1329页。

（一）适用条件

对第三人到期债权执行，必须具备下列条件，缺一不可：

1. 申请执行人已取得执行根据

只有申请执行人取得了对被执行人的执行依据，才能适用债权执行制度。这是债权执行的前提条件之一，符合执行程序的合法性要求。

2. 被执行人不能清偿到期债务

这是申请债权执行的一般条件，体现执行债权的必要性。故其中的“不能清偿”不宜作苛刻要求，主要由申请执行人根据债权的满足效果和执行效率作出判断选择，与被执行人的动产、不动产执行无优劣之分。

3. 被执行人对第三人享有到期债权

这是适用债权执行的关键条件。“到期债权”是指第三人依照法律规定或约定负有对被执行人清偿期届满而尚未清偿的给付义务。这是债权执行的标的，因而执行要求是限制支付或指令支付。只有第三人拒绝执行法院的通知要求，法院才能对第三人的财产采取强制执行措施。

4. 申请执行人提出申请

这是启动债权执行的程序条件。法院不能依职权启动，否则对第三人有失程序公正。《执行工作规定》第45条规定申请执行人、被执行人都可以申请。被执行人为实现债权可以自行启动诉讼或执行程序，在其为被执行人的执行程序中申请法院执行其债权，不符合债权执行的本质特征，也有借力法院打击第三人的意图，不具有正当性。

（二）适用程序

债权执行涉及第三人的民事权益，人民法院应遵循司法中立的原则，不得依职权启动对第三人到期债权的执行程序，应按法定程序进行，具体可分为以下环节：

1. 申请执行人提出申请

这是债权执行的启动要件。尽管不强调要求申请执行人提供被执行人对第三人享有到期债权的全部证据，但至少应由申请执行人提供相关线索，以便执行法院调查核实。实践中，申请执行人往往难以知晓被执行人的债权状况，人民法院在执行中发现被执行人有到期债权的，应当及时告知申请执行人，由申请执行人自行选择决定是否提出申请，启动债权执行程序。实践中不规范的做法是无申请执行人的申请，包括在执行笔录中无申请启动债权执行程序的内容。

2. 发出履行到期债务通知书

这是债权执行的实施要件。人民法院应当对申请执行人的代位执行申请进行审查。审查内容包括代位执行申请在形式上是否符合前述条件，重点审查被执行人和第三人之间的债权债务关系是否明确、合法且已到期未清偿，主要通过证据材料进行形式审查。有时还需要主动收集资料，开展必要的调查核实，以确保执行行为的合法有效性，避免因申请执行人滥用申请权而造成不必要的司法资源浪费。经审查，对不符合条件的，应当告知申请执行人，驳回其请求；对符合条件的，则向第三人发出履行到期债务通知书。履行通知书必须直接送达第三人，而不得采用其他送达方式。实践中存在的不规范行为主要是在无基本证据的情形下，直接作出履行到期债务通知书，或者不按法定要求作出规范完整的履行到期债务通知书，或者送达履行到期债务通知书不规范。

3. 第三人提出异议

这是决定能否执行到期债权的关键环节。第三人提出异议是法律赋予第三人的法定权利，不同于当事人、利害关系人、案外人对执行行为或执行标的提出的执行异议。该执行程序的意义在于核查被执行人与第三人之间是否存在债权债务关系的实体性争议，即确定第三人是否负有给付被执行人金钱义务，包括但不限于债务数额是否准确、期限是否届满。第三人提出自己无履行能力或其与申请执行人无直接法律关系的异议，不在其列，不属于异议。对于已经生效法律文书确定的债务，不得提出无债务之异议，但债务确定以后已履行的异议仍属于异议。第三人提出异议，按照正当程序的基本原理，执行机构无权作出审查判断，因而具有中断执行的效力。对此，如果申请执行人有不同意见，法律应当给予其救济的权利，故执行机构有告知义务，即作出不予代位执行的回复，并告知可以选择代位权诉讼救济。

4. 代位执行

执行代位包括主动履行和强制执行。此为申请执行人的追求目标所在。第三人在履行通知指定的期限内没有提出异议，又不向申请执行人履行的，执行法院对第三人的财产实施强制执行。执行措施与《民事诉讼法》有关规定相同，即可对第三人的金钱和财物采取冻结、划拨、查封、扣押、拍卖、变卖等强制执行措施。第三人如果对其债务部分承认、部分有异议的，可以对其承认的部分强制执行。此时，第三人处于准被执行人的地位，对执行行为享有异议权。

（三）法律后果

人民法院向第三人发出履行到期债务通知书后，根据第三人的行为（含不作为）的不同意思表示，将产生相应的法律后果。

（1）第三人按照履行到期债务通知的要求主动向申请执行人给付款项或向人民法院汇付款项，表明其确认负有给付被执行人的债务，该付款行为将直接消除其与被执行人之间相应的债务，人民法院查实后依法应当出具法律文书予以证明。

（2）第三人在履行到期债务通知书指定的期限内向人民法院提出实体性异议，表明其不能确认对被执行人的到期债务，由此产生中断执行的法律效力，表现为人民法院执行机构不审查、不执行。但对生效法律文书确定的债务提出异议，不在其中。第三人对部分债务有异议的，仅对异议部分产生中断执行效力。

（3）第三人在履行到期债务通知书指定的期限内没有提出异议，又不向申请执行人履行的，人民法院可以启动强制执行程序，对第三人的财产进行强制执行。强制执行第三人的财产后，人民法院应当出具有关的证明文书，作为第三人已经履行债务并向被执行人主张抵销的依据。

（4）第三人在履行到期债务通知书指定的期限届满后提出异议，异议对象包括上述第 2 项中债务实体争议或第 3 项中人民法院执行措施，该异议并不产生中断执行的效力，但构成执行行为异议，应按《民事诉讼法》第 232 条规定予以救济。

四、执行实务中容易混淆的问题

（一）债权保全与债权执行

通常来说，与被执行人到期债权执行密切相关的执行行为主要涉及两个环节：一是债权保全行为；二是通知履行行为。无论是被执行人到期债权或者是被执行人的未到期债权，对该债权的保全或冻结行为均涉及第三人的利益。因此，保全行为或者执行行为都必须严格执行法律或司法解释规定的程序性要件。①

就内涵而言，债权保全与债权执行存在明显差异，是两个不同的概念。诚然，这里的债权保全是指诉讼、执行期间对被告、被执行人的债权实施冻结的行为，是一个狭义概念；债权执行是指执行期间通知第三人履行债务的行为，也是一个狭义概念。区分这两个概念，有利于明确不同执行行为的性质，正确处理第三人的异议权利，从而规范执行行为，保护各方当事人的合法权益。

债权保全是一种财产保全措施。《民事诉讼法司法解释》第159条规定："债务人的财产不能满足保全请求，但对他人有到期债权的，人民法院可以依债权人的申请裁定该他人不得对本案债务人清偿。该他人要求偿付的，由人民法院提存财物或者价款。"根据该规定，人民法院可以在诉讼过程中对被执行人在第三人处的到期债权采取保全措施。在执行程序中，冻结被执行人到期债权或者未到期债权，均可适用该法律制度。最高人民法院（2015）执复字第15号案例要旨指出："对第三人到期债权的保全裁定只是要求第三人对债务人在第三人处的到期债权不得清偿，如果第三人未向被告清偿即履行了保全裁定确定的义务，第三人此时的法律地位是协助执行人，只要其未支付财产，即视为履行了义务，就不应承担责任。"由此可见，冻结到期债权的实质，是冻结抽象的债权债务关系，而不是直接冻结第三人所拥有或支配的财产，该冻结对第三人没有实质财产的损害。对第三人到期债权的保全裁定，仅是要求第三人对债务人在第三人处的到期债权不得清偿，如果第三人未向被告清偿即履行了保全裁定确定的义务，第三人此时的法律地位是协助执行人，只要其未支付财产，即视为履行了义务，就不应承担责任。这种协助执行义务，属于消极的不作为义务，第三人在该阶段的财产并不会被真实处分，故第三人可能不会提出异议或者复议，但其不提出异议或复议，并不表明其认可到期债权的真实存在，更不表明其在案件转入执行阶段后，会认可执行法院对到期债权的执行，更不意味着执行法院可以剥夺其在执行阶段法定的异议权利。② 实践中，有些人民法院认为，第三人对诉讼保全裁定未提出异议，或者对执行保全提出的异议被驳回后未提出复议，第三人就丧失了救济权利，进而可以直接作出划拨或扣划裁定，或者直接将第三人追加为被执行人。同时，如果第三人对诉讼保全无异议，执行阶段就没必要送达履行债务通知书，第三人也无权再提出异议，

① 周继业主编：《强制执行新实践》，法律出版社2018年版，第329～330页。

② 周继业主编：《强制执行新实践》，法律出版社2018年版，第330～331页。

这种做法有失偏颇。[①]

债权执行是一种财产执行措施。根据《执行工作规定》第45条规定，被执行人不能清偿债务，但对第三人享有到期债权的，人民法院可以依申请执行人或被执行人的申请，向第三人发出履行到期债务的通知，履行到期债务的通知必须直接送达第三人。该执行措施必须同时具备以下条件，缺一不可：（1）第三人所负金钱债务已经到期。非到期债权，执行法院只能予以冻结而不能予以执行。（2）必须制作包含《执行工作规定》第45条第2款全部内容的履行通知书。履行通知应当包含下列内容：①第三人直接向申请执行人履行其对被执行人所负的债务，不得向被执行人清偿；②第三人应当在收到履行通知后的15日内向申请执行人履行债务；③第三人对履行到期债权有异议的，应当在收到履行通知后的15日内向执行法院提出；④第三人违背上述义务的法律后果。（3）履行通知书必须依法直接送达第三人，不适用邮寄送达或者委托送达，也不适用直接送达以外的公告或者专递等送达方式。（4）第三人无异议。即第三人全部承认或部分承认其与被执行人之间存在到期的债权债务关系。第三人以其暂时不具备履行能力为由或者以债的相对性为由提出的反对意见，不属于异议。对业经生效法律文书确认的债权否认，也不属于异议。如果第三人既无异议又不履行义务的，则到期可对其财产采取强制执行措施。如果第三人在履行通知书指定的期间内提出异议的，则对该异议部分停止执行，也不进行审查，并告知申请执行人可以选择代位权诉讼救济。最高人民法院（2016）最高法执监177号案例要旨指出："根据《最高人民法院关于人民法院执行工作若干问题的规定（试行）》第61条[②]规定，执行法院在执行到期债权时，应当首先向第三人发出履行通知，没有例外情形。第三人在执行程序中对执行行为提出异议是法定权利，执行法院不能因第三人未在诉讼阶段对保全到期债权提出复议，就推断被执行人对第三人享有的到期债权真实成立，从而剥夺第三人提出执行异议的权利。"

（二）未到期债权的处理

《民事诉讼法司法解释》第499条第1款和《执行工作规定》第45条均明确执行对象为到期债权，不包括未到期债权。这是对代位执行债权范围的限

① 周继业主编：《强制执行新实践》，法律出版社2018年版，第330页。

② 现为《执行工作规定》（2020年修正）第45条。

缩性规定。但被执行人的未到期债权，同样是其财产权益，只不过这种权利是一种未到期的权利，也就是附期限的请求权，在期限届满后，第三人就应当按照规定或约定及时向被执行人给付。实践中，被执行人对第三人享有的债权未到期，不能代位执行，待到期时被执行人早已将债权转移或处理。为防止被执行人滥用权利处理未到期债权，从保护申请执行人债权利益出发，有些国家的法律规定采用扣押方式对债权进行保全，待债权到期时再改为代位执行。《最高人民法院关于依法制裁规避执行行为的若干意见》（法〔2011〕195 号）第 13 条规定："依法保全被执行人的未到期债权。对被执行人的未到期债权，执行法院可以依法冻结，待债权到期后参照到期债权予以执行。第三人仅以该债务未到期为由提出异议的，不影响对该债权的保全。"但该文件并非司法解释，执行工作中能否适用存在争议。我们的观点是，执行法院对被执行人在第三人处享有的到期或未到期债权，可以作出冻结债权的裁定和协助执行通知书，第三人应当依法协助履行停止支付到期或未到期债务的义务。

上述观点的理由是，基于我国执行难的现实困境，社会诚信体系尚在建设中，为防止被执行人转移财产规避执行，完全可以对未到期债权采取冻结措施。这一观点与诉讼保全制度的立法本意如出一辙。但考虑到未到期债权尚在合同履行中，具有诸多不确定性，避免产生对第三人的不利后果，对未到期债权仅采取冻结措施，并严格参照《最高人民法院关于人民法院办理财产保全案件若干问题的规定》规定的程序和要求执行，担保条件根据具体情形从宽掌握，甚至不要求担保。与此同时，第三人提供充分证据证明不存在未到期债权时，应当及时解除冻结措施，防止损害第三人利益。

需要注意的是，在对第三人作出强制执行裁定后，第三人确无财产可供执行的，不得就第三人对他人享有的到期债权强制执行。即不得执行被执行人的次债务人，也包括未到期债权。

（三）存款、债券、收入、收益是否为到期债权

我国现行立法将对执行人的存款、债券和收入、收益的执行采取协助执行的设计思路，具体表现为：《民事诉讼法》第 249 条规定："被执行人未按执行通知履行法律文书确定的义务，人民法院有权向有关单位查询被执行人的存款、债券、股票、基金份额等财产情况。人民法院有权根据不同情形扣押、冻结、划拨、变价被执行人的财产。人民法院查询、扣押、冻结、划拨、变价的财产不得超出被执行人应当履行义务的范围。人民法院决定扣押、冻结、划

拨、变价财产，应当作出裁定，并发出协助执行通知书，有关单位必须办理。”该法第250条规定：“被执行人未按执行通知履行法律文书确定的义务，人民法院有权扣留、提取被执行人应当履行义务部分的收入。但应当保留被执行人及其所扶养家属的生活必需费用。人民法院扣留、提取收入时，应当作出裁定，并发出协助执行通知书，被执行人所在单位、银行、信用合作社和其他有储蓄业务的单位必须办理。”《执行工作规定》第29条规定：“被执行人在有关单位的收入尚未支取的，人民法院应当作出裁定，向该单位发出协助执行通知书，由其协助扣留或提取。”该司法解释第36条规定：“对被执行人从有关企业中应得的已到期的股息或红利等收益，人民法院有权裁定禁止被执行人提取和有关企业向被执行人支付，并要求有关企业直接向申请执行人支付。”根据上述条文，我国法律和司法解释对存款、债券采取冻结、划拨的执行措施，对收入、收益采取扣留和提取的执行措施，这与执行到期债权所采用的通知措施明显不同。换言之，我国没有将存款、债券、收入、收益统一纳入对被执行人债权的执行程序中。

就法律关系而言，被执行人将其存款存入银行等金融机构，被执行人和银行等金融机构之间形成的是一种法律上的存贷关系，存款的所有权发生转移，归银行等金融机构所有，银行等金融机构负有按法律规定或约定及时支付存款本息的义务。因此，本质上双方形成的是一种权利义务关系，对被执行人而言，其对银行等金融机构享有的是到期或尚未到期的债权。同理，债券、收入、收益，也是被执行人的债权。对此，我们认为，存款、债券、收入、收益从性质上应为被执行人对他人的债权。但由于我国法律制度的特别规定，对存款、债券、收入、收益的执行不适用到期债权的制度规则。实践中，部分法院执行存款、债券、收入、收益时与债权执行混为一谈，导致冻结、执行债权时直接发出扣留、提取、扣划的协助执行通知书，这不符合保全、执行债权的法律规定。

第二节 涉债权执行异议具体情形及相应的裁判规则

正如前文所述，涉及债权执行的执行行为包括两个阶段，即债权保全和债权执行。《民事诉讼法》第232条规定：“当事人、利害关系人认为执行行为违反法律规定的，可以向负责执行的人民法院提出书面异议。”结合执行实践，江苏省高级人民法院制定的《执行异议及执行异议之诉案件办理工作指引（三）》，针对涉债权的以下六类执行行为分别提出了异议处理的裁判标准。

一、冻结债权裁定和协助执行通知

冻结债权是一项执行措施，是人民法院在诉讼、执行过程中作出的能够发生一定法律效果的行为。当事人及第三人对此提出异议，均符合《民事诉讼法》第232条规定的条件，应当进行审查。因此，我们认为，对建设工程建设方（发包人）的到期或者未到期工程款债权，执行法院均可以依法冻结；如有异议，适用《民事诉讼法》第232条规定进行审查，并裁定不予支持。其裁判理据在于冻结债权是冻结相应的债权债务关系，并非冻结第三人所拥有或支配的财产，仅赋予第三人一项消极义务，对第三人没有实质财产的损害，故原则上一般不支持其异议请求。但也有例外，即建设方（发包人）依照建设工程合同约定应当合理支付的建设工程进度款及工人工资，执行法院不得冻结。建设方（发包人）或被执行人以此为由提出执行异议，请求解除冻结或准予支付，经查属实的，应予以支持。

例如，在申请执行人A与被执行人B民间借贷一案中，执行法院获悉B起诉C的一审诉讼中B取得本金3500万元及相应利息的债权判决，C提出上诉后撤诉。执行法院作出裁定，强制执行B对C的到期债权。C提出异议，主张其在二审审理中与B、D达成和解协议后撤回上诉，其对B已无债务。执行法院异议审查认为，C否认生效法律文书确定的到期债权，不予支持。江苏高院复议中查明B、C、D达成和解协议，约定C分期归还500万元，其余债务由D抵押后结算归还，C付清500万元及D抵押后，B不再向C主张权利。该院查明C付清500万元的事实后，认为B、C之间的债权债务虽经一审判决确认，但在二审中双方达成和解协议，对一审判决内容做了实质性变更，且已经履行完毕，B对C的债权应认定已经消灭，遂撤销了异议裁定和执行行为。

该案例的启发是，执行法院冻结债权时，应当对被执行人对第三人享有的到期或者未到期债权进行必要的调查核实，方可实施冻结措施。冻结措施不因第三人拒绝或否定而停止。实践中，执行法院仅凭申请执行人提供的线索，未进行调查，也未取得相应证据，即实施冻结措施属于不规范行为。在执行异议审查中，第三人提出无债权债务关系的主张或提供了债权债务已清偿完毕的证据，应当组织当事人听证，查明无证据证明双方存在到期或者未到期债权后，应当依法撤销不规范的冻结行为。

需要指出的是，第三人对诉讼前及诉讼保全裁定明确指明的冻结债权裁定不服的，应告知其向作出冻结债权裁定的审判部门申请复议。第三人对冻结裁定的实施行为有异议的，应依照《民事诉讼法》第232条规定进行审查。第三人未对冻结债权裁定提出异议的，不影响执行法院向其发出履行到期债务通知后依法享有的异议权利。

上述观点源自《最高人民法院关于执行权合理配置和科学运行的若干意见》第17条第1款、第2款的规定和《最高人民法院关于人民法院办理财产保全案件若干问题的规定》第26条的规定，明确了执行局与立案、审判等机构之间的职责分工，强调冻结债权后第三人对履行到期债务通知仍有异议权。最高人民法院（2016）最高法执监177号案例要旨指出："根据《最高人民法院关于人民法院执行工作若干问题的规定（试行）》第61条①规定，执行法院在执行到期债权时，应当首先向第三人发出履行通知，没有例外情形。第三人在执行程序中对执行行为提出异议是法定权利，执行法院不能因第三人未在诉讼阶段对保全到期债权提出复议，就推断被执行人对第三人享有的到期债权真实成立，从而剥夺第三人提出执行异议的权利。"

二、追回财产的执行措施

前文已阐述，人民法院作出的冻结债权措施具有法律约束力。因此，第三人在收到冻结债权裁定及协助执行通知书后，擅自向被告（被申请人）或被执行人履行债务的，可依法责令其追回擅自支付的财产；不能追回的，可裁定其在擅自支付的财产范围内承担相应的赔偿责任，并追究其妨害执行的责任。但对追回的资金或者第三人赔偿的资金采取强制执行措施，第三人提出异议的，仍应依照《民事诉讼法》第232条规定进行审查。

上述观点源自《执行工作规定》第32条规定，这是人民法院经查实后对第三人妨害执行行为作出的制裁决定，第三人不得提出执行异议。但人民法院对追回的资金或者第三人赔偿的资金采取强制执行措施，第三人仍享有提出执行异议的权利，应当依法审查。

实践中，我们发现部分法院将"冻结到期债权"的效力与"执行到期债

---

① 现为《执行工作规定》（2020年修正）第45条。

权”的效力相混淆，仅因第三人主张不履行或不负有履行到期债权义务，就裁定解除对到期债权的冻结，导致第三人在解除冻结后擅自支付，令法院执行工作陷于被动。其实质是第三人对冻结到期债权行为提出异议，应当作为执行异议案件审查。

在另一个案例中，某中院在诉讼中保全了被告 A 公司对第三人 B 公司的工程款债权 1300 万元，执行中通知 B 履行债务 253 万元，后终结本次执行程序，次年指定基层法院执行。该基层法院即向 B 发出履行到期债务 947 万元的通知，B 提出异议。嗣后，该院先后向 B 作出责令限期追回通知书和承担赔偿责任及扣划存款 947 万元的裁定。B 提出其被当地法院执行农民工工资 10 408 461元，只剩余 253 万元的异议。该院认为 B 无证据而驳回其异议请求。某中院复议认为 B 提出异议后，不应再继续强制执行，B 在 1300 万元之外支付工程进度款、农民工工资以及向实际施工人支付工程款履行判决义务，均不能认定为擅自支付，遂撤销异议裁定和执行措施。江苏高院监督中查明，工程款 1300 万元被冻结后，B 因法院强制执行、委托付款、支付农民工工资、代扣税款、投资、债权转让等原因共支付 4125 万余元，其中支付给陈某 54. 13 万元、邵某 20. 96 万元，系两人与 A 公司法定代表人之间的债务，当地法院既未冻结也未执行该款项。对此，江苏高院认为，追究 B 擅自支付的法律责任，并非在 B 对履行到期债务通知书提出异议后的继续强制执行行为，中院定性错误；B 负有止付冻结款的义务，超出部分可正常支付；案涉工人工资是 B 的直接债务且被强制执行，并非主动履行，不构成擅自支付。B 支付给陈某、邵某两笔款项，系其主动支付，构成擅自支付行为，应承担法律责任。遂撤销该案异议复议裁定，变更追回、冻结、扣划款项数额为 75. 09 万元。

该案例反映的情况并非个别现象。实践中，部分法院对第三人在冻结到期债权之后发生的所有支付行为不加区分一律视为擅自支付。我们认为，认定第三人存在擅自支付行为一般应满足三个条件：一是第三人履行的债权确属被执行人所享有；二是第三人存在积极主动的擅自支付行为；三是债权属于执行法院冻结的范围。另外，工程款债权的发包人为推进工程建设依约支付的工程进度款、材料费、工人工资等，不得实施冻结，更不应视为擅自支付。

三、送达履行到期债务通知书

向第三人发出履行到期债务通知书，是执行到期债权的一项关键措施。第三人对履行到期债务通知涉及的债务本身享有异议阻止执行的法定异议权，同时对执行法院送达履行到期债务通知书的执行行为享有执行异议的权利，这两种异议权利性质不同，法律后果也不同。对此，我们认为，执行法院对被执行人到期债权的执行，应当向第三人送达履行到期债务通知，该通知必须依照《民事诉讼法》及相关司法解释的规定直接送达第三人；第三人系分公司的，应同时向分公司和总公司分别送达。履行债务通知未按规定直接送达第三人的，不得对第三人强制执行。但已经生效法律文书确定的债权除外。

上述观点强调了到期债权执行的唯一执行措施是送达履行到期债务通知书，并提出直接送达的要求，尤其是规范涉及第三人是分公司的送达行为。实践中到期债权往往直接与第三人的分支机构发生，而分机构非法人，不具有独立承担民事责任的主体资格，最终仍可能需要其法人来履行，所以履行到期债务通知书必须送达给法人。如果仅向分支机构送达，不应视为向法人直接送达，也不应因法人未提出异议而强制执行。[①] 另外，上述观点中的除外情形，是指到期债权已经法定程序得到实体确认，无须再通过送达履行到期债务通知书、征询第三人意见来完成债务核对程序。即限制第三人对已经生效法律文书确定的债务本身提出异议，但第三人对其已履行债务的异议不在其列，只不过该异议并非对债务是否存在提出的异议，而是执行行为的异议。

例如，在申请执行人 A 与被执行人 B 租赁合同纠纷一案中，诉讼保全时，法院向某建筑公司上海分公司送达协助执行通知书，冻结 B 在该分公司处的工程款 60 万元。执行中，法院实施了续冻措施，后作出冻结该建筑公司银行存款 60 万元的裁定。建筑公司提出异议。执行法院审查认为，协助执行通知书送达建筑公司上海分公司后，该建筑公司未提出异议，依然向 B 支付工程款，且拒不举证证明其与 B 之间的债权债务已经结清，遂驳回其异议。该建筑公司申请复议被驳回。江苏高院监督审查后认为，建筑公司系第三人，并非被执行人，执行法院未按照执行到期债权的有关规定对建筑公司执行，程序违法；且对建筑公司是否存在擅自支付行为等情况认定事实不清，遂裁定发回重新审查。

四、对执行债权中不合法行为提出异议

针对执行债权环节中多种不合法情形，我们认为，执行法院对被执行人的

---

① 周继业主编：《强制执行新实践》，法律出版社 2018 年版，第 331 页。

到期债权的执行，直接按被执行人收入予以提取或扣划，第三人提出执行异议的，应予以支持。第三人对执行法院在其提出异议后的继续执行行为不服，或对执行法院未依法向其直接送达履行债务通知不服的，可依照《民事诉讼法》第232条规定提出异议。如第三人已经依照《执行工作规定》第45条规定提出异议，或者执行法院未依法直接向第三人送达履行债务通知的，应裁定撤销或变更已经采取的执行行为。但第三人提出的异议属于《执行工作规定》第48条第1款以及《民事诉讼法司法解释》第499条第3款所列情形的除外。执行法院对被执行人在第三人处享有的工程款债权，作出冻结裁定后未直接送达履行债务通知而径行扣划或提取，第三人据此提出执行异议的，应予以支持。

上述观点的依据是《民事诉讼法》第232条规定和《异议复议规定》第17条的规定，旨在规范执行到期债权行为，保护第三人的执行异议权，并提出了撤销或变更的处理意见。

例如，在被执行人A民间借贷纠纷一案中，审理法院发现案外人B在国土储备中心的招拍活动中的一笔保证金450万元来自A名下银行账户，随即向国土储备中心发出扣留该450万元的协助通知书。执行中，法院直接裁定并扣划了国土储备中心银行存款450万元。国土储备中心提出异议，执行法院审查认为，国土储备中心收到协助通知后未提出异议，民事裁定书、协助执行通知书送达后已发生法律效力，遂驳回其异议。江苏省高级人民法院监督审查后认为，人民法院在执行过程中提取的被执行人收入应理解为公民基于劳务等非经营性原因所得和应得的财产，主要包括个人的工资、奖金等。案涉450万元系国土储备中心收取的土地竞买保证金，无论谁交纳，都不能成为A的收入。即便土地出让合同解除，也只能是到期债权的执行。执行到期债权应严格按照法律规定执行。执行法院扣划450万元的行为没有法律依据，应予撤销。

该案例反映出执行人员的认识不够清晰，将执行到期债权与执行第三人名下财产相混淆，未经送达履行到期债务通知书，或在第三人已经依法对履行到期债务通知书提出异议时，违法直接对第三人名下财产采取强制执行措施。依照法律规定，只有在第三人认可该到期债权、该到期债权已经生效法律文书确认或第三人未依法在15日内提出异议时，人民法院才能直接对第三人名下的财产采取强制执行措施。

五、第三人异议后的中断执行行为

前文已阐述，除生效法律文书确定的债务外，第三人在履行到期债务通知书指定的期限内提出异议，将产生停止执行的法律后果，执行机构既不审查，也不执行。对此，申请执行人要求继续执行或者提出异议，怎么处理？我们认为，第三人对到期债权的执行提出异议，执行法院对其异议部分停止执行后，申请执行人请求继续强制执行的，不予支持。申请执行人因此提出异议的，不予受理，并告知其可根据《民法典》第535条规定，通过行使代位权诉讼寻求救济。

该观点源自《执行工作规定》第47条、第48条和《民事诉讼法司法解释》第499条第2款规定。

六、第三人在规定期限后提出异议

第三人在履行债务通知指定的期限内未提出异议，但在执行法院对其强制执行时以其对被执行人不存在到期债务为由提出异议的，我们认为，应当根据实事求是的处理原则进行实质审查，并作出相应处理。

《最高人民法院执行工作办公室关于到期债权执行中第三人超过法定期限提出异议等问题如何处理的请示的答复》（〔2005〕执他字第19号）① 的核心精神有两个方面：一是第三人未在履行通知书指定的期限内提出异议，并不产生实体法上承认该债务的效力；二是应坚持实事求是，对案涉债务进行实质审查。②

---

① 《最高人民法院执行工作办公室关于到期债权执行中第三人超过法定期限提出异议等问题如何处理的请示的答复》（〔2005〕执他字第19号）的主要内容是："……二、第三人在收到履行到期债务通知书后，未在法定期限内提出异议，并不发生承认债务存在的实体法效力。第三人在法院开始强制执行后仍有异议的，应当得到司法救济。三、考虑到目前我国尚无第三人异议之诉的法律制度，为公平保护各方当事人的合法权益，根据本案中已经责令双方兑账及当事人提出审计要求的实际情况，可在执行程序中通过对被执行人与第三人双方的全部往来账目进行逐笔核对，或者委托有关单位进行审计并经三方共同认可，最终审核确认后，决定是否继续执行。鉴于该案各方反映强烈，审核确认宜由你院组织进行。四、参照最高人民法院《关于人民法院执行工作若干问题的规定（试行）》第六十四条第二款的规定，审核确认应以被执行人与第三人均认可的法律关系和一致记载的账目为准。经核对确认，如双方账目记载一致的部分说明不欠款，则应撤销对第三人的执行程序；如说明欠款，则可以在执行标的额范围内，予以执行。对第三人与被执行人之间的法律关系，可按第三人占有被执行人所投入的本金应予以返还的原则把握。"

② 周继业主编：《强制执行新实践》，法律出版社2018年版，第338页。

例如，在执行申请执行人 A 与被执行人 B 建设工程施工合同纠纷一案中，执行法院冻结了 B 对案外人 C 享有的某项目二期工程款债权。后因该期工程的实际施工人以 C 为被告提起诉讼，请求 C 在欠付工程款范围内承担连带付款责任，所在地法院作出判决，并执行扣划了相应款项。C 随即向执行法院提出异议，主张其对 B 已经没有欠付工程款。执行法院异议审查认为，C 没有在送达履行到期债权后的 15 日内提出异议，该院有权强制执行该笔到期债权，裁定驳回 C 的异议。江苏省高级人民法院复议审查后认为，执行法院应在异议程序中对 C 的支付行为进行实体审查，不得仅以其未及时提出异议的程序性事由驳回其异议主张，据此裁定撤销执行法院的异议裁定和执行措施。

上述案例中以没有提出异议为由否定异议人实体权利的情况在实践中时有发生。部分法院对该类异议不予受理，或立案后直接以第三人在规定的 15 日内没有提出异议为由驳回异议，这一做法变相剥夺了第三人的异议救济权。根据最高人民法院〔2005〕执他字第 19 号答复的精神，只有实质审查，才能保护各方当事人权益。我们认为，第三人未在执行法院送达履行到期债务通知书之日起 15 日内提出异议，但在执行法院对其采取强制执行措施时提出异议的，应在异议审查中参照《异议复议规定》第 7 条规定中关于被执行人异议的相关规定，对第三人的抗辩事由进行审查。如第三人确已履行该到期债权，执行法院不得要求第三人重复履行义务；如第三人确实存在擅自支付行为，应在执行审查类案件中予以认定，由执行实施部门追究其擅自支付的责任。

第三节　涉债权异议之诉具体情形及相应的裁判规则

根据《民事诉讼法》第 234 条的规定，作为法律对案外人权利保护提供的司法救济途径，执行异议之诉针对执行标的本身，核心要义在于案外人是否对执行标的具有足以阻却执行程序的正当权利，据此对执行程序应当继续还是停止作出评价和判断。

《民事诉讼法司法解释》第 499 条第 2 款规定：该他人对到期债权有异议，申请执行人请求对异议部分强制执行的，人民法院不予支持。利害关系人对到期债权有异议的，人民法院应当按照《民事诉讼法》第 234 条规定处理。该司法解释条文确立了到期债权执行中第三人及相关权利人的不同救济途径。第三人对其与被执行人之间的债权债务关系提出异议的，执行法院不得继续执行该债权，应由申请执行人通过代位诉讼救济。如果相关权利人对该到期债权有异议的，可以按照《民事诉讼法》第 234 条的规定进行救济。为防止混淆，该法条中用"利害关系人"的称谓加以区分，实质上该"利害关系人"并非《民事诉讼法》第 232 条中的"利害关系人"，反而与"第三人"同属于执行程序的案外人。

对于执行异议之诉的裁判对象，从立法设计出发，审查程序和普通民事审判程序并不完全一致，普通民事审判程序着重于判断原告静态的权利是不是成立，异议之诉程序审查除了审查案外人是否拥有权利，还要进行动态判断，即其权利能不能阻止执行。具体表现为三个方面：（1）案外人是不是权利人。案外人与其所主张的实体权利必须有法律上的直接利害关系。（2）权利是否真实合法。案外人的权利应当真实存在，虚假的权利不应保护。同时，权利来源应合法，非法取得的权利亦不应保护。（3）所主张的实体权利能否阻止执行。案外人对执行标的拥有权利并不一定能够阻止执行。① 《全国法院民商事审判工作会议纪要》第 119 条指出：人民法院对执行异议之诉的审理，一般应当就案外人对执行标的物是否享有权利、享有什么样的权利、权利是否足以排除强制执行进行判断。

执行异议之诉作为一项新型制度，一定程度上填补了执行程序中对案外人实体权利救济的空白，但现阶段执行异议之诉制度仍然面临理论研究欠缺、裁判理念反复、具体规则不够完善等问题。近年来，异议之诉案件收案数量呈爆发式增长，审理此类案件，不仅要解决事实认定及法律适用难题，还要面对多方主体的压力，审判实践中的做法不尽相同，相关问题亟待规范。为统一执行裁判思路，应当明确审理原则，即案外人、申请执行人提起执行异议之诉的，应按普通程序进行实质性审查，对与执行标的相关的基础性法律关系——争议执行标的相关的民事法律行为效力、执行标的的权利性质及其归属进行实体审理，判断案外人是否享有足以排除执行的实体权利，并在此基础上作出判决。同时，结合审判实践，在基本成熟的条件下，细化、明确相关概念，分类型确立涉债权异议之诉的统一裁判规则。

---

① 刘贵祥、范向阳：《〈关于人民法院办理执行异议和复议案件若干问题的规定〉的理解与适用》，载《人民司法》2015 年第 11 期。

一、细化、明确相关概念

我们认为，《民事诉讼法司法解释》第499条第2款规定的“利害关系人”对到期债权的执行行为提出的异议，应适用《民事诉讼法》第234条规定进行审查。

“利害关系人”应是指被执行人的债务人以外的第三人，其对到期债权的执行行为提出异议，应当作为执行异议案件处理，执行异议审查结果应为驳回执行异议请求，救济途径为提起异议之诉。

“利害关系人”包括但不限于：（1）案涉债权受让人；（2）无追索权的保理合同债权人；（3）有追索权的保理合同债务人；（4）应收账款质权人；（5）实际施工人。

通过对《民事诉讼法司法解释》第499条第2款中的“利害关系人”进行列举式的类型划分，可为具体实践中对“利害关系人”的主体判断指明方向，以防止出现混淆。其中债权受让人、应收账款质权人、实际施工人是较为常见类型，因保理业务而产生的相关权利人在实践中较为新颖。保理合同是在赊销贸易背景下，因债权转让和资金融通而发生。根据《民法典》第761条的规定，保理合同是应收账款债权人将现有的或者将有的应收账款转让给保理人，保理人提供资金融通、应收账款管理或者催收、应收账款债务人付款担保等服务的合同。根据保理的类型不同，保理合同可分为有追索权保理合同和无追索权保理合同、明保理合同和暗保理合同等。有追索权保理是指在应收账款到期无法从债务人处收回时，保理商可以向债权人反转让应收账款、要求债权人回购应收账款或归还融资，又称回购型保理。无追索权保理是指应收账款在无商业纠纷等情况下无法得到清偿的，由保理商承担应收账款的坏账风险，又称买断型保理。保理合同以债权人与债务人之间基础合同的债权转让为前提，其涉及的当事人主要有三方：一是保理商，即受让应收账款并提供保理服务的银行或商业保理机构；二是基础合同的债权人，同时也是应收账款的转让人；三是基础合同的债务人，根据基础合同负有偿还义务。根据上述法律关系分析，在涉及保理合同的债权中，无追索权的保理合同债权人即保理商，有追索权的保理合同债务人即基础合同的债权人依法享有相应的权利，而成为到期债权的“利害关系人”。

建设工程中的工程款债权情形较为复杂，执行中能够执行的债权对象应作狭义性理解，有必要明确定义其内涵和外延。我们认为，“工程款到期债权”是指建设工程建设方（发包人）和承包人已就工程款进行决算（结算）或经审计，有确定的数额并已到债务履行期限的债权。换言之，异议之诉中的“工程款到期债权”特指内在内容无争议的工程款债权，是无须通过建设工程施工合同诉讼解决内在纷争的部分债权。

建设工程施工合同往往不是单纯的施工合同，具有涉及面广、法律关系复杂、审理难度大等特点。对于施工合同内容存在纷争、债权债务关系不明的，仍需要通过建设工程施工合同纠纷的审理得出结论，异议之诉难以完成使命，此类债权本质上仍属于第三人（发包人）存有异议的债权，不应通过执行异议之诉进行救济。最高人民法院公报案例（2016）最高法民再149号也提出了类似观点。[①] 而对于债权债务内容清晰的到期债权，可以执行，仅因债权债务发生移转或者重叠，相关权利主体提出异议，可以纳入执行异议之诉审理范围，减少当事人讼累。对于实际施工人与承包人、发包人之间存在争议的债权债务纠纷，实际施工人可以单独起诉，也可以代位诉讼。

二、关于债权受让人权益的保护

异议之诉审理的宗旨是保护案外人合法权益，避免在执行程序中因表象特征而使真实权利人受到侵害。债权转让作为一项普通的民事行为，应当遵循当事人意思自治原则，合法有效的债权转让受法律保护。因此，在执行程序中债权受让人提出执行异议，从形式审查的角度，可以驳回执行异议，但在异议之诉中应当实体审查，充分考虑申请执行人和善意的债权受让人双方的利益，对于符合法律规定的，应当给予支持。因此，在涉债权受让人权益的异议之诉中，应当审查下列内容：（1）案外人是否系权利人；（2）该权利的合法性与真实性；（3）该权利能否排除执行。如果案外人（债权受让人）已经合法取得了该债权，则法院不得执行该债权；反之，法院可以执行。对此，可以从正

① （2016）最高法民再149号案例指出：实际施工人是《最高人民法院关于审理建设工程施工合同纠纷案件适用法律问题的解释》中规定的概念，旨在对于那些已实际施工诉争工程但无法因合同关系主张工程款的人予以限制性保护，因其规范情形之特定性，故亦应在该规范所涉之建设工程施工合同纠纷案件中，才适宜对实际施工人的身份作出认定。案外人执行异议之诉，并非实际施工人以发包人和承包人为被告提起的建设工程施工合同纠纷，并非针对建设工程施工合同纠纷进行审理，并未围绕该工程所涉各方之诉辩主张、举证质证情况进行庭审、判断及裁决，故作出该认定可能有失公正且可能对于该工程所涉各方之权利义务关系造成一定影响。

反两方面予以明确：案外人以其系案涉债权受让人为由提起执行异议之诉，请求排除执行，同时具有下列情形的，原则上应予以支持：（1）案外人与被执行人于案涉债权被查封、冻结或被采取强制执行措施之前订立了合法有效的书面债权转让合同；（2）被执行人在第三人处有多笔债权的，案外人主张其受让的债权应明显区别于被执行人未转让的其他债权。案外人以其系案涉债权受让人为由提起执行异议之诉，请求排除执行，具有下列情形之一的，不予支持：（1）案外人所主张的债权与被查封或执行的被执行人的案涉到期债权并非同一债权；（2）该债权转让行为损害申请执行人或被执行人其他债权人的利益；（3）案外人与被执行人存在利益关联或者实际控制关系的。

上述观点主要强调受保护的受让债权人具有严格的限制条件，即在转让债权的行为发生于被查封、冻结或被采取强制执行措施之前，订立了合法有效的书面债权转让合同，转让的债权具有特定化的特征，相较被执行人与第三人之间的其他债权能够明显区别，并且不违反法律禁止转让的情形。[①] 概言之，到期债权在法院执行之前因真实合法有效的转让行为而发生权利主体变更，该债权的受让人的权益应受法律保护。上述条件，缺一不可，否则具有不法性，不能对抗法院执行。另外，我们认为，《民法典》第546条第1款规定：债权人转让债权，未通知债务人的，该转让对债务人不发生效力。据此，上述限制条件，还应增加一条，即被执行人（债权人）已将转让权利的意思表示通知了第三人（债务人）。否则，债权转让协议对第三人（债务人）不发生效力，也即"该债权"尚未属于受让人，法院对受让人排除执行的异议不予支持。

三、关于实际施工人权益的保护

在涉债权执行的异议之诉案件中，实际施工人作为案外人提起的案件占绝大多数，其产生原因在于我国建筑业实行准入制，必须有相应资质才能承接相关施工项目，很多建筑工程项目"处处转包，层层分包"，建设工程的真实施工人往往不是建设工程施工合同的承包人。为了保护施工末端的实际施工人等弱势群体，保障农民工利益，维护社会稳定，《最高人民法院关于审理建设工

① 《民法典》第545条规定："债权人可以将债权的全部或者部分转让给第三人，但是有下列情形之一的除外：（一）根据债权性质不得转让；（二）按照当事人约定不得转让；（三）依照法律规定不得转让。当事人约定非金钱债权不得转让的，不得对抗善意第三人。当事人约定金钱债权不得转让的，不得对抗第三人。"

程施工合同纠纷案件适用法律问题的解释》［法释〔2004〕14 号，现已修改并入《最高人民法院关于审理建设工程施工合同纠纷案件适用法律问题的解释（一）》（法释〔2020〕25 号，2020 年 12 月 29 日公布］创设了“实际施工人”的概念，并规定了其享有的相关权利和义务。《最高人民法院关于审理建设工程施工合同纠纷案件适用法律问题的解释》第 26 条第 2 款规定：“实际施工人以发包人为被告主张权利的，人民法院可以追加转包人或者违法分包人为本案当事人。发包人只在欠付工程价款范围内对实际施工人承担责任。”《最高人民法院关于审理建设工程施工合同纠纷案件适用法律问题的解释（二）》（法释〔2018〕20 号，该司法解释于 2020 年 12 月 29 日公布废止）第 24 条规定：“实际施工人以发包人为被告主张权利的，人民法院应当追加转包人或者违法分包人为本案第三人，在查明发包人欠付转包人或者违法分包人建设工程价款的数额后，判决发包人在欠付建设工程价款范围内对实际施工人承担责任。”。该司法解释现已废止，该条文内容被《最高人民法院关于审理建设工程施工合同纠纷案件适用法律问题的解释（一）》第 43 条第 2 款予以吸收继受。

合同相对性原则是一项历史悠久的制度，随着社会发展出现了部分突破。《最高人民法院关于审理建设工程施工合同纠纷案件适用法律问题的解释》第 26 条从保护实际施工人利益出发，赋予实际施工人直接向与其没有合同关系的发包人主张欠付工程款的权利，是一种突破合同相对性原则的特殊规定。工程施工涉及的法律关系相对复杂，实际施工人在人民法院对建设工程发包人应给付承包人的工程款到期债权实施强制执行的情况下，提起执行异议之诉能否支持，实务中存在两种观点。例如，江西高院认为，实际施工人以其与承包人之间存在挂靠关系，其应享有工程款债权为由提起执行异议之诉的，不予支持。[①] 另一种观点认为，根据《最高人民法院关于审理建设工程施工合同纠纷案件适用法律问题的解释》第 26 条第 2 款规定，实际施工人有权对发包人直接主张工程款，据此可以认为实际施工人系该笔工程款的真正权利人，其提起执行异议之诉的，应当予以支持。

我们认为，根据《民法通则》（1986 年 4 月 12 日公布，《民法典》2021 年 1 月 1 日施行后废止）第 84 条规定，债是按照合同的约定或者依照法律的

---

① 《江西省高级人民法院关于执行异议之诉案件的审理指南》第 37 条规定：“人民法院针对建设工程发包人应给付承包人的工程款到期债权实施强制执行，实际施工人以其与承包人之间存在挂靠关系，其应享有工程款债权为由提起执行异议之诉的，不予支持。”

规定，在当事人之间产生的特定的权利和义务关系。享有权利的人是债权人，负有义务的人是债务人。债权人有权要求债务人按照合同的约定或者依照法律的规定履行义务。所谓合同相对性，主要是指债权行使以及债务履行的主体及内容是特定的，只有合同当事人才受合同权利义务内容的约束。因此，在通常情形下，债权人只能根据约定向特定的债务人请求给付，债务人也只能对特定的债权人负有给付义务。但案外人执行异议之诉属于特殊的民事诉讼类型。案外人提出异议以及提起执行异议之诉的目的，系基于其对执行标的享有的足以阻却执行的民事权益。其中涉及执行标的能否被强制执行问题，需要判断执行标的最终的权利归属。而在执行异议之诉中，权利归属的判断涉及第三方主体，在第三方主体参与到诉讼中时，则应依照现有法律体系来判断执行标的权利的最终归属，而不是就单一的法律关系分割地予以判断。尤其是，建设工程所涉工程承包人和实际施工人均已进入诉讼之中，必然要在承包人与实际施工人之间判断谁是工程款的实际权利人。因而，即便认定实际施工人属于工程款的权利人，也并不违反合同相对性原则。所以在相关事实明确的条件下，只有允许在承包人与实际施工人之间作出判断，才能符合最高人民法院制定实际施工人制度的初衷和司法解释的本意，这不仅符合法理体系和立法宗旨，同时也有利于公平合理和社会稳定。

基于建设工程施工领域的实际情况，从保护真实权利人出发，我们认为可以分被执行人系建设工程承包人或实际施工人两种情形，提出相应的保护意见。

（一）关于实际施工人在异议之诉中的保护

我们认为，建设工程承包人为被执行人的，执行法院对案涉到期工程款债权采取强制执行措施，案外人以其系实际施工人为由提出执行异议，因此引发的执行异议之诉案件，同时符合下列情形的，对案外人的主张应予以支持：（1）案外人符合最高人民法院关于审理建设工程施工合同纠纷案件适用法律问题的相关解释中实际施工人身份；（2）案外人提供的证据能够支持其所主张的债权数额，包括但不限于发包人欠付建设工程价款的数额以及承包人欠付其工程款数额等；（3）案外人主张的工程价款数额覆盖案涉债权的，对其超过案涉债权部分的主张不予支持。

该观点确立了保护实际施工人权益的三个条件。具体表现为：

1. 主体的特定性，即限于实际施工人

实际施工人是指在施工合同无效情况下实际履行工程施工义务的主体。结合司法审判实践，可以归纳出三类实际施工人：一是转包合同的承包人；二是违法分包合同的承包人；三是缺乏相应资质而借用有资质的建筑施工企业名义与他人签订建设工程施工合同的单位或个人。并不是所有的施工合同均会产生实际施工人，只有在发包人将工程发包给了承包人，承包人是借用资质或又进行了违法分包或转包时，才会有实际施工人，若只是发包人和承包人之间的合同无效，并不涉及第三方合同主体，则不可将承包人称为实际施工人。北京高院提出了类似的观点。[①] 实际施工人的身份资格应参照最高人民法院关于审理建设工程施工合同纠纷案件适用法律问题的相关解释规定确认。最高人民法院民一庭认为，[②]《最高人民法院关于审理建设工程施工合同纠纷案件适用法律问题的解释》和《最高人民法院关于审理建设工程施工合同纠纷案件适用法律问题的解释（二）》中所称的实际施工人的内涵体现为：第一，实际施工人是实际履行承包人义务的人；第二，实际施工人与发包人没有直接的或者名义上的施工合同关系；第三，实际施工人签订的以实际施工工程为目的的合同无效；第四，实际施工人与其合同相对人之间不存在劳动人事关系或者劳务关系。由此可见，只有实际投入资金、材料和劳力等从事工程施工的承包人才属于实际施工人。一些承包人既实际进行了施工，又进行了分包，所以在一个工程中可能会存在多个实际施工人，但是对于只进行转包并不进行施工的中间人，不能认定为实际施工人。

2. 客体的明确性，即到期债权内容清晰

这是到期债权执行的前提，也是执行异议之诉中判断权益归属的基础条件。争议事实往往表现为不同主体之间的债权债务数额。根据合同相对性原则，发包人和转包人或者违法分包人之间的工程款，转包人或者违法分包人和实际施工人之间的工程款，按照各自的合同确定，而非按照同一标准确定。根据《民事诉讼法司法解释》第309条规定，实际施工人作为案外人主张其对执行标的享有足以排除强制执行的民事权益，应由其承担举证证明责任。实际

---

① 《北京市高级人民法院关于审理建设工程施工合同纠纷案件若干疑难问题的解答》（京高法发〔2012〕245号）第18条规定："'实际施工人'是指无效建设工程施工合同的承包人，即违法的专业工程分包和劳务作业分包合同的承包人、转承包人、借用资质的施工人（挂靠施工人）；建设工程经数次转包的，实际施工人应当是最终实际投入资金、材料和劳力进行工程施工的法人、非法人企业、个人合伙、包工头等民事主体。法院应当严格实际施工人的认定标准，不得随意扩大《解释》第26条第2款的适用范围。"

② 最高人民法院民事审判第一庭编著：《最高人民法院建设工程施工合同司法解释（二）理解与适用》，人民法院出版社2019年版，第492～493页。

施工人不仅要证明发包人欠付建设工程价款的数额，而且要证明承包人欠付其工程款数额，法院从而得出其主张的工程款债权是否真实存在的结论，进而作出全部或部分排除执行的审判结果。

值得注意的是，实践中，一个工程存在多个实际施工人且对各自施工内容发生争议，其中一个实际施工人主张权利，未能举证证明其与其他实际施工人的权利范围，此时无法在异议之诉中予以查清，适宜由其他权利人在建筑工程施工合同纠纷诉讼中审理查明，待相关权利争议解决后再在异议之诉中进行甄别判断。否则容易出现偏差，损害他人的合法权益。

3. 诉求的合法性，即不得损害他人利益

这是执行到期债权的限制性条件。在建设工程实务中，转包现象较为普遍，部分工程甚至被多次转包，出现款项支付不清、责任不明等情形。此时，必须严格审查实际施工人主张的债权额。《最高人民法院关于审理建设工程施工合同纠纷案件适用法律问题的解释（一）》第 43 条第 2 款，保留《最高人民法院关于审理建设工程施工合同纠纷案件适用法律问题的解释（二）》第 24 条规定不变，要求在查明发包人欠付转包人或者违法分包人建设工程价款的数额后，判决发包人在欠付建设工程价款范围内对实际施工人承担责任，目的在于保护发包人的权益免受损害，防止实际施工人对发包人滥用诉权及虚假诉讼发生。同理，在异议之诉审理中，既要保护发包人的合法权益，也要同等保护转包人、分包人、总承包人的合法权益，查清工程款欠付事实，避免出现发包人欠付转包人工程款高于转包人欠付实际施工人工程款时对实际施工人的过度保护，从而损害其他权利人的合法权益。

以上三个条件，缺一不可，在异议之诉案件中都应进行实质性审理。只有同时具备上述三个条件的情形下，才能认定案外人（实际施工人）系相应债权的真实权利人，给予突破合同相对性原则的保护。

例如，执行法院执行 A 与被执行人 B 借款纠纷中，在该县交通局保全了工程款 300 万元。工程承包单位 C 公司提出异议，主张查封的工程款属其所有。C 在异议被驳回后提起异议之诉。一审法院查明，该县交通指挥部向 C 公司发送中标通知书后签订合同协议书。后 B 与 C 公司就该工程项目签订合作协议，约定 B 对该项目的工程进度、质量、工期、工程款等进行管理，向 C 公司支付管理费 2% 等事项。后该项目经理部开设临时账户，双方约定财务专用章和法人章分别由 C 公司和 B 保管，实际均为 B 保管使用，B 向交通指挥部领取工程款无须经过C公司许可。一审法院认为，B系该工程实际施工人及案涉工程款的实际所有人，判决驳回C公司的诉讼请求。二审法院认为，根据合同相对性原则，C公司签订合同，应当按合同约定施工并获得工程款；B系实际施工人，但应按挂靠协议，待工程款结算后向C公司获取工程款，B实际使用财务专用章视为C公司的行为，遂撤销一审判决，改判停止执行。江苏高院再审认为，B对案涉工程款享有实体权益，C公司的主张没有事实和法律依据，依法不应支持。但在执行案涉工程款时，对于C公司已经支付的用于案涉工程项目的建设费用及工人工资等款项，应依法予以扣除。遂撤销二审判决，维持一审判决。

（二）关于工程承包人在异议之诉中的保护

正如前文所述，实际施工人在一定条件下可以向与其没有合同关系的发包人主张权利，并受到法律保护。该规定是为解决拖欠农民工工资问题的一种特殊制度安排，其不等同于代位权诉讼，不具有代位请求的性质。对于工程承包人真实合法的权益，也应受到法律保护。基于实际施工的复杂性，总结审判实践经验，我们认为应按照下列具体情形确定相应的裁判标准：

（1）当工程承包人自行施工建设全部或部分工程，其对相应的工程价款享有实际权利，给予保护毋庸置疑。在异议之诉中，工程承包人作为案外人负有举证责任，举证责任分配内容，与实际施工人基本一致，但主体身份除外。

（2）当工程承包人仅出借资质或仅收取管理费，未实际施工建设的，该行为属于挂靠，并非真实施工人，不是真实权利人，依法不予保护。承包人仅以合同为据主张债权，不予支持。否则，与保护实际施工人的规则相矛盾。

（3）当工程承包人与发包人签订建设工程施工合同后，实际施工人另行与发包人达成协议，直接与发包人建立债权债务关系。此时承包人与发包人签订的建设工程施工合同事实上已发生主体变更而终止，承包人已非该部分工程的承包人，不具有事实债权，其再主张债权缺乏依据，不予支持。

（4）当工程承包人与发包人发生建设工程合同关系后，将其对发包人的工程款债权转让给实际施工人，并已通知发包人。此时因债权转让行为，导致其名义或实际工程款债权的权利主体已变更为实际施工人，承包人由此丧失了实际权利，其再主张债权缺乏依据，不予支持。

四、关于内部承包人权益的保护

建设工程领域中还有一类主体，即内部承包人，值得在司法实务中给予关注。内部承包是指建筑企业与其内部职能部门或分支机构或职工个人签订承包协议，将以企业名义承接的工程项目交由承包人组织施工，建筑企业对财务、工程质量、技术等方面加以管理、监督，承包人自主经营、自负盈亏，向建筑企业缴纳一定管理费的经营合同。这是企业转换经营机制、增强活力的一种较为普遍和有效的经营方式，内部承包合同通常设定项目经理应当达到的绩效指标，按绩效指标的完成情况，建筑施工企业给予项目经理一定比例的提成，或者规定项目经理上缴利润，给企业造成损失的给予一定的惩罚。根据住房和城乡建设部《房屋建筑和市政基础设施工程施工分包管理办法》第 11 条的规定，项目管理机构的项目负责人、技术负责人、项目核算负责人、质量管理人员、安全管理人员必须是本单位的人员。而本单位人员，是指与本单位有合法的人事或者劳动合同、工资以及社会保险关系的人员。因此，这类内部承包活动，并不违反法律法规的禁止性规定，是合法有效的，各主体的合法权益应当得到保护。由于合法的内部承包活动与非法借用资质的挂靠经营活动有着本质的区别，不适用实际施工人的保护机制加以保护，需要针对内部承包具体情况加以研究。

对于内部承包行为的认定及合同效力，现行法律法规并无系统性的规定，随着涉及内部承包的相关案件数量不断增多，各地法院陆续发布指导意见强调内部承包模式的合法性。《北京市高级人民法院关于审理建设工程施工合同纠纷案件若干疑难问题的解答》第 5 条规定："建设工程施工合同的承包人将其承包的全部或部分工程交由其下属的分支机构或在册的项目经理等企业职工个人承包施工，承包人对工程施工过程及质量进行管理，对外承担施工合同权利义务的，属于企业内部承包行为；发包人以内部承包人缺乏施工资质为由主张施工合同无效的，不予支持。"浙江省高级人民法院民事审判第一庭也持相同的观点。[①] 就性质而言，内部承包具有特殊的双重性。对外，内部承包人系代表建筑企业履行职务行为，其法律后果应当直接由建筑企业来承担；对内，由于承包的性质决定了工程最终的盈亏均由内部承包人来承担，建筑企业在对外承担后，可以依据内部承包合同向内部承包人追偿。正因为内部承包的双重

① 《浙江省高级人民法院民事审判第一庭关于审理建设工程施工合同纠纷案件若干疑难问题的解答》（浙法民一〔2012〕3 号）第 1 条规定："建设工程施工合同的承包人与其下属分支机构或在册职工签订合同，将其承包的全部或部分工程承包给其下属分支机构或职工施工，并在资金、技术、设备、人力等方面给予支持的，可认定为企业内部承包合同；当事人以内部承包合同的承包方无施工资质为由，主张该内部承包合同无效的，不予支持。"

性，人民法院对内部承包人权益保护问题，在理论和实务界存在争议。

第一种观点认为，企业内部承包合同是指企业作为发包方与其内部职能部门、分支机构或职工个人之间为实现一定的经济目的而达成的约定双方权利义务关系的协议，不受《民法典》合同编的调整，因而不属于法院受案范围。

第二种观点认为，企业内部承包合同不单纯体现内部管理关系，更多地体现经济利益关系，应系平等主体之间的民事法律关系，人民法院应予受理。

第三种观点认为，法院对企业内部承包合同纠纷的受理问题不能“一刀切”，应区别对待。当承包方与发包人的关系超越了隶属性，与企业外部承包没有本质区别，法院不应以其为非平等主体之间的民事合同为由而拒之门外。当承包合同中承包方的地位更多体现隶属性，该类承包合同产生的纠纷法院不宜受理。

上述不同观点反映了对内部承包合同的可诉性和内部承包人诉讼主体地位的不同判断，这些不同观点在执行异议之诉案件审理中对内部承包人权利保护问题上同样存在。对此，我们认为，上述第三种观点更为符合实际，内部承包人的权益在执行异议之诉中应当依法处理。

1. 在程序救济上，应当承认内部承包人的民事主体资格

执行异议之诉涉及建筑企业外部债权人与内部承包人权益的比较，旨在保护真正的权利人。建筑企业内部承包人基于内部承包合同所享有的权利是正当合法有效的，其对建筑企业享有的债权请求权与外部债权人享有的债权请求权具有相同的性质，不应有内外之分，应当贯彻平等民事主体权利与义务相一致的原则。最高人民法院在金某某与振兴市政工程公司建设工程施工承包合同纠纷申请再审案（2002）民一监字第224－2号民事裁定书中指出：企业内部成立的工程队与企业具有隶属性，该工程队对外不具有法人主体资格，但双方为实现一定的经济利益在自愿的基础上通过协商所形成的权利义务关系的合同体现出平等互利、双务有偿等特点，双方在法律上的地位具有平等性，为合同平等主体一方，该类合同引起的纠纷属于人民法院受理民事案件的范畴。[①] 若以内部管理关系为由将内部承包人排斥在外，因内部承包人无法掌控企业的对外债务，直接导致内部承包人为建筑企业埋单，损害内部承包人的权益。实质是否定内部承包这一生产经营的激励机制，不利于促进内部承包经营制度的健康

① 苏泽林主编、最高人民法院立案庭编：《立案工作指导》2008年第3辑（总第18辑），人民法院出版社2009年版，第28页。

发展和双方权利得到救济。

2. 在实体保护上，内部承包人的工程款请求权具有优先性

尽管内部承包人对外以建筑企业名义经营，建设工程款由建筑企业获得，但该工程款在建筑企业与内部承包人之间按内部承包合同约定进行分配。其中内部承包人应得部分实质是建筑企业应付给内部承包人的工资和内部承包人为建筑企业垫付的投入款。对于工资，《企业破产法》第113条作出了工人工资优先于普通债权的顺位规定，执行程序中对工人工资的保护应当一脉相承。对于内部承包人的建筑投入款，根据《最高人民法院关于建设工程价款优先受偿权问题的批复》（已废止）意见，建筑工程价款包括承包人为建设工程应当支付的工作人员报酬、材料款等实际支出的费用，建筑工程的承包人的优先受偿权优于抵押权和其他债权。建筑企业按内部承包合同约定应得的工程款部分，则属于建筑企业的财产范畴，内部承包人不具有优先于建筑企业外部债权人的权利。

3. 在裁判标准上，内部承包人的工程款请求权需要确定化

正如前文所述，内部承包人具有高度的独立性，内部承包人的工程款权益与建筑企业之间的关系得到充分的体现，这是人民法院加以保护的前提条件。如果内部承包人提出的主张或者争议更多体现为其与建筑企业之间的隶属关系及内部纠纷，则难以在执行异议之诉中给予保护。对此情形的内部承包合同纠纷，是否在人民法院受理范围尚未确定，执行异议之诉就更难以作出判断。因此，内部承包人不仅要举证证明其与建筑企业建立了独立的内部承包关系，还应当证明其与建筑企业已按照内部承包合同结算确定了相应的工程款分配数额。实践中存在假借内部承包之名而实为转包、分包合同，这类承包合同，违反了法律法规的强制性规定，属于无效合同。因而在审查内部承包合同时，应当予以排除，避免将实际施工人作为内部承包人对待。

鉴于内部承包合同的双重性和内部承包人权益的不确定性，司法实践对内部承包人在执行异议之诉程序中的保护存在争议，建议进一步深入研究，待最高人民法院的规范性文件明确相关问题后，适时再对内部承包人在执行异议之诉中的裁判标准进行统一制定。

第九章　涉优先权执行裁判案件的审理

第一节　概　论

一、优先受偿权之内涵界定

优先权制度渊源于罗马法，优先权这一名称亦译自拉丁文“Pvivilegia”，我国民法学者或称之为“优先权”，或称“优先受偿权”。[①] 该制度的主要功能在于，通过破除债权平等保护原则，对特殊债权及其所体现的社会关系予以特殊保护，[②] 以便优先权人可以对抗第三人并实现其取得权。因此，优先权作为实体法上的权利，在执行程序中表现为优先受偿的权利。优先权作为一种优先受偿的资格，或者是来源于查封前的担保物权，或者是基于法律的特殊规定，应予以优先保护：从狭义来理解，优先权仅指一些法律规定的优先权，如建设工程价款优先权、船舶优先权等；从广义上来理解，目前亦习惯将担保物权人基于担保物权的优先清偿效力而享有就担保物的价值优先受偿其债权的权利称为“优先受偿权”。本文中的优先权采取广义概念，既包含担保物权（包括典型担保物权与非典型担保物权），又包含法定优先权。

二、相关实体法律沿革

在担保物权的制度方面，我国一直采取“分散零售”的方式立法：为了解决20世纪90年代我国经济生活中大量出现的“三角债”危机，1995年《担保法》（已废止）正式施行，首次在法律上确立了抵押权、质押权和留置权三项典型担保物权以及定金罚则，但因为内容过于宽泛使得这些规定停留在权利定义、效力范围等表层设计上，至2000年《最高人民法院关于适用〈中

① 参见曹艳芝：《优先权论》，湖南人民出版社2005年版，第1页。

② 参见宋宗宇：《优先权制度在我国的现实与理想》，载《现代法学》2007年第1期。

华人民共和国担保法〉若干问题的解释》（已废止）出台才对这几类典型担保物权进一步作出解释。到2007年《物权法》（已废止）公布施行，标志着我国在担保物权立法方面迈出了重要的一步：《物权法》以4章、71个条文详细规定了担保物权制度，使得担保物权体系基本形成。但是，试图在一部《物权法》内解决所有的担保问题，其结果不仅导致《物权法》对某些担保方式规定过于原则性而难以付诸实施、一些非典型担保难以囊括其中，也让《物权法》与《担保法》以及其他单行法之间效力层次不易确定。这一问题在2021年1月1日《民法典》的正式施行和《民法典担保制度司法解释》公布施行后得以缓解，《民法典》及其司法解释对担保物权和非典型担保的优先受偿制度作出了进一步细化。目前，我国已逐步形成了以《民法典》中的典型担保制度为核心，以民事特别法以及司法解释中的非典型担保为补充的庞大的担保制度体系。

在法定优先权方面，主要体现在对享有特殊优先受偿权利的债权人的保护上，具体法律条文散见于各程序法或相关特别法。如《企业破产法》第113条，通过对破产债权的清偿顺序的规定，使破产费用、职工工资和劳动保险费用、税款优先于破产债权而受清偿；又如《担保法》第56条规定了划拨国有土地使用权出让金优先缴纳；《税收征收管理法》第45条、第46条和第50条规定了税款优先于普通债权受偿。上述法律法规只是规定了权利优先受偿的顺序，并未将之作为一种独立的权利来确定。1993年施行的《海商法》第二章第三节规定了船舶优先权，这是我国立法史上首次对优先权制度作出明确的规定，随后1996年施行的《民用航空法》第三章第三节又规定了民用航空器优先权。此后，《合同法》（已废止）第286条规定了建设工程价款优先权，至此，我国法定优先权的立法体系方基本建立。

此外，有关优先权的执行程序规定体现在《民事诉讼法》的第232条和第234条，规定了当事人和案外人对执行行为或标的的异议权。《民事诉讼法司法解释》（2022年修正）第506条规定了享有优先权的债权人参与执行分配并优先受偿的权利，第508条则规定了设有优先权的债权优先于普通债权清偿的顺序，第509条、第510条则明确了参与分配的异议及分配方案异议之诉的程序。《执行工作规定》（2020年修正）第31条、第34条和第55条分别规定设有担保物权的被执行人财产拍卖、变卖所得价款应优先清偿享有优先受偿权的债权人，基于担保物权而享有的债权优先于金钱债权受偿，以及存在多个担保物权时的清偿顺位。

第二节　优先受偿权的种类

一、传统担保物权

担保物权是与用益物权相对应的他物权，指的是为确保债权的实现而设定的，以直接取得或者支配特定财产的交换价值为内容的权利，是为担保债务的履行而在债务人或其保证人的特定物上设定的他物权。《民法典》第386条对于担保物权予以界定："担保物权人在债务人不履行到期债务或者发生当事人约定的实现担保物权的情形，依法享有就担保财产优先受偿的权利，但是法律另有规定的除外。"

典型的担保物权主要有三类，即抵押权、留置权和质权等。

（一）抵押权

抵押权是指债权人对于债务人或者第三人提供的、不转移占有而作为债务履行担保的财产，在债务人不履行债务或发生当事人约定的实现抵押权的情形时，可就该财产折价或者就拍卖、变卖该财产的价款优先受偿的权利。抵押权是一种典型的担保物权，因其优先受偿性（优于人保）和不转移占有性（不影响使用价值），被誉为"担保之王"。

（二）留置权

留置权是指在依法可留置的合同中，债权人按照合同的约定占有债务人的动产，债务人不按照合同约定的期限履行债务的，债权人有权依法留置该动产，并依照法律的规定将动产折价或者以拍卖、变卖后的价款优先受偿的权利。

（三）质权

质权是指债务人或者第三人将其动产或者财产权利证书转移给债权人占有，以之作为债务的担保，债务人不履行债务时，债权人有权就该动产或财产权利的价值优先受偿的权利。

根据质权的标的物不同，分为动产质权与权利质权：我国法律目前并不认可不动产作为出质物。动产质权是指以他人的动产为标的物所设定的担保物权，以质权人占有作为质物的动产为生效要件，不得以占有改定的方式完成；

在债务人不履行到期债务时，可以以该质物折价，也可以就变卖或者拍卖质押财产所得的价款优先受偿。权利质权是指以所有权以外的财产权（如依法可转让的各类债权或者其他权利）为标的物而设定的质权，该权利必须是债务人或者第三人有权处分的权利且必须是财产权利，必须是依法可以转让的（如人身专属性的、基于信任关系产生的不能转让）。此外，《民法典》第439条规定："出质人与质权人可以协议设立最高额质权。"

二、其他非典型担保

《民法典担保制度司法解释》第64条、第65条、第66条、第68条等分别针对所有权保留买卖、融资租赁、有追索权保理、让与担保等特定法律关系中的担保方式进行了界定，对符合担保实质要件的，可以准用担保实现的规则，对担保物的拍卖、变卖价款，享有优先受偿权。

三、法定优先权

除了担保物权外，其他法律还规定了一些法定优先权，即是指债权人直接基于法律规定而对债务人的全部财产或特定财产享有的优先受偿其债权的权利。

我国现行法律体系中存在两类优先权，[①] 一类是一般优先权，即该权利仅仅具有特殊债权的清偿顺序，而不是独立的权利，例如破产债权清偿顺位；另一类是针对特定物的优先权，如《海商法》中的船舶优先权，《民用航空法》中的民用航空器优先权。但是归根结底，法定优先权只是确立清偿顺序。

法定优先权一般具有以下特征：（1）优先权的设定基于法律的直接规定，不能由当事人任意创设。（2）优先权是无须以占有或者登记为公示要件的权利，这是因为法律规定的权利，已向世人昭示权利的存在，本身具有预告登记的效力。优先权这一特征对同一财产上其他权利人权利的实现构成了威胁。（3）当同一财产上存在数个优先权时，优先权受偿的顺位均由法律规定。同时优先权与其他担保物权竞存时，其顺位也由法律直接规定。（4）法定优先权通常不阻碍执行。

司法实务中，常见的法定优先权包括六种。

---

① 参见王利明、杨立新、王轶、程啸：《民法学》（第二版），法律出版社2008年版，第464～465页。

（一）建设工程价款优先权

原《合同法》第286条确立了建设工程款的优先受偿权制度，现规定在《民法典》第807条中，该条规定：“发包人未按照约定支付价款的，承包人可以催告发包人在合理期限内支付价款。发包人逾期不支付的，除根据建设工程的性质不宜折价、拍卖外，承包人可以与发包人协议将该工程折价，也可以请求人民法院将该工程依法拍卖。建设工程的价款就该工程折价或者拍卖的价款优先受偿”。《最高人民法院关于审理建设工程施工合同纠纷案件适用法律问题的解释（一）》第36条对该条作出了进一步解释：“承包人根据民法典第八百零七条规定享有的建设工程价款优先受偿权优于抵押权和其他债权。”该解释第40条指明，建筑工程价款包括承包人为建设工程应当支付的工作人员报酬、材料款等实际支出的费用，不包括逾期支付价款的利息、违约金和损害赔偿金。该解释第41条则限定了承包人行使优先受偿权的最长期限，即最长不超过应当给付之日起的18个月。

（二）船舶优先权

根据《海商法》第21条、第22条的规定，船舶优先权，是指海事请求人向船舶所有人、光船承租人、船舶经营人提出海事请求，对产生该海事请求的船舶具有优先受偿的权利。其优先受偿的范围包括在编人员的工资报酬和社保、人身伤亡赔偿、船舶吨税、引航费、港务费和其他港口规费、海难救助费等。按照《海商法》第25条之规定，船舶优先权先于船舶留置权受偿，船舶抵押权后于船舶留置权受偿。

（三）税收优先权

目前，我国对于税收优先权的规定主要体现在《税收征收管理法》第45条，税收优先权具有以下特征：第一，相对于无担保的债权，原则上税款优先，但法律另有规定的除外。第二，相对于有担保的债权，遵循“时间在前，权利优先”的原则，即税款发生在抵押权、质权、留置权之前的，则税款优先；反之，则抵押权、质权、留置权优先。第三，相对于罚款与没收违法所得，税款一律优先。[①]

税收优先权系参与优先分配的权利，不足以阻却执行法院对执行标的的执行，因此，案外人（税务机关）以被执行人欠缴税款为由提出执行异议，请

① 参见游鹏：《我国税收优先权制度研究》，西南政法大学2019年硕士学位论文。

求对被查封、冻结或拍卖财产实现税收优先权的，应告知其向执行机构申请对执行标的或其变价款实现税收优先权。被执行人或其他债权人对案外人受偿顺序提出异议的，适用分配方案异议及执行分配方案异议之诉程序处理，并根据被执行人欠缴税款的发生时间，以及税款发生时被执行财产是否被设定抵押、质押或者被留置情况作出相应处理。

（四）土地使用权出让金优先权

原《担保法》确立了土地使用权出让金优先权，《民法典担保制度司法解释》第50条规定："抵押人以划拨建设用地上的建筑物抵押，当事人以该建设用地使用权不能抵押或者未办理批准手续为由主张抵押合同无效或者不生效的，人民法院不予支持。抵押权依法实现时，拍卖、变卖建筑物所得的价款，应当优先用于补缴建设用地使用权出让金。当事人以划拨方式取得的建设用地使用权抵押，抵押人以未办理批准手续为由主张抵押合同无效或者不生效的，人民法院不予支持。已经依法办理抵押登记，抵押权人主张行使抵押权的，人民法院应予支持。抵押权依法实现时所得的价款，参照前款有关规定处理。"这就实质上确立了土地使用权出让金的优先权，划拨建设用地拍卖、变卖所得价款应当优先清缴土地使用权出让金，而后才能用以清偿抵押权人的债权。

（五）民用航空器优先权

根据《民用航空法》第18条、第19条之规定，民用航空器优先权是指债权人就民用航空器所有人、承租人应承担的，援救该民用航空器的报酬或者保管、维护该民用航空器的必需费用的清偿，对产生该债务的民用航空器具有的优先受偿权利。民用航空器优先权先于民用航空器抵押权受偿，且该优先权不因民用航空器所有权的转让而消灭；但是，民用航空器经依法强制拍卖的除外。

（六）受教育者学杂费用优先权

《民办教育促进法》第58条规定："民办学校终止时，应当依法进行财务清算。民办学校自己要求终止的，由民办学校组织清算；被审批机关依法撤销的，由审批机关组织清算；因资不抵债无法继续办学而被终止的，由人民法院组织清算。"该法第59条规定："对民办学校的财产按照下列顺序清偿：（一）应退受教育者学费、杂费和其他费用；（二）应发教职工的工资及应缴纳的社会保险费用；（三）偿还其他债务。"因此，受教育者学费、杂费和其他费用，亦享有清偿上的优先顺位，属于法定优先权。

第三节　涉优先权执行裁判案件的审理原则

一、不阻却执行原则

案外人优先权以不阻却执行为原则，以阻却执行为例外。就担保物权而言，其主要的法律功能和效力系当债务人逾期或不履行债务时，担保物权人可就担保物之出卖优先获得清偿，担保物权通常不因担保物的转让、交付等行为受到损害。即便当担保物作为执行标的存在时，担保物权人也将在担保物拍卖后优先获得清偿。因此，在执行程序中，对于大部分的优先权，权利人可以主张优先受偿，但不能以此阻却执行。人民法院在诉讼及执行过程中依法可以对他人享有优先权的财产采取查封或扣押措施。《执行工作规定》第 31 条规定：“人民法院对被执行人所有的其他人享有抵押权、质押权或留置权的财产，可以采取查封、扣押措施。财产拍卖、变卖后所得价款，应当在抵押权人、质押权人或留置权人优先受偿后，其余额部分用于清偿申请执行人的债权。”《查封、扣押、冻结规定》第 25 条规定：“人民法院查封、扣押被执行人设定最高额抵押权的抵押物的，应当通知抵押权人。抵押权人受抵押担保的债权数额自收到人民法院通知时起不再增加。人民法院虽然没有通知抵押权人，但有证据证明抵押权人知道或者应当知道查封、扣押事实的，受抵押担保的债权数额从其知道或者应当知道该事实时起不再增加。”《民事诉讼法司法解释》第 157 条规定：“人民法院对抵押物、质押物、留置物可以采取财产保全措施，但不影响抵押权人、质权人、留置权人的优先受偿权。”第 506 条第 2 款规定：“对人民法院查封、扣押、冻结的财产有优先权、担保物权的债权人，可以直接申请参与分配，主张优先受偿权。”这表明享有优先权的权利人可以申请参加参与分配程序，且不以取得执行依据为限。可见，执行法院在对抵押物、质押物、留置物采取保全措施后进行拍卖等处理时，优先权人通常只能就拍卖所得价款主张优先受偿的权利，而不能以其对被执行人财产享有优先权为由对抗法院的保全或者执行行为。因此，优先权人针对人民法院处分行为提出异议的，人民法院应告知其直接就财产变价款向执行实施机构主张优先受偿权；执行实施机构对其不予支持的，优先权人可依据《民事诉讼法》第 232 条提起执行异议。

司法实践中，建设工程价款优先权，船舶优先权、税收优先权、划拨土地使用权出让金优先权、民用航空器优先权、受教育者学杂费用优先权等法定优先权多数系优先参与分配之权利，不足以阻却执行，因此亦参照上述程序处理，比如：（1）税务机关以被执行人欠缴税款为由提出执行异议，请求对被查封、冻结或拍卖财产实现税收优先权的，人民法院应告知其直接就财产变价款向执行实施机构主张优先受偿权。执行实施机构对其不予支持的，优先权人可依据《民事诉讼法》第 232 条提起执行异议。被执行人或其他债权人对案外人受偿顺序提出异议的，适用分配方案异议及执行分配方案异议之诉程序处理，并根据被执行人欠缴税款的发生时间，以及税款发生时被执行财产是否被设定抵押、质押或者被留置情况作出相应处理。（2）案外人以其对执行标的物享有建设工程价款优先受偿权为由提出异议的，人民法院应告知其直接就财产变价款向执行实施机构主张优先受偿权。执行实施机构对其不予支持的，其可依据《民事诉讼法》第 232 条提起执行异议。被执行人或其他债权人对人民法院支持其行使优先受偿权提出异议的，适用分配方案异议及执行分配方案异议之诉程序处理。

当然，还需要说明的是，优先权人提出的执行异议也并非全部按照《民事诉讼法》第 232 条之规定进行审查。如果执行法院的强制执行行为对优先权人的优先受偿权构成实质影响，则应按照《民事诉讼法》第 234 条之规定进行审查，关于具体类型及救济方式将在下文展开。

二、分类救济原则

（一）对不足以阻却执行的优先权的救济

不足以阻却执行的优先权人，请求排除对执行标的处分行为的，人民法院应告知其直接就财产变价款向执行实施机构主张优先受偿权。执行实施机构对其不予支持的，优先权人可依据《民事诉讼法》第 232 条提起执行异议，并应当与参与分配方案异议之诉相衔接。

如前所述，如案外人享有的仅是不阻却执行的优先权，案外人以其享有该权利为由对人民法院处分行为提出异议，但无论是查封还是财产处置变现行为均属于执行行为，并未损害其优先受偿权，因而不适用《民事诉讼法》第 234 条之规定进行审查。其据此主张法院停止处分行为的，应当首先告知其向法院执行实施机构主张优先受偿权，如实施部门不同意其参与分配或不认可其优先权的，有权依据《民事诉讼法》第 232 条之规定提出执行异议，在该异议程序中对其分配资格予以审查。

《民事诉讼法司法解释》第 509 条规定："多个债权人对执行财产申请参与分配的，执行法院应当制作财产分配方案，并送达各债权人和被执行人。债权人或者被执行人对分配方案有异议的，应当自收到分配方案之日起十五日内向执行法院提出书面异议。"该解释第 510 条规定："债权人或者被执行人对分配方案提出书面异议的，执行法院应当通知未提出异议的债权人、被执行人。未提出异议的债权人、被执行人自收到通知之日起十五日内未提出反对意见的，执行法院依异议人的意见对分配方案审查修正后进行分配；提出反对意见的，应当通知异议人。异议人可以自收到通知之日起十五日内，以提出反对意见的债权人、被执行人为被告，向执行法院提起诉讼；异议人逾期未提起诉讼的，执行法院按照原分配方案进行分配。诉讼期间进行分配的，执行法院应当提存与争议债权数额相应的款项。"因此，如执行实施机构认可该优先权，其他债权人或当事人对此有异议的，可通过参与分配方案异议和异议之诉进行处理。

（二）对足以阻却执行的优先权的救济

案外人对执行标的主张所有权或者有其他足以阻止执行标的转让、交付的实体权利的，可以依照《民事诉讼法》第 234 条之规定，向执行法院提出异议。由此"案外人对执行标的主张所有权或者有其他足以阻止执行标的转让交付的实体权利"，是第 234 条前半部分规定的案外人异议制度的法定异议事由。问题在于，法院在审查过程中如何把握，哪些权利是"足以阻止执行标的转让交付的实体权利"，这些能够对抗强制执行的实体权利的范围和种类是以实体法规定为根据的，[①] 其界定标准在于，实体权利的功能、效力与强制执行的目的、方法是否冲突，案外人是否有忍受标的物强制执行之法律义务。凡第三人在执行标的物上所存在的权利无忍受强制执行的法律上理由者，无论是否物权，均可提起异议之诉。[②] 对于异议事由的具体类型，学术界存在不同的观点，但通说认为，大部分的担保物权因为只是一种优先受偿权，法院对执行

① 参见张卫平：《案外人异议之诉的功能与价值》，载《人民法院报》2009 年 3 月 26 日，第 5 版。

② 参见刘学在、朱建敏：《执行异议之诉若干问题探析》，载《人民法院报》2008 年 9 月 19 日，第 6 版；另参见杨与龄：《强制执行法论》，我国台湾地区三民书局 2007 年版，第 233 页。

标的强制执行并不影响债权人从变价所得中优先受偿，并不损害其合法权利，故不属于足以排除强制执行的权利。[①] 但个别质权以占有标的物为成立要件，且无需经法院的拍卖、变卖等财产处置程序即可以直接实现其优先权，此时则可以依据《民事诉讼法》第 234 条提出异议。比如，执行法院扣划的款项涉及案外人的质权，此时，案外人享有的金钱质权已经无须经过执行法院的拍卖、变卖等执行行为实现，如已经符合行使质权的条件，案外人仅需以自力行使质权的方式主张优先权，此时，执行法院的冻结、扣划等执行行为则可能会影响其质权实现。

由此来看，案外人提出的执行异议究竟适用《民事诉讼法》第 234 条进行审查，还是应先告知其向执行实施机构主张优先权，在执行实施机构未支持其请求的情况下，再适用《民事诉讼法》第 232 条之规定进行审查，并不单纯根据案外人的身份加以识别，执行法院必须结合执行行为的性质及其对异议人权利造成的影响决定具体适用的法律条款，并根据适用的条款告知当事人不同的权利救济途径。简而言之，只要案外人对执行标的主张所有权或者有其他足以阻止执行标的转让、交付的实体权利的，就应适用《民事诉讼法》第 234 条之规定进行审查。在实践中，一般应当同时具备以下两个条件：一是该执行行为导致案外人享有的优先权丧失或者可能减损标的物价值；二是该行为导致案外人优先受偿权的实现受到实质性损害。

第四节　涉优先权执行异议及异议之诉案件的审理

一、案外人以质权提起执行异议、异议之诉案件的审理

质权在性质上属于物权，《民法典》第十八章规定了动产质权与权利质权。从该章规定内容看，质权自交付之日起设立，但以汇票、支票、本票、债券、存款单、仓单、提单出质的，质权自权利凭证交付质权人时设立；没有权利凭证的，自有关部门办理出质登记时设立；以基金份额、股权出质的，自证券登记结算机构办理出质登记时设立；以其他股权出质的自工商行政管理部门办理出质登记时设立；以注册商标专用权、专利权、著作权等知识产权中的财

① 参见王飞鸿：《略论案外人异议制度》，载最高人民法院执行工作办公室编：《强制执行指导与参考》2002 年第 4 辑（总第 4 辑），法律出版社 2003 年版，第 258 页。

产权出质的，自有关主管部门办理出质登记时设立；以应收账款出质的，自信贷征信机构办理出质登记时设立。需要说明的是，《民法典》针对汇票、支票、本票、债券、存款单、仓单、提单等权利质权设立的要件进一步明确，《民法典担保制度司法解释》第58条规定："以汇票出质，当事人以背书记载'质押'字样并在汇票上签章，汇票已经交付质权人的，人民法院应当认定质权自汇票交付质权人时设立。"该解释第59条规定："存货人或者仓单持有人在仓单上以背书记载'质押'字样，并经保管人签章，仓单已经交付质权人的，人民法院应当认定质权自仓单交付质权人时设立。没有权利凭证的仓单，依法可以办理出质登记的，仓单质权自办理出质登记时设立。"因此，对于可以背书记载的汇票、仓单等权利凭证，还应当进行背书。

从救济途径上讲，大多数质权行使需要经由动产、权利之出卖优先获得清偿，权利人可以就变价款主张优先受偿，但不能以此阻却执行。因此，对于这一类质权，无论是查封还是财产处置变现行为均属于执行行为，并未损害其优先受偿权，其据此主张法院停止处分行为的，应告知其直接向执行实施机构主张权利，执行实施机构未支持的，依据《民事诉讼法》第232条进行审查。如其以其享有法定优先权或担保物权主张其优先于普通债权的分配权利，依据分类救济原则，告知其依法申请参与分配，并通过相应的异议和异议之诉途径救济。但对于部分可能导致案外人享有的质权丧失、标的价值减损且案外人优先受偿权的实现受到实质性损害的情形，应依据《民事诉讼法》第234条的规定救济。如案外人主张金钱质权并同时要求行使该质权；执行法院在执行对第三人到期债权，但案外人主张该债权已经办理权利质押手续并主张质权等情形。

实践中，还存在被执行人为质权人（另案债权人），案外人（另案债务人）以其为质物所有人对执行标的提出执行异议的情形。在该类执行异议案件的审查中，应当依据《异议复议规定》第25条予以认定，并参照《民事诉讼法》第234条规定救济。因此提起执行异议之诉的，根据下列情形分别处理：（1）案外人尚未履行对被执行人所负债务的，除案外人同意将被执行人应收款项交付执行之外，对案外人的诉讼请求不予支持。此种情形下，如案外人应付款项交付执行，实质是履行债务，其与被执行人间债权债务清偿后，被执行人自无权再占有其担保物，案外人排除执行的诉求应当予以支持。但是，如案外人无法清偿债务，被执行人对案外人仍然享有债权，担保物的担保功能依然存在，在案外人无法清偿债务的前提下，被执行人本就有权将担保物拍卖，以拍卖价款优先受偿。法院自然无法支持案外人的诉求，而是将担保物予以拍卖，拍卖款中案外人欠付被执行人的部分，作为被执行人的责任财产，向申请执行人交付，多余款项则退还给案外人。（2）案外人已经依法履行其对被执行人所负债务，导致被执行人的动产质权已经消灭，或者因其他原因导致动产质权未依法成立的，对案外人的请求予以支持。此种情形下，被执行人对标的物实质上构成无权占有，案外人履行其所有权人的物权取回权，理应予以支持。

涉及质权的执行异议及异议之诉案件的疑难问题，主要有以下四类。

（一）金钱质押引发的执行异议及异议之诉案件的审查处理

金钱作为一种特殊的动产，具备一定的形式要件后，可以用于质押。案外人以其对特户、封金、保证金享有质权为由，提出执行异议的，依据不阻却执行原则、分类救济原则，仍应当依据案外人异议的请求事项分别予以救济。

如请求事项为实现质权并要求解除查封、冻结措施或者不得扣划的，因查封、冻结、扣划行为给案外人实现质权造成实质性影响，人民法院应依照《民事诉讼法》第 234 条规定的程序进行审查处理。审理中，应按照《民法典》及相关司法解释的规定，对案外人是否享有质权、是否存在法定或约定的实现质权的情形以及质权所及范围进行审查认定。据此，符合下列条件的，不得对案外人所享有的质权所及范围内的债权数额进行强制执行：（1）案外人与出质人订立了书面质押合同；（2）出质人已经开设专门的保证金账户；（3）该账户内资金已经移交给案外人实际控制或者占有；（4）该账户有别于出质人非保证金业务的日常结算账户。（5）案外人请求实现质权的，其实现质权的条件已经满足。

当然，案外人以其对特户、封金、保证金享有质权为由提出执行异议，并非完全依据《民事诉讼法》第 234 条进行审查，如案外人请求中并未包含“行使质权”，仅为解除对案涉账户或款项的查封、冻结，因查封、冻结仅为财产保全措施，不足以影响其实际权利，此时质权人提出的异议，依据前述不阻却执行原则和分类救济原则，应当适用《民事诉讼法》第 232 条规定进行审查，并裁定不予支持。

实践中，需要从以下几个方面予以重点审查：

1. 质押合同关系是否存在

重点审查案外人与被执行人之间是否存在质押合同关系。《民法典》第

427 条规定："设立质权，当事人应当采用书面形式订立质权合同。质押合同一般包括下列条款：（一）被担保债权的种类和数额；（二）债务人履行债务的期限；（三）质押财产的名称、数量等情况；（四）担保的范围；（五）质押财产交付的时间、方式。"案外人与被执行人之间应当采取书面形式订立质押合同。在最高人民法院发布的指导案例 54 号"中国农业发展银行安徽省分行诉张大标、安徽长江融资担保集团有限公司执行异议之诉纠纷案"中，最高人民法院认为，当事人之间虽没有单独订立带有"质押"字样的合同，但只要根据主合同的条款及内容能够证明质押关系存在的，也应认定存在书面质押合同。此外，当事人之间不仅要订立书面质押合同，而且该合同不能存在法律规定的无效情形，如果质押合同无效，即使存在书面合同，案外人主张的质权也自始不存在。

2. 质权是否有效设立

一是质押财产是否特定化。所谓特定化，意指该笔金钱被以特户、封金、保证金等形式与出质人的其他资金区别出来并加以特定化，主要体现为账户的专用特征，即开设专门的保证金等特定账户，且该账户有别于出质人的日常结算账户。《民法典担保制度司法解释》第 61 条第 4 款规定："以基础设施和公用事业项目收益权、提供服务或者劳务产生的债权以及其他将有的应收账款出质，当事人为应收账款设立特定账户，发生法定或者约定的质权实现事由时，质权人请求就该特定账户内的款项优先受偿的，人民法院应予支持；特定账户内的款项不足以清偿债务或者未设立特定账户，质权人请求折价或者拍卖、变卖项目收益权等将有的应收账款，并以所得的价款优先受偿的，人民法院依法予以支持。""保证金特定化的实质意义在于使特定数额金钱从出质人财产中划分出来，成为一种独立的存在，使其不与出质人其他财产相混同，同时使转移占有后的金钱也能独立于质权人的财产，避免特定数额的金钱因占有即所有的特征混同于质权人和出质人的一般财产中。具体到保证金账户的特定化，就是要求该账户区别于出质人的一般结算账户，使该账户资金独立于出质人的其他财产"。① 二是质押财产是否交付。质押财产的交付行为是设立动产质权的

① 参见抚顺市艳丰建材有限公司、郑某某与大连银行股份有限公司沈阳分行案外人执行异议之诉审判监督民事判决书，最高人民法院（2015）年民提字第 175 号，载中国裁判文书网，https：//wenshu. court. gov. cn/website/wenshu/181107ANFZ0BXSK4/index. html？ docId = cdadd36566d74a3dbad43052787116f7。

生效条件。《民法典》第429条规定："质权自出质人交付质押财产时设立。"就金钱质押而言，质权的生效条件包括金钱特定化和移交债权人占有两个方面。所谓移交债权人，是指质押权人能够对该专用账户进行实际控制和管理。换言之，出质人或该笔资金的所有权人不能对此自由使用或者支配。因此，移交的特征主要体现在质押权人对专用账户的实际控制权。如果被质押金钱账户与出质人的其他账户存在混同情形，则不应视为质押的金钱已经移交给债权人。

3. 案外人是金融机构的情形

案外人是金融机构的，还要对金融机构的兑付是否符合条件进行判断。北京市高级人民法院在中信银行股份有限公司哈尔滨分行执行复议案［（2018）京执复62号］中认为，即便未约定金融机构享有直接扣划权，只要金融机构、出质人就"未经质权人同意，出质人不得动用资金"作出明确约定，仍应认定金钱质权成立并生效，作出最终裁判结果时，人民法院不仅要对质押合同关系是否存在、金钱质权是否有效设立等进行判断，还要对金融机构的兑付是否符合条件进行判断。

（二）应收账款质押引发的执行异议及异议之诉案件的审查处理

在我国，应收账款已被广泛用作融资担保工具。案外人以其对查封、冻结或者强制执行的被执行人的应收账款享有质权为由，提出执行异议，请求解除查封、冻结或不得强制执行的，应适用《民事诉讼法》第234条规定进行审查。因此提起执行异议之诉，且同时具备一定情形的，应判决不得执行该应收账款债权。

1. 应收账款被查封或冻结前，是否已订立书面质押合同及质押登记协议

重点审查案外人与出质人是否订立了书面的质押合同，同时审查该质押合同是否签订于案涉应收账款被查封或冻结之前。除此之外，还应审查案外人与出质人是否订立质押登记协议。上述质押合同及质押登记协议应具备法律或专项规定的内容，人民法院应审查其效力。

2. 质权已经信贷征信机构办理出质登记

质权已经信贷征信机构办理出质登记，即质权已经中国人民银行征信中心进行质押登记。人民法院应严格审查案外人与出质人签订的书面质押合同及质押登记协议的效力及内容，质押权人是否已经注册为登记公示系统的用户，质押登记协议是否作为登记附件提交登记公示系统。除此之外，还应审查书面质

押合同及质押登记协议是否与“动产融资统一登记系统”载明的“基本信息、应收账款的描述、登记期限”等一致。

3. 应收账款是否特定以及是否移交占有或控制

人民法院应重点审查质押的应收账款是否区别于出质人的其他应收账款，案涉债权与登记的应收账款是否具有同一性。

4. 是否存在恶意逃债及规避执行情形

人民法院应重点审查案外人与被执行人是否存在恶意逃债以及规避执行的情形。

此外，应收账款质押与《民法典》第 547 条规定的债权转让明显不同。应收账款质押的目的是担保，而债权转让的目的则是权利让与。因此，不应以出质人或质押权人未通知债务人为由主张质押无效。

（三）大宗商品质押引发的执行异议及异议之诉案件的审查处理

实践中，屡屡发生出质人以大宗货物予以出质的案例，且质押权人大多涉及金融机构，最为常见的货物为煤炭、钢材及粮食等，尤其在某些特定地区，货物质押逐渐成为市场融资的主要融资手段。在此类案件中，案涉当事人往往具有多重身份，比如银行既是债权人、质权人又是监管委托人，物流监管企业既是仓储保管人又是质权人的委托代理人（即实际监管人），借款人既是债务人、出质人又是存货人，[①] 且其中还混杂着借贷关系、仓储关系、委托关系等多种权利义务关系。[②] 因此，除借款合同之外，该类案件还往往涉及质押合同、委托监管合同，主要表现为：（1）出质的商品由监管人代表质权人实现占有；（2）出质商品数量并非固定不变，大多处于动态的流转状态，比如仓库或者货场的货物不断处于进出之中，但双方往往约定最低的货物库存水平；（3）大宗商品具有集合物、不特定化的特点，具有多物一权的表征。[③]

1. 审查内容

从现有案例看，鉴于质押权人大多属于金融机构，借款合同、质押合同以及委托监管合同普遍比较齐备，且基本上采用格式合同。因此，大宗商品质押引发的执行异议及异议之诉案件的审理重点，主要应当放在质押物是否特定化

① 参见雷震：《物流监管公司在商品融资纠纷中的补充赔偿责任》，载《人民司法》2014 年第 11 期。

② 参见黄晓华、苏向京：《浅析商品融资若干法律问题》，载《金融经济》2010 年第 10 期。

③ 参见张炜：《商品融资业务的法律分析与风险防范》，载《中国城市金融》2006 年第 11 期。

以及金融机构是否实际占有或控制质押物之上。

（1）质押物存放于出质人自有仓库或货场时。质权公示为质权生效的要件。动产质押的设立必须转移占有，并以转移占有作为设定质权公示形式。但金融机构等质权人由于基本上不具备保管质物的场所及条件，有时会将质物存放于出质人之处，这就需要对出质物是否转移占有以及是否特定化进行判断。如果双方约定由出质人代为占有或保管出质物，因质物的占有未发生实际转移，不发生质权设定的效力。即使双方约定了如何特定化等条款，原则上也不应认定质权已经设立。但有时质权人委托第三方进入出质人处进行监管，则应视具体情况而定。如果出质物已经按照质押合同及委托监管合同约定，监管人能够对出质物进行实际控制则应认定质权有效设立。

（2）出质货物储存于第三方仓库时。出质货物储存于第三方仓库，出质人取得仓库的提单、仓单、提货单或者收据并将上述单据移交给质权人，原则上应视为相关质押程序完成，质押权已经有效设立。至于出质人是否履行其监管义务或因其怠于履行监管义务，则属于另外的法律关系，并非执行异议及异议之诉案件的审理范围。

2. 审查依据及裁判

出质物权属争议与质押权争议混合发生时应合并审理。由于质权人往往不对质物的权属进行审查。因此，实践中有时会出现一个案外人对被查封或处置的财产主张所有权，另一个案外人则对其主张质权，执行法院应当分别立案，但应当合并审理。不同的案外人就相同财产分别主张不同的权利，属于实体法上两种不同的法律关系，应根据不同的实体法依据及相关当事人提供的证据经审理后作出判断。但此类争议不宜分别审理，否则无法形成事实上的抗辩。有的观点认为，应让当事人另行提起确权诉讼，待确定权属后再继续审理质押权争议。我们认为，该观点不利于平等保护各方当事人的合法权益。而且，两个争议均因执行行为所引起，都涉及能否阻却执行的问题。因此，无论最终结果如何，均会对后续的执行行为产生影响，理应作为执行异议及异议之诉案件立案受理。

（四）其他特殊质权

最高人民法院、最高人民检察院联合公安部、中国证券监督管理委员会《关于查询、冻结、扣划证券和证券交易结算资金有关问题的通知》（法发〔2008〕4号）第7条规定：“证券登记结算机构依法按照业务规则要求证券公司等结算参与人、投资者或者发行人提供的回购质押券、价差担保物、行权担保物、履约担保物，在交收完成之前，不得冻结、扣划。”目前我国证券交易履约机制的主要担保方式除了统一的结算风险基金，就是结算互保金。结算互保金是全体结算参与人缴纳的用以在发生交收违约时弥补流动性不足以及违约损失的资金，从而避免参与人违约而给结算系统造成的风险。[①] 因此，证券登记结算机构主张其对证券公司等结算参与人、投资者或发行人提供的回购质押券、价差担保物、行权担保物、履约担保物等，在交收完成前享有质权，请求不得冻结或扣划的，应当依照《民事诉讼法》第 234 条之规定进行审查。该质权有效设立的，应判决不得执行案外人享有的质权范围内的案涉财产。

二、案外人以其他担保物权提起执行异议及异议之诉案件的审理

（一）抵押权的执行异议及救济途径

在执行异议中，案外人以其系抵押权人提出相应执行异议。如前所述，在优先权执行异议中，以不阻却执行为原则，当执行标的被强制执行时，案外人可就担保财产的价金优先于申请执行人受偿。因此，如案外人此时仅以其系抵押权人提起异议要求停止执行，对该异议，因其并不享有足以排除执行的实体权利，人民法院应当告知其先向执行实施机构主张权利，执行实施机构未予以支持的，依据《民事诉讼法》第 232 条规定，以执行行为异议立案审查，判断其是否享有相应参与分配资格；如执行实施机构认定其有优先权，已经将其纳入分配资格，其他债权人、当事人提出异议或对案外人的抵押权的真实性、优先受偿顺位和比例产生异议，应当依据参与分配方案异议和异议之诉处理。当然，如案外人并未要求停止执行，而是要求实现其抵押权，在抵押物拍卖、变卖款内优先受偿，依据分类救济原则，案外人可另行以《民事诉讼法司法解释》第 507 条规定主张参与分配，并在相应的参与分配方案的异议及异议之诉中解决其抵押权对应的优先受偿顺位及金额问题。

在实践中，除案外人以对被执行人名下的财产主张抵押权提出执行异议的案件之外，还存在被执行人系案外人的抵押权人的情形。通常而言，对于动产

① 参见司伟：《证券交易履约保障法律机制研究——以场内集中交易的中央登记结算为中心》，中国政法大学 2007 年博士学位论文。

的抵押，根据《民法典》第 394 条的规定，抵押权的基本特征为抵押财产不移转占有，故此时抵押财产仍在案外人处，执行法院无法将该财产视为被执行人的财产而采取强制执行措施；而对于不动产的抵押而言，因为有明确的登记，人民法院自然也不会将其误认为被执行人的财产。此时，申请执行人也仅有权要求执行被执行人对案外人的到期债权，且该到期债权系对抵押物享有优先受偿权的债权，对于该类异议，法院仍应当参照到期债权的异议处理。

（二）留置权的执行异议及救济途径

1. 案外人为留置权人提出执行异议的处理

依据前文阐述的留置权的概念，留置权与抵押权的区别之处在于权利外观，抵押权因不以转移占有为要件，因此抵押权大多需要登记作为公示、生效的要件，而留置权则是债权人基于某种特定法律关系对标的物的占有。因此，相较于抵押权，对于留置权是否真实存在，无法通过查询登记信息来核实案外人所主张的权利真伪，因此审查留置权的真实性应当结合留置权的特征分析：（1）债权人合法占有债务人的动产，不动产不包含在内。此外，依据《民法典担保制度司法解释》第 62 条第 1 款之规定，债权人合法占有的第三人的动产，也可以作为留置物。（2）合法占有应当基于与债权债务相同的基础关系。（3）债务人应当存在不履行到期债务的情形，这也是留置权的前提和基础。（4）留置权人与债务人应当约定留置财产后的债务履行期限，债务人逾期未履行的，留置权人可以主张优先受偿权。因此，通常情况下，如案外人主张其享有留置权不符合《民法典》相应构成要件，对其权利主张不予支持：（1）案外人主张的留置权并非基于保管合同、运输合同、加工承揽合同以及法律规定可以留置的其他合同发生的债权，或者留置的动产与债权不属于同一法律关系，但符合《民法典》第 448 条规定属于“企业之间留置”的除外。应当说明的是，《民法典》排除企业之间留置需要统一法律关系的原因是为了保证商事留置的便捷和效率，但并不意味着不加任何限制，《民法典担保制度司法解释》第 62 条则对企业之间留置进行了限制，如作为企业的债权人留置的是第三人财产，第三人仍有权请求返还留置物。（2）法律规定不得留置或案外人与被执行人约定了排除留置权，案外人在债务履行期届满后行使留置权；（3）案外人行使留置权与其承担的义务或者合同的特殊约定相抵触；（4）案外人在执行法院采取查封、扣押或其他强制执行措施时未实际占有或控制执行标的；（5）案外人主张的留置权设立于执行标的被查封、扣押或强制执行之后；（6）案外人对被执行人享有的债权已经消灭；（7）案外人在留置权设立后已经接受被执行人提供的其他担保。

关于救济途径，《民法典》第447条规定，债务人不履行到期债务，债权人可以留置已经合法占有的债务人的动产，并有权就该动产优先受偿。因此，债权人行使留置权的，亦属于请求优先参与分配的权利，绝大多数情况下，依据不阻却执行原则，人民法院应当告知其先向执行实施机构主张权利，执行实施机构未予以支持的，依据《民事诉讼法》第232条规定，以执行行为异议立案审查，判断其是否享有优先权；如执行实施机构认定其有优先权，已经将其纳入分配方案，其他债权人、当事人提出异议或对案外人的留置权的真实性、优先受偿顺位和比例产生异议，应当依据参与分配方案异议和异议之诉处理。

2. 被执行人为留置权人，案外人主张所有权的处理

执行实践中，执行法院查封了被执行人占有的动产，但被执行人仅系留置权人而非实际的所有权人，此时案外人以其为留置物所有人为由，对执行标的提出执行异议，请求排除执行的，本质系主张所有权对抗法院的执行，此时，仍应适用《民事诉讼法》第234条规定进行审查，在执行异议审查中，依照《异议复议规定》第25条之规定处理，当事人、案外人不服执行异议裁定的，通过异议之诉的途径进一步救济。在执行异议之诉案件中，应当重点审查留置权是否成立并生效，本案是否属于可以依法行使上述优先权的情况，并根据下列情形予以处理：（1）如案外人尚未履行对被执行人所负债务的，除案外人同意将被执行人应收款项交付执行之外，对案外人的诉讼请求不予支持。如案外人无法清偿债务，参照本章第一节“案外人以质权提起执行异议、异议之诉的案件的审理”中“被执行人为质权人（另案债权人），案外人（另案债务人）以其为质物所有人对执行标的提出执行异议的情形”部分予以审查处理。（2）如案外人已经依法履行其对被执行人所负债务，导致被执行人的留置权已经消灭，或者因其他原因导致留置权未依法成立的，对案外人的请求予以支持。

（三）非典型担保

非典型担保大多基于合同约定而产生，但未经登记的担保不足以对抗第三人。《民法典》第641条第2款规定：“出卖人对标的物保留的所有权，未经

登记，不得对抗善意第三人。”《民法典担保制度司法解释》第 63 条规定：“债权人与担保人订立担保合同，约定以法律、行政法规尚未规定可以担保的财产权利设立担保，当事人主张合同无效的，人民法院不予支持。当事人未在法定的登记机构依法进行登记，主张该担保具有物权效力的，人民法院不予支持。”该解释第 67 条规定：“在所有权保留买卖、融资租赁等合同中，出卖人、出租人的所有权未经登记不得对抗的‘善意第三人’的范围及其效力，参照本解释第五十四条的规定处理。”而该解释第 54 条规定了未办理抵押登记的动产抵押权效力。根据该条第 3 项的规定，其他债权人向人民法院申请保全或者执行抵押财产，人民法院已经作出财产保全裁定或者采取执行措施，抵押权人主张对抵押财产优先受偿的，人民法院不予支持。据此，非典型担保中有关权利未办理登记的，不能对抗对该财产已经采取执行措施的债权人。当然，对于《民法典》施行之前已经设立的非典型担保，仍应当结合《最高人民法院关于适用〈中华人民共和国民法典〉时间效力的若干规定》予以认定。

1. 所有权保留买卖

所有权保留是指在买卖合同中，买受人虽先占有、使用标的物，但在双方当事人约定的特定条件成就前，出卖人仍保留标的物所有权，待条件成就后，再将所有权移转给买受人的制度。这一法律制度被视为一种出卖人用以实现债权的担保，在买受人不能成就条件时，出卖人可径直取回标的物或解除合同。由于买受人占有标的物，而保留所有权的出卖人不占有标的，只有借助登记公示让第三人了解权利真相，使保留的所有权具有对抗效力，从而确保取回权的实现。

《民法典》第 642 条第 1 款规定：“当事人约定出卖人保留合同标的物的所有权，在标的物所有权转移前，买受人有下列情形之一，造成出卖人损害的，除当事人另有约定外，出卖人有权取回标的物：（一）未按照约定支付价款，经催告后在合理期限内仍未支付；（二）未按照约定完成特定条件；（三）将标的物出卖、出质或者作出其他不当处分。”因此，所有权保留买卖当中，虽然出卖人已经将标的物交付给买受人，但基于法律规定和合同约定，所有权还归属于出卖人，如出卖人未按约支付相应价款或出现其他违约情形，依据《民法典》第 642 条之规定，出卖人可以选择取回标的物，也可以参照担保物权的有关规定实现债权，即可以申请拍卖、变卖标的物并在债权范围内优先受偿。

执行实践中常见两种情形：一是在所有权保留买卖中，被执行人系出卖人，案外人系买受人，案外人提出执行异议要求停止执行；二是在所有权保留买卖中，被执行人系买受人，案外人系出卖人，案外人提出执行异议要求停止执行。相应的异议、异议之诉的审查处理，详见本书第六章“涉动产所有权执行裁判案件的审理”。

2. 融资租赁

《民法典》第752条规定：“承租人应当按照约定支付租金。承租人经催告后在合理期限内仍不支付租金的，出租人可以请求支付全部租金；也可以解除合同，收回租赁物。”《民法典担保制度司法解释》第65条第1款规定：“在融资租赁合同中，承租人未按照约定支付租金，经催告后在合理期限内仍不支付，出租人请求承租人支付全部剩余租金，并以拍卖、变卖租赁物所得的价款受偿的，人民法院应予支持；当事人请求参照民事诉讼法‘实现担保物权案件’的有关规定，以拍卖、变卖租赁物所得价款支付租金的，人民法院应予准许。”因此，出租人在承租人未按约定支付租金的情况下，可以选择解除合同并取回租赁物，也可以依据《民法典担保制度司法解释》第65条之规定参照担保物权的方式主张优先受偿权。当然，出租人解除合同并取回租赁物的，仍应当负有已付租金的清算义务，《民法典》第758条规定：“当事人约定租赁期限届满租赁物归承租人所有，承租人已经支付大部分租金，但是无力支付剩余租金，出租人因此解除合同收回租赁物，收回的租赁物的价值超过承租人欠付的租金以及其他费用的，承租人可以请求相应返还。”在执行实践中，常见的系人民法院执行被执行人（即承租人）占有的标的，案外人（即出租人）主张所有权或优先受偿权。

关于救济途径，如案外人已经系争议标的登记的权利人，案外人基于所有权主张排除执行的，本质系案外人基于出租人身份请求解除合同并取回租赁物，对该异议，人民法院应当依据《民事诉讼法》第234条规定审查；如案外人基于融资租赁主张优先受偿权，则应当适用不阻却执行原则、分类救济原则予以处理：

（1）承租人为被执行人，案外人基于出租人身份主张所有权。依据《民法典》第745条、《民法典担保制度司法解释》第63条、第54条，出租人以对租赁物享有的所有权主张排除执行，应对执行标的的登记、占有情况予以查明。在执行异议中，依据《异议复议规定》第25条予以审查。据此引发的执行异议之诉，同时符合下列条件的，可以认定其请求成立：①案外人与被执行人订立的融资租赁合同合法有效；②该合同成立于案涉动产被查封或采取执行措施之前；③案外人提供的证据能够证明该财产来源、交付时间及完整的流转过程；④如案外人收回的租赁物的价值超过承租人欠付的租金以及其他费用的，案外人同意将被执行人支付的租金按照《民法典》第758条规定予以结算，并交付执行；⑤案外人享有法定的合同解除权且取回权未受限制。

关于案外人享有的解除权，《最高人民法院关于审理融资租赁合同纠纷案件适用法律问题的解释》第5条规定："有下列情形之一，出租人请求解除融资租赁合同的，人民法院应予支持：（一）承租人未按照合同约定的期限和数额支付租金，符合合同约定的解除条件，经出租人催告后在合理期限内仍不支付的；（二）合同对于欠付租金解除合同的情形没有明确约定，但承租人欠付租金达到两期以上，或者数额达到全部租金百分之十五以上，经出租人催告后在合理期限内仍不支付的；（三）承租人违反合同约定，致使合同目的不能实现的其他情形。"

（2）承租人为被执行人，案外人基于出租人身份主张优先受偿权。《民法典担保制度司法解释》第65条第1款规定："在融资租赁合同中，承租人未按照约定支付租金，经催告后在合理期限内仍不支付，出租人请求承租人支付全部剩余租金，并以拍卖、变卖租赁物所得的价款受偿的，人民法院应予支持；当事人请求参照民事诉讼法'实现担保物权案件'的有关规定，以拍卖、变卖租赁物所得价款支付租金的，人民法院应予准许。"此时，案外人主张优先受偿权的，本质系其行使非典型的担保物权，依据不阻却执行及分类救济原则，应告知其在参与分配途径中解决，执行实施机构未予以支持的，依据《民事诉讼法》第232条规定，以执行行为异议立案审查，判断其是否享有相应参与分配资格；如执行实施机构认定其有优先权，已经将其纳入分配方案，其他债权人、当事人提出异议或对案外人的抵押权的真实性、优先受偿顺位和比例产生异议，应当依据参与分配方案异议和异议之诉处理。

3. 保理

依据《民法典》第761条之规定，保理合同是应收账款债权人将现有的或者将有的应收账款转让给保理人，保理人提供资金融通、应收账款管理或者催收、应收账款债务人付款担保等服务的合同。其中，所谓保理人提供的

“应收账款债务人付款担保”服务，系指保理人就应收账款债务人的付款义务向债权人提供担保，且这种担保仅仅存在于有追索权的保理，因为无追索权保理仅仅是保理人为赚取应收账款与保理融资款之间的差价而受让应收账款。在有追索权的保理中，应收账款虽然名义上已经转让给保理人，但其目的在于担保保理人对应收账款债权人所享有的保理融资款本息。就此而言，有追索权的保理与应收账款质押相似，其功能都是为了担保债权的实现。

在保理合同关系中，相应应收账款亦应当进行登记，才具有公示、对抗的效力。《民法典》第 768 条规定：“应收账款债权人就同一应收账款订立多个保理合同，致使多个保理人主张权利的，已经登记的先于未登记的取得应收账款；均已经登记的，按照登记时间的先后顺序取得应收账款；均未登记的，由最先到达应收账款债务人的转让通知中载明的保理人取得应收账款；既未登记也未通知的，按照保理融资款或者服务报酬的比例取得应收账款。”

在执行中，常见的问题即被执行人系应收账款债权人，第三人系应收账款债务人，人民法院在执行对第三人到期债权中，案外人以保理人身份主张优先受偿，此时，可以参照应收账款质权关系中的质权人所提起的执行异议处理，如案外人以其系可追索保理的权利人为由对查封、冻结或者强制执行的被执行人的应收账款（到期债权）提出案外人异议或异议之诉，请求解除查封、冻结或不得强制执行的，应适用《民事诉讼法》第 234 条之规定进行审查。重点审查该保理合同是否合法有效；该合同是否签订于被执行人债权被查封或冻结之前；案外人与被执行人是否存在恶意逃债以及规避执行；是否进行了相应登记等情形。具体规则可参见本书第八章“涉债权执行裁判案件的审理”部分。

4. 让与担保

让与担保是指债务人或第三人为担保债务人之债务，将担保标的物之权利移转于担保权人，待债务清偿后，将标的物返还于债务人或第三人，而债务不履行时，担保权人得就该标的物变卖款项受偿的一种非典型担保。在债务人占有、利用担保物的情形下，债务人亦应当以善良管理人之注意为保管，并依其物之性质或用途加以利用，而不得为法律上的处分。

《民法典担保制度司法解释》第 68 条第 1 款规定：“债务人或者第三人与债权人约定将财产形式上转移至债权人名下，债务人不履行到期债务，债权人有权对财产折价或者以拍卖、变卖该财产所得价款偿还债务的，人民法院应当认定该约定有效。当事人已经完成财产权利变动的公示，债务人不履行到期债务，债权人请求参照民法典关于担保物权的有关规定就该财产优先受偿的，人民法院应予支持。”该条第2款规定：“债务人或者第三人与债权人约定将财产形式上转移至债权人名下，债务人不履行到期债务，财产归债权人所有的，人民法院应当认定该约定无效，但是不影响当事人有关提供担保的意思表示的效力。当事人已经完成财产权利变动的公示，债务人不履行到期债务，债权人请求对该财产享有所有权的，人民法院不予支持；债权人请求参照民法典关于担保物权的规定对财产折价或者以拍卖、变卖该财产所得的价款优先受偿的，人民法院应予支持；债务人履行债务后请求返还财产，或者请求对财产折价或者以拍卖、变卖所得的价款清偿债务的，人民法院应予支持。”让与担保本身并不属于担保物权的范畴，但其以转移所有权的方式发挥担保作用，具有事实上的担保功能。为实现担保效果，保证债权的实现，让与担保关系中的债权人通常要求债务人或第三人将财产交付或登记至债权人名下以完成财产权利变动的公示，此时债权人虽然系财产的名义权利人，但基于双方约定及流质条款的禁止性规定，亦不足以发生物权变动的法律效力。实践中，常见为让与担保债权人作为案外人提出异议及让与担保债务人作为案外人提出异议两类情形：

（1）被执行人系让与担保债务人，案外人系让与担保债权人。

①案外人主张所有权。如债权人作为案外人基于让与担保关系主张对标的物享有所有权并要求停止执行，因所有权本身具有阻却执行的效果，基于分类救济原则，仍应当适用《民事诉讼法》第234条之规定进行审查，应当着重审查标的物的占有、登记情况，案外人与被执行人之间关于让与担保的约定情况及本案是否符合担保物权的实现条件等因素予以判断：第一，如经审查，未完成财产权利变动的公示，其主张所有权不能成立，因其签署的买卖合同本质系为债权提供担保，亦不符合《异议复议规定》第28条规定物权期待权。第二，如经审查，已经完成财产权利变动的公示，在执行异议审查中，可以依据《异议复议规定》第25条予以认定，就此引发的执行异议之诉，应当进行实体审理，即便属于《民法典担保制度司法解释》第68条规定的让与担保，且被执行人、案外人协议约定“债务人不履行到期债务，财产归债权人所有的”，亦不足以产生所有权变动的效力，此时应告知案外人可以通过在参与分配中主张优先受偿权的途径进一步行使权利。当然，如案外人同意将被执行人

的已还款项交付执行的，能否解除查封，存在一定争议，但依据流质条款无效的基本原理，此时如果解封，相当于变相认可了流质条款，因此倾向意见仍为驳回案外人请求。

②案外人主张优先受偿权。债权人明确其不主张所有权，而仅主张基于让与担保所享有的优先受偿权的，此时救济途径参照抵押权等担保物权，人民法院应当告知其先向执行实施机构主张权利，执行实施机构未予以支持的，依据《民事诉讼法》第232条规定，以执行行为异议立案审查，判断其是否享有优先权；如执行实施机构认定其有优先权，已经将其纳入分配方案，其他债权人、当事人提出异议或对案外人的让与担保的真实性、优先受偿顺位和比例产生异议，应当依据参与分配方案异议和异议之诉处理。

参照《民法典担保制度司法解释》第68条，审查中应当注意以下两个方面：一是案外人基于让与担保主张享有优先受偿权的，应当完成财产权利变动的公示；二是如双方约定“债务人不履行到期债务，财产归债权人所有的”，该约定本身虽属无效，但是不影响案外人与被执行人有关提供担保的意思表示的效力。据此：第一，被执行人或者第三人与案外人约定将财产形式上转移至案外人名下，被执行人不履行到期债务，案外人有权对财产折价或者以拍卖、变卖该财产所得价款偿还债务。此时，人民法院应当认定该约定有效，且如果已经完成财产权利变动的公示，被执行人不履行到期债务，案外人主张就该财产优先受偿的，应予支持。第二，被执行人或者第三人与案外人约定将财产形式上转移至案外人名下，被执行人不履行到期债务，财产归案外人所有的，该约定无效，但是不影响当事人有关提供担保的意思表示的效力。如果已经完成财产权利变动的公示，被执行人不履行到期债务，案外人主张优先受偿的，应予支持。

（2）被执行人系让与担保债权人，案外人系让与担保债务人。

实践中还存在被执行人系让与担保中的债权人，同时，已经完成财产权利变动的公示的情形，此时债务人作为案外人主张其系实际所有权人并提出执行异议，应当适用《民事诉讼法》第234条之规定进行审查。在该类案件中，可以参照所有权保留买卖中的异议规则处理：

①在执行异议审查中，依据《异议复议规定》第25条，依据登记或占有等财产权利变动的公示情况予以形式审查并作出裁定。

②据此引发的执行异议之诉案件：第一，如案外人主张其已经归还部分款

项，在查封后在指定期限内将剩余款项支付至执行法院，在排除规避执行且双方无其他特别约定的情况下，被执行人享有的债权已经履行完毕，被执行人占有或登记所有的标的物已经失去其担保功能，此时案外人提起的异议本质系以所有权排除执行的异议，可以支持其请求。第二，如在查封后未在指定期限内将剩余款项支付至执行法院，案外人违反了合同约定的还款义务，人民法院有权代被执行人行使优先受偿权，此时查封、扣押、冻结被执行人占有或登记所有的财产，相当于查封了担保财产，案外人主张停止执行，依据不足。拍卖款中案外人欠付被执行人的部分，作为被执行人的责任财产，向申请执行人交付，多余款项可退还给案外人。

三、建设工程款优先权引发的执行异议及异议之诉案件的审理

建设工程款优先受偿权属于法定优先权，其清偿顺序先于担保物权。《民法典》第 807 条规定了承包人就工程价款债权而对工程享有的优先受偿权，即“发包人未按照约定支付价款的，承包人可以催告发包人在合理期限内支付价款。发包人逾期不支付的，除根据建设工程的性质不宜折价、拍卖外，承包人可以与发包人协议将该工程折价，也可以请求人民法院将该工程依法拍卖。建设工程的价款就该工程折价或者拍卖的价款优先受偿”。该优先受偿权是承包人享有的一种法定担保物权，对此点已有共识，但对于其究竟属于何种法定担保物权，则存在三种不同观点：一种观点认为是不动产留置权，[①] 另一种观点认为是法定抵押权，还有一种观点认为是不动产优先权。建设工程款优先受偿权的范围包括欠付的工程款及其利息。建筑工程价款包括承包人为建设工程应当支付的工作人员报酬、材料款等实际支出的费用，不包括承包人因发包人违约所造成的损失。2021 年 1 月 1 日正式施行的《最高人民法院关于审理建设工程施工合同纠纷案件适用法律问题的解释（一）》第 41 条将行使期限从原来的 6 个月改为 18 个月，该条规定：“承包人应当在合理期限内行使建设工程价款优先受偿权，但最长不得超过十八个月，自发包人应当给付建设工程价款之日起算”。该期限为不能中断或者是延长的除斥期间，一旦超过则不应得到保护。目前，关于案外人基于工程款优先权提出的执行异议究竟是适用《民事诉讼法》第 232 条还是第 234 条的规定进行审查，存在争议，致使可能启动

① 江平主编：《中华人民共和国合同法精解》，中国政法大学出版社 1999 年版，第 223 页。

不同的诉讼程序。

我们认为，《民事诉讼法司法解释》第506条规定："对人民法院查封、扣押、冻结的财产有优先权、担保物权的债权人，可以直接申请参与分配，主张优先受偿权。"工程款属于《民法典》明确规定的法定优先权。根据《民事诉讼法司法解释》第506条规定可以直接申请参与执行分配程序，进而可能引发执行分配方案异议之诉。如果案外人已经进入执行分配程序且执行分配方案异议之诉已经启动的情况下，再让其另行启动另外的诉讼程序，既不符合诉讼经济的理念，也造成司法资源浪费。因此，案外人以其享有工程款优先权为由可以申请参与分配，并可以通过执行分配方案异议之诉加以解决，从最高人民法院对相关案件的裁判理由看，基本上也持这种观点。如最高人民法院在再审申请人广西南宁锐建丰勘察设计有限公司因与被申请人广西永茂建筑工程有限责任公司、广东强雄建设集团有限公司执行分配方案异议之诉一案中认为，"锐建丰公司主张其在申请人民法院执行上述民事调解书时，主张了建设工程款优先受偿权，但是在南宁市中级人民法院作出的《2010年分配方案》并未确定锐建丰公司就案涉停建工程享有优先受偿权的情况下，锐建丰公司并未在法定期限内提起执行分配方案异议之诉，亦未起诉主张就案涉停建工程享有建设工程款优先受偿权"。[①] 此外，内蒙古自治区高级人民法院在案外人执行异议之诉程序中、[②] 重庆市高级人民法院、[③] 安徽省高级人民法院[④]在执行分配方案异议之诉程序中均对工程款优先权问题进行审理。

当然，如案外人仅以其享有建设工程款优先权为由主张停止执行的，依据不阻却执行原则，人民法院应当告知其先向执行实施机构主张权利，执行实施机构未予以支持的，依据《民事诉讼法》第232条规定，以执行行为异议立案审查其参与分配的资格问题；如执行实施机构认定其有优先权，已经将其纳入分配方案，其他债权人、当事人提出异议或对案外人的建设工程价款优先权的真实性、优先受偿顺位和比例产生异议，应当依据参与分配方案异议和异议

① 最高人民法院（2016）最高法民申2502号民事裁定书。

② 鄂尔多斯农村商业银行股份有限公司与鄂尔多斯市第三建筑有限责任公司及原审被告鄂尔多斯市宝泰鑫置业有限责任公司案外人执行异议之诉案［内蒙古自治区高级人民法院（2015）内商终字第00005号民事判决书］。

③ 向某某与唐某某，赵某某等执行分配方案异议之诉案［重庆市第四中级人民法院（2014）渝四中法民终字第00125号民事判决书］。

④ 安徽花山建设集团有限责任公司、李某某执行分配方案异议之诉案［安徽省高级人民法院（2017）皖民终305号民事判决书］。

之诉处理。

我们认为，建设工程价款优先受偿权引发的执行异议及异议之诉案件审查处理过程中，除本书涉及执行参与分配的执行异议及执行异议之诉的内容外，还应重点把握以下几个内容：

1. 建设工程款优先权人主张其权利是否超过法定期限以及工程价款数额问题

建设工程价款优先受偿权的行使期限及起算时间是实现优先受偿权的重要内容。《最高人民法院关于审理建设工程施工合同纠纷案件适用法律问题的解释（一）》第41条规定行使期限为18个月，即“承包人应当在合理期限内行使建设工程价款优先受偿权，但最长不得超过十八个月，自发包人应当给付建设工程价款之日起算”。

关于“应当给付建设工程价款之日”的确定：第一，合同有约定的，应当遵从当事人约定。通常情况下，发包人与承包人签订建设工程施工合同，对工程价款的支付方式做明确约定，在工程施工完毕后，通常程序是经过竣工、验收、结算后，发包人依约支付工程款，该工程款的支付时间即为应付工程款之日。第二，在合同无效，但建设工程经竣工验收合格的情况下，可参照合同约定确定应付工程款的时间。第三，合同解除或者终止履行，应区分具体情况认定应付工程款之日。合同解除后，已经完成的建设工程质量合格的，“应当给付建设工程价款之日”应遵从合同约定。合同解除时工程尚未完工的，如果发包人与承包人就合同解除后的工程价款的支付另行达成合意，应以该协议约定确定工程款的支付时间作为优先受偿权的起算时间。如果双方对工程款的数额有争议，可能需要对工程量及工程价款进行鉴定，如当事人向司法机关或仲裁机构正式主张权利，人民法院及仲裁机构确认发包人欠付承包人工程款，应付款之日则应为当事人提起诉讼之日起。第四，当事人对付款时间没有约定或者约定不明的，建设工程实际交付的，以建设工程交付日为应付款时间；建设工程没有交付，讼争建设工程仍在承包人掌管中，但承包人已经在建设工程竣工验收合格后按照合同约定的时间提交了竣工结算文件，发包人如在合同约定的期限内不予答复的，应当认定此时为应付款时间；建设工程价款未结算，建设工程也未交付，大多数为工程未完工或者完工后未经验收的情形，以一审原告起诉时间作为应付款时间较为妥当。[①]

2. 承包人视为主张优先受偿权的情形

建设工程承包人自行与发包人协商以该工程折抵发包人尚未支付的工程价款，或者提起诉讼、申请仲裁要求确认其对该工程拍卖价款享有优先受偿权，或者直接申请法院将该工程拍卖以实现工程款债权，或者申请参与执行分配程序主张优先受偿权，均属于对建设工程价款依法行使优先权。但建设工程承包人提起诉讼、申请仲裁仅要求判决或裁决由发包人向其支付工程款，未要求确认其对该工程拍卖价款享有优先受偿权的，不视为行使优先权。

3. 工程款债权转让的，不影响受让人主张优先受偿权

建设工程款优先权系基于建筑物营造而产生的权利，其目的是担保工程款优先支付。既然建设工程款属于承包人依法享有的权利，既非法律或司法解释禁止转让的权利，也不违背工程款优先受偿权的立法目的，因此，应当允许转让。但继受人主张优先受偿的期限不因转让而延长。因此，如超过 18 个月期限，继受人主张优先受偿的，则不予支持。

4. 承包人仅对建筑物变价款享有优先受偿权，不包括土地使用权变价款

建设工程承包人只能在其承建的工程拍卖价款的范围内行使优先受偿权，对该工程占用范围内的土地使用权的拍卖价款不能主张优先受偿权。实践中，可对建设工程和土地使用权分开进行价值评估，确定各自在总价值中的比例，然后一并拍卖，拍卖成交后再确定建设工程承包人可以优先受偿的金额。建设工程承包人承建的部分工程因发包人的其他债务被人民法院执行的，承包人只能根据被执行的工程占其承建的全部工程的比例，对相应的工程价款主张优先受偿。

5. 建设工程承包合同无效，是否影响承包人的优先受偿权

该问题目前存在争议，全国各地人民法院的做法也不尽相同。比如，广东

① 最高人民法院民事审判第一庭编著：《最高人民法院建设工程施工合同司法解释（二）理解与适用》，人民法院出版社 2019 年版，第 457 ~ 461 页。

省高级人民法院、[①] 江苏省高级人民法院[②]认为，建设工程合同无效，承包人或实际施工人主张建设工程价款优先受偿权的，人民法院不应支持。而浙江省高级人民法院[③]以及安徽省高级人民法院[④]则认为，建设工程施工合同无效，但工程经竣工验收合格，承包人可以主张工程价款优先受偿权。分包人或实际施工人完成了合同约定的施工义务但工程质量合格，在总承包人或转包人怠于行使工程价款优先受偿权时，就其承建的工程在发包人欠付工程价款范围内可以主张工程价款优先受偿权。我们认为，浙江以及安徽省高级人民法院相关指导性意见中的观点是适当的。主要是因为，尽管实践中建设工程承包合同被认

① 《广东省高级人民法院关于在审判工作中如何适用合同法第 286 条的指导意见》（粤高法发〔2004〕2 号，已废止）："7. 在建设工程承包合同无效的情形下，承包人主张建设工程价款优先受偿权的，人民法院不予支持"。

② 《江苏省高级人民法院建设工程施工合同案件审理指南》（2010 年）规定："（九）建设工程合同无效，承包人是否享有建设工程价款优先受偿权。合同无效而取得合法的工程款优先受偿权不符合立法精神，《合同法》第二百八十六条的语境是合同有效为前提。该法第二百八十六条规定：发包人未按照约定支付价款的，承包人可以催告发包人在合理期限内支付价款。发包人逾期不支付的，除按照建设工程的性质不宜折价、拍卖的以外，承包人可以与发包人协议将该工程折价，也可以申请人民法院将该工程依法拍卖。建设工程的价款就该工程折价或者拍卖的价款优先受偿。对于工程价款优先受偿权的法理定性，梁慧星教授指出：在立法过程中，《合同法》该条从设计、起草、讨论、修改、审议直到通过，始终是法定抵押权。担保物权中的抵押权、质权、保证以及附属于主债权的利息等，都属于主权利的从权利。既然工程款优先受偿权作为一种担保物权，是从主权利派生出来的，即对主债权工程款具有依附性，主权利无效从权利也无效。作为约定主债权的担保物权的工程款优先受偿权亦当然无效。江苏省高院《关于审理建设工程施工合同纠纷案件若干问题的意见》第二十条规定：承包人将建设工程价款债权转让的，建设工程价款的优先受偿权随之转让。该规定的法理也是基于保证债权作为从权利将随主债权的转移而转移的制度。我国《担保法》第二十二条规定：'保证期间，债权人依法将主债权转让给第三人的，保证人在原保证担保的范围内继续承担保证责任。保证合同另有约定的，按照约定。'可见，主合同即施工合同无效的情况下，而支持承包人或实际施工人主张建设工程价款优先受偿权，有违法律精神。故，建设工程合同无效，承包人或实际施工人主张建设工程价款优先受偿权的，人民法院不应支持。"

③ 《浙江省高级人民法院民事审判第一庭关于审理建设工程施工合同纠纷案件若干疑难问题的解答》第 13 条规定："建设工程施工合同无效，但工程竣工验收合格的，谁有权利请求参照合同约定确定工程价款？建设工程施工合同无效，但工程竣工验收合格，按照最高人民法院《关于审理建设工程施工合同纠纷案件适用法律若干问题的解释》第二条的规定精神，承包人或发包人均可以请求参照合同约定确定工程价款。"第 22 条规定："建设工程施工合同无效情形下，谁有权行使优先受偿权？建设工程施工合同无效，但工程经竣工验收合格，承包人可以主张工程价款优先受偿权。分包人或实际施工人完成了合同约定的施工义务且工程质量合格，在总承包人或转包人怠于行使工程价款优先受偿权时，就其承建的工程在发包人欠付工程价款范围内可以主张工程价款优先受偿权。"

④ 《安徽省高级人民法院关于审理建设工程施工合同纠纷案件适用法律问题的指导意见》（2009 年）第 17 条规定："建设工程施工合同无效，但工程经竣工验收合格的，承包人主张工程价款优先受偿权，可予支持。"第 18 条规定："分包人或实际施工人完成了合同约定的施工义务且工程质量合格的，在总包人或非法转包人怠于主张工程价款优先受偿权时，就其承建的工程在发包人欠付的工程款范围内主张工程价款优先受偿权，可予支持。"

定无效的案件很多，但基本上是按照有效合同加以处理。再则，说工程款优先权被法定化的主要原因，无外乎有两个：一是很多工程由承包人带资兴建；二是为了保护农民工工资。因此，建设工程合同虽然无效，但如果最终经验收合格，则不影响承包人的优先受偿权。最高人民法院民事审判第一庭基本上也持类似观点。①

6. 建筑工程款优先受偿权与抵押权或质押权冲突时的审查处理

实践中，经常会发生发包人将正在建设的工程予以抵押或质押贷款，抵押权人或质押权人要求实现其抵押权或者质押权，而承包人或实际施工人主张其工程款优先权，进而引发执行异议及异议之诉或者执行分配方案异议之诉案件。正如上文所述，通常而言，工程款法定优先权优于抵押权，抵押权优于质押权。但现实生活中的情况极为复杂，往往会涉及各种因素，从而使该问题复杂化。第一种情形是，承包人将发包人应付工程款予以质押贷款，随后将工程转包给他人（实际施工人），金融机构要求实现其质权时实际施工人作为案外人提出执行异议，进而提起案外人执行异议之诉。这就涉及究竟该支持金融机构的质权还是实际施工人的工程款优先权问题。我们认为，该案中存在三个合同关系：一是发包人与承包人之间的建设工程承包合同关系；二是承包人与金融机构之间的质押借款合同关系；三是承包人与实际施工人之间的转包或分包合同关系。其中，金融机构对发包人应向承包人支付的工程款享有质权；而根据《民法典》第807条规定，实际施工人的优受偿权是指就该工程折价或者

① 最高人民法院民事审判第一庭认为，建设工程的优先受偿权的行使是否受合同效力的影响，这一问题理论界存在很大争议。一种观点认为，根据担保物权的权利特性来看，建筑工程款优先受偿权作为担保物权之一种，仍然具有对主债权——建设工程款的依附性，建筑工程款是否依法存在决定了该优先受偿权的存在与否。若建筑施工合同无效，发包方应当支付工程款的约定也应无效。虽然承包人付出了相应的劳动，应当获得相应的报酬，否则有违民法的公平观念，但施工合同无效后，承包人获得报酬的权利性质发生了改变，不再是依据合同享有的约定之债，而成为依法享有的获得损失赔偿的权利，该项权利是法定的权利。就建筑工程款优先受偿权的立法目的而言，是法律保障承包人约定债权的实现设置的担保物权，施工合同无效后，承包人约定债权亦不存在，对约定债权担保的优先受偿权亦不应当继续存在。另一种观点认为，建设工程施工合同无效，但工程质量合格的，承包人可以依照《建设工程施工合同纠纷司法解释》第2条的规定，主张工程款，故其当然享有工程价款优先受偿权。建设工程施工合同无效，不应影响优先受偿权的行使。建筑工程款优先受偿权的立法目的是保护劳动者的利益。因为在发包人拖欠承包人的工程款中，有相当部分是承包人应当支付给工人的工资和其他劳务费用。根据《最高人民法院批复》第3条的规定，建筑工程款包括了承包人为建设工程应当支付的工作人员的报酬、材料款等实际支付的费用。在无效建筑工程合同中，上述有关费用也已实际发生，应当由发包人予以支付。结合其立法目的来看，我们认为，即使合同无效，该笔费用亦应享有优先受偿权。参见杜万华主编、最高人民法院民事审判第一庭编：《民事审判指导与参考》2015年第3辑（总第63辑），人民法院出版社2015年版，第238～239页。

拍卖的价款享有优先受偿权。因此，在这种情况下，应当支持金融机构的质押权，应对实际施工人的异议请求不予支持。第二种情形是，发包人将建设工程予以抵押向金融机构借款，金融机构实现抵押权时承包人提出案外人异议，并以其享有建设工程价款优先受偿权为由要求执行法院停止对案涉建筑物的执行。在这种情况下，主要是审查承包人是否在法定期限内主张优先受偿权，如果承包人尚未超过主张优先受偿权的法定期限或者已经在法定期限内主张了优先受偿权（诉讼、仲裁或者折价抵款），应当支持承包人的异议请求。否则，应予驳回。第三种情形是，发包人在工程建设之前将其土地使用权予以抵押贷款，建设工程竣工后因金融机构实现抵押权或者承包人主张建设工程款优先受偿权引发案外人执行异议及异议之诉案件。在这种情况下，应当就土地使用权及建筑物分别评估后予以拍卖变现，金融机构就其土地使用权变价款部分优先受偿，承包人则对土地使用权上建筑物变价款部分优先受偿。

7. 涉实际施工人的执行异议及异议之诉案件的审查处理

实际施工人对执行法院执行建设工程承包人的工程款债权，以其与承包人之间存在挂靠关系，系实际债权人为由提起异议的，应当适用《民事诉讼法》第 234 条的规定进行审查，重点审查该案外人是否具备实际施工人身份以及工程款的实际数额。

另外实践中还存在实际施工人为被执行人，执行法院对发包人尚未支付的案涉到期工程款债权采取强制执行措施，案外人以其对案涉工程款享有实际权益为由，请求排除执行的情况，此时仍适用《民事诉讼法》第 234 条规定进行审查，因此引发的执行异议之诉案件中，案外人应对其权利主张承担举证责任。对于该部分异议及异议之诉的审查，本质系到期债权实际权利人的争议，具体可以参见本书第八章“涉债权执行裁判案件的审理”部分。

第十章 涉另案生效法律文书执行裁判案件的审理

第一节 执行异议之诉与其他诉讼程序的关系

执行实践中，案外人以其在另案中已取得生效法律文书，确认其对执行标的享有权利为由，请求排除人民法院对该执行标的的执行。因案外人提供的另案生效裁判与执行依据均属于生效裁判，当事人以其中一个生效法律文书对抗依另一生效法律文书的执行，由此引发的执行异议及执行异议之诉如何审理及审理尺度在实践中把握不一，成为理论与实务中的难点问题。[①] 早在异议之诉创设之前，我国即存在案外人于异议程序之外另行起诉、针对执行标的主张权利的实践，并已引发相关争议。[②] 对于问题的争论集中在两方面：一是在异议程序之外，能否对执行标的另行提起诉讼，主张相应的权利；二是如已另行提起诉讼并取得相应的生效裁判，则该裁判是否具有排除执行的法律效果。

异议之诉作为因执行案件延伸的执行救济程序，其与另案对标的物的确权诉讼以及第三人撤销之诉、案外人申请再审等普通诉讼在程序与功能上存在互相交织的“近邻”关系，因此，有必要对其与其他诉讼程序之间的关联关系进行正确区分。

一、另案确权裁判与执行异议之诉的关系

根据大陆法系传统民事诉讼法理论，民事诉讼类型可以分为确认之诉、给

---

① 生效法律文书一般包括人民法院作出的生效裁判、仲裁机关作出的仲裁裁决书、公证机关作出的公证债权文书等。但人民法院作出的生效裁判最为常见，且本书在第四章“涉执行依据执行裁判案件的审理”中已对公证债权文书、仲裁裁决排除执行的问题单独说明，故为方便表述，本章表述为生效裁判。

② 黄金龙：《〈关于人民法院执行工作若干问题的规定〉实用解析》，中国法制出版社2000年版，第220页。

付之诉和形成之诉。与之不完全对应，民事判决可能表现为确认裁判、给付裁判和形成裁判。[①] 严格意义上而言，确权裁判并非专业法律术语，仅是对标的物确认物权裁判一种约定俗成的称谓。《民法典》第 234 条规定："因物权的归属、内容发生争议的，利害关系人可以请求确认权利。"利害关系人或案外人通过诉讼等程序对标的物确权是法律赋予的一项诉讼权利，但是在案涉标的物已经被法院查封、扣押、冻结的情况下，案外人对标的物的另行确权则与执行法院对标的物的查封等行为产生了直接冲突。如何正确认识及解决由此带来的冲突问题，最高人民法院在不同时期对此也存在不同的认识。

根据 1998 年 7 月 8 日施行的《执行工作规定》第 102 条第 3 项的规定，执行的标的物是其他法院或仲裁机构正在审理的案件争议标的物，需要等待该案件审理完毕确定权属的，人民法院应当裁定中止执行。该规定实际上是认可当事人对执行标的物通过另诉解决权属纠纷。值得注意的是，2020 年最高人民法院修正后的《执行工作规定》中已将上述条文删除。

最高人民法院 2011 年印发的《关于执行权合理配置和科学运行的若干意见》第 26 条规定："审判机构在审理确权诉讼时，应当查询所要确权的财产权属状况，发现已经被执行局查封、扣押、冻结的，应当中止审理；当事人诉请确权的财产被执行局处置的，应当撤销确权案件；在执行局查封、扣押、冻结后确权的，应当撤销确权判决或者调解书。"同年，最高人民法院在《关于依法制裁规避执行行为的若干意见》第 11 条规定："对于当事人恶意诉讼取得的生效裁判应当依法再审。案外人违反上述管辖规定，向执行法院之外的其他法院起诉，并取得生效裁判文书将已被执行法院查封、扣押、冻结的财产确权或者分割给案外人，或者第三人与被执行人虚构事实取得人民法院生效裁判文书申请参与分配，执行法院认为该生效裁判文书系恶意串通规避执行损害执行债权人利益的，可以向作出该裁判文书的人民法院或者其上级人民法院提出书面建议，有关法院应当依照《中华人民共和国民事诉讼法》和有关司法解释的规定决定再审。"2018 年 5 月，最高人民法院公布施行的《关于人民法院立案、审判与执行工作协调运行的意见》第 8 条规定："审判部门在审理确权诉讼时，应当查询所要确权的财产权属状况。需要确权的财产已经被人民法院

① 曹志勋：《论我国法上确认之诉的认定》，载《法学》2018 年第 11 期。该文认为，确认之诉与确认判决并非简单对应关系，确认之诉对应的只是更广义上确认判决的一部分，确认判决包括了确认之诉的终局判决与形成之诉中驳回诉讼请求的判决。

查封、扣押、冻结的，应当裁定驳回起诉，并告知当事人可以依照民事诉讼法第二百二十七条[①]的规定主张权利。”

最高人民法院先后通过上述三份规范性文件，禁止案外人在执行异议程序之外通过另诉对执行标的主张确权。据此，江苏省高级人民法院也先后三次以不同形式发文全省，禁止案外人在执行异议程序之外另诉确权。

《江苏省高级人民法院执行异议及执行异议之诉案件办理工作指引（一）》第三.5（4）规定：“执行标的被查封、扣押、冻结后，案外人、申请执行人未在执行异议之诉中一并提出确权请求，而就基础法律关系另行提起相关诉讼的，不予受理；已经受理的，裁定驳回起诉；已经作出判决的，应当启动审判监督程序予以撤销。拒不撤销的，由执行法院报请共同的上级法院协调处理。”

《江苏省高级人民法院执行异议及执行异议之诉案件办理工作指引（二）》第一.4.（3）规定：“案外人未向执行法院提出执行异议，或者在提出执行异议的同时，另行对被执行人提起诉讼，请求对执行标的予以确权的，执行法院或者其他法院应当不予受理；已经受理的，应裁定驳回起诉。违反上述规定作出的生效裁判文书，应通过审判监督程序予以撤销。”

《关于立审执协调配合全流程推进切实解决执行难的指导意见》（苏高法〔2020〕131号）第10条规定：“审判部门审理确权诉讼时，应当查明所要确权的财产权属及现状。需要确权的财产已被人民法院查封、扣押或冻结的，应当裁定驳回起诉，并告知当事人可以依照民事诉讼法第二百三十四条的规定主张权利。需要确权的财产未被人民法院查封、扣押或冻结的，应当向原告提示可申请财产保全以防范财产被转移或被其他案件采取保全措施。”

财产被人民法院因执行案件查封、扣押或冻结后，审判部门作出确权判决或调解书的，该确权判决或调解书应当通过审判监督撤销。

需要注意的是，最高人民法院及江苏省高级人民法院的上述规定仅对案外人在执行法院查封标的物后对执行标的另诉确权进行了否定，但对案外人就标的物主张合同无效、解除合同等其他诉讼权利并未进行限制。人民法院就案外人针对执行标的物提起确权之外的诉求作出的生效判决与执行该标的物所产生的矛盾与冲突，以及另案裁判能否排除对标的物的执行问题，我们将在本章第二节部分进行详述。

---

① 现为《民事诉讼法》（2021年修正）第234条。

二、案外人申请再审、第三人撤销之诉与执行异议之诉的关系

（一）第三人撤销之诉与执行异议之诉的关系

第三人撤销之诉是《民事诉讼法》第59条规定的诉讼类型，该条第3款规定："前两款规定的第三人，因不能归责于本人的事由未参加诉讼，但有证据证明发生法律效力的判决、裁定、调解书的部分或者全部内容错误，损害其民事权益的，可以自知道或者应当知道其民事权益受到损害之日起六个月内，向作出该判决、裁定、调解书的人民法院提起诉讼。人民法院经审理，诉讼请求成立的，应当改变或者撤销原判决、裁定、调解书；诉讼请求不成立的，驳回诉讼请求。"而执行异议之诉是《民事诉讼法》第234条规定的诉讼类型。两种诉讼类型的区别在于：第一，诉讼主体不同。虽然提起主体均为原生效判决当事人之外的第三人，但略有不同。提起第三人撤销之诉的主体是符合《民事诉讼法》第59条规定的有独立请求权、无独立请求权的第三人及符合《全国法院民商事审判工作会议纪要》第120条规定的债权人；而提起执行异议之诉的主体是认为其对人民法院强制执行的执行标的享有足以排除执行的实体性权益的案外人。第二，诉讼利益不同。第三人撤销之诉中第三人的诉讼利益是对原生效裁判的否认；而执行异议之诉中案外人的诉讼利益并不否认原生效裁判，仅是对执行标的物主张实体权益并主张排除执行。第三，适用阶段不同。第三人撤销之诉发生在第三人知道或者应当知道其民事权益受到损害之日起6个月内，与案件是否进入执行程序无关；而执行异议之诉则发生在执行过程中，当然也包括由诉讼保全的执行引发的执行异议之诉。第四，诉讼后果不同。第三人提起的撤销之诉如果理由成立，则应当改变原生效裁判确定的权利义务关系；执行异议之诉的案外人如对执行标的确实享有排除执行的实体权益，则会作出不得对该标的物执行的判决。

两种诉讼类型之间的联系在于：其一，两种诉讼均属于第三人救济程序，均系为维护原生效裁判之外的第三人的合法权益而确立的诉讼类型。其二，两种诉讼类型具有兼容性。执行异议之诉与第三人撤销之诉有各自的适用范围，完全可以并用。[①] 其三，两者均属普通诉讼程序，不服一审判决可以向上一级

① 参见夏群佩、王新平：《执行异议之诉被驳回后仍可提起第三人撤销之诉》，载《人民司法》2015年第10期。

人民法院提起上诉。

（二）案外人申请再审与执行异议之诉的关系

案外人申请再审与执行异议之诉均属《民事诉讼法》第 234 条规定的案外人救济程序。该条规定："执行过程中，案外人对执行标的提出书面异议的，人民法院应当自收到书面异议之日起十五日内审查，理由成立的，裁定中止对该标的的执行；理由不成立的，裁定驳回。案外人、当事人对裁定不服，认为原判决、裁定错误的，依照审判监督程序办理；与原判决、裁定无关的，可以自裁定送达之日起十五日内向人民法院提起诉讼。"因两种诉讼类型在同一条文中进行规定，司法实践中很容易混淆两种诉讼类型的程序适用。两者的区别在于：第一，诉讼标的不同。案外人申请再审的诉讼标的同第三人撤销之诉相同，针对的是已发生法律效力的裁判；而执行异议之诉则针对执行行为所指向的执行标的物。第二，管辖法院不同。前者是由作出生效裁判的人民法院管辖；后者由执行法院管辖。第三，程序适用不同。案外人申请再审属于审判监督程序；执行异议之诉系普通诉讼程序。第四，裁判结果不同。案外人申请再审的裁判结果包括维持、撤销或者改判原生效裁判；执行异议之诉则为不得执行或者许可执行标的物、驳回诉讼请求等。

为进一步正确区分案外人申请再审与执行异议之诉两种程序的不同，《江苏省高级人民法院执行异议及执行异议之诉案件办理工作指引（一）》第三.3条规定了提起执行异议之诉的条件，其中包括"异议系针对执行标的提出""诉讼请求与执行依据无关，即执行标的与执行依据中确定的标的不具有同一性、相关性或诉讼请求并不主张执行依据错误"等条件。换言之，如果案外人提起诉讼针对的标的物与执行依据中确定的标的物具有同一性或相关性，则应通过案外人申请再审程序救济，反之应通过执行异议之诉救济。那么，实践中如何准确把握"诉讼请求与执行依据无关，即执行标的与执行依据中确定的标的不具有同一性或相关性"这一标准，最高人民法院在其公布的第 154 号（王四光诉中天建设集团有限公司、白山和丰置业有限公司案外人执行异议之诉案）、第 155 号指导性案例（中国建设银行股份有限公司怀化市分行诉中国华融资产管理股份有限公司湖南省分公司等案外人执行异议之诉案）中作出了进一步明确。第 154 号指导性案例裁判要旨为：在建设工程价款强制执行过程中，房屋买受人对强制执行的房屋提起案外人执行异议之诉，请求确认其对案涉房屋享有可以排除强制执行的民事权益，但不否定原生效判决确认的债权人所享有的建设工程价款优先受偿权的，属于《民事诉讼法》第227条[①]规定的“与原判决、裁定无关”的情形，人民法院应予依法受理。第155号指导性案例裁判要旨为：在抵押权强制执行中，案外人以其在抵押登记之前购买了抵押房产，享有优先于抵押权的权利为由提起执行异议之诉，主张依据《异议复议规定》排除强制执行，但不否认抵押权人对抵押房产的优先受偿权的，属于《民事诉讼法》第227条[②]规定的“与原判决、裁定无关”的情形，人民法院应予依法受理。

上述两指导性案例对正确区分两种诉讼类型给出了详细规则，但均系对“与原判决、裁定无关”情形的认定标准。最高人民法院（2017）最高法民申2665号案件、（2017）最高法民终374号等案件则是属于对“案外人对标的物的诉讼请求与原判决、裁定有关”的情形进行说理，认定案外人的诉讼请求与原执行依据判决内容有关，不符合执行异议之诉的起诉条件，从而应当驳回起诉，案外人可依照审判监督程序主张相应的权利。

另外，根据对《民事诉讼法》第234条的文义理解，执行异议之诉与案外人申请再审均应以案外人异议作为前置程序。对于执行异议之诉以案外人异议为前置程序在司法实践中没有争议，但对于案外人申请再审程序是否必须以案外人在执行程序中提出异议为前提，争议较大。最高人民法院部分法官对此持否定观点，其认为案外人可以不提出执行异议而直接申请再审，其申请再审不以案外人异议程序为前置程序。[③]

（三）第三人撤销之诉与案外人申请再审的关系

第三人撤销之诉与案外人申请再审虽然均属于案外人对已经发生法律效力的裁判不服提起的诉讼程序，但两者在程序制度的设计方面还是存在很大的差别。从我国民事诉讼法发展历程上而言，2007年修正的《民事诉讼法》规定了案外人申请再审制度，2012年修正后产生了第三人撤销之诉，第三人撤销制度的设立是为了解决实践中案外人申请再审渠道不通畅的问题，为案外人维护自身实体权益增加了一道救济途径。两种制度之间的区别与关联集中体现在《民事诉讼法司法解释》第301条及《全国法院民商事审判工作会议纪要》第

① 现为《民事诉讼法》（2021年修正）第234条。

② 现为《民事诉讼法》（2021年修正）第234条。

③ 参见范向阳主编：《执行异议之诉的规则与裁判》，人民法院出版社2019年版，第55～56页；参见司伟主编：《执行异议之诉裁判思路与裁判规则》，法律出版社2020年版，第52页。

122 条的规定上。《民事诉讼法司法解释》第 301 条规定："第三人提起撤销之诉后，未中止生效判决、裁定、调解书执行的，执行法院对第三人依照民事诉讼法第二百三十四条规定提出的执行异议，应予审查。第三人不服驳回执行异议裁定，申请对原判决、裁定、调解书再审的，人民法院不予受理。案外人对人民法院驳回其执行异议裁定不服，认为原判决、裁定、调解书内容错误损害其合法权益的，应当根据民事诉讼法第二百三十四条规定申请再审，提起第三人撤销之诉的，人民法院不予受理。"《全国法院民商事审判工作会议纪要》第 122 条规定："案外人申请再审与第三人撤销之诉功能上近似，如果案外人既有申请再审的权利，又符合第三人撤销之诉的条件，对于案外人是否可以行使选择权，民事诉讼法司法解释采取了限制的司法态度，即依据民事诉讼法司法解释第 303 条[①]的规定，按照启动程序的先后，案外人只能选择相应的救济程序：案外人先启动执行异议程序的，对执行异议裁定不服，认为原裁判内容错误损害其合法权益的，只能向作出原裁判的人民法院申请再审，而不能提起第三人撤销之诉；案外人先启动了第三人撤销之诉，即便在执行程序中又提出执行异议，也只能继续进行第三人撤销之诉，而不能依《民事诉讼法》第 227 条[②]申请再审。"

根据上述条文规定，第三人撤销之诉与案外人申请再审不得兼容，当事人只能就两种诉讼选择其一行使权利，结论性意见为案外人先提起第三人撤销之诉的，虽然还可以提起案外人异议，但案外人异议被驳回后也不能申请再审，只能继续第三人撤销之诉程序；案外人先启动案外人异议程序从而申请再审的，则不能再通过第三人撤销之诉主张权利。最高人民法院（2016）最高法民终字第 193 号民事判决较好地呈现出了两种诉讼程序之间的关系。这种程序设计在扩大案外人程序救济权利范围的同时，又防止了案外人滥用诉权带来浪费司法资源的不良后果。虽然两种诉讼程序设计截然不同，但在实体审查标准上应当保持统一，以保持殊途同归，即要求人民法院在审查两类案件时，在实体条件上应当注意保持完全一致。[③]

① 现为《民事诉讼法司法解释》（2022 年修正）第 301 条。

② 现为《民事诉讼法》（2021 年修正）第 234 条。

③ 最高人民法院民事审判第二庭编著：《〈全国法院民商事审判工作会议纪要〉理解与适用》，人民法院出版社 2019 年版，第 619 页。

第二节　金钱债权执行中另案裁判排除执行的裁判规则

金钱债权的执行，是指人民法院根据债权人申请或者依职权，通过国家强制力实现以给付一定数额金钱为目的债权的强制执行程序。金钱债权执行的标的是被执行人占有或者登记在其名下的所有责任财产。被执行人责任财产的具体财产形态以金钱形态或者非金钱形态存在。金钱形态大都以现金、银行存款、收入、到期债权等形式存在，执行法院可以直接对此执行；非金钱形态以金钱形态之外的动产、不动产或者权利凭证等形式表现，如房地产、车辆、股权等。人民法院针对非金钱形态的财产执行时，需通过拍卖、变卖等方式进行变价，在变价后将财产转化为金钱形态后向债权人清偿。

关于案外人对执行标的另诉取得的生效裁判能否排除金钱债权的执行，在《异议复议规定》施行之前争议较大。主流观点认为另案裁判原则上不能排除执行，如张卫平教授认为，另案处理结果或另案法律文书原则上对本案执行没有法律上的约束力，只有案外人异议之诉的生效承认判决（承认案外人诉讼请求的判决）才具有排除本案执行的法律效力。[①] 我国台湾地区赖来焜教授认为，案外人权利与申请人对涉案标的权利比较，应当以本案执行权利为中心，无权排除为原则。[②] 但也有部分观点认为，另案确权法律文书无论对于执行法院还是执行当事人，均具有约束力，确权法律文书一旦作出，执行法院就必须无条件解封已经法定程序认定属于第三人的财产。[③] 在案外人异议程序及执行异议之诉程序审查中，应持何种裁判标准，两种程序的裁判标准是否需要保持一致？我们认为，对于执行异议、执行异议之诉两种不同程序，审查标准方面的整体原则是：执行异议程序强调以“形式审查为主、实质审查为辅”的原则，而异议之诉的审查应当坚持“实质审查”原则，以纠正执行及异议程序形式审查可能带来的错误，充分保障案外人作为实际权利人的合法权益。

---

① 张卫平：《另案处理结果对本案民事执行的效力及处置原则研究》，载《河北法学》2020 年第 3 期。

② 赖来焜：《强制执行法总论》，我国台湾地区元照出版有限公司 2007 年版，第 695 页。

③ 江必新、刘贵祥主编，最高人民法院执行局编著：《〈最高人民法院关于人民法院办理执行异议和复议案件若干问题规定〉理解与适用》，人民法院出版社 2015 年版，第 376 页。

一、案外人异议裁判规则

最高人民法院《异议复议规定》第 26 条前两款规定："金钱债权执行中，案外人依据执行标的被查封、扣押、冻结前作出的另案生效法律文书提出排除执行异议，人民法院应当按照下列情形，分别处理：（一）该法律文书系就案外人与被执行人之间的权属纠纷以及租赁、借用、保管等不以转移财产权属为目的的合同纠纷，判决、裁决执行标的归属于案外人或者向其返还执行标的且其权利能够排除执行的，应予支持；（二）该法律文书系就案外人与被执行人之间除前项所列合同之外的债权纠纷，判决、裁决执行标的归属于案外人或者向其交付、返还执行标的的，不予支持；（三）该法律文书系案外人受让执行标的的拍卖、变卖成交裁定或者以物抵债裁定且其权利能够排除执行的，应予支持。金钱债权执行中，案外人依据执行标的被查封、扣押、冻结后作出的另案生效法律文书提出排除执行异议的，人民法院不予支持。"

上述条文规定了案外人以另案生效裁判排除金钱债权的执行，应从另案生效裁判作出时间与查封标的物时间的先后、另案生效裁判所涉基础法律关系两个维度进行审查。具体应遵循以下裁判规则。

（一）以查封之前的另案生效裁判排除执行的裁判规则

1. 另案裁判系权属纠纷或者租赁、借用、保管等不以转移财产权属为目的的合同纠纷，可以排除执行

确认标的物权归属的生效裁判即上文提到的确权裁判。基于物权的绝对性与排他性，如果另案生效裁判在执行法院查封标的物之前就已将该标的物确权给了案外人，案外人依据该确权裁判提起执行异议之诉的，理应能够排除人民法院的强制执行。

因租赁、借用、保管等不以转移财产权属的合同纠纷所作出的返还标的物的裁判，虽然租赁、借用、保管等属于合同纠纷，但就该类合同本身并不以转移物的权属为目的，实质上就是对租赁、借用、保管指向的标的物权属的一种确认，案外人对返还的标的物享有的仍是物权或者基于物权性质产生的返还请求权。该种基于物权请求权所作出的给付判决优于金钱债权执行中申请执行人基于普通债权请求权所享有的权利，因此，对案外人要求中止执行的异议应当支持。

2. 另案裁判系案外人受让执行标的的拍卖、变卖成交裁定或者以物抵债

裁定，可以排除执行

根据物权变动方式的不同，物权设定与变动方式分为基于法律行为引起的物权变动和非基于法律行为引起的物权变动。《民法典》第229条规定了人民法院、仲裁机构的法律文书可以直接引起的物权变动，属于基于非法律行为引起物权变动的情形。《最高人民法院关于适用〈中华人民共和国民法典〉物权编的解释（一）》第7条规定："人民法院、仲裁机构在分割共有不动产或者动产等案件中作出并依法生效的改变原有物权关系的判决书、裁决书、调解书，以及人民法院在执行程序中作出的拍卖成交裁定书、变卖成交裁定书、以物抵债裁定书，应当认定为民法典第二百二十九条所称导致物权设立、变更、转让或者消灭的人民法院、仲裁机构的法律文书。"因此，拍卖、变卖成交裁定或者以物抵债裁定是具有物权变动性质的形成裁判，其物权自该裁定向买受人或者债权人送达时发生物权变动效力。此时，如果该买受人或者债权人持拍卖、变卖成交裁定或者以物抵债裁定请求人民法院排除执行的，应当得以支持。

3. 另案裁判系上述第1项所列合同之外的债权纠纷，不能排除执行

如前所述，如果另案裁判属于确认物权的确权判决或物权性返还请求权的生效裁判，可以排除执行。但如果该给付裁判是基于债权请求权法律关系而判令向案外人交付标的物，则不能排除执行。理由在于，不同于物权具有支配权与对世权的性质，债权具有平等性、相对性。债权人只能以该判决中的相对人为义务人，要求其履行一定给付义务。在该义务人没有履行给付义务之前，标的物的物权并没有发生变动。一般而言，债权请求权除了包括基于转移所有权的合同产生交付特定物请求权之外，还包括基于无因管理产生的请求权、不当得利返还请求权、基于侵权行为产生的请求权，基于缔约过失产生的请求权。[①] 基于债权平等原则，债权人（案外人）基于上述债权请求权要求义务人履行交付标的物的权利，不具有优先于另一债权清偿的效力，该另案生效裁判不能排除对标的物的执行。

（二）查封之后的另案生效裁判，不能排除执行

根据本章第一节内容可知，执行标的被法院查封之后，案外人如果对执行标的主张确权则应当通过案外人执行异议之诉救济，而不能另行提起诉讼解

① 王利明：《论债权请求权的若干问题》，载《法律适用》2008年第9期。

决。因此查封之后取得的另案确权裁判当然不能排除执行。但最高人民法院相关规范性文件仅仅禁止查封后就标的物另行提起确权之诉，并未对案外人基于其他法律关系另案诉讼作出限制，那么案外人在查封后取得的对标的物确权之外的生效裁判，能否排除执行呢，《异议复议规定》第26条第2款基于异议案件以“形式审查为主”的原则考虑，并未区分另案裁判文书是属于确权裁判还是其他类型的裁判，即只要在查封后作出的另案裁判，无论该另案裁判基于何种基础性权利，均不能排除执行。

二、执行异议之诉裁判规则

最高人民法院在（2015）最高法民一终字第150号案件[①]中认为，执行异议程序坚持较高的、外观化的判断标准，这一判断标准要高于执行异议之诉中的判断标准。即符合《异议复议规定》第26条规定条件的，异议能够成立，不满足这些条件的，其在异议之诉中的请求也未必不成立。因此，异议之诉的审理标准应根据案件的具体情况和异议人所主张的权利、申请执行人债权实现的效力以及被执行人对执行标的的权利作出比较后综合判断。根据这一裁判标准精神，最高人民法院《全国法院民商事审判工作会议纪要》及江苏省高级人民法院制定的工作指引就异议之诉中案件的审理作出了与执行异议程序略有不同的审查标准。

（一）查封前作出的另案裁判排除执行的审理规则

《江苏省高级人民法院执行异议及执行异议之诉案件办理工作指引（二）》第一.4（2）条规定：“金钱债权执行中，案外人依据执行标的被查封、扣押、冻结前作出的另案生效确权或形成性质的法律文书，主张其享有所有权，因此提起执行异议之诉，请求排除对该执行标的执行的，原则上应予支持。但具有下列情形的，不予支持：①案外人根据伪造的证据取得另案生效法律文书的；②案外人与被执行人恶意串通，以逃避债务或规避执行的；③案外人取得的另案生效法律文书认定的事实及其裁决结果损害申请执行人或其他债权人权利的；④案外人取得的另案生效仲裁裁决存在《中华人民共和国仲裁法》第五十八条规定情形的。”

2019年最高人民法院出台的《全国法院民商事审判工作会议纪要》第124

① 《最高人民法院公报》2016年第6期。

条同样明确了在异议之诉的案件审理中可以参考适用异议程序所依据的《异议复议规定》第26条的审查规则，在此基础上，又同时对异议之诉程序审理中需要注意的事项作出了进一步的明确。《全国法院民商事审判工作会议纪要》第124条规定："作为执行依据的生效裁判并未涉及执行标的物，只是执行中为实现金钱债权对特定标的物采取了执行措施。对此种情形，《最高人民法院关于人民法院办理执行异议和复议案件若干问题的规定》第26条规定了解决案外人执行异议的规则，在审理执行异议之诉时可以参考适用。依据该条规定，作为案外人提起执行异议之诉依据的裁判将执行标的物确权给案外人，可以排除执行；作为案外人提起执行异议之诉依据的裁判，未将执行标的物确权给案外人，而是基于不以转移所有权为目的的有效合同（如租赁、借用、保管合同），判令向案外人返还执行标的物的，其性质属于物权请求权，亦可以排除执行；基于以转移所有权为目的有效合同（如买卖合同），判令向案外人交付标的物的，其性质属于债权请求权，不能排除执行。应予注意的是，在金钱债权执行中，如果案外人提出执行异议之诉依据的生效裁判认定以转移所有权为目的的合同（如买卖合同）无效或应当解除，进而判令向案外人返还执行标的物的，此时案外人享有的是物权性质的返还请求权，本可排除金钱债权的执行，但在双务合同无效的情况下，双方互负返还义务，在案外人未返还价款的情况下，如果允许其排除金钱债权的执行，将会使申请执行人既执行不到被执行人名下的财产，又执行不到本应返还给被执行人的价款，显然有失公允。为平衡各方当事人的利益，只有在案外人已经返还价款的情况下，才能排除普通债权人的执行。反之，案外人未返还价款的，不能排除执行。"

根据最高人民法院《全国法院民商事审判工作会议纪要》及江苏省高级人民法院工作指引的上述规定，对于案外人依据执行标的查封前作出的另案确权裁判、基于不以转移所有权为目的的物权性返还请求权裁判、拍卖变卖成交裁定、以物抵债裁定等形成裁判，提起执行异议之诉，原则上可以排除执行。这是基于"物权优先于债权"的基本民法原理，无论是具有物权属性的确权裁判、形成裁判，还是具有物权请求权性质的给付裁判，均具有物权所独有的绝对性、对世性与排他性，无疑优先于仅具有债权属性的普通金钱债权的执行。如最高人民法院在（2017）最高法民申3264号案件中认为，另案民事调解书已确认案涉苗木所有权归上海优孚公司所有，海南优孚公司于2015年6月30日前将苗木移交给上海优孚公司等，在执行法院查封上述苗木之前，上海优孚公司已经实际占有并进行了相应的经营管理，依法享有排除强制执行的民事权益。

对于另案裁判系确权裁判或者以物抵债等形成裁判能够排除一般金钱债权的执行没有疑义，但对于以转移所有权为目的的合同（如买卖合同）纠纷的裁判能否排除执行？异议审查程序中将此类情形纳入了不能排除强制执行的情形中。但在异议之诉的审理中应当实质审查并作进一步区分：根据《全国法院民商事审判工作会议纪要》第124条第2款规定，如果另案裁判是基于合同无效或解除合同之效果下产生的返还请求权，在满足一定条件的情况下，可以排除执行；其余情形不能排除执行。《民法典》第157条规定："民事法律行为无效、被撤销或者确定不发生效力后，行为人因该行为取得的财产，应当予以返还"。《民法典》第566条规定："合同解除后，尚未履行的，终止履行；已经履行的，根据履行情况和合同性质，当事人可以请求恢复原状或者采取其他补救措施"。案外人基于所涉合同被判令无效或者合同解除后，取得了相对方向案外人返还标的物的生效裁判。对于此裁判所涉基础法律关系虽然属于以转移所有权为目的的合同纠纷，但此类判决中的案外人（如买卖合同中的出卖人）所享有的亦是基于物权性质产生的返还请求权，案外人以该类判决提起执行异议之诉请求排除执行的，应予支持。

但如果另案生效裁判仅判决了解除合同或者合同无效，并未判决买受人向案外人返还标的物，是否可以排除执行？《全国法院民商事审判工作会议纪要》对此没有明确。例如，张三与房地产开发公司签订房屋买卖合同，并签订了预告登记手续，后因买受人张三逾期付款导致违约，房地产开发公司诉至法院请求解除房屋买卖合同，法院判决解除合同。执行法院在另案中将该房产作为张三的责任财产进行预查封，房地产开发公司作为案外人，以另案生效判决解除合同为由请求排除执行、解除预查封。我们认为，此种情形下可以排除执行。理由如下：第一，合同解除的效果是免除了出卖人向买受人交付房屋及办理过户登记的义务，合同解除之时，出卖人的过户义务已不复存在，人民法院预查封及执行的基础不复存在，理应得以排除人民法院对该房屋的强制执行。第二，人民法院判决解除合同的判决属于典型的形成判决，形成判决具有形成力，不需要通过强制执行便自动发生法律效力，该形成力具有对世效力，不仅及于当事人，也及于第三人。

需要注意的是，对于另案确认合同无效或者解除合同的双务合同裁判，因双方当事人均负有返还义务，在案外人没有返还相对方已支付的价款情形下，案外人对执行标的物享有返还请求权不能排除法院执行。只有在案外人已经向买受人返还价款的情况下，才能排除申请执行人的执行。司法实践中比较常见的是被执行人向房地产开发企业购房，但未办理过户登记。房地产开发企业作为案外人，向人民法院起诉要求解除商品房买卖合同，人民法院判决解除买卖合同，买受人向出卖人返还购房款。房地产开发企业根据解除买卖合同的生效裁判，请求排除执行，解除查封措施。对此，我们认为，此时商品房买卖合同已经被人民法院生效裁判予以解除，该生效裁判对被执行人产生拘束力，作为出卖人的房地产开发企业享有的是物权性质的返还请求权，被执行人则丧失了取得房屋所有权的期待权，此时买受人（被执行人）对房屋享有的物权期待权已转化为对出卖人（房地产开发企业）享有的债权，人民法院应当在执行该笔债权后才可以解除查封措施。换言之，只有在出卖人向买受人（被执行人）返还价款，以便执行法院可以执行被执行人的该笔款项的情况下，作为案外人的出卖人才可以排除人民法院的执行。这也是为了避免申请执行人既执行不到标的物又无法从标的物返还款中受偿现象的发生，切实保障申请执行人债权得到有效受偿。

一般情况下，上述在查封之前已取得的确权裁判、形成裁判可以排除法院的强制执行。然而，因执行异议之诉系实质审查，人民法院审理后如果发现上述另案裁判具有下列情形之一的，则应判决不能排除执行：第一，案外人根据伪造的证据取得另案裁判的；第二，案外人与被执行人恶意串通，以逃避债务或规避执行的；第三，案外人取得的另案裁判认定的事实及其裁决结果损害申请执行人或其他债权人权利的；第四，案外人取得的另案生效仲裁裁决存在《仲裁法》第58条规定情形的。

（二）查封后作出的另案裁判能否排除执行

《江苏省高级人民法院执行异议及执行异议之诉案件办理工作指引（二）》第一.4（3）条规定："金钱债权执行中，案外人依据执行标的被查封、扣押、冻结后作出的另案生效确权或形成性质的法律文书，主张其享有所有权，由此引起的执行异议之诉案件，根据下列情形处理：①案外人以另案生效法律文书（判决书、调解书或仲裁裁决）为依据，主张其享有民事实体权益，请求停止执行的，原则上不予支持。但案外人有充分证据足以证明其是实际权利人的除外。②案外人未向执行法院提出执行异议，或者在提出执行异议的同时，另行对被执行人提起诉讼，请求对执行标的予以确权的，执行法院或者其他法院应当不予受理；已经受理的，应裁定驳回起诉。违反上述规定作出的生效裁判文书，应通过审判监督程序予以撤销。”

《江苏省高级人民法院执行异议及执行异议之诉案件办理工作指引（二）》第一.4（5）条规定：“另案生效法律文书仅作为案外人提供的证据使用，执行异议之诉案件的判决不就其对错进行评判。”

执行异议程序审查中，查封后的另案裁判一概不能排除金钱债权的执行。不同于异议程序这一形式审查为主的审查标准，执行异议之诉中应将查封后的另案生效裁判文书作为案外人提供的证据使用，经综合判断后从而认定案外人对执行标的是否享有排除执行的实体权益。

人民法院在审理另案生效裁判能否排除执行的案件时，应当从两个维度进行审查：一是审查另案生效裁判本身的属性；二是综合案外人提供的其他证明其对执行标的享有实体性权益的证据审查。针对第一个审查要素即另案生效裁判本身的属性，因最高人民法院《关于执行权合理配置和科学运行的若干意见》《关于依法制裁规避执行行为的若干意见》等规范性文件禁止案外人在执行异议程序之外通过另诉确权，故案外人在法院查封执行标的后另行取得的确权裁判不能排除执行；但法律、司法解释并未禁止案外人对已被法院查封标的物主张合同性的权益，案外人有权根据合同约定对被查封标的物的合同的效力及履行提起诉讼。如果案外人已取得关于合同无效、合同解除或撤销合同的生效裁判，则一般应当支持其排除执行的请求；对于查封后取得的基于物权请求权性质的给付裁判、形成裁判亦可以排除执行。换言之，执行法院对被执行人向案外人购买且已支付全部或部分价款的不动产采取查封或其他执行措施，案外人提出执行异议，主张解除或撤销合同，并请求解除查封或排除执行，如在执行异议之诉案件的审理中，已存在另案关于解除或撤销合同的生效判决，则对案外人请求排除执行的诉讼请求应予支持；如在执行异议之诉案件的审理中，尚未取得关于解除或撤销合同的生效判决，则对案外人请求排除执行的诉讼请求不予支持；如关于解除或撤销合同的案件正在审理过程中，执行异议之诉案件应中止审理。

在上述情形下，如果案外人与被执行人之间的合同系双务合同时，只有案外人已经返还价款的情况下，才能排除普通债权人的执行。在异议之诉案件审理中，即便案外人未取得有关可以排除执行的另案裁判或者取得的另案裁判本身不能排除执行，但如果有其他证据能够充分证明案外人享有足以排除对标的物强制执行的实体性权益，也应当支持案外人排除执行的诉讼请求。

第三节　非金钱债权执行中另案裁判排除执行的裁判规则

非金钱债权的执行，是指人民法院通过国家强制力实现执行依据确认的不以金钱给付为目的的作为义务或者不作为义务。两份生效法律文书均指向同一标的物，在人民法院对执行依据所载明的标的物强制执行时，案外人以另案裁判对该标的物的权属、占有的认定或者基于请求权令对方当事人履行一定的给付义务为由，请求排除人民法院对该房屋的执行，由此引发执行异议及执行异议之诉。对于此类案件中的审查规则，《异议复议规定》《全国法院民商事审判工作会议纪要》也作出了相应的规定。

一、案外人异议审查规则

《异议复议规定》第 26 条第 3 款规定：“非金钱债权执行中，案外人依据另案生效法律文书提出排除执行异议，该法律文书对执行标的权属作出不同认定的，人民法院应当告知案外人依法申请再审或者通过其他程序解决。”

根据对上述司法解释的文义理解，在非金钱债权执行中，如果作为另案生效裁判的确权裁判对执行标的物的权属作出了不同于执行依据的认定，那么此时执行法院应当告知案外人通过案外人申请再审或者其他程序处理。那么此时有三点不无疑问：（1）此处是否区分另案生效裁判的取得与执行法院查封标的物的时间先后，并未明示。（2）该条文仅交代了告知案外人通过申请再审或其他程序解决，但并未对执行异议案件应如何裁判进行明示。（3）该条仅限于另案裁判属于确权裁判，对于另案系给付裁判或形成裁判时应如何处理并未说明。

本条属于执行异议程序审查规则，应当坚持“形式审查为主，实质审查为辅”的审查原则。我们认为，根据上述条文规定，只要另案生效裁判对执行标的权属作出不同于执行依据认定的，无论该裁判是在执行依据之前还是之后作出，均应通过申请再审或第三人撤销之诉解决。关于执行异议案件如何裁定的问题，因案外人所提异议属案外人异议程序，故此时法院应当裁定驳回案外人异议请求，同时赋予当事人按照《民事诉讼法》第 234 条的规定，向人民法院提起执行异议之诉或者通过审判监督程序解决的救济权利。虽然上述条文仅规定了另案裁判属于确权裁判的情形，但根据“举重以明轻”原则，作为物权效力最高的确权裁判都无法排除执行，那么对于形成裁判、给付裁判当然也无法排除执行，也应当裁定驳回异议请求，同时按照《民事诉讼法》第 234 条的规定交代救济权利。

二、异议之诉审理规则

上文提到《异议复议规定》第 26 条关于非金钱债权执行中案外人异议程序对另案生效裁判的审查规则，该规则确定了当事人应通过案外人异议之诉或通过审判监督程序救济。在非金钱债权执行情况下，作为执行依据的生效裁判与另案生效裁判均系对执行标的物的权属或债权债务等法律关系作出的裁判文书，案外人如不服异议裁定应当选择通过对作为执行依据的生效裁判申请再审的方式进行救济，一般不会通过执行异议之诉解决。但案外人申请再审与执行异议之诉系《民事诉讼法》第 234 条赋予当事人的两种诉权，当事人拥有选择权，如果案外人在法院驳回其异议后未选择对作为执行依据的生效裁判申请再审，而是直接提起执行异议之诉，此时就涉及执行异议之诉的裁判规则问题。在此情况下，《全国法院民商事审判工作会议纪要》第 123 条就针对案外人依据另案生效裁判对非金钱债权提起异议之诉时确立了一般审理规则，该条规定“审判实践中，案外人有时依据另案生效裁判所认定的与执行标的物有关的权利提起执行异议之诉，请求排除对标的物的执行。此时，鉴于作为执行依据的生效裁判与作为案外人提出执行异议依据的生效裁判，均涉及对同一标的物权属或给付的认定，性质上属于两个生效裁判所认定的权利之间可能产生的冲突，人民法院在审理执行异议之诉时，需区别不同情况作出判断：如果作为执行依据的生效裁判是确权裁判，不论作为执行异议依据的裁判是确权裁判还是给付裁判，一般不应据此排除执行，但人民法院应当告知案外人对作为执行依据的确权裁判申请再审；如果作为执行依据的生效裁判是给付标的物的裁判，而作为提出异议之诉依据的裁判是确权裁判，一般应据此排除执行，此时人民法院应告知其对该确权裁判申请再审；如果两个裁判均属给付标的物的裁判，人民法院需依法判断哪个裁判所认定的给付权利具有优先性，进而判断是否可以排除执行”。

根据上述审理规则，人民法院在审理另案裁判排除对非金钱债权的执行时，应当以作为执行依据的裁判类型与案外人据以排除执行的另案裁判类型为基础，区分不同类型裁判的效力与优先顺位，进而判断是否可以排除执行。根据该条文义理解，此类情形下对执行依据与另案裁判分别属于确权裁判还是给付裁判时进行了排列组合式的区分。此处有三个问题需要说明：

第一，一般而言，只有具有强制执行力的给付裁判才可以作为执行依据并进入执行程序，确权裁判仅是对权属状态的确认，本身并不产生强制执行的法律效果。但在司法实践中，一方面因相应协助机关操作流程不规范等因素，如在当事人持确权裁判办理权证时，协助机关不当地要求法院出具协助执行通知书等法律文书，从而导致本不应通过人民法院强制执行的确权裁判进入执行程序；另一方面，也有不少确权裁判在确定权利归属的同时判令另一方协助办理权属过户手续等，此时具有行为履行义务的一方如不履行协助义务一般会进入执行程序。考虑到上述情况，《全国法院民商事审判工作会议纪要》将确权裁判作为执行依据裁判类型的一种情形进行了规定。

第二，形成裁判具有形成力，可以直接导致物权变动，不需要强制执行即可产生法律关系变动的法律效果。因此，形成裁判不可能成为执行依据，《全国法院民商事审判工作会议纪要》没有将形成裁判作为执行依据的情形之一进行区分，但形成裁判完全可以作为另案生效裁判来对抗执行依据的执行。然而，《全国法院民商事审判工作会议纪要》对另案裁判的情形亦只区分了确权裁判与给付裁判的情形，并未将形成裁判作为一种情形进行规定。考虑到对所有裁判类型排除执行情形的完整总结，下文将形成裁判作为另案裁判的一种类型进行阐述。

第三，《全国法院民商事审判工作会议纪要》第123条规定的异议之诉审理规则并未涉及另案裁判取得时间的问题，是否限定于在标的物被法院查封之前取得？我们认为，法律条文的解释需要遵循一定的解释方法与原则，历史解释、体系解释是理解、适用相关条文的重要途径。《最高人民法院关于执行权合理配置和科学运行的若干意见》《最高人民法院关于依法制裁规避执行行为的若干意见》《最高人民法院关于人民法院立案、审判与执行工作协调运行的意见》等规范性文件已先后多次明确了禁止案外人在执行异议程序之外通过另诉对被查封标的物进行确权，因此对于《全国法院民商事审判工作会纪要》第123条确立的裁判规则应当在遵循“禁止查封后的另案确权诉讼”原则的基础上予以理解和适用。人民法院应当根据另案裁判取得时间与执行依据案件中查封标的物时间的先后，分别适用不同的裁判规则。

（一）查封后取得另案裁判时的裁判规则

根据“禁止查封后另案确权诉讼”的原则，当另案确权裁判是在执行法院查封标的物后取得，则无论作为执行依据的裁判系确权裁判还是给付裁判，其效力均应当优先于另案生效裁判，此时，另案确权裁判不能排除法院的强制执行，另案裁判的权利人可以对作为执行依据的生效裁判申请再审。

当另案裁判属于在法院查封后取得的给付裁判或形成裁判时，而执行依据系确权裁判或者基于物权请求权的给付裁判，因执行依据所确定的权利人对标的物享有的权利具有物权排他效力，此时无论另案生效裁判是何种裁判，均不能排除执行，另案裁判的权利人可以对作为执行依据的生效裁判申请再审。

当另案裁判属于在法院查封后取得的基于物权请求权的给付裁判或形成裁判，而执行依据所确定的权利仅是基于债权请求权对标的物的给付裁判，此时基于物权请求权效力优于债权请求权的理论，另案生效裁判可以排除强制执行。执行依据所确定的债权人如果对另案裁判不服，可以对另案裁判申请再审。

当两份裁判文书均属于基于债权请求权的给付裁判时，基于债权平等原则，一般不能排除对执行依据的强制执行。

具体裁判规则见表1。

表1　查封后取得另案裁判的异议之诉裁判规则表

<table>
<tr><th>执行依据</th><th>另案裁判</th><th>能否排除执行</th></tr>
<tr><td>给付裁判</td><td rowspan="2">确权裁判</td><td rowspan="2">不能</td></tr>
<tr><td>确权裁判</td></tr>
<tr><td rowspan="2">确权裁判</td><td>给付裁判</td><td rowspan="2">不能</td></tr>
<tr><td>形成裁判</td></tr>
<tr><td rowspan="2">物权请求权的给付裁判</td><td>给付裁判</td><td rowspan="2">不能</td></tr>
<tr><td>形成裁判</td></tr>
<tr><td rowspan="2">债权请求权的给付裁判</td><td>物权请求权的给付裁判</td><td rowspan="2">能</td></tr>
<tr><td>形成裁判</td></tr>
<tr><td>债权请求权的给付裁判</td><td>债权请求权的给付裁判</td><td>不能</td></tr>
</table>

（二）查封前取得另案裁判时的裁判规则

我们认为，《全国法院民商事审判工作会议纪要》第123条的规定实际上应指的是在法院查封之前或者没有查封的情形下，案外人取得另案裁判时异议之诉的裁判规则。根据该条规定精神，查封前取得另案裁判时应当遵循以下裁判规则：

当执行依据是确权裁判时，如果案外人依据另案针对同一标的物的确权裁判、形成裁判或者给付裁判，主张排除执行法院对标的物的强制执行的，均不应得到支持。案外人可以对作为执行依据的确权裁判申请再审。

相反，如果作为执行依据的裁判系给付裁判，而另案裁判为确权裁判或者形成裁判，此时因另案生效裁判具有物权排他性，效力更高，因此可以排除基于给付裁判的强制执行。此时执行依据中的申请执行人可以对另案生效裁判申请再审。

当两个裁判文书均属于给付裁判时，应当根据两份裁判所基于的基础性法律关系性质，认定哪一裁判具有优先性，进而判断是否可以排除执行。在判断两份给付裁判请求权的优先顺位时，应基于其依据的实体性权利的性质，一般遵循“物权请求权优于债权请求权，债权请求权平等保护”的基本原则。

具体裁判规则见表2。

表2　查封前取得另案裁判时异议之诉裁判规则表

<table>
<tr><th>执行依据</th><th>另案裁判</th><th>能否排除执行</th></tr>
<tr><td>确权裁判</td><td>确权裁判
形成裁判
给付裁判</td><td>不能</td></tr>
<tr><td rowspan="2">给付裁判</td><td>确权裁判</td><td rowspan="2">可以</td></tr>
<tr><td>形成裁判</td></tr>
<tr><td>给付裁判</td><td>给付裁判</td><td>视其所依据的实体性权利性质</td></tr>
</table>

第十一章　涉执行分配执行裁判案件的审理

第一节　参与分配及其救济

一、参与分配的概念

“若债务人受某一债权人强制执行其财产，无法满足全部债权人之债权时，就有其他债权人利用执行债权人之同一强制执行程序，参与分享债权清偿的问题，这就是民事执行中的参与分配。”① 从法教义学的角度，我国现行法律制度中的“参与分配”是指《民事诉讼法司法解释》第506条所规定的参与分配。该条第1款规定：“被执行人为公民或者其他组织，在执行程序开始后，被执行人的其他已经取得执行依据的债权人发现被执行人的财产不能清偿所有债权的，可以向人民法院申请参与分配。”第2款规定：“对人民法院查封、扣押、冻结的财产有优先权、担保物权的债权人，可以直接申请参与分配，主张优先受偿权。”除此之外，我国现行法律、司法解释并无其他有关“参与分配”的规定。

但学理上对参与分配的概念，存在广义和狭义之分。根据区分标准的不同，又存在两种不同的区分方式：第一种以基于担保物权或其他优先权的债权是否适用参与分配制度为标准，“将普通债权人申请参与分配称为狭义上的参与分配制度。在执行分配中既要优先清偿享有优先权的债权，又要公平清偿普通债权的，则称为广义的参与分配制度”②。第二种以企业法人能否适用参与分配制度为标准，将仅适用被执行人为公民或者其他组织的称为狭义上的参与

① 江必新主编：《强制执行法理论与实务》，中国法制出版社2014年版，第687页。

② 张永泉：《民事执行程序中“参与分配”的理论与制度构建》，载《苏州大学学报法学版》2017年第4期。

分配制度，被执行人为企业法人也能适用的称为广义的参与分配制度。

我们认为，有关参与分配概念广义与狭义的争论，实际是混淆了“参与分配程序”与“需要制作财产分配方案的程序”这两个概念。

首先，从制作财产分配方案的目的看，是在执行程序中，当同一被执行人的财产需要清偿多个债权时，由人民法院确认这些债权的性质和金额，按照法定规则进行比较，以确定清偿顺序及比例。因此，在执行程序中，凡涉及同一被执行人的财产需要清偿多个债权时，都有制作财产分配方案的需要。

其次，从现行法律规定看，《民事诉讼法执行程序司法解释》第 17 条规定：“多个债权人对同一被执行人申请执行或者对执行财产申请参与分配的，执行法院应当制作财产分配方案，并送达各债权人和被执行人。”依据该条规定，在两种情形下执行法院应当制作财产分配方案：一是多个债权人对执行财产申请参与分配；二是多个债权人对同一被执行人申请执行。后者又可细分为两种情形：一是一份生效法律文书确定金钱给付内容的多个债权人对同一被执行人申请执行；[①] 二是多份生效法律文书确定金钱给付内容的多个债权人分别对同一被执行人申请执行。[②] 在前述各情形下，尽管关于分配条件、清偿顺序等的法律规定存在差异，但由于均需要对各债权人债权种类、金额以及清偿顺序进行审查确认后，再根据法定规则进行分配，因此均有制作财产分配方案的需要，如对分配方案有异议均可按照法定途径寻求救济。

只不过与其他在执行过程中应当制作财产分配方案的程序相比，参与分配程序具有以下特殊性：

首先，只有参与分配程序，允许其他尚未进入执行程序的普通债权人，利用已进入执行程序的债权人之同一强制执行程序，参与分享债权清偿。这是参与分配与其他执行法院应当制作财产分配方案的程序之间的本质区别。

其次，从构成要件分析，执行法院应当制作财产分配方案的情形都具备以下构成要件：（1）为金钱债权执行；（2）有多个债权人；（3）强制执行程序已开始。而适用参与分配程序，则还需具备以下构成要件：①被执行人财产无法满足全部债权人之债权；②被执行人为公民或者其他组织；③被执行人的其他已经取得执行依据的债权人向人民法院申请参与分配，或者对人民法院查封、扣押、冻结的财产有优先权、担保物权的债权人直接申请参与分配。

---

① 见《执行工作规定》第 55 条第 3 款。

② 见《执行工作规定》第 55 条第 1 款、第 2 款。

其责任。”并进一步认为：“某债权人先为强制执行而受清偿时，其他债权人，纵其债权发生在前，亦仅能就剩余财产受偿。债务人破产时，债权不论其发生先后，均依比例参加分配。”①

我国现行《企业破产法》实行有限破产主义，破产程序只适用于企业法人，② 不适用于公民个人和其他组织。参与分配制度则弥补了这一不足，有学者认为：“我国参与分配制度的实质在于弥补有限破产主义的缺陷，在公民和其他组织资不抵债时，为各债权人提供一条公平受偿的途径。”③ 总体而言，学术界及实务界均认为，参与分配是执行程序中为多个申请人提供公平保护而设立的制度。④

债权平等原则在参与分配中主要体现为两个层次：首先，根据债权性质，严格按照法定优先权、一般优先权以及普通债权的法定清偿顺序予以分配；其次，相同性质以及相同顺序的债权，原则上应当按比例予以分配，确保各债权人依法获得公平受偿。

对此，最高人民法院“院长信箱”在2021年4月6日给贺佳谊律师“关于‘对《民事诉讼法》司法解释疑问’的回复”中，进行了详细的解答：“二、关于多个债权人申请执行同一被执行人的清偿顺序问题。本次司法解释修改过程中，为避免条文重复，删去了《执行工作若干问题的规定》原第89条、第90条、第92条至第96条的规定，但保留了《执行工作若干问题的规定》第55条（原第88条）规定。第55条的三款条文确定了关于清偿顺序的三种处理原则：第1款规定多个债权人均具有金钱给付内容的债权，且对执行标的物均无担保物权的，按照执行法院采取执行措施的先后顺序受偿，即适用优先主义原则；第2款规定债权人的债权种类不同的，基于所有权和担保物权而享有的债权优先于金钱债权受偿，有多个担保物权的，按照各担保物权成立的先后顺序清偿；第3款规定一份生效法律文书确定金钱给付内容的多个债权人申请执行，执行财产不足以清偿债务，各债权人对执行标的物均无担保物权

① 王泽鉴：《债法原理》，北京大学出版社2013年版，第60页。

② 《合伙企业法》第92条规定：“合伙企业不能清偿到期债务的，债权人可以依法向人民法院提出破产清算申请，也可以要求普通合伙人清偿。合伙企业依法被宣告破产的，普通合伙人对合伙企业债务仍应承担无限连带责任。”据此，合伙企业虽然不是企业法人，但其破产可参照适用《企业破产法》。

③ 江伟主编：《中国民事诉讼法专论》，中国政法大学出版社1998年版，第294～295页。

④ 张卫平、李浩：《新民事诉讼法原理与适用》，人民法院出版社2012年版，第454页。

因此，本书中所称参与分配，均指《事诉讼法司法解释》第 506 条定的参与分配，即执行程序开始后，被执行人为公民或者其他组织的财产清偿所有债权，被执行人的其他债权人依法向人民法院申请对执行财产按权性质或者债权数额按比例予以受偿的法律制度。即从适用主体看，仅适被执行人为公民或者其他组织；从适用范围看，既包括债权人的普通债权包括债权人的优先权、担保物权。

我国《民事诉讼法》未规定参与分配制度。1992 年《民事诉讼法意首次对参与分配作出了规定；1998 年《执行工作规定》对参与分配制度了丰富和修正；2008 年《民事诉讼法执行程序司法解释》补充规定了参配的救济途径；2015 年《民事诉讼法司法解释》又对该制度进一步修正。

上述司法解释的陆续出台，推动了我国参与分配制度不断完善，但制给不足的问题依然存在，使参与分配成为民事强制执行司法实践中的难一。为此，一些地方法院通过制定指导性文件的方式对参与分配工作加范，如江苏省高级人民法院近年来陆续出台的《关于正确理解和适用参配制度的指导意见》《执行异议及执行异议之诉案件办理工作指引》（（三）等。

二、参与分配应遵循的基本原则

（一）债权平等原则

债权具有相容性和平等性，不仅在同一标的物上可以同时并存数个债而且数个债权人对同一债务人先后发生数个普通债权时，其效力一律平等因成立先后而有效力上的优劣，是为债权平等原则。①

早在罗马法时期，罗马法学家保罗就在《论告示》第 59 编中指出：债权人中的一人要求控制债务人的财产时，人们问：是否只有提出了要求才能够占有此财产？当只有一个人提出要求并且得到裁判官允许时，这是否所有债权人均有了占有财产的可能性？确切地说，在裁判官允许占有之后，不被看作是对要求者的允许，而被视为允许所有债权人占有财物。”② 我国湾地区学者王泽鉴也认为：“债务人应以其全部财产对每一个债务的履行，

① 孙美莉：《论债权平等原则及其背离》，山东大学 2015 年硕士学位论文。

② ［意］桑德罗·斯奇巴尼选编：《民法大全选译：司法管辖、审判、诉讼》，黄风译，中国大学出版社 1992 年版，第 89 页。

的，按照各债权数额比例受偿，即平等主义原则。《民诉法司法解释》则是对于被执行人的财产不足以清偿全部债务时的处理原则进一步予以明确，第508条、第510条[①]规定了被执行人为公民或其他组织的适用参与分配程序，按照平等主义原则，普通债权人按照债权数额比例受偿；第513条[②]规定了被执行人为企业法人的执行转破产程序。上述《执行工作若干问题的规定》的规定系为执行程序中的一般规则，而非适用于被执行人资不抵债、申请执行人参与分配或执行转破产的情形，该部分规定与《民诉法司法解释》的相关规定并不冲突，共同构成了对于多个债权人申请执行同一被执行人的清偿顺序问题的体系化规定。”[③]

（二）利益平衡原则

参与分配程序中除坚持债权平等原则外，还应注意平衡某些特定或特殊债权人的利益。这主要体现在两个方面：第一，对执行财产查找、控制以及获得中贡献较大的债权人应当适当提高分配比例，以体现参与分配的程序公平。第二，要合理兼顾劳动债权人以及人身损害赔偿债权人的合理利益关切，以体现参与分配的实质公正。

（三）分配效率原则

执行程序的价值功能在于实现胜诉当事人的权益，效率性原则居于主导地位。设立参与分配制度本就源自强制执行程序对效率的追求。“在设立的目的上，国外规定参与分配的首要目的在于使各债权人能够利用统一执行程序获得清偿，以节省执行时间和执行费用，其次才是使各债权人公平分担债务人迟延或不能清偿的风险和损失。”[④] 因此对执行财产予以分配，必须考虑参与分配程序概括性执行的特殊性，不仅涉及制作并向各债权人送达分配方案，而且涉及分配方案异议及其后续的分配方案异议之诉程序，要切实防止因分配方案反复变动、无法确定带来的分配迟延以及低效率问题。

（四）禁止分配原则

根据前文对参与分配概念的分析，被执行人为企业法人的，不得对其财产

---

① 现为《民事诉讼法司法解释》（2022年修正）第506条、第508条。

② 现为《民事诉讼法司法解释》（2022年修正）第511条。

③ 载最高人民法院网，http：//www. court. gov. cn/zixun－xiangqing－301111. html，2021年5月18日访问。

④ 江必新主编：《强制执行法理论与实务》，中国法制出版社2014年版，第687页。

适用参与分配制度。其他债权人申请参与分配的，应告知其按照“执转破”程序对执行财产申请破产清偿；否则，按照一般清偿原则予以执行，促使债权人启动“执转破”程序。

但应注意，企业法人为被执行人且资不抵债的，对执行财产享有优先权、担保物权的债权人申请优先分配受偿，执行法院仍应依照《民事诉讼法执行程序司法解释》第 17 条、第 18 条的规定制作财产分配方案并保障其救济途径。

最高人民法院在（2019）最高法执复 14 号案件中即持此观点。最高人民法院在该案中认为，有多个债权人对同一被执行人申请执行或者对执行财产申请参与分配的，执行法院可依照该规定制作分配方案；当事人对分配方案不服的，可以通过分配方案异议或异议之诉程序处理，并不区分被执行人是企业法人或者是公民、其他组织。该案中，中国银行重庆分行向海南省高级人民法院提出异议，实际是请求加入海南高院执行案件程序，就拍卖款优先受偿。中国银行重庆分行主张的抵押权已经生效判决确认，其据此主张优先受偿权的，执行法院应允许其加入执行程序，并将其债权作为优先受偿债权列入分配方案。其他债权人认为抵押权已经消灭而对分配方案有异议的，应当依照《民事诉讼法执行程序司法解释》的规定通过分配方案异议和异议之诉解决。

（五）一体分配原则

一体分配原则是债权平等原则的进一步体现。如前所述，由于我国法律尚无自然人破产制度，参与分配程序更多体现的是一种执行程序中的替代方案，以解决被执行人为公民或其他组织时责任财产的公平清偿问题。在实践中，同一被执行人往往涉及众多执行案件，且财产可能被不同法院或不同案件查控。如果分别在不同法院、不同案件中多次进行参与分配，不仅效率低下，而且极易由于信息不对称等原因产生对部分债权人的个别清偿或同一债权人在不同法院重复受偿，从而影响债权平等原则的实现。

因此，当出现同一被执行人涉及众多执行案件且财产被不同法院或不同案件查控的情况，最便捷高效也最公平公正的分配方式，就是借助执行工作统一管理体制的优势，首先将被执行人的所有案件归集一处，将已查控的被执行人所有财产纳入待分配财产进行一体分配。同时，为保障实现一体分配，参与分配程序启动后，其他法院或者其他执行案件应当停止对同一被执行人执行所得价款的发放工作，未发放的价款应当在分配程序中统一分配。

（六）申请例外原则

依据《民事诉讼法司法解释》第 506 条的规定，参与分配程序原则上经债权人申请启动。但考虑到债权平等以及债权救济等问题，执行法院在特殊情况下可以依职权启动参与分配程序。执行法院对其已经受理的涉及同一被执行人的多起执行案件的债权人、已知的未申请参与分配的优先受偿债权人以及已通知主持分配法院且已取得执行依据的轮候查封债权人，应当依职权通知其参与分配，并在必要时预留相应财产份额。

三、参与分配的救济

参与分配程序的核心是分配方案。对人民法院制作的分配方案不服的救济途径，可区分为实体性异议和程序性异议。前者适用《民事诉讼法司法解释》第 509 条、第 510 条[①]关于分配方案异议及分配方案异议之诉的规定救济；后者适用《民事诉讼法》第 232 条关于执行异议、复议的规定救济。

（一）实体性异议

1. 救济程序

进入分配阶段尤其是制作分配方案后，债权人或债务人对分配方案中所确定的债权是否存在、数额多少、受偿顺序等问题难免产生异议。而这种异议不单纯是一种程序上的异议，还涉及实体争议，因此，应当通过诉讼程序解决。[②] 但是诉讼程序毕竟过于复杂，如果所有的争议都直接进入诉讼，将导致参与分配程序过于复杂。[③] 为此，《民事诉讼法司法解释》第 509 条、第 510 条通过设定分配阶段的参与分配方案异议与异议之诉，实现了程序上的简化。其中第 509 条规定："债权人或者被执行人对分配方案有异议的，应当自收到分配方案之日起十五日内向执行法院提出书面异议。"第 510 条第 1 款、第 2 款规定："债权人或者被执行人对分配方案提出书面异议的，执行法院应当通知未提出异议的债权人、被执行人。未提出异议的债权人、被执行人自收到通知之日起十五日内未提出反对意见的，执行法院依异议人的意见对分配方案审

---

① 《民事诉讼法执行程序司法解释》第 17 条、第 18 条相关规定与《民事诉讼法司法解释》第 509 条、第 510 条的规定基本一致。

② 江必新主编：《强制执行法理论与实务》，中国法制出版社 2014 年版，第 715 页。

③ 俞灵雨、王飞鸿、赵晋山：《〈关于适用《中华人民共和国民事诉讼法》执行程序若干问题的解释〉的理解与适用》，载江必新主编、最高人民法院执行局编：《执行工作指导》2010 年第 1 辑（总第 33 辑），人民法院出版社 2010 年版，第 71 页。

查修正后进行分配；提出反对意见的，应当通知异议人。异议人可以自收到通知之日起十五日内，以提出反对意见的债权人、被执行人为被告，向执行法院提起诉讼；异议人逾期未提起诉讼的，执行法院按照原分配方案进行分配。”

根据上述规定，债权人或者被执行人对分配方案不服的救济分为三个阶段：

（1）债权人或者被执行人对分配方案有异议的，应当自收到分配方案之日起 15 日内向执行法院提出书面异议。执行法院应当通知未提出异议的债权人、被执行人。未提出异议的债权人、被执行人自收到通知之日起 15 日内未提出反对意见的，执行法院依异议人的意见对分配方案审查修正后进行分配。

（2）未提出异议的债权人、被执行人自收到通知之日起 15 日内提出反对意见的，应当通知异议人。异议人自收到通知之日起 15 日内逾期未提起诉讼的，执行法院按照原分配方案进行分配。

（3）异议人也可以自收到通知之日起 15 日内，以提出反对意见的债权人、被执行人为被告，向执行法院提起诉讼。

上述规定中的债权人主要是指本案申请执行人、已经取得生效法律文书的其他债权人、尚未取得生效法律文书的首查封诉讼保全人以及主张优先受偿权或法定优先权的其他债权人。未取得执行依据的普通债权人已经进入诉讼、仲裁或者公证程序且具有一些特殊情形的，[①] 亦应属于此处债权人的涵盖范围。

值得注意的是，债权人自主协商分配方案并获得清偿的，其他债权人认为其利益受到损害的，应依法通过其他途径解决。

2. 对分配方案异议的处理

由条文规定可以看出，就执行程序中对分配方案异议的处理，执行法院贯彻的是“当事人主义”，并不需要行使对异议进行审查的职权，只是将当事人的异议告知相关权利主体，如果没有对异议的反对意见，执行法院则按照异议的意见修改分配方案并予以分配；如果有人提出了反对意见，执行法院则通知异议人并等待 15 日，根据异议人是否起诉而决定或者按照原方案分配，或者将争议份额提存。[②] 但对异议理由明显无事实根据和法律依据的，执行法院可以对当事人进行说服解释工作，避免非实质性的争议进入参与分配方案异议之诉。

---

① 参见《江苏省高级人民法院关于正确理解和适用参与分配制度的指导意见》第 6 条第 1 款。

② 最高人民法院修改后民诉讼法贯彻实施工作领导小组编著：《最高人民法院民事诉讼法司法解释理解与适用（下）》，人民法院出版社 2015 年版，第 1348 页。

3. 对执行分配方案异议之诉是否符合法定条件的审查

债权人、被执行人提起执行分配方案异议之诉的，执行法院应当审查其是否同时具备下列条件：

（1）异议人只能是被执行人以及执行法院已经同意其参与分配的债权人。异议主体不包括案外人，这是因为"对于案外人而言，虽然其可能因法院制定分配方案而受到利侵害，如法院错误将案外人财产当作债务人财产编入分配方案，但此时系《民事诉讼法》第 227 条[①]'案外人异议'及'异议之诉'所解决之问题，而无须分配方案异议以资救济"。[②]

（2）异议系对执行法院制定的分配方案提出，包括参与分配的债权数额、优先受偿权是否成立及其分配顺序、分配份额、分配比例等等。对分配方案提出异议，目的在于阻止分配方案的确定，并请求更正分配方案，调整分配份额。因此，债权人、被执行人在向法院提交的异议书中，应当说明分配方案如何不当或如何更正。[③]

（3）债权人或被执行人必须在收到分配方案之日起 15 日内提出书面异议，并应在收到反对意见通知之日起 15 日内提起执行分配方案异议之诉。

（4）债权人或被执行人提起分配方案异议之诉，应当明确提出修正后的分配方案和按该方案进行分配的请求及其事实与理由。

不符合上述条件之一的，执行法院应当裁定不予受理；已经受理的，裁定驳回起诉。债权人或被执行人的起诉不符合前述条件的，例如逾期提起分配方案异议之诉，"仅发生不因异议而停止分配之效果，并非指不得另行主张救济"，[④] 在防止执行程序久拖不决的同时，应允许债权人或被执行人另行提起返还不当得利之诉。分配方案经异议之诉程序确定的，应通过审判监督程序予以纠正。[⑤]

此外应注意，分配方案异议和分配方案异议之诉也并非对分配方案不服的唯一救济途径。参与分配程序终结后，主持分配法院或者其上级法院经执行监督程序认定分配方案存在错误的，主持分配法院应按该监督意见予以纠正。[⑥]

---

① 现为《民事诉讼法》（2021 年修正）第 234 条。

② 江必新主编：《强制执行法理论与实务》，中国法制出版社 2014 年版，第 716 页。

③ 江必新主编：《强制执行法理论与实务》，中国法制出版社 2014 年版，第 716 页。

④ 江必新主编：《强制执行法理论与实务》，中国法制出版社 2014 年版，第 718 页。

⑤ 参见《江苏省高级人民法院关于正确理解和适用参与分配制度的指导意见》第 24 条第 1 款。

⑥ 参见《江苏省高级人民法院关于正确理解和适用参与分配制度的指导意见》第 24 条第 1 款。

4. 各方当事人诉讼地位

债权人或被执行人提起分配方案异议之诉的，应将对其异议提出反对意见的债权人、被执行人列为被告，未对其异议提出反对意见的债权人、被执行人列为第三人。但如果其他债权人明确表示不参加诉讼，或者案件处理结果与其他债权人无利害关系，如普通债权间争议即与优先债权人无利害关系，则无须将其列为第三人，以提高审判和执行效率。①

5. 合并审理

《民事诉讼法》第55条第1款规定："当事人一方或者双方为二人以上，其诉讼标的是共同的，或者诉讼标的是同一种类、人民法院认为可以合并审理并经当事人同意的，为共同诉讼。"分配方案送达债权人和被执行人后，多个债权人提出异议的，应当共同提起诉讼，即使各债权人分别提起了诉讼，执行法院也应当合并审理。由于分配方案异议之诉的诉讼标的是分配方案，无论有多少个债权人提出异议，或多少个债权人提出反对意见，诉讼标的均是分配方案，因此属于必要的共同诉讼，故应当合并审理。这一方面可以减少当事人的诉累、降低诉讼成本、提高诉讼效率，另一方面也可以避免裁判之间的矛盾和冲突，维护法院判决的权威性和公信力。多个债权人相互之间提出异议并相互反对的，可以相互列为原告和被告，不应按反诉对待。②

分配方案异议之诉判决生效后，已参加诉讼的其他债权人或被执行人再行提出异议的，不予受理；已经受理的，驳回起诉，并告知其依法通过审判监督程序予以救济。

6. 举证责任

执行分配方案异议之诉中，对分配方案有异议的债权人应当就其享有足以变更分配顺序、分配份额的实体权利主张承担举证责任。被执行人或者持反对意见的其他债权人否认异议债权人的权利或者对其权利内容持反对意见的，也应承担相应的举证责任。

7. 裁判

分配方案异议之诉中异议人的理由不成立的，应判决驳回其诉讼请求，执行机构按照原分配方案进行分配；理由成立的，应对异议人应当参与分配的分

---

① 广东省高级人民法院课题组：《参与分配制度研究》，载江必新、刘贵祥主编，最高人民法院执行局编：《执行工作指导》2016年第1辑（总第57辑），国家行政学院出版社2016年版，第172页。

② 范向阳主编：《执行异议之诉的规则与裁判》，人民法院出版社2019年版，第413页。

配顺序、本案分配方案案款中应分配数额作出判决。执行裁判机构不得作出执行机构重新作出分配方案的判决。分配方案异议之诉的诉讼利益应归属于分配方案所涉所有债权人或被执行人,[①] 即遵循“入库原则”。

分配方案异议之诉判决生效后，未参加分配方案异议及异议之诉程序的其他债权人，以其不知情或未参加分配为由提出异议的，按照《民事诉讼法》第 232 条进行审查。该异议人主张其享有优先权且可能改变已经启动的分配程序的，告知其通过第三人撤销权诉讼予以救济。

8. 提存

《民事诉讼法司法解释》第 510 条第 3 款规定：“诉讼期间进行分配的，执行法院应当提存与争议债权数额相应的款项。”根据该条规定，分配方案异议之诉不影响分配继续进行，但与争议债权数额相应的款项应当提存，待诉讼结束分配方案确定后再就提存款项进行分配。同理，债权人或者被执行人提出执行分配方案异议之后，应当停止分配程序，待提出反对意见或提起分配方案异议之诉的期限届满后，再继续进行分配。但这一期间内，不停止对被执行人财产的变价处置行为，且无争议的债权数额相应的款项可以予以分配，但对于有争议的债权数额相应的款项应予以提存。

9. 诉讼费用

执行分配方案异议之诉案件，属于财产性诉讼请求，应当依据《民事诉讼法司法解释》第 201 条以及《诉讼费用交纳办法》规定的财产案件收费标准交纳案件受理费。

（二）程序性异议

在参与分配程序及需要制作财产分配方案的程序中，除了债权人或者被执行人对分配方案提出的异议之外，还有一类异议并不涉及分配方案中实体问题的争议，而是认为法院在分配程序中实施的执行行为违反有关程序性规定。此类异议不应按分配方案异议处理，而应适用《民事诉讼法》第 232 条规定的执行异议、复议程序处理。

此类异议主要包括:[②]（1）不适用参与分配程序的行为；（2）不准债权人参与分配的行为；（3）分配方案的送达行为；（4）分配方案数额计算错误；

① 江必新主编:《强制执行法理论与实务》，中国法制出版社 2014 年版，第 720 页。

② 参见《江苏省高级人民法院关于正确理解和适用参与分配制度的指导意见》第 22 条。

(5) 其他程序性行为。

上述执行异议及复议案件审查期间，不影响执行程序或者分配程序继续进行，但应当为提出异议的债权人预留其相应款项。

分配方案被撤销后，应重新进行制作分配方案。债权人已经获得清偿的债权数额高于其重新分配后应获得数额的，应予返还。不予返还的，参照执行回转相关规定予以回转。①

(三) 参与分配救济程序对“需要制作财产分配方案的程序”的适用空间

上述参与分配的救济程序，同样可适用于前文所述的“需要制作财产分配方案的程序”。

执行法院需要制作财产分配方案的情况下，如果债权人或者被执行人对分配方案提出书面异议，均应按照《民事诉讼法执行程序司法解释》第 17 条、第 18 条规定的程序寻求救济。② 在《民事案件案由规定》中，也将该类案件表述为“执行分配方案异议之诉”而非“执行参与分配异议之诉”，与此可相映证。

最高人民法院相关案例也持此观点。如在（2019）最高法民再146 号民事裁定书中，最高人民法院认为：“《最高人民法院关于适用〈中华人民共和国民事诉讼法〉的解释》第五百一十三条③并未限制被执行人为企业法人时申请执行人提起执行分配方案异议之诉的诉权，对于执行法院作出的执行分配方案，债权人有异议时应当赋予其提起异议之诉的权利，以维护其合法权益。本案被执行人仁寿公司为企业法人，中集物流公司作为债权人有权提起债权分配方案异议之诉。重庆市高级人民法院认为‘被执行人为企业法人时不适用执行分配方案异议之诉’没有法律依据，以此为由裁定驳回中集物流公司的起诉，适用法律错误，应当予以纠正。”

---

① 参见《江苏省高级人民法院关于正确理解和适用参与分配制度的指导意见》第 24 条第 2 款。

② 《民事诉讼法执行程序司法解释》第 17 条、第 18 条相关规定与《民事诉讼法司法解释》第 509 条、第 510 条的规定基本一致。

③ 现为《民事诉讼法司法解释》（2022 年修正）第 511 条。

第二节　审理涉执行分配执行裁判案件的若干法律问题

审理涉执行分配执行裁判案件的实质，是对分配方案在实体或者程序上是否合法进行审查，审查的内容主要包括以下几个方面。

一、对参与分配适用条件与范围的认定是否正确

根据《民事诉讼法司法解释》第 506 条的规定，执行程序开始后，被执行人的其他债权人向人民法院申请参与分配，同时符合 4 个条件的，人民法院应当启动参与分配程序。

（一）被执行人为公民或者其他组织

值得注意的是，《民法典》公布施行后，《民事诉讼法司法解释》已进行了修改，但第 506 条中“公民或者其他组织”并未对照《民法典》相应概念修改为“自然人或者非法人组织”。故在司法实践中，仍应作“公民或者其他组织”的表述为宜，但自然人概念所包含的外国人、无国籍人理应可以适用参与分配程序。

“其他组织”的概念源自《民事诉讼法》第 51 条。其具体范围，《民事诉讼法司法解释》第 52 条予以进一步明确：“民事诉讼法第五十一条规定的其他组织是指合法成立、有一定的组织机构和财产，但又不具备法人资格的组织，包括：（一）依法登记领取营业执照的个人独资企业；（二）依法登记领取营业执照的合伙企业；（三）依法登记领取我国营业执照的中外合作经营企业、外资企业；（四）依法成立的社会团体的分支机构、代表机构；（五）依法设立并领取营业执照的法人的分支机构；（六）依法设立并领取营业执照的商业银行、政策性银行和非银行金融机构的分支机构；（七）经依法登记领取营业执照的乡镇企业、街道企业；（八）其他符合本条规定条件的组织。”

但上述列举 7 种类型的其他组织并非都能够适用参与分配程序，比如分支机构。《民法典》第 74 条规定：“法人可以依法设立分支机构。法律、行政法规规定分支机构应当登记的，依照其规定。分支机构以自己的名义从事民事活动，产生的民事责任由法人承担；也可以先以该分支机构管理的财产承担，不足以承担的，由法人承担。”法人分支机构本质上是法人的一部分，因此其责

任应由法人承担，故不适用参与分配。法人分支机构的财产不能清偿所有债权的，应首先由法人承担民事责任，而非直接进入参与分配程序。

合伙企业能否适用参与分配程序在实践中存在争议。《企业破产法》第135条规定："其他法律规定企业法人以外的组织的清算，属于破产清算的，参照适用本法规定的程序。"《合伙企业法》第92条第1款规定："合伙企业不能清偿到期债务的，债权人可以依法向人民法院提出破产清算申请，也可以要求普通合伙人清偿。"因此，合伙企业依法可以参照《企业破产法》进行破产清算。但合伙企业能否适用参与分配程序？一种观点认为，合伙企业因为可以适用破产清算，故不应不允许其适用参与分配程序。另一种观点认为，合伙企业也可以适用参与分配程序。因为对于企业法人不允许参与分配的目的在于倒逼其进入破产程序，从而一揽子解决涉企业法人的所有执行案件。但是，合伙企业即使破产清算，依据《合伙企业法》第92条，债权人依然可以要求普通合伙人清偿，对合伙企业的执行依然要继续进行。据此，即使倒逼合伙企业进入破产清算程序，以合伙企业为被执行人的执行案件依然不能结案。可见，合伙企业和企业法人适用破产清算具有不同的法律后果。而且，尚无法律、司法解释明确规定合伙企业不能适用参与分配，如其符合参与分配程序的构成要件，应当允许对其适用参与分配。因此，不宜简单地否定合伙企业排除适用参与分配程序。我们倾向于后一种观点。

企业法人的财产不能清偿所有债权的，不得适用参与分配制度。普通债权人申请对企业法人财产参与分配的，应征求其意见，建议其同意移送破产审查或者直接申请被执行人破产。债权人坚持申请参与分配的，不予支持。

（二）被执行人的财产不能清偿所有债权

对"被执行人的财产不能清偿所有债权"的要求应当从宽把握，以保障普通债权人申请参与分配的权利。"实践中有的法院严格要求债权人必须证明'被执行人的财产不能清偿所有债权'，这不符合参与分配制度的目的。"① 但具体如何认定"被执行人的财产不能清偿所有债权"，现行法律、司法解释尚不明确。

结合执行工作实际，我们认为具有下列情形之一的，可认定为被执行人的财产不能清偿所有债权：②（1）执行法院已通过网络执行查控系统及线下调查

① 最高人民法院修改后民事诉讼法贯彻实施工作领导小组编著：《最高人民法院民事诉讼法司法解释理解与适用（下）》，人民法院出版社2015年版，第1342页。

② 参见《江苏省高级人民法院关于正确理解和适用参与分配制度的指导意见》第5条。

或者搜查发现的被执行人财产不足以清偿所有已知债权的；（2）申请参与分配债权人所涉案件已因无财产可供执行，被终结本次执行程序的，但有证据证明被执行人尚有其他财产可供执行的除外；（3）被执行人其他财产为公司股权，该股权明显无财产价值、价值较小或者难以变现的；（4）被执行人其他财产为难以现状处置的无证房产或者农村宅基地上房产的；（5）其他能够证明被执行人财产不能清偿所有债权的情形。

如江苏省高级人民法院在（2019）苏执监664号案件中就认为：适用参与分配程序的条件之一是被执行人的财产不能清偿所有债权，人民法院应在异议程序中对此条件进行审查，且应从宽把握此条件证明标准。除有证据证明被执行人的财产能够足额清偿所有债权外，原则上应准许债权人参与分配，以保障普通债权人申请参与分配的权利。该案中，执行异议、复议程序中均未对被执行人其他财产是否足以清偿申请人的债权进行审查，仅以申请人虽轮候查封了被执行人的其他房产，能否清偿债务尚不明确为由驳回申请人的参与分配申请，属于认定事实不清，从而被发回重审。

又如江苏省高级人民法院在（2019）苏执监786号案件中认为：另案债权人申请参与分配的，除有证据证明被执行人的财产能够足够清偿所有债权外，原则上应准许债权人参与分配。本案中，原审法院在未查明被执行人的其他财产是否足以清偿案涉债务的情况下，径行以被执行人名下财产是否足以清偿案涉债务尚不明确为由，驳回债权人的参与分配申请，属认定事实不清，导致被发回重审。

债权人认为被执行人财产能够清偿所有债权，对其他债权人参与分配申请或者启动参与分配程序提出异议的，应提供相应证据或者提供被执行人能够用于执行的相关财产线索。不能提供证据或者提供的财产线索无法查实的，对其异议应不予支持。

（三）债权人已经取得执行依据，或者虽未取得执行依据但对执行财产享有优先权、担保物权等应予分配情形

可以进入参与分配程序的其他债权人包括以下两种类型：

1. 债权人已经取得执行依据

执行依据包括人民法院作出的裁判文书、公证机关赋予强制执行效力的公证债权文书、仲裁机构的裁决书和调解书等。

2. 债权人虽未取得执行依据但对执行财产享有优先权、担保物权等应予

分配情形

对被执行人财产上的担保物权等优先权，我国采用涂销主义。所谓涂销主义，是指因执行法院拍卖标的物以后，该标的物上负担的担保物权归于消灭，标的物买受人取得标的物以后没有任何权利负担。其法律依据为《最高人民法院关于人民法院民事执行中拍卖、变卖财产的规定》第28条第1款，即“拍卖财产上原有的担保物权及其他优先受偿权，因拍卖而消灭，拍卖所得价款，应当优先清偿担保物权人及其他优先受偿权人的债权，但当事人另有约定的除外”。因此，对执行财产享有优先权、担保物权的债权人无须取得执行依据即可优先清偿，法院也应当依职权清偿优先权。故《民事诉讼法司法解释》第506条第2款规定：“对人民法院查封、扣押、冻结的财产有优先权、担保物权的债权人，可以直接申请参与分配，主张优先受偿权”。

此外，还有两种特殊类型的债权人，能否参与分配处于待定状态，但也需在参与分配程序中一并考虑：

1. 特定情况下，未取得执行依据但已启动诉讼、仲裁或者公证的普通债权人

1992年《民事诉讼法意见》第297条曾规定：“被执行人为公民或者其他组织，在执行程序开始后，被执行人的其他已经取得执行依据的或者已经起诉的债权人发现被执行人的财产不能清偿所有债权的，可以向人民法院申请参与分配。”但《民事诉讼法司法解释》第506条删除了“或者已经起诉”。然而实践中，常常出现其他债权人虽已经启动诉讼、仲裁或者公证但尚未取得执行依据的情况，此时若一律排除其申请参与分配的权利，可能造成其今后彻底无法受偿，这显然有违债权平等原则。但同时，如果对无执行依据的普通债权人申请参与分配不加限制，又易出现被执行人与他人串通伪造假债权申请参与分配，从而损害真正债权人利益的情况。

对这一问题，在现行制度框架下可以考虑通过以下思路解决：特定情况下，允许未取得执行依据但已启动诉讼、仲裁或者公证的普通债权人提出参与分配申请，并在分配中预留财产份额，在其实际取得执行依据后，再对预留财产进行分配。这一思路借鉴了《最高人民法院关于首先查封法院与优先债权执行法院处分查封财产有关问题的批复》第3条第3款的规定，即“首先查封债权尚未经生效法律文书确认的，应当按照首先查封债权的清偿顺位，预留相应份额”。

我们认为，未取得执行依据的普通债权人具有下列情形之一，提出参与分配申请的，应根据其在诉讼、仲裁或者公证程序中请求给付的债权数额预留相应的财产份额：[①]（1）债权人对执行财产首先申请采取查封、扣押、冻结措施的。比如，其他债权人在诉前保全或者诉讼保全中首先对执行财产采取了查封、扣押、冻结措施，但由于案情复杂或进入二审等原因，至参与分配时点出现时法院尚未作出生效裁判，此时因允许该其他债权人申请参与分配。（2）债权人为职工，请求支付其被拖欠工资、医疗及伤残补助、抚恤费用、基本养老保险金、基本医疗保险费用，以及按照法律、行政法规规定应当支付给职工的补偿金的。根据参与分配的利益平衡原则，对劳动债权人以及人身损害赔偿债权人的特殊性质债权应给予合理利益关切，但同时亦应把握适当尺度。例如，职工作为债权人以被执行人拖欠其工资为由申请参与分配的，应按照债务人的普通职工正常应当支付的平均工资计算为其预留款项，但工资债权超过12个月的除外。（3）受害人基于人身损害赔偿请求权主张赔偿的。（4）债权人主张抚养费、扶养费、赡养费的。（5）人民调解协议的债权人已申请司法确认的。（6）符合法律或司法解释规定的其他情形。

上述债权人请求给付的债权数额未获执行依据支持或者执行依据支持的债权数额低于预留财产份额的，预留的财产份额或者超出部分应再次进行分配。预留财产份额低于或者等于债权人按其执行依据载明的债权数额计算后应当获得的财产份额的，按照预留财产份额予以发放。

对虚构债权申请参与分配的，除了依法通过再审撤销执行依据外，目前已有更加有力的打击手段。如最高人民法院、最高人民检察院、公安部、司法部印发的《关于进一步加强虚假诉讼犯罪惩治工作的意见》（2021年3月10日起施行）第4条即规定："实施《最高人民法院、最高人民检察院关于办理虚假诉讼刑事案件适用法律若干问题的解释》第一条第一款、第二款规定的捏造事实行为，并有下列情形之一的，应当认定为刑法第三百零七条之一第一款规定的'以捏造的事实提起民事诉讼'：……（七）案外人在民事执行过程中对执行标的提出异议，债权人在民事执行过程中申请参与执行财产分配的；……"。

2. 债权人虽然已经取得执行依据，但该执行依据效力因某种原因存在发

① 参见《江苏省高级人民法院关于正确理解和适用参与分配制度的指导意见》第6条。

生变化的较大可能

如人民法院作出的执行依据被提起再审。对此仍可通过预留份额的办法解决。我们认为，人民法院作出的执行依据被提起再审的，不影响该债权人申请参与分配，已经启动的分配程序继续进行，但应当预留该债权人根据被提起再审的执行依据确定的债权计算后应当获得的财产份额。执行依据经再审维持原判或者再审后改判数额大于原执行依据载明数额的，应向该债权人支付已经预留的财产份额。再审后改判数额小于原判决数额的，超过根据再审结果计算其应分配部分的预留财产份额，应当再次进行分配。再审后驳回该债权人诉讼请求，其他债权人尚未足额受偿的，预留的财产份额应当再次进行分配；仍有剩余的，发还被执行人。人民调解协议确认裁定被撤销、仲裁裁决被撤销或者不予执行以及具有强制执行效力的公证债权文书被裁定不予执行，债权人已依照法定途径寻求权利救济的，参照上述原则处理。①

（四）债权人在执行程序开始后，被执行人财产执行终结前提出申请

1. 关于提出参与分配申请截止时点的不同观点

参与分配申请须在法定的期间提出，这一期间主要涉及开始与截止两个时点。《民事诉讼法司法解释》第 507 条第 2 款规定："参与分配申请应当在执行程序开始后，被执行人的财产执行终结前提出。"据此，参与分配的开始时点，为"执行程序开始后"，通常理解为法院受理执行申请并立案执行之日；参与分配的截止时点，为"被执行人的财产执行终结前"，但对此如何理解，实践中存在较大争议。

从立法上看，关于参与分配截止时点的表述发生过多次变化。1992 年《民事诉讼法意见》第 298 条第 2 款的规定为："参与分配申请应当在……被执行人的财产被清偿前提出。"1998 年《执行工作规定》第 90 条的规定为："……在被执行人的财产被执行完毕前，……其他债权人可以申请对该被执行人的财产参与分配。"《民事诉讼法司法解释》第 507 条第 2 款的规定为："参与分配申请应当在……被执行人的财产执行终结前提出。"参与分配截止时点从"被清偿前"改为"执行完毕前"，再改为"执行终结前"。有观点认为上述三种表述的含义并未发生变化，只是文字更加准确。但实践中，各地法院对参与分配截止时点的理解却存在差异。比如，对货币类财产，有的为款项到达

① 参见《江苏省高级人民法院关于正确理解和适用参与分配制度的指导意见》第 7 条。

主持分配法院的账户之日，有的为款项支付给申请执行人前一日，有的为分配方案送达任一当事人前一日；对非货币类财产，有的为拍卖成交前一日，有的为拍卖标的物所有权发生转移之日，有的为分配方案送达前一日，有的为案款发放日。

同一地区在不同时期的认识也存在较大变化。以江苏为例，江苏省高级人民法院执行局2013年12月18日下发的《关于执行疑难若干问题的解答》（苏高法电〔2013〕901号）第12条认为："如何确定参与分配的时点？答：关于参与分配的时点，《最高人民法院关于人民法院执行工作若干问题的规定（试行）》规定为'在被执行人的财产被执行完毕前'。可以分三种情况进行具体界定：（一）拍卖、变卖被执行人财产的，时点为拍卖、变卖成交之日的前一日，不因以后因买受人不缴价款而再拍卖或变卖而变动。（二）依法交债权人以物抵债的，时点为送达债权人以物抵债裁定之日的前一日。（三）上述两种处置方式以外的被执行财产，时点为当次分配表已送达任一债权人之日的前一日，不因以后因债权人提出异议而重作分配表而变动。"2020年3月11日江苏省高级人民法院印发的《关于正确理解和适用参与分配制度的指导意见》（苏高法〔2020〕33号）第8条，对上述时点进行了调整："8. 申请参与分配的截止时间，应当根据下列情形予以确定：（1）待分配财产为货币类财产，分配方案已制作完成且当次分配方案已发送任一相关当事人的前一日为申请参与分配截止日，该日期不受债权人、被执行人提出异议而重新制作分配方案所影响。主持分配法院邮寄发送的，以投递签收邮件日期为发送时间。直接送达的，以相关当事人签收日期为发送时间。经执行当事人、参与分配的债权人自主协商或者以执行和解协议方式确定各债权人应分配数额，主持分配法院收到书面意见或者记入执行笔录的，视为当次分配方案已向当事人发送。执行法院尚未制作分配方案或者分配方案尚未发送的，执行案款发放的前一日为申请参与分配的截止日。（2）待分配财产为非货币类财产且通过拍卖或者变卖方式已经处置变现，债权人申请参与分配的截止时间，按照本条第一款第（1）项相同的原则处理。不受买受人未缴纳尾款或者人民法院撤销拍卖后再次拍卖、变卖所影响。（3）待分配财产为非货币类财产，流拍或者变卖不成后以物抵债的，申请参与分配的截止时间为抵债裁定送达之日的前一日。"

2. 对"被执行人的财产执行终结前"进行目的性、体系性解释

确定申请参与分配截止时点在参与分配程序中意义重大。过于提前，将使

其他债权人加入首次参与分配的机会大为减少，有违债权平等原则；过于延后，又导致分配方案的制作始终处于不确定状态，造成执行拖延，严重影响执行效率，甚至为被执行人与案外人串通转移财产、稀释债务提供机会。

我们认为，确定申请参与分配截止时点，应对“被执行人的财产执行终结前”这一表述进行目的性、体系性解释。主要需考虑到以下因素：

第一，需体现参与分配的制度价值。尽管强制执行属于个别清偿程序，但如前文所述，我国参与分配制度的实质在于弥补有限破产主义的缺陷，其制度价值主要体现为保障各债权人公平受偿。“……目的是弥补现行破产法无法涉及的领域——当公民或其他组织资不抵债时，可能由于先下手的债权人独吞债务人的财产，侵害其他债权人利益的缺陷，……”① 从世界各国和地区的经验看，参与分配制度与破产制度都是债权平等原则的体现，二者存在分工与配合的关系。“英、美、德、奥等国在破产制度与执行程序的功能互补上采用的是：强制执行优先原则＋一般破产原则。其所采用的强制执行优先是在债务人能清偿所有债务的前提下的优先，而不是债务人资不抵债时，先申请人还可以优先受偿；一旦债务人不能清偿所有债务，无论债务人是商人还是非商人，强制执行程序就让位于破产程序。”② 而在兼有自然人破产制度和参与分配制度的国家或地区，由于自然人破产制度的存在，参与分配制度保障公平受偿的功能相对弱化，因此确定申请参与分配截止时点往往较为提前。如我国台湾地区“强制执行法”第32条规定：“他债权人参与分配者，应于标的物拍卖、变卖终结或依法交债权人承受之日一日前，其不经拍卖或变卖者，应于当次分配表做成之日一日前，以书状声明之。”我国大陆当前尚无自然人破产制度，保障各债权人公平受偿的功能需要由参与分配制度更多承担，因此申请参与分配的截止时点也应适当延后。

第二，需体现我国民事强制执行制度的独特取向。世界大部分国家和地区在强制执行程序中采当事人主义取向，因此需考虑对努力行使权利者通过优先受偿或申请参与分配截止时点前移的方式予以奖励。而我国民事强制执行制度具有职权主义取向。根据《最高人民法院关于民事执行中财产调查若干问题

① 马登科：《民事执行程序与破产制度的统一与协调——论参与分配制度中的优先原则与平等原则》，载《特区经济》2005年第7期。

② 马登科：《民事执行程序与破产制度的统一与协调——论参与分配制度中的优先原则与平等原则》，载《特区经济》2005年第7期。

的规定》，在执行实施案件中查明被执行人财产的方式，主要有申请执行人提供被执行人财产线索、被执行人应当如实报告财产、人民法院依职权调查3种。但实践中，由于对“切实解决执行难”的要求不断强化以及网络执行查控系统不断完善，网络查控、现场调查、搜查等人民法院依职权开展的调查工作实际上成为查明被执行人财产的主要方式。而当被执行人财产不足以清偿所有债权时，依据《最高人民法院关于严格规范终结本次执行程序的规定（试行）》第1条第3项，人民法院只有在“已穷尽财产调查措施，未发现被执行人有可供执行的财产或者发现的财产不能处置”时，才可以裁定终结本次执行程序。因此债权人是否努力行使权利、积极寻找被执行人财产，通常来说对能否及时发现被执行人财产并无决定性作用。如果确有贡献较大的债权人，则在分配中适当提高分配比例即可平衡其利益，而无须通过将申请参与分配截止时点前移的方式保障其实质上的优先受偿。

第三，需体现易操作性、确定性的实践要求。首先，申请参与分配截止时点应当便于执行人员操作。我国台湾地区将待分配财产区分为货币类财产和非货币财产，并设定不同的申请参与分配截止时点，但如此造成被执行人有多种类财产时在同一案件中出现多个分配时点的复杂局面。且非货币财产拍卖、变卖终结前，被执行人财产能否清偿所有债权往往尚处于不确定状态。设定申请参与分配截止时点，应当尽量避免这种人为增加操作复杂性的情况出现。其次，申请参与分配截止时点应当具有一定刚性。一是该时点应为可确定的法律事实发生时，以避免因执行人员自由裁量权过大而滋生执行不公。二是该时点不能过度延后，否则将造成分配方案反复调整难以确定，进而影响执行效率，例如以案款发放之日为时点就存在这一缺陷。三是可借鉴我国台湾地区的经验，将申请参与分配截止时点设定为特点期日的前一日，以防止与特定期日同一天申请参与分配者，因提交申请的具体时刻不明而产生争议。

综上，我们认为，对“被执行人的财产执行终结前”这一参与分配截止时点，应综合目的解释和体系解释两种方法，进一步细化相关规定：

第一，无论待分配财产为货币类财产还是非货币类财产，申请参与分配的截止时点应当统一，以便于判定被执行人的财产是否不能清偿所有债权，也便于对被执行人的所有财产合并一处、一次性分配。

第二，以分配方案已制作完成且当次分配方案已发送任一相关当事人的前一日为申请参与分配截止日。此时分配方案已经确定，除非因债权人、被执行人提出异议并得到支持而调整，已不再受未及时申请参与分配的债权人影响，可以实现公平与效率的平衡。当次分配方案“发送”时间，也较“送达”时间更易确定。

第三，待分配财产为非货币类财产，流拍或者变卖不成后以物抵债的，如果抵债裁定已生效，此时待分配财产物权已发生转移，即属于“被执行人的财产执行终结”，其他债权人不能再申请参与分配。最高人民法院在（2016）最高法执监248号毕玉珍、任丘市中意房地产开发有限公司与河北省任丘市育才中学建设工程施工合同纠纷、民间借贷纠纷一案中即认为，毕玉珍向法院申请执行及申请参与分配之前，沧州中院（2007）沧执字第147－5号以物抵债裁定已经作出并送达生效，育才中学也已将以物抵债相关财产现场交接给中意公司，可以认定育才中学以物抵债的财产已经执行完毕，毕玉珍申请对该部分财产参与分配，已经超过了法定期限。同时应注意另一种特殊情况，即当事人自行协商以物抵债的。依据《最高人民法院关于执行和解若干问题的规定》第6条规定：“当事人达成以物抵债执行和解协议的，人民法院不得依据该协议作出以物抵债裁定。”对未经拍卖或者变卖程序，当事人自行协商以物抵债的，实际上属于执行和解的范畴，对该财产不适用参与分配程序。其他债权人认为当事人自行协商以物抵债损害其利益的，可以通过撤销权诉讼寻求救济。

具体而言，申请参与分配的截止时间，应当根据下列情形予以确定：①

（1）待分配财产为货币类财产，分配方案已制作完成且当次分配方案已发送任一相关当事人的前一日为申请参与分配截止日，该日期不受债权人、被执行人提出异议而重新制作分配方案所影响。主持分配法院邮寄发送的，以投递签收邮件日期为发送时间。直接送达的，以相关当事人签收日期为发送时间。

经执行当事人、参与分配的债权人自主协商或者以执行和解协议方式确定各债权人应分配数额，主持分配法院收到书面意见或者记入执行笔录的，视为当次分配方案已向当事人发送。

执行法院尚未制作分配方案或者分配方案尚未发送的，执行案款发放的前一日为申请参与分配的截止日。

（2）待分配财产为非货币类财产且通过拍卖或者变卖方式已经处置变现，

① 参见《江苏省高级人民法院关于正确理解和适用参与分配制度的指导意见》第8条。

债权人申请参与分配的截止时间，按照前条相同的原则处理。不受买受人未缴纳尾款或者人民法院撤销拍卖后再次拍卖、变卖所影响。

（3）待分配财产为非货币类财产，流拍或者变卖不成后以物抵债的，申请参与分配的截止时间为抵债裁定送达之日的前一日。

未经拍卖或者变卖程序，当事人自行协商以物抵债，其他债权人申请参与分配的，不予支持。

上述截止日前未申请参与分配的债权人，仅就本次分配后的剩余款项受偿。

申请参与分配的截止时间，以主持分配法院收到参与分配申请书的时间为准。债权人截止日前已寄送参与分配申请，但主持分配法院在截止日前未收到的，仅就本次分配后的剩余款项受偿。

由于将“当次分配方案已发送任一相关当事人的前一日”① 作为申请参与分配截止日，为防止主持分配法院故意拖延时间，需要进一步明确制作和发送分配方案的期限要求。如《江苏省高级人民法院关于正确理解和适用参与分配制度的指导意见》第21条第3款规定：“基于其他债权人申请或依职权启动参与分配程序的，应当在执行所得价款到账后二十日内制作完成财产分配方案，并在财产分配方案确定后三日内，送达执行当事人及申请参与分配的债权人。”

二、对参与分配债权清偿顺序及其比例的认定是否正确

关于参与分配债权的清偿顺序及其比例，《民事诉讼法司法解释》第508条规定：“参与分配执行中，执行所得价款扣除执行费用，并清偿应当优先受

① 因对有关申请参与分配的截止时间进行了调整，为解决新旧司法政策过渡期间的衔接问题，江苏省高级人民法院又专门下发了《关于妥善处理〈关于正确理解和适用参与分配制度的指导意见〉执行中相关问题的通知》（苏高法电〔2020〕640号），要求以下3种情况适用新政策：（1）《关于正确理解和适用参与分配制度的指导意见》实施前已启动参与分配程序，《关于正确理解和适用参与分配制度的指导意见》实施时尚未制定参与分配方案，或者虽然制定参与分配方案但尚未送达任一债权人或被执行人，债权人申请参与分配的；（2）《关于正确理解和适用参与分配制度的指导意见》实施前，债权人因主持分配法院不同意其参与分配提出的执行异议、执行复议案件尚未办结的；（3）《关于正确理解和适用参与分配制度的指导意见》实施前执行财产已拍卖成交，但拍卖款在《关于正确理解和适用参与分配制度的指导意见》实施时尚未发放或者尚未完全发放，债权人请求对拍卖款或剩余拍卖款参与分配的。另明确提出，《关于正确理解和适用参与分配制度的指导意见》实施时已经制定参与分配方案，并已依法送达任一债权人或被执行人，或者执行案款已经发放或部分发放后，债权人申请参与分配的，不适用《关于正确理解和适用参与分配制度的指导意见》。

偿的债权后，对于普通债权，原则上按照其占全部申请参与分配债权数额的比例受偿。”根据该条规定，执行所得价款[①]应首先区分三个层次依次进行分配：一是扣除执行费用；二是清偿应当优先受偿的债权；三是清偿普通债权。其次，对于普通债权，原则上按照其占全部申请参与分配债权数额的比例受偿。对该条的适用应注意以下问题。

（一）执行费用的范围

执行费用即因强制执行而支出的费用。“如不优先予以扣除，仅当作一般债权平均受偿，将有可能导致债权人分得额不足抵缴执行费用的情形，这种执行不仅无益，而且不公平。”[②]

执行费用通常包括以下类型：

（1）首查封案件保全费、主持分配案件申请执行费、评估费、审计费、鉴定费、公告费、保管费、悬赏费、拍卖辅助费等应由被执行人承担的必要费用以及相关债权人为处置待分配财产垫付的必要费用。

（2）执行财产为国有划拨土地使用权，依法应缴纳的土地使用权出让金。《民法典担保制度司法解释》第50条规定：“抵押人以划拨建设用地上的建筑物抵押，当事人以该建设用地使用权不能抵押或者未办理批准手续为由主张抵押合同无效或者不生效的，人民法院不予支持。抵押权依法实现时，拍卖、变卖建筑物所得的价款，应当优先用于补缴建设用地使用权出让金。当事人以划拨方式取得的建设用地使用权抵押，抵押人以未办理批准手续为由主张抵押合同无效或者不生效的，人民法院不予支持。已经依法办理抵押登记，抵押权人主张行使抵押权的，人民法院应予支持。抵押权依法实现时所得的价款，参照前款有关规定处理。”据此，执行财产为国有划拨土地使用权及其地上建筑物的，所得价款应优先用于补缴建设用地使用权出让金，剩余款项再用于抵押权人优先受偿。

（3）根据相关法律、行政法规规定，办理物权变更登记时应由被执行人负担的税费，但已明确由买受人负担的除外。须注意的是，上述税费仅限于办理物权变更登记时应由被执行人负担的税费，该税费若不缴纳则无法办理物权变更登记，使司法拍卖买受人或接受以物抵债的债权人取得物权的目的无法实

① 值得注意的是，对被执行人财产进行分配，除对财产变价款进行分配外，以物抵债亦是分配方式之一，在被执行人财产流拍后，各债权人均有权申请以物抵债。

② 江必新主编：《强制执行法理论与实务》，中国法制出版社2014年版，第710页。

现，故应作为执行费用先行扣除。

其他税费是否应在参与分配中先行扣除，目前存在争议。《税收征收管理法》第45条第1款规定："税务机关征收税款，税收优先于无担保债权，法律另有规定的除外；纳税人欠缴的税款发生在纳税人以其财产设定抵押、质押或者纳税人的财产被留置之前的，税收应当先于抵押权、质权、留置权执行。"另据《国家税务总局关于人民法院强制执行被执行人财产有关税收问题的复函》（国税函〔2005〕869号）："四、鉴于人民法院实际控制纳税人因强制执行活动而被拍卖、变卖财产的收入，根据《中华人民共和国税收征收管理法》第五条的规定，人民法院应当协助税务机关依法优先从该收入中征收税款。"学术界对此颇有质疑，代表性的观点认为"'税收'债权属于公法债权而不是民事债权，不应当属于民事执行程序参与分配中的优先权范围，……如果赋予税收优先权必然违反债权平等及物权公示原则，而且威胁担保物权的交易基础，破坏物权法秩序……"① 实践中，一些地方税务部门已经改变了所有税收一律优先的做法。如江苏省高级人民法院、江苏省国家税务局、江苏省地方税务局《关于构建涉税信息以及关联信息"点对点"司法查询平台及加强不动产司法拍卖涉税协作的通知》（苏高法〔2016〕257号）就提出："被执行人以前有欠税情况的，人民法院在拍卖款交付申请执行人后有剩余的，应依照税务部门提供的相关法律文书，依法协助税务部门征缴入库。"

（4）其他依法应当扣除的必要费用。如《民法典》第540条规定："债权人行使撤销权的必要费用，由债务人负担"，由于我国债权人行使撤销权诉讼效力适用"入库原则"，即撤销权行使的效果成为全体债权人的共同担保，故该费用应当扣除，以鼓励债权人积极行使权利。

（二）清偿顺序

1. 被执行人仅承担民事责任的

执行财产在扣除上述费用后仍有剩余的，按照以下顺序依次予以分配：

（1）享有优先权、担保物权的债权依法定顺序予以受偿。对此实践中应注意三个问题：

第一，我国除担保物权的优先权外，还有《民法典》第807条规定的建

---

① 张永泉：《民事执行程序中"参与分配"的理论与制度构建》，载《苏州大学学报法学版》2017年第4期。

设工程价款优先权，《海商法》第 21 条、第 22 条规定的船舶优先权，《民用航空法》第 18 条、第 19 条规定的民用航空器优先权等。

第二，注意有关不同优先权之间清偿顺位的特殊规定。如《最高人民法院关于审理建设工程施工合同纠纷案件适用法律问题的解释（一）》第 36 条规定："承包人根据民法典第八百零七条规定享有的建设工程价款优先受偿权优于抵押权和其他债权。"

第三，分配前应先确定优先受偿的范围。《江苏省高级人民法院关于抵押债权优先受偿范围的补充解答》（苏高法电〔2015〕742 号）认为："执行法院的执行依据是生效判决书、调解书、裁定书等，抵押债权人优先受偿的范围应当严格按照生效的判决书、调解书、裁定书确定的优先受偿范围来执行，无需审查抵押债权人在他项权证上或登记簿上记载的优先受偿债权数额。抵押债权人直接向法院申请执行或参与分配的，其优先受偿的债权数额如何确定，倾向于有抵押登记的以抵押登记确定的范围为准，没有抵押登记的以抵押合同约定的范围为准。"如果出现不动产登记簿就抵押财产、被担保的债权范围等所作的记载与抵押合同约定不一致的情况，应依照《民法典担保制度司法解释》第 47 条规定："不动产登记簿就抵押财产、被担保的债权范围等所作的记载与抵押合同约定不一致的，人民法院应当根据登记簿的记载确定抵押财产、被担保的债权范围等事项。"实践中一些地区存在不动产登记簿记载内容不能全面反映抵押合同当事人意思表示的问题，由于登记部门操作系统的原因仅登记显示"债权本金数额"，当事人约定的除本金外的其他担保债权内容不能登记公示，往往引发关于抵押登记范围的争议。对此，可建议不动产登记部门在系统中通过"备注""附记"等方式增加记载抵押合同中除主债权数额以外的内容。

（2）普通债权人的债权原则上按照其纳入分配程序的债权金额占全部纳入分配范围的债权总额的比例受偿。

参与分配程序中，应当以执行依据确定的尚未受偿的债权数额为基数进行分配；分配后有剩余的，以迟延履行利息、迟延履行金为基数进行分配。依据为《最高人民法院关于执行程序中计算迟延履行期间的债务利息适用法律若干问题的解释》第 4 条："被执行人的财产不足以清偿全部债务的，应当先清偿生效法律文书确定的金钱债务，再清偿加倍部分债务利息，但当事人对清偿顺序另有约定的除外。"

各债权人达成分配协议的，按照该协议进行分配，可不受上述清偿顺位的限制，以尊重当事人意思自治。

2. 被执行人在执行中同时承担刑事责任及民事责任的

被执行人在执行中同时承担刑事责任及民事责任，其财产不足以清偿所有债权的，应按照《最高人民法院关于刑事裁判涉财产部分执行的若干规定》第 13 条规定的下列顺序予以分配：[①]（1）人身损害赔偿中的医疗费用；（2）对执行标的依法享有优先受偿权的债权；（3）退赔被害人的损失；（4）其他民事债权；（5）罚款、罚金；（6）没收财产。

执行财产涉及非法集资刑事案件涉案财物的，按照最高人民法院、最高人民检察院、公安部《关于办理非法集资刑事案件若干问题的意见》第 9 条规定，“涉案财物不足全部返还的，按照集资参与人的集资额比例返还。退赔集资参与人的损失一般优先于其他民事债务以及罚金、没收财产的执行”。即退赔非法集资参与人的损失部分，应当优先于其他民事债权以及罚金、没收财产予以执行，仍有剩余的，用于参与分配。

（三）分配比例

根据债权平等原则，参与分配中相同性质以及相同顺序的债权，原则上应当按比例予以分配，以确保各债权人依法获得公平受偿。但实践中，也有按比例分配的例外情形。我们认为，对下列债权人可适当提高分配比例：（1）分配财产系根据其提供线索查控所得；（2）分配财产系其首先申请查控所得；（3）分配财产系其行使撤销权诉讼、执行异议之诉或者通过司法审计、悬赏执行等方式查控所得。上述债权人的分配比例，应考虑所涉债权及分配财产数额大小等因素，原则上不超过其按债权比例分配时应分得款项的 20%。[②] 其理由为：

1. 立法预留了空间

1992 年《民事诉讼法意见》第 299 条有关分配比例的规定为：“不足清偿同一顺序的，按照比例分配。”《民事诉讼法司法解释》第 508 条将该条表述修改为：“对于普通债权，原则上按照其占全部申请参与分配债权数额的比例受偿。”司法解释制定者对修改的理由作了如下说明：“就普通债权的清偿原

① 参见《江苏省高级人民法院关于正确理解和适用参与分配制度的指导意见》第 11 条。

② 参见《江苏省高级人民法院关于正确理解和适用参与分配制度的指导意见》第 10 条第 2 款。

则问题，目前实践中的多数意见是应对首先查封财产的债权予以适当优待，以实现财产保全制度的目的，同时缓解执行程序中财产查找的困难。关于优待的具体方式，本条文最初设计的方案是对首先申请查封财产的债权优先受偿20%，剩余债权按照普通债权平等受偿。在讨论过程中，有意见认为‘20%的优先受偿’没有法律依据，……还有观点认为，优待首先查封的债权并不合适，……考虑到本司法解释的基础性地位，本条只规定了‘原则上按照比例平等受偿’的原则，至于是否优待、如何优待首先查封债权等具体问题，则留给了参与分配的专门司法解释去解决。”① 因此，在一定条件下适当提高特定债权人的分配比例，并不违反法律和司法解释的规定。

2. 司法实践中需要建立对债权人积极行使权利的激励机制

如前所述，我国民事强制执行制度具有职权主义取向，人民法院依职权开展的调查工作实际上成为查明被执行人财产的主要方式。但在我国网络中心查控系统尚未实现全覆盖、财产登记及公示制度尚不完备、查询被执行人行踪和扣押机动车机制尚不健全的情况下，债权人提供财产线索、申请发布悬赏公告以及启动权利救济程序（如提起许可执行之诉、撤销权诉讼）等依然是查明被执行人财产的重要途径。在查明被执行人财产后，也仍需债权人积极启动财产保全、启动评估拍卖、启动委托审计等，以推进快速处置被执行人财产。此时，就需要建立一种激励机制，以鼓励债权人积极行使权利。

《最高人民法院关于执行程序中多个债权人参与分配问题的若干规定》（2005年征求意见稿）第10条第1款第3项就曾规定，首先采取查封、扣押或冻结措施的，在其债权总额的范围内，优先分配该措施所控制的资产的变价款的20%。② 然而，“首先采取查封、扣押或冻结措施”并不能与“贡献较大”画等号。第一，在执行程序中发现财产后主动采取控制措施，已经成为人民法院执行工作的一种惯例，而无须债权人付出更多财力和精力。如江苏省高级人民法院印发的《执行指挥中心实体化运行“854模式”升级版工作导则》（苏高法〔2020〕72号）就规定：“2.3.3　网络查控系统反馈被执行人名下有1000元或价值1000元以上的银行存款、不动产、车辆、股票、股权等财产的，网络查控专员应在查询结果反馈后24小时内作如下处理：（1）能够

① 最高人民法院修改后民事诉讼法贯彻实施工作领导小组编著：《最高人民法院民事诉讼法司法解释理解与适用（下）》，人民法院出版社2015年版，第1345页。

② 载《人民法院报》2004年7月16日，第3版。

网络查封、冻结的，由网络查控专员实时发起网络查封、冻结。（2）被执行人财产位于辖区范围（地级市）之外的，在3个工作日内通过人民法院执行指挥管理平台的事项委托模块委托财产所在地法院查封、扣押。”第二，随着诉讼保全担保门槛的不断降低，以及网络执行查控系统在诉讼保全中的广泛应用，[①] 诉讼案件中财产保全的比例已经大为提升，“首先采取查封、扣押或冻结措施”的成本往往并不明显高于其他债权人。第三，未及时对被执行人财产首先采取查封、扣押或冻结措施的原因多种多样，并非都由于债权人怠于行使权利的主观原因造成，如债权尚未到期、诉讼程序过于冗长、债权人无力提供担保等等。第四，如果优待首先查封债权人，可能引发道德风险，出现可能有法院为了让某债权人多分得财产，而故意拖延其他债权人查封措施的情况。

因此，突破按比例予以分配原则、适当优待部分债权人的标准，不应是“首先采取查封、扣押或冻结措施”，而应看债权人对执行财产查找、控制以及获得中作出的贡献。对贡献较大的债权人，应适当提高分配比例，以体现利益平衡。贡献较大的情形主要有四种：一是分配财产系根据其提供线索查控所得；二是分配财产系其首先申请查控所得；三是分配财产系其通过司法审计、悬赏执行等方式查控所得；四是分配财产系其行使撤销权诉讼、执行异议之诉权利所得。上述债权人的分配比例，应考虑所涉债权及分配财产数额大小等因素，原则上不超过其按债权比例分配时应分得款项的20%。

三、适用参与分配的程序是否符合法律规定

审查涉参与分配的执行裁判案件，应对执行机构在参与分配程序中各种执行行为是否符合法律规定进行审查，主要包括以下方面。

（一）主持参与分配的机构是否合法

《民事诉讼法司法解释》第509条规定：“多个债权人对执行财产申请参与分配的，执行法院应当制作财产分配方案，并送达各债权人和被执行人。”《执行工作规定》第56条规定：“对参与被执行人财产的具体分配，应当由首

① 《最高人民法院关于人民法院办理财产保全案件若干问题的规定》第11条规定：“人民法院依照本规定第十条第二款规定作出保全裁定的，在该裁定执行过程中，申请保全人可以向已经建立网络执行查控系统的执行法院，书面申请通过该系统查询被保全人的财产。申请保全人提出查询申请的，执行法院可以利用网络执行查控系统，对裁定保全的财产或者保全数额范围内的财产进行查询，并采取相应的查封、扣押、冻结措施。人民法院利用网络执行查控系统未查询到可供保全财产的，应当书面告知申请保全人。”

先查封、扣押或冻结的法院主持进行。首先查封、扣押、冻结的法院所采取的执行措施如系为执行财产保全裁定，具体分配应当在该院案件审理终结后进行。”

依据上述规定，参与分配原则上由首先采取查封、扣押、冻结或者实际控制财产的人民法院主持。但有两种例外情形：

1. 处置权经协商后移送的，由获得财产处置权的人民法院主持

由处置财产的人民法院就财产处置后的价款进行分配在操作上较为便利，因此由取得财产处置权的人民法院主持参与分配应当是确定主持参与分配法院的基本规则。

财产处置权的转移通常有三种情形：

一是当首先查封法院未及时处置财产时，优先债权执行法院有权商请移送处置权。《最高人民法院关于首先查封法院与优先债权执行法院处分查封财产有关问题的批复》第1条规定：“执行过程中，应当由首先查封、扣押、冻结（以下简称查封）法院负责处分查封财产。但已进入其他法院执行程序的债权对查封财产有顺位在先的担保物权、优先权（该债权以下简称优先债权），自首先查封之日起已超过60日，且首先查封法院就该查封财产尚未发布拍卖公告或者进入变卖程序的，优先债权执行法院可以要求将该查封财产移送执行。”

二是一些地方法院规定首查封与轮候查封均为普通债权的法院之间，也可以协调转移处置权。如《江苏省高级人民法院关于首查封与轮候查封均为普通债权的法院之间协调转移处置权相关事项的通知》（苏高法电〔2017〕737号）。

三是保全法院未及时处置保全财产的，在先轮候查封、扣押、冻结的执行法院可以商请保全法院将被保全财产移送执行。《最高人民法院关于人民法院办理财产保全案件若干问题的规定》第21条第1款规定：“保全法院在首先采取查封、扣押、冻结措施后超过一年未对被保全财产进行处分的，除被保全财产系争议标的外，在先轮候查封、扣押、冻结的执行法院可以商请保全法院将被保全财产移送执行。但司法解释另有特别规定的，适用其规定。”

获得财产处置权的人民法院应当做好与移送法院的工作衔接，受移送法院应当及时处置财产并启动分配程序，并将相关分配情况及时告知移送处置权的人民法院。《最高人民法院关于首先查封法院与优先债权执行法院处分查封财产有关问题的批复》第3条第2款、第3款规定就体现了这一要求：“优先债

权执行法院对移送的财产变价后，应当按照法律规定的清偿顺序分配，并将相关情况告知首先查封法院。首先查封债权尚未经生效法律文书确认的，应当按照首先查封债权的清偿顺位，预留相应份额。”

2. 被执行人有多项财产，且被不同法院查封、扣押、冻结并处置变现的，由控制主要财产的法院主持分配，也可以报请共同的上级法院指定其中一个法院主持分配；涉及省外法院的，可通过执行协调方式予以确定①

当出现被执行人有多项财产且被不同法院查封、扣押、冻结并处置变现的情况时，如果严格由首查封法院或有处置权法院主持参与分配，则可能产生多个法院启动多次参与分配的问题，不仅增加了人民法院整体的工作负担，也不便于债权人申请参与分配，还可能因为信息不对称导致分配不公平。此时，可以借助执行工作统一管理体制的优势实现一体分配，即通过指定执行、提级执行等措施，将被执行人的案件和财产归集到一个法院进行合并执行并启动参与分配。这样既降低了执行成本，也减轻了债权人负担，同时能够最大限度保障公平分配。

（二）参与分配程序的启动是否合法

1. 依申请启动

启动参与分配程序，原则上依债权人申请。《民事诉讼法司法解释》第507条第1款的规定：“申请参与分配，申请人应当提交申请书。申请书应当写明参与分配和被执行人不能清偿所有债权的事实、理由，并附有执行依据。”一些地方法院在实践中对提交申请书进一步明确了细化的要求。如《江苏省高级人民法院关于正确理解和适用参与分配制度的指导意见》第16条第1款规定：“申请参与分配的债权人，应当按照下列情形提交参与分配申请书及相关证据材料：（1）已取得执行依据的，应写明其申请参与分配的债权金额、债权性质以及被执行人不能清偿所有债权的事实、理由，并附执行依据及其受偿情况；（2）未取得执行依据但享有优先权、担保物权的，应写明其申请参与分配的债权数额，并附其享有该权利的详细证据材料；（3）未取得执行依据的首查封债权人申请参与分配，应写明其申请参与分配的债权数额，并附其财产保全申请以及相关法院作出的生效查封裁定等证据材料；（4）本意见中未取得执行依据的其他普通债权人申请参与分配的，应附其提起诉讼以及

① 参见《江苏省高级人民法院关于正确理解和适用参与分配制度的指导意见》第14条第2款。

相关法院已经受理其诉讼的相关证据材料；（5）主持分配法院根据本意见要求债权人提供的其他相关材料。”

关于参与分配申请书应向哪个法院提交，1998 年《执行工作规定》第 92 条（该条现已删除）曾规定：“债权人申请参与分配的，应当向其原申请执行法院提交参与分配申请书，……该执行法院应将参与分配申请书转交给主持分配的法院，并说明执行情况。”但由于申请参与分配的时间，通常以主持分配法院收到参与分配申请书的时间为准，如果债权人一律通过原申请执行法院转交参与分配申请书，就可能出现因不同法院之间工作衔接问题，导致参与分配申请书未能及时转交造成债权人不能参与分配的情况。此种情况下，由债权人承担原执行法院转交迟延的责任或由原执行法院承担债权人申请迟延的责任都存在争议。因此，可以将选择权赋予债权人，由债权人根据情况决定是向原执行法院提交申请书然后再转交，还是其直接向主持分配法院提交申请书。

据此，除主持分配法院直接受理案件的债权人申请参与分配外，其他债权人申请参与分配的，原则上应向受理其案件的执行法院提交参与分配申请书。该法院收到申请后，应将该债权所涉案件案号、当事人基本情况、应执行标的金额、已执行标的金额以及已查控但未执行终结的被执行人财产等情况，连同申请书通过送交、寄送或者传真、邮件、CoCall 等即时传输方式传送给主持分配法院。主持分配法院收到其他法院受理案件的债权人直接向其递送参与分配申请书的，视为该债权人已申请参与分配，同时通过上述方式告知受理其案件的相关法院，要求发送上述有关材料。①

2. 依职权启动

在某些特殊情况下，主持分配法院为保障债权平等原则，有必要依职权启动参与分配程序，由该法院通知其他债权人参与分配。这些情形主要有：②

（1）对被执行人财产首先申请采取查封、扣押、冻结措施的债权人并非本案债权人的，应当通知该债权人参与分配。主持参与分配法院不是首先采取查封、扣押、冻结措施法院的，通常通过转移处置权、指定或提级执行等方式获得了财产处置权及分配权，此时该法院不仅应与移送法院做好工作衔接，将相关分配情况及时告知移送法院，还应通知移送法院的债权人参与分配，以保

① 参见《江苏省高级人民法院关于正确理解和适用参与分配制度的指导意见》第 16 条第 2 款、第 3 款。

② 参见《江苏省高级人民法院关于正确理解和适用参与分配制度的指导意见》第 13 条。

障公平受偿。

（2）主持分配法院对已经设定权利负担的执行财产予以分配的，应通知其已知的对该财产享有优先权、担保物权的债权人参与分配。“由于对拍卖标的物上担保物权等优先权采用涂销主义，执行拍卖以后就应当强制实现担保物权等优先受偿权，而不管担保物权的实现条件是否具备，这就有别于普通债权参与分配必须以债权人申请为前提。”①

（3）其他法院对被分配财产已经采取轮候查封、扣押、冻结措施且已书面通知主持分配法院的，应通知已取得执行依据的轮候查封债权人申请参与分配。此时主持分配法院已经知晓被执行人有其他债权人，因此有必要以通知的方式保障轮候查封债权人对启动参与分配程序的知情权，以便于其申请参与分配。

（4）执行法院已经受理多起涉及同一被执行人的执行案件且被执行人财产不能清偿所有债权的，应通知未申请参与分配的债权人申请参与分配。执行法院对本院同时或先后受理的涉及同一被执行人多起执行案件应当坚持系统思维、统筹考虑，尽可能合并执行以保障公平受偿并提高执行效率。具体操作时，可通过关联案件检索等方式发现同一被执行人的其他案件。

第（1）（2）种情形无法通知债权人的，应当预留其应分得财产份额；其他情形下需保障其他债权人知情权，由债权人自行决定是否申请参与分配，债权人经通知后不申请参与分配的，视为其放弃参与分配权利。

（三）参与分配程序启动后法院之间的工作协同是否符合规定

因参与分配往往涉及多个法院，因此程序启动后，法院之间的工作协同对参与分配的顺利推进尤显重要。

1. 被执行人执行款的集中

我们认为，根据一体分配原则，参与分配程序启动后，对其他已获准参与分配债权人案件中查控或者处置变现的执行款应当停止清偿，并移交给主持分配法院统一进行分配。

（1）债权人申请参与分配的，主持分配法院自收到参与分配申请书或者依职权启动分配程序之日起 3 日内，通知申请参与分配案件所在人民法院停止

① 张永泉：《民事执行程序中“参与分配”的理论与制度构建》，载《苏州大学学报法学版》2017 年第 4 期。

对同一被执行人财产的清偿行为。自收到通知之日起3日内，相关法院应将同一被执行人的款项移交给主持分配法院。

（2）其他法院向主持分配法院发函并转交债权人参与分配申请的，自收到债权人申请参与分配申请书之日起，应当停止对同一被执行人财产的清偿行为，并在发函之日起3日内将其控制的同一被执行人的款项移交给主持分配法院。

前述情形中应当移交的款项，相关法院在收到主持分配法院要求其停止清偿通知前或者该法院债权人向其递交参与分配申请书之日前，已经完成转账、汇款、现金交付等手续，或者抵债裁定已送达债权人的折价价款，不再移交。其他法院查控的尚未处置变现、正在处置变现或者尚未执行终结的被执行人财产，可暂不移交并可依法予以变价，变价款应按相关规定进行分配。[①]

2. 要求协助冻结执行价款的处理[②]

其他法院就主持分配法院执行所得价款要求协助冻结的，不影响参与分配程序的进行，可根据下列情形进行处理：

（1）请求协助执行法院受理的案件债权人符合参与分配条件的，准予其参与分配，并予以书面告知；

（2）请求协助执行法院受理的案件债权人不符合参与分配条件，且不享有优先权、担保物权，分配后无剩余财产的，不予协助，并书面告知理由。

无论是否准予请求协助执行法院受理案件的债权人参与分配，该法院已经查控的尚未执行终结的同一被执行人财产，均应纳入一体分配。

（四）对参与分配申请书的审查处理是否合法

主持分配法院在收到参与分配申请书后，应当及时对是否准予相关债权人参与分配问题进行审查。

1. 审查的事项

审查的事项主要包括：[③]（1）参与分配申请书是否在截止日前递交或者收到；（2）申请人是否已经提交必要的证据材料，材料不全的是否已在规定期限内补充完整；（3）申请人的债权是否系金钱债权以及执行依据是否生效，执行依据指定债务人履行行为义务的，是否属于可替代履行行为以及是否已经

① 参见《江苏省高级人民法院关于正确理解和适用参与分配制度的指导意见》第15条。

② 参见《江苏省高级人民法院关于正确理解和适用参与分配制度的指导意见》第20条。

③ 参见《江苏省高级人民法院关于正确理解和适用参与分配制度的指导意见》第17条。

履行完毕；（4）申请人是否系执行依据确定的权利人或者权利继受人，继受权利的债权人是否符合《变更、追加当事人规定》第1条至第9条规定的相关情形；（5）债权清偿情况；（6）其他需要审查的情况。

对执行财产享有优先权、担保物权，但未取得执行依据的债权人申请参与分配的，仅对其主张的权利及证据材料进行形式审查，原则上应准予其参与分配。

2. 审查后的处理

主持分配法院对参与分配申请审查后，应当根据下列不同情形予以处理:[①]（1）不符合参与分配条件的，应当书面通知申请人不准参与分配及其理由，并告知其可以按照民事诉讼法第232条规定提出执行异议。该债权人提出执行异议的，不影响参与分配程序继续进行，但应按照其应纳入分配范围的债权金额预留其应分配数额。（2）符合参与分配条件的，准予其参与分配，并将其债权纳入分配方案，确定其应分配数额，并送达被执行人和其他参与分配的债权人。被执行人以及已经准予参与分配的债权人，对已进入分配程序的其他债权人参与分配提出异议的，应通过分配方案异议及其异议之诉程序加以解决。

实践中，还存在一些表面上符合参与分配条件但实质上不应准予申请参与分配的情况。一是债权人申请执行案件中其他被执行人的财产、执行担保财产或者执行担保人的财产能够清偿其债权的。此时债权人无需参与分配已经可以获得足额清偿，若准许其参与分配，将减少其他债权人受偿的份额，并将使其他被执行人变相受益，故有违公平。二是债权人对其执行依据中其他债务人放弃权利，放弃范围内的债权数额足以清偿其债权的。债权人放弃权利属其意思自治，但其行使权利应以不损害其他债权人的合法权益为前提，否则其应自行承担放弃权利的法律后果。同时应注意，债权人对其执行依据中其他债务人放弃权利，放弃部分的权利不足以清偿其所有债权的，可准予其参与分配，但其放弃部分的权利应在其获得分配数额中予以扣减。[②]

---

① 参见《江苏省高级人民法院关于正确理解和适用参与分配制度的指导意见》第18条。

② 参见《江苏省高级人民法院关于正确理解和适用参与分配制度的指导意见》第19条。

（五）制作分配方案是否合法

1. 分配方案的内容

《民事诉讼法司法的解释》第509条规定："多个债权人对执行财产申请参与分配的，执行法院应当制作财产分配方案，并送达各债权人和被执行人。"实践中，分配方案通常需载明以下内容[①]：（1）当事人的基本情况；（2）分配财产的范围、变价情况及其数额；（3）各债权人的债权数额、性质及其参与分配依据；（4）分配顺序、各债权人的分配比例及数额；（5）实施分配日期；（6）不服分配方案的异议权利及救济途径；（7）其他应当载明的事项。

2. 制作分配方案的程序要求[②]

财产分配方案应经合议庭研究确定。涉及债权人人数众多或者争议较大的，应经执行局法官会议研究决定。必要时，提请本院审判委员会研究决定。

经执行当事人、参与分配的债权人自主协商或者以执行和解协议方式确定各债权人应分配数额的，执行法院应当将其记录在案或者将执行和解协议入卷，不另行制作财产分配方案。但该情况下，除结案文书及债权清偿证明材料之外，不得出具以物抵债裁定或者其他相关法律文书。

3. 主持分配法院在本次参与分配程序终结后的告知义务

本次参与分配程序终结后15日内，涉及其他法院受理案件债权人的，主持分配法院应将参与分配以及各债权人受偿等情况，书面告知受理其案件的人民法院[③]，以防止其他债权人在不同法院重复受偿。

---

① 参见《江苏省高级人民法院关于正确理解和适用参与分配制度的指导意见》第21条。
② 参见《江苏省高级人民法院关于正确理解和适用参与分配制度的指导意见》第21条。
③ 参见《江苏省高级人民法院关于正确理解和适用参与分配制度的指导意见》第23条。

第十二章　涉变更、追加被执行人执行裁判案件的审理

从理论上看，生效法律文书执行力所涉及的主体，原则上以该生效法律文书载明的当事人为限。[①] 此即“既判力之相对性原则”。所谓既判力，是指确定的终局判决所裁判的诉讼标的对当事人和法院都具有强制通用力，当事人和法院不得就已裁判的诉讼标的为不同的主张和判断。既判力的效力范围可分为客观和主观两个方面，其主观效力范围通常只及于判决载明的对立的当事人双方，而不涉及当事人以外的第三人。[②] 但为了保障判决确定权利的稳定，在一些特定条件下需要对既判力的主观效力范围向与诉讼标的有密不可分关系的第三人扩张，此即“既判力扩张理论”。此外，亦有学者以既判力扩张理论为基本模型，进一步提出了执行力扩张理论：受一定事由的作用，执行依据对人的效力范围扩张至执行依据所载当事人之外的第三人，对该第三人亦产生强制执行上的权利义务关系。[③] 上述理论在法律制度上的体现，有学者称之为民事执行当事人的变化，[④] 在我国立法和司法实践中表现为执行当事人的变更或追加，其中以变更或追加被执行人最为常见和典型。

我国有关变更或追加被执行人的规定，最早见于1992年《民事诉讼法意见》第271条至274条和1998年《执行工作规定》第76条至83条。但上述司法解释仅规定了可以变更或追加被执行主体的若干情形，却未规定相关的具体程序。至2016年11月7日最高人民法院发布《变更、追加当事人规定》，

---

① 谭秋桂：《论民事执行当事人变化的程序构建》，载《法学家》2011年第2期。

② 刘贵祥：《执行程序变更、追加被执行人若干问题之检讨》，载《人民法院报》2014年7月2日，第8版。

③ 刘贵祥：《执行程序变更、追加被执行人若干问题之检讨》，载《人民法院报》2014年7月2日，第8版。

④ 谭秋桂：《论民事执行当事人变化的程序构建》，载《法学家》2011年第2期。

才较为系统地规定了民事执行中变更、追加当事人（包括被执行人）的原则、情形、程序及救济。

第一节　审理此类案件应当遵循的基本原则

法定原则，是民事执行中变更、追加当事人所应遵循的基本原则，也是审理涉变更、追加被执行人执行裁判案件所应遵循的基本原则。

“不管是既判力扩张也好，执行力扩张也罢，其前提均是以既判力或执行力的相对性为一般原则，以扩张为例外。与之相对应的是，执行程序变更、追加被执行人不应是‘常规之举’，而应是‘例外之策’”①。因此，“执行程序变更、追加被执行人，须坚持法定主义原则，即‘法（司法解释）无明文规定，皆不可为’。”② 为此，《变更、追加当事人规定》第1条规定：“执行过程中，申请执行人或其继承人、权利承受人可以向人民法院申请变更、追加当事人。申请符合法定条件的，人民法院应予支持。”最高人民法院对该条的解读认为：“执行当事人的变更追加不仅关乎多方主体的切身利益，而且涉及审执关系、执行效率、程序保障等诸多问题，为平衡各方利益，尊重既有体制机制，变更追加当事人必须始终坚持法定原则。为此，我们在《变更、追加当事人规定》第1条即明确规定，变更追加执行当事人应当符合法定条件，将变更追加事由严格限定于法律、司法解释明确规定的情形，以期解决变更、追加执法不统一的问题。”③

执行法院变更或追加执行案件被执行人必须具有明确的法律依据或者司法解释规定。这既是对执行法院变更、追加被执行人的总体要求，也概括性地提出了执行裁判部门对执行法院变更、追加被执行人的执行行为的合法性审查标准。这一合法性审查标准，可进一步细化为三个方面。

---

① 刘贵祥：《执行程序变更、追加被执行人若干问题之检讨》，载《人民法院报》2014年7月2日，第8版。

② 刘贵祥：《执行程序变更、追加被执行人若干问题之检讨》，载《人民法院报》2014年7月2日，第8版。

③ 最高人民法院2016年11月8日关于办理财产保全案件等三个执行司法解释及规范性意见新闻发布会实录，载中国法院网，https://www.chinacourt.org/chat/fulltext/listId/46027/template/courtfbh20161108.shtml，2021年3月31日访问。

一、适用情形法定

如前所述，1992 年《民事诉讼法意见》第 271 条至 274 条和 1998 年《执行工作规定》第 76 条至 83 条虽然规定了一些变更、追加被执行人的情形，但随着社会经济和司法实践的不断发展，被执行人为转移财产、逃避债务，时常以各种方式减少自身的责任财产，而且手段越来越多样、越来越隐蔽，迫切需要增加一些新的变更、追加被执行人法定情形予以有效规制。2011 年，最高人民法院《关于依法制裁规避执行行为的若干意见》第 20 条就变更、追加被执行人的范围进行了一定拓展，该条规定："依法变更追加被执行主体或者告知申请执行人另行起诉。有充分证据证明被执行人通过离婚析产、不依法清算、改制重组、关联交易、财产混同等方式恶意转移财产规避执行的，执行法院可以通过依法变更追加被执行人或者告知申请执行人通过诉讼程序追回被转移的财产。"但该文件并非司法解释，执行工作中能否适用存在较大争议。

《变更、追加当事人规定》对司法实践的需求和社会公众的呼吁给予了积极的回应，"明确增加了现实需求迫切、法律关系简单、易于审查判断的几种变更追加被执行人情形，主要包括变更追加瑕疵出资有限合伙人、对瑕疵出资承担连带责任的公司发起人、出让瑕疵股权的股东、违规注销企业的清算责任人、承诺对被执行人债务承担责任的主体、无偿接受行政命令调拨财产主体、财产混同的一人公司股东等，以对逃避、规避行为形成精准打击。"①

《变更、追加当事人规定》在第 10 条至第 25 条，共列举了 17 种变更、追加被执行人的情形。曾有观点认为，只要第三人依实体法规定应当对被执行人的债务承担责任的，就可以变更、追加其为执行当事人。对此最高人民法院认为："这种做法不仅混淆了审判与执行的基本界限，也不利于保障当事人的程序权利，将带来司法秩序的混乱。"② 此外，有关民事强制执行程序的法律规定具有公法的性质，应适用"法无授权即禁止"的基本要求。因此，除《变更、追加当事人规定》所明确列举的情形之外，执行法院不得创设新的变更、

① 最高人民法院 2016 年 11 月 8 日关于办理财产保全案件等三个执行司法解释及规范性意见新闻发布会实录，载中国法院网，https://www.chinacourt.org/chat/fulltext/listId/46027/template/courtfbh20161108.shtml，2021 年 3 月 31 日访问。

② 最高人民法院 2016 年 11 月 8 日关于办理财产保全案件等三个执行司法解释及规范性意见新闻发布会实录，载中国法院网，https://www.chinacourt.org/chat/fulltext/listId/46027/template/courtfbh20161108.shtml，2021 年 3 月 31 日访问。

追加被执行人情形，随意变更、追加的情况应当绝对予以禁止。

二、启动主体法定

1992 年《民事诉讼法意见》和 1998 年《执行工作规定》仅规定了办理和裁定变更、追加被执行人的主体为执行法院的执行机构。如 1998 年《执行工作规定》第 83 条规定："依照民事诉讼法第二百一十三条、最高人民法院关于适用民事诉讼法若干问题的意见第 271 条至第 274 条及本规定裁定变更或追加被执行主体的，由执行法院的执行机构办理。"有关适用变更追加被执行人情形的表述，也基本采用"可以裁定追加……为被执行人"的句式。但关于变更追加被执行人程序由什么主体启动的问题，却缺少相关规定。实践中，一般认为既可以依申请执行人的申请启动，也可以由执行法院依职权启动，个别情况下甚至允许被执行人申请启动。

《变更、追加当事人规定》则明确变更、追加被执行人程序的启动主体仅为申请执行人或其继承人、权利承受人。该司法解释第 1 条规定："执行过程中，申请执行人或其继承人、权利承受人可以向人民法院申请变更、追加当事人。申请符合法定条件的，人民法院应予支持。"根据该规定，执行法院和被执行人等其他主体均被排除在变更、追加程序的启动主体之外。

实践中经常出现执行法院认为可以变更、追加被执行人，但申请执行人等适格主体不提出申请的情况。这种情况下，执行法院一方面应遵循实体法上的私法自治原则和程序法上的处分权原则，[①] 充分尊重适格主体的意思自治，防止超越法定权限依职权启动程序；另一方面也应加强向适格主体的权利告知和法律释明，明确告知其具有申请变更追加被执行人的权利。

申请变更、追加被执行人的期限为"执行过程中"，应理解为执行案件（本章中仅指首次执行案件、恢复执行案件）立案后、结案前。最高人民法院《执行立案、结案意见》第 14 条规定："除执行财产保全裁定、恢复执行的案件外，其他执行实施类案件的结案方式包括：（一）执行完毕；（二）终结本次执行程序；（三）终结执行；（四）销案；（五）不予执行；（六）驳回申请。"但以终结本次执行程序结案的案件情况特殊，在此类案件结案后、恢复执行前，仍可申请变更追加被执行人。依据为《最高人民法院关于严格规范

① 刘贵祥：《执行程序变更、追加被执行人若干问题之检讨》，载《人民法院报》2014 年 7 月 2 日，第 8 版。

终结本次执行程序的规定（试行）》第16条第2款：“终结本次执行程序后，当事人、利害关系人申请变更、追加执行当事人，符合法定情形的，人民法院应予支持。变更、追加被执行人后，申请执行人申请恢复执行的，人民法院应予支持。”

三、审查程序法定

对变更、追加被执行人的程序，最高人民法院审判委员会副部级专职委员刘贵祥认为：“未经审判程序判定即追加、变更被执行人，对利害关系人实体权利影响很大，为尽量避免‘误伤’，并在一定程度上补足程序缺失，执行程序追加、变更被执行人时，应对相关情形及事由进行实质性审查，并在审查时允许拟被变更、追加的第三人提出抗辩。审查组织上，可考虑由三名以上的执行法官（员）组成合议庭进行。审查形式上，则可考虑进行听证。”① 《变更、追加当事人规定》基本根据上述思路对变更追加被执行人的审查程序进行了规制。该司法解释第28条第2款、第3款规定：“除事实清楚、权利义务关系明确、争议不大的案件外，执行法院应当组成合议庭审查并公开听证。经审查，理由成立的，裁定变更、追加；理由不成立的，裁定驳回。执行法院应当自收到书面申请之日起六十日内作出裁定。有特殊情况需要延长的，由本院院长批准。”

第二节　变更、追加被执行人救济程序的类型

关于变更、追加被执行人的救济程序，最高人民法院审判委员会副部级专职委员刘贵祥认为：“应分不同情形设计不同的救济渠道。对于比较简单、明确的变更或追加，例如因被执行人名称改变导致的变更被执行人、因继承发生的变更被执行人、追加负有无限责任的合伙人为被执行人等，均可通过复议程序予以救济。而对于其他较为复杂的变更、追加，则应通过诉讼程序予以救济，以实现债权人和第三人之间诉讼权利的对等和利益平衡。”② 后一类变更、

① 刘贵祥：《执行程序变更、追加被执行人若干问题之检讨》，载《人民法院报》2014年7月2日，第8版。

② 刘贵祥：《执行程序变更、追加被执行人若干问题之检讨》，载《人民法院报》2014年7月2日，第8版。

追加被执行人往往涉及实体权利，问题相对复杂，因此先由执行实施机构作出变更、追加或驳回的裁定，再通过诉讼来彻底解决相关实体问题。这一思路被《变更、追加当事人规定》所采纳。

《变更、追加当事人规定》第 30 条规定："被申请人、申请人或其他执行当事人对执行法院作出的变更、追加裁定或驳回申请裁定不服的，可以自裁定书送达之日起十日内向上一级人民法院申请复议，但依据本规定第三十二条的规定应当提起诉讼的除外。"第 32 条第 1 款规定："被申请人或申请人对执行法院依据本规定第十四条第二款、第十七条至第二十一条规定作出的变更、追加裁定或驳回申请裁定不服的，可以自裁定书送达之日起十五日内，向执行法院提起执行异议之诉。"对此，最高人民法院的解读是："《变更追加当事人规定》坚持繁简分流，分别规定复议、诉讼两种救济途径，针对基于出资不足、抽逃出资、清算责任等实体责任需要追加第三人为被执行人的复杂情形，明确赋予各方不服裁定可以提起诉讼的权利，力求在迅速实现债权与充分程序保障、执行效率与执行公正之间找到最佳平衡点。""这次起草当事人变更追加司法解释时，就考虑到变更追加的情形非常多，有的相对复杂，有的相对简单，所以在救济途径问题上也应该有所区别。总的考虑是，相对简单的变更追加的情形直接通过向上一级法院申请复议来救济。对于相对复杂的，特别是涉及一些实体问题的，这次的司法解释确立了给相关的主体提供一个通过诉讼来救济的权利，因为涉及实体争议相对复杂，相应的就需要一个完善的程序保障，所以要通过诉讼来救济。""我们知道《民诉法》第 227 条①也有一个所谓的异议之诉，第 227 条②和这种情况下的异议之诉，最大的区别就是第 227 条③针对的是标的，就是标的应该不应该执行，是对客体提起的异议之诉。而这个司法解释所确立的异议之诉针对的是主体，就是主体是不是适格。我们国家通过原来的第 227 条④和这次的司法解释，实际上构建了分别针对主体和客体的一个比较完整的执行异议之诉制度。"⑤

① 现为《民事诉讼法》（2021 年修正）第 234 条。

② 现为《民事诉讼法》（2021 年修正）第 234 条。

③ 现为《民事诉讼法》（2021 年修正）第 234 条。

④ 现为《民事诉讼法》（2021 年修正）第 234 条。

⑤ 最高人民法院 2016 年 11 月 8 日关于办理财产保全案件等三个执行司法解释及规范性意见新闻发布会实录，载中国法院网，https://www.chinacourt.org/chat/fulltext/listId/46027/template/courtfbh20161108.shtml，2020 年 1 月 31 日访问。

除了程序上的繁简，还需注意申请救济期限和审查法院的差异：执行异议之诉是向执行法院提起，期限为自裁定书送达之日起15日内；执行复议是向上一级人民法院申请，期限为自裁定书送达之日起10日内。执行法院作出的变更、追加裁定或驳回申请裁定中，也应当区分变更、追加的不同情形，分别告知当事人提起执行异议之诉或申请复议的权利。

一、提起执行异议之诉

《变更、追加当事人规定》第32条规定可以提起异议之诉的特定情形，均属于原本就应通过提起普通民事诉讼予以解决的实体法争议。[①] 根据《变更、追加当事人规定》第14条第2款、第17条至第21条，对执行法院变更、追加被执行人裁定或驳回申请裁定不服，可提起执行异议之诉的有6种情形。

（一）有限合伙人

《变更、追加当事人规定》第14条第2款规定："作为被执行人的有限合伙企业，财产不足以清偿生效法律文书确定的债务，申请执行人申请变更、追加未按期足额缴纳出资的有限合伙人为被执行人，在未足额缴纳出资的范围内承担责任的，人民法院应予支持。"

该条源自1998年《执行工作规定》第77条并作了修改，将有限合伙与普通合伙进行了区分。

（二）出资不实

《变更、追加当事人规定》第17条规定："作为被执行人的营利法人，财产不足以清偿生效法律文书确定的债务，申请执行人申请变更、追加未缴纳或未足额缴纳出资的股东、出资人或依公司法规定对该出资承担连带责任的发起人为被执行人，在尚未缴纳出资的范围内依法承担责任的，人民法院应予支持。"

该条源自1998年《执行工作规定》第80条、2011年《公司法司法解释（三）》第13条第2款并作了修改：一是根据《公司法》《企业破产法》的表述，将"开办单位"替换为"股东、出资人"；二是根据《公司法》第30条、2011年《公司法司法解释（三）》第13条第3款等实体规则，增加"依公司

① 乔宇：《论变更追加执行当事人中的异议之诉》，载《山东法官培训学报（山东审判）》2018年第1期。

法规定对该出资承担连带责任的发起人”作为变更、追加对象。《民法典》生效后，又将原条文中的“企业法人”修改为“营利法人”。

实践中，有两个问题存在争议：

1. 变更、追加股东等主体承担出资不实责任的范围

《变更、追加当事人规定》第17条规定的承担责任范围为“尚未缴纳出资的范围内”，而《公司法司法解释（三）》第13条第2款规定的承担责任范围为“未出资本息范围内”。对此实践中仍存在不同认识。我们认为，根据变更、追加被执行人法定主义原则，变更、追加股东等主体承担出资不实责任的范围应不包括未出资到位金额的利息。

2. 在注册资本认缴制下，能否将未届出资期限的股东在未出资范围内变更、追加为被执行人

一种观点认为，在非破产与解散情形下，股东出资不应加速到期。另一种观点认为，“非破产、非解散加速到期”在强制执行程序中事实上已得到认可，依据即为《变更、追加当事人规定》第17条。根据该条规定，在强制执行程序中，若公司财产不足以清偿法律文书确定的债务，申请执行人申请变更、追加未缴纳出资的股东、出资人在尚未缴纳的出资范围内依法承担责任的，法院应予支持，而该条所谓“未缴纳出资”并未区分出资是否已届履行期限。①

执行工作实践中，各地法院也存在不同做法。如在成都奥世微点科技有限公司、孟某某执行异议之诉一案中，成都市中级人民法院就认为：只有在公司破产、清算的情况下才会出现股东认缴出资加速到期。故《变更、追加当事人规定》第17条中的“未缴纳或未足额缴纳”应理解为“超过缴纳期限后未缴纳或未足额缴纳”，而“缴纳期限”则依公司章程规定。② 但在蒲某、张某某、张1与张2案外人执行异议纠纷一案中，新疆维吾尔自治区乌鲁木齐市新市区人民法院则认为：在《公司法司法解释（二）》第22条中已明确“未缴纳的出资”包括分期缴纳尚未届满缴纳期限的出资，据此，《变更、追加当事人规定》第17条规定应理解为适用于认缴出资尚未届满认缴期限的情形，故在执行阶段如查实被执行公司“无可供执行的财产”，则法院有权对认缴出资

① 蒋大兴：《论股东出资义务之“加速到期”——认可“非破产加速”之功能价值》，载《社会科学》2019年第2期。

② 参见四川省成都市中级人民法院（2018）川01民终6007号民事判决书。

尚未届满认缴期限的股东进行追加。① 类似的还有郭某诉某轮胎公司等执行异议之诉案中，河南省焦作市山阳区人民法院认为："公司股东在认缴出资期限未届至即转让股权，应视为其以行为明确表示不再履行未届的出资义务，属于未依法履行出资义务即转让股权的情形，依申请执行人申请，应追加其为被执行人。""出让股东在负有出资义务这项法定义务的前提下，未届出资期限即转让股权，可视为对公司出资责任的预期违约，应当允许该项出资义务加速到期。"②

在审判领域，上述争议同样存在。但主流观点是对"非破产、非解散加速到期"持慎重态度：公司不能清偿到期债务时，单个或部分债权人起诉请求股东以其认缴但未届出资期限的出资承担清偿责任的，人民法院一般不应支持。③ 然而，2019 年《全国法院民商事审判工作会议纪要》对此有所突破，其第 6 条规定："在注册资本认缴制下，股东依法享有期限利益。债权人以公司不能清偿到期债务为由，请求未届出资期限的股东在未出资范围内对公司不能清偿的债务承担补充赔偿责任的，人民法院不予支持。但是，下列情形除外：（1）公司作为被执行人的案件，人民法院穷尽执行措施无财产可供执行，已具备破产原因，但不申请破产的；（2）在公司债务产生后，公司股东（大）会决议或以其他方式延长股东出资期限的。"

我们认为，由于《变更、追加当事人规定》第 17 条"未缴纳出资"并未区分出资是否已届履行期限，故应理解为包括未届缴资期限而"未缴纳出资"的情形；但在未届缴资期限而"未缴纳出资"的情况下，可变更、追加的范围不应超出债权人针对"非破产、非解散加速到期"可直接提起诉讼的范围。目前，应仅限于 2019 年《全国法院民商事审判工作会议纪要》第 6 条所列举的两种情形。此两种情形下，债权人可以选择在执行程序中向执行法院申请变更、追加被执行人，也可以选择直接提起诉讼。

（三）抽逃出资

《变更、追加当事人规定》第 18 条规定："作为被执行人的营利法人，财

---

① 参见新疆维吾尔自治区乌鲁木齐市新市区人民法院（2017）新 0104 民初 5566 号民事判决书。

② 李春芬、廉玉光、王惠敏：《能否追加未届认缴出资期限即转让股权的股东为被执行人——河南焦作山阳法院判决郭某诉某轮胎公司等执行异议之诉案》，载《人民法院报》2019 年 9 月 12 日，第 7 版。参见河南省焦作市山阳区人民法院（2018）豫 0811 民初 963 号民事判决书。

③ 贺小荣主编：《最高人民法院民事审判第二庭法官会议纪要——追寻裁判背后的法理》，人民法院出版社 2018 年版，第 141～142 页。

产不足以清偿生效法律文书确定的债务，申请执行人申请变更、追加抽逃出资的股东、出资人为被执行人，在抽逃出资的范围内承担责任的，人民法院应予支持。”

该条源自《执行工作规定》第 80 条、《公司法司法解释（三）》第 14 条第 2 款并作了修改。《民法典》生效后，又将原条文中的“企业法人”修改为“营利法人”。

实践中应注意以下问题：

第一，因抽逃出资变更、追加被执行人的对象为股东、出资人。根据《公司法司法解释（三）》第 14 条第 2 款规定，“公司债权人请求抽逃出资的股东在抽逃出资本息范围内对公司债务不能清偿的部分承担补充赔偿责任、协助抽逃出资的其他股东、董事、高级管理人员或者实际控制人对此承担连带责任的，人民法院应予支持；抽逃出资的股东已经承担上述责任，其他债权人提出相同请求的，人民法院不予支持”。但变更、追加被执行人的对象不包括“协助抽逃出资的其他股东、董事、高级管理人员或者实际控制人”。

第二，因抽逃出资变更、追加被执行人承担责任范围为“抽逃出资的范围内”，而《公司法司法解释（三）》第 14 条第 2 款规定的承担责任范围为“在抽逃出资本息范围内”。

第三，防止将抽逃出资与其他行为混淆。判断被执行人的股东是否存在抽逃出资的情形，人民法院应结合银行流水记录、转账凭证、公司账册等证据材料综合判断，并合理分配举证责任。申请执行人应提供证据证明申请追加的股东有抽逃出资的行为，该股东提供的证据若能证明其转出的款项已全部返还公司，未对公司造成损害，即完成举证责任，不能仅因为该股东未提供公司财务账册就认定其未完成举证责任。例如，在江苏省高级人民法院审理的（2021）苏民再 153 号案件中，申请执行人刘某申请追加被执行人 A 公司的股东顾某为被执行人，并提供 A 公司注册后将顾某 590 万元出资款转入顾某银行账户的证据材料，对此，顾某提供了此后其向 A 公司的转账凭证及 A 公司的进账单等证据，证明其已将款项返款 A 公司。因顾某并不实际占有和控制公司财务账册，法院以顾某无法提供公司财务账册故无法证明其已将款项返还为由，要求顾某承担无法举证的不利后果，没有事实和法律依据，江苏高院对此予以纠正。

实践中，还有的法院未全面审查注册资金流出的去向、原因及行为控制人，认为只要存在注册资金外流的现象，就应认定股东抽逃出资，以致将企业正常经营行为或他人作出的侵占公司资产行为不当认定为股东抽逃出资。上述错误做法也应当予以纠正。

（四）瑕疵股权转让

《变更、追加当事人规定》第19条规定：“作为被执行人的公司，财产不足以清偿生效法律文书确定的债务，其股东未依法履行出资义务即转让股权，申请执行人申请变更、追加该原股东或依公司法规定对该出资承担连带责任的发起人为被执行人，在未依法出资的范围内承担责任的，人民法院应予支持。”

该条的实体规则为《公司法司法解释（三）》第18条第1款：“有限责任公司的股东未履行或者未全面履行出资义务即转让股权，受让人对此知道或者应当知道，公司请求该股东履行出资义务、受让人对此承担连带责任的，人民法院应予支持；公司债权人依照本规定第十三条第二款向该股东提起诉讼，同时请求前述受让人对此承担连带责任的，人民法院应予支持。”但同时考虑到对受让人主观状态的判断比较复杂，不宜由执行机构审查，故未规定恶意的受让人可被追加为被执行人。①

（五）一人公司股东

《变更、追加当事人规定》第20条规定：“作为被执行人的一人有限责任公司，财产不足以清偿生效法律文书确定的债务，股东不能证明公司财产独立于自己的财产，申请执行人申请变更、追加该股东为被执行人，对公司债务承担连带责任的，人民法院应予支持。”

对这种情形，根据最高人民法院《关于依法制裁规避执行行为的若干意见》第20条的规定，有充分证据证明被执行人通过财产混同等方式恶意转移财产规避执行的，执行法院可以通过依法变更、追加被执行人或者告知申请执行人通过诉讼程序追回被转移的财产。但该意见中对“财产混同”的规定过于宽泛。有鉴于此，《变更、追加当事人规定》第20条将以财产混同为由变更、追加被执行人的情形限定于被执行人为一人有限责任公司的情况。

（六）违法注销

《变更、追加当事人规定》第21条规定：“作为被执行人的公司，未经清

---

① 最高人民法院执行局编著：《最高人民法院执行司法解释条文适用编注》，人民法院出版社2019年版，第215页。

算即办理注销登记，导致公司无法进行清算，申请执行人申请变更、追加有限责任公司的股东、股份有限公司的董事和控股股东为被执行人，对公司债务承担连带清偿责任的，人民法院应予支持。”

该条的实体规则为《公司法司法解释（二）》第20条：“公司解散应当在依法清算完毕后，申请办理注销登记。公司未经清算即办理注销登记，导致公司无法进行清算，债权人主张有限责任公司的股东、股份有限公司的董事和控股股东，以及公司的实际控制人对公司债务承担清偿责任的，人民法院应依法予以支持。”同时考虑到执行机构不宜对公司的实际控制人作出认定，故未对变更、追加实际控制人予以规定。①

二、申请复议

根据《变更、追加当事人规定》相关规定，对执行法院变更、追加被执行人裁定或驳回申请裁定不服，申请复议的有11种情形：②

（一）公民死亡或被宣告死亡、宣告失踪

《变更、追加当事人规定》第10条规定：“作为被执行人的自然人死亡或被宣告死亡，申请执行人申请变更、追加该自然人的遗产管理人、继承人、受遗赠人或其他因该自然人死亡或被宣告死亡取得遗产的主体为被执行人，在遗产范围内承担责任的，人民法院应予支持。作为被执行人的自然人被宣告失踪，申请执行人申请变更该自然人的财产代管人为被执行人，在代管的财产范围内承担责任的，人民法院应予支持。”

该条规定对原《民事诉讼法司法解释》第475条、原《继承法》第14条、第25条、第33条的相关规定进行了整合，并增加了被执行人宣告死亡、宣告失踪情形下变更、追加被执行人的条件。《民法典》生效后，又根据《民法典》第1145条至1148条所增设的遗产管理人制度，以“遗产管理人”取代“遗嘱执行人”纳入变更、追加的范围。

值得注意的是，《民法典》第1145条规定了遗产管理人的选任：“继承开始后，遗嘱执行人为遗产管理人；没有遗嘱执行人的，继承人应当及时推选遗

① 最高人民法院执行局编著：《最高人民法院执行司法解释条文适用编注》，人民法院出版社2019年版，第216页。

② 根据《变更、追加当事人规定》第30条的规定，对执行法院变更、追加申请执行人裁定或驳回申请裁定不服，救济途径均为向上一级人民法院申请复议。

产管理人；继承人未推选的，由继承人共同担任遗产管理人；没有继承人或者继承人均放弃继承的，由被继承人生前住所地的民政部门或者村民委员会担任遗产管理人。”据此，只要继承开始后，无论如何都存在遗产管理人。即使全部继承人放弃继承或者受遗赠人放弃受遗赠，又无遗嘱执行人的，将由被继承人生前住所地的民政部门或者村民委员会担任遗产管理人，此时，仍应将遗产管理人变更为被执行人。因此，依照《变更、追加当事人规定》，根据最高人民法院执行局的观点，如果能够确定取得遗产的主体的，可以变更、追加其为被执行人；如果取得遗产的主体不明的，则可变更、追加遗产管理人为被执行人；未经变更、追加被执行人程序，不得直接执行遗产。

（二）法人或非法人组织因合并而终止

《变更、追加当事人规定》第 11 条规定：“作为被执行人的法人或非法人组织因合并而终止，申请执行人申请变更合并后存续或新设的法人、非法人组织为被执行人的，人民法院应予支持。”

该条规定沿袭了原《民事诉讼法司法解释》第 472 条的规定。《民法典》生效后，将条文中的“其他组织”修改为“非法人组织”。

（三）法人或非法人组织分立

《变更、追加当事人规定》第 12 条规定：“作为被执行人的法人或非法人组织分立，申请执行人申请变更、追加分立后新设的法人或非法人组织为被执行人，对生效法律文书确定的债务承担连带责任的，人民法院应予支持。但被执行人在分立前与申请执行人就债务清偿达成的书面协议另有约定的除外。”

该条规定整合了原《民事诉讼法司法解释》第 472 条、1998 年《执行工作规定》第 79 条、《公司法》第 175 条、第 176 条的规定，尤其是明确了变更、追加后责任承担问题：一是明确协议约定优先，二是明确变更、追加后承担连带责任，防止债务人利用企业分立逃避债务。[①]《民法典》生效后，将条文中的“其他组织”修改为“非法人组织”。

（四）个人独资企业或其投资人

《变更、追加当事人规定》第 13 条第 1 款规定：“作为被执行人的个人独资企业，不能清偿生效法律文书确定的债务，申请执行人申请变更、追加其出

---

① 最高人民法院执行局编著：《最高人民法院执行司法解释条文适用编注》，人民法院出版社 2019 年版，第 212 页。

资人为被执行人的，人民法院应予支持。”

该条第1款源自1998年《执行工作规定》第76条，并进行了完善。《民法典》生效后，根据有关营利法人的规定，又将条文中的“投资人”修改为“出资人”。

该条同时规定了两种无须变更、追加被执行人而可以直接执行案外人财产情形：第一，《变更、追加当事人规定》第13条第1款规定：“个人独资企业出资人作为被执行人的，人民法院可以直接执行该个人独资企业的财产。”第二，该条第2款规定：“个体工商户的字号为被执行人的，人民法院可以直接执行该字号经营者的财产。”这样规定的理由为：虽然《民事诉讼法司法解释》规定个体工商户有字号的，以营业执照上登记的字号为当事人，但实际上承受权利义务的仍是自然人。[①]

适用该种情形，需注意两个问题：

第一，在人民法院执行网络查控系统中，可以选择“被执行人为出资人的个人独资企业”“个体工商户的经营者”选项，对相关主体的财产状况进行网络查控。另根据最高人民法院《关于人民法院立案、审判与执行工作协调运行的意见》第3条规定，“在执行案件立案时，有字号的个体工商户为被执行人的，立案部门应当将生效法律文书注明的该字号个体工商户经营者一并列为被执行人”。

第二，需注意个人独资企业性质的特殊性，防止与其他个人投资设立的企业相混淆。以江苏省高级人民法院审理的（2019）苏执复209号案件为例，执行法院在执行庞某与赵某民间借贷纠纷一案过程中，以赵某与其独资设立的自然人独资有限责任公司德地公司存在财产混同为由，适用《变更、追加当事人规定》第13条，裁定追加德地公司为被执行人。江苏高院经复议审查后认为，财产混同不属执行程序追加被执行人的法定情形，且德地公司系有限责任公司，与《变更、追加当事人规定》第13条规定的个人独资企业性质不同，故执行法院适用法律错误，依法撤销了执行法院异议裁定。

（五）合伙企业的普通合伙人

《变更、追加当事人规定》第14条第1款规定：“作为被执行人的合伙企

① 最高人民法院执行局编著：《最高人民法院执行司法解释条文适用编注》，人民法院出版社2019年版，第212页。

业，不能清偿生效法律文书确定的债务，申请执行人申请变更、追加普通合伙人为被执行人的，人民法院应予支持。”

该条源自 1998 年《执行工作规定》第 77 条并作了修改，一是区分了普通合伙和有限合伙，二是考虑到实践中合伙型联营企业可以参照适用普通合伙企业的规定，故未再规定合伙型联营企业。①

（六）法人分支机构

《变更、追加当事人规定》第 15 条第 1 款规定：“作为被执行人的法人分支机构，不能清偿生效法律文书确定的债务，申请执行人申请变更、追加该法人为被执行人的，人民法院应予支持。法人直接管理的责任财产仍不能清偿债务的，人民法院可以直接执行该法人其他分支机构的财产。”

该条同时规定了一种无须变更、追加被执行人而可以直接执行案外人财产的情形。《变更、追加当事人规定》第 15 条第 2 款规定：“作为被执行人的法人，直接管理的责任财产不能清偿生效法律文书确定债务的，人民法院可以直接执行该法人分支机构的财产。”

该条规定源自 1998 年《执行工作规定》第 78 条并作了修改，尤其应注意删除了有关对承包人或承租人依法保护的条款，即“若必须执行已被承包或租赁的企业法人分支机构的财产时，对承包人或承租人投入及应得的收益应依法保护。”

此外，根据《最高人民法院、中国人民银行关于依法规范人民法院执行和金融机构协助执行的通知》（法发〔2000〕21 号）第 8 条的规定，“金融机构的分支机构作为被执行人的，执行法院应当向其发出限期履行通知书，期限为十五日；逾期未自动履行的，依法予以强制执行；对被执行人未能提供可供执行财产的，应当依法裁定逐级变更其上级机构为被执行人，直至其总行、总公司。每次变更前，均应当给予被变更主体十五日的自动履行期限；逾期未自动履行的，依法予以强制执行”。此为追加、变更银行等金融机构的上级机构及总行为被执行人的特殊性规定，在执行金融机构分支机构时，仍应适用。②

---

①　最高人民法院执行局编著：《最高人民法院执行司法解释条文适用编注》，人民法院出版社 2019 年版，第 213 页。

②　最高人民法院执行局编著：《最高人民法院执行司法解释条文适用编注》，人民法院出版社 2019 年版，第 214 页。

（七）对非法人组织的债务承担责任的主体

《变更、追加当事人规定》第16条规定："个人独资企业、合伙企业、法人分支机构以外的非法人组织作为被执行人，不能清偿生效法律文书确定的债务，申请执行人申请变更、追加依法对该非法人组织的债务承担责任的主体为被执行人的，人民法院应予支持。"

《民法典》生效后，将条文中的"其他组织"修改为"非法人组织"。《民法典》第102条规定："非法人组织是不具有法人资格，但是能够依法以自己的名义从事民事活动的组织。非法人组织包括个人独资企业、合伙企业、不具有法人资格的专业服务机构等。"第104条规定："非法人组织的财产不足以清偿债务的，其出资人或者设立人承担无限责任。法律另有规定的，依照其规定。"

而原条文中的"其他组织"，通常理解源自《民事诉讼法》第51条。其具体范围，《民事诉讼法司法解释》第52条予以进一步明确："民事诉讼法第五十一条规定的其他组织是指合法成立、有一定的组织机构和财产，但又不具备法人资格的组织，包括：（一）依法登记领取营业执照的个人独资企业；（二）依法登记领取营业执照的合伙企业；（三）依法登记领取我国营业执照的中外合作经营企业、外资企业；（四）依法成立的社会团体的分支机构、代表机构；（五）依法设立并领取营业执照的法人的分支机构；（六）依法设立并领取营业执照的商业银行、政策性银行和非银行金融机构的分支机构；（七）经依法登记领取营业执照的乡镇企业、街道企业；（八）其他符合本条规定条件的组织。"此外，《民事诉讼法司法解释》第471条还规定："其他组织在执行中不能履行法律文书确定的义务的，人民法院可以裁定执行对该其他组织依法承担义务的法人或者公民个人的财产。"

鉴于《民事诉讼法》及《民事诉讼法司法解释》上述条文并未根据《民法典》进行修改，故现阶段，"其他组织"与"非法人组织"实际上成为两个并列的概念，但其范围是否完全重合存在争议。从法律规定看，个人独资企业、合伙企业均属于二者范围。而对于"不具有法人资格的专业服务机构"，有观点认为："主要是指律师事务所、会计师事务所等。这类事业服务机构一般多采用合伙制，不具有法人资格，所从事的活动为提供律师、会计师等专业服务。除了律师事务所、会计师事务所，法律规定从事专业服务机构的还有资产评估机构等。”① 然而《民事诉讼法司法解释》第52条并未在“其他组织”中列举此种类型，而该条中列举的第3至7种类型，《民法典》第102条中也未列举。

我们认为，尽管从文义上看“其他组织”与“非法人组织”的范围并不完全重合，但由于《民事诉讼法》及《民事诉讼法司法解释》相关条文并未根据《民法典》进行修改，且《民法典》第102条第2款最后有一个“等”字，因此该“等”字应做“等外”理解，即“非法人组织”的范围可以涵盖原“其他组织”的范围。

对个人独资企业、合伙企业、法人分支机构变更、追加被执行人的情形，《变更、追加当事人规定》第13条、第14条、第15条已作了具体规定，除此之外的“非法人组织”变更追加被执行人均适用第16条的规定。

（八）无偿接受财产的股东、出资人或主管部门

《变更、追加当事人规定》第22条规定：“作为被执行人的法人或非法人组织，被注销或出现被吊销营业执照、被撤销、被责令关闭、歇业等解散事由后，其股东、出资人或主管部门无偿接受其财产，致使该被执行人无遗留财产或遗留财产不足以清偿债务，申请执行人申请变更、追加该股东、出资人或主管部门为被执行人，在接受的财产范围内承担责任的，人民法院应予支持。”

该条源自1998年《执行工作规定》第81条，并作了修改：一是依据《公司法》第180条的规定，“公司因下列原因解散：（一）公司章程规定的营业期限届满或者公司章程规定的其他解散事由出现；（二）股东会或者股东大会决议解散；（三）因公司合并或者分立需要解散；（四）依法被吊销营业执照、责令关闭或者被撤销；（五）人民法院依照本法第一百八十二条的规定予以解散”。增加了被吊销营业执照、责令关闭等解散事由。二是依据《公司法》相关规定，将变更、追加主体变更为股东、出资人或主管部门。

在适用本条时，应注意对被执行人是否出现解散事由、拟被追加主体是否为被执行人的股东、出资人或主管部门、是否无偿接受财产等事实进行审查。

（九）书面承诺对被执行人的债务承担清偿责任的第三人

《变更、追加当事人规定》第23条规定：“作为被执行人的法人或非法人组织，未经依法清算即办理注销登记，在登记机关办理注销登记时，第三人书

① 黄薇主编：《中华人民共和国民法典释义及适用指南》，中国民主法制出版社2020年版。

面承诺对被执行人的债务承担清偿责任，申请执行人申请变更、追加该第三人为被执行人，在承诺范围内承担清偿责任的，人民法院应予支持。”

（十）向执行法院书面承诺自愿代被执行人履行生效法律文书确定的债务的第三人

《变更、追加当事人规定》第 24 条规定：“执行过程中，第三人向执行法院书面承诺自愿代被执行人履行生效法律文书确定的债务，申请执行人申请变更、追加该第三人为被执行人，在承诺范围内承担责任的，人民法院应予支持。”

《变更、追加当事人规定》第 23 条、第 24 条源自《异议复议案件规定》第 18 条：“执行过程中，第三人因书面承诺自愿代被执行人偿还债务而被追加为被执行人后，无正当理由反悔并提出异议的，人民法院不予支持。”但应注意根据《变更、追加当事人规定》第 30 条，第三人因书面承诺自愿代被执行人偿还债务而被追加为被执行人后的救济途径，为直接向上一级法院复议。

同时应注意上述两条与《最高人民法院关于执行和解若干问题的规定》第 18 条、《最高人民法院关于执行担保若干问题的规定》第 11 条的区别，执行和解中担保、执行担保都是直接裁定执行担保财产或保证人的财产，不得将担保人变更、追加为被执行人，而代为履行第三人是通过变更、追加为被执行人方式承担责任。①

（十一）依行政命令接受无偿调拨、划转的第三人

《变更、追加当事人规定》第 25 条规定：“作为被执行人的法人或非法人组织，财产依行政命令被无偿调拨、划转给第三人，致使该被执行人财产不足以清偿生效法律文书确定的债务，申请执行人申请变更、追加该第三人为被执行人，在接受的财产范围内承担责任的，人民法院应予支持。”

该条源自《最高人民法院关于审理与企业改制相关的民事纠纷案件若干问题的规定》（法释〔2003〕1 号）第 3 条：“政府主管部门在对企业国有资产进行行政性调整、划转过程中发生的纠纷，当事人向人民法院提起民事诉讼的，人民法院不予受理。”本条解决了债权人无法通过民事程序寻求救济的问题，即变更、追加接受财产的第三人为被执行人，并明确了变更、追加条件、

① 最高人民法院执行局编著：《最高人民法院执行司法解释条文适用编注》，人民法院出版社 2019 年版，第 217 页。

责任范围等。①

第三节　变更、追加被执行人执行异议之诉案件的审理

一、起诉条件

《变更、追加当事人规定》第 32 条第 1 款规定："被申请人或申请人对执行法院依据本规定第十四条第二款、第十七条至第二十一条规定作出的变更、追加裁定或驳回申请裁定不服的，可以自裁定书送达之日起十五日内，向执行法院提起执行异议之诉。"适用该条提起执行异议之诉的应当同时具备以下 6 个条件。

（一）属于受诉法院管辖

根据《变更、追加当事人规定》第 32 条第 1 款规定，执行异议之诉应向执行法院提起。这是由于执行异议之诉的审判程序与执行程序密切相关，为便于审判和执行的协调，防止执行异议之诉审理与执行程序在不同法院进行而导致的审执相互脱节，并考虑司法效率的问题，因此申请人执行异议之诉、被申请人执行异议之诉均实行专属管辖制度，由作出变更、追加裁定或驳回申请裁定的执行法院管辖。②

（二）符合提起执行异议之诉的情形

必须是不服执行法院依据《变更、追加当事人规定》第 14 条第 2 款、第 17 条至第 21 条规定作出的变更、追加裁定或驳回申请裁定。

（三）执行法院已经作出变更、追加裁定或驳回申请裁定

必须经过执行异议审查的前置程序，即执行法院已经作出执行异议审查裁定。

（四）有明确的诉讼请求

申请人提起诉讼的请求应包括：要求变更、追加被申请人（被告）为被

① 最高人民法院执行局编著：《最高人民法院执行司法解释条文适用编注》，人民法院出版社 2019 年版，第 217 页。

② 乔宇：《论变更追加执行当事人中的异议之诉》，载《山东法官培训学院学报（山东审判）》2018 年第 1 期。

执行人，并明确其承担责任的范围。被申请人提起的诉讼请求包括：请求不予变更、追加被申请人（原告）为被执行人或请求变更其责任范围。

这里需注意三个问题：

第一，申请人和被申请人均有权提起异议之诉。一般而言，申请人提起的异议之诉针对的是驳回申请裁定，请求变更、追加被申请人（被告）为被执行人，一般称为“许可执行之诉”；被申请人提起的异议之诉针对的是变更、追加裁定，请求不予变更、追加被申请人（原告）为被执行人，一般称为债务人不适格的异议之诉或者被执行人不适格的异议之诉。两类诉讼的目的是相反的，但是诉讼的基本性质、架构、审理程序大致是一样的。

第二，执行法院审查变更、追加被执行人的申请，不仅需要对是否变更、追加及变更、追加的对象作出结论，还需要对被变更、追加对象的责任范围作出结论。申请人和被申请人对变更、追加裁定所确定责任范围不服，也可以提起异议之诉。同时应注意，《变更、追加当事人规定》第26条规定：“被申请人在应承担责任范围内已承担相应责任的，人民法院不得责令其重复承担责任。”

第三，一些特殊情况下，由于同一主体需承担不同性质的责任，即使该主体已经是生效裁判所确定的被执行人，仍有可能在同一案件中被变更、追加为被执行人。如在重庆市高级人民法院审查的重庆方港医药有限公司（以下简称方港公司）申请执行海南康辰生物制品开发有限公司（以下简称康辰公司）、吴某某一案中，就出现了这种情况。① 康辰公司系一人有限责任公司，成立于2002年4月9日，注册资本600万元。股东吴某某出资600万元，占出资比例的100%。2017年5月15日，重庆市第一中级人民法院立案受理方港公司诉康辰公司、吴某某买卖合同纠纷一案，并于2017年12月21日作出判决，判令康辰公司支付方港公司货款本金19 965 311.33元、相应利息及相关费用，方港公司就康辰公司的上述债务对吴某某持有的康辰公司的600万元股权及派生权益享有优先受偿权。执行过程中，申请执行人方港公司以康辰公司系一人有限责任公司、持有100%股权的股东吴某某不能证明公司财产独立于自己的财产为由，向重庆一中院申请追加吴某某为该案被执行人，并对一人有限责任公司债务承担连带责任。重庆一中院认为方港公司申请追加吴某某为

---

① 吕凤国、苏福：《追加被执行人包括执行对象相同承担义务不同的情形》，载《人民司法》2018年第35期。

被执行人，与吴某某已系该案被执行人的事实相悖，故未不予支持其申请。方港公司不服申请复议，重庆高院经审查认为，吴某某虽已是执行案件的被执行人，但原生效判决书确定其承担责任的范围为其持有并质押的康辰公司的600万元股权及派生权益。方港公司请求追加其为康辰公司债务的连带清偿责任人，二者之间具有本质的区别。重庆一中院未对方港公司追加被执行人的请求、理由及其相关事实进行审查，仅仅以吴某某已经是本案的被执行人为由径行裁定驳回其申请，并在裁定书中告知申请执行人可以申请复议，却未告知其可以提起执行异议之诉，属于认定事实错误、适用法律不当，遂裁定撤销原裁定，发回重庆一中院重新审查处理。该案承办法官认为：同一被执行人包括执行对象同一和承担的法律义务同一两个要素。认定被执行人不同，并不要求执行对象与执行对象承担的法律义务均不相同，只要执行对象或执行对象承担的法律义务两个要素中有一个不同，就是不同的被执行人。

（五）有具体的事实和理由

提起异议之诉的申请人或被申请人，应围绕其诉讼请求，提出具体的事实和理由。这也是防范当事人滥用执行异议诉权恶意拖延、阻碍执行，保障胜诉当事人及时实现合法权益的需要。

（六）在法定期限内起诉

异议之诉应在执行异议裁定书送达之日起15日内提出。此处的执行异议裁定书，即执行法院执行实施机构作出的变更、追加被执行人裁定书或驳回申请裁定书。此处的15日属于法定不变期间，行为主体不遵守该期限，则丧失了权利。但如果由于执行法院在变更、追加被执行人裁定或驳回申请裁定中错误告知了救济途径或起诉期限，造成申请人或被申请人未能在法定期限内起诉，则该起诉期限应从变更、追加被执行人裁定或驳回申请裁定被纠正并生效之日起算。

申请人、被申请人不服执行法院作出的是否变更或追加被申请人为被执行人的异议裁定提起执行异议之诉，不符合上述条件之一的，裁定不予受理；已经受理的，裁定驳回起诉。

二、诉的合并

如前所述，变更、追加被执行人异议之诉呈现多种形态。这些形态可以做如下梳理：

A 型（被申请人起诉）

A1：被申请人认为裁定变更、追加其为被执行人错误，以申请人为被告提起执行异议之诉

A2：被申请人认为裁定认定的债务人责任范围错误，以申请人为被告提起执行异议之诉

B 型（申请人起诉）

B1：申请人认为裁定未变更、追加被申请人为被执行人错误，以被执行人为被告提起执行异议之诉

B1.1：执行法院裁定变更、追加被申请人甲为被执行人，但申请人认为裁定未变更、追加被申请人乙为被执行人错误，以被申请人乙为被告提起执行异议之诉

B2：申请人认为裁定认定的债务人责任范围错误，以被申请人为被告提起执行异议之诉

上述类型在实践中，可能形成同时起诉的多种组合方式，有些属于同一主体同时提出多项诉讼请求，如：A1 + A2，B1.1 + B2。这些情况下，只需在一个诉中同时审查多个诉讼请求即可；有些属于不同主体分别起诉，如：A1 + B1.1，A1 + B2，A2 + B1.1，A2 + B2。这些情况下，虽然是不同的诉，但当事人重合或部分重合，而且诉讼解决的问题密切相关，为便于统一解决纠纷，防止诉讼结果冲突，以合并审理为宜。

三、诉讼当事人称谓

根据《变更、追加当事人规定》第 32 条第 2 款的规定："被申请人提起执行异议之诉的，以申请人为被告。申请人提起执行异议之诉的，以被申请人为被告。"如出现诉的合并的情况，提起诉讼方均列为原告，未提起诉讼的起诉相对方列为被告，其他当事人按照在审查变更、追加被执行人异议程序中的地位列明。

四、证据

（一）举证证明责任的分配

变更、追加被执行人异议之诉中的举证证明责任分配规则，原则上应根据民事诉讼举证证明责任的基本规则确立，同时应结合执行异议之诉的本质属性

和程序特点加以考量。

《变更、追加当事人规定》第32条第1款规定可以提起异议之诉的特定情形，均属于原本就应通过提起普通民事诉讼予以解决的实体法争议，如法人人格否定、公司清算义务人清偿责任等。但由于这些特定情形在执行实践中问题比较突出，通过司法解释将其纳入变更、追加被执行人的范围，可以有效处理一部分执行案件，在执行程序中解决一部分问题，进而节约司法资源，提高执行效率。同时，对于这些本可另诉解决的纠纷，通过设置执行异议之诉程序，为产生争议的当事人提供诉讼渠道救济，通过另一种方式还原了纠纷处理的诉讼途径，也符合此类特定纠纷的法律性质。① 因此，变更、追加被执行人异议之诉本质是一种具有复审性质的救济渠道，确定此类诉讼中的举证证明责任承担，首先应将其还原为原本的普通民事诉讼，再根据原本的普通民事诉讼类型确定举证证明责任承担者。

例如，执行法院根据甲的申请以未经清算即办理注销登记为由裁定追加乙为被执行人，乙不服该裁定提起执行异议之诉。在这一诉讼中，乙虽然是原告，但由于主张原执行依据执行力扩张的是甲，如果将该执行异议之诉还原为普通民事诉讼则原告也应是甲，故应由甲对未经清算即办理注销登记承担举证证明责任。② 即一般情况下，“仍由申请人对执行依据执行力及于被申请人的要件事实，即权利成立要件，承担证明责任；被申请人对申请人权利发生变更、消灭或妨碍事由的要件事实承担证明责任；但法律另有规定的情形除外。”③

法律另有规定的情形，仍是根据还原为普通民事诉讼后的相关法律规定确定举证证明责任分配。例如，《公司法司法解释（三）》第21条规定：“当事人之间对是否已履行出资义务发生争议，原告提供对股东履行出资义务产生合

---

① 乔宇：《论变更追加执行当事人中的异议之诉》，载《山东法官培训学院学报（山东审判）》2018年第1期。

② 《民事诉讼法司法解释》第90条规定：“当事人对自己提出的诉讼请求所依据的事实或者反驳对方诉讼请求所依据的事实，应当提供证据加以证明，但法律另有规定的除外。在作出判决前，当事人未能提供证据或者证据不足以证明其事实主张的，由负有举证证明责任的当事人承担不利的后果。”第91条规定：“人民法院应当依照下列原则确定举证证明责任的承担，但法律另有规定的除外：（一）主张法律关系存在的当事人，应当对产生该法律关系的基本事实承担举证证明责任；（二）主张法律关系变更、消灭或者权利受到妨害的当事人，应当对该法律关系变更、消灭或者权利受到妨害的基本事实承担举证证明责任。”

③ 乔宇：《论变更追加执行当事人中的异议之诉》，载《山东法官培训学院学报（山东审判）》2018年第1期。

理怀疑证据的，被告股东应当就其已履行出资义务承担举证责任。”据此，在争议焦点为股东是否履行出资义务的追加、变更被执行人异议之诉中，无论原告是申请人还是被申请人，均应由被申请人就其已履行出资义务承担举证责任。

（二）执行法院调取证据的采纳

申请人向执行法院申请变更、追加被执行人，也应提交相应证据，但由于涉及未缴纳或未足额缴纳出资、抽逃出资、未依法出资即转让股权、资产混同、未经清算即办理注销登记等行为的证据，申请人往往难以自行收集，通常会在执行程序中申请执行法院调查收集。执行法院从债权人权利实现最大化和执行效率最大化出发，往往还会主动调查收集相关证据。对这些证据，只要符合法定程序、未超越执行法院职权范围，在执行异议之诉中均应予以采纳作为认定是否追加、变更被执行人及确定债务人责任范围的证据。

五、判决方式

《变更、追加当事人规定》第33条第1款对债务人适格之诉的判决方式作出了规定：“被申请人提起的执行异议之诉，人民法院经审理，按照下列情形分别处理：（一）理由成立的，判决不得变更、追加被申请人为被执行人或者判决变更责任范围；（二）理由不成立的，判决驳回诉讼请求。”

《变更、追加当事人规定》第34条对许可执行之诉的判决方式作出了规定：“申请人提起的执行异议之诉，人民法院经审理，按照下列情形分别处理：（一）理由成立的，判决变更、追加被申请人为被执行人并承担相应责任或者判决变更责任范围；（二）理由不成立的，判决驳回诉讼请求。”

六、变更、追加被执行人审查、复议、诉讼期间的保全和财产处分

（一）保全

《变更、追加当事人规定》第29条增加了变更、追加被执行人程序中适用保全的规定，以防止应被变更追加为被执行人的被申请人利用程序衔接的时间空隙转移财产，导致生效裁判无法执行。该条规定：“执行法院审查变更、追加被执行人申请期间，申请人申请对被申请人的财产采取查封、扣押、冻结

措施的，执行法院应当参照民事诉讼法第一百条①的规定办理。申请执行人在申请变更、追加第三人前，向执行法院申请查封、扣押、冻结该第三人财产的，执行法院应当参照民事诉讼法第一百零一条②的规定办理。”

（二）财产处分

在变更、追加被执行人的救济程序期间，即复议或执行异议诉讼期间，原则上不得对被申请人争议范围内的财产进行处分，但申请人提供担保的除外。

《变更、追加当事人规定》第 31 条第 2 款规定：“被裁定变更、追加的被申请人申请复议的，复议期间，人民法院不得对其争议范围内的财产进行处分。申请人请求人民法院继续执行并提供相应担保的，人民法院可以准许。”第 33 条第 2 款规定：“诉讼期间，人民法院不得对被申请人争议范围内的财产进行处分。申请人请求人民法院继续执行并提供相应担保的，人民法院可以准许。”

这样规定的原因，是复议和执行异议诉讼期间，是否应当变更、追加被执行人尚处于不确定的状态，若在此期间对被申请人争议范围内的财产进行了处分，而复议或诉讼结果又与变更、追加被执行人裁定不一致，则可能导致执行回转甚至国家赔偿。这与执行依据已经确定了被执行人义务范围的普通执行案件大不相同，因此不能适用《民事诉讼法执行程序司法解释》第 10 条第 1 款有关“执行异议审查和复议期间，不停止执行”的规定。同理，在变更追加被执行人的审查期间，也同样不得对被申请人在申请范围内的财产进行处分。

但如果申请人已提供了相应担保，杜绝了给被申请人造成损失的可能性，则仍可以对被申请人财产进行处分。被申请人仅对责任范围有异议的，可对没有异议的财产进行强制执行。

七、《变更、追加当事人规定》施行前发生的变更、追加当事人遗留案件的处理

《变更、追加当事人规定》施行前发生的变更、追加当事人的遗留案件，根据不同情形分别处理。

（一）救济途径告知错误

执行法院已经裁定变更或追加被申请人为被执行人，并在执行裁定中告知

① 现为《民事诉讼法》（2021 年修正）第 103 条。

② 现为《民事诉讼法》（2021 年修正）第 104 条。

当事人可提起执行异议之诉，在其提起诉讼后又以执行异议裁定告知救济途径错误为由裁定不予受理或驳回起诉，相关当事人不服原裁定，执行程序尚未终结的，应通过执行监督程序撤销原裁定，重新作出裁定，告知当事人申请执行复议；执行程序已经终结的，应通过执行监督程序予以审查处理。

（二）未告知救济途径

执行法院已经作出变更或追加裁定，但在执行裁定中未告知申请人和被申请人救济途径的，根据下列情形分别处理：

1. 对异议未立案审查

执行法院对申请人或被申请人提出的异议未立案审查，且执行程序尚未终结的，应依法及时立案审查，并依据《变更、追加当事人规定》的相应情形作出裁定并告知其救济途径。

执行法院既不立案又不作出不予受理裁定的，异议人可以向执行法院的上一级法院提出异议。上一级法院应立“执异”案件进行审查，异议成立的，应指令执行法院在3日内立案审查处理。

2. 对异议已立案审查并作出裁定，但未告知救济途径

执行法院对申请人或被申请人提出的异议已立案审查并作出执行裁定，但未告知申请人和被申请人救济途径，申请人或被申请人也未就此提出任何异议，执行法院对其采取强制措施后又对变更、追加行为及其承担责任的范围提出执行异议的，不予受理。

3. 执行程序终结前未提出异议

执行法院作出变更或追加裁定后，申请人或被申请人对变更、追加裁定均未提出异议，且所涉案件的执行程序已经终结，相关当事人又以原变更、追加裁定未告知其救济途径为由申请执行监督，请求撤销原追加、变更执行裁定的，原则上不予支持。

（三）追加配偶为被执行人

在《变更、追加当事人规定》出台之前，对能否追加未参加诉讼的被执行人配偶一方为被执行人的问题争议较大。

虽然法律、司法解释并未明确规定可追加配偶为被执行人，但最高人民法院《关于依法制裁规避执行行为的若干意见》第20条规定：“依法变更追加被执行主体或者告知申请执行人另行起诉。有充分证据证明被执行人通过离婚析产、不依法清算、改制重组、关联交易、财产混同等方式恶意转移财产规避

执行的，执行法院可以通过依法变更追加被执行人或者告知申请执行人通过诉讼程序追回被转移的财产。”《执行立案、结案意见》第10条第2项规定：“下列案件，人民法院应当按照执行复议案件予以立案：……（二）除因夫妻共同债务、出资人未依法出资、股权转让引起的追加和对一人公司股东的追加外，当事人、利害关系人不服人民法院针对本意见第九条第（四）项作出的裁定，向上一级人民法院申请复议的；……”。

有观点认为，上述规定允许因夫妻共同债务可以追加未参加诉讼的被执行人配偶一方为被执行人。各地法院的做法也不统一，如江苏省高级人民法院就曾在下发的《关于统一夫妻共同债务、出资人未依法出资、股权转让、一人公司等四类案件追加当事人及适用程序问题的通知》（苏高法电〔2015〕784号）中规定：“对于在执行程序中认定为夫妻共同债务的案件，如果符合法律、司法解释等规定的追加条件的，可以作出追加被执行人的配偶为被执行人的裁定，予以追加。被执行人的配偶不服人民法院作出的追加裁定，提出书面异议的，人民法院适用《中华人民共和国民事诉讼法》第二百二十五条[①]的规定，对其异议进行审查。根据案件具体情况，如果直接执行被执行人配偶的财产更为适宜的，可以不追加被执行人的配偶为被执行人，直接执行其财产。被执行人的配偶提出书面异议的，人民法院适用《中华人民共和国民事诉讼法》第二百二十七条[②]的规定审查处理。”

然而，随着《变更、追加当事人规定》的出台，变更、追加被执行人法定原则的确立，变更、追加配偶为被执行人已无法律依据。对之前已经裁定追加配偶为被执行人的案件需要有妥善的途径处理。我们认为，执行法院已经裁定变更或追加未参加诉讼的被执行人配偶一方为被执行人，并在执行裁定中告知其提起执行异议之诉，但在该配偶一方提起诉讼后又以执行异议裁定错误告知救济途径为由裁定不予受理或驳回起诉，该配偶不服原裁定的，如该配偶名下财产已经执行完毕，应通过执行监督程序进行审查处理；如该配偶名下争议的财产尚未执行完毕的，通过执行监督程序撤销原裁定，告知该配偶按照《民事诉讼法》第234条规定，就执行其名下财产的行为提起案外人异议。

---

① 现为《民事诉讼法》（2021年修正）第232条。

② 现为《民事诉讼法》（2021年修正）第234条。

第四节　变更、追加被执行人及相关执行裁判案件的办理机构

审查变更、追加被执行人的申请并作出变更、追加或驳回裁定的职能，应由执行法院的执行实施机构承担；变更、追加被执行人的救济程序应由执行法院的执行裁判部门办理。这里涉及人民法院内设的执行实施机构和执行裁判部门在变更、追加被执行人程序中的分工问题。

有观点认为，对变更、追加被执行人申请的审查属于执行异议案件，因此应当由执行裁判部门办理。理由为，根据最高人民法院《执行立案、结案意见》第9条第4项规定，“下列案件，人民法院应当按照执行异议案件予以立案：……（四）申请执行人申请追加、变更被执行人的；……”而《人民法院执行工作纲要（2019—2023）》第13条要求：“加快推进审执分离体制改革。将执行权区分为执行实施权和执行裁判权，案件量大及具备一定条件的人民法院在执行局内或单独设立执行裁判庭，由执行裁判庭负责办理执行异议、复议以及执行异议之诉案件。不具备条件的法院的执行实施工作与执行异议、复议等裁判事项由执行机构不同法官团队负责，执行异议之诉案件由相关审判庭负责办理。”

我们认为该观点不能成立。理由如下：

第一，变更、追加被执行人应属于执行实施事项。尽管变更、追加被执行人与一般的执行实施事项相比有一些独特之处，如需要审查的事实和法律问题难度更大、更加复杂，必须依适格主体申请才能启动，情况重大复杂的需进行听证，等等，但其在法律属性上仍属于执行实施措施的一种。而执行异议或案外人异议，均是当事人对执行法院的执行行为或执行行为所作用的标的提出的异议，因此对执行异议或案外人异议的审查实质上是对执行实施行为的合法性审查，这与变更、追加被执行人的法律性质完全不同。

第二，寻求权利兑现最大化和执行效率最大化，应当成为执行程序所秉持的两个基本理念，[①] 变更、追加被执行人同样需考虑效率问题。尤其是在执行程序中设立变更追加被执行人制度的目的之一，就是“对逃避、规避行为形

① 周继业主编：《强制执行新实践》，法律出版社2018年版，第96～97页。

成精准打击”。[①]《人民法院执行工作纲要（2019—2023）》第 40 条也要求：“坚决打击规避执行行为。……依法以变更追加被执行人、采取强制措施等方式予以惩戒。”如果程序在执行实施机构和执行裁判部门之间频繁流转，必然导致效率降低，甚至为变更、追加被执行人的对象创造转移资产的时间。因此，由执行实施机构在收到适格主体申请后第一时间开展审查工作，最有利于提高效率，也最有利于变更、追加被执行人制度功能的实现。

第三，将变更、追加被执行人作为执行异议案件的一种类型，并不意味着此类案件应由执行裁判部门进行审查。对此，最高人民法院院长信箱在《关于追加被执行人是否立执行异议案审查的答复》中作了详细的解释：执行程序中追加被执行人属于执行审查类案件中执行异议案件的一种类型。《执行立案、结案意见》第 9 条是根据民事诉讼法的相关规定，对执行异议案件的类型予以明确，除了包括《民事诉讼法》第 225 条、第 227 条[②]规定的执行行为异议、案外人异议外，还包括管辖权异议、变更追加被执行人、债务人异议、不予执行仲裁裁决或者公证债权文书等。《异议复议规定》系对各种执行异议案件办理的规定，并非仅限于执行行为异议和案外人异议，如该司法解释第 7 条第 2 款系处理债务人异议的规定、第 22 条系处理某一情形下不予执行公证债权文书的规定。随后公布施行的《变更、追加当事人规定》是处理民事执行中变更、追加当事人事宜的专门司法解释，以进一步弥补和完善民事诉讼法和原有司法解释对该部分内容规定的不足，特别是为了充分保障当事人的诉权，根据其他法律的相关规定，明确了当事人在某些情形下提起异议之诉的权利。因此，《异议复议规定》《变更、追加当事人规定》《执行立案、结案意见》之间，以及上述司法解释、规范性文件与《民事诉讼法》之间，并不存在矛盾和冲突。追加被执行人依照最高人民法院《关于人民法院案件案号的若干规定》，以案件类型代字“执异”立案审查，符合法律、司法解释和规范性文件的相关规定，并不表示这类案件属于执行行为异议或者案外人异议案件。

对变更、追加被执行人的审查机构问题，有的地方法院进一步予以明确和细化。如江苏省高级人民法院在《关于进一步明确变更、追加当事人有关事

---

① 最高人民法院 2016 年 11 月 8 日关于办理财产保全案件等三个执行司法解释及规范性意见新闻发布会实录，载中国法院网，https：//www.chinacourt.org/chat/fulltext/listId/46027/template/courtfbh20161108.shtml，2020 年 1 月 31 日访问。

② 现为《民事诉讼法》（2021 年修正）第 232 条、第 234 条。

项的通知》（苏高法电〔2018〕388 号）中就要求：“执行程序中变更、追加被执行人事项继续由执行实施法官直接作出裁定。……执行实施法官作出的变更、追加被执行人的裁定，应统一立‘执异字’案号，有关材料放入执行案卷中。……执行实施法官应当在裁定书中根据具体情形交代复议权或诉讼权，并将裁定书送达申请人、被申请人以及其他执行当事人。”

第十三章　执行裁判案件法律文书制作

第一节　执行裁判法律文书的基本特点

裁判文书，古称“判词”，是彰显司法公正、弘扬法治精神、维护公平正义的载体。我国历来重视裁判文书的写作，《人民法院报》于2021年通过“判词例话”“判词经典”等系列专题连续转载了李广宇法官在《判词例话》中分析我国古代经典判词的文章，无论是后晋的《疑狱集》，还是宋朝的《折狱龟鉴》《棠阴比事》，都彰显出我国古代判词写作的规范与严谨。进入新时代，最高人民法院先后通过《人民法院民事裁判文书制作规范》《民事诉讼文书样式》《关于加强和规范裁判文书释法说理的指导意见》等规范性文件，进一步规范裁判文书的撰写，从而提升司法公信力和司法权威，更好地发挥裁判文书价值引领作用。执行裁判法律文书是人民法院在审理执行裁判案件时，依据法定程序制作的法律文书，具体包括执行审查类裁判文书与异议之诉类裁判文书。因执行裁判案件是由执行实施活动衍生而来的一种较为特殊的案件类型，故执行裁判法律文书有着不同于其他法律文书的基本特点。

一、文书类型多样化

执行裁判案件属于因执行实施程序衍生的诉讼程序，既包括执行案件当事人、利害关系人、案外人提出的执行异议、复议、执行监督等执行审查类案件，也包括以案外人异议为前置程序的案外人、申请执行人执行异议之诉，因变更、追加执行当事人而产生的变更、追加被执行人异议之诉，因执行分配方案而产生的分配方案异议之诉案件，还包括人民法院在执行过程中对存在妨碍、规避执行等情形的当事人、协助义务人或者其他利害关系人采取强制制裁措施的司法惩戒类案件。每一类执行裁判案件对应着不同类型的法律文书，呈现出了文书类型多样化的特点。

二、法律关系多元化

执行裁判案件衍生于执行实施案件，而执行实施案件又源自人民法院生效裁判文书、仲裁机构作出的仲裁裁决等执行依据，因此在执行裁判案件审查中除了涉及执行依据本身所涉法律关系外，还存在执行程序中人民法院的执行行为是否合法，执行当事人之间、案外人与执行当事人之间基于不动产所有权、担保物权、优先受偿权、租赁权等引发的多元法律关系，甚至部分法律关系已经过另案审理裁判。审理中实体与程序交错、公法与私法交融，需要执行与审判并重、效率与公正兼顾。在不同法律关系与多重程序互相交错的情况下，执行异议、复议等执行审查类案件需要对执行依据、执行实施活动予以必要的审查和判断，执行异议之诉案件还需要对前述审查程序、产生冲突的法律关系及关联案件事实进行更为充分的查明和实质性审理判断。

三、裁判依据分散化

就实体法依据而言，执行审查类、异议之诉类案件所针对的实体法律关系的请求权基础分散在《民法典》各编、《公司法》《企业破产法》等不同法律、司法解释，人民法院在审理此类案件时，需要在不同法律、司法解释中去寻找对应的实体法依据。就程序法依据而言，一方面，执行行为所依赖的执行依据不仅包括民事裁判、行政裁判及刑事裁判中涉财产部分等人民法院出具的法律文书，还包括行政机关、仲裁机构、公证机关、国外法院及仲裁机构等部门出具的具有强制执行效力的法律文书，不同类型的执行依据所对应的执行程序、审查程序有所不同；另一方面，因我国尚未制定成文的“强制执行法”，目前涉执行程序的法律、司法解释本身也较为分散，散布于《民事诉讼法》执行程序编、《民事诉讼法司法解释》《执行工作规定》《查封、扣押、冻结规定》《异议复议规定》《变更、追加当事人规定》等几十部法律、司法解释。

四、文书内容要素化

根据时间顺序，执行裁判案件一般经历了执行依据的审理、执行行为的作出、执行争议所依据事实的发生等环节，而执行依据所依据的事实可能发生在执行依据审理之前，也可能发生在执行依据审理中或者生效之后。但无论执行争议所依据的事实发生在何时，也无论何种类型的执行裁判案件，执行裁判文书正文内容要素化较为明显，一般包括：事实认定、裁判说理和裁判主文。在事实认定部分，一般需涵盖执行依据审理过程、执行行为作出过程、产生争议所依据事实的发生过程等三大要素。在裁判说理部分，执行审查类文书应围绕上述三大要素对执行行为是否符合法定程序进行说理；排除执行异议之诉类文书则应根据执行行为及争议所依据事实，准确适用相关实体法和程序法，分析案外人所依据的实体权益与申请执行人所享有的权利之间的优劣，进而判断是否可以排除执行。

五、裁判主文特定化

执行裁判案件的审查对象主要包括执行行为的合法性、能否排除对标的物的执行、是否可以变更追加被执行人等内容，故执行裁判文书主文的表述一般较为特定。

对于执行审查类案件与司法惩戒类案件，一般而言裁判文书主文应围绕异议人（复议申请人、申诉人）的请求是否成立进行表述，如其请求不成立，则驳回其相应异议请求；如异议成立，则应撤销或者变更相关的执行行为、惩戒措施，或者中止对标的物的执行，或者裁定变更追加相关当事人为申请执行人或被执行人。

对于异议之诉类案件中的案外人排除执行异议之诉或申请执行人许可执行异议之诉，一般根据当事人的请求是否成立而判决驳回诉讼请求或者不得（许可）在某案件中对某标的物的执行。对于异议之诉类案件中的变更、追加被执行人异议之诉，人民法院也应根据原告的诉讼请求是否成立判决是驳回原告诉讼请求抑或变更、追加××为案件被执行人。对于异议之诉类案件中的分配方案异议之诉，裁判文书的判项则一般表述为驳回诉讼请求或者债权人/原告分配本案案款××元。需要注意的是，在异议之诉案件裁判文书中，除了对案外人同时提出确权时可以作出确权判决之外，不得对被执行人享有实体权利、确认合同无效、解除合同、撤销合同等请求在判决主文中宣告，但可以在事实与理由部分予以阐述。

基于执行裁判文书具有文书类型多样化、法律关系多元化、裁判依据分散化、裁判主文特定化等特点，撰写法律文书时对承办法官在事实法律关系的认定及程序法和实体法的灵活运用等方面提出了较高的要求，相应地提高了承办法官撰写裁判文书的标准，对执行裁判案件文书撰写提出了更高的要求。

由于执行裁判工作起步较迟，这种特殊性及其对案件办理、文书撰写的特殊要求在审判实践中往往难以满足。一方面，执行异议通常产生于执行实施过程中，多数执行审查类案件在审查期间，执行案件尚未结案，一般难以完整调阅执行案件卷宗，执行裁判法官无法通过阅卷的方式便捷、高效了解执行案件情况。另一方面，在既有文书样式并不强调对执行依据、执行行为等特殊事实查明并记录的情况下，面对现实的办案压力，承办法官可能也不会主动去全面地获取和查明上述案件事实。这既会降低执行异议案件本身的办理质量，也可能导致后续复议或诉讼程序不得不面临由于前一程序事实认定模糊不清或遗漏部分事实而加剧事实认定困难，容易引发案件办理质量与文书规范化水平的连锁性减损。因此，以现有裁判文书样式为基础，对事实认定等内容予以明确或进行必要的扩充，提供与执行裁判自身规律相契合的、统一的文书格式规范，具有现实的必要性。

本章在遵循最高人民法院《民事诉讼文书样式》及《人民法院民事裁判文书制作规范》相关要求的基础上，结合执行裁判工作实际要求及文书撰写习惯，对常见执行审查类与执行异议之诉类案件制作了相应文书样式，附于本章之后，① 以期进一步提高执行裁判工作的效率及规范化水平。

第二节　制作执行裁判法律文书需注意的问题

一、当事人基本情况

（一）当事人的诉讼地位和基本信息

在执行行为异议案件中，提出异议的当事人或者利害关系人的诉讼地位应表述为“异议人”，并在后用括号注明申请执行人、被执行人或利害关系人，其他未提出异议的执行程序当事人亦应分别列明。在案外人异议案件中，当事人的诉讼地位表述为“案外人”，其他当事人按照该当事人在执行程序中的地位分别列明。执行异议之诉一审案件中，当事人的诉讼地位表述为“原告”“被告”“第三人”，并用括号注明当事人在执行及异议程序中的诉讼地位。执

① 本章文书样式的行间距、页边距、字号等部分格式、排版根据本书撰写体例有所调整，实际应用过程中仍应按照《人民法院民事裁判文书制作规范》规定的印刷标准及省内裁判文书制作统一标准执行。

行异议之诉二审、再审案件当事人诉讼地位的表述参照其他民事案件，并用括号注明原审、执行及异议程序中的诉讼地位。

当事人为自然人的，其基本信息部分依次写明姓名、性别、出生年月日、居民身份证号码、民族、职业或工作单位及职务、住所。当事人职业或工作单位及职务不明确的，可以不作表述。当事人为法人组织或非法人组织的，写明名称和住所，并另起一行写明法定代表人或主要负责人的姓名和职务。其他类型当事人的基本信息及当事人基本情况的其他具体内容应按照《人民法院民事裁判文书制作规范》（法〔2016〕221 号）的相关要求撰写。

需要说明的是，尽管《人民法院民事裁判文书制作规范》未对自然人当事人的基本信息是否写明居民身份证号码作出要求，但执行裁判案件与普通民事案件存在一定的区别，执行裁判文书对执行程序中特定执行行为的合法性或特定执行标的能否排除执行进行判断，直接关系到当事人、利害关系人及案外人的财产性权益或其他合法权益的保障。在执行实施案件、执行裁判案件中通过身份证号码或其他有效证件号码确定当事人，避免因重名等情况造成执行错误，具有现实的必要性，也有利于执行信息化水平的提高。因此，我们建议在可能的情况下列明自然人当事人的身份证号码或其他有效证件号码。

（二）被执行人及第三人在异议之诉案件中的诉讼主体地位

一般而言，案外人执行异议之诉与申请执行人异议之诉案件当事人的主体特定。《民事诉讼法司法解释》第 305 条、第 306 条分别明确规定了两类案件的原、被告主体身份。对于被执行人的主体资格问题，《民事诉讼法司法解释》根据被执行人是否反对原告的主张不同确定被执行人的主体地位：如果被执行人反对原告主张的，列其为共同被告；如果被执行人不反对原告主张，则可以列其为第三人。那么在实践中有三个问题，上述司法解释未予明确，值得我们注意：一是执行案件中所有被执行人是否均需列为异议之诉案件的被告或者第三人；二是如果被执行人下落不明，无法明确表明其意见，应如何列其诉讼主体地位；三是异议之诉案件中是否可以将提起异议的案外人、申请执行人、被执行人之外的主体列为案件的被告或第三人。

对于第一个问题，实践中有两种不同认识：一种意见认为《民事诉讼法司法解释》第 305 条、第 306 条规定的被执行人应指与发生争议的被执行标的物权属存在直接利害关系的被执行人；另一种意见认为司法解释中的被执行人应指执行案件中所有被执行人。我们认为，判断某一民事主体能否成为诉讼案件当事人的核心标准在于该民事主体对诉讼案件是否具有直接诉的利益。执行异议之诉的审查标的系案外人对标的物是否享有排除执行的权益，需要对案外人、申请执行人对标的物的权属及享有的权利位阶进行判断，与执行标的权属不存在直接利害关系的其他被执行人因不具有异议之诉的利益，不应当成为异议之诉案件当事人。因此，异议之诉中的被执行人是与诉讼标的权属存在直接利害关系的被执行人，而非所有被执行人。

对因下落不明导致无法发表意见的被执行人应如何列其主体地位的问题。《江苏省高级人民法院执行异议及执行异议之诉案件办理工作指引（一）》第三.6条根据案外人是否主张确权进行区分，如果案外人主张确权的，应将其列为共同被告；如果案外人未主张确权，则应根据案外人的要求列明被执行人的诉讼地位，原告未提出对被执行人诉讼地位要求的，为切实保障被执行人的程序及实体性权利，应将被执行人列为共同被告。

对于提起异议的案外人、申请执行人、被执行人之外的主体能否列为异议之诉案件当事人的问题，实践中也存在分歧。一种观点认为，从《民事诉讼法司法解释》第305条、第306条的规定本身看，并没有赋予提起异议的案外人、申请执行人、被执行人之外的民事主体资格，因此不能将其列为案件当事人。另一种观点则根据案件具体情况分析其他民事主体是否对案件具有诉的利害关系，进而判断是否将其列为案件当事人。我们认为，一般情况下，根据《民事诉讼法司法解释》第305条、第306条的规定，应当仅将案外人、申请执行人及与执行标的有利害关系的被执行人列为诉讼案件当事人。但对于一些与案件的实体处理有利害关系的特殊民事主体，如被执行人名下的房地产经多次买卖，中间买卖环节中的“二转手”出卖人、涉租赁合同中的转租人、建设工程施工合同中的转包人、违法分包人、共有房屋的其他共有人、分配方案异议之诉中已知的且未提出反对意见的债权人等特殊民事主体，其虽然不具有申请执行人或被执行人身份，但根据案件具体情况，可以将其列为案件第三人参加诉讼，一方面更有利于查清案件相关事实，另一方面可以充分保障该当事人的程序性与实体性权利。

二、案件事实部分的撰写

裁判文书的事实部分通常包括当事人诉辩意见，举证、质证情况，人民法院认定的事实和据以定案的证据。执行裁判文书对于当事人诉辩意见与法院认定事实通常存在两种撰写顺序：一种是将当事人诉辩意见列于案件来源之后、法院认定事实之前；另一种是按照执行行为的发生时间及争议产生与处理的逻辑顺序撰写事实认定部分，首先写明执行依据裁判内容，并依次写明执行过程、执行异议程序诉辩情况及审查情况、异议之诉诉辩情况及审理情况等，也即将当事人诉辩意见按照时间顺序列于法院认定事实部分的相应位置。《江苏省高级人民法院执行异议及执行异议之诉案件办理工作指引（一）》第十二.1条对案件事实部分的撰写作了原则性规定："案外人异议及执行异议之诉裁判文书事实部分，总体上应按照执行行为的发生时间及争议产生与处理的逻辑顺序制作。首先应写明执行依据的裁判内容，并依次写明执行过程、执行异议诉辩情况、异议审查情况、异议之诉原被告及第三人的诉辩情况、本院查明及认定的事实情况。二审裁判文书也应基本遵从上述文书制作方法。"但具体到不同类型的案件中，在案件事实各要素之间的撰写顺序上略有不同。

（一）执行审查类裁判文书事实部分的撰写

最高人民法院印发的《民事诉讼文书样式》虽然分别有关于执行行为异议、案外人异议、执行复议、执行监督案件的裁判文书样式，但对于上述四类执行审查类文书中当事人诉辩意见与法院认定事实的撰写顺序并不一致。该文书样式中，对于执行行为异议、案外人异议的裁定书，将当事人诉辩意见置于了法院认定事实之前，而在执行复议、执行监督案件的裁定书，则将该程序中的当事人诉辩意见置于了法院认定事实之后。在审执分离体制改革试点初期，尚无统一执行裁判文书样式的背景下，司法实践中对执行裁判案件尤其是执行审查类案件文书样式的不甚统一。

我们认为，执行审查类案件不同于普通民事诉讼案件，其以执行法院作出的执行行为的合法性与合理性为审查核心，当事人的诉辩意见与执行行为密不可分。诉辩意见前置的传统撰写方式既可能使得阅读执行裁判文书时产生突兀感，也可能导致事实认定部分因缺少异议或复议请求而产生结构上的缺失。而按照时间顺序依次列明执行依据、执行行为、异议复议或诉讼等事实的撰写方式可能更具有可适性。因此，我们倾向认为在执行审查类案件的裁定书中应将法院认定的事实置于本程序中的诉辩意见之前，即按照执行依据的裁判情况（包括诉讼保全情况）、执行过程、案件所涉执行行为的发生情况、执行异议诉辩及审查情况、复议程序诉辩及审查情况、本院另查明及认定的事实情况、执行监督程序诉辩意见等顺序依次撰写。

另外，对于以驳回申诉的方式结案的执行监督案件，江苏省高级人民法院采用了简化式文书样式。即法院经审查后裁定驳回申诉人申诉请求时，裁判文书样式参照《民事诉讼文书样式》中裁定驳回再审申请的文书样式，在正文部分仅载明双方当事人的诉辩意见、补充查明事实即可，不再撰写原审法院查明的案件事实及执行异议、复议程序的诉辩情况及裁定内容作为执行监督案件裁定书的案件事实部分，以简化驳回申诉时执行监督案件的文书内容。但对于发回重新审查或撤销原裁定的执行监督案件，仍应将原审裁定查明的事实及执行异议、复议裁定的裁判内容作为案件事实进行表述。

（二）异议之诉类裁判文书事实部分的撰写

实践中，因审理执行异议之诉案件的业务部门与执行实施机构系人民法院内不同内设机构，执行程序与审理程序也存在较大差异，导致一些法院在异议之诉裁判文书的事实部分对执行依据、执行过程与讼争执行行为等必要事实未予表述。因此，在异议之诉的文书样式中有必要对事实部分的要素及撰写顺序进行统一规定，以提升执行裁判文书的规范化。

异议之诉类案件裁判文书事实部分的撰写顺序应参照《民事诉讼文书样式》中案外人执行异议之诉与普通民事诉讼判决书的样式撰写，即在当事人基本情况与案件来源之后，按照当事人的诉辩意见、执行依据的裁判情况（包括诉讼保全情况）、执行过程、案件所涉执行行为的发生情况、案外人异议诉辩及审查情况、本院另查明及认定的事实情况等顺序依次撰写。此类案件的撰写顺序与执行审查类案件略有不同，将法院认定事实置于诉辩意见之后。之所以采用先诉辩意见后认定事实的顺序是基于以下考虑因素：其一，在《民事诉讼文书样式》明确规定了执行异议之诉案件先诉辩意见后法院认定事实的文书样式情况下，应参照适用，同时也与承办法官平时撰写普通民事裁判文书的写作习惯相一致；其二，在异议之诉类案件中，由于本案程序以前的相关事实占较大篇幅，此时如仍然将本阶段诉辩意见置于法院查明事实之后，诉辩意见不够突出，无法更好地体现出民事诉讼程序的当事人地位平等原则及辩论原则。

三、执行裁判案件的法律适用

根据《最高人民法院关于裁判文书引用法律、法规等规范性文件的规定》相关规定，人民法院的裁判文书应当依法引用相关法律、法规等规范性法律文件作为裁判依据。执行异议之诉案件进行实体审理并作出裁判的，应当引用作出该裁判结论所依据的实体法或司法解释，不能仅仅引用程序法及其司法解释作出判决。引用多个法律等规范性文件的，应按照法律及法律解释、行政法规、地方性法规、自治条例或者单行条例、司法解释的顺序引用。同时引用两部以上法律的，应当先引用基本法律，后引用其他法律。引用包括实体法和程序法的，先引用实体法，后引用程序法。需要说明的是，裁判文书不得引用各级人民法院及其内设机构制发的如审判工作指南等其他规范性文件，既不能将其作为裁判依据直接引用，也不能在裁判理由部分表述为"根据××文件精神"或"依据××文件第×条规定"，但其体现的原则和精神可以在说理部分中阐述。

四、裁判文书主文的撰写

执行裁判文书主文部分应当按照《民事诉讼法》《民事诉讼法司法解释》《异议复议规定》等法律或司法解释的具体要求撰写，内容应当具体、明确。

（一）执行异议案件裁判文书撰写注意事项

1. 关于执行当事人、利害关系人或案外人提出的执行异议请求不成立时，裁定主文应如何表述

《异议复议规定》的裁判表述包括：驳回异议、驳回申请与撤回异议，并没有严格区分异议请求和异议申请，与民事诉讼中通常对请求与申请予以区分的思路不完全一致，但在最高人民法院制定的《民事诉讼文书样式》中则明确区分了异议请求与异议申请。目前，江苏法院在执行异议裁定书的撰写中，对异议裁定主文表述不甚统一。因此，考虑到区分异议请求与异议申请的现实必要性，本章文书样式沿用了最高人民法院及江苏省高级人民法院其他规范性文件的做法，明确对异议请求与异议申请予以区分。当事人、利害关系人或案外人提出执行异议，其请求经审查不成立的，应裁定驳回异议请求；立案后发现不符合执行异议受理条件的，应裁定驳回异议申请；立案后异议人申请撤回异议，经审查不违反法律规定的，裁定准许撤回异议申请。

2. 在案外人异议案件中，如果案外人的异议请求成立时裁判主文应如何正确表述

第一部分提到，执行裁判文书具有主文特定化的特点。对于一般案外人主张实体权益的案外人异议，如果支持案外人的异议请求，根据《民事诉讼法》

第 234 条规定，裁定主文应表述为中止对案涉标的物的执行。但司法实践中，有法院在支持案外人排除执行异议的请求时，作出了“解除对某标的物的查封、冻结”等具有作出或者变更执行措施的错误裁定。这种变相作出具体执行行为的裁判方式有执行审查权代替执行实施权之嫌，有违审执分离基本原则，既不符合《民事诉讼法》及《民事诉讼法司法解释》的规定，同时也与最高人民法院《民事诉讼文书样式》相悖。如执行法院拟腾空被执行人的不动产进行变价，承租人以其享有租赁权为由请求“带租拍卖”时，很多法院审查后如认为其异议成立，作出了“带租拍卖”的裁定。我们认为，执行裁判部门不能替代执行机构主动行使执行实施权，此时承租人提起“带租拍卖”的异议实质上是请求中止对房屋腾空的执行，如其异议请求成立，执行异议裁定主文也应当按照上述规定表述为“中止对案涉房屋腾空的执行”，而非直接裁定“带租拍卖”。

3. 中止执行的异议裁定与执行实施程序、执行异议之诉程序如何衔接

《民事诉讼法司法解释》第 312 条至 314 条对该问题作出了具体规定。即中止执行的异议裁定作出后，如申请执行人在法定期间内未提起执行异议之诉，执行法院应当自起诉期限届满之日起 7 日内解除对执行标的采取的执行措施；如果申请执行人已提起异议之诉，除申请执行人提供担保外，执行法院不得对执行标的进行处分，异议之诉判决准许对执行标的执行的，中止执行的异议裁定失效，执行法院可以根据申请执行人的申请或依职权恢复执行。

（二）异议之诉裁判文书撰写注意事项

当作为原告的案外人或者申请执行人的诉讼请求不成立时，应当判决驳回其诉讼请求。但如果原告请求排除或者许可对标的物的执行诉讼请求成立时，此类判决主文的表述一定要全面、具体。因执行异议之诉作为普通诉讼程序，受判决既判力主观范围约束，仅在本案所涉执行案件中能否对标的物排除执行作出认定，其效力不能扩及其他执行案件。此时，如果人民法院支持原告请求排除执行或者许可执行的诉讼请求时，判项不能仅简单表述为“停止执行”或者“许可执行”，而应当明确执行法院名称、执行依据案号、文书名称及标的名称，一般表述为“不得依据×××人民法院（20××）×××民初××号民事判决对××标的物执行”或者“准许依据×××人民法院（20××）×××民初××号民事判决对××标的物执行”。

在案外人执行异议之诉中，案外人同时请求确认其实体权利，且请求成立

的，判决不得对所涉执行案件中的执行标的强制执行，并确认其主张的权利；其请求确认实体权利的主张不能成立，但请求排除执行的主张能够成立的，判决不得对所涉执行案件中的执行标的强制执行，并驳回其他诉讼请求。案外人仅请求排除执行而未请求确认其实体权利，其请求成立的，不得在判决主文中确认实体权利，但可以在事实与理由部分予以阐述。在申请执行人执行异议之诉中，对申请执行人同时提出的确认被执行人享有实体权利、合同无效、解除合同、撤销合同等请求，人民法院不得在判决主文中确认，但可以在事实与理由部分予以阐述。

在分配方案异议之诉案件中，如原告的诉讼请求和理由不成立，应判决驳回其诉讼请求，执行机构按照原分配方案进行分配；如果原告的请求成立，判决主文应对原告（异议人）应当参与分配的分配顺序、分配数额作出判决，不得作出由执行机构重新作出分配方案的判决。

《变更、追加当事人规定》第10条至第25条列举了17种应当变更、追加被执行人的情形，其中10种情形有被追加的当事人应承担责任财产范围的要求。[①] 当异议人或者原告请求变更、追加被执行人的异议请求或者诉讼请求和理由不成立时，应当裁定驳回异议请求或者判决驳回诉讼请求；如果异议人的异议请求或者原告的诉讼请求成立时，此时的裁判主文也应当坚持具体、明确的原则，尤其是对符合《变更、追加当事人规定》中规定被追加当事人有承担责任财产范围的10种情形尤其需要注意。此时，人民法院的裁判主文不仅包括追加××为被执行人，还应当就其应承担的责任范围进行明确，一般应表述为：变更/追加×××为被执行人，在……范围内承担……责任。

五、裁判文书尾部撰写注意事项

（一）案外人异议程序中权利救济的交代

实践中对案外人异议裁定中权利救济部分的表述有两种做法：一是仅向当事人交代《民事诉讼法》第234条规定的两种后续救济途径中的一种；二是按照《民事诉讼法》第234条的规定，向当事人、案外人同时告知提起异议之诉或者通过审判监督程序救济，由案外人、当事人根据其具体诉求和理由选

① 10种情形具体为：《变更、追加当事人规定》第10条的两种情形，第14条第2款、第17条、第18条、第19条、第22～25条的八种情形。

择相应的后续救济程序。我们认为，前一种做法存在代替当事人行使后续救济途径选择权的嫌疑。如最高人民法院（2019）最高法执监400号裁定亦认为："但江苏高院在驳回其案外人异议裁定中，直接将刘某某不服该裁定的救济方式限定为通过审判监督程序申请再审，超越了驳回案外人异议裁定的处理范围，属于适用法律不当，应予纠正。"因此，人民法院在作出案外人异议裁定时，应当按照《民事诉讼法》第234条的规定，完整告知案外人、当事人通过审判监督程序救济或者提起异议之诉的救济权利，由案外人、当事人根据其具体诉求和理由选择相应的后续救济程序。如江苏省高级人民法院（2020）苏执异482号执行裁定书："综上，案外人史某某的异议理由成立，应予支持。依照《中华人民共和国民事诉讼法》第227条（现第234条）之规定，裁定如下：

"中止依据本院（2017）苏民初51号民事判决对宿迁市宿城区凤凰美地××栋××室房屋的执行。

"案外人、当事人对本裁定不服，认为原判决错误的，依照审判监督程序办理；与原判决无关的，可以自本裁定书送达之日起十五日内向本院提起诉讼。"

较为特殊的是，对根据《变更、追加当事人规定》第14条第2款、第17条至第21条规定作出变更、追加被执行人的执行异议裁定时，仅需要向当事人交代不服该异议裁定可以向执行法院提起执行异议之诉的救济权利即可，无须按照上述案外人异议裁定同时交代审判监督程序及执行异议之诉的救济权利。

（二）执行异议之诉案件裁判文书中是否交代异议裁定的效力问题

执行异议程序是执行异议之诉程序的前置程序，当事人、案外人不服执行异议裁定的，根据《民事诉讼法》第234条规定可以提起执行异议之诉。案外人排除执行异议之诉审查后，如果判决不得执行特定执行标的，此时就需要处理执行法院先前作出的驳回案外人执行异议裁定。同理，在申请执行人许可执行异议之诉中，如果判决准许执行该执行标的，则需要做好与先前中止执行的案外人异议裁定的程序衔接问题。

实践中存在两种做法，一种做法是在执行异议之诉的裁判文书中一并撤销执行异议裁定或者宣告执行异议裁定失效。理由为执行异议裁定与执行异议之诉的判决均属人民法院依法作出的生效法律文书，当执行异议之诉的判决作出了不同于其前置程序即案外人异议裁定的结论时，相当于推翻了执行异议裁定，否定了执行异议裁定的效力，故应将原执行异议裁定一并撤销或宣告失效。如云南省高级人民法院（2020）云民初19号判决书："判决如下：

"一、在本院（2015）云高执字第18号执行案件中，不得执行昆明市官渡区车位；

"二、驳回王某1的其他诉讼请求。

"案件受理费3660元，由王某2、云南海运房地产开发经营有限公司负担。

"本院（2020）云执异41号执行裁定于本判决生效时自动失效。

"如不服本判决，可在本判决书送达之日起十五日内，向本院递交上诉状，并按照对方当事人的人数提出副本，上诉于最高人民法院。"

另一种做法则是鉴于执行异议之诉的裁判文书如果事实上已经否认了执行异议裁定的效力，在异议之诉的裁判文书中不再对异议裁定的效力进行评价。如江苏省高级人民法院（2020）苏民初12号判决书："判决如下：

"驳回原告朱延的诉讼请求。

"案件受理费4933元，由朱某负担。

"如不服本判决，可以在判决书送达之日起十五日内，向本院递交上诉状，并按对方当事人或者代表人的人数提出副本，上诉于最高人民法院。"

最高人民法院民一庭认为第二种做法正确。理由是《民事诉讼法司法解释》第312条规定："对案外人执行异议之诉，人民法院判决不得对执行标的执行的，执行异议裁定失效。对申请执行人执行异议之诉，人民法院判决准许对该执行标的执行的，执行异议裁定失效，执行法院可以根据申请执行人的申请或者依职权恢复执行"。可见，司法解释已经规定，在执行异议之诉案件的判决结果和执行异议的裁定结果相反的情况下，执行异议裁定失效。因此，在执行异议之诉判决中无须另行撤销执行异议裁定。①

（三）诉讼费用的收费标准

关于执行异议之诉案件的收费标准问题，长期以来司法实践中争议较大，主要有三种观点：一种观点认为执行异议之诉请求的对象是法院的执行裁定与

① 参见最高人民法院民事审判第一庭编著：《民事审判实务问答》，法律出版社2021年版，第392～393页。

执行行为，并无实际给付内容，属于形成之诉，应当适用非财产案件的收费标准收取费用；第二种观点认为无论排除执行类异议之诉，还是分配方案异议之诉或者变更、追加被执行人异议之诉，均最终指向具体的财产或者应承担的责任范围与数额，本质上属于财产类案件，因此其案件受理费应按照财产案件收费标准收取；[①] 第三种为折中性观点，认为应当根据不同异议之诉案件区分适用不同案件受理费收取标准，但在具体的区分标准上又有所不同：有以提起诉讼的主体身份和异议之诉的类型作为收费标准，[②] 有按照异议之诉案件是否涉及财产权益等标准进行区分。[③]

我们认为，无论是排除执行类的执行异议之诉，还是申请变更、追加被执行人异议之诉，抑或是分配方案异议之诉，均具有当事人之间的财产权益属性，应当按照财产案件标准缴纳受理费。《江苏省高级人民法院执行异议及执行异议之诉案件办理工作指引（一）》第十二.4 条规定："案外人执行异议之诉、申请执行人执行异议之诉、变更追加被执行人异议之诉以及执行分配方案异议之诉案件，应当依据《民诉法解释》第二百零一条以及《诉讼费用交纳办法》规定的财产案件收费标准交纳案件受理费。"即异议之诉的案件受理费均应以财产案件收费标准进行缴纳，不需进一步区分该异议之诉的具体类型，也不再区分异议之诉是发生在诉讼保全阶段还是在执行实施阶段。

六、要素式审查报告的撰写

虽然执行裁判案件涉法律关系广泛且裁判依据较为分散，导致审理此类案件的难度较大，但同时具有审理方法要素化的特点。前文已提到，执行裁判文

---

① 如《江苏省高级人民法院执行异议及执行异议之诉案件办理工作指引（一）》《黑龙江省高级人民法院关于审理执行异议之诉案件若干问题的解答》所持观点。

② 如《广东省高级人民法院关于执行异议诉讼案件受理与审理的指导意见（试行）》《上海市高级人民法院立案庭、民二庭关于公司决议之诉、执行异议之诉收取诉讼费问题的会商纪要》认为，案外人提起执行异议之诉的，按照财产案件收费标准收取，其他类异议之诉案件按照非财产案件标准收取。

③ 如2014 年7 月25 日，最高人民法院《关于安徽省高级人民法院〈关于对执行异议之诉案件如何收取受理费的请示〉的答复》（〔2014〕民立他字第20 号）中提出："执行异议之诉是人民法院对执行过程中当事人之间的实体法律关系争议适用审判制度予以裁决的一种实体裁判制度。此类案件当事人的请求涉及财产权益的，属于财产案件，应当按照财产案件标准计收案件受理费。"最高人民法院（2018）最高法民终646 号判决认为，在诉讼财产保全引发的异议之诉中，保全裁定的执行性质上属于控制性执行行为，不涉及财产权属和处分，应按照非财产案件标准缴纳案件受理费。（2021）最高法民终556 号判决则认为，富滇银行西山支行一审诉讼请求涉及财产权益争议，属于财产类案件，应按照财产案件标准收取受理费。

书正文部分的事实认定及裁判说理的要素化特征较为明显，大致包含了执行依据、执行行为、当事人或案外人异议或提起诉讼所依据的事实等要素，这一特征决定了执行裁判类案件具有要素式审判的基础和前提。因此，人民法院在审理此类案件时，应当注重总结适合该类案件的审判方法，逐渐形成要素式审判思维。江苏省高级人民法院在总结审理此类案件方法的基础上，分别对执行审查类案件、异议之诉类案件制作了表格式审查报告。[①] 主审法官在阅卷或制作审查报告时，只需在表格中填写相应的审查要素内容即可，不再需要按照常规式审查报告的模式进行撰写，在节省办案时间和精力，并提高案件审查效率的同时，又准确、恰当地掌握和运用了审理此类案件的精髓和要义，保证了案件办理质量。为此，江苏省高级人民法院在《关于进一步深化审执分离改革、加强执行裁判工作的意见》（苏高法〔2022〕60 号）第 8 条中提出“全面推行要素式审判方法”的意见，也为有条件的人民法院尝试探索制作执行裁判案件表格式裁判文书奠定基础。

① 详见江苏省高级人民法院《执行裁判文书样式（2022 年版）》样式 35、样式 36。

附：常用执行裁判文书样式

一、执行审查类文书样式

1. 执行异议裁定书（执行行为异议用）

××××人民法院

执行裁定书

（20××）……执异……号

异议人（申请执行人/被执行人/利害关系人）：×××，……。

法定代理人/指定代理人/法定代表人/主要负责人：×××，……。

委托诉讼代理人：×××，……。

申请执行人/被执行人：×××，……。

……（以上写明异议人、申请执行人、被执行人和其他诉讼参加人的基本信息）。

本院在执行×××与×××……（写明案由）一案中，异议人×××对本院/××××人民法院……（写明人民法院的执行行为）不服，向本院提出书面异议。本院于20××年××月××日立案后，依法组成合议庭进行审查，［（进行听证/质证的，写明：）并于20××年××月××日举行了公开听证/进行了质证，……（写明参加听证/质证的当事人或/及其委托代理人）参加了听证/质证。（当事人缺席听证/质证的，还应写明经依法通知、无正当理由未参加听证/质证的情况）］本案现已审查终结。

经审查查明，20××年××月××日，本院/××××人民法院对×××诉×××……（写明执行依据案由）一案作出（20××）……民初……号民事判决：……（写明执行依据裁判主文，执行依据为民事调解书、仲裁裁决、公证债权文书或其他民事裁定的，参照上述内容写明）。

（有诉前或诉讼保全措施的，写明：）20××年××月××日，本院/××××人民法院根据×××的申请，作出……（写明保全裁定案号）民事裁定：……（写明保全裁定的具体内容）。

根据×××的申请，本院于20××年××月××日立案强制执行，案号为（20××）……执……号。在本案执行过程中，本院于20××年××月××日作出（20××）……执……号执行裁定/通知/公告/其他执行行为：……（写明引起执行异议的具体执行行为内容）。

×××提出异议称，……（写明提出异议的主要事实、理由与证据）。请求：……。

申请执行人/被执行人/其他当事人称，……（写明其他当事人的意见）。

另查明，……（针对执行异议写明审查认定的事实与证据，包括依职权查明的事实）。

本案争议焦点为：……。

本院认为，……（围绕争议焦点，根据认定的案件事实和相关法律，对异议请求进行分析评判，说明异议请求成立或驳回异议请求的理由）。依照《中华人民共和国民事诉讼法》第二百三十二条、《最高人民法院关于人民法院办理执行异议和复议案件若干问题的规定》第××条第×款第×项之规定，裁定如下：

（驳回异议请求的，写明：）驳回×××的异议请求。

（撤销或变更执行行为的，写明：）撤销/变更××××人民法院（20××）……执……号……，……（写明撤销或变更后的执行行为内容）。

如不服本裁定，可以自本裁定书送达之日起十日内，向本院递交复议申请书，并按对方当事人的人数提出副本，向××××人民法院申请复议。

审　判　长　×××
审　判　员　×××
审　判　员　×××

二〇××年××月××日
本件与原本核对无异（印戳）
（院印）
法 官 助 理　×××
书　记　员　×××

2. 执行异议裁定书（案外人提起的执行标的异议用）

××××人民法院
执行裁定书

（20××）……执异……号

案外人：×××，……。

法定代理人/指定代理人/法定代表人/主要负责人：×××，……。

委托诉讼代理人：×××，……。

申请执行人/被执行人：×××，……。

……（以上写明案外人、申请执行人、被执行人和其他诉讼参加人的基本信息）。

本院在执行×××与×××……（写明案由）一案中，案外人×××向本院提出书面异议。本院于20××年××月××日立案后，依法组成合议庭进行审查，［（进行听证/质证的，写明：）并于20××年××月××日举行了公开听证/进行了质证，……（写明参加听证/质证的当事人或/及其委托代理人）参加了听证/质证。（当事人缺席听证/质证的，还应写明经依法通知、无正当理由未参加听证/质证的情况）］本案现已审查终结。

经审查查明，20××年××月××日，本院/××××人民法院对×××诉×××……（写明执行依据案由）一案作出（20××）……民初……号民事判决：……（写明执行依据裁判主文，执行依据为民事调解书、仲裁裁决、公证债权文书或其他民事裁定的，参照上述内容写明）。

（有诉前或诉讼保全措施的，写明：）20××年××月××日，本院/×××人民法院根据×××的申请，作出……（写明保全裁定案号）民事裁定：……（写明保全裁定的具体内容）。

根据×××的申请，本院于20××年××月××日立案强制执行，案号为（20××）……执……号。在本案执行过程中，本院于20××年××月××日作出（20××）……执……号执行裁定/通知/公告/其他执行行为：……（写明引起执行异议的具体执行行为内容）。

案外人×××提出异议称，……（写明提出异议的主要事实、理由与证据）。请求：1. 中止对……（写明执行标的）的执行；2. 确认……（写明执行标的）归其所有（案外人一并请求确认其权利的）。

申请执行人（或被执行人）辩称，……（写明抗辩的主要理由与证据）。请求：驳回/支持×××的异议请求或准许对……（写明执行标的的具体名称）的执行。

另查明，……（针对执行异议所涉执行标的写明审查认定的事实与证据，包括依职权查明的事实）。

本案争议焦点为：……。

本院认为，……（围绕争议焦点，根据认定的案件事实和相关法律，对异议请求进行分析评判，说明异议请求成立或驳回异议请求的理由。如案外人执行异议系认为原判决、裁定错误，告知应另行通过审判监督程序救济）。依照《中华人民共和国民事诉讼法》第二百三十四条、《最高人民法院关于人民法院办理执行异议和复议案件若干问题的规定》第××条第×款第×项之规定，裁定如下：

（支持异议请求的，写明：）中止对……（写明执行标的）的执行。

（驳回异议请求的，写明：）驳回×××的异议请求。

案外人、当事人对本裁定不服，认为原判决、裁定错误的，依照审判监督程序办理；与原判决、裁定无关的，可以自本裁定书送达之日起十五日内向本院提起诉讼。

审　判　长　×××

审　判　员　×××

审 判 员 ×××

二〇××年××月××日

本件与原本核对无异（印戳）

（院印）

法 官 助 理 ×××

书 记 员 ×××

3. 执行异议裁定书（变更或追加申请执行人用，此类案件由执行局审查）

××××人民法院

执行裁定书

（20××）……执异……号

申请人：×××，……。

法定代理人/指定代理人/法定代表人/主要负责人：×××，……。

委托诉讼代理人：×××，……。

申请执行人：×××，……。

被执行人：×××，……。

……（以上写明申请人、被申请人、被执行人和其他诉讼参加人的基本信息）。

本院在执行×××与×××……（写明案由）一案中，申请人×××向本院申请变更/追加×××为本案申请执行人，本院于20××年××月××日立案后，依法组成合议庭进行审查，［（进行听证/质证的，写明：）并于20××年××月××日举行了公开听证/进行了质证，……（写明参加听证/质证的当事人或/及其委托代理人）参加了听证/质证。（当事人缺席听证/质证的，还应写明经依法通知、无正当理由未参加听证/质证的情况）］本案现已审查终结。

经审查查明，20××年××月××日，本院/××××人民法院对×××诉×××……（写明执行依据案由）一案作出（20××）……民初……号民事判决：……（写明执行依据裁判主文，执行依据为民事调解书、仲裁裁决、公证债权文书或其他民事裁定的，参照上述内容写明）。

根据×××的申请，本院于20××年××月××日立案强制执行，案号为（20××）……执……号。在本案执行过程中，申请人×××申请称，……（写明变更/追加申请执行人的事实及理由）。据此，依据《最高人民法院关于民事执行中变更、追加当事人若干问题的规定》第××条的规定，请求变更/追加×××为本案申请执行人。

申请执行人×××辩称，……（写明抗辩的主要理由与证据）。请求：……。

被执行人×××辩称，……（写明抗辩的主要理由与证据）。请求：……。

另查明，……（写明审查认定的事实与证据，包括依职权查明的相关事实）。

本院认为，……（归纳争议焦点，根据认定的案件事实和相关法律，对是否变更/追加申请执行人的申请进行分析评判，说明理由）。综上，依照《中华人民共和国民事诉讼法》第一百五十七条第一款第十一项，《最高人民法院关于民事执行中变更、追加当事人若干问题的规定》第××条第×款第×项之规定，裁定如下：

（不支持申请人变更/追加申请的，写明：）驳回×××变更/追加×××为本案申请执行人的申请。

（支持申请人变更/追加申请的，写明：）变更/追加×××为本案申请执行人。

如不服本裁定，可以自本裁定书送达之日起十日内，向本院递交复议申请书，并按对方当事人的人数提出副本，向××××人民法院申请复议。

审　判　长　×××
审　判　员　×××
审　判　员　×××

二〇××年××月××日

本件与原本核对无异（印戳）
（院印）
法 官 助 理　×××
书 记 员　×××

4. 执行异议裁定书（变更或追加被执行人用，此类案件由执行局审查）

××××人民法院

执行裁定书

（20××）……执异……号

申请人（申请执行人）：×××，……。

法定代理人/指定代理人/法定代表人/主要负责人：×××，……。

委托诉讼代理人：×××，……。

被申请人：×××，……。

被执行人：×××，……。

……（以上写明申请人、被申请人、被执行人和其他诉讼参加人的基本信息）。

本院在执行×××与×××……（写明案由）一案中，申请执行人×××申请追加×××为被执行人。本院于20××年××月××日立案后，依法组成合议庭进行审查，［（进行听证/质证的，写明:）并于20××年××月××日举行了公开听证/进行了质证，……（写明参加听证/质证的当事人或/及其委托代理人）参加了听证/质证。（当事人缺席听证/质证的，还应写明经依法通知、无正当理由未参加听证/质证的情况）］本案现已审查终结。

经审查查明，20××年××月××日，本院/××××人民法院对×××诉×××……（写明执行依据案由）一案作出（20××）……民初……号民事判决：……（写明执行依据裁判主文，执行依据为民事调解书、仲裁裁决、公证债权文书或其他民事裁定的，参照上述内容写明）。

根据×××的申请，本院于20××年××月××日立案强制执行，案号为（20××）……执……号。在本案执行过程中，申请执行人×××申请称，……（写明变更/追加被执行人的事实及理由）。据此，依据《最高人民法院关于民事执行中变更、追加当事人若干问题的规定》第××条的规定，请求：1. 变更/追加×××为本案被执行人；2. ×××（被申请人）应在……范围内承担……责任（写明被申请人应当承担的责任范围）。

被申请人×××辩称，……。请求：驳回×××追加其为被执行人的申请/驳回×××要求其承担……责任的申请（被申请人仅对其应承担的责任范围提出抗辩的）。

被执行人×××辩称，……。请求：……。

另查明，……（写明审查认定的事实与证据，包括依职权查明的事实）。

本院认为，……（归纳争议焦点，根据认定的案件事实和相关法律，对是否变更/追加被执行人的申请进行分析评判，说明理由）。

综上，依照《中华人民共和国民事诉讼法》第一百五十七条第一款第十一项，《最高人民法院关于民事执行中变更、追加当事人若干问题的规定》第××条第×款第×项之规定，裁定如下：

（不支持申请执行人变更/追加申请的，写明：）驳回×××申请变更/追加×××为被执行人的申请。

（支持或部分支持申请执行人变更/追加申请的，写明：）变更/追加×××为本案被执行人，在……范围内承担责任/对被执行人的债务承担……责任。

（符合《变更、追加当事人规定》第十条至第十四条第一款、第十五条、第十六条、第二十二条至第二十五条规定情形的，应写明：）如不服本裁定，可以自本裁定书送达之日起十日内，向本院递交复议申请书，并按对方当事人的人数提出副本，向××××人民法院申请复议。

（符合《变更、追加当事人规定》第十四条第二款、第十七条至第二十一条规定情形的，应写明：）申请人、被申请人如不服本裁定，可以自本裁定书送达之日起十五日内，向本院提起执行异议之诉。

审　判　长　×××
审　判　员　×××
审　判　员　×××

二〇××年××月××日

本件与原本核对无异（印戳）

（院印）

法 官 助 理　×××

书　记　员　×××

5. 执行异议裁定书（刑事涉财产部分执行中的案外人异议用）

××××人民法院

执行裁定书

（20××）……执异……号

案外人：×××，……。

法定代理人/指定代理人/法定代表人/主要负责人：×××，……。

委托诉讼代理人：×××，……。

被执行人：×××，……。

……（以上写明案外人、被执行人和其他诉讼参加人的基本信息）。

本院在对×××犯……罪中涉财产部分执行过程中，案外人×××提出书面异议。本院于20××年××月××日立案后，依法组成合议庭进行审查，并于20××年××月××日举行了公开听证，……（写明参加听证的当事人或/及其委托代理人）参加了听证。（当事人缺席听证的，还应写明经依法通知、无正当理由未参加听证的情况）本案现已审查终结。

经审查查明，20××年××月××日，本院/××××人民法院对×××诉×××……（写明执行依据案由）一案作出（20××）……刑初……号刑事判决/裁定：……（写明执行依据裁判主文）。

（20××）……刑初……号刑事判决/裁定生效后，经本院刑事审判部门移送，本院于20××年××月××日对其中涉财产部分立案强制执行，案号为（20××）……执……号。在本案执行过程中，本院于20××年××月×

×日作出（20××）……执……号执行裁定/通知/公告/其他执行行为：……（写明引起执行异议的具体执行行为内容）。

案外人×××提出异议称，……（写明提出异议的主要事实、理由与证据）。请求：中止对……（写明执行标的）的执行。

（如有被执行人的答辩意见，另起一行写明其意见。）

另查明，……（针对执行异议所涉执行标的写明审查认定的事实与证据，包括依职权查明的事实）。

本案争议焦点为：……。

本院认为，……（围绕争议焦点，根据认定的案件事实和相关法律，对异议请求进行分析评判，说明异议请求成立或驳回异议请求的理由。注意此类案件不应对案外人异议进行形式审查，应参照异议之诉的标准实质审查处理。如案外人异议系认为刑事裁判中对涉案财物是否属于赃款赃物认定错误或者应予认定而未认定，且刑事审判部门无法通过裁定补正的，应通过审判监督程序救济，此时不属于执行异议案件的受理范围，而应适用本文书样式6，裁定驳回案外人的异议申请）。依照《中华人民共和国民事诉讼法》第二百三十二条、《最高人民法院关于刑事裁判涉财产部分执行的若干规定》第十四条第一款之规定，裁定如下：

（案外人就执行标的不享有足以排除执行的民事权益的，写明：）驳回×××的异议请求。

（案外人就执行标的享有足以排除执行的民事权益的，写明：）不得执行……（写明制作单位、案号、文书名称和执行标的）。

（案外人就执行标的享有足以排除强制执行的民事权益得到支持，但其一并提出的其他异议请求未得到支持的，写明：）

一、不得执行……（写明制作单位、案号、文书名称和执行标的）；

二、驳回异议人×××其他异议请求。

如不服本裁定，可以自本裁定书送达之日起十日内，向本院递交复议申请书，并按对方当事人的人数提出副本，向××××人民法院申请复议。

审　判　长　×××
审　判　员　×××
审　判　员　×××

二〇××年××月××日

本件与原本核对无异（印戳）

（院印）

法 官 助 理 ×××

书 记 员 ×××

6. 执行异议裁定书（执行异议不符合受理条件用）

××××人民法院

执行裁定书

（20××）……执异……号

异议人（申请执行人/被执行人/利害关系人/案外人）：×××，……。

法定代理人/指定代理人/法定代表人/主要负责人：×××，……。

委托诉讼代理人：×××，……。

申请执行人：×××，……。

被执行人：×××，……。

……（以上写明异议人、申请执行人、被执行人和其他诉讼参加人的基本信息）。

本院在执行×××与×××……（写明案由）一案中，异议人×××对本院/××××人民法院作出的执行行为不服，向本院提出书面异议。本院于20××年××月××日立案后，依法组成合议庭进行审查，本案现已审查终结。

经审查查明，20××年××月××日，本院/××××人民法院对×××诉×××……（写明执行依据案由）一案作出（20××）……民初……号民事判决：……（写明执行依据裁判主文，执行依据为民事调解书、仲裁裁决、公证债权文书或其他民事裁定的，参照上述内容写明）。

（有诉前或诉讼保全措施的，写明：）20××年××月××日，本院/××

××人民法院根据×××的申请，作出……（写明保全裁定案号）民事裁定：……（写明保全裁定的具体内容）。

根据×××的申请，本院于20××年××月××日立案强制执行，案号为（20××）……执……号。在本案执行过程中，本院于20××年××月××日作出（20××）……执……号执行裁定/通知/公告/其他执行行为：……（写明引起执行异议的具体执行行为内容）。

×××提出异议称，……（写明提出异议的主要事实、理由与证据）。请求：……（写明异议人的异议请求）。

另查明，……（写明不符合受理条件的事实，主要包括：申请材料不齐备、经法院告知后逾期未补足；执行标的已执行终结或执行程序已终结，当事人、利害关系人、案外人未在规定期限之前提出异议；当事人、利害关系人未在异议审查中对同一执行行为的多个异议事由一并提出；案外人撤回异议申请或被裁定驳回异议后再次就同一执行标的提出异议；案外人认为刑事裁判中对涉案财物是否属于赃款赃物认定错误或者应予认定而未认定，且刑事审判部门无法通过裁定补正等）。

本院认为，……（写明驳回异议申请的理由。超过法定期限提出执行异议的，还应写明可能的救济途径）。依照《中华人民共和国民事诉讼法》第二百三十二条/第二百三十四条、《最高人民法院关于人民法院办理执行异议和复议案件若干问题的规定》第二条第一款之规定，裁定如下：

驳回×××的异议申请。

如不服本裁定，可以自本裁定书送达之日起十日内，向本院递交复议申请书，并按对方当事人的人数提出副本，向××××人民法院申请复议。

审　判　长　×××
审　判　员　×××
审　判　员　×××

二〇××年××月××日
本件与原本核对无异（印戳）
（院印）
法官助理　×××
书　记　员　×××

7. 执行异议裁定书（对公证债权文书申请不予执行用）

××××人民法院
执行裁定书

（20××）……执异……号

申请人（被执行人）：×××，……。

法定代理人/指定代理人/法定代表人/主要负责人：×××，……。

委托诉讼代理人：×××，……。

申请执行人/被执行人：×××，……。

……（以上写明异议人、申请执行人、被执行人的基本信息）。

本院在执行×××与×××……（写明公证债权文书所涉当事人及案由）一案中，×××向本院申请不予执行该公证债权文书。本院于20××年××月××日立案后，依法组成合议庭进行审查，[（进行听证/质证的，写明：）并于20××年××月××日举行了公开听证/进行了质证，……（写明参加听证/质证的当事人或/及其委托代理人）参加了听证/质证。（当事人缺席听证/质证的，还应写明经依法通知、无正当理由未参加听证/质证的情况）] 本案现已审查终结。

经审查查明，20××年××月××日，××××公证机构对×××与×××……（写明执行依据案由）一案作出××××号公证债权文书及执行证书：……（写明公证债权文书及执行证书内容）。

（有执行前保全措施的，写明：）20××年××月××日，本院/××××人民法院根据×××的申请，作出……（写明保全裁定案号）民事裁定：……（写明保全裁定的具体内容）。

根据×××的申请，本院于20××年××月××日立案强制执行，案号为（20××）……执……号。在本案执行过程中，本院于20××年××月××日作出（20××）……执……号执行裁定/通知/公告/其他执行行为：……（写明与案件相关的具体执行行为内容）。

20××年××月××日，被执行人×××向本院申请不予执行上述公证债权文书，……（写明申请人申请所依据的主要事实、理由与证据）。

申请执行人/被执行人×××称，……（写明其他当事人的意见）。

另查明，……（写明审查认定的事实与证据，包括依职权查明的事实）。

本案争议焦点为：……。

本院认为，……（围绕争议焦点，根据认定的案件事实和相关法律，对当事人申请不予执行是否有事实法律依据进行说理，说明支持或驳回其申请的理由。如裁定不予执行的，可告知当事人就该不予执行部分所涉权利义务争议向人民法院提起诉讼）。依照《中华人民共和国民事诉讼法》第一百五十七条第一款第×项、第二百四十五条第二款（裁定不予执行的），《最高人民法院关于公证债权文书执行若干问题的规定》第××条、第二十条/第二十一条之规定，裁定如下：

（支持不予执行申请的，写明：）不予执行……（写明制作单位、案号、文书名称）。

本裁定送达后即发生法律效力。

（部分支持不予执行申请的，写明：）一、不予执行……（写明制作单位、案号、文书名称中不予执行的部分）；

二、驳回×××其他不予执行申请。

上述不予执行部分自本裁定送达后即发生法律效力；对本裁定中驳回其他不予执行申请部分，当事人可以自本裁定书送达之日起十日内，向本院递交复议申请书，并按对方当事人的人数提出副本，向××××人民法院申请复议。

（不予执行申请应予驳回的，写明：）驳回×××的不予执行申请。

如不服本裁定，可以自本裁定书送达之日起十日内，向本院递交复议申请书，并按对方当事人的人数提出副本，向××××人民法院申请复议。

审　判　长　×××

审　判　员　×××

审　判　员　×××

二〇××年××月××日

本件与原本核对无异（印戳）

（院印）

法官助理　×××
书　记　员　×××

8. 执行异议裁定书（撤回执行异议申请用）

×××× 人民法院
执行裁定书

（20××）……执异……号

异议人（申请执行人/被执行人/利害关系人/案外人）：×××，……。

法定代理人/指定代理人/法定代表人/主要负责人：×××，……。

委托诉讼代理人：×××，……。

申请执行人：×××，……。

被执行人：×××，……。

……（以上写明异议人、申请执行人、被执行人和其他诉讼参加人的基本信息）。

本院在执行×××与×××……（写明案由）一案中，异议人×××对本院/××××人民法院作出的执行行为不服，向本院提出书面异议。本院于20××年××月××日立案后，依法组成合议庭进行审查。20××年××月××日，异议人×××以……为由申请撤回异议。

（准许撤回异议申请的，写明：）

本院认为，异议人×××申请撤回异议申请，不违反法律规定，本院予以准许。依照《最高人民法院关于人民法院办理执行异议和复议案件若干问题的规定》第十三条之规定，裁定如下：

准许异议人×××撤回异议申请。

（不准许撤回异议申请的，写明：）

本院认为，……（写明不准许撤回异议申请的理由）。依照《最高人民法院关于人民法院办理执行异议和复议案件若干问题的规定》第十三条之规定，裁定如下：

不准许异议人×××撤回异议申请。

审　判　长　×××
审　判　员　×××
审　判　员　×××

二〇××年××月××日
本件与原本核对无异（印戳）
（院印）
法官助理　×××
书　记　员　×××

9. 执行复议裁定书（对执行行为异议裁定不服申请执行复议用）

××××人民法院

执行裁定书

（20××）……执复……号

复议申请人（申请执行人/被执行人/利害关系人）：×××，……。

法定代理人/指定代理人/法定代表人/主要负责人：×××，……。

委托诉讼代理人：×××，……。

申请执行人/被执行人/利害关系人：×××，……。

……（以上写明复议申请人、申请执行人、被执行人、利害关系人和其他诉讼参加人的基本信息）。

复议申请人×××不服××××人民法院（20××）……执异……号裁定，向本院申请复议。本院于20××年××月××日立案后，依法组成合议庭进行审查，[（进行听证/质证的，写明：）并于20××年××月××日举行了公开听证/进行了质证，……（写明参加听证/质证的当事人或/及其委托代理人）参加了听证/质证。（当事人缺席听证/质证的，还应写明经依法通知、无正当理由未参加听证/质证的情况）］本案现已审查终结。

经审查查明，20××年××月××日，××××人民法院对×××与×××……（写明执行依据案由）一案作出（20××）……民初……号民事判决：……（写明执行依据裁判主文，执行依据为民事调解书、仲裁裁决、公证债权文书或其他民事裁定的，参照上述内容写明）。

（有诉前或诉讼保全措施的，写明：）20××年××月××日，××××人民法院根据×××的申请，作出……（写明保全裁定案号）民事裁定：……（写明保全裁定的具体内容）。

根据×××的申请，××××人民法院于20××年××月××日立案强制执行，案号为（20××）……执……号。在该案执行过程中，××××人民法院于20××年××月××日作出（20××）……执……号执行裁定/通知/公告/其他执行行为：……（写明引起执行异议的具体执行行为内容）。

申请执行人/被执行人/利害关系人×××不服上述执行行为，向××××人民法院提出执行异议称……（写明提出执行异议的事实和理由及异议请求）。该院查明，……（写明审查异议法院查明的事实，如与前述事实重复的可以不写）。该院认为，……（写明审查异议法院的理由），据此于20××年××月××日作出（20××）……执异……号执行裁定：……（写明执行异议裁定的内容）。

×××不服上述裁定，向本院申请复议称，……（写明申请复议的事实和理由）。请求：……。

×××称，……（写明其他当事人或利害关系人的意见）。

本院另查明，……（针对执行复议申请写明审查认定的事实与证据，包括依职权查明的事实）。

本案争议焦点为：……。

本院认为，……（围绕争议焦点，根据认定的案件事实和相关法律，对复议请求进行分析评判，说明支持或驳回复议请求的理由）。依照《中华人民共和国民事诉讼法》第二百三十二条、《最高人民法院关于人民法院办理执行异议和复议案件若干问题的规定》第××条第×款第×项之规定，裁定如下：

（执行异议裁定认定事实清楚，适用法律正确，结果应予维持的，写明：）

驳回×××的复议申请，维持××××人民法院（20××）……执异……号执行裁定。

（执行异议裁定认定事实错误，或者适用法律错误，结果应予纠正的，写明：）撤销/变更××××人民法院（20××）……执异……号执行裁定。

（如执行行为可变更、撤销的，还应另起一行写明：）撤销/变更……（执行异议裁定所维持的执行行为）。

（执行异议裁定认定基本事实不清、证据不足的，写明：）

一、撤销××××人民法院（20××）……执异……号执行裁定。

二、发回××××人民法院重新审查/查清事实后作出相应裁定。

（执行异议裁定遗漏异议请求或者存在其他严重违反法定程序的情形，写明：）

一、撤销××××人民法院（20××）……执异……号执行裁定。

二、发回××××人民法院重新审查。

（执行异议裁定对应当适用《民事诉讼法》第二百三十四条规定审查处理的异议，错误适用《民事诉讼法》第二百三十二条规定审查处理的，写明：）

一、撤销××××人民法院（20××）……执异……号执行裁定。

二、发回××××人民法院重新作出裁定。

本裁定为终审裁定。

审　判　长　×××
审　判　员　×××
审　判　员　×××

二〇××年××月××日
本件与原本核对无异（印戳）
（院印）

法官助理　×××
书　记　员　×××

10. 执行复议裁定书（审查执行异议是否符合受理条件用）

×××× 人民法院

执行裁定书

（20××）……执复……号

复议申请人（申请执行人/被执行人/利害关系人/案外人）：×××，……。

法定代理人/指定代理人/法定代表人/主要负责人：×××，……。

委托诉讼代理人：×××，……。

申请执行人：×××，……。

被执行人：×××，……。

……（以上写明复议申请人、申请执行人、被执行人和其他诉讼参加人的基本信息）。

复议申请人×××不服××××人民法院（20××）……执异……号裁定，向本院申请复议。本院于20××年××月××日立案后，依法组成合议庭进行审查，本案现已审查终结。

经审查查明，20××年××月××日，本院/××××人民法院对×××诉×××……（写明执行依据案由）一案作出（20××）……民初……号民事判决：……（写明执行依据裁判主文，执行依据为民事调解书、仲裁裁决、公证债权文书或其他民事裁定的，参照上述内容写明）。

（有诉前或诉讼保全措施的，写明：）20××年××月××日，本院/××××人民法院根据×××的申请，作出……（写明保全裁定案号）民事裁定：……（写明保全裁定的具体内容）。

根据×××的申请，××××人民法院于20××年××月××日立案强制执行，案号为（20××）……执……号。在本案执行过程中，××法院于20××年××月××日作出（20××）……执……号执行裁定/通知/公告/其他执行行为：……（写明引起执行异议的具体执行行为内容）。

×××不服上述执行行为，向××××人民法院提出执行异议称……（写明提出执行异议的事实和理由及异议请求）。该院查明，（写明不符合受理条件的事实，主要包括：申请材料不齐备、经法院告知后逾期未补足；执行标的已执行终结或执行程序已终结，当事人、利害关系人、案外人未在规定期限之前提出异议；当事人、利害关系人未在异议审查中对同一执行行为的多个异议事由一并提出；案外人撤回异议申请或被裁定驳回异议后再次就同一执行标的提出异议；案外人认为刑事裁判中对涉案财物是否属于赃款赃物认定错误或者应予认定而未认定，且刑事审判部门无法通过裁定补正等，如与前述事实重复的可以不写）。该院认为，……（写明审查异议法院的理由），据此于20××年××月××日作出（20××）……执异……号执行裁定：……（写明执行异议裁定的内容）。

×××不服上述裁定，向本院申请复议称，……（写明申请复议的事实和理由）。请求：……。

×××称，……（写明其他当事人或利害关系人的意见）。

本院另查明，……（针对执行复议申请写明审查认定的事实与证据，包括依职权查明的事实）。

本案争议焦点为：……。

本院认为，……（围绕争议焦点，根据认定的案件事实和相关法律，对执行异议是否符合案件受理条件进行说理，说明支持或驳回复议请求的理由）。依照《中华人民共和国民事诉讼法》第二百三十二条/第二百三十四条、《最高人民法院关于人民法院办理执行异议和复议案件若干问题的规定》第二条之规定，裁定如下：

（执行异议裁定驳回申请或不予受理正确，结果应予维持的，写明：）驳回×××的复议申请，维持××××人民法院（20××）……执异……号执行裁定。

（执行异议申请符合受理条件，异议裁定应予纠正的，写明：）

一、撤销××××人民法院（20××）……执异……号执行裁定；

二、指令××××人民法院对×××的异议立案审查/指令××××人民法院对×××的异议进行审查。

本裁定为终审裁定。

审 判 长　×××
审 判 员　×××
审 判 员　×××

二〇××年××月××日
本件与原本核对无异（印戳）
（院印）
法官助理　×××
书 记 员　×××

11. 执行复议裁定书（变更追加申请执行人、被执行人用）

××××人民法院
执行裁定书

（20××）……执复……号

复议申请人（申请人/申请执行人/被执行人）：×××，……。

法定代理人/指定代理人/法定代表人/主要负责人：×××，……。

委托诉讼代理人：×××，……。

申请执行人：×××，……。

被执行人：×××，……。

……（以上写明复议申请人、申请执行人、被执行人和其他诉讼参加人的基本信息）。

复议申请人×××不服××××人民法院（20××）……执异……号裁定，向本院申请复议。本院于20××年××月××日立案后，依法组成合议庭进行审查，[（进行听证/质证的，写明：）并于20××年××月××日举行了公开听证/进行了质证，……（写明参加听证/质证的当事人或/及其委托代理人）参加了听证/质证。（当事人缺席听证/质证的，还应写明经依法通知、无正当理由未参加听证/质证的情况）］本案现已审查终结。

经审查查明，20××年××月××日，本院/××××人民法院对×××诉×××……（写明执行依据案由）一案作出（20××）……民初……号民事判决：……（写明执行依据裁判主文，执行依据为民事调解书、仲裁裁决、公证债权文书或其他民事裁定的，参照上述内容写明）。

根据×××的申请，××××人民法院于20××年××月××日立案强制执行，案号为（20××）……执……号。……（写明与该案有关的相关执行过程）。在该案执行过程中，申请人/申请执行人×××申请称，……（写明申请变更或追加申请执行人/被执行人的事实及理由）。据此，依据《最高人民法院关于民事执行中变更、追加当事人若干问题的规定》第××条的规定，请求：1. 变更/追加×××为本案申请执行人/被执行人；2. ×××（被申请人）应在……范围内承担……责任（如申请追加被执行人的，明确被申请人应当承担的责任范围）。该院查明，……（写明审查认定的事实与证据，包括依职权查明的事实）。该院认为，……（写明异议法院的理由），据此于20××年××月××日作出（20××）……执异……号执行裁定：……（写明执行异议裁定的内容）。

×××不服上述裁定，向本院申请复议称，……（写明申请复议的事实和理由）。请求：……。

×××称，……（写明其他当事人或利害关系人的意见）。

本院另查明，……（针对执行复议申请写明审查认定的事实与证据，包括依职权查明的事实）。

本院认为，……（归纳争议焦点，根据认定的案件事实和相关法律，对是否应当变更或追加申请执行人/被执行人进行说理，说明支持或驳回复议请求的理由）。综上，依照《中华人民共和国民事诉讼法》第二百三十二条、《最高人民法院关于人民法院办理执行异议和复议案件若干问题的规定》第××条第×款第×项之规定，裁定如下：

（执行异议裁定认定事实清楚，适用法律正确，结果应予维持的，写明：）驳回×××的复议申请，维持××××人民法院（20××）……执异……号执行裁定。

（执行异议裁定驳回变更/追加申请执行人的结果应予纠正的，写明：）

一、撤销××××人民法院（20××）……执异……号执行裁定；

二、变更/追加×××为本案申请执行人。

（执行异议裁定驳回变更/追加被执行人的结果应予纠正的，写明：）

一、撤销××××人民法院（20××）……执异……号执行裁定；

二、变更/追加×××为本案被执行人，在……范围内承担责任（或者对被执行人的债务承担……责任）。

（执行异议裁定变更或者追加当事人的结果应予纠正的，写明：）

一、撤销××××人民法院（20××）……执异……号执行裁定；

二、驳回×××变更或追加×××为本案申请执行人的/被执行人的申请。

（执行异议裁定认定基本事实不清、证据不足的，写明：）

一、撤销××××人民法院（20××）……执异……号执行裁定。

二、发回××××人民法院重新审查/查清事实后作出相应裁定。

本裁定为终审裁定。

审 判 长 ×××

审 判 员 ×××

审 判 员 ×××

二〇××年××月××日

本件与原本核对无异（印戳）

（院印）

法官助理 ×××

书 记 员 ×××

12. 执行复议裁定书（刑事涉财产执行的执行复议用）

××××人民法院

执行裁定书

（20××）……执复……号

复议申请人（案外人/被执行人）：×××，……。

法定代理人/指定代理人/法定代表人/主要负责人：×××，……。

委托诉讼代理人：×××，……。

被执行人/案外人：×××，……。

……（以上写明案外人、被执行人的基本信息）。

复议申请人×××不服××××人民法院（20××）……执异……号执行裁定，向本院申请复议。本院于20××年××月××日立案后，依法组成合议庭进行审查，[（进行听证/质证的，写明：）并于20××年××月××日举行了公开听证/进行了质证，……（写明参加听证/质证的当事人或/及其委托代理人）参加了听证/质证。（当事人缺席听证/质证的，还应写明经依法通知、无正当理由未参加听证/质证的情况）] 本案现已审查终结。

经审查查明，20××年××月××日，××××人民法院对×××诉×××……（写明执行依据案由）一案作出（20××）……刑初……号刑事判决/裁定：……（写明执行依据裁判主文）。

（20××）……刑初……号刑事判决/裁定生效后，经××××人民法院刑事审判部门移送，该院于20××年××月××日对其中涉财产部分立案强制执行，案号为（20××）……执……号。在该案执行过程中，该院于20××年××月××日作出（20××）……执……号执行裁定/通知/公告/其他执行行为：……（写明引起执行异议的具体执行行为内容）。

案外人×××提出异议称，……（写明提出异议的主要事实、理由与证据）。请求：中止对……（写明执行标的）的执行。该院查明，……（写明审查异议法院查明的事实，如与前述事实重复的可以不写）。该院认为，……（写明异议法院的理由），据此于20××年××月××日作出（20××）……执异……号执行裁定：……（写明执行异议裁定的内容）。

×××不服上述裁定，向本院申请复议称，……（写明申请复议的事实和理由）。请求：……。

×××称，……（写明其他案件当事人的意见）。

本院另查明，……（针对执行复议申请写明审查认定的事实与证据，包括依职权查明的事实）。

本案争议焦点为：……。

本院认为，……（围绕争议焦点，根据认定的案件事实和相关法律，对复议请求进行分析评判，说明支持或驳回复议请求的理由。注意此种情况下不应对案外人异议、复议进行形式审查，应参照异议之诉的标准予以实质审查处理）。依照《中华人民共和国民事诉讼法》第二百三十二条、《最高人民法院关于刑事裁判涉财产部分执行的若干规定》第十四条第一款之规定，裁定如下：

（异议裁定结果应予维持的，写明：）驳回×××的复议申请，维持××××人民法院（20××）……执异……号执行裁定。

（异议裁定结果应予纠正的，写明：）

一、撤销××××人民法院（20××）……执异……号执行裁定；

二、……（写明纠正后的裁定事项内容）。

（异议裁定结果应予部分纠正的，写明：）

一、维持××××人民法院（20××）……执异……号执行裁定第×项（写明维持的异议裁定事项）；

二、撤销××××人民法院（20××）……执异……号执行裁定第×项（写明撤销的裁定事项）；

（变更裁定事项的，写明：）三、变更××××人民法院（20××）……执异……号执行裁定第×项为……。

（新增裁定事项的，写明：）……。

（异议裁定因认定基本事实不清、证据不足或存在遗漏异议请求或者存在其他严重违反法定程序的情形需发回重审的，写明：）

一、撤销××××人民法院（20××）……执异……号执行裁定。

二、发回××××人民法院重新审查/查清事实后作出相应裁定。

本裁定为终审裁定。

审　判　长　×××
审　判　员　×××
审　判　员　×××

二〇××年××月××日
本件与原本核对无异（印戳）
（院印）
法官助理　×××
书　记　员　×××

13. 执行复议裁定书（因不予受理/驳回执行申请等引发的复议案件用）

××××人民法院

执行裁定书

（20××）……执复……号

复议申请人（申请人/申请执行人）：×××，……。

法定代理人/指定代理人/法定代表人/主要负责人：×××，……。

委托诉讼代理人：×××，……。

被执行人：×××，……。

……（以上写明申请人/申请执行人、被执行人的基本信息，如系对申请执行人的执行申请不予受理情形的，仅列申请人的基本信息）。

复议申请人×××不服××××人民法院（20××）……执……号不予受理/驳回执行申请/不予执行（此处的不予执行仅限《民事诉讼法司法解释》第481条项下的情形）裁定，向本院申请复议。该院于20××年××月××日立案后，依法组成合议庭进行审查，本案现已审查终结。

经审查查明，20××年××月××日，本院/××××人民法院对×××诉×××……（写明执行依据案由）一案作出（20××）……民初……号民事判决：……（写明执行依据裁判主文，执行依据为民事调解书、仲裁裁决、公证债权文书或其他民事裁定的，参照上述内容写明）。

（有诉前或诉讼保全措施的，写明：）20××年××月××日，本院/××人民法院根据×××的申请，作出……（写明保全裁定案号）民事裁定：……（写明保全裁定的具体内容）。

（20××）……民初……号民事判决生效后，×××向××××人民法院申请强制执行［如已立案执行的，写明××法院于20××年××月××日立案强制执行，案号为（20××）……执……号］。……（写明执行法院查明的案件事实）。20××年××月××日，××××人民法院作出（20××）……执……号裁定认为，……（写明执行法院作出不予受理/驳回执行申请/不予执行的裁判理由与主文)。

×××不服上述裁定，向本院申请复议称，……（写明申请复议的事实和理由)。请求：……。

×××称，……（写明其他执行当事人的意见)。

本院另查明，……（针对执行复议申请写明审查认定的事实与证据，包括依职权查明的事实)。

本案争议焦点为：……。

本院认为，……（围绕争议焦点，根据认定的案件事实和相关法律，对当事人的执行申请是否符合案件受理条件进行说理，说明支持或驳回复议请求的理由)。依照《中华人民共和国民事诉讼法》第一百五十七条第一款第×项、《最高人民法院关于人民法院办理仲裁裁决执行案件若干问题的规定》第十六条/《最高人民法院关于公证债权文书执行若干问题的规定》第五条/《最高人民法院关于人民法院办理仲裁裁决执行案件若干问题的规定》第三条/《最高人民法院关于适用〈中华人民共和国民事诉讼法〉的解释》第四百八十一条之规定，裁定如下：

（原裁定结论正确，结果应予维持的，写明：）驳回×××的复议申请，维持××××人民法院（20××）……执……号执行裁定。

（原裁定“不予受理”应予纠正的，写明：）

一、撤销××××人民法院（20××）……执……号执行裁定；

二、指令××××人民法院对×××的申请立案执行。

（原裁定“驳回执行申请”或依据《民事诉讼法司法解释》第481条规定“不予执行”应予纠正的，写明：）撤销××××人民法院（20××）……执……号执行裁定。

本裁定为终审裁定。

审 判 长 ×××
审 判 员 ×××
审 判 员 ×××

二〇××年××月××日
本件与原本核对无异（印戳）
（院印）

法官助理　×××

书　记　员　×××

14. 执行复议裁定书（对公证债权文书“驳回不予执行申请”引发的复议案件用）

××××人民法院

执行裁定书

（20××）……执复……号

复议申请人（被执行人）：×××，……。

法定代理人/指定代理人/法定代表人/主要负责人：×××，……。

委托诉讼代理人：×××，……。

申请执行人/被执行人：×××，……。

……（以上写明申请执行人、被执行人的基本信息。）

复议申请人×××不服××××人民法院（20××）……执异……号执行裁定，向本院申请复议。本院于20××年××月××日立案后，依法组成合议庭进行审查，［（进行听证/质证的，写明：）并于20××年××月××日举行了公开听证/进行了质证，……（写明参加听证/质证的当事人或/及其委托代理人）参加了听证/质证。（当事人缺席听证/质证的，还应写明经依法通知、无正当理由未参加听证/质证的情况）］本案现已审查终结。

经审查查明，20××年××月××日，××××公证机构对×××与×××……（写明执行依据案由）一案作出××××号公证债权文书及执行证书：……（写明公证债权文书及执行证书内容）。

（有执行前保全措施的，写明：）20××年××月××日，本院/××××人民法院根据×××的申请，作出……（写明保全裁定案号）民事裁定：……（写明保全裁定的具体内容）。

根据×××的申请，××××人民法院于20××年××月××日立案强制执行，案号为（20××）……执……号。在该案执行过程中，被执行人×××向××××人民法院申请不予执行公证债权文书，……（写明其申请不予执行的事实和理由及异议请求）。该院查明，……（写明法院查明的事实，如与前述事实重复的可以不写）。该院认为，……（写明原审法院的理由），据此于20××年××月××日作出（20××）……执异……号执行裁定：驳回被执行人×××的不予执行申请。

×××不服上述裁定，向本院申请复议称，……（写明申请复议的事实和理由）。请求：……。

×××称，……（写明其他当事人或利害关系人的意见）。

本院另查明，……（针对执行复议申请写明审查认定的事实与证据，包括依职权查明的事实）。

本案争议焦点为：……。

本院认为，……（围绕争议焦点，根据认定的案件事实和相关法律，对当事人申请不予执行是否有事实法律依据进行说理，说明支持或驳回其复议请求的理由）。依照《中华人民共和国民事诉讼法》第一百五十七条第一款第×项、《最高人民法院关于公证债权文书执行若干问题的规定》第××条、第二十一条之规定，裁定如下：

（原裁定结论正确，结果应予维持的，写明：）驳回×××的复议申请，维持××××人民法院（20××）……执异……号执行裁定。

（原裁定结论应予纠正的，写明：）

一、撤销××××人民法院（20××）……执异……号执行裁定；

二、不予执行……（写明制作单位、案号、文书名称）。

本裁定为终审裁定。

审 判 长　×××
审 判 员　×××
审 判 员　×××

二〇××年××月××日
本件与原本核对无异（印戳）
（院印）
法官助理　×××
书 记 员　×××

15. 执行复议裁定书（撤回复议申请用）

×××× 人民法院
执行裁定书

（20××）……执复……号

复议申请人（申请执行人/被执行人/利害关系人）：×××，……。

法定代理人/指定代理人/法定代表人/主要负责人：×××，……。

委托诉讼代理人：×××，……。

申请执行人/被执行人/利害关系人：×××，……。

……（以上写明复议申请人、申请执行人、被执行人、利害关系人和其他诉讼参加人的基本信息）。

复议申请人×××不服××××人民法院（20××）……执异……号执行裁定，向本院申请复议。本院于20××年××月××日立案后，依法组成合议庭进行审查。20××年××月××日，复议申请人×××以……为由申请撤回复议申请。

（准许撤回复议申请的，写明：）

本院认为，复议申请人×××申请撤回复议申请，不违反法律规定，本院予以准许。依照《最高人民法院关于人民法院办理执行异议和复议案件若干问题的规定》第十三条之规定，裁定如下：

准许复议申请人×××撤回复议申请。××××人民法院（20××）……执异……号执行裁定自本裁定书送达之日起发生法律效力。

本裁定为终审裁定。

（不准许撤回异议申请的，写明：）

本院认为，……（写明不准许撤回复议申请的理由）。依照《最高人民法院关于人民法院办理执行异议和复议案件若干问题的规定》第十三条之规定，裁定如下：

不准许复议申请人×××撤回复议申请。

审判长 ×××
审判员 ×××
审判员 ×××

二〇××年××月××日
本件与原本核对无异（印戳）
（院印）
法官助理 ×××
书记员 ×××

16. 复议决定书（失信类复议案件用）

××××人民法院
复议决定书

（20××）……执复……号

复议申请人：×××，……。

法定代理人/指定代理人/法定代表人/主要负责人：×××，……。

委托诉讼代理人：×××，……。

复议申请人×××不服××××人民法院（20××）……执……号执行决定，向本院申请复议。本院于20××年××月××日立案后，依法组成合议庭进行了审查。本案现已审查终结。

经审查查明，×××与×××……（写明案由）一案，××××人民法院于20××年××月××日作出……（执行依据案号）民事判决：……（写明执行依据具体判项内容，执行依据为民事调解书、仲裁裁决、公证债权文书或其他民事裁定的，参照上述内容写明）。

根据×××申请，××××人民法院于20××年××月××日对上述生效法律文书立案强制执行，案号为……。在该案执行过程中，20××年××月

××日，××××人民法院以……为由，作出（20××）……执……号执行决定：……（写明执行法院决定将×××纳入失信名单所依据的相关案件事实、理由与主文）。×××对××××人民法院将其纳入失信被执行人名单的执行决定不服，向该院书面申请纠正，20××年××月××日，该院以……为由，作出（20××）……执……号执行决定：驳回×××的申请（写明该决定的理由与内容）。

×××复议请求：……。事实与理由：……（写明申请复议的请求和理由）。

另查明，……（围绕复议请求，写明复议审查查明的相关事实）。

本院认为，……（写明作出复议决定的理由）。综上所述，依照《中华人民共和国民事诉讼法》第二百六十二条，《最高人民法院关于公布失信被执行人名单信息的若干规定》第××条、第十二条之规定，决定如下：

（维持原决定的，写明：）

驳回×××的复议申请，维持原决定。

（撤销原决定的，写明：）

一、撤销××××人民法院（20××）……执……号决定（即撤销执行法院作出的驳回被纳失主体纠正申请的决定）。

二、撤销××××人民法院（20××）……执……号决定（即撤销执行法院作出的纳失决定）。

本决定一经作出即生效。

（说明：《最高人民法院关于公布失信被执行人名单信息的若干规定》第十二条第一款规定："公民、法人或其他组织对被纳入失信被执行人名单申请纠正的，执行法院应当自收到书面纠正申请之日起十五日内审查，理由成立的，应当在三个工作日内纠正；理由不成立的，决定驳回。公民、法人或其他组织对驳回决定不服的，可以自决定书送达之日起十日内向上一级人民法院申请复议。上一级人民法院应当自收到复议申请之日起十五日内作出决定。"根据该规定，被执行人对纳失决定不服的，应当先行向执行实施机构申请纠正，执行实施机构审查后如认为纠正申请不成立的，应作出驳回决定书。被执行人对该驳回决定书不服的，才可以向上一级人民法院申请复议。被执行人如未向执行实施机构申请纠正，或者执行实施机构未以决定书的形式作出驳回决定的，不符合向上一级人民法院申请复议的受理条件，应当裁定驳回复议申请。）

本件与原本核对无异（印戳）

二〇××年××月××日

（院印）

17. 复议决定书（限制高消费类复议案件用）

××××人民法院

复议决定书

（20××）……执复……号

复议申请人：×××，……。

法定代理人/指定代理人/法定代表人/主要负责人：×××，……。

委托诉讼代理人：×××，……。

复议申请人×××不服××××人民法院（20××）……执……号执行决定，向本院申请复议。本院于20××年××月××日立案后，依法组成合议庭进行了审查。本案现已审查终结。

经审查查明，×××与×××……（写明案由）一案，××××人民法院于20××年××月××日作出……（执行依据案号）民事判决：……（写明执行依据具体判项内容，执行依据为民事调解书、仲裁裁决、公证债权文书或其他民事裁定的，参照上述内容写明）。

根据×××申请，××××人民法院于20××年××月××日对上述生效法律文书立案强制执行，案号为……。在该案执行过程中，20××年××月××日，××××人民法院以……为由，作出（20××）……执……号限制消费令：……（写明执行法院作出此令所依据的相关案件事实、理由与主文）。×××对××××人民法院上述限制消费措施不服，向该院书面申请纠正，20××年××月××日，该院以……为由，作出（20××）……执……号执行决定：驳回×××的申请（写明该决定的理由与内容）。

×××复议请求：……。事实与理由：……（写明申请复议的请求和理由）。

另查明，……（围绕复议请求，写明复议审查查明的相关事实）。

本院认为，……（写明作出复议决定的理由）。

综上所述，依照《中华人民共和国民事诉讼法》第二百六十二条，《最高人民法院关于限制被执行人高消费及有关消费的若干规定》第一条、第二条、第××条第×款，参照《最高人民法院关于公布失信被执行人名单信息的若干规定》第十二条之规定，决定如下：

（维持原决定的，写明：）

驳回×××的复议申请，维持原决定。

（撤销原决定的，写明：）

一、撤销××××人民法院（20××）……执……号决定（即撤销执行法院作出的驳回纠正申请的决定）。

二、撤销××××人民法院（20××）……执……号限制消费令。

本决定一经作出即生效。

（说明：参照《最高人民法院关于公布失信被执行人名单信息的若干规定》第十二条规定，被执行人或其他主体对限高措施不服的，应当先行向执行实施机构申请纠正，执行实施机构审查后如认为纠正申请不成立的，应作出驳回决定书。被执行人对该驳回决定书不服的，才可以向上一级人民法院申请复议。被执行人如未向执行实施机构申请纠正，或者执行实施机构未以决定书的形式作出驳回决定的，不符合向上一级人民法院申请复议的受理条件，应当裁定驳回复议申请。）

本件与原本核对无异（印戳）

二〇××年××月××日

（院印）

18. 复议决定书（限制出境类复议案件用）

××××人民法院

复议决定书

（20××）……执复……号

复议申请人：×××，……。

法定代理人/指定代理人/法定代表人/主要负责人：×××，……。

委托诉讼代理人：×××，……。

复议申请人×××不服××××人民法院（20××）……执……号执行决定，向本院申请复议。本院于20××年××月××日立案后，依法组成合议庭进行了审查。本案现已审查终结。

经审查查明，×××与×××……（写明案由）一案，××××人民法院于20××年××月××日作出……（执行依据案号）民事判决：……（写明执行依据具体判项内容，执行依据为民事调解书、仲裁裁决、公证债权文书或其他民事裁定的，参照上述内容写明）。

根据×××申请，××××人民法院于20××年××月××日对上述生效法律文书立案强制执行，案号为……。在该案执行过程中，20××年××月××日，××××人民法院以……为由（写明作出决定所依据的相关案件事实），作出（20××）……执……号执行决定：……（写明决定的内容）。

×××复议请求：……。事实与理由：……（写明申请复议的请求和理由）。

另查明，……（围绕复议请求，写明复议审查查明的相关事实）。

本院认为，……（写明作出复议决定的理由）。

综上所述，依照《中华人民共和国民事诉讼法》第二百六十二条，《最高人民法院关于人民法院办理执行异议和复议案件若干问题的规定》第九条之规定，决定如下：

（维持原决定的，写明：）

驳回×××的复议申请，维持原决定。

（撤销原决定的，写明：）

撤销××××人民法院（20××）……执……号执行决定。

本决定一经作出即生效。

本件与原本核对无异（印戳）

二〇××年××月××日

（院印）

19. 复议决定书（司法制裁复议案件用）

××××人民法院

复议决定书

（20××）……司惩复……号

复议申请人：×××，……。

法定代理人/指定代理人/法定代表人/主要负责人：×××，……。

委托诉讼代理人：×××，……。

复议申请人×××不服××××人民法院（20××）……司惩……号拘留/罚款/拘留并罚款决定，向本院申请复议。本院于20××年××月××日立案后，依法组成合议庭进行了审查。本案现已审查终结。

经审查查明，×××与×××……（写明案由）一案，××××人民法院于20××年××月××日作出……（执行依据案号）民事判决：……（写明执行依据具体判项内容，执行依据为民事调解书、仲裁裁决、公证债权文书或其他民事裁定的，参照上述内容写明）。

根据×××申请，××××人民法院于20××年××月××日对上述生效法律文书立案强制执行，案号为……。在该案执行过程中，20××年××月××日，××××人民法院以……为由，作出（20××）……司惩……号拘留/罚款/拘留并罚款决定：……（写明决定的内容）。

×××复议请求：……。事实与理由：……（写明申请复议的请求和理由）。

另查明，……（围绕复议请求，写明复议审查查明的相关事实）。

本院认为，……（写明作出复议决定的理由）。

综上所述，依照《中华人民共和国民事诉讼法》第一百一十九条、《最高人民法院关于适用〈中华人民共和国民事诉讼法〉的解释》第一百八十五条/第一百八十六条之规定，决定如下：

（维持原决定的，写明：）

驳回×××的复议申请，维持原决定。

（撤销原决定的，写明：）

撤销××××人民法院（20××）……司惩……号决定。

（变更原决定的，写明：）

一、撤销××××人民法院（20××）……司惩……号决定；

二、对×××拘留……日/罚款……元，限于20××年××月××日前交纳。

本决定一经作出即生效。

本件与原本核对无异（印戳）

二〇××年××月××日

（院印）

20. 执行监督通知书（司法制裁执行监督案件驳回申诉时用）

××××人民法院

通知书

（20××）……执监……号

×××：

你不服××××人民法院（20××）……司惩复……号决定书，向本院申诉。本院于20××年××月××日立案后，依法组成合议庭进行审查，本案现已审查终结。

×××申诉请求：……。事实与理由：……（写明申诉的请求和理由）。

本院经审查认为，……（写明作出驳回申诉的理由）。依照《执行工作规定》第71条之规定，你的申诉理由不成立，本院予以驳回。

特此通知。

本件与原本核对无异（印戳）

二〇××年××月××日

（院印）

21. 执行监督决定书（司法制裁执行监督案件申诉理由成立时用）

××××人民法院

执行决定书

（20××）……执监……号

申诉人（申请执行人/被执行人/利害关系人/案外人）：×××，……。

法定代理人/指定代理人/法定代表人/主要负责人：×××，……。

委托诉讼代理人：×××，……。

申诉人×××不服××××人民法院（20××）……司惩复……号决定书，向本院申诉。本院于20××年××月××日立案后，依法组成合议庭进行审查。本案现已审查终结。

经审查查明，20××年××月××日，××××人民法院对×××与×××……（写明执行依据案由）一案作出（20××）……民初……号民事判决：……（写明执行依据裁判主文，执行依据为民事调解书、仲裁裁决、公证债权文书或其他民事裁定的，参照上述内容写明）。

根据×××的申请，本院于20××年××月××日立案强制执行，案号为（20××）……执……号。在该案执行过程中，本院于20××年××月××日……（写明作出的法律文书及实施的具体执行行为，原审法院对被罚款人/被拘留人进行罚款/拘留所依据的事实与理由、复议法院认定的事实与理由等）。

×××申诉认为，……（写明申诉的事实及理由）。请求：……。

另查明，……（针对申诉人申诉请求写明审查认定的事实与证据，包括依职权查明的事实）。

本院认为，……（写明作出的理由）。

综上所述，参照《中华人民共和国民事诉讼法》第二百一十一条，依照《执行工作规定》第71条之规定，决定如下：

一、撤销××××人民法院（20××）……司惩复……号复议决定；

二、撤销××××人民法院（20××）……司惩……号决定。

（如需变更原决定的，另写明：）

三、对×××拘留××日/罚款……元。

本件与原本核对无异（印戳）

二〇××年××月××日

（院印）

22. 执行监督裁定书（申诉人对本院执行行为申请执行监督时用）

××××人民法院

执行裁定书

（20××）……执监……号

申诉人（申请执行人/被执行人/利害关系人/案外人）：×××，……。

法定代理人/指定代理人/法定代表人/主要负责人：×××，……。

委托诉讼代理人：×××，……。

申请执行人/被执行人/利害关系人/案外人：×××，……。

……（写明申诉人、申请执行人、被执行人、利害关系人、案外人的基本信息）。

申诉人×××不服本院（20××）……执……号执行裁定/公告/通知/其他法律文书，向本院申诉。本院于20××年××月××日立案后，依法组成合议庭进行审查，［（进行听证/质证的，写明：）并于20××年××月××日举行了公开听证/进行了质证，……（写明参加听证/质证的当事人或/及其委托代理人）参加了听证/质证。（当事人缺席听证/质证的，还应写明经依法通知、无正当理由未参加听证/质证的情况）］本案现已审查终结。

经审查查明，20××年××月××日，本院/××××人民法院对×××与×××……（写明执行依据案由）一案作出（20××）……民初……号民事判决：……（写明执行依据裁判主文，执行依据为民事调解书、仲裁裁决、公证债权文书或其他民事裁定的，参照上述内容写明）。

（有诉前或诉讼保全措施的，写明：）20××年××月××日，本院/××××人民法院根据×××的申请，作出……（写明保全裁定案号）民事裁定：……（写明保全裁定的具体内容）。

根据×××的申请，本院于20××年××月××日立案强制执行，案号为（20××）……执……号。在该案执行过程中，本院于20××年××月××日……（写明作出的法律文书及实施的具体执行行为，应反映出执行案件的整体情况：1. 申诉涉及法律文书的，应写明文书作出时间、案号及主要内容；2. 申诉涉及具体执行行为的，应写明该执行行为的作出时间及具体内容；3. 申诉涉及执行款项争议的，应写明款项的扣划、入账及发放时间；4. 申诉涉及执行参与分配的，除写明款项的扣划及入账时间之外，还应逐件写明申请参与分配债权的执行依据基本情况、财产保全详细情况、执行依据取得时间、申请执行及立案时间、申请参与分配时间、执行法院分配时间等）。

×××申诉认为，……（写明申诉的事实及理由）。请求：……。

×××辩称，……（写明其他当事人的意见及理由）。

申诉人/申请执行人/被执行人/利害关系人向本院提交了以下证据：……。

另查明，……（针对申诉人申诉请求写明审查认定的事实与证据，包括依职权查明的事实）。

本案争议焦点为：……。

（驳回申诉请求的，写明：）

本院认为，……（围绕争议焦点，根据认定的案件事实及相关法律，对申诉请求进行分析评判，写明作出执行裁定的理由）。

综上所述，本院……（申诉的执行裁定/公告/通知/其他法律文书或执行行为）符合相关法律及司法解释规定，应予维持。申诉人的请求没有事实及法律依据，本院不予支持。参照《中华人民共和国民事诉讼法》第二百一十一条之规定，裁定如下：

驳回×××的申诉请求。

（支持申诉请求的，写明：）

经本院审判委员研究认为，……（围绕争议焦点，根据认定的案件事实和相关法律，对申诉请求进行分析评判，写明作出执行裁定的理由）。

综上所述，本院（20××）……执……号执行裁定认定事实清楚/不清，适用法律不当，应予纠正。申诉人的申诉请求具有事实及法律依据，应予支持。参照《中华人民共和国民事诉讼法》第二百零五条第一款、《最高人民法院关于人民法院发现本院作出的诉前保全裁定和在执行程序中作出的裁定确有错误以及人民检察院对人民法院作出的诉前保全裁定提出抗诉人民法院应当如何处理的批复》（法释〔1998〕17号）第一条之规定，裁定如下：

一、撤销本院（20××）……执……号执行裁定；

二、……（写明纠正后执行行为的具体内容）。

审 判 长　×××
审 判 员　×××
审 判 员　×××

二○××年××月××日
本件与原本核对无异（印戳）
（院印）

法官助理　×××
书 记 员　×××

23. 执行监督裁定书（申诉人对执行复议裁定不服，向上一级人民法院申诉，执行监督案件驳回申诉人的申诉请求时用）

××××人民法院
执行裁定书

（20××）……执监……号

申诉人（申请执行人/被执行人/利害关系人/案外人）：×××，……。

法定代理人/指定代理人/法定代表人/主要负责人：×××，……。

委托诉讼代理人：×××，……。

申请执行人/被执行人/利害关系人/案外人：×××，……。

……（写明申诉人、申请执行人、被执行人、利害关系人、案外人的基本信息）。

申诉人×××不服××××人民法院（20××）……执复……号执行裁定，向本院申诉。本院于20××年××月××日立案后，依法组成合议庭进行审查，[（进行听证/质证的，写明：）并于20××年××月××日举行了公开听证/进行了质证，……（写明参加听证/质证的当事人或/及其委托代理人）参加了听证/质证。（当事人缺席听证/质证的，还应写明经依法通知、无正当理由未参加听证/质证的情况）] 本案现已审查终结。

×××申诉称，……（写明申诉理由）。请求：……（写明申诉请求）。

×××辩称，……（写明被申诉方答辩意见和理由）。

本院另查明，……（写明本院审查认定的事实与证据，如与执行法院执行异议及复议裁定认定事实一致的，予以确认即可）。

本案争议焦点为：……。

本院认为，……（围绕争议焦点，根据认定的案件事实和相关法律，对申诉请求进行分析评判，写明作出执行裁定的理由）。综上所述，申诉人的请求没有事实及法律依据，本院不予支持。参照《中华人民共和国民事诉讼法》第二百一十一条，依照《执行工作规定》第71条之规定，裁定如下：

驳回×××的申诉请求。

审 判 长　×××
审 判 员　×××
审 判 员　×××

二〇××年××月××日
本件与原本核对无异（印戳）
（院印）
法官助理　×××
书 记 员　×××

24. 执行监督裁定书（申诉人对执行复议裁定不服，向上一级人民法院申诉，申诉理由成立，撤销异议、复议裁定时用）

××××人民法院
执行裁定书

（20××）……执监××号

申诉人（申请执行人/被执行人/利害关系人/案外人）：×××，……。

法定代理人/指定代理人/法定代表人/主要负责人：×××，……。

委托诉讼代理人：×××，……。

申请执行人/被执行人/利害关系人/案外人：×××，……。

……（以上写明申诉人、申请执行人、被执行人、利害关系人、案外人的基本信息）。

申诉人×××不服××××人民法院（20××）……执复……号执行裁定，向本院申诉。本院于20××年××月××日立案后，依法组成合议庭进行审查，[（进行听证/质证的，写明:）并于20××年××月××日举行了公开听证/进行了质证，……（写明参加听证/质证的当事人或/及其委托代理人）参加了听证/质证。（当事人缺席听证/质证的，还应写明经依法通知、无正当理由未参加听证/质证的情况）］本案现已审查终结。

经审查查明，20××年××月××日，××××人民法院对×××与×××……（案由）一案作出（20××）……民初……号民事判决：……（写明裁判文书的裁判主文，执行依据为其他生效法律文书的，参照上述内容予以写明）。

（有诉前或诉讼保全措施的，写明：）20××年××月××日，××××人民法院根据×××的申请，作出……（诉前或诉讼保全裁定案号）民事裁定：……（写明保全裁定的具体内容）。20××年××月××日，××××人民法院向×××（协助执行义务人/单位）送达了上述裁定书及协助执行义务通知书。

根据×××的申请，××××人民法院于20××年××月××日立案执行，案号为（20××）……执……号。在该案执行过程中，××××人民法院于20××年××月××日……（写明作出的法律文书及实施的具体执行行为）。

20××年××月××日，×××对此向××××人民法院提出执行异议称，……（写明执行异议的事实及理由）。请求：……（写明具体异议请求）。该院经审查认为，……（写明异议裁定认定的主要理由），据此于20××年××月××日作出（20××）……执异……号执行裁定：……（写明执行异议裁定主文）。

×××不服上述裁定，向××××人民法院申请复议称，……（写明申请复议事实及理由）。请求：……（写明具体复议请求）。

××××人民法院查明，……（写明复议程序中查明的事实）。

××××人民法院认为，……（写明复议裁定的主要理由）。据此于20××年××月××日作出（20××）……执复……号执行裁定：……（写明执行复议裁定主文）。

×××不服上述裁定，向本院申诉称，……（写明申诉理由）。请求：……（写明申诉请求）。

×××辩称，……（写明被申诉方答辩意见和理由）

另查明，……（写明本院审查认定的事实与证据，如与执行法院执行异议及复议裁定认定事实一致的，予以确认即可）。

本案争议焦点为：……。

本院认为，……（围绕争议焦点，根据认定的案件事实和相关法律，对申诉请求进行分析评判，写明作出执行裁定的理由）。

（执行裁定及执行异议裁定、执行复议裁定均应撤销的，写明：）

综上所述，××××人民法院（20××）……执……号执行裁定、（20××）……执异……号执行裁定、××××人民法院（20××）……执复……号执行裁定认定事实清楚/错误，适用法律不当/错误，应予纠正。申诉人的请求具有事实及法律依据，本院予以支持。参照《中华人民共和国民事诉讼法》第二百一十一条，依照《执行工作规定》第71条之规定，裁定如下：

一、撤销××××人民法院（20××）……执复……号执行裁定；

二、撤销××××人民法院（20××）……执异……号执行裁定；

三、撤销××××人民法院（20××）……执……号执行裁定；

（如有纠正或变更内容的，写明：）四、……（写明纠正或变更后的内容）。

（执行异议裁定正确，执行复议裁定错误的，写明：）

综上所述，××××人民法院（20××）……执复……号执行裁定认定事实清楚/错误，适用法律不当/错误，应予纠正。申诉人的请求具有事实及法律依据，本院予以支持。参照《中华人民共和国民事诉讼法》第二百一十一条，依照《执行工作规定》第71条之规定，裁定如下：

一、撤销××××人民法院（20××）……执复……号执行裁定；

二、维持××××人民法院（20××）……执异……号执行裁定。

（原执行复议裁定认定基本事实不清或严重违反法定程序，需由复议法院重新审查处理的，写明：）

综上所述，××××人民法院（20××）……执复……号执行裁定认定基本事实不清/严重违反法定程序，参照《中华人民共和国民事诉讼法》第二百一十一条，依照《执行工作规定》第71条之规定，裁定如下：

一、撤销××××人民法院（××××）……执复……号执行裁定；

二、发回××××人民法院重新审查。

（原执行异议及复议裁定认定基本事实不清或严重违反法定程序，需由执行法院重新审查处理的，写明：）

综上所述，××××人民法院（20××）……执异……号执行裁定、××××人民法院（20××）……执复……号执行裁定认定基本事实不清/严重违反法定程序，参照《中华人民共和国民事诉讼法》第二百一十一条，依照

《执行工作规定》第71条的规定，裁定如下：

一、撤销××××人民法院（20××）……执异……号执行裁定；

二、撤销××××人民法院（20××）……执复……号执行裁定；

三、发回××××人民法院重新审查。

审　判　长　×××

审　判　员　×××

审　判　员　×××

二〇××年××月××日

本件与原本核对无异（印戳）

（院印）

法官助理　×××

书　记　员　×××

25. 通知书（申诉人反映下级法院有案不立时用）

××××人民法院

通知书

（20××）……执监……号

×××：

你/你单位不服××××人民法院作出的（20××）……执……号执行裁定（或其他执行文书），向本院申请执行监督。经查，你/你单位反映的问题，未经××××人民法院执行异议或者执行监督程序审查，根据《最高人民法院关于人民法院办理执行信访案件若干问题的意见》第14条的规定，应由该院先行审查处理。本院已将你/你单位寄交的所有材料转至××××人民法院审查处理，请你/你单位与该院联系。

特此通知。

二〇××年××月××日
（院印）

26. 通知书（申诉人反映下级法院有案不立，本院立案前/后发现相关法院已立案审查时用）

××××人民法院
通知书

案件编号/信访编号

×××：

你/你单位不服××××人民法院作出的（20××）……执……号执行裁定（或其他执行文书），向本院申请监督。经查，你/你单位反映的问题，该院已经立案受理。根据《最高人民法院关于人民法院办理执行信访案件若干问题的意见》第14条规定，本院对你/你单位的申诉请求不再监督。如你/你单位对该院作出的执行异议或执行监督裁定不服，可依法寻求救济。

特此通知。

二〇××年××月××日
（院印）

27. 补正材料通知书（申请执行异议、复议材料不全时用）

× × × ×人民法院

补正材料通知书

信访编号/案件编号

× × ×：

你/你单位不服本院/× × × ×人民法院作出的（20× ×）……执……号/（20× ×）……执异……号执行裁定，向本院提出执行异议/复议申请，但提交的材料未齐全。根据相关法律及司法解释规定，你/你单位应当提交以下材料：

一、执行异议/复议申请书原件1份（申请人为个人的，用蓝黑或黑色墨水笔签名并捺印或者盖章；申请人为法人或其他组织的，应加盖印章）。

申请书应当载明以下事项：1. 当事人的基本情况；2. 原审法院名称，原执行裁定书或者执行异议裁定书案号；3. 异议/复议请求；4. 事实及理由；5. 送达地址及具体联系方式。

二、执行异议/复议申请书副本若干（份数与裁判文书中的当事人人数相等）。

三、执行异议/复议申请人身份证复印件1份（申请人为法人或其他组织的，应提交营业执照、组织机构代码证复印件以及法定代表人或主要负责人身份证明）。

四、相关法律文书复印件（据以强制执行的生效法律文书，提出执行异议或复议所指向的执行裁定书、通知书、公告或执行异议裁定书复印件等）。

五、相关证据材料。

材料补正后请寄交：× × × ×人民法院执行裁判庭/× ×审判庭。

特此告知。

二〇× ×年× ×月× ×日

（庭印）

二、执行异议之诉类文书样式

28. 一审民事判决书（案外人执行异议之诉用）

×××× 人民法院

民事判决书

（20××）……民初……号

原告（案外人）：×××，……。

法定代理人/指定代理人/法定代表人/主要负责人：×××，……。

委托诉讼代理人：×××，……。

被告（申请执行人）：×××，……。

被告/第三人（被执行人）：×××，……。

……（以上写明当事人和其他诉讼参加人的基本信息。被执行人反对案外人异议的，列为被告；不反对的，列为第三人）。

原告×××与被告×××、被告/第三人×××案外人执行异议之诉一案，本院于20××年××月××日立案后，依法适用普通程序，于20××年××月××日公开/因涉及……（写明不公开开庭的理由）不公开开庭进行了审理。原告×××、被告×××、被告/第三人×××（写明当事人和其他诉讼参加人的诉讼地位和姓名或者名称）到庭参加诉讼（当事人未到庭应诉或者中途退庭的，还应写明经传票传唤，无正当理由拒不到庭或者未经法庭许可中途退庭的情况）。本案现已审理终结。

原告×××向本院提出诉讼称，……（归纳原告主张的事实和理由）。请求：1. 停止对……（写明执行标的）的执行（该项请求必须具备）；2. 确认……（写明执行标的）归其所有（案外人一并请求确认其权利的）。

×××辩称，……（归纳被告答辩意见）。

×××述称，……（归纳第三人陈述意见）。

经审理查明，20××年××月××日，本院/××××人民法院对×××诉×××……（写明执行依据案由）一案作出（20××）……民初……号民事判决：……（写明执行依据裁判主文，执行依据为民事调解书、仲裁裁决、公证债权文书或其他民事裁定的，参照上述内容写明）。

（有诉前或诉讼保全措施的，写明：）20××年××月××日，本院/××××人民法院根据×××的申请，作出……（写明保全裁定案号）民事裁定：……（写明保全裁定的具体内容）。

根据×××的申请，本院于20××年××月××日立案强制执行，案号为（20××）……执……号。在本案执行过程中，本院于20××年××月××日作出（20××）……执……号执行裁定/通知/公告/其他执行行为：……（写明引起执行异议的具体执行行为内容）。案外人×××对本案执行标的提出异议后，本院于20××年××月××日作出……（执行异议案件案号）执行裁定，驳回×××的异议请求。×××不服该裁定，向本院提起执行异议之诉。

另查明，……（针对案涉执行标的写明本院查明的事实）。

本案争议焦点为：……。

本院认为，……（围绕争议焦点，根据本院认定的事实和相关法律，对当事人的排除对执行标的执行的请求或确权请求进行分析评判，说明理由）。

综上所述，……（对当事人的诉讼请求是否支持进行总结评述）。依照《中华人民共和国……法》第××条第×款第×项（写明实体法名称及其条款项序号）、《中华人民共和国民事诉讼法》第二百三十四条、《最高人民法院关于适用〈中华人民共和国民事诉讼法〉的解释》第三百一十条第一款第×项/及第二款规定，判决如下：

（案外人就执行标的不享有足以排除强制执行的民事权益的，写明：）驳回×××的诉讼请求。

（案外人就执行标的享有足以排除强制执行的民事权益的，写明：）不得执行……（写明制作单位、案号、文书名称和执行标的）。

（案外人就执行标的享有足以排除强制执行的民事权益以及一并提出确认其权利的诉讼请求得到支持的，写明：）

一、不得执行……（写明制作单位、案号、文书名称和执行标的）。

二、确认原告×××享有……。

（案外人就执行标的享有足以排除强制执行的民事权益得到支持，但其一并提出的确认其权利的诉讼请求未得到支持的，写明：）

一、不得执行……（写明制作单位、案号、文书名称和执行标的）；

二、驳回原告关于……的诉讼请求。

案件受理费……元，由……负担（写明当事人姓名或者名称、负担金额）。

如不服本判决，可以在本判决书送达之日起十五日内，向本院递交上诉状，并按对方当事人或者代表人的人数提出副本，上诉于××××人民法院。

审　判　长　×××

审　判　员　×××

审　判　员　×××

二〇××年××月××日

本件与原本核对无异（印戳）

（院印）

法官助理　×××

书　记　员　×××

29. 一审民事判决书（申请执行人执行异议之诉用）

××××人民法院

民事判决书

（20××）……民初……号

原告（申请执行人）：×××，……。

法定代理人/指定代理人/法定代表人/主要负责人：×××，……。

委托诉讼代理人：×××，……。

被告（案外人）：×××，……。

被告/第三人（被执行人）：×××，……。

……（以上写明当事人和其他诉讼参加人的基本信息。被执行人反对申请执行人主张的，列为被告；不反对的，列为第三人）。

原告×××与被告×××、被告/第三人×××申请执行人执行异议之诉一案，本院于20××年××月××日立案后，依法适用普通程序，于20××年××月××日公开/因涉及……（写明不公开开庭的理由）不公开开庭进行了审理。原告×××、被告×××、被告/第三人×××（写明当事人和其他诉讼参加人的诉讼地位和姓名或者名称）到庭参加诉讼（当事人未到庭应诉或者中途退庭的，还应写明经传票传唤，无正当理由拒不到庭或者未经法庭许可中途退庭的情况）。本案现已审理终结。

原告×××向本院提出诉讼称，……（归纳原告主张的事实和理由）。请求：准许执行……（写明制作单位、案号、文书名称和具体执行标的）。

×××辩称，……（归纳被告答辩意见）。

×××述称，……（归纳第三人陈述意见）。

经审理查明，20××年××月××日，本院/××××人民法院对×××诉×××……（写明执行依据案由）一案作出（20××）……民初……号民事判决：……（写明执行依据裁判主文）。（执行依据为民事调解书、仲裁裁决、公证债权文书或其他民事裁定的，参照上述内容写明）。

（有诉前或诉讼保全措施的，写明：）20××年××月××日，本院/××××人民法院根据×××的申请，作出……（写明保全裁定案号）民事裁定：……（写明保全裁定的具体内容）。

根据×××的申请，本院于20××年××月××日立案强制执行，案号为（20××）……执……号。在本案执行过程中，本院于20××年××月××日作出（20××）……执……号执行裁定/通知/公告/其他执行行为：……（写明引起执行异议的具体执行行为内容）。案外人×××对本案执行标的提出异议后，本院于20××年××月××日作出……（执行异议案件案号）执行裁定，中止对……（写明案涉执行标的）的执行。×××不服该裁定，向本院提起执行异议之诉。

另查明，……（针对案涉执行标的写明查明的事实）。

本案争议焦点为：……。

本院认为，……（围绕争议焦点，根据认定的事实和相关法律，对是否准许对执行标的执行进行分析评判，说明理由。）。

综上所述，……（对申请执行人执行异议之诉是否应予支持总结评述）。依照《中华人民共和国××法》第××条第×款第×项、《中华人民共和国民事诉讼法》第二百三十四条、《最高人民法院关于适用〈中华人民共和国民事诉讼法〉的解释》第三百一十一条之规定，判决如下：

（案外人就执行标的不享有足以排除强制执行的民事权益的，写明：）准许执行……（写明制作单位、案号、文书名称和执行标的）。

（案外人就执行标的享有足以排除强制执行的民事权益的，写明：）驳回×××的诉讼请求。

案件受理费×××元，由×××负担（写明当事人姓名或者名称、负担金额）。

如不服本判决，可以在判决书送达之日起十五日内，向本院递交上诉状，并按对方当事人或者代表人的人数提出副本，上诉于××××人民法院。

审 判 长　×××

审 判 员　×××

审 判 员　×××

二〇××年××月××日

本件与原本核对无异（印戳）

（院印）

法官助理　×××

书 记 员　×××

30. 一审民事判决书（执行分配方案异议之诉用）

××××人民法院
民事判决书

（20××）……民初……号

原告（债权人/被执行人）：×××，……。

法定代理人/指定代理人/法定代表人/主要负责人：×××，……。

委托诉讼代理人：×××，……。

被告（债权人/被执行人）：×××，……。

第三人（债权人/被执行人）：×××，……。

……（以上写明当事人和其他诉讼参加人的基本信息。对分配方案提出反对意见的债权人或被执行人，列为被告；未提出反对意见的，列为第三人）。

×××与×××……（写明案由）执行分配方案异议之诉一案，本院于20××年××月××日立案后，依法适用普通程序，于20××年××月××日公开/不公开开庭进行了审理。原告×××及其委托诉讼代理人×××、被告×××及其委托诉讼代理人×××到庭参加诉讼（当事人未到庭应诉或者中途退庭的，还应写明经传票传唤，无正当理由拒不到庭或者未经法庭许可中途退庭的情况）。本案现已审理终结。

原告×××提起诉讼称，……（事实与理由，应当写明原告主张的权利属性、分配顺序、分配份额等）。请求：……（写明其具体诉讼请求）。

被告×××辩称，……（归纳被告答辩意见）。

第三人×××述称，……（归纳第三人陈述意见）。

经审理查明，20××年××月××日，本院/××××人民法院对×××诉×××……（写明执行依据案由）一案作出（20××）……民初……号民事判决：……（写明执行依据裁判主文，执行依据为民事调解书、仲裁裁决、公证债权文书或其他民事裁定的，参照上述内容写明）。

（有诉前或诉讼保全措施的，写明：）20××年××月××日，本院/××

××人民法院根据×××的申请，作出……（写明保全裁定案号）民事裁定：……（写明保全裁定的具体内容）。

根据×××的申请，本院于20××年××月××日立案强制执行，案号为（20××）……执……号。在本案执行过程中，本院于20××年××月××日扣划被执行人银行存款×××元/依法对被执行人×××名下的财产进行处置（拍卖或变卖），获得变现款……元（变现款数额涉及多个执行案件的应分别说明）。扣除……（应预先扣除的费用等），剩余执行款共计……元（可用于执行分配的款项总额）。

20××年××月××日，×××与×××……（写明案由）一案申请执行人×××、×××与×××……（写明案由）一案申请执行人×××以及×××（未经过诉讼的优先权人）等申请参与分配。经审查，本院准予上述申请执行人参与执行分配。本案共有××名债权人参与分配，申请参与分配的债权数额共计……元。

20××年××月××日，本院根据申请参与分配的债权性质及数额，制定了《财产分配方案》：……（写明执行分配的具体方案内容，包括顺位、数额、分配比例及依据与理由）。

20××年××月××日，本院作出……（参与分配案件的执行案件案号）通知书（应附或包含《财产分配方案》），并于20××年××月××日，向各债权人及被执行人依法予以送达（通知书应明确载明：如有异议，应在收到本通知书之日起十五日内提出书面异议。）

20××年××月××日，×××（提出异议的债权人/被执行人）提出异议。经本院通知，×××（未提出异议的债权人/被执行人）提出反对意见。20××年××月××日，本院将上述反对意见通知×××（提出异议的债权人/被执行人）（该通知应明确告知异议人可在接到通知之日起十五日内提起诉讼）。20××年××月××日，×××（提出异议的债权人/被执行人）以×××（未提出异议的债权人/被执行人）为被告，向本院提起执行异议之诉。

另查明，……（写明查明的事实）。

本案争议焦点为：……。

本院认为，……（围绕争议焦点，根据认定的案件事实和相关法律，对诉讼请求进行分析评判，说明理由）。依照《中华人民共和国××法》第××条第×款第×项（应写明依据的实体法或司法解释依据）、《最高人民法院关于适用〈中华人民共和国民事诉讼法〉的解释》第五百零九条，第五百一十条第一、二款之规定，判决如下：

……

案件受理费×××元，由×××负担（写明当事人姓名或者名称、负担金额）。

如不服本判决，可在判决书送达之日起十五日内，向本院递交上诉状，并按对方当事人的人数提出副本，上诉于××××人民法院。

审 判 长 ×××
审 判 员 ×××
审 判 员 ×××

二〇××年××月××日
本件与原本核对无异（印戳）
（院印）
法官助理 ×××
书 记 员 ×××

31. 一审民事判决书（变更、追加被执行人执行异议之诉用）

××××人民法院
民事判决书

（20××）……民初……号

原告（申请执行人/被申请人）：×××，……。

法定代理人/指定代理人/法定代表人/主要负责人：×××，……。

委托诉讼代理人：×××，……。

被告（被申请人/申请执行人）：×××，……。

……（以上写明当事人和其他诉讼参加人的基本信息）。

原告×××与被告×××变更/追加被执行人执行异议之诉一案，本院于20××年××月××日立案后，依法适用普通程序，于20××年××月××日公开/不公开开庭进行了审理。原告×××及其委托诉讼代理人×××、被告×××及其委托诉讼代理人×××到庭参加诉讼。本案现已审理终结。

原告×××向本院提出诉讼称，……（归纳原告主张的事实和理由）。请求：……（写明原告诉讼请求）。

被告×××辩称，……（归纳被告答辩意见）。

第三人×××述称，……（归纳第三人陈述意见）。

经审理查明，20××年××月××日，本院/××××人民法院对×××诉×××……（写明执行依据案由）一案作出（20××）……民初……号民事判决：……（写明执行依据裁判主文，执行依据为民事调解书、仲裁裁决、公证债权文书或其他民事裁定的，参照上述内容写明）。

根据×××的申请，本院于20××年××月××日立案强制执行，案号为（20××）……执……号。在本案执行过程中，申请执行人×××于20××年××月××日向本院提出申请，请求变更（追加）×××为本案被执行人。其主要理由为，……（概述申请追加或变更当事人的理由及依据）。

20××年××月××日，本院作出的……（执行异议裁定案号）执行裁定认为，……（写明追加或不追加案外人为被执行人的事实及理由）。据此，依据……（法律或司法解释条文），裁定追加（或不追加）×××为本案被执行人（如追加且涉及具体责任范围的，应进行详细认定）。该裁定书送达后，原告×××向本院提出执行异议之诉。

另查明，……（写明本院另查明的事实）。

本案争议焦点为：……。

本院认为，……。依据《中华人民共和国××法》第××条第×款第×项/司法解释（实体法上的法律依据）、《最高人民法院关于民事执行中变更、追加当事人若干问题的规定》第××条第×款第×项之规定，判决如下：

（申请人提起变更/追加被执行人执行异议之诉，审查后认为其理由不成立的，写明：）驳回原告×××的诉讼请求。

（理由成立的，写明：）变更/追加被申请人为被执行人，在……范围内承担……责任。

（被申请人提起执行异议之诉，不支持其诉讼请求的，写明：）驳回原告×××的诉讼请求；

（理由成立的，写明：）不得变更/追加被申请人×××为被执行人或者判决变更其责任范围。

案件受理费×××元，由×××负担（写明当事人姓名或者名称、负担金额）。

如不服本判决，可在本判决书送达之日起十五日内向本院递交上诉状，并按对方当事人人数提出副本，上诉于××××人民法院。

审　判　长　×××
审　判　员　×××
审　判　员　×××

二〇××年××月××日
本件与原本核对无异（印戳）
（院印）
法官助理　×××
书　记　员　×××

32. 二审民事判决书（执行异议之诉二审维持原判、改判或部分改判用）

××××人民法院
民事判决书

（20××）……民终……号

上诉人（原审诉讼地位及执行程序中地位）：×××，……。

法定代理人/指定代理人/法定代表人/主要负责人：×××，……。

委托诉讼代理人：×××，……。

被上诉人（原审诉讼地位及执行程序中地位）：×××，……。

原审原告/被告/第三人：×××，……。

……（以上写明当事人和其他诉讼参加人的基本信息）。

上诉人×××因与被上诉人×××/上诉人×××及原审原告/被告/第三人×××……执行异议之诉一案，不服××××人民法院（20××）……民初……号民事判决，向本院提起上诉。本院于20××年×××月××日立案后，依法组成合议庭，于20××年×××月××日开庭/因涉及……（写明不开庭的理由）不开庭进行了审理。上诉人×××、被上诉人×××、原审原告/被告/第三人×××及其委托诉讼代理人×××（写明当事人和其他诉讼参加人的诉讼地位和姓名或者名称）到庭参加诉讼（当事人未到庭应诉或者中途退庭的，还应写明经传票传唤，无正当理由拒不到庭或者未经法庭许可中途退庭的情况）。本案现已审理终结。

×××上诉请求：……（写明上诉请求）。事实和理由：……（概述上诉人主张的事实和理由）。

×××辩称，……（概述被上诉人答辩意见）。

×××述称，……（概述原审原告/被告/第三人陈述意见）。

经审理查明，20××年××月××日，××××人民法院对×××诉×××……（写明执行依据案由）一案作出（20××）……民初……号民事判决：……（写明执行依据裁判主文，执行依据为民事调解书、仲裁裁决、公证债权文书或其他民事裁定的，参照上述内容写明）。

（有诉前或诉讼保全措施的，写明：）20××年××月××日，××××人民法院根据×××的申请，作出……（写明保全裁定案号）民事裁定：……（写明保全裁定的具体内容）。

根据×××的申请，××××人民法院于20××年××月××日立案强制执行，案号为（20××）……执……号。在该案执行过程中，××××人民法院于20××年××月××日作出（20××）……执……号执行裁定/通知/公告/其他执行行为：……（写明引起执行异议的具体执行行为内容）。案外人×××对该案执行标的提出异议后，该院于20××年××月××日作出……（执行异议案件案号）执行裁定：……。

×××不服该裁定，向××××人民法院提起执行异议之诉称，……。请求：……（写明原审原告的诉讼请求）。

一审法院经审理查明，……（概述一审认定的事实）。

一审法院认为，……（概述一审裁判理由）。据此，该院于20××年××月××日作出（20××）……民初……号民事判决：……（写明一审判决主文）。

本院二审期间，当事人围绕上诉请求依法提交了证据。本院组织当事人进行了证据交换和质证（当事人没有提交新证据的，写明：二审中，当事人没有提交新证据）。对当事人二审争议的事实，本院认定如下：……（写明二审法院采信证据、认定事实的意见和理由，对一审查明相关事实的评判）。

本案争议焦点为：……。

本院认为，……（根据二审认定的案件事实和相关法律规定，对当事人的上诉请求进行分析评判，说明理由）。

（二审维持原判的，写明：）

综上所述，×××的上诉请求不能成立，应予驳回。一审判决认定事实清楚，适用法律正确，应予维持。依照《中华人民共和国民事诉讼法》第一百七十七条第一款第一项之规定，判决如下：

驳回上诉，维持原判。

（二审改判的，写明：）

综上所述，×××的上诉请求成立，予以支持。依照《中华人民共和国××法》第×条第×款第×项（适用法律错误的，应当引用实体法）、《中华人民共和国民事诉讼法》第一百七十七条第一款第×项之规定，判决如下：

一、撤销××××人民法院（20××）……民初……号民事判决；

二、……（写明改判内容）。

（二审部分改判的，写明：）

综上所述，×××的上诉请求部分成立。依照《中华人民共和国××法》第×条第×款第×项（适用法律错误的，应当引用实体法）、《中华人民共和国民事诉讼法》第一百七十七条第一款第×项之规定，判决如下：

一、维持××××人民法院（20××）……民初……号民事判决第×项（写明维持的一审判项）；

二、撤销××××人民法院（20××）……民初……号民事判决第×项（写明撤销的一审判项）；

（变更判项的，写明：）

三、变更××××人民法院（20××）……民初……号民事判决第×项为……。

（新增判项的，写明：）……。

二审案件受理费×××元，由×××负担（写明当事人姓名或者名称、负担金额）。

本判决为终审判决。

审 判 长　×××
审 判 员　×××
审 判 员　×××

二〇××年××月××日
本件与原本核对无异（印戳）
（院印）
法官助理　×××
书 记 员　×××

33. 二审民事裁定书（执行异议之诉二审发回重审用）

××××人民法院
民事裁定书

（20××）……民终……号

上诉人（原审诉讼地位及执行程序中地位）：×××，……。

法定代理人/指定代理人/法定代表人/主要负责人：×××，……。

委托诉讼代理人：×××，……。

被上诉人（原审诉讼地位及执行程序中地位）：×××，……。

原审原告/被告/第三人：×××，……。

……（以上写明当事人和其他诉讼参加人的基本信息）。

上诉人×××因与被上诉人×××/上诉人×××及原审原告/被告/第三人×××……执行异议之诉一案，不服××××人民法院（20××）……民初……号民事判决，向本院提起上诉。本院于20××年×××月××日立案后，依法组成合议庭，于20××年×××月××日开庭/因涉及……（写明不开庭的理由）不开庭进行了审理。上诉人×××、被上诉人×××、原审原告/被告/第三人×××（写明当事人和其他诉讼参加人的诉讼地位和姓名或者名称）到庭参加了诉讼（当事人未到庭应诉或者中途退庭的，还应写明经传票传唤，无正当理由拒不到庭或者未经法庭许可中途退庭的情况）。本案现已审理终结。

×××上诉请求：……（写明上诉请求）。事实和理由：……（概述上诉人主张的事实和理由）。

×××辩称，……（概述被上诉人答辩意见）。

×××述称，……（概述原审原告/被告/第三人陈述意见）。

经审理查明，20××年××月××日，××××人民法院对×××诉×××……（写明执行依据案由）一案作出（20××）……民初……号民事判决：……（写明执行依据裁判主文，执行依据为民事调解书、仲裁裁决、公证债权文书或其他民事裁定的，参照上述内容写明）。

（有诉前或诉讼保全措施的）20××年××月××日，××××人民法院根据×××的申请，作出……（写明保全裁定案号）民事裁定：……（写明保全裁定的具体内容）。

根据×××的申请，××××人民法院于20××年××月××日立案强制执行，案号为（20××）……执……号。在该案执行过程中，××××人民法院于20××年××月××日作出（20××）……执……号执行裁定/通知/公告/其他执行行为：……（写明引起执行异议的具体执行行为内容）。案外人×××对该案执行标的提出异议后，该院于20××年××月××日作出……（执行异议案件案号）执行裁定：……。

×××不服该裁定，向××××人民法院提起执行异议之诉称，……。请求：……（写明原审原告的诉讼请求）。

一审法院经审理查明，……（概述一审认定的事实）。

一审法院认为，……（概述一审裁判理由）。据此，该院于20××年××月×

×日作出（20××）……民初……号民事判决：……（写明一审判决主文）。

另查明，……（主要写明一审判决认定基本事实不清或严重违反法定程序的相关事实）。

本案争议焦点为：……。

本院认为，……（写明一审判决认定基本事实不清或严重违反法定程序、依法应予发回重审的理由）。依照《中华人民共和国民事诉讼法》第一百七十七条第一款第三/四项之规定，裁定如下：

一、撤销××××人民法院（20××）……民初……号民事判决；

二、发回××××人民法院重审。

上诉人×××预交的二审案件受理费×××元予以退回。

审 判 长　×××
审 判 员　×××
审 判 员　×××

二〇××年××月××日
本件与原本核对无异（印戳）
（院印）
法 官 助 理　×××
书 记 员　×××

34. 二审民事裁定书（执行异议之诉二审驳回起诉用）

××××人民法院

民事裁定书

（20××）……民终……号

上诉人（原审诉讼地位及执行程序中地位）：×××，……。

法定代理人/指定代理人/法定代表人/主要负责人：×××，……。

委托诉讼代理人：×××，……。

被上诉人（原审诉讼地位及执行程序中地位）：×××，……。

原审原告/被告/第三人：×××，……。

……（以上写明当事人和其他诉讼参加人的基本信息）。

上诉人×××因与被上诉人×××/上诉人×××及原审原告/被告/第三人×××……执行异议之诉一案，不服××××人民法院（20××）……民初×……号民事判决，向本院提起上诉。本院于20××年××月××日立案后，依法组成合议庭，于20××年××月××日开庭/因涉及……（写明不开庭的理由）不开庭进行了审理。上诉人×××、被上诉人×××、原审原告/被告/第三人×××（写明当事人和其他诉讼参加人的诉讼地位和姓名或者名称）到庭参加诉讼（当事人未到庭应诉或者中途退庭的，还应写明经传票传唤，无正当理由拒不到庭或者未经法庭许可中途退庭的情况）。本案现已审理终结。

×××上诉请求：……（写明上诉请求）。事实和理由：……（概述上诉人主张的事实和理由）。

×××辩称，……（概述被上诉人答辩意见）。

×××述称，……（概述原审原告/被告/第三人陈述意见）。

经审理查明，20××年××月××日，××××人民法院对×××诉×××……（写明执行依据案由）一案作出（20××）……民初……号民事判决：……（写明执行依据裁判主文，执行依据为民事调解书、仲裁裁决、公证债权文书或其他民事裁定的，参照上述内容写明）。

（有诉前或诉讼保全措施的，写明：）20××年××月××日，××××人民法院根据×××的申请，作出……（写明保全裁定案号）民事裁定：……（写明保全裁定的具体内容）。

根据×××的申请，××××人民法院于20××年××月××日立案强制执行，案号为（20××）……执……号。在该案执行过程中，××××人民法院于20××年××月××日作出（20××）……执……号执行裁定/通知/公告/其他执行行为：……（写明引起执行异议的具体执行行为内容）。案外人×××对该案执行标的提出异议后，该院于20××年××月××日作出……（执行异议案件案号）执行裁定：……。

×××不服该裁定，向××××人民法院提起执行异议之诉称，……。请求：……（写明原审原告的诉讼请求）。

一审法院经审理查明，……（概述一审认定的事实）。

一审法院认为，……（概述一审裁判理由）。据此，该院于20××年××月××日作出（20××）……民初……号民事判决：……（写明一审判决主文）。

另查明，……（写明与驳回起诉有关的事实）。

本案争议焦点为：……。

本院认为，……（写明驳回起诉的理由，包括不符合民事诉讼法第二百三十四条、民诉法解释第三百零三条、三百零四条等规定；当事人应通过审判监督程序或第三人撤销之诉寻求救济的，还应向当事人释明救济途径）。

综上，一审判决适用法律错误，本院予以纠正。依照《最高人民法院关于适用〈中华人民共和国民事诉讼法〉的解释》第三百二十八条之规定，裁定如下：

一、撤销××××人民法院（20××）……民初……号民事判决；

二、驳回×××的起诉。

一审案件受理费×××元，退还×××；上诉人×××预交的二审案件受理费×××元予以退还。

本裁定为终审裁定。

审 判 长 ×××
审 判 员 ×××
审 判 员 ×××

二〇××年××月××日
本件与原本核对无异（印戳）
（院印）
法官助理 ×××
书 记 员 ×××

三、要素式审理报告样式

35. 要素式审查报告（执行审查类案件用）

<table>
<tr><td>案号</td><td colspan="2">（20××）……执……号</td><td>合议庭成员</td><td></td></tr>
<tr><td rowspan="3">当事人</td><td colspan="2">申诉人</td><td colspan="2"></td></tr>
<tr><td colspan="2">申请执行人</td><td colspan="2"></td></tr>
<tr><td colspan="2">被执行人</td><td colspan="2"></td></tr>
<tr><td>执行依据</td><td colspan="4"></td></tr>
<tr><td>执行行为</td><td colspan="4"></td></tr>
<tr><td>申诉请求理由</td><td colspan="4"></td></tr>
<tr><td>执行过程</td><td colspan="4"></td></tr>
<tr><td rowspan="2">异议裁定</td><td>结论</td><td colspan="3"></td></tr>
<tr><td>理由</td><td colspan="3"></td></tr>
<tr><td rowspan="2">复议裁定</td><td>结论</td><td colspan="3"></td></tr>
<tr><td>理由</td><td colspan="3"></td></tr>
<tr><td colspan="2">争点问题</td><td colspan="3"></td></tr>
<tr><td colspan="2">承办意见</td><td colspan="3"></td></tr>
<tr><td colspan="2">备注</td><td colspan="3"></td></tr>
</table>

注：本审查报告以执行监督案件为样板制作，司法实践中承办法官可根据不同程序的案件自行调整该审查报告的要素。

36. 要素式审理报告（执行异议之诉类案件用）

<table>
<tr><td>案号</td><td colspan="2">（20××）……民……号</td><td>合议庭成员</td><td></td></tr>
<tr><td>类型</td><td colspan="4">□案外人异议之诉　　□许可执行异议之诉
□变更追加异议之诉　□分配方案异议之诉</td></tr>
<tr><td rowspan="3">当事人</td><td colspan="2">申诉人</td><td colspan="2">（需注明执行案件中的身份）</td></tr>
<tr><td colspan="2">被申诉人</td><td colspan="2">（需注明执行案件中的身份）</td></tr>
<tr><td colspan="2">第三人</td><td colspan="2">（需注明执行案件中的身份）</td></tr>
<tr><td>执行依据</td><td colspan="4"></td></tr>
<tr><td>执行行为</td><td colspan="4"></td></tr>
<tr><td>申诉请求理由</td><td colspan="4"></td></tr>
<tr><td rowspan="2">一审</td><td>请求</td><td colspan="3"></td></tr>
<tr><td>结论</td><td colspan="3"></td></tr>
<tr><td rowspan="2">二审</td><td>请求</td><td colspan="3"></td></tr>
<tr><td>结论</td><td colspan="3"></td></tr>
<tr><td colspan="2">争点问题</td><td colspan="3"></td></tr>
<tr><td colspan="2">承办意见</td><td colspan="3"></td></tr>
<tr><td colspan="2">备注</td><td colspan="3"></td></tr>
</table>

注：本审理报告以申请再审案件为样板制作，司法实践中承办法官可根据不同程序的案件自行调整该审查报告的要素。

附 录

江苏省高级人民法院
关于进一步深化审执分离改革、加强执行裁判工作的意见

（江苏省高级人民法院2022年3月29日印发，苏高法〔2022〕60号）

为深入贯彻最高人民法院《关于深化执行改革健全解决执行难长效机制的意见——人民法院执行工作纲要（2019—2023）》和《关于进一步完善执行权制约机制加强执行监督的意见》，强化对执行权的监督制约，促进高效公正规范文明执行，现就深化审判权与执行权相分离体制改革、加强执行裁判工作提出以下意见。

一、进一步提高思想认识

党的十八届四中全会提出要开展“审判权与执行权相分离体制改革试点”工作，中共中央印发的《法治中国建设规划（2020—2025年）》提出要“深入推进审执分离”。为贯彻落实中央要求，最高人民法院《关于深化执行改革健全解决执行难长效机制的意见——人民法院执行工作纲要（2019—2023）》提出要加快推进审执分离体制改革，《关于进一步完善执行权制约机制加强执行监督的意见》再次强调要深化审执分离改革，充分发挥执行裁决权对执行实施权的制衡和约束作用。各级法院要充分认识审执分离改革对于推进切实解决执行难的重要意义，充分认识执行裁判工作在促进高效公正规范文明执行方面不可替代的重要作用，高度重视、全力推进审执分离改革，推动执行裁判工作持续健康发展。

二、进一步明确改革目标

全省法院要以习近平新时代中国特色社会主义思想为指导，深入贯彻落实江苏省第十四次党代会提出的“使法治和诚信成为江苏推进社会主义现代化建设的显著优势和核心竞争力”的部署要求，切实推进最高人民法院《关于进一步完善执行权制约机制加强执行监督的意见》中“两个深化”要求落地落实，促进高效公正规范文明执行，优化法治化营商环境，切实维护人民群众合法权益，推进切实解决执行难。

1. 深化审判权与执行权分离。要有效发挥审判、破产、国家赔偿程序对执行权的制约作用。执行中的重大实体争议问题，应当严格按照民事诉讼法及司法解释的规定，通过相应诉讼程序解决，避免违规以执代审。执行中发现企业法人不能清偿到期债务，并且资产不足以清偿全部债务或者明显缺乏清偿能力的，应当暂缓财产分配，及时询问申请执行人、

被执行人是否申请或者同意将案件移送破产审查，避免影响各债权人的公平受偿权。对于符合条件的无财产可供执行的终本案件，要及时启动“执转破”程序，清理“僵尸”企业，有序消化终本案件存量。积极探索将“执转破”案件由执行局或执行裁判部门办理工作机制。人民法院收到移送破产审查决定书面通知的，应依法中止执行，坚决杜绝在破产案件受理后不配合解除相应保全措施、搞地方保护等现象。执行错误的应当依法及时启动国家赔偿程序，有效及时挽回因执行错误给当事人造成的损失，维护当事人的合法权益。

2. 深化执行裁决权与执行实施权分离。全省各级法院应由独立于执行机构的执行裁判部门负责办理执行裁判案件，包括执行异议、复议、执行异议之诉案件以及消极执行督办案件以外的执行监督案件。充分发挥执行裁决权对执行实施权的制衡和约束作用，建立健全独立、专业、高质、高效的执行裁判权运行体系，充分发挥执行裁判工作救济、监督、规制、保障的职能作用，完善执行权监督制约机制，使执行裁判部门成为合法权益的守护人、规范执行的质检员、规避执行的拦阻网、涉执纠纷的终结者。

三、进一步完善工作机制

3. 完善执行裁判职权配置。各市中级人民法院应当设立执行裁判庭，在同一设区市内的基层人民法院应当将执行裁判职能统一归口在同一民商事审判部门。执行裁判部门兼办其他类型案件的，应当确定专业审判团队集中办理执行裁判案件。除变更、追加被执行人的执行异议案件外，执行机构不得办理执行异议、复议、执行异议之诉以及消极执行督办案件以外的执行监督案件等执行裁判案件。确保执行救济渠道的畅通，坚决杜绝执行裁判案件有案不立、先审后立。

4. 健全执行裁判案件审判组织。执行裁判案件应当组成合议庭审理，组成人员应当全部由员额法官担任。重大疑难执行裁判案件，可以与执行机构、相关审判业务部门组成跨部门专业法官会议讨论。执行机构与执行裁判部门原则上由同一名院领导分管，以便于适用法律的统一和部门之间协调配合。

5. 加强执行裁判队伍建设。办理执行裁判案件的员额法官应当具备民商事审判或者执行工作经验。既无执行工作经验又无民商事审判经验的，应于任职前进行专业化培训。对执行裁判人员考核适用对审判人员的考核方法，中级、基层法院执行异议、复议案件参照一审、二审民事案件折算工作量。

四、进一步加强监督指导

6. 提升执行裁判案件审理质量。上级法院应当通过加强业务培训、制定下发业务指导性文件、定期开展案件评查、加强疑难问题调研、组织评选优秀案例和优秀裁判文书等方式，着力促进裁判尺度统一、提升案件审理质量。中级法院要发挥好监督指导作用，在全市范围内促进执行裁判水平的不断提升。

7. 切实贯彻落实发改案件通报、分析、问责机制。执行裁判人员发现执行行为存在明显违法而不予纠正或者相同问题重复发生导致案件多次被撤改的，要依法依规启动“一案双查”。

8. 提高执行裁判案件审理效率。要强化执行裁判案件审限管理，执行异议、复议案件原则上应在法定期限内审结。全面推行要素式审判方法，充分利用“执行无纸化”改革成果辅助查明案情，切实提升执行裁判案件审理效率。

五、进一步加强协调配合

9. 执、裁协同推动涉执纠纷实质性化解。执行机构与执行裁判部门要加强沟通协作，共同促进执行规范和执行公正。执行裁判部门应将案件立案、审理、结案情况及时通知执行机构。执行机构应将异议申请及时移送执行裁判部门，并积极配合材料移交、案情调查、矛盾化解等工作。执行裁判案件审理期间，执行机构发现案涉执行行为存在违法违规的，应当及时自行纠正。执行裁判案件审理结果为撤销、变更执行行为或者阻却对执行标的执行的，执行机构应当及时落实，无故拖延或拒不落实的应当依法依规予以问责。

江苏省高级人民法院
执行异议及执行异议之诉案件办理工作指引（一）

根据《中华人民共和国民事诉讼法》（以下简称《民事诉讼法》）、《最高人民法院关于适用〈中华人民共和国民事诉讼法〉的解释》（以下简称《民诉法解释》）、《最高人民法院关于适用〈中华人民共和国民事诉讼法〉执行程序若干问题的解释》（以下简称《民诉执行解释》）、《最高人民法院关于人民法院办理执行异议和复议案件若干问题的规定》（以下简称《异议复议规定》）、《最高人民法院关于民事执行中变更、追加当事人若干问题的规定》（以下简称《变更追加规定》）、《最高人民法院关于人民法院民事执行中查封、扣押、冻结财产的规定》（以下简称《查扣冻规定》）等法律及司法解释的规定，在《江苏省高级人民法院执行异议及执行异议之诉案件审理指南（一）》的基础上，结合全省法院工作实际，就执行异议及执行异议之诉案件的办理，制定本指引（一），供全省各级法院参考。

一、审理执行异议及异议之诉案件应当坚持的基本原则

（一）效率优先原则。执行异议案件及执行异议之诉案件均衍生于执行程序。执行异议案件审查应坚持效率优先、兼顾公平的审查原则。执行异议之诉案件的审理直接关系到被执行主体、执行标的财产的确定以及执行程序的顺利推进，其审理原则在追求公正的同时也应提高效率。

1. 坚持审限法定，严格遵守法律及司法解释规定的办案期限，原则上不得扣除或者延长审限。执行异议案件以书面审查为原则，公开听证为例外。案情复杂、争议较大的案件

以及法律或司法解释等规定应当听证的案件，应进行听证。针对执行标的提出的异议，应坚持形式审查为原则、实质审查为例外，主要根据执行标的的权利外观表征来判断。

2. 坚持有限救济，执行标的执行完毕或者执行程序终结后提出的执行异议，应当通过执行监督予以救济。

（二）权利救济法定原则。当事人、案外人及利害关系人是否享有提出执行异议及异议之诉的权利，应有明确的法律或司法解释依据。除此之外，不得授予其提出执行异议及异议之诉的权利。

1. 当事人、利害关系人提出的异议符合下列情形的，适用《民事诉讼法》第二百三十二条规定进行审查，并明确告知复议权：

（1）《异议复议规定》第五条第（一）至（五）项、第七条；

（2）《变更追加规定》第二条至第十三条，第十四条第一款，第十五条至第十六条，第二十二条至第二十五条；

（3）《最高人民法院关于刑事裁判涉财产部分执行的若干规定》第十四条。

2. 案外人提出的异议符合下列情形的，适用《民事诉讼法》第二百三十四条规定进行审查：

（1）案外人主张对执行标的享有排除执行的实体权益，但涉及刑事裁判涉财产部分执行的除外；

（2）《民诉法解释》第四百九十九条第二款中所规定的对到期债权的执行提出异议的；

（3）依据法律、司法解释规定的其他可以排除执行的民事权益提出异议的。

3. 案外人提出的异议符合下列情形的，应通过审判监督程序或第三人撤销之诉予以救济：

（1）案外人仅认为原判决、裁定、调解书错误，或者争议的执行标的与原判决、裁定、调解书有关的，告知案外人按照《民事诉讼法》第五十九条规定向作出原判决、裁定、调解书的法院提起诉讼，或者依照《民诉法解释》第四百二十一条规定向作出原判决、裁定、调解书的法院申请再审；

（2）刑事裁判涉财产部分执行中，认为刑事裁判赃款赃物认定错误或者应予认定而未认定，且无法通过裁定补正的，告知异议人通过审判监督程序处理。

（三）执行异议之诉类型法定原则。《民事诉讼法》及相关司法解释规定的执行异议之诉案件的类型为：

1. 案外人基于所有权、用益物权、特殊担保物权、合法占有以及利害关系人基于到期债权的执行等提出异议引起的案外人执行异议之诉和申请执行人执行异议之诉；

2. 已进入分配范围的债权人或被执行人基于分配方案的异议提出的执行分配方案异议之诉；

3. 被申请变更、追加的被执行人或申请执行人基于变更、追加被执行人裁定提出的追加、变更被执行人异议之诉。

（四）专属管辖原则。根据法律及司法解释规定，执行异议、执行异议之诉，均由执行法院管辖。

1. 财产已被人民法院查封、扣押、冻结的，当事人、案外人突破专属管辖原则，在执行法院以外的法院提起诉讼或另行申请仲裁主张确权的，其他法院据此作出的裁判结论以及仲裁机构据此作出的仲裁裁决，不能对抗执行法院的执行行为。

2. 执行案件被指定执行、提级执行、委托执行后，当事人、利害关系人对原执行法院的执行行为提出异议的，或案外人对原执行法院查封、扣押或冻结的执行标的提出异议的，由提出异议时的执行法院管辖；受指定或者受委托的人民法院是原执行法院的下级人民法院的，由该上级法院管辖。

（五）执行异议之诉案件实质审理原则。

1. 要基于执行标的权属变化及其争议赖以产生的基础性的实体法律关系予以判断，不能简单地根据权利外观及程序性法律或司法解释对权利归属加以审查。

2. 要坚持实体审理，无论当事人是否提出确认其权利的诉讼请求，都要作为基础法律关系查明相关实体权利的性质及其归属。

3. 要合理分配举证责任。执行异议之诉案件中，案外人应当就其对执行标的物享有所有权或者其他足以排除执行标的物转让、交付的实体权益所依据的事实承担举证责任。

4. 要慎用自认规则。被执行人对案外人的权利主张表示承认的，不能免除案外人的举证责任。

（六）禁止调解原则。根据《民事诉讼法》及相关司法解释规定，执行异议及执行异议之诉案件涉及执行法院对被执行主体的确立、执行标的财产的确定及其处置等执行行为的正当性与合法性，执行异议及执行异议之诉案件的裁判结果不受当事人处分权利的约束，因此，执行异议及执行异议之诉案件不得进行调解。

二、执行异议及执行异议之诉程序与相关程序的协调对接

1. 案外人依照《民事诉讼法》第二百三十四条规定对执行标的提出异议的，应当在争议的执行标的执行终结前提出；执行标的由执行案件当事人受让的，应在执行程序终结前提出。

（1）案外人对执行标的提出异议的，除申请执行人提供足额有效担保之外，应当停止对争议的执行标的的处分行为。

（2）“执行标的执行终结”，指人民法院处分执行标的所需的所有法定手续全部完成之前。对于不动产和需要办理过户登记手续的动产或者其他财产权，是指协助办理过户登记的通知书送达之前，如当事人自行办理过户登记手续的，是指实际变更登记之前；对于动产或者银行存款类财产，是指交付或者拨付给申请执行人之前或者分配完毕之前。

（3）“执行程序终结”是指申请执行人请求强制执行的权利已得到全部实现，执行程

序已经完全终结，即相关执行案件符合《民事诉讼法》第二百六十四条以及《最高人民法院关于执行案件立案、结案若干问题的意见》第十四条、第十七条规定的结案条件。但原结案结论已通过执行异议、复议或者执行监督程序撤销的，以及终结本次执行程序的除外。

（4）案外人在执行标的执行完毕或执行程序终结后提出异议的，应裁定驳回其异议申请，告知其通过执行监督程序予以救济。

（5）案外人在执行标的执行完毕或执行程序终结前已提出异议，且法定期限内提起执行异议之诉，但因执行法院在此期间未停止处分执行标的，或因申请执行人提供相应担保导致执行标的在此期间被执行完毕或者执行程序终结的，应不予受理或者驳回起诉，告知其通过执行监督程序救济或者依职权立执行监督案件办理。

2. 案外人或申请执行人应当在执行异议裁定向其送达之日起十五日内提起诉讼。

（1）该期限属于除斥期间，除《民事诉讼法》第八十六条规定的事由外，不存在中止、中断与延长问题。

（2）案外人或申请执行人超过上述法定期间提起执行异议之诉的，应裁定不予受理；已经立案的，裁定驳回起诉。

3. 执行机构与执行裁判机构的工作衔接及材料移送。

（1）申请执行人、案外人以及利害关系人向执行机构或执行人员提交异议申请的，执行机构应在收到异议申请之日起3日内将异议申请及相关材料移交执行裁判机构。同时移送作出该执行行为的主要依据等。

（2）执行裁判机构收到申请执行人、案外人以及利害关系人向其提交执行异议申请的，应在收到执行异议申请之日起3日内通知执行机构。执行机构应在接到通知之日起3日内，将上述相关材料准备齐全后移送执行裁判机构。

（3）执行裁判机构在执行异议裁定书送达当事人后3日内将该裁定书副本送交执行机构。

（4）案外人、利害关系人及申请执行人不服该裁定，提出执行异议之诉案件的衔接问题，应按上述要求执行。

4. 案外人异议之诉程序与执行监督、审判监督程序的衔接。

（1）案外人提起执行异议之诉以及申请执行人提起许可执行之诉，被裁定不予受理或驳回起诉的，案外人、申请执行人对执行异议裁定不服的，可对执行异议裁定申请执行监督。

（2）人民法院作出的执行异议之诉判决生效后，原执行异议裁定自动失效，案外人、当事人又申请执行监督，要求撤销原执行异议裁定的，不予受理。

（3）在审理执行异议之诉案件过程中，发现案外人系针对执行行为提出异议，但执行异议裁定中告知案外人、申请执行人提起执行异议之诉的，应当裁定驳回起诉，并通过执行监督程序撤销原执行裁定，按照《民事诉讼法》第二百三十二条规定重新进行审查，告知各当事主体通过执行复议程序予以救济。

（4）《民事诉讼法》第二百三十四条规定，案外人、当事人对案外人异议裁定不服，认为原判决、裁定错误的，依照审判监督程序办理；与原判决、裁定无关的，可以自裁定送达之日起十五日内向人民法院提起诉讼。人民法院在案外人异议裁定中应当完整告知上述权利，由案外人、当事人根据其具体诉求和理由选择相应的后续救济程序。

（5）在审理执行异议之诉案件过程中，发现案外人系针对作为执行依据的人民法院原判决、裁定、调解书不服提出异议并提起异议之诉的，应当裁定驳回起诉，告知案外人依据《民事诉讼法》第二百三十四条、《民诉法解释》第四百二十一条规定申请再审。

所谓属于“认为原判决、裁定、调解书错误”的情形，是指案外人权利主张所指向的民事权利义务关系或者其诉讼请求所指向的标的物，与原判决、裁定、调解书确定的民事权利义务关系或者该权利义务关系的客体具有同一性，且案外人认为原判决、裁定、调解书对该民事权利义务关系或标的物权属认定错误。

（6）案外人针对作为执行依据的仲裁裁决所指向的特定执行标的提出异议，而执行裁定告知案外人提起执行异议之诉的，应当裁定驳回起诉，并通过执行监督程序撤销原执行裁定。

三、执行异议及执行异议之诉案件的受理及诉讼请求

1. 案外人基于以下权利对执行标的提出异议，请求排除执行的，应依据《民事诉讼法》第二百三十四条规定审查处理：

（1）所有权；

（2）共有权；

（3）用益物权；

（4）部分可以排除执行的特殊担保物权；

（5）合法占有；

（6）查封、抵押前设立的租赁权；

（7）《民诉法解释》第四百九十九条第二款中规定的利害关系人对第三人享有的到期债权；

（8）《异议复议规定》第二十八条、第二十九条规定的不动产买受人的物权期待权和消费者物权期待权；

（9）《查扣冻规定》第十五条规定的需要办理过户登记的财产或财产性权利；

（10）法律、司法解释规定的其他可以排除执行的实体性民事权益。

2. 当事人、利害关系人基于以下权利提出执行异议的，不应依据《民事诉讼法》第二百三十四条规定审查处理：

（1）主张对执行标的物享有抵押权或不能阻却执行的留置权、质押权的；

（2）主张对执行标的物享有法定优先权的，如建设工程价款优先权，船舶优先权、税

收优先权、划拨土地使用权出让金优先权、民用航空器优先权、受教育者学杂费用优先权、剩余价款优先受偿权等；

（3）主张对被执行人享有普通债权的；

（4）主张对执行标的物虽享有租赁权，但强制执行不影响租赁权的行使，或该租赁权形成于抵押、查封之后的；

（5）《最高人民法院关于刑事裁判涉财产部分执行的若干规定》第十四条规定的权利；

（6）其他不足以排除执行的实体权益和程序性权益。

3. 案外人、申请执行人根据《民事诉讼法》第一百二十二条、第二百三十四条、《民诉法解释》第三百零三条、第三百零四条，以及利害关系人根据《民诉法解释》第四百九十九条规定提起执行异议之诉的，必须符合下列条件：

（1）经过执行异议审查的前置程序，即对执行法院已经作出的执行异议裁定不服；

（2）执行异议裁定送达之日起十五日内提起；

（3）有明确的诉讼请求、具体的事实及其理由；

（4）异议系针对执行标的提出；

（5）诉讼请求与执行依据无关，即执行标的与执行依据中确定的标的不具同一性、相关性或诉讼请求并不主张执行依据错误。

不符合上述条件之一的，裁定不予受理；已经受理的，裁定驳回起诉。

4. 执行异议之诉的诉讼请求。

（1）案外人提出执行异议之诉的，诉讼请求应当表述为“请求对执行标的物停止执行”。申请执行人提起执行异议之诉的，诉讼请求应当表述为“请求对执行标的物许可执行”；

（2）案外人提出执行异议之诉，同时提出确认其实体权利的诉讼请求的，应在执行异议之诉中一并作出判决。未同时提出确权请求的，法院不在判决主文中予以宣告；

（3）当事人诉讼请求不明确的，应当予以释明。拒绝变更诉讼请求的，裁定不予受理；已经受理的，裁定驳回起诉。

5. 申请执行人或案外人另行诉讼或在上述第 4 条规定之外提出的诉讼请求的处理。

（1）申请执行人提出许可执行异议之诉，同时请求撤销被执行人与案外人之间的法律行为、确认合同无效、代位析产以及代位行使被执行人对第三人的到期债权等诉讼请求的，应将其作为与执行标的相关的基础关系进行审理，并对相关实体权利进行判断，以此作为判断是否具有排除执行情形的依据。但在具体判项中仅对是否许可或排除执行作出判决；

（2）案外人提出执行异议之诉，同时提出被执行人继续履行合同、交付标的物、承担违约或损害赔偿责任等诉讼请求的，不予审理。案外人、当事人可就此另行主张权利；

（3）案外人以被执行人为被告另行提起给付之诉，要求转移执行标的物所有权，该标的物已处于查封扣押状态的，应当裁定驳回起诉，并在裁判理由中写明案外人可待执行标的物解除强制执行状态后再行主张；

（4）执行标的被查封、扣押、冻结后，案外人、申请执行人未在执行异议之诉中一并提出确权请求，而就基础法律关系另行提起相关诉讼的，不予受理；已经受理的，裁定驳回起诉；已经作出判决的，应当启动审判监督程序予以撤销。拒不撤销的，由执行法院报请共同的上级法院协调处理。

6. 执行异议之诉案件中下落不明的被执行人的诉讼主体地位。

（1）被执行人下落不明，无法表明其对申请执行人或者被执行人请求的意见，如案外人主张确权的，应将其列为共同被告；

（2）如案外人未主张确权，则根据其要求列被执行人的诉讼地位，原告未提出对被执行人诉讼地位的要求的，应将被执行人列为共同被告。

四、执行案外人名下财产引起的执行异议及执行异议之诉案件

1. 执行法院不得查封、扣押、冻结案外人占有的动产或者登记在案外人名下的财产，但申请执行人有充分证据证明该财产属于被执行人所有且提供有效担保，或者案外人书面确认该财产属于被执行人所有的除外。

执行法院对登记在案外人名下财产采取执行措施，该案外人提出执行异议的，应根据《民事诉讼法》第二百三十四条规定审查处理。

2. 在执行异议之诉的审理中，应对执行标的权属流转的基础法律关系进行重点审查并对其效力作出认定，比如案外人取得执行标的的资金来源及支付情况；被执行人与案外人是否存在特殊关系；交易行为是否虚假或恶意等。

五、执行异议及执行异议之诉案件的审理规则

1. 案外人提出的执行异议案件，原则上进行形式审查以及书面审理，并根据下列情形判断执行标的的权利归属：

（1）已登记的不动产，按照不动产登记簿判断；未登记的建筑物、构筑物及其附属设施，按照土地使用权登记簿、建设工程规划许可、施工许可等相关证据判断；

（2）已登记的机动车、船舶、航空器等特定动产，按照相关管理部门的登记判断；未登记的特定动产和其他动产，按照实际占有情况判断；

（3）银行存款和存管在金融机构的有价证券，按照金融机构和登记结算机构登记的账户名称判断；有价证券由具备合法经营资质的托管机构名义持有的，按照该机构登记的实际出资人账户名称判断；

（4）股权按照工商行政管理机关的登记和企业信用信息公示系统公示的信息判断；

（5）其他财产和权利，有登记的，按照登记机构的登记判断；无登记的，按照合同等证明财产权属或者权利人的证据判断。

人民法院按照《最高人民法院关于刑事裁判涉财产部分执行的若干规定》第十四条规定办理的执行异议、复议案件，应参照案外人执行异议之诉的审理标准进行实质审查。

2. 案外人、申请执行人提起执行异议之诉的，应按普通程序进行实质性审理，对与执行标的相关的基础性法律关系——争议执行标的相关的民事法律行为效力、执行标的的权利性质及其归属进行实体审理，判断案外人是否享有足以排除执行的实体权益，并在此基础上作出判决。

六、执行异议及执行异议之诉案件中举证责任分配

1. 案外人对执行标的提出执行异议及执行异议之诉的，应当就其对执行标的享有足以排除强制执行的民事权益承担举证责任。包括但不限于执行标的转让或受让的相关合同的订立与履行情况、资金往来情况以及其他与执行标的相关的基础性法律关系的证据等等。

2. 申请执行人提起许可执行异议之诉的，案外人应当就其对执行标的享有足以排除强制执行的民事权益承担举证责任。申请执行人应对其诉讼主张承担初步的举证证明责任。包括具有执行内容的生效法律文书以及执行标的在被执行人名下的证据等。

申请执行人主张对登记在案外人名下或案外人已经具备权利外观的财产采取执行措施的，应就该财产属于被执行人所有承担举证证明责任并提供有效担保。被执行人承认一方当事人的权利主张的，不能免除该当事人的举证责任。

七、申请执行人的债权已获清偿时执行异议及执行异议之诉案件的审查处理

1. 申请执行人的债权已经通过其他方式得到清偿，无需对执行标的继续执行，案外人提出执行异议的，应裁定不予受理；已经受理的，裁定驳回异议申请。

2. 申请执行人的债权已经通过其他方式得到清偿，无需对执行标的继续执行，案外人、当事人提起执行异议之诉的，根据下列情形予以处理：

(1) 按照一审程序审理的，应裁定不予受理；已经受理的，裁定驳回起诉；

(2) 按照二审程序审理的，应裁定撤销一审判决，驳回起诉；

(3) 按照再审程序审理的，应裁定撤销原审判决，驳回起诉。

八、执行依据提起再审时执行异议及执行异议之诉案件的处理

1. 执行异议之诉案件审理期间，据以执行的生效裁判被提起再审的，应当中止审理。

2. 据以执行的生效法律文书经再审被撤销，无需对争议的执行标的继续执行，案外人、当事人提起执行异议之诉的，根据下列情形予以处理：

(1) 按照一审程序审理的，应裁定不予受理；已经受理的，裁定驳回起诉；

(2) 按照二审程序审理的，应裁定撤销一审判决，驳回起诉；

(3) 按照再审程序审理的，应裁定撤销原审判决，驳回起诉。

3. 据以执行的生效法律文书经再审被撤销，但新作出的执行依据仅调整了债权数额或债务履行方式，仍需对执行异议之诉的标的继续执行的，执行异议之诉应继续审理。

九、被执行人进入破产程序的，执行异议及执行异议之诉案件的审查处理

1. 被执行人进入破产程序后，执行案件应当中止执行，对进入破产程序的被执行人的执行行为应当解除。由此引发的执行异议案件应当裁定不予受理，已经受理的应驳回异议申请；在复议程序审查发现被执行人进入破产程序的，执行复议案件应裁定终结审查。

2. 被执行人进入破产程序的，执行异议之诉案件不因执行程序的中止而中止审理，应当继续审理。

十、基于执行分配方案提出的执行异议及执行异议之诉案件的审查处理

1. 债权人、被执行人根据《民诉法解释》第五百一十条、《民诉执行解释》第十七条、第十八条规定，提起执行分配方案异议之诉的，必须同时具备下列条件：

（1）异议人只能是被执行人以及执行法院已经同意其参与分配的债权人；

（2）异议系对执行法院制定的分配方案提出，包括参与分配的债权数额、优先受偿权是否成立及其分配顺序、分配份额、分配比例等等；

（3）债权人或被执行人必须在收到分配方案之日起十五日内提出书面异议，并应在收到反对意见通知之日起十五日内提起执行分配方案异议之诉；

（4）债权人或被执行人提起分配方案异议之诉，应当明确提出修正后的分配方案并按该方案进行分配的请求及其事实与理由。

不符合上述条件之一的，裁定不予受理；已经受理的，裁定驳回起诉。

2. 债权人主要是指本案申请执行人、已经取得生效法律文书的其他债权人、尚未取得生效法律文书的首查封诉讼保全人、主张优先受偿权或法定优先权的债权人以及符合《江苏省高级人民法院关于正确理解和适用参与分配制度的指导意见》第 6 条规定情形的债权人。

（1）执行法院应准予已诉讼或未诉讼的主张优先权的债权人进入参与分配程序，其他债权人或者被执行人因此提出异议的，适用执行分配方案异议之诉程序审查；

（2）债权人对于执行法院不同意其参与分配申请提出的执行异议，不适用执行分配方案异议之诉程序，应适用《民事诉讼法》第二百三十二条规定进行审查，并明确告知其申请复议的权利。已经开始的分配程序，应预留其相应份额。

3. 债权人或被执行人提起执行分配方案异议之诉的，应将对其异议提出反对意见的债权人、被执行人列为被告，未对其异议提出反对意见的债权人、被执行人列为第三人。

4. 债权人或者被执行人提出执行分配方案异议之后，应当停止分配程序，但不停止对被执行人财产的变价处置行为。

无争议的债权数额相应的款项可以予以分配，但对于有争议的债权数额相应的款项应予以提存。

5. 执行分配方案异议之诉中，对分配方案有异议的债权人应当就其享有足以变更分配顺序、分配份额的实体权利主张承担举证责任。被执行人或者持反对意见的其他债权人否

认异议债权人的权利或者对其权利内容持反对意见的，也应承担相应的举证责任。

6. 分配方案异议之诉中异议人的理由不成立的，应判决驳回其诉讼请求，执行机构按照原分配方案进行分配；理由成立的，应对异议人的分配顺序、本案分配方案案款中应分配数额作出判决。执行裁判机构不得作出执行机构重新作出分配方案的判决。

7. 执行分配方案异议之诉判决生效后，已参加诉讼的其他债权人或被执行人再行提出异议的，不予受理；已经受理的，驳回起诉，并告知其依法通过审判监督程序予以救济。

8. 执行分配方案异议之诉判决生效后，未参加该诉讼的其他债权人，以其不知情或未参加分配为由提出异议的，按照《民事诉讼法》第二百三十二条规定进行审查。该异议人主张其享有优先权且可能改变已经启动的分配程序的，告知其通过第三人撤销权诉讼予以救济。

十一、基于变更或追加被执行人提出的执行异议及执行异议之诉案件的审查处理

1. 执行法院变更或追加执行案件被执行人必须具有明确的法律依据或者司法解释规定。

（1）被申请人或申请人不服执行法院变更、追加裁定或驳回申请裁定，符合《变更追加规定》第十四条第二款、第十七条至第二十一条规定情形的，应在裁定中明确告知当事人可自裁定书送达之日起十五日内，向执行法院提起执行异议之诉；

（2）符合《变更追加规定》中其他情形的，应在裁定中明确告知当事人可自裁定书送达之日起十日内向上一级人民法院申请复议。

2. 申请人、被申请人不服执行法院作出的是否变更或追加被申请人为被执行人的异议裁定，提起执行异议之诉的，应同时具备下列条件：

（1）必须是不服执行法院依据《变更追加规定》第十四条第二款、第十七条至第二十一条规定作出的变更、追加裁定或驳回申请裁定；

（2）必须经过执行异议审查的前置程序，即执行法院已经作出执行异议裁定且不服的；

（3）必须有明确的诉讼请求。申请人提起诉讼的请求应包括：要求变更、追加被申请人（被告）为被执行人并明确其承担责任的范围。被申请人提起的诉讼请求包括：请求不予变更、追加被申请人（原告）为被执行人或请求变更其责任范围；

（4）必须有具体的事实和理由；

（5）在执行异议裁定书送达之日起十五日内提出。

不符合上述条件之一的，裁定不予受理；已经受理的，裁定驳回起诉。

3. 变更、追加被执行人的异议审查及执行异议之诉审理期间，不得对被申请人异议范围内的财产进行处分。

被申请人仅对责任范围有异议的，可对没有异议的财产进行强制执行。

申请人请求继续执行且提供足额有效担保的，可以准许继续执行。

4. 申请人主张变更或追加被申请人为被执行人的，应对被申请人存在未缴纳或未足额缴纳出资、抽逃出资、未依法出资即转让股权、资产混同、未经清算即办理注销登记等行为承担举证责任。被申请人否认申请人主张的，应对不应变更或追加其为被执行人等主张承担举证责任。

5.《变更追加规定》施行前发生的变更、追加当事人的遗留案件，根据下列情形处理：

（1）执行法院已经裁定变更或追加被申请人为被执行人，并在执行裁定中告知当事人提起执行异议之诉，在其提起诉讼后又以执行异议裁定告知救济途径错误为由裁定不予受理或驳回起诉，相关当事人不服原裁定，执行程序尚未终结的，应通过执行监督程序撤销原裁定，重新作出裁定，告知当事人申请执行复议；执行程序已经终结的，应通过执行监督程序予以审查处理。

（2）执行法院已经裁定变更或追加未参加诉讼的被执行人配偶一方为被执行人，并在执行裁定中告知其提起执行异议之诉，但在该配偶一方提起诉讼后又以执行异议裁定错误告知救济途径为由裁定不予受理或驳回起诉，该配偶不服原裁定的，如该配偶名下财产已经执行完毕，应通过执行监督程序进行审查处理；如该配偶名下争议的财产尚未执行完毕的，通过执行监督程序撤销原裁定，告知该配偶按照《民事诉讼法》第二百三十四条规定，就执行其名下财产的行为提起案外人异议。

（3）执行法院已经作出变更或追加裁定，但在执行裁定中未告知申请人和被申请人救济途径的，根据下列情形分别处理：

一是执行法院对申请人或被申请人提出的异议未立案审查，且执行程序尚未终结的，应依法及时立案审查，并依据《变更追加规定》的相应情形作出裁定并告知其救济途径。

执行法院既不立案又不作出不予受理裁定的，异议人可以向执行法院的上一级法院提出异议。上一级法院应立“执监”案件进行审查，异议成立的，应指令执行法院在三日内立案审查处理。

二是执行法院对申请人或被申请人提出的异议已立案审查并作出执行裁定，但未告知申请人和被申请人救济途径，申请人或被申请人也未就此提出任何异议，执行法院对其采取强制措施后又对变更、追加行为及其承担责任的范围提出执行异议的，不予受理。

三是执行法院作出变更或追加裁定后，申请人或被申请人对变更、追加裁定均未提出异议，且所涉案件的执行程序已经终结，相关当事人又以原变更、追加裁定未告知其救济途径为由申请执行监督，请求撤销原追加、变更执行裁定的，原则上不予支持。

十二、执行异议及执行异议之诉案件的裁判文书制作

1. 案外人异议及执行异议之诉裁判文书事实部分，总体上应按照执行行为的发生时间及争议产生与处理的逻辑顺序制作。首先应写明执行依据的裁判内容，并依次写明执行过

程、执行异议诉辩情况、异议审查情况、异议之诉原被告及第三人的诉辩情况、本院查明及认定的事实情况。二审裁判文书也应基本遵从上述文书制作方法。

2. 执行异议之诉案件进行实体审理并作出裁判的，应当引用作出该裁判结论所依据的实体法或司法解释，不能仅仅引用程序法及其司法解释作出判决。引用两部以上法律的，应当先引用基本法律，后引用其他法律。引用包括实体法和程序法的，先引用实体法，后引用程序法。除规范性法律文件之外，不得引用其他规范性文件作为裁判依据。如经审查认定为合法有效的，其他规范性文件可作为裁判说理的依据，但不得引用本院或上级法院内设机构制发的文件。

3. 判决主文部分应当严格按照《民事诉讼法》或司法解释的具体要求进行制作，且内容应当具体明确。

（1）案外人、申请执行人的诉讼请求不成立的，判决驳回其诉讼请求；

（2）案外人请求排除执行，且同时请求确认实体权益，其请求成立的，判决不得对所涉执行案件中执行标的强制执行，并确认其主张的权益；其请求确认的实体权益主张虽不成立，但其请求排除执行的主张能够成立的，判决不得对所涉执行案件中执行标的强制执行，并驳回其他诉讼请求；

（3）案外人仅请求排除执行，未请求确认实体权益，其请求成立的，仅判决不得对所涉执行案件执行标的强制执行，不得在主文中宣告涉案实体权利义务关系，但可以在事实和理由部分予以阐明；

（4）申请执行人请求许可执行，其请求成立的，判决准许对执行标的强制执行；

（5）申请执行人提出的确认被执行人享有实体权益、确认合同无效等请求不得在判决主文中予以宣告，但可以在事实和理由部分予以阐明。

4. 案外人执行异议之诉、申请执行人执行异议之诉、追加变更被执行人异议之诉以及执行分配方案异议之诉案件，应当依据《民诉法解释》第二百零一条以及《诉讼费用交纳办法》规定的财产案件收费标准交纳案件受理费。

十三、其他

本指引（一）自下发之日起施行，《江苏省高级人民法院执行异议及执行异议之诉案件审理指南（一）》不再执行。法律、司法解释另有新规定的，以法律、司法解释为准。

江苏省高级人民法院
执行异议及执行异议之诉案件办理工作指引（二）

为统一全省法院涉及不动产执行异议之诉案件的裁判尺度，根据《中华人民共和国民法典》（以下简称《民法典》）、《中华人民共和国公司法》（以下简称《公司法》）、《中华人民共和国民事诉讼法》（以下简称《民事诉讼法》）、《最高人民法院关于适用〈中华人民共和国民事诉讼法〉的解释》（以下简称《民诉法解释》）、《最高人民法院关于人民法院民事执行中查封、扣押、冻结财产的规定》（以下简称《查扣冻规定》）、《最高人民法院关于人民法院办理执行异议和复议案件若干问题的规定》（以下简称《异议复议规定》）等法律及司法解释的规定，在《江苏省高级人民法院执行异议及执行异议之诉案件审理指南（二）》的基础上，结合全省法院实际情况，就不动产执行标的引发的执行异议及执行异议之诉案件的办理，制定本指引（二），供全省各级法院参考。

一、案外人对执行标的主张实体权益引发的执行异议之诉案件的裁判规则

案外人以其对执行标的享有所有权或者其他足以排除执行标的转让、交付的实体权益为由提出执行异议的，应适用《民事诉讼法》第二百三十四条规定进行审查，因此提起执行异议之诉的，一般应围绕以下内容进行审查：

1. 审查执行法院是否为执行标的首查封法院，对于具有下列情形的，应裁定驳回起诉：

（1）执行法院采取首查封措施，但已丧失处置权的；

（2）执行法院既未采取保全措施，也未获得处置权的；

（3）执行法院采取轮候保全措施，但未获得处置权的；

（4）执行法院为受指定或受委托执行的法院，但对执行标的采取的执行行为系上级法院作出的；

（5）执行标的已经执行法院处置，并为执行案件当事人之外的第三人受让，且已执行终结的；

（6）执行标的已经执行法院处置，并由执行案件当事人受让，该执行案件已经执行终结的。

裁定驳回起诉后，案外人的权利救济以及执行法院作出的执行异议裁定，应当依照《江苏省高级人民法院执行异议及执行异议之诉案件办理工作指引（一）》（以下简称《指引（一）》）相关规定处理。

2. 审查案外人提出的执行异议是针对执行行为还是针对实体权益，并根据下列情形予以处理：

（1）案外人针对执行行为提出异议，但执行异议裁定错误告知当事人提起执行异议之诉的，应裁定驳回起诉。所涉执行异议裁定应通过执行监督程序予以纠正；

（2）案外人基于《民事诉讼法》第二百三十四条所规定的实体权益提出执行异议的，应根据其异议所依据的实体权益类型，判断其是否属于《指引（一）》第三条第 1 款第（1）至第（10）项所规定的能够排除执行的民事实体权益。

（3）案外人的执行异议系针对执行依据指定交付的特定物提出，或者认为执行依据本

身错误的，应裁定驳回起诉，并根据下列情形告知其救济途径：

①执行依据系生效判决、裁定或调解书的，可告知案外人通过审判监督程序依法寻求救济；

②执行依据系生效仲裁裁决的，可告知案外人按照《最高人民法院关于人民法院办理仲裁裁决执行案件若干问题的规定》第九条以及第十八条的规定，向执行仲裁裁决的法院申请不予执行予以救济；

③执行依据系具有强制执行效力的公证债权文书的，告知案外人按照《最高人民法院关于公证债权文书执行若干问题的规定》第二十四条的规定，另行向有管辖权的法院提起诉讼予以救济。

3. 审查案外人执行异议之诉中主张的民事权益是否具有实体法上的依据，并根据下列情形予以认定：

（1）案外人主张所有权的，应当依照《民法典》物权编及其司法解释的相关规定予以审理认定；

（2）涉及夫妻关系存续期间财产权属的，应当依照《民法典》婚姻家庭编及其司法解释相关规定予以认定；

（3）涉及股权以及股东权益认定的，应当依照《公司法》及其司法解释的相关规定予以认定；

（4）涉及债权、合同效力、租赁权以及建设工程价款优先受偿权等问题的，应当依照《民法典》总则、合同编及其相关司法解释等规定予以审理认定；

（5）涉及部分可以排除执行的特殊担保物权的，应当依照《民法典》物权编及相关司法解释等相关规定予以审理认定。

4. 审查案外人执行异议中主张的实体权益是否已经生效法律文书所确认，并根据下列情形予以处理：

（1）金钱债权执行中，案外人依据另案作出的生效法律文书提出执行异议的，适用《民事诉讼法》第二百三十四条规定进行审查，并根据《异议复议规定》第二十六条规定作出相应的执行异议裁定。

（2）金钱债权执行中，案外人依据执行标的被查封、扣押、冻结前作出的另案生效确权或形成性质的法律文书，主张其享有所有权，因此提起执行异议之诉，请求排除对该执行标的执行的，原则上应予支持。但具有下列情形的，不予支持：

①案外人根据伪造的证据取得另案生效法律文书的；

②案外人与被执行人恶意串通，以逃避债务或规避执行的；

③案外人取得的另案生效法律文书认定的事实及其裁决结果损害申请执行人或其他债权人权利的；

④案外人取得的另案生效仲裁裁决存在《中华人民共和国仲裁法》第五十八条规定情

形的。

（3）金钱债权执行中，案外人依据执行标的被查封、扣押、冻结后作出的另案生效确权或形成性质的法律文书，主张其享有所有权，由此引起的执行异议之诉案件，根据下列情形处理：

①案外人以另案生效法律文书（判决书、调解书或仲裁裁决）为依据，主张其享有民事实体权益，请求停止执行的，原则上不予支持。但案外人有充分证据足以证明其是实际权利人的除外；

②案外人未向执行法院提出执行异议，或者在提出执行异议的同时，另行对被执行人提起诉讼，请求对执行标的予以确权的，执行法院或者其他法院应当不予受理；已经受理的，应裁定驳回起诉。违反上述规定作出的生效裁判文书，应通过审判监督程序予以撤销。

（4）申请执行人对案外人在执行标的查封前取得的另案生效确权或形成类法律文书申请再审的，可以根据案件具体情况决定执行异议之诉案件是否中止审理，以等待再审的处理结果。

（5）另案生效法律文书仅作为案外人提供的证据使用，执行异议之诉案件的判决不就其对错进行评判。

5. 审查执行依据是否已经被提起再审，并根据下列情形予以处理：

（1）执行依据已经被提起再审的，执行异议以及执行异议之诉案件应中止审理，并依照《指引（一）》第八条的规定进行处理；

（2）执行依据虽未提起再审，但发现生效裁判确有错误，且本院有权提起再审的，应依法通过审判监督程序提起再审；本院无权提起再审的，应告知案外人依法申请再审或提起第三人撤销之诉。

6. 审查案外人权益与申请执行人权益的保护顺位。同一执行标的物上存在不同性质的权利且发生冲突时，除法律和司法解释另有规定外，应当根据下列原则处理：

（1）法定优先权优先于物权；

（2）物权优先于债权；

（3）法律规定的特殊债权优先于普通债权；

（4）普通债权平等保护。

二、案外人基于被执行人名下的不动产提起的执行异议之诉案件的处理

7. 金钱债权执行中，执行标的系被执行人根据《最高人民法院关于适用〈民法典〉物权编的解释（一）》第七条、第八条所规定的生效裁判、仲裁裁决或者强制执行裁定所取得，原所有权人作为案外人提起执行异议之诉，请求排除执行的，不予支持。

8. 金钱债权执行中，执行法院对登记在被执行人名下的不动产采取强制执行措施，案外人以其享有物权期待权为由提出执行异议及执行异议之诉的，应参照适用《查扣冻规定》第十五条或者《异议复议规定》第二十八条规定的条件进行审查，具有下列情形的，

应予支持：

（1）案外人与被执行人在案涉不动产查封之前已经签订了合法有效的书面房屋买卖合同。案外人虽然未与被执行人签订书面的买卖合同，但双方已经办理网签的，应认定其签订了书面合同。合同是否成立以及合法有效，应根据《民法典》合同编及其司法解释、《最高人民法院关于审理商品房买卖合同纠纷案件适用法律若干问题的解释》等相关规定予以认定。

（2）案外人在案涉不动产查封之前已经实际占有该不动产。案外人提供了案涉不动产被查封之前实际形成的物业服务合同、交房证明、水电费及物业费缴纳凭证，或者案外人与他人签订的有效租赁合同、租金收取凭证，以及其他足以证明其已经过交接实际接收或占有该房屋的证据的，可认定其在查封之前已经合法占有该不动产。

（3）案外人已经支付全部价款。案外人主张其已支付全部价款的，应提供其通过银行转账形成的付款凭证。仅提供开发商或出卖方出具的收据，或者主张购房款系现金交付，且无其他证据证明其存在支付事实的，对其主张不予支持。

案外人主张其与被执行人通过以房抵债，已支付全部价款，同时符合下列情形的，应予支持：

①案外人与被执行人在案涉房屋被查封前存在合法有效的到期债权债务关系；

②案外人对被执行人享有的到期债权与执行标的的实际价值大致相当；

③案外人与被执行人在案涉房屋被查封前已经签订书面以房抵债协议；

④以房抵债协议不存在规避执行或逃避债务情形；

⑤以房抵债协议不损害申请执行人或其他债权人的利益；

⑥以房抵债协议不违反《第八次全国法院民事商事审判工作会议（民事部分）纪要》精神。

案外人基于建设工程价款，与被执行人订立以物抵债协议，主张其已支付全部价款，同时具备下列情形的，应予支持：

①案外人系建设工程承包人或实际施工人；

②案外人与被执行人之间存在真实的书面建设工程承包合同；

③案外人与被执行人的工程款清偿期已经届满；

④案外人享有的工程价款与抵债标的的价值相当；

⑤以房抵债协议合法有效。

（4）案外人非因其自身原因未办理过户登记手续。

具有下列情形之一的，应认定非因案外人自身原因未办理过户登记手续：

①案外人因办理过户登记与出卖人发生纠纷并已提起诉讼或申请仲裁；

②案外人作为被征收人，其所购房屋因政府征收安置调换经济适用房等原因未能办理过户登记手续；

③案外人已向房屋登记机构提交了过户登记材料，或者已向出卖人提出了办理过户登记请求；

④新建商品房虽不符合首次登记条件，但已办理买卖合同网签备案；

⑤案外人通过其他方式积极主张过物权登记请求权，或有其他合理客观理由未办理过户登记。

9. 金钱债权执行中，执行法院对被执行人为房地产开发企业名下的商品房采取强制执行措施，商品房买受人（仅限自然人）以其系消费者为由提起案外人异议及由此引发执行异议之诉，同时符合以下条件的，应予支持：

（1）案外人与被执行人在案涉房屋被查封之前已签订合法有效的书面买卖合同（含网签）且已办理商品房预售登记；

（2）案外人签订房屋买卖合同的相对方为房地产开发企业；

（3）案外人所购商品房系用于居住且其名下无其他用于居住的房屋；

（4）案外人已支付的价款超过合同约定的总价款的百分之五十，或者已支付价款接近总价款的百分之五十且已按照合同约定将剩余价款支付给申请执行人或者按照人民法院的要求交付执行。

案外人主张其名下无其他用于居住的房屋，同时具有下列情形的，应支持其该主张：

（1）案外人及其配偶、未成年子女名下在执行标的查封时至执行异议之诉案件判决作出时均无用于居住的房屋；

（2）案外人为未成年人的，其监护人名下无用于居住的房屋；

（3）上述两种情形仅限于案外人长期居住生活所在地或者被执行房屋所在地的（县）市或设区的市区范围内。

10. 金钱债权执行中，被执行人为房地产开发企业，案外人作为被执行人开发的商品房买受人，其主张只要符合《异议复议规定》第二十八条或第二十九条规定任一条规定情形的，对其诉讼请求或抗辩主张应予以支持。

买受人的权利主张虽然不符合《异议复议规定》第二十八条或第二十九条规定情形，但符合《查扣冻规定》第十五条规定情形的，对其诉讼请求或抗辩主张也应予以支持。

11. 金钱债权执行中，执行法院对被执行人名下不动产采取执行措施，案外人以其系物权预告登记权利人为由提出执行异议，请求停止处分，应根据下列情形予以处理：

（1）案涉不动产已办理物权预告登记的，应予支持；

（2）案涉不动产符合物权登记条件，且在预告登记有效期内的，应予支持；

（3）案涉不动产的预告登记已经失效，或者在执行法院查封之后办理预告登记的，不予支持。

建设工程合同承包人为实现其建设工程价款优先受偿权，申请对其建设施工的房屋予以强制执行，不适用本部分上述规定。但案外人系商品房消费者，且符合《异议复议规定》第二十九条规定的除外。

12. 人民法院在执行异议及执行异议之诉的审查中判断不同权利人对执行标的所享有的权利保护顺位时，应当依照《异议复议规定》第二十七条至第二十九条、《最高人民法院关于审理建设工程施工合同纠纷案件适用法律问题的解释（一）》第三十六条、《全国法院民商事审判工作会议纪要》第126条等规定，按照消费者物权期待权、建设工程价款优先受偿权、担保物权、一般物权期待权、普通债权依次优先的顺位，依法作出相应的裁判。

三、案外人基于被执行人向其购买的不动产提起的执行异议之诉案件的处理

13. 执行法院对被执行人向案外人购买且已支付全部或部分价款的不动产采取查封或其他执行措施，案外人提出执行异议，主张解除或撤销合同，并请求解除查封或排除执行的，根据下列情形处理：

（1）如在执行异议之诉案件的审理中，已存在另案关于解除或撤销合同的生效判决，则对案外人请求排除执行的诉讼请求应予支持；

（2）如在执行异议之诉案件的审理中，尚未取得关于解除或撤销合同的生效判决，则对案外人请求排除执行的诉讼请求不予支持；如关于解除或撤销合同的案件正在审理过程中，执行异议之诉案件应中止审理。

四、案外人基于借名买房提起的执行异议之诉案件的处理

14. 金钱债权执行中，执行法院对案涉房屋采取查封措施后，案外人以其与被执行人存在借名买房关系，且系房屋实际所有权人为由提出异议的，应裁定驳回异议。由此引发的执行异议之诉案件，应驳回其诉讼请求。

15. 金钱债权执行中，执行法院对登记在被执行人名下的房屋采取强制执行措施，案外人与被执行人为套取银行贷款而虚构房屋买卖事实订立买卖合同的，该案外人以其系房屋实际所有权人为由，提起执行异议之诉，请求排除对该房屋执行的，不予支持。

五、案外人基于房屋合作开发或联建关系提起的执行异议之诉案件的处理

16. 金钱债权执行中，案外人以其系房屋联建合同关系当事人为由提起的执行异议之诉案件，区分下列情形予以审理认定：

（1）执行法院依据生效法律文书，对作为被执行人的项目公司名下房屋执行时，该项目合作当事人中一方以其对房屋享有实体权益为由提起执行异议及执行异议之诉，要求排除执行的，不予支持；

（2）执行法院依据生效法律文书，对被执行人与他人显名合作联建开发的房屋采取查封或执行措施，案外人作为合作联建开发合同的另一方，以其对房屋享有共有权为由提起执行异议，请求解除查封的，不予支持。案外人提起执行异议之诉，请求对案涉房屋停止执行的，应根据双方之间合作联建的基础合同法律关系的审理，区分以下情形予以处理：

①联建合同已明确约定案外人应分得的建筑物的具体部位、楼层或者房屋的部分，不得执行；

②联建合同未明确约定应分得的建筑物的具体部位、楼层或者房屋，仅约定分配份额或者比例的，对案外人应分得的份额或比例之内的房屋不得执行。

（3）执行法院依据生效法律文书，对被执行人开发建设的房屋采取执行措施，案外人以其与被执行人存在隐名开发合同关系，对隐名开发合同中约定归其所有的房屋提出执行异议，并要求排除执行的，不予支持。案外人认为其权益受到损害的，可根据合作协议另行向被执行人追偿。

六、案外人基于国有土地上房屋征收用于产权调换的房屋（以下简称征收安置房）提起执行异议之诉案件的处理

17. 案外人作为被征收人，对被执行人名下尚未办理产权登记手续的房屋提起案外人执行异议之诉，请求排除执行，同时具有下列情形的，应予支持：

（1）案外人作为被征收人与房屋征收部门签订了合法有效的征收补偿协议；

（2）案外人以其所有的房屋以产权置换补偿的形式取得案涉房屋；

（3）征收补偿协议明确约定了安置用房的位置及房号，该房屋已经特定化；

（4）案外人是否实际占有房屋、是否支付房屋面积差价以及对未办理房屋过户是否存在过错，均不影响其享有排除执行的权利。

18. 案外人对基于征收集体土地的安置房屋提起的执行异议之诉的案件，可参照上述意见处理。

七、案外人基于无证房产提起的执行异议之诉案件的处理

19. 执行法院对无证房产予以现状处置，案外人以其对该无证房产享有排除执行的实体权益为由提起执行异议及执行异议之诉的，应依法受理，并对是否许可执行或不予执行该执行标的作出裁判，但不得就无证房产予以确权或判决案外人对此享有所有权。

20. 案外人就无证房产提起执行异议之诉，应区分以下情形予以处理：

（1）案外人仅请求对无证房产予以确权的，应向其释明变更诉讼请求；

（2）案外人既请求对无证房产确权，又请求对无证房产排除执行的，应向其释明放弃对无证房产确权的诉讼请求；

（3）案外人拒不变更或拒绝放弃对无证房产确权的诉讼请求的，对该请求不予受理；已经受理的，裁定驳回其要求确权的起诉。

21. 案外人就无证房产提起执行异议之诉，请求排除执行的，应当重点围绕买卖关系的真实性、款项支付情况及占有使用情况等，审查认定案涉无证房产是否属于被执行人的责任财产范畴。如果经审查属被执行人的责任财产，则对案外人排除执行的诉讼请求不予支持。

在审理该类案件过程中，不得参照适用《异议复议规定》第二十八条规定。

八、案外人基于不动产共有关系提起的执行异议之诉案件的处理

22. 案外人基于执行标的共有权人身份提出执行异议，请求排除执行的，根据下列情形予以处理：

（1）执行标的为共同共有且不可分割的，当事人对共有权及其份额无异议的，应裁定驳回其异议，并依照《民事诉讼法》第二百三十二条规定交代救济权利；

（2）执行标的为按份共有且可分割，且当事人对共有权及其份额无异议的，应支持案外人的异议请求，并依照《民事诉讼法》第二百三十二条规定交代救济权利；

（3）执行标的是否为共有财产或者共有份额存在争议的，应依照《民事诉讼法》第二百三十四条规定审查处理，并在执行异议之诉中对案外人享有的份额进行认定，判决不得执行案外人享有的变现份额。

23. 执行依据确定的债务人为夫妻一方，执行法院查封、扣押、冻结或处置被执行人在夫妻共有财产中的份额，被执行人的配偶对财产份额提出异议的，适用《民事诉讼法》第二百三十四条规定进行审查。被执行人的配偶请求排除执行的，不予支持。

24. 执行依据确定的债务人为夫妻一方，夫妻另一方对被执行人个人名下的财产主张权利，或者对登记在其名下的财产是否系共同财产或其份额提出案外人异议的，依照《民事诉讼法》第二百三十四条规定审查处理，并在执行异议之诉中对案外人享有的份额进行认定，判决不得执行被执行人配偶享有的变现份额。

25. 执行依据确定的债务人为夫妻一方，执行法院对婚前登记在被执行人名下房屋予以查封，被执行人配偶作为案外人以双方约定该婚前财产归夫妻共有为由提出执行异议，请求排除执行的，依据《民法典》第一千零六十五条第二款的规定，一般不予支持。但如果有证据证明该共同财产的约定发生在执行依据所涉债务形成之前的，可以排除执行。

26. 执行依据或其他相关生效法律文书确认案涉债务系夫妻共同债务，未参加诉讼的配偶一方以该债务非夫妻共同债务为由提出执行异议的，裁定不予受理；已经受理的，驳回其异议申请，告知其依法通过审判监督程序救济。

27. 执行依据确定的债务人为夫妻一方，被执行人已离婚，执行法院不得追加其前配偶为被执行人，但该债务形成于夫妻关系存续期间的，可对原夫妻另一方离婚时分得的财产采取执行措施，原夫妻另一方提出异议的，属于案外人异议，应当依照《民事诉讼法》第二百三十四条规定审查处理。

28. 执行依据确定的债务人为夫妻一方，被执行人在案涉房产查封前已经协议离婚，约定被查封房产归另一方所有，被执行人原配偶提起执行异议及异议之诉的，区分下列情形处理：

（1）案涉房产已经过户登记到被执行人原配偶名下，被执行人原配偶因此提起案外人执行异议之诉，请求排除执行的，如果离婚财产协议分割行为发生在执行依据诉讼或仲裁之前，或者发生在执行依据所确定的债务形成之前的，应予支持。申请执行人有证据证明

被执行人系与案外人虚假离婚放弃财产或无偿转让财产的，可根据《民法典》第一百四十六条、第一百五十三条、第一百五十四条、第五百三十八条规定另行起诉，请求确认夫妻财产分割协议无效或撤销该协议；

（2）案涉房产仍在被执行人名下，尚未过户登记到被执行人原配偶名下，被执行人原配偶以其为权利人为由，提出案外人执行异议及执行异议之诉，请求排除执行的，不予支持。但其提供的证据能够证明离婚财产分割行为早于执行依据所确定的债务形成时间的，应予支持；

（3）被执行人未履行离婚协议，原配偶在该房产被查封前已通过诉讼、仲裁且已裁决被执行人为其办理房屋变更登记，查封时尚未办理过户登记手续，原配偶提出案外人执行异议之诉，主张该房归其所有，请求排除执行，如果离婚协议签订于执行依据所确定的债务形成之前的，可以参照《异议复议规定》第二十六条第一款第（一）项规定，判决不得对该房屋执行。

九、其他

29. 本指引（二）自下发之日起施行，《江苏省高级人民法院执行异议及执行异议之诉案件审理指南（二）》不再执行。法律、司法解释另有新规定的，以法律、司法解释为准。

江苏省高级人民法院
执行异议及执行异议之诉案件办理工作指引（三）

为统一裁判尺度，根据《中华人民共和国民法典》（以下简称《民法典》）、《中华人民共和国公司法》《中华人民共和国民事诉讼法》（以下简称《民事诉讼法》）、《最高人民法院关于适用〈中华人民共和国民事诉讼法〉的解释》（以下简称《民诉法解释》）、《最高人民法院关于人民法院执行工作若干问题的规定（试行）》（以下简称《执行工作规定》）等法律及司法解释的规定，在《江苏省高级人民法院执行异议及执行异议之诉案件审理指南（三）》的基础上，结合全省法院实际情况，就涉及租赁及抵押财产、动产所有权以及其他财产性权利的执行引发的执行异议及执行异议之诉案件的办理，制定本指引（三），供全省各级法院参考。

一、案外人基于租赁权提出的执行异议及执行异议之诉案件的处理

1. 承租人基于不动产或动产被抵押或查封之后与被执行人订立的租赁合同提出执行异议的，适用《民事诉讼法》第二百三十二条规定进行审查。

承租人请求在租赁期内停止对执行标的的处置或者阻止向受让人移交占有该不动产或动产的，不予支持。

2. 承租人基于不动产或动产被抵押、质押或查封之前与被执行人订立的租赁合同提出执行异议，请求在租赁期内阻止向受让人移交占有被执行的不动产或动产的，适用《民事诉讼法》第二百三十四条规定进行审查，并就是否停止执行作出裁定。因此引发的执行异议之诉案件，根据以下情形进行处理：

（1）承租人在租赁物被查封之前已与被执行人签订了合法有效的租赁合同，并已按约支付租金，且实际占有使用租赁物的，对承租人要求阻止交付的诉讼请求应予以支持，对其要求停止对执行标的处置的诉讼请求不予支持。

（2）承租人在租赁物被抵押之前已与被执行人签订了合法有效的租赁合同，并已按约支付租金，且实际占有使用租赁物，抵押权人或首查封法院的申请执行人申请拍卖该租赁物，承租人要求阻止交付的，应予以支持，对其要求停止对执行标的处置的诉讼请求不予支持。

（3）租赁物具有下列情形的，应分别根据《最高人民法院关于审理城镇房屋租赁合同纠纷案件具体应用法律若干问题的解释》第二条、第三条以及《民法典》第七百零六条的规定认定租赁合同的效力：

①未取得建设工程规划许可证或者未按照建设工程规划许可证的规定建设的房屋；

②未经批准或者未按照批准内容建设的临时建筑；

③租赁期限超过临时建筑的使用期限的；

④当事人以房屋租赁应办理登记备案手续为由主张合同效力的。

3. 案外人以其在执行标的被设定抵押或被查封之前与被执行人订立租赁合同，且对执行标的实际占有使用为由，提出执行异议及执行异议之诉，具有下列情形之一的，应认定为虚假租赁：

（1）承租人与被执行人恶意串通，将执行标的以明显不合理的低价出租的；

（2）承租人或者被执行人伪造、变造租赁合同的；

（3）承租人或者被执行人倒签租赁合同签署时间的；

（4）承租人或被执行人伪造租金交付或收取证据的；

（5）承租人与被执行人伪造其实际占有使用执行标的证据的；

（6）承租人系被执行人的近亲属或关联企业，该租赁关系与案件其他证据或事实相互矛盾的。

4. 承租人基于租赁期限为 5 年以上的长期租约，对执行标的提出执行异议或提起执行异议之诉的，应重点围绕以下几种情形对租赁合同的真实性予以审查：

（1）租赁合同的订立时间；

（2）租金约定是否明显低于所在区域同类房屋的租金水平；

（3）租金支付是否违反常理；

（4）是否办理房屋租赁登记备案手续；

（5）是否存在名为租赁实为借贷情形；

（6）租赁房屋是否实际转移占有使用；

（7）是否存在其他违反商业习惯或商业常理的情形。

案涉不动产为被执行人或其他人占有使用，承租人仅以其已向房产管理部门办理登记备案，并将该不动产登记为新设公司营业地址为由主张租赁权的，应认定其未实际占有并使用该不动产。承租人已在租赁的土地或房屋内从事生产经营活动，包括已将租赁物用于生活、生产、经营、已进行装修或以其他方式行使对租赁物的实际控制权的，应视为承租人实际占有并使用租赁物。

二、案外人基于特殊担保物权提出的执行异议及执行异议之诉案件的处理

5. 异议人基于担保物权产生的优先受偿权提出执行异议，请求排除对执行标的处分行为的，人民法院应告知其先行就财产变价款向执行实施机构主张优先受偿。执行实施机构对其主张不予支持的，其可依据《民事诉讼法》第二百三十二条规定提起执行异议。

但该处分行为同时具有下列情形的，应适用《民事诉讼法》第二百三十四条规定审查处理：

（1）导致案外人享有的担保物权丧失或者可能减损担保物价值的；

（2）导致案外人优先受偿权的实现受到实质性损害的。

6. 异议人以其对特户、封金、保证金享有质权为由提出执行异议，请求解除对案涉账户或款项的查封、冻结措施的，适用《民事诉讼法》第二百三十二条规定进行审查，并裁定不予支持。

但案外人以其对特户、封金、保证金享有质权为由，请求实现质权并要求解除查封或冻结措施或者请求不得扣划的，应依照《民事诉讼法》第二百三十四条规定进行审查。同时具有下列情形的，应予以支持：

（1）案外人与出质人订立了书面质押合同；

（2）出质人已经开设专门的保证金账户；

（3）该账户内资金已经移交给案外人实际控制或者占有；

（4）该账户有别于出质人非保证金业务的日常结算账户；

（5）案外人请求实现质权的，其实现质权的条件已经满足。

7. 案外人以其对查封、冻结或者强制执行的被执行人的应收账款（到期债权）享有质权为由，提出执行异议，请求解除查封、冻结或不得强制执行的，应适用《民事诉讼法》第二百三十四条规定进行审查。因此提起执行异议之诉，且同时具有下列情形的，应判决不得执行该应收账款债权：

（1）案外人与被执行人订立了书面的质押合同；

（2）该质押合同签订于案涉债权被查封或冻结之前；

（3）案外人与被执行人订立质押登记协议并在中国人民银行征信中心办理质押登记；

（4）案涉债权与登记的应收账款具有同一性；

（5）案外人与被执行人不存在恶意逃债以及规避执行情形。

8. 证券登记结算机构主张其对证券公司等结算参与人、投资者或发行人提供的回购质押券、价差担保物、行权担保物、履约担保物等，在交收完成前享有质权，请求不得冻结或扣划的，依照《民事诉讼法》第二百三十四条规定进行审查。该质权有效设立的，应判决不得执行案外人享有的质权范围内的案涉财产。

9. 异议人以其系执行标的的留置权人为由，主张其享有优先受偿权，并请求排除对留置物查封、扣押的，人民法院应告知其先行就财产变价款向执行实施机构主张优先受偿。执行实施机构对其主张不予支持的，其可依据《民事诉讼法》第二百三十二条规定提起执行异议。

10. 案外人以其为留置物或质物所有人为由，对执行标的提出执行异议，请求排除执行的，不予支持，并应参照《民事诉讼法》第二百三十四条规定处理。案外人因此提起的执行异议之诉的，根据下列情形处理：

（1）案外人尚未履行对被执行人所负债务的，除案外人同意将被执行人应收款项交付执行之外，对案外人的诉讼请求不予支持；

（2）案外人已经依法履行其对被执行人所负债务，导致被执行人的留置权或动产质权已经消灭，或者因其他原因导致留置权或动产质权未依法成立的，对案外人的请求予以支持。

三、案外人基于动产所有权提出的执行异议及执行异议之诉案件的处理

11. 案外人作为被执行人保留所有权的一般动产的买受人，在该动产被查封或扣押后，主张其已支付部分价款，且实际占有为由提出执行异议，请求解除查封或扣押的，适用《民事诉讼法》第二百三十四条规定进行审查。

案外人在指定期限内将剩余价款全部交付执行的，应裁定中止执行该标的物。申请执行人因此提起执行异议之诉的，判决不得执行该标的物。

案外人未在指定期限内将剩余价款全部交付执行的，裁定驳回其异议；案外人提起执行异议之诉的，驳回其诉讼请求。

12. 被执行人买受并实际占有的一般动产，已经支付部分价款，案外人对该动产保留所有权的，人民法院可以查封、扣押、冻结。保留所有权已办理登记的，案外人的剩余价款从该财产变价款中优先支付；案外人主张取回该财产的，可以依据《民事诉讼法》第二百三十四条规定提出异议。

13. 案外人保留所有权的一般动产，出让给他人后经该他人转让由被执行人受让并占有使用，案外人在该动产被查封或采取执行措施后以其保留所有权为由提出执行异议，请求排除执行的，应裁定驳回其异议；案外人提起的执行异议之诉，如被执行人符合《最高人民法院关于审理买卖合同纠纷案件适用法律问题的解释》第二十六条第二款规定的善意

取得情形的，应驳回其诉讼请求。

14. 案外人以其系登记在被执行人名下的机动车、船舶等特殊动产买受人为由对执行法院的查封、扣押等执行行为提出执行异议的，应裁定驳回其异议。案外人提起执行异议之诉，请求排除执行，同时具备下列条件的，应予以支持：

（1）案外人与被执行人在案涉特殊动产被采取查封等执行措施之前已签订合法有效的买卖合同；

（2）案外人在执行法院采取查封等执行措施之前已经实际占有并使用该特殊动产；

（3）案外人已向被执行人支付了全部价款，或者在指定时间内将剩余价款全部交付执行。

15. 案外人以其与被执行人存在机动车挂靠关系为由提起执行异议，请求对登记在被执行人名下的机动车排除执行的，应裁定驳回其异议请求。由此引发的执行异议之诉案件，根据以下情形予以处理：

（1）作为被执行人的运输企业出资购买车辆，将车辆运输经营权转让给案外人，并由案外人挂靠在运输企业从事道路运输，案外人请求排除执行的，不予支持；

（2）案外人出资购买车辆，挂靠在被执行人运输企业的名下，并以运输企业作为车主办理车辆所有权登记的，如双方签订合法有效的合同，且案外人确系执行标的物实际所有权人的，对其排除执行的请求应予以支持。

四、案外人基于有限责任公司股权提出的执行异议及执行异议之诉案件的处理

16. 执行法院对登记在被执行人名下的股权实施强制执行，案外人以其系该股权受让人为由提出执行异议，请求排除执行，同时符合下列条件的，应予以支持：

（1）案外人与被执行人在股权冻结或采取执行措施之前已签订合法有效的书面股权转让合同；

（2）案外人已按合同约定支付了股权转让价款，或者在指定的期限内已将剩余价款全部交付执行；

（3）案外人提供的股东名册、公司章程或其他公司文件等证据能够证明其已经实际行使股东权利；

（4）案外人提供的证据能够证明未办理股权变更登记非因其自身原因造成。

17. 执行法院对登记在被执行人名下的股权实施强制执行，案外人以其系真实股东或实际出资人为由提出执行异议，请求排除执行或一并提出确认其股东资格的，不予支持。

案外人因此提起的执行异议之诉，如其提供的证据能够充分证明申请执行人明知或应知其是隐名股东或实际出资人的，应予以支持；否则，不予支持。

18. 执行法院对登记在案外人名下的股权采取查封或冻结措施，该案外人提出执行异议，请求解除查封或冻结措施的，应予以支持。但同时符合下列情形的，应裁定驳回案外

人的异议请求：

（1）申请执行人提供的证据能够证明或者依据其提供的线索能够查明被执行人确系该股权的隐名股东或实际出资人；

（2）被执行人实际行使股东权利的。

案外人因此提出执行异议之诉，请求排除强制执行，且同时符合下列条件的，应判决不得执行该股权：

（1）案外人原始取得股权的，已提供其出资凭证、出资证明书等直接证据予以证实。案外人继受取得股权的，已提供直接证据证明其在股权冻结之前已与出让人签订合法有效的股权转让合同，并已按合同约定支付了股权转让价款；

（2）案外人提供股东名册、公司章程或其他公司文件等证据能够证明其实际行使股东权利。

五、涉债权执行异议和执行异议之诉案件的处理

19. 执行法院对被执行人在第三人处享有的到期或未到期债权，可以作出冻结债权的裁定和协助执行通知书，第三人应当依法协助履行停止支付到期或未到期债务的义务。

第三人对诉讼前及诉讼保全裁定明确指明的冻结债权不服的，应告知其向作出冻结债权裁定的审判部门申请复议。第三人对冻结裁定的实施行为有异议的，应依照《民事诉讼法》第二百三十二条规定进行审查。第三人未对冻结债权裁定提出异议的，不影响执行法院向其发出履行到期债务通知后依法享有的异议权利。

第三人在收到冻结债权裁定及协助执行通知书后，擅自向被告（被申请人）或被执行人履行债务的，可依法责令其追回擅自支付的财产；不能追回的，可裁定其在擅自支付的财产范围内承担相应的赔偿责任，并追究其妨害执行的责任。但对追回的资金或者第三人赔偿的资金采取强制执行措施，第三人提出异议的，仍应依照《民事诉讼法》第二百三十二条规定进行审查。

20. 执行法院对被执行人到期债权的执行，应当向第三人送达履行到期债务通知，该通知必须依照《民事诉讼法》及相关司法解释的规定直接送达第三人；第三人系分公司的，应同时向分公司和总公司分别送达。履行债务通知未按规定直接送达第三人的，不得对第三人强制执行。但已经生效法律文书确定的债权除外。

执行法院对被执行人的到期债权的执行，直接按被执行人收入予以提取或扣划，第三人提出执行异议的，应予以支持。

21. 第三人对执行法院在其提出异议后的继续执行行为不服，或对执行法院未依法向其直接送达履行债务通知不服的，可依照《民事诉讼法》第二百三十二条规定提出异议。如第三人已经依照《执行工作规定》第45条规定提出异议，或者执行法院未依法直接向第三人送达履行债务通知的，应裁定撤销或变更已经采取的执行行为。但第三人提出的异议属于《执行工作规定》第48条第一款以及《民诉法解释》第四百九十九条第三款所列情

形的除外。

22. 第三人对到期债权的执行提出异议，执行法院对其异议部分停止执行后，申请执行人请求继续强制执行的，不予支持。申请执行人因此提出异议的，不予受理，并告知其可根据《民法典》第五百三十五条规定，通过行使代位权诉讼寻求救济。

23. 第三人在履行债务通知指定的期限内未提出异议，但在执行法院对其强制执行时以其对被执行人不存在到期债务为由提出异议的，应根据《最高人民法院执行工作办公室关于到期债权执行中第三人超过法定期限提出异议等问题如何处理的请示的答复》（〔2005〕执他字第19号）精神进行实质审查，并作出相应处理。

24.《民诉法解释》第四百九十九条第二款规定的“利害关系人”对到期债权的执行行为提出的异议，应适用《民事诉讼法》第二百三十四条规定进行审查。

案外人以其系案涉债权受让人为由提起执行异议之诉，请求排除执行，同时具有下列情形的，原则上应予以支持：

（1）案外人与被执行人于案涉债权被查封、冻结或被采取强制执行措施之前订立了合法有效的书面债权转让合同；

（2）被执行人在第三人处有多笔债权的，案外人主张其受让的债权应明显区别于被执行人未转让的其他债权。

案外人以其系案涉债权受让人为由提起执行异议之诉，请求排除执行，具有下列情形之一的，不予支持：

（1）案外人所主张的债权与被查封或执行的被执行人的案涉到期债权并非同一债权；

（2）该债权转让行为损害申请执行人或被执行人其他债权人的利益；

（3）案外人与被执行人存在利益关联或者实际控制关系的。

《民诉法解释》第四百九十九条第二款规定的“利害关系人”包括但不限于：

（1）案涉债权受让人；

（2）无追索权的保理合同债权人；

（3）有追索权的保理合同债务人；

（4）应收账款质权人；

（5）实际施工人。

六、涉建设工程款债权执行异议及执行异议之诉案件的处理

25. 到期工程款债权是指建设工程建设方（发包人）和承包人已就工程款进行决算（结算）或经审计，有确定的数额并已到债务履行期限的债权。但已经生效法律文书确定的债权除外。

26. 被执行人对建设工程建设方（发包人）享有的到期或者未到期工程款债权，执行法院可以依法冻结。建设方（发包人）因此提出执行异议的，适用《民事诉讼法》第二百三十二条规定进行审查，并裁定不予支持。

27. 建设方（发包人）依照建设工程合同约定应当合理支付的建设工程进度款及工人工资，执行法院不得冻结。建设方（发包人）或被执行人以此为由提出执行异议，请求解除冻结或准予支付，经查属实的，应予以支持。

28. 执行法院对被执行人在第三人处享有的工程款债权，作出冻结裁定后未直接送达履行债务通知而径行扣划或提取，第三人据此提出执行异议的，应予以支持。

29. 建设工程承包人为被执行人的，执行法院对案涉到期工程款债权采取强制执行措施，案外人以其系实际施工人为由提出执行异议，请求排除执行的，适用《民事诉讼法》第二百三十四条规定进行审查。因此引发的执行异议之诉案件，同时符合下列情形的，对案外人的主张应予以支持：

（1）案外人符合最高人民法院关于审理建设工程施工合同纠纷案件适用法律问题的相关解释中实际施工人身份；

（2）案外人提供的证据能够支持其所主张的债权数额，包括但不限于发包人欠付建设工程价款的数额以及承包人欠付其工程款数额等；

（3）案外人主张的工程价款数额覆盖案涉债权的，对其超过案涉债权部分的主张不予支持。

30. 实际施工人为被执行人的，执行法院对发包人尚未支付的案涉到期工程款债权采取强制执行措施，案外人以其对案涉工程款享有实际权益为由，请求排除执行的，适用《民事诉讼法》第二百三十四条规定进行审查。因此引发的执行异议之诉案件中，案外人应对其权利主张承担举证责任。

同时具有下列情形的，对案外人的诉讼主张应予以支持：

（1）案外人是案涉工程承包人且实际施工建设；

（2）案外人提供的证据能够支持其所主张的债权数额；

（3）案外人主张的工程价款数额覆盖案涉债权的，对其超过案涉债权部分的主张除外。

被执行人具有实际施工人身份，具有下列情形之一的，对案外人的权利主张不予支持：

（1）案外人承包案涉建设工程后，被执行人另行与发包人达成协议，存在直接的债权债务关系；

（2）案外人在执行法院采取强制执行措施前已将其工程款债权转让给被执行人，并已通知发包人；

（3）案外人仅出借资质或仅收取管理费，而未实际施工建设的。

七、案外人基于法定优先权提出的执行异议及执行异议之诉案件的处理

31. 税务机关以被执行人欠缴税款为由提出执行异议，请求对被查封、冻结或拍卖财产实现税收优先权的，人民法院应告知其先行就财产变价款向执行实施机构主张优先受偿。执行实施机构对其主张不予支持的，其可依据《民事诉讼法》第二百三十二条规定提起执

行异议。

被执行人或其他债权人对人民法院支持税务机关行使优先受偿权及其受偿顺序提出异议的，适用执行分配方案异议之诉程序处理，并根据被执行人欠缴税款的发生时间，以及税款发生时被执行财产是否被设定抵押、质押或者被留置情况作出相应处理。

32. 案外人以其对执行标的物享有建设工程价款优先受偿权为由提出的异议的，人民法院应告知其先行就财产变价款向执行实施机构主张优先受偿。执行实施机构对其主张不予支持的，其可依据《民事诉讼法》第二百三十二条规定提起执行异议。

被执行人或其他债权人对人民法院支持其行使优先受偿权及其受偿顺序提出异议的，适用执行分配方案异议之诉程序处理。主张优先受偿的债权人同时具备下列情形的，应予支持其权利主张：

（1）案外人系案涉建设工程承包人或实际施工人；

（2）案外人在案涉建设工程被采取强制执行措施前已经通过诉讼或仲裁方式行使建设工程价款优先受偿权，或者在提出执行异议时尚未超过行使建设工程价款优先受偿权的18个月期限。

八、其他

33. 本指引（三）自下发之日起施行，《江苏省高级人民法院执行异议及执行异议之诉案件审理指南（三）》不再执行。法律、司法解释另有新规定的，以法律、司法解释为准。

江苏省高级人民法院
关于强化依法规范公正善意文明执行理念
进一步做好优化营商环境工作的指导意见

（2020年10月13日江苏省高级人民法院审判委员会第24次全体委员会讨论通过）

为全面贯彻落实《中央全面依法治国委员会关于加强综合治理从源头切实解决执行难问题的意见》《最高人民法院关于在执行工作中进一步强化善意文明执行理念的意见》《最高人民法院关于进一步做好优化营商环境工作的意见》《中共江苏省委全面依法治省委员会关于加强综合治理从源头切实解决执行难问题的实施意见》等文件精神，充分发挥执行职能作用，依法保护各类市场主体的合法权益，做好“六稳”工作，落实“六保”任务，推动法治化营商环境建设，现根据相关法律及司法解释规定精神，结合我省法院执行工作实际，制定本指导意见。

一、总体要求

1. 指导思想。坚持以习近平新时代中国特色社会主义思想为指导，全面贯彻落实党的十九大、十九届四中全会以及《中央全面依法治国委员会关于加强综合治理从源头切实解决执行难问题的意见》精神，紧紧围绕“努力让人民群众在每一个司法案件中感受到公平正义”根本目标，坚持树立依法、规范、公正、善意、文明执行工作理念，落实推进国家治理体系和治理能力现代化、推进社会诚信体系建设各项要求，加快推进执行工作体系和执行工作能力现代化。

2. 基本原则

（1）合法原则。严格按照法律规定推进执行程序，依法查控、处置财产，依法规制失信背约行为，依法保护产权，最大限度实现胜诉当事人合法权益。

（2）合理原则。执行权的行使应正当合理，在依法兑现胜诉权益的同时，兼顾各方当事人的利益诉求，防止因执行行为给债务人带来不必要的负担。

（3）比例原则。执行过程中，执行手段与执行目的、债权人实现的利益与债务人付出的代价大致相称，合乎比例。

（4）效益原则。切实提高执行质效，降低执行成本，努力实现执行效率与执行效果最大化。

二、依法规范财产保全行为

3. 善意选择保全财产。坚持以方便执行以及实现保全目的为前提，善意选择保全财产类型。

（1）被保全人有不动产、银行存款、机器设备、原材料、半成品、产品可供保全，且处于生产经营状态的，应当优先选择对其生产经营活动影响较小的财产予以保全；

（2）被保全人请求对其某一特定财产予以保全的，在不影响执行效率和效果的前提下，应当准许；不准许的，应有合理正当理由。

4. 适时变更保全财产。财产保全后，情况发生下列变化的，人民法院可以根据被保全人申请，及时变更被保全财产或保全措施：

（1）被保全人为盘活资产、缓解生产经营困难，提供其他等值财产置换保全财产或者被查封账户的，原则上应予同意；

（2）被保全人基本账户内资金已达到保全金额的，被执行人申请将相应资金数额划转至其他账户予以冻结，解除对基本账户冻结的，应予同意；

（3）被保全人请求处置被保全财产或财产性权利，并承诺将保全价额足额交付保全，且能够控制变价款的，可予同意。

5. 合理确定保全范围。诉讼保全的财产价额应当与债权人请求实现的债权数额大致相当，不得明显超标的查封。

（1）查封的不动产价值明显超出保全金额，如果能够分割保全的，应当对分割后的相应价额部分予以保全；

（2）查封的不动产价值明显超出保全金额，但在使用上可以分割的，经被执行人申请，应及时协调相关部门办理分割登记，并解除对超标的部分的查封；

（3）财产保全系轮候查封，在先查封措施解除后应对查封财产价值重新衡量，及时解除超标的部分的查封；

（4）查封财产上设有他人享有的抵押、质押等担保物权，该担保物权基于其他财产已实现的，应及时解除超标的部分财产的查封，但法律行政法规另有规定的除外。

6. 充分发挥财产效用。在不影响债权实现或者不构成财产价值严重贬损前提下，应当充分发挥其效用或保值增值功能，提高债务人生存及履行债务能力。

（1）查封的厂房、土地、机器设备等生产资料，能够创造价值或具有使用价值的，可以允许债务人继续生产经营；

（2）查封债务人正在建设的工程项目，且具备继续施工建设条件的，可以允许其继续施工建设；

（3）查封的建筑物已具备销售条件的，可以允许债务人在债权人或者人民法院监管下予以销售，并对销售款予以保全；

（4）查封债务人需要继续加工的半成品物件的，可以在债权人或者人民法院的监管下允许其继续生产加工；

（5）被保全人请求以查封财产融资偿还债务，在能够控制融资款情形下，人民法院可以准许，并积极配合债务人做好相关解封、抵押或质押登记等事项。

7. 依法豁免保全财产。根据法律、行政法规以及司法解释规定，不得对债务人下列财产或资金账户采取查封措施：

（1）《最高人民法院关于人民法院民事执行中查封、扣押、冻结财产的规定》第五条列举的债务人财产；

（2）农民工工资专用账户资金和工资保证金，但支付为该项目提供劳动的农民工工资除外；

（3）金融机构在人民银行的存款准备金；

（4）信托财产人民币专用存款账户；

（5）社会保险机构开设的社会保险基金账户；

（6）学校、幼儿园、医疗机构等为公益目的成立的非营利法人的教育设施、医疗卫生设施和其他公益设施；

（7）重大突发公共事件期间，承担疫情防控、应急处置等任务的被执行人用于防控、应急、救援的财产；

（8）依照法律、行政法规以及司法解释规定不得查封的其他财产。

三、依法高效推进执行程序

8. 合理选择执行财产。被执行人有多项财产可供执行或者存在多个被执行人的，应选择最有利于债权人及时实现债权及最大化实现被执行人财产价值的财产执行。

（1）被执行人有现金、存款等货币类财产的，优先执行其货币类财产；

（2）被执行人已就其债务提供抵押、质押等担保财产的，优先执行其提供担保的财产；

（3）被执行人有不动产及动产类财产，动产类财产能够满足债权的，优先执行其动产类财产；

（4）被执行人有多项财产可供执行，优先执行可最大化实现其价值的财产；

（5）被执行人有多个可变价财产，优先执行其容易变价的财产；

（6）被执行人有多个主体且均有执行便利性相同的财产的，优先执行主债务人的财产。

9. 合理控制执行成本。切实减少执行过程中不必要的时间拖延及费用支出，切实减轻执行当事人的负担。

（1）压降案均结案用时。有财产可供执行案件必须在法定时间以及最短时间内执行到位，降低被执行人迟延履行利息和加倍部分债务利息负担；

（2）压降财产变价成本。坚持优先采取当事人协商定价或网络询价方式确定拍卖保留价，降低被执行财产变价过程中不必要的费用支出；

（3）切实提升首拍成交率。合理确定拍卖保留价，提升被执行财产首拍成功率，有效防止因再次拍卖或变卖导致执行财产价值贬损。

（4）完善繁简分流工作机制。坚持“简案快执，难案精执”，结合“一次性有效执行”，不断提高执行效率。

10. 充分实现财产价值。坚持网络拍卖方式处置执行财产，并加强网络拍卖司法宣传，吸引更多潜在买受人参与竞拍，最大限度提高执行财产溢价率。

（1）执行财产需要拍卖的，除法律、行政法规及司法解释规定的情形外，一律通过网络司法拍卖方式予以拍卖；

（2）执行财产系整栋整层楼盘、连片商铺或别墅等不动产，数量较多且属于同一类型，应按照有利于最大限度实现财产价值的原则，选择分别变价、分批次变价或整体变价；

（3）多项财产分别变价时，部分财产的变价款足以清偿债务的，应当停止处置剩余财产，但被执行人同意全部变价的除外；

（4）被执行人申请对查封财产直接变卖偿还债务，变卖款足以清偿所有执行债务或者债权人同意的，可予准许。

11. 积极探索债务人自行处置执行财产制度。被执行人要求自行变卖查封财产清偿债务，执行法院能够控制变价款，且符合下列情形之一的，可以准许并监督被执行人在最长不超过60日期限内予以变卖：

（1）执行财产为鲜活、易腐、时令性等需要快速变价的物品或专业性强、受众面小的物品；

（2）申请执行人同意，且经审查不存在被执行人与他人恶意串通情形的；

（3）变价财产价值明显高于债权数额，变价款足以清偿所有执行债务的；

（4）执行当事人经自主协商，同意以查封财产抵偿申请执行人全部债务，且不损害其他债权人利益的，但执行法院不得据此作出抵债裁定；

（5）被执行人以网络询价或评估价过低为由提出异议，申请以不低于网络询价或评估价自行变卖查封财产清偿债务且不存在被执行人与他人恶意串通低价处置财产情形的。

12. 尽力避免财产价值贬损。严格避免执行财产处置中可能产生的财产权益或价值减损问题：

（1）执行财产处置前，被执行人提出以执行财产融资偿还债务，且融资数额足以实现债权人利益的，可予支持，并监督其在最长不超过60日内予以融资；

（2）执行财产第二次流拍后，被执行人提出以流拍价融资的，应结合拍卖财产情况、流拍价与市场价差异程度等因素酌情考虑。准许融资的，暂不启动强制变卖程序；

（3）执行财产系债务人唯一住房等不动产，整体价值过高且无法分割处置，债权数额仅占执行财产价值较小部分，被执行人提出通过抵押贷款方式偿还债务的，可予同意；

（4）债权人撤回执行申请、被执行人履行全部债务以及当事人达成执行和解协议的，应停止财产处置行为；

（5）被执行人在拍卖或变卖日前缴纳足额金钱以清偿债务，要求停止拍卖且愿意负担因拍卖支出的必要费用，请求撤回拍卖或变卖行为的，应予同意。

13. 及时兑现胜诉权益。除案外人或利害关系人提出执行异议以及其他债权人申请参与分配等法定情形外，必须按时发放执行案款。

（1）严格执行“一案一人一账号”制度。全面发挥执行案款到账短信通知、逾期未发放款项预警提示等系统功能，无争议执行款在到账后30日内必须发放给债权人；

（2）健全完善执行款物管理系统。建立网络化收付执行款工作机制，确保执行案款收支便利、全程留痕、发放及时；

（3）严格不明案款清理监管。彻底清理历史沉淀的不明执行案款，能够甄别出债权人的应尽快发放；无法甄别的，可暂交财政部门监管或者探索提存等方式予以单独管理，并严格落实线上线下五级审批制度。

四、依法创新拓展执行措施

14. 灵活采取执行措施。根据执行财产的具体情形，因案施策，确保执行财产价值最大化。

（1）执行财产系整体价值过高且无法分割处置的不动产，债权数额仅占执行财产价值较小部分，被执行人提出通过租金收入偿还债务的，可予同意；

（2）被执行人系市场前景较好企业法人，处置其现有财产可能导致其陷入困境或被迫破产清算，可积极推动执行当事人达成分期履行债务的和解协议，或者通过兼并重组、引入第三方资金等方式盘活企业资产，帮助企业恢复生机，提质增效，重返市场；

（3）被执行人系市场前景较好企业法人，且涉及拖欠职工工资及职工安置等问题，对被执行人财产整体处置有利于债权实现、被执行企业发展以及职工利益的，可对被执行人财产予以整体处置；

（4）被执行人系企业法人，涉及职工工资及职工安置等问题，且处置其资产将影响职工权益或职工安置的，可探索适用附条件拍卖方式对执行财产予以处置，但应在拍卖公告中特别注明竞买人应书面承诺愿意承担实现职工权益、安置企业职工等条件，并在拍卖成交确认裁定中予以表述。

15. 妥善处置在建工程。执行财产为尚未建设完毕的工程项目，无法现状处置或者现状处置可能会严重贬损财产价值，不利于保护被执行人利益的，应区分以下情形合理选择变价措施：

（1）建设项目为被执行人所有且仍在正常建设的，执行法院应积极促成执行案件当事人达成执行和解协议，暂缓执行，待工程建设完毕后再行变价。无法达成和解协议，被执行人提供相应担保并承诺在合理期限内完成建设的，可以暂缓采取变价措施；

（2）建设项目为被执行人所有，但已经停止建设，且被执行人已丧失或基本丧失复工续建能力的，执行法院可探索协调政府有关部门及执行当事人，通过委托第三方代建等方式予以复工建设，促进该建设项目尽快竣工，实现其价值最大化。

16. 加大执转破工作力度，推动“与个人破产制度功能相当的改革试点工作”。落实破产保全制度，鼓励执行当事人尽早运用破产程序处理债务，有效维护债务人资产的完整性，助力有运营价值企业继续经营。

（1）对于现有财产不能偿还其全部债务的企业法人的案件，加大破产保护理念宣传，充分发挥破产重整制度的救治功能，合理平衡债权人、债务人、出资人、职工等利害关系人利益，实现资源优化配置和社会价值最大化；

（2）对于具有发展前景和挽救价值的危困企业为被执行人的案件，执行当事人无法达成执行和解协议的，应依法转入破产审查程序，并尽可能通过破产重整或破产和解方式解决债务危机，或者综合运用债务延期、债转股等方式，最大程度促进生产要素优化组合和企业产能升级，减少企业破产对社会经济造成的损害；

（3）对于不符合国家产业政策、丧失经营价值企业为被执行人的案件，应推进其尽快市场出清，并使其彻底退出执行程序。全面落实“执转破”案件繁简分流机制，降低破产程序运行时间和成本，切实提升“执转破”制度经济效益。推动设立破产费用专项基金，为无产可破案件提供费用支持；

（4）对于因生产经营或生活消费等陷入财务困境的自然人为被执行人的案件，积极稳妥、分步骤、有重点地探索推进个人债务集中清理制度，逐步扩大试点范围，及时总结试点经验，推动健全完善市场主体退出制度。

17. 合理设置宽限期。债务人具有下列情形之一的，可合理确定一至三个月的履行债务宽限期，并暂缓对其采取惩戒措施：

（1）债权人未提出对债务人予以信用惩戒，且债务人提出履行债务宽限期书面申请；

（2）债务人暂时陷入财务困境，暂缓采取惩戒措施有利于提高其债务履行能力；

（3）债务人已提供充分证据，表明其正在积极筹资或融资用于偿还债务；

（4）执行当事人正在积极协商，均愿意通过执行和解或者其他方式解决债权债务关系；

（5）债务人因重大突发事件或者其他不可抗力因素，导致其暂时丧失履行债务能力；

（6）债务人暂时陷入财务困境，且不存在曾因失信被失信惩戒，给予宽限期有利于债务人拯救的；

（7）其他可以给予合理宽限期的情形。

五、依法平等保护各方当事人利益

18. 依法严格区分可执行财产。执行中，依法严格区分个人财产和企业法人财产、非法所得和合法财产、家庭共有财产和被执行人个人财产。

（1）企业法人为债务人的，无法定事由，不得查封或执行股东个人财产；

（2）股东个人为债务人的，无法定事由，不得查封或执行企业法人的财产；

（3）自然人为债务人，不得执行其他家庭成员或共有人的财产份额。

19. 平等保护民营企业、中小企业合法权益。党政机关拖欠民营企业、中小企业债务的，积极推动党政机关将涉诉债务纳入政府预算管理；国有企业拖欠民营企业、中小企业债务的，逐案研究所涉企业经营管理现状及负债情况。有财产可供执行的，及时采取处置措施；一次性清偿有难度的，敦促当事人之间达成和解；被执行人属于僵尸企业，征得国资、发展与改革等相关部门同意后，启动“执转破”程序。

20. 切实保障涉民生案件债权人合法权益。坚持涉民生专项执行活动与日常工作机制相结合，切实提升人民群众的获得感与幸福感。

（1）高度重视保护弱势群体合法权益。对涉及人民群众生存、生活以及工程款债权的执行案件，建立涉民生案件执行长效机制，坚持优先立案、优先执行、优先发放执行案款；

（2）债权人面临生存生活困难，债务人确无履行能力的，积极做好司法救助工作；

（3）积极推进司法救助与法律援助、社会救助的有机衔接，推动司法救助资金纳入财政预算，切实保障生活困难群众合法权益。

21. 积极参与防范化解金融风险。与金融管理部门、行业协会加强信息共享、执法联动，加大重大典型金融纠纷案件协调处置力度，净化金融市场环境，有效防范化解金融风险。

（1）积极参与非法金融活动专项治理。依法严格甄别涉套路贷虚假诉讼，推进非法集资陈案处置攻坚工作，最大限度挽回集资参与人的经济损失；

（2）积极开展金融案件专项执行活动。集中时间、集中力量、统一调度、强化力度等多种方式，加大金融案件的执行力度，确保金融案件的顺利执行；

（3）积极探索金融债权实现的有效方式。妥善运用以资产使用权抵债、资产抵债返租、企业整体承包经营、债权转股权以及托管等执行方式，努力解决难以执行的金融纠纷案件。

六、依法规范适用司法制裁及信用惩戒措施

22. 严格规范适用司法制裁措施。执行中需要对当事人、利害关系人或者案外人依法制裁的，罚款数额、拘留期限应当与其行为性质、违法情节以及制裁目的成比例。

（1）需要对自然人或者企业法人及其主要负责人或者直接责任人员采取罚款措施的，应当合理确定罚款数额，做到罚款数额与被处罚行为相适应；

（2）对自然人采取制裁措施，应当综合考虑其行为性质、过错程度、行为后果以及制裁效果，合理确定是否对其并处拘留及罚款措施；

（3）对自然人采取制裁措施，应当综合考虑其行为性质、行为后果以及制裁效果，决定是否对企业法人及其主要负责人或者直接责任人员同时采取罚款措施；

（4）需要对自然人或企业法人主要负责人或者直接责任人单独选择适用拘留或罚款措施时，罚款措施能够达到制裁效果的，应当予以罚款，尽可能不限制其人身自由；

（5）自然人被采取司法拘留措施后，应当综合考虑其日常表现、认错悔过情况、履行意愿，被拘留人属于初犯偶犯、能够主动悔改且积极履行相关义务的，应酌情提前解除司法拘留措施。

23. 依法规范适用信用惩戒措施。信用惩戒必须符合法律、行政法规及司法解释规定的条件、程序及期限，严防过度适用惩戒措施。

（1）严格失信惩戒事先告知程序，执行通知书中应当提醒被执行人可能面临的被纳入失信被执行人名单或限制消费的风险，敦促其主动履行义务；

（2）决定作出前，应当严格核对信息，严防错误将案外人纳入失信被执行人名单或者采取限制消费措施；

（3）决定书应当严格依法送达并告知相应救济权利；

（4）被执行人的法定代表人、主要负责人、影响债务履行的直接责任人员被采取单位限制消费措施后，其因私消费，并以个人财产实施限制消费行为，提出申请且经审查属实的，应予同意；

（5）依法确定纳入失信被执行人名单期限，被执行人存在严重失信行为或具有多项失信行为的，应当合理确定较长期限；积极履行义务或主动纠正失信行为的，应当酌情提前

删除失信信息。

24. 依法不得采取纳失措施的情形。不得将下列人员纳入失信被执行人名单：

（1）《最高人民法院关于公布失信被执行人名单信息的若干规定》第三条规定的被执行人；

（2）被执行人为企业法人或其他组织的法定代表人、主要负责人、影响债务履行的直接责任人员；

（3）因“校园贷”纠纷成为被执行人的全日制在校生；

（4）以其财产或财产性权利为胜诉债权人提供担保且担保财产或财产性权利尚未灭失的被执行人；

（5）确实无履行债务能力的被执行人；

（6）重大突发事件防控或者处置期间，参与突发事件处置或者涉及突发事件急需物资生产或供应的被执行人；

（7）重大突发事件防控或者处置期间，根据防控或处置需要，急需复工复产且需要获取信用的被执行人；

（8）其他依法不应纳入失信名单的被执行人。

25. 细化信用惩戒分级机制。探索信用惩戒的精细化、精准化管理，对不同程度的失信行为采取不同的惩戒措施。

（1）严格区分债务人拒不履行义务的性质、手段与后果，合理界定轻微失信行为、一般失信行为和严重失信行为，相应地确定对其采取失信惩戒的措施、期限及方式；

（2）严格区分债务人拒不履行义务的主观过错及次数，对主观过错较小或者诚信记录较好的债务人不予惩戒，或者对其选择较轻的惩戒措施；

（3）探索完善守信激励制度，主动履行义务的债务人的诚信记录可作为其申请诉讼费减缓免的优先条件，可申请适当降低诉讼保全担保财产的比例；

（4）配合各相关部门根据有关规定相应提高诚信履行义务者的信用评级，在公共服务、财政性资金和项目支持、公共资源交易以及日常监督管理中给予便利、支持和优待；

（5）被执行人虽未履行完毕债务，但以执行和解、提供担保、如实报告财产等方式积极配合执行或履行义务的，可撤销失信被执行人名单，解除限制消费措施，使其回归正常生产、生活。

26. 畅通信用惩戒救济途径。被纳入失信被执行人名单的当事人有下列情形之一的，应依申请或依职权删除或撤销失信信息：

（1）依法不应被纳入失信名单或者依法应当删除其失信信息，被执行人或案外人请求删除或撤销其失信信息的，应当在三个工作日内作出删除或者撤销失信信息决定书，并在系统中进行相应操作；

（2）执行案件终结本次执行程序后，申请执行人或他人未提供有效财产线索，且经网络查询两次以上均未发现被执行人有可供执行财产的，应当删除失信信息。

七、依法制裁逃避执行、规避执行行为

27. 依法适用制裁措施。准确把握罪和非罪的界限，依法将民事制裁和刑事处罚有机结合起来，强化执行效果。

（1）依法加大拒执犯罪打击力度，畅通执行当事人刑事自诉渠道，逐步建立公诉、自诉相协调、相补充的拒不执行判决、裁定罪的诉讼模式；

（2）依法加大民事制裁力度，对执行异议、执行复议、执行监督以及执行异议之诉程序中发现的规避执行和滥用执行异议权行为依法采取拘留或罚款措施；

（3）健全完善反规避执行工作机制，有效甄别发现被执行人转移、隐匿财产等规避执行的具体形式，依法追回被执行人财产用于清偿债务。

28. 准确界定逃避执行、规避执行行为。诉讼或执行期间，债务人单独实施或与案外人串通实施下述行为之一的，可以认定为逃避执行、规避执行行为：

（1）以无偿或者明显不合理低价转让财产的；

（2）以明显不合理高价受让他人财产或为他人债务提供担保的；

（3）放弃对第三人享有债权或者提前清偿其关联公司或特定关系人未到期债务的；

（4）以明显不符合交易习惯方式订立长期租赁协议，将其不动产低价租赁给案外人的；

（5）以离婚方式将财产转移至配偶一方的；

（6）隐匿或故意毁损财产，导致财产不能处置、迟延处置、价值贬损的；

（7）与他人串通，通过虚假异议、虚假诉讼、虚假公证或虚假仲裁虚增债务或转移财产的；

（8）与他人串通，对其财产恶意设置抵押、质押等妨碍执行的；

（9）以搬迁住所、转移场地、变更主要人员、注销电话号码、变更登记地址等方式逃避执行的；

（10）其他转移、隐匿财产逃避执行、规避执行的情形。

29. 准确界定滥用异议权行为。具有下列情形之一的，可认定为滥用异议权行为：

（1）以同一或不同事由对同一执行行为或者执行标的重复提出异议，均被生效裁定驳回的；

（2）以不同异议人名义相继提出异议，均被生效裁定驳回的；

（3）以明显不合理事由提出异议，均被生效裁定驳回，情节严重的；

（4）执行法院已明确书面告知其不属于执行异议审查范围，仍坚持提出异议且被生效裁定驳回的；

（5）其他滥用执行异议权拖延、规避执行的行为。

八、依法加大执行监督力度

30. 全面推行执行全流程信息公开。坚持阳光执行，切实保障当事人的知情权与监督权。重大执行措施、重要流程节点信息，尤其是事关各方当事人切身利益的执行信息，应

当在第一时间向当事人公开。

31. 严格落实执行信访案件实质化办理工作要求。严格规范执行信访案件办理工作，坚决纠正执行救济渠道不畅、执行信访程序空转以及有错不纠问题，依法保护当事人、利害关系人、案外人的合法权益。

32. 强化执行工作监督管理。全面落实“一案双查”机制，持续整治消极执行、选择性执行、乱执行等行为，确保执行工作依法规范公正廉洁运行。坚持正风肃纪，持续加强执行队伍教育整顿，坚决整治执行领域突出问题。

33. 切实提升执行裁判案件办理质效。杜绝执行异议有案不立、先审后立等违法违纪现象，提高执行裁判办案质量和效率，切实保障执行当事人等主体合法救济权利，及时发现案件在执行过程中的错误。

34. 主动接受监督。主动向人大报告执行工作，认真听取人大代表、政协委员的意见建议；自觉接受检察机关的法律监督；加强和改进执行宣传，邀请新闻媒体、群众代表参与、观摩法院执行工作，充分保障人民群众知情权、参与权、表达权和监督权。

江苏省高级人民法院
关于正确理解和适用参与分配制度的指导意见

（江苏省高级人民法院 2020 年 3 月 11 日印发，苏高法〔2020〕33 号）

为正确理解和适用参与分配制度，统一办案尺度，提高执行质量与效率，依法保护执行当事人及申请参与分配债权人的合法权益，根据《中华人民共和国民事诉讼法》（以下简称民事诉讼法）、《最高人民法院关于适用〈中华人民共和国民事诉讼法〉的解释》（以下简称民事诉讼法解释）以及《最高人民法院关于人民法院执行工作若干问题的规定（试行）》《最高人民法院关于适用〈中华人民共和国民事诉讼法〉执行程序若干问题的解释》等法律、司法解释规定，结合全省法院工作实际，制定本指导意见。

一、关于适用参与分配制度应把握的基本原则

1. 参与分配是指执行程序开始后，被执行人为公民或者其他组织的财产不能清偿所有债权，被执行人的其他债权人依法向人民法院申请对执行财产按其债权性质或者债权数额按比例予以受偿的法律制度。

2. 为促进执行公正、效率与效果的平衡，适用参与分配制度应当坚持以下原则：

（1）债权平等原则。参与分配中，必须严格按照法定优先权、一般优先权以及普通债权的法定清偿顺序予以分配。相同性质以及相同顺序的债权，原则上应当按比例予以分配，确保各债权人依法获得公平受偿。

（2）利益平衡原则。参与分配程序中除坚持债权平等原则外，还应注意平衡某些特定或特殊债权人的利益，对执行财产查找、控制以及获得中贡献较大的债权人应当适当提高分配比例。同时，要合理兼顾劳动债权人以及人身损害赔偿债权人的合理利益关切，以体现分配程序的实质公正。

（3）分配效率原则。执行程序的价值功能在于实现胜诉当事人的权益，效率性原则居于主导地位。对执行财产予以分配，必须考虑参与分配程序概括性执行的特殊性，不仅涉及制作并向各债权人送达分配方案，而且涉及分配方案异议及其后续的分配方案异议之诉程序，要切实防止分配方案反复变动带来的分配迁延以及低效率问题。

（4）禁止分配原则。被执行人为企业法人的，除对执行财产享有优先权、担保物权的债权人申请优先分配受偿之外，不得对其财产适用参与分配制度。其他债权人申请参与分配的，应告知其按照“执转破”程序对执行财产申请破产清偿。否则，按照一般清偿原则予以执行，促使债权人启动“执转破”程序。

（5）一体分配原则。参与分配程序中，不同法院以及不同案件中查控的被执行人财产应当纳入待分配财产进行一体分配。参与分配程序启动后，其他法院或者其他执行案件应当停止对同一被执行人执行所得价款的发放工作，未发放的价款应当在分配程序中统一分配。

（6）申请例外原则。参与分配程序原则上经债权人申请启动，但考虑到债权平等以及债权救济等问题，执行法院对其已经受理的涉及同一被执行人的多起执行案件的债权人、已知的未申请参与分配的优先受偿债权人以及已通知主持分配法院且已取得执行依据的轮候查封债权人，应当依职权启动参与分配程序。

二、关于参与分配的适用条件与范围

3. 执行程序开始后，被执行人的其他债权人向人民法院申请参与分配，同时符合下列条件的，人民法院应当启动参与分配程序：

（1）被执行人为自然人或者其他组织；

（2）被执行人的财产不能清偿所有债权；

（3）债权人已经取得执行依据，或者虽未取得执行依据但对执行财产享有优先权、担保物权等应予分配情形；

（4）债权人在执行程序开始后，被执行人财产执行终结前提出书面申请。

4. 根据民事诉讼法解释第五十二条规定，本意见所指其他组织包括下列不具备企业法人资格的情形：

（1）依法登记领取营业执照的个人独资企业；

（2）依法登记领取我国营业执照的中外合作经营企业、外资企业；

（3）经依法登记领取营业执照的乡镇企业、街道企业；

（4）其他合法成立、有一定的组织机构和财产的组织。

企业法人的财产不能清偿所有债权的，不得适用参与分配制度。普通债权人申请对企业法人财产参与分配的，应征求其意见，建议其同意移送破产审查或者直接申请被执行人破产。债权人坚持申请参与分配的，不予支持。

5. 具有下列情形之一的，可认定为被执行人的财产不能清偿所有债权：

（1）执行法院已通过网络执行查控系统及线下调查或者搜查发现的被执行人财产不足以清偿所有已知债权的；

（2）申请参与分配债权人所涉案件已因无财产可供执行，被终结本次执行程序的，但有证据证明被执行人尚有其他财产可供执行的除外；

（3）被执行人其他财产为公司股权，该股权明显无财产价值、价值较小或者难以变现的；

（4）被执行人其他财产为难以现状处置的无证房产或者农村宅基地上房产的；

（5）其他能够证明被执行人财产不能清偿所有债权的情形。

债权人认为被执行人财产能够清偿所有债权，对其他债权人参与分配申请或者启动参与分配程序提出异议的，应提供相应证据或者提供被执行人能够用于执行的相关财产线索。不能提供证据或者提供的财产线索无法查实的，对其异议不予支持。

6. 未取得执行依据的普通债权人具有下列情形之一，提出参与分配申请的，应根据其在诉讼、仲裁或者公证程序中请求给付的债权数额预留相应的财产份额：

（1）债权人对执行财产首先申请采取查封、扣押、冻结措施的；

（2）债权人为职工，请求支付其被拖欠工资、医疗及伤残补助、抚恤费用、基本养老保险金、基本医疗保险费用，以及按照法律、行政法规规定应当支付给职工的补偿金的；

（3）受害人基于人身损害赔偿请求权主张赔偿的；

（4）债权人主张抚养费、扶养费、赡养费的；

（5）人民调解协议的债权人已申请司法确认的；

（6）符合法律或司法解释规定的其他情形。

职工作为债权人以被执行人拖欠其工资为由申请参与分配的，按照债务人的普通职工正常应当支付的平均工资计算为其预留款项，但工资债权超过 12 个月的除外。

上述债权人请求给付的债权数额未获执行依据支持或者执行依据支持的债权数额低于预留财产份额的，预留的财产份额或者超出部分应再次进行分配。预留财产份额低于或者等于债权人按其执行依据载明的债权数额计算后应当获得的财产份额的，按照预留财产份额予以发放。

7. 人民法院作出的执行依据被提起再审的，不影响该债权人申请参与分配，已经启动的分配程序继续进行，但应当预留该债权人根据被提起再审的执行依据确定的债权计算后应当获得的财产份额。

执行依据经再审维持原判或者再审后改判数额大于原执行依据载明数额的，应向该债权人支付已经预留的财产份额。再审后改判数额小于原判决数额的，超过根据再审结果计算其应分配部分的预留财产份额，应当再次进行分配。再审后驳回该债权人诉讼请求，其他债权人尚未足额受偿的，预留的财产份额应当再次进行分配；仍有剩余的，发还被执行人。

人民调解协议确认裁定被撤销、仲裁裁决被撤销或者不予执行以及具有强制执行效力的公证债权文书被裁定不予执行，债权人已依照法定途径寻求权利救济的，参照上述原则处理。

8. 申请参与分配的截止时间，应当根据下列情形予以确定：

（1）待分配财产为货币类财产，分配方案已制作完成且当次分配方案已发送任一相关当事人的前一日为申请参与分配截止日，该日期不受债权人、被执行人提出异议而重新制作分配方案所影响。主持分配法院邮寄发送的，以投递签收邮件日期为发送时间。直接送达的，以相关当事人签收日期为发送时间。

经执行当事人、参与分配的债权人自主协商或者以执行和解协议方式确定各债权人应分配数额，主持分配法院收到书面意见或者记入执行笔录的，视为当次分配方案已向当事人发送。

执行法院尚未制作分配方案或者分配方案尚未发送的，执行案款发放的前一日为申请参与分配的截止日。

（2）待分配财产为非货币类财产且通过拍卖或者变卖方式已经处置变现，债权人申请参与分配的截止时间，按照本条第一款第（1）项相同的原则处理。不受买受人未缴纳尾款或者人民法院撤销拍卖后再次拍卖、变卖所影响。

（3）待分配财产为非货币类财产，流拍或者变卖不成后以物抵债的，申请参与分配的截止时间为抵债裁定送达之日的前一日。

未经拍卖或者变卖程序，当事人自行协商以物抵债，其他债权人申请参与分配的，不予支持。

上述截止日前未申请参与分配的债权人，仅就本次分配后的剩余款项受偿。

申请参与分配的截止时间，以主持分配法院收到参与分配申请书的时间为准。债权人截止日前已寄送参与分配申请，但主持分配法院在截止日前未收到的，仅就本次分配后的剩余款项受偿。

三、关于参与分配债权的清偿顺序及其比例

9. 执行财产在扣除下列相关费用后予以分配：

（1）首查封案件保全费、主持分配案件申请执行费、评估费、审计费、鉴定费、公告费、保管费、悬赏费、拍卖辅助费等应由被执行人承担的必要费用以及相关债权人为处置待分配财产垫付的必要费用；

（2）执行财产为国有划拨土地使用权，依法应缴纳的土地使用权出让金；

（3）根据相关法律、行政法规规定，办理物权变更登记时应由被执行人负担的税费，但已明确由买受人负担的除外；

（4）其他依法应当扣除的必要费用。

10. 执行财产在扣除上述费用后仍有剩余的，按照以下顺序依次予以分配：

（1）享有优先权、担保物权的债权依法定顺序予以受偿；

（2）普通债权人的债权原则上按照其纳入分配程序的债权金额占全部纳入分配范围的债权总额的比例受偿。

对下列债权人可适当提高分配比例：

（1）分配财产系根据其提供线索查控所得；

（2）分配财产系其首先申请查控所得；

（3）分配财产系其行使撤销权诉讼、执行异议之诉或者通过司法审计、悬赏执行等方式查控所得。

上述债权人的分配比例，应考虑所涉债权及分配财产数额大小等因素，原则上不超过其按债权比例分配时应分得款项的20%。

11. 被执行人在执行中同时承担刑事责任及民事责任，其财产不足以清偿所有债权的，按照《最高人民法院关于刑事裁判涉财产部分执行的若干规定》第十三条规定的下列顺序予以分配：

（1）人身损害赔偿中的医疗费用；

（2）对执行标的依法享有优先受偿权的债权；

（3）退赔被害人的损失；

（4）其他民事债权；

（5）罚款、罚金；

（6）没收财产。

执行财产涉及非法集资刑事案件涉案财物的，按照最高人民法院、最高人民检察院、公安部《关于办理非法集资刑事案件若干问题的意见》第九条规定，退赔非法集资参与人的损失部分，应当优先于其他民事债权以及罚金、没收财产予以执行。仍有剩余的，用于参与分配。

12. 参与分配程序中，应当以执行依据确定的尚未受偿的债权数额为基数进行分配；分配后有剩余的，以迟延履行利息、迟延履行金为基数进行分配。各债权人达成分配协议的，按照该协议进行分配。

四、关于适用参与分配的程序问题

13. 启动参与分配程序，原则上依债权人申请，但有下列情形之一的，可依职权启动：

（1）对被执行人财产首先申请采取查封、扣押、冻结措施的债权人并非本案债权人的，应当通知该债权人参与分配；

（2）主持分配法院对已经设定权利负担的执行财产予以分配的，应通知其已知的对该财产享有优先权、担保物权的债权人参与分配；

（3）其他法院对被分配财产已经采取轮候查封、扣押、冻结措施且已书面通知主持分配法院的，应通知已取得执行依据的轮候查封债权人申请参与分配；

（4）执行法院已经受理多起涉及同一被执行人的执行案件且被执行人财产不能清偿所有债权的，应通知未申请参与分配的债权人申请参与分配；

（5）其他依法应当依职权启动参与分配程序的情形。

前款第（1）（2）项两种情形无法通知债权人的，应当预留其应分得财产份额。除前款第（1）（2）项两种情形外，债权人经通知后不申请参与分配的，视为其放弃参与分配权利。

14. 参与分配原则上由首先采取查封、扣押、冻结或者实际控制财产的人民法院主持。处置权经协商后移送的，由获得财产处置权的人民法院主持。受移送法院应当及时处置财产并启动分配程序，并将相关分配情况及时告知移送处置权的人民法院。

被执行人有多项财产，且被不同法院查封、扣押、冻结并处置变现的，由控制主要财产的法院主持分配，也可以报请省法院或者中级法院指定其中一个法院主持分配。涉及省外法院的，可通过执行协调方式予以确定。

15. 参与分配程序启动后，对其他已获准参与分配债权人案件中查控或者处置变现的执行款应当停止清偿，并移交给主持分配法院统一进行分配。

（1）债权人申请参与分配的，主持分配法院自收到参与分配申请书或者依职权启动分配程序之日起三日内，通知申请参与分配案件所在人民法院停止对同一被执行人财产的清偿行为。自收到通知之日起三日内，相关法院应将同一被执行人的款项移交给主持分配法院。

（2）其他法院向主持分配法院发函并转交债权人参与分配申请的，自收到债权人申请参与分配申请书之日起，应当停止对同一被执行人财产的清偿行为，并在发函之日起三日内将其控制的同一被执行人的款项移交给主持分配法院。

前款情形中应当移交的款项，相关法院在收到主持分配法院要求其停止清偿通知前或者该法院债权人向其递交参与分配申请书之日前，已经完成转账、汇款、现金交付等手续，或者抵债裁定已送达债权人的折价价款，不再移交。

其他法院查控的尚未处置变现、正在处置变现或者尚未执行终结的被执行人财产，可暂不移交并可依法予以变价，变价款应按本意见相关规定进行分配。

16. 申请参与分配的债权人，应当按照下列情形提交参与分配申请书及相关证据材料：

（1）已取得执行依据的，应写明其申请参与分配的债权金额、债权性质以及被执行人不能清偿所有债权的事实、理由，并附执行依据及其受偿情况；

（2）未取得执行依据但享有优先权、担保物权的，应写明其申请参与分配的债权数额，并附其享有该权利的详细证据材料；

（3）未取得执行依据的首查封债权人申请参与分配，应写明其申请参与分配的债权数额，并附其财产保全申请以及相关法院作出的生效查封裁定等证据材料；

（4）本意见中未取得执行依据的其他普通债权人申请参与分配的，应附其提起诉讼以及相关法院已经受理其诉讼的相关证据材料；

（5）主持分配法院根据本意见要求债权人提供的其他相关材料。

除主持分配法院直接受理案件的债权人申请参与分配外，其他债权人申请参与分配的，原则上应向受理其案件的执行法院提交参与分配申请书。该法院收到申请后，应将该债权所涉案件案号、当事人基本情况、应执行标的金额、已执行标的金额以及已查控但未执行终结的被执行人财产等情况，连同申请书通过送交、寄送或者传真、邮件、CoCall 等即时传输方式传送给主持分配法院。

主持分配法院收到其他法院受理案件的债权人直接向其递送参与分配申请书的，视为该债权人已申请参与分配，同时通过上述方式告知受理其案件的相关法院，要求发送上述有关材料。

17. 主持分配法院在收到参与分配申请书后五日内，应当对是否准予相关债权人参与分配问题进行审查。包括但不限于审查以下事项：

（1）参与分配申请书是否在截止日前递交或者收到；

（2）申请人是否已经提交必要的证据材料，材料不全的是否已在规定期限内补充完整；

（3）申请人的债权是否系金钱债权以及执行依据是否生效，执行依据指定债务人履行行为义务的，是否属于可替代履行行为以及是否已经履行完毕；

（4）申请人是否系执行依据确定的权利人或者权利继受人，继受权利的债权人是否符合《最高人民法院关于民事执行中变更、追加当事人若干问题的规定》第二条至第九条规定的相关情形；

（5）债权清偿情况；

（6）其他需要审查的情况。

对执行财产享有优先权、担保物权，但未取得执行依据的债权人申请参与分配的，仅对其主张的权利及证据材料进行形式审查，原则上应准予其参与分配。

18. 主持分配法院对参与分配申请审查后，应当根据下列不同情形予以处理：

（1）不符合参与分配条件的，应当书面通知申请人不准参与分配及其理由，并告知其可以按照民事诉讼法第二百二十五条规定提出执行异议。该债权人提出执行异议的，不影响参与分配程序继续进行，但应按照其应纳入分配范围的债权金额预留其应分配数额。

（2）符合参与分配条件的，准予其参与分配，并将其债权纳入分配方案，确定其应分配数额，并送达被执行人和其他参与分配的债权人。

被执行人以及已经准予参与分配的债权人，对已进入分配程序的其他债权人参与分配提出异议的，应通过分配方案异议及其异议之诉程序加以解决。

19. 具有下列情形之一的，不得启动参与分配程序或者不准相关债权人参与分配：

（1）因构成“套路贷”或者虚假诉讼，执行依据被依法撤销的；

（2）被执行人财产足以清偿所有债权的；

（3）债权人对其执行依据中其他债务人放弃权利，放弃范围内的债权数额足以清偿其债权的；

（4）债权人申请执行案件中其他被执行人的财产、执行担保财产或者执行担保人的财产能够清偿其债权的；

（5）不符合本意见第3条规定情形的；

（6）其他不准参与分配的情形。

债权人对其执行依据中其他债务人放弃权利，放弃部分的权利不足以清偿其所有债权的，可准予其参与分配，但其放弃部分的权利应在其获得分配数额中予以扣减。

20. 其他法院就主持分配法院执行所得价款要求协助冻结的，不影响参与分配程序的进行，并根据下列情形进行处理：

（1）请求协助执行法院受理的案件债权人符合参与分配条件的，准予其参与分配，并予以书面告知；

（2）请求协助执行法院受理的案件债权人不符合参与分配条件，且不享有优先权、担保物权，分配后无剩余财产的，不予协助，并书面告知理由。

无论是否准予请求协助执行法院受理案件的债权人参与分配，该法院已经查控的尚未执行终结的同一被执行人财产，均应纳入一体分配。

21. 适用参与分配制度时，主持分配法院应当制作财产分配方案，分配方案应当载明以下内容：

（1）当事人的基本情况；

（2）分配财产的范围、变价情况及其数额；

（3）各债权人的债权数额、性质及其参与分配依据；

（4）分配顺序、各债权人的分配比例及数额；

（5）实施分配日期；

（6）不服分配方案的异议权利及救济途径；

（7）其他应当载明的事项。

财产分配方案应经合议庭研究确定。涉及债权人人数众多或者争议较大的，应经执行局法官会议研究决定。必要时，提请本院审判委员会研究决定。

基于其他债权人申请或依职权启动参与分配程序的，应当在执行所得价款到账后二十日内制作完成财产分配方案，并在财产分配方案确定后三日内，送达执行当事人及申请参与分配的债权人。

经执行当事人、参与分配的债权人自主协商或者以执行和解协议方式确定各债权人应分配数额的，执行法院应当将其记录在案或者将执行和解协议入卷，不另行制作财产分配方案。除结案文书及债权清偿证明材料之外，不得出具以物抵债裁定或者其他相关法律文书。

22. 参与分配程序中，债权人或者被执行人对主持分配法院的下列行为提出异议的，适用民事诉讼法第二百二十五条进行审查：

（1）不适用参与分配程序的行为；

（2）不准债权人参与分配的行为；

（3）分配方案的送达行为；

（4）分配方案数额计算错误；

（5）其他程序性行为。

上述执行异议及复议案件审查期间，不影响执行程序或者分配程序继续进行，但应当为提出异议的债权人预留其相应款项。

23. 本次参与分配程序终结后十五日内，涉及其他法院受理案件债权人的，主持分配法院应将参与分配以及各债权人受偿等情况，书面告知受理其案件的人民法院。

24. 参与分配程序终结后，主持分配法院或者其上级法院经执行监督程序认定相关债权人的债权应当进入分配程序而未进入，或者分配方案存在错误的，主持分配法院应按该监督意见予以纠正。分配方案经异议之诉程序确定的，应通过审判监督程序予以纠正。

分配方案被撤销后，应重新进行制作分配方案。债权人已经获得清偿的债权数额高于其重新分配后应获得数额的，应予返还。不予返还的，参照执行回转相关规定予以回转。

债权人自主协商分配方案并获得清偿的，其他债权人认为其利益受到损害的，应依法通过其他途径解决。

25. 债权人以其对企业法人为被执行人的财产享有优先权或者担保物权为由，主张优先受偿的，参照本意见相关规定办理。

五、其他

26. 本意见自下发之日起实行。本院之前的相关规定与本意见不一致的，不再适用。

江苏省高级人民法院
关于进一步规范查封、扣押、冻结财产工作指引

（江苏省高级人民法院2022年2月15日印发，苏高法〔2022〕21号）

为进一步规范民事诉讼保全和执行案件查封、扣押、冻结财产行为，强化善意文明执行理念，保障当事人、利害关系人合法权益，优化营商环境，根据《中华人民共和国民事诉讼法》《最高人民法院关于人民法院民事执行中查封、扣押、冻结财产的规定》《最高人民法院关于人民法院办理财产保全案件若干问题的规定》《最高人民法院关于在执行工作中进一步强化善意文明执行理念的意见》等法律和司法解释的规定，结合全省法院工作实际，制定本指引。

一、一般要求

1. 人民法院在办理民事诉讼保全或者执行案件时，应当在民事诉讼保全裁定或者执行依据确定的金额范围内依法及时采取查封、扣押、冻结措施，不得明显超标的额查封、扣押、冻结财产。

人民法院应当坚持平等保护各方当事人合法权益。发现超标的额查封、扣押、冻结的，应当依申请或者依职权，依法及时解除明显超标的额部分财产的查封、扣押、冻结措施，或者变更查封、扣押、冻结的财产。

2. 人民法院采取查封、扣押、冻结措施时，应当对查封、扣押、冻结财产的价值及其可用于清偿本案债权的金额进行大致估算。因情况紧急一时难以估算的，可以先行查封、扣押、冻结，但应当及时进行事后估算，并根据估算情况合理调整查封、扣押、冻结的财产。

3. 有多项财产可供查封、扣押、冻结的，人民法院应当贯彻善意文明执行理念，合理选择对被执行人或被保全人生产生活影响较小且方便执行的财产执行。

4. 查封、扣押、冻结的财产为不可分物，或者虽为可分物但分割查封、扣押、冻结会严重减损其价值的，人民法院可以整体查封、扣押、冻结。

对登记在同一权利证书下的不动产整体查封后，被保全人或被执行人以超标的额查封为由申请分割查封的，人民法院应告知其先向相关部门提出分割登记申请，并及时协调相关部门办理分割登记，在分割登记后解除对超标的额部分的查封。

二、保全裁定与保全实施的衔接

5. 立案、审判部门审查财产保全申请，应当依照最高人民法院《关于人民法院办理财产保全案件若干问题的规定》第一条和十条规定，要求申请保全人提供明确的被保全财产

信息或者线索、注明被保全财产的预估价值，并审查是否明显超过申请保全标的额；明显超过标的额的，应当要求申请保全人调整被保全财产。

立案、审判部门移送执行机构实施保全裁定的，应当同时移送保全财产清单。执行机构应当自收到案卷材料之日起三日内开始执行。情况紧急的，应当立即开始执行。

6. 财产保全裁定仅载明保全金额的，执行机构应当按照立案、审判部门移送的财产清单，在保全金额范围内采取保全措施；未移送财产清单，或者财产清单中财产价值尚未达到保全金额的，执行机构可以根据申请保全人提供的财产信息或者线索，采取保全措施。

裁定保全的财产为特定标的物的，执行机构不得对其他财产采取保全措施。

申请保全人书面申请使用网络执行查控系统查询被保全人财产的，执行机构应当严格依照最高人民法院的相关规定办理。

三、依法及时采取查封、扣押、冻结措施

7. 办理执行案件时，执行机构收到立案部门移送的执行案件卷宗后，应当在二十四小时内通过网络执行查控系统发起查询。

网络执行查控系统反馈被执行人名下有1000元以上存款或价值1000元以上其他可供执行财产的，应当在查询结果反馈后二十四小时内采取查封、冻结措施。无法通过网络执行查控系统采取查封、扣押、冻结措施的，应当在收到反馈结果后三日内线下采取相应措施。

8. 办理执行案件时，对于申请执行人提供的财产线索，能通过网络执行查控系统核查的，应当在收到财产线索之日起三日内发起网络核查。如发起网络核查后满十五日未收到反馈结果的，应当在三日内进行线下核查。

对于不能通过网络执行查控系统核查的财产线索，应当在收到财产线索之日起七日内进行线下核查；情况紧急的，应当在三日内进行线下核查。

四、查封、扣押、冻结财产价值的估算

9. 人民法院在保全案件中对已查封、扣押、冻结财产是否超标的额的认定，原则上应以查封、扣押、冻结该财产时的实际价值为准，一般无需考虑财产处置时是否降价问题。

10. 执行案件中执行标的金额为案件债权额及执行费用总额。案件债权额包括生效法律文书确定的债权、迟延履行期间的债务利息、诉讼费用等；执行费用包括申请执行费及询价评估费、拍卖辅助费、保管费、代履行费用等实际支出的必要费用。适用参与分配程序的，执行标的金额应当包括全体参与分配申请人对债务人享有的债权额。

对执行案件中已查封、扣押、冻结财产是否超标的额的认定，应当综合财产性质、财产价值、执行变现过程中可能出现的流拍降价、利息增加等因素进行衡量。

11. 查封、扣押、冻结财产的价值，一般应根据下列情形估算：

（1）冻结银行存款、公积金等资金账户的，以实际冻结的金额（含冻结后转入的金额）计算；

(2) 查封住宅、商铺类房产的，参照同地段、同条件房产的市场价格估算。查封房屋为一手房的，参照房地产开发企业的销售价格、当地房地产管理部门发布的指导价格，以及同类房屋买卖合同备案价估算；查封房屋为二手房的，参照同地段或相近地段的房屋司法拍卖成交价、二手房市场成交价、房产中介机构发布的二手房报价、司法网络询价、该房屋抵押时所用评估报告载明的价格等，并结合装修情况估算；

(3) 查封工业用房地产的，参照周边土地及工业用厂房市场价格、税务机关核定价格，结合建设规划调整等因素估算；

(4) 查封土地使用权的，参照土地出让合同记载的出让金额，并结合相近地段同类土地使用权的市场价格估算；

(5) 预查封在建工程的，参照该工程投资额、完成工程量、销售情况、工程欠款、拆迁安置、欠缴税费等估算；

(6) 查封车辆、船舶等特殊动产并实际扣押的，参照二手市场同类型动产报价估算；

(7) 查封机器设备、成品和半成品、原材料等动产并已实际控制该动产的，以发票上载明的购买价格或新品出厂价格，结合使用年限等综合因素估算；

(8) 冻结投资型保险、基金、信托收益等的，参照票面价值、市场价值估算；

(9) 冻结到期债权的，以生效法律文书确定的债权数额或者第三人确认的到期债权数额，并结合执行可能性估算；

(10) 冻结上市公司股票的，以冻结前一交易日收盘价为基准，结合股票市场行情估算；

(11) 冻结上市公司股票以外的其他有价证券，该有价证券有公开交易市场的，参照冻结上市公司股票的方法估算实际冻结到位金额；该有价证券无公开交易市场的，以票面价值估算；

(12) 冻结有限责任公司股权、非上市股份有限公司股权的，参照公司最近一期财务报表载明的所有者权益总额及实际出资额估算；无法获取财务报表的，以该公司股东实际出资额估算；

(13) 查封、扣押、冻结其他财产或权益的，以能证明该财产或权益价值的相关材料估算。

除银行存款外，当事人对查封、扣押、冻结财产的价值有约定的，可以参照当事人的约定估算。

12. 估算查封、扣押、冻结财产的价值，应当考虑查封、扣押、冻结财产的从物价值和孳息。

查封、扣押、冻结的财产灭失、毁损或被依法征收的，该财产的价值以该财产的替代物、赔偿款（物）或征收补偿款（物）确定。

13. 查封、扣押、冻结的财产具有下列情形的，该财产价值原则上不计入实际查控到位金额：

（1）银行存款账户系为他人设置的保证金账户，但该账户内承担保证金功能之外的剩余资金，应计入实际查控到位金额；

（2）查封但未实际扣押的机动车、船舶等特殊动产；

（3）查封、扣押、冻结设有其他建设工程价款优先受偿权、抵押权、质权、留置权等已知受偿顺位在先的优先债权的财产；

（4）轮候查封、扣押、冻结的财产，但该财产转为首轮查封、扣押、冻结的，应计入实际查控到位金额；

（5）执行他人到期债权，他人未确认或者虽确认但明显不能清偿的债权数额。

被查封、扣押、冻结的财产系与他人按份共有的，按照被保全人或被执行人享有的份额计算实际查控到位金额；与他人共同共有的，除有相反证据证明外，按照各共有人平均份额计算实际查控到位金额。

14. 季节性商品、鲜活、易腐烂变质以及其他不宜长期保存的物品价值，以同期市场价格计算。

人民法院裁定对季节性商品、鲜活、易腐烂变质以及其他不宜长期保存的物品采取保全措施的，应当责令当事人限期处理，将价款交付人民法院；必要时，立案、审判部门可以作出变卖及保存价款裁定，由执行机构实施。

15. 参照本指引第 11、12、13 条以及其他相关财产信息，仍然难以估算财产价值的，可以通过询价或评估方式确定财产价值。

财产保全中，人民法院应当根据当事人提供的证明申请保全财产价值的证据及该财产实际情况确定该财产价值。执行案件中，人民法院应当根据财产的估算价值采取查封、扣押、冻结措施；申请执行人提供相应证据主张查封、扣押、冻结财产价值不足以清偿本案债权的，人民法院应当及时审查并采取相应措施。

五、查封、扣押、冻结措施的变更、解除及财产置换

16. 被保全人或第三人请求以其他等值财产置换被保全财产，或者提供充分有效担保请求解除保全的，分别由下列部门或机构审查处理：

（1）诉前财产保全所涉案件尚未立案，由立案部门依法审查处理；

（2）财产保全所涉案件正在审理或者已经审结尚未立案执行，由审判部门依法审查处理；

（3）财产保全所涉案件已经立案执行，由执行机构依法审查处理。

前款中由审判部门审查处理的事项，财产保全所涉审判案件已经进入二审、再审程序的，由当前程序审判部门审查处理。

17. 执行案件办理中，被执行人请求以其他等值财产置换，或者提供充分有效担保请求解除被查封、扣押、冻结财产的，由执行机构依法审查处理。

18. 被保全人或被执行人提出置换或解除被查封、扣押、冻结财产申请的，人民法院应当事先征求申请保全人或申请执行人意见。申请保全人或申请执行人同意的，可以直接裁定置换或解除；不同意的，应当严格审查申请理由的合理性以及提供担保的合法性、充分性、可执行性、可变现性、变现难易程度、价值稳定性等，并依法作出是否准许的决定。

当事人对是否置换或解除被查封、扣押、冻结财产争议较大的，人民法院应当组织双方当事人进行听证。

19. 对被保全人或被执行人提出的置换或解除被查封、扣押、冻结财产申请，根据下列情形决定是否准许：

（1）为盘活资产、缓解生产经营或生活困难，提供充分有效担保的，应予准许；

（2）被冻结账户内资金已达到保全或执行金额，申请将相应数额资金划转至其他账户予以冻结，同时解除该账户冻结的，应予准许；

（3）被保全人通过银行、保险公司、证券公司等提供独立保函、信用担保等，申请解除保全的，应予准许；

（4）申请以被查封、扣押、冻结财产融资，并用融资款置换被查封、扣押、冻结财产的，在确保能够严格控制相应融资款的前提下，可以准许，但人民法院应当监督被保全人按照合理价格融资，并协调有关部门做好财产解封、抵押或质押登记等事宜；

（5）冻结上市公司股票后，被保全人申请将冻结措施变更为可售性冻结的，应予准许，但应当提前对被保全人在证券公司的资金账户采取明确具体的限额冻结措施；在执行过程中，被执行人申请通过二级市场交易方式自行变卖股票清偿债务的，人民法院可以按照前述规定办理，但应当要求其在十个交易日内变卖完毕；

（6）申请自行变卖被查封、扣押、冻结财产，人民法院在确保变价款汇入法院指定账户或通过其他方式能够控制变价款的前提下，可以准许。但人民法院应当监督被保全人或被执行人在六十日内按照合理价格变卖，并控制相应价款。

申请对作为案涉争议标的的被查封、扣押、冻结财产自行变卖或解除查封、扣押、冻结的，须经申请保全人同意。

被保全人或者被执行人以及第三人为置换被查封、扣押、冻结财产而提供的担保财产，其价额明显高于裁定保全标的额或者执行标的额的，不视为超标的额查封、扣押、冻结。

20. 对商品房预售资金监管账户、农民工工资专用账户和工资保证金账户内资金，应当依法审慎采取保全、执行措施，支持保障相关部门防范应对房地产项目逾期交付风险，维护购房者合法权益，确保农民工工资支付到位。冻结商品房预售资金监管账户的，应当及时通知当地住房和城乡建设主管部门；除当事人申请执行因建设该商品房项目而产生的工程建设进度款、材料款、设备款等债权案件外，在商品房项目完成房屋所有权首次登记前，对于预售资金监管账户中监管额度内的款项，不得采取扣划措施，不得影响账户内资金依法依规使用。除法律另有专门规定外，不得以支付为本项目提供劳动的农民工工资之外的原因冻结或者扣划农民工工资专用账户和工资保证金账户资金；为办理案件需要，人民法院可以对前述两类账户采取预冻结措施。

21. 商品房预售资金监管账户被人民法院冻结后，房地产开发企业、商品房建设工程款债权人、材料款债权人、租赁设备款债权人等请求以预售资金监管账户资金支付工程建设进度款、材料款、设备款等项目建设所需资金，或者购房人因购房合同解除申请退还购房款，经项目所在地住房和城乡建设主管部门审核同意，监管银行予以支付的，不视为擅自支付，但监管银行应当将付款情况及时向人民法院报告。

22. 商品房预售资金监管账户、农民工工资专用账户和工资保证金账户等具有特定用途的账户，或者他人具有优先权的账户，除确有证据证明提供担保的账户有多余资金可供保全或执行外，不得作为变更保全的担保账户。

被保全人或案外人申请用账户资金置换被保全财产的，对该账户的性质以及是否有多余资金可供保全或执行，应当提供相应证据予以证明。

六、违法违规查封、扣押、冻结的救济程序

23. 执行案件中，被执行人、利害关系人认为人民法院违法违规查封、扣押、冻结的，可以向执行机构申请纠正，也可以向执行裁判部门提出执行异议。

向执行机构申请纠正的，执行机构经审查，认为确实存在违法违规查封、扣押、冻结的，应当依法及时纠正；执行机构认为不存在违法违规查封、扣押、冻结的，应当向当事人释明可以向执行裁判部门申请审查，也可以将有关材料于七日内移送执行裁判部门审查。

向执行裁判部门提出执行异议的，执行裁判部门应将案件受理情况告知执行机构。执行机构在执行异议审查期间自行纠正违法违规查封、扣押、冻结行为，异议申请人不撤回异议申请的，执行裁判部门应当裁定驳回异议申请。异议申请人对执行机构的纠正行为另行提起执行异议的，人民法院应当依法受理。

执行裁判部门经审查作出解除查封、扣押、冻结裁定的，应在三日内交执行机构实施。

24. 财产保全所涉审判案件尚未进入执行程序，被执行人、利害关系人主张违法违规查封、扣押、冻结的，由实施保全裁定的部门参照本指引第 23 条处理。

被保全人、利害关系人主张保全裁定超出诉讼标的额或者有其他违法违规问题的，由作出财产保全裁定的立案或者审判部门审查。案件已经进入下一程序的，由有关程序对应的受理部门负责审查。

25. 被保全人或被执行人、利害关系人主张违法违规查封、扣押、冻结的，人民法院应当向其释明由其提供证据证明其主张。

一方当事人以超标的额查封为由提出执行异议，争议较大的，人民法院可以根据当事人申请进行评估。

26. 被查封、扣押、冻结财产不是诉讼争议标的物，案外人基于实体权利主张保全裁定或者查封、扣押、冻结措施违法，要求解除查封、扣押、冻结措施的，由执行裁判部门

根据民事诉讼法第二百三十四条的规定审查并作出裁定。

27. 被保全人或被执行人、利害关系人主张超标的额查封、扣押、冻结的，人民法院应当征求申请保全人或申请执行人意见。

28. 人民法院经审查认定属于超标的额查封、扣押、冻结财产的，应当合理选择查封、扣押、冻结的财产，并裁定解除超标的额部分的查封、扣押、冻结措施。

江苏省高级人民法院
审查类执行监督案件办理程序指南

（2020年12月29日江苏省高级人民法院审判委员会第36次全体会议讨论通过）

为进一步规范审查类执行监督案件办理程序，根据《中华人民共和国民事诉讼法》（下称《民事诉讼法》）《最高人民法院关于人民法院执行工作若干问题的规定（试行）》《最高人民法院关于人民法院办理执行信访案件若干问题的意见》等法律、司法解释和规范性文件的规定，结合全省法院工作实际，制定本指南。

1. 本指南所称审查类执行监督案件，是指通过执行监督程序对违法或不当行使执行实施权和审查权行为进行审查的案件（对消极执行的监督除外）。

审查类执行监督案件由各级人民法院执行裁判庭或者承担执行裁判事项的审判部门（以下简称执行裁判部门）办理。

2. 人民法院办理审查类执行监督案件应坚持以下原则：

（1）逐级监督原则。上级人民法院负责办理对下一级人民法院进行监督的执行监督案件，一般不跨越级别对下监督。

（2）穷尽救济原则。当事人、利害关系人有异议权、复议权时，未经相应程序，迳行申请执行监督的，不作为执行监督案件办理。已经立案受理的执行异议、复议、监督案件审查期间，当事人、利害关系人因相同请求和理由申请执行监督的，不重复立案监督。人民法院办理执行监督案件，原则上应围绕申诉人的申诉请求进行审查；申诉事项超出复议裁定范围的，执行监督中原则上不予审查。

（3）协调配合原则。执行裁判部门办理执行监督案件，应注意向执行机构了解执行实施案件办理进展。执行机构应积极配合执行裁判部门的审查工作，执行监督案件办理中需要调取的案件材料应及时、全面提供。

（4）执行效率原则。立案部门和执行机构应缩短立案办理、案卷交接时间。执行裁判部门应提高案件办理效率，在法定期限内结案，尽量减少对依法、正常执行实施工作的影响。执行监督审查期间，原则上不停止执行实施案件执行。

（5）依法纠错原则。人民法院严格依照法律、司法解释和规范性文件的规定，纠正违法或不当行使执行实施权和审查权行为，促进提升人民法院严格规范公正文明执行水平。

3. 审查类执行监督案件的立案审查工作由执行裁判部门负责。各级人民法院执行裁判部门应安排专人使用执行申诉信访系统对申诉信访或交办转办材料进行单独登记和初步审查，符合立案条件的经部门负责人审批后移送立案部门立案。

立案部门收到执行裁判部门的立案意见后，应在调齐执行监督事项所涉及的案件卷宗后予以立案，立案后将案件材料及相关卷宗一并移交执行裁判部门办理。

立案部门、执行机构认为其收到的申诉信访属于审查类执行监督案件受理范围的，经部门负责人审批后应将相关材料及时移交执行裁判部门审查处理。

4. 存在以下情形之一的，执行裁判部门应当书面或口头告知申诉人不予立案：

（1）申诉人不是案件当事人、利害关系人的；

（2）已经执行监督程序审查裁定驳回申诉，就相同请求向同一法院再次申诉的；

（3）经在执行案件管理系统中对申诉人涉及案件情况进行查询，发现本院或者其他法院已经对申诉人以相同请求和理由提出的异议、复议或者监督申请立案审查且尚未结案的；

（4）申诉人申请撤回申诉被准许后再次申诉的，但有《民事诉讼法》第二百条第一项、第三项、第十二项、第十三项规定情形，自知道或者应当知道之日起六个月内提出的除外。

立案后发现不符合执行监督案件受理条件的，书面通知申诉人驳回申诉申请。

5. 当事人、利害关系人不服下一级人民法院依照《民事诉讼法》第二百二十五条及相关司法解释规定作出的执行复议裁定，在复议裁定发生法律效力之日起六个月内向上一级人民法院申诉的，上一级人民法院应当作为审查类执行监督案件立案审查。

6. 当事人、利害关系人不服执行复议裁定向上一级人民法院申诉，应当提交以下材料：

（1）申诉书（载明申诉请求及理由）；

（2）申诉人的身份证明。申诉人是自然人的，应提交身份证明；申诉人是法人或非法人组织的，应提交营业执照及法定代表人或负责人身份证明。委托他人代为申诉的，应提交授权委托书和代理人身份证明；

（3）据以强制执行的生效法律文书复印件；

（4）申诉所指向的执行实施法律文书、执行复议裁定书复印件；

（5）证据清单和证据材料；

（6）法律文书送达地址确认书和联系方式。

申诉人未按上述规定提交申诉材料的，执行裁判部门应当一次性告知申诉人在七日内补齐。期限内未补齐，但申诉人提出合理理由请求延期补齐申诉材料的，待其补齐材料后再移交立案部门登记立案；申诉人无正当理由未在期限内补齐申诉材料的，告知申诉人不予立案。

7. 上一级人民法院对不服复议裁定的申诉审查后，应当按照下列情形，分别处理：

（1）申诉请求不能成立的，裁定驳回申诉请求；

（2）复议裁定认定事实或者适用法律错误，但处理结果并无不当、申诉请求不能成立的，纠正认定的事实或者适用的法律，裁定驳回申诉请求；

（3）复议裁定认定事实或者适用法律错误、申诉请求成立或者部分成立，结果应予纠正的，裁定撤销或者变更复议裁定。执行行为可撤销、变更的，应当同时撤销或者变更该执行行为；

（4）复议裁定认定基本事实不清、证据不足的，裁定撤销复议裁定，查清事实后作出相应裁定，必要时也可以指令作出裁定的人民法院重新审查；

（5）复议裁定遗漏请求事项或者存在其他严重违反法定程序的情形，裁定撤销复议裁定，指令作出裁定的人民法院重新审查；

（6）异议、复议裁定对应当适用《民事诉讼法》第二百二十七条规定审查处理的异议，错误适用《民事诉讼法》第二百二十五条规定审查处理的，裁定撤销异议、复议裁定，指令作出异议裁定的人民法院重新作出裁定。

上一级人民法院在办理审查类执行监督案件期间认为相关执行行为需要暂缓执行的，应当经分管院领导审批后作出暂缓执行决定书。暂缓执行决定书应当发送作出复议裁定的人民法院和执行法院，由执行法院办理。

执行监督裁定应当送达申诉人及相关当事人，并发送作出复议裁定的人民法院。

8. 审查类执行监督案件由执行裁判部门依法组成合议庭进行审查。案件涉及的保全实施、执行实施案件办理人员以及申诉所指向的执行异议、复议、监督案件办理人员，不得参与审查。

审查类执行监督案件立案后，应当依法向各方当事人送达执行监督案件受理、应诉通知书以及合议庭组成人员通知书等文书。

9. 审查类执行监督案件实行书面审查。人民法院根据审查案件的需要决定是否询问当事人。案情复杂、争议较大或者出现新的证据可能推翻原复议裁定的，应当进行听证。

执行监督案件审查中应通过查询执行案件管理系统、调取案件卷宗等方式了解执行实施案件办理进展，必要时应向执行法院、执行人员了解情况。

10. 申诉人经合法传唤，无正当理由拒不参加听证，或者未经法庭许可中途退出听证，或者无正当理由拒不接受询问，致使人民法院无法查清相关事实的，由其自行承担不利后果。

11. 执行监督案件审查期间，申诉人申请撤回申诉的，是否准许由人民法院裁定。

当事人、利害关系人在审查类执行监督案件办理期间自行和解的，不影响案件继续审查。申诉人据此申请撤回申诉的，是否准许由人民法院裁定。

执行行为确有错误或者损害他人合法权益、国家利益、社会公共利益的，人民法院应裁定不予准许撤回申诉，并继续审查。

12. 执行监督案件审查期间，执行法院自行纠正错误执行行为并得到申诉人认可的，执行监督案件经部门主要负责人审批后作结案处理，并书面通知申诉人。结案后应及时上传法律文书至执行申诉信访系统。

13. 上级人民法院在执行监督中发现下级人民法院存在申诉请求以外的其他不规范问题，应另行向下级人民法院发出执行监督函，指令下级人民法院予以纠正。对上级人民法院的监督意见，下级人民法院应遵照执行并根据执行监督函的要求书面报告结果。

下级人民法院对上级人民法院监督意见有异议的，经审判委员会讨论决定，可以参照《最高人民法院关于人民法院执行工作若干问题的规定（试行）》第 72 条的规定，书面请求上级人民法院复议。对下级人民法院提请复议的案件，上级人民法院应当另行组成合议庭进行审查，及时予以答复。

14. 执行监督案件审查中应对是否涉嫌“套路贷”虚假诉讼、是否存在关联案件、同类案件进行强制检索，并根据案情需要协调统一解决或者并案审查。

发现作为执行依据的生效法律文书或者影响案件执行的另案生效裁判文书涉嫌“套路贷”虚假诉讼，或者发现非法高利放贷存在非法经营犯罪等刑事犯罪嫌疑的，生效裁判文书交由相关审判业务部门审查，违法犯罪线索及时移送有关部门处理，并将有关情况书面通知执行法院。

15. 上级人民法院在执行监督中发现下级人民法院执行人员存在违规违法违纪行为的或者下级人民法院收到执行监督裁定、执行监督函不予落实的，应及时会同督察部门启动“一案双查”工作机制。

16. 审查类执行监督案件应当在立案之日起六个月内办结。因特殊事由需要延长的，应当按照办案期限管理的规定报批，延长审限不得超过三个月。公告期间、调查取证期间、请示上级人民法院期间以及其他应当扣除的期间，不计入审查期限。

17. 当事人、利害关系人有证据证明其在法定期限内已经依法向下级人民法院提出执行异议、复议，但是该院既不受理也不作出不予受理裁定，向上级人民法院申诉的，上级人民法院应当作为审查类执行监督案件立案，并在 1 个月内办结。

经审查情况属实的，上级人民法院应向下级人民法院发出执行监督函，责令其按照法定程序立案审查。相关处理情况书面通知申诉人。

下级人民法院应于接函后 7 日内立案并按照相应程序进行审查，立案情况应书面报告上级人民法院。

18. 符合下列情形之一的，人民法院应当依职权立案审查，参照本指南办理：

（1）上级人民法院指令以审查类执行监督案件立案审查的；

（2）同级检察机关提出民事执行监督检察建议书反映执行行为违法或者执行异议、复议、监督裁定违法，以及不依法受理执行异议、复议申请的；

（3）在巡查、督查、案件评查等工作中发现本院作出的执行行为或生效执行异议、复议、监督裁定可能存在违法情形，经本院院长提交审判委员会讨论后决定监督的；

（4）在巡查、督查、案件评查等工作中发现下级人民法院作出的执行行为或生效执行异议、复议、监督裁定可能存在违法情形，经部门负责人批准立案监督的。

19. 当事人、利害关系人因以下情形向执行法院申诉的，执行法院应当作为审查类执行监督案件立案，参照执行异议程序相关规定审查处理：

（1）未在法定期限内根据《民事诉讼法》第二百二十五条规定提出异议，但有证据证明存在正当理由的；

（2）在异议期限之内已经提出异议，但是执行法院未予立案审查，根据《最高人民法院关于人民法院办理执行信访案件若干问题的意见》第16条第一款规定向执行法院继续申诉的；

（3）根据《最高人民法院关于人民法院确定财产处置参考价若干问题的规定》第二十五条规定向执行法院提出异议的。

当事人、利害关系人不服执行法院根据前款规定作出的执行监督裁定，向上一级人民法院继续申诉信访，上一级人民法院应当作为执行监督案件立案审查，以裁定方式作出结论。

20. 对于名为申请执行监督但实质为反映以下问题的申诉，人民法院应根据情况分别作出处理：

（1）可以依法提出执行申请、执行异议、执行复议、执行异议之诉或者可以依照其他法定程序予以救济且本院有管辖权的，依职权导入法定程序解决；本院没有管辖权的，告知申诉人向有管辖权的人民法院依照法定程序解决；

（2）对提级执行、指定执行、执行争议协调决定、案件请示及其复函以及其他属于人民法院内部管理行为的裁定、通知、决定、批复不服的，由执行裁判部门告知其不属于执行异议、复议、监督的受理范围。向执行法院提出以上申诉请求的，由执行法院依法裁定不予受理或驳回申请；

（3）对人民法院作出的判决、裁定、调解书、公证机关作出的公证债权文书、仲裁机构作出的仲裁裁决、仲裁调解书等执行依据不服的，或者对不予执行仲裁裁决或驳回不予执行仲裁裁决申请的裁定不服的，或者对不予执行公证债权文书的裁定不服的，由立案部门审查处理；

（4）要求追究执行人员违规违法违纪责任的，由督察部门处理。

21. 审查类执行监督案件结案后，应当按照卷宗管理相关规定以及《江苏省高级人民法院关于规范和完善执行裁判文书材料立卷归档的指导性意见》立卷归档。

22. 办理审查类执行监督案件，除本指南规定之外，应参照江苏省高级人民法院《关于实质化办理执行信访案件的指导意见》《执行异议及执行异议之诉案件审理指南》（一）（二）（三）、《关于加强和规范民事执行检察监督案件办理工作的指导意见》《执行裁判文书样式》的相关规定。

23. 本指南自下发之日起执行。

后　记

本书是国内首部以民事执行裁判工作为视角，从理论到实务对人民法院这一新生的审判领域进行深入思考和全面梳理的专业书籍。该书2020年即着手编写，并根据民事执行裁判工作的新实践、新发展不断充实、更新、丰富内容，数易其稿，历时逾两年终于付梓出版。全书共13章，大致可分为四大部分：一是执行裁判的基本理论和制度，包括执行裁判概论，执行裁判的理念、原则和进路，执行异议及异议之诉若干程序性问题3章；二是常见类型执行裁判案件的审理，包括涉执行依据、涉不动产、涉动产所有权、涉股权、涉债权、涉优先权、涉另案生效法律文书、涉执行分配、涉变更追加被执行人等9章；三是执行裁判案件法律文书制作，并附相关文书样式。四是另设附录，将近年来江苏法院在民事执行裁判领域出台的主要规范性文件进行汇录，将近年来江苏法院在民事执行裁判领域出台的主要规范性文件进行汇编，供读者查阅。

参与本书写作的，均为江苏法院具有丰富实践经验和较扎实理论素养的执行裁判法官。根据章节顺序具体分工如下：褚红军、朱嵘（第一章）；李玉明、沈燕、朱嵘、杜涛（第二章）；程洁（第三章）；赵建华、张锐、王青、刘丹蕾（第四章）；唐志容、杜涛、高东（第五章）；陈荃（第六、七章）；景水平、金建飞（第八章）；刘钰（第九章）；杜涛（第十章）；朱嵘（第十一、十二章）；杜涛、韩玉洁（第十三章）；杜涛（附录）。本书由褚红军、朱嵘统稿。王成、卢思宇等同志对本书编写亦有贡献。人民法院出版社的韦钦平、周利航等同志对本书付出了心血和汗水。在此，我们向关心、支持和参与本书写作和出版的同志致以衷心的感谢。

编　者
2022年5月